谨以此书

纪念李慎之先生诞辰一百周年、逝世二十周年

壹嘉个人史系列

李慎之自述
与
文章集萃

Li Shenzhi in His Own Words

吉黎苉 编

壹嘉出版　1 Plus Books

李慎之自述與文章集萃

作　　者／李慎之
主　　編／吉黎苒
出 品 人／刘　雁
出　　版／壹嘉出版（San Francisco, USA）
　　　　　网址：http://1plusbooks.com
　　　　　Email: 1plus@1plusbooks.com
印制销售／秀威資訊科技股份有限公司
　　　　　114 台北市内湖区瑞光路 76 巷 69 号 2 楼
　　　　　电话：+886-2-2796-3638
　　　　　传真：+886-2-2796-1577
网络订购／秀威书店：http:store.showwe.tw
　　　　　博客来网络书店：http://www.books.com.tw
　　　　　三民网络书店：http://www.m.sanmin.com.tw
　　　　　读册生活：http://www.taaze.tw

出版日期／2024 年 9 月
ＰＯＤ版／2025 年 3 月 一版
ＩＳＢＮ／978-1-949736-87-8
定　　价／NT 1600 元

《李慎之自述與文章集萃》©2024 by 李慎之
版权所有・翻印必究　All Rights Reserved
Printed in Taiwan

已知诸相皆非相 欲待无情还有情
1998年6月15日李慎之居家照 黑明摄

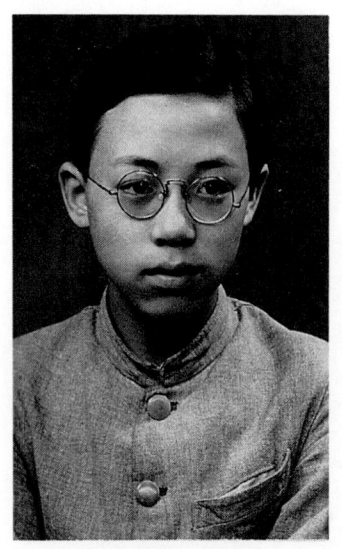
1936年的李慎之

1941年去北平上燕大

1945年燕京大学毕业照

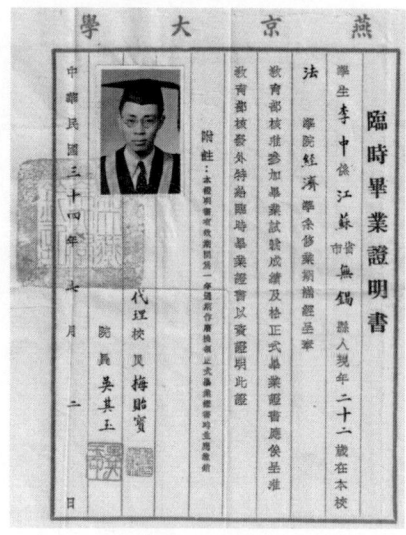
1945年7月2日燕京大学
临时毕业证明书

1949年1月在河北平山
（通家口）

1952年9月摄于波罗的海海滨的
索波特旅馆前

1952-53年
随中国文化教育考
察团访问东欧六国

1950年代中期周恩来
的外交班子

前排左二起（不包括
左七）：龚澎、乔冠
华、贺龙、周恩来、
张彦、浦寿昌；站立
者右四：李慎之

1953年在朝鲜

1953年抗美援朝时期在鸭绿江边

1953年随中方代表团部分成员在志愿军193师师部
左起李慎之、符浩、贺明、王泽、朱彪

1951年全家福

右、下：
1956年回无锡老家休假，
同父母游太湖

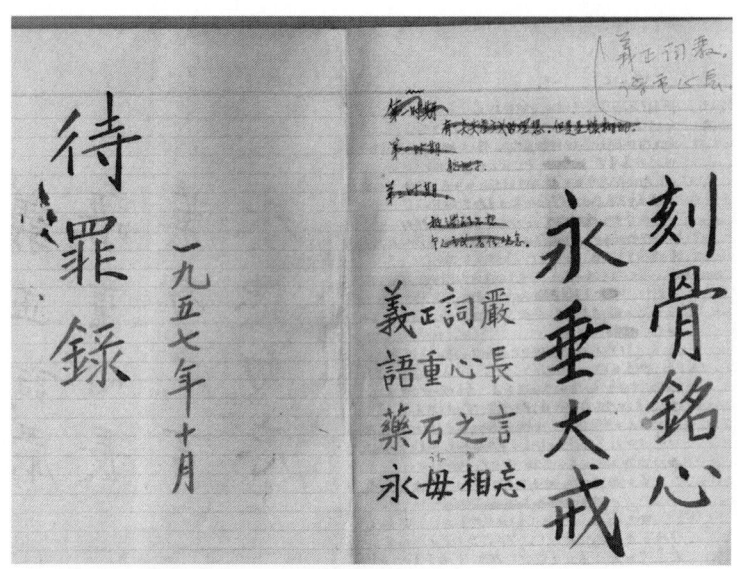

1957年的笔记本

1970年1月3日赴山西永济新华社五七干校时，同两个女儿与小儿子摄于北京永定门火车站。夫人张贻和大儿已于前几天先赴干校。

1979年陪同邓小平访美
摄于首都机场

左：1979年访美时
与何方合影

下：1984年1月陪同
赵紫阳访美，右为新华
社驻华盛顿记者彭迪

1980年10月8日，在日本岚山向周恩来诗碑献花

1985年7月陪同胡耀邦接见前纽约州立大学副校长、怀俄明大学政治学教授翟文伯

1984年美国所全体在所人员合影

1986年率团访问美国
段连城（左一）、王殊（左二）、李慎之（左五）、资中筠（左六）

1988年12月在中美建交十周年学术研讨会上
左起：美国所第二任所长资中筠、李慎之、美国驻华大使洛德、外交部副部长章文晋

1998年12月15日
在中美建交二十周年研讨会上

1988年5月12日与
中国政治学会会长
张友渔会见美国学者

1988年12月14日
和章文晋一同
出席会议

1992年2月1日 同新华社国际部老同志在一起
左起：王唯真、李慎之、瞿独伊（瞿秋白之女）、王飞、蒋齐生

1999年7月14日
参加茅于轼70寿宴

1997年初四
给陈翰笙老祝寿

1998年1月27日丁丑除夕
在胡绳家，左起：李普、
胡绳、郑新如、李慎之

1990年代看望老友王飞

1985年7月18日
游览武夷山
左起苏绍智、于浩成
李慎之、洪禹、王若水

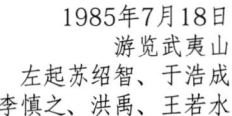

1992年11月11日
同江平在黄果树

1996年11月16日
同袁伟时、罗荣渠在
中山大学

1998年5月9日
与李锐、朱厚泽在深圳

左：1998年在成都，左起：朱厚泽、曾彦修、李锐、胡绩伟、李慎之、（不详）、谢韬

下：2000年同何家栋在一起

1999年12月7日在家中与许良英初次会面

2001年1月16日同戴煌、邵燕祥在一起

2001年1月16日
同前新华社副社长
李普在一起

2003年春节何方、
宋以敏夫妇看望
骨折后的张贻

2003年元旦
与夫人张贻
在宣武医院

2008年5月13日
国务院农村发展研究中心主任杜润生与李慎之长子李三达

编辑说明

1. 本书内容（不包括脚注和摘录中的小标题），或者源自李慎之本人写的文章和书信，或者源自其他人根据李慎之的口述和接受的访谈整理形成的文字记录，因此本书可以被视为李慎之的生平与思想"自传"。所收录的文章、书信和文字记录的清单见本书附件。

2. 除另有说明，本书第一编的内容一是基于李慎之1968年7月写的一篇自传，二是基于其他人根据李慎之2002年11月向友人所做的口述的文字整理。本书第一篇将自传和口述合并整理（即同一章节既有自传、也有口述的内容），目的是为了方便阅读，但两者毕竟有诸多不同（一个是文革中向组织所做的文字"交代"，一个是晚年对自己一生的口头回顾），读者可能会感到部分内容和文字缺乏连贯性或统一风格。同时，自传和口述中的"现在"、"现任"、"最近"等显然指不同的时间，本书也做了相应处理。本书其他各章的内容基本来自李慎之的文章和书信（另有说明者除外）。

3. 本书内容中，自述部分和一部分访谈、书信、文章是从未公开发表过的。对于已经发表的文章，本书试图通过摘录，更精简地突出李慎之对其格外关注的几个重要议题的观点，达到方便读者了解李慎之其人其事的目的。

4. 本书编辑遵循以下原则：

    4.1 对李慎之本人写的文章和书信，本书为突出重点做了删减，但为内容的连贯和语句的通顺也增加了一些文字，增加的文字全部放在方括号"[ ]"内；

    4.2 对其他人就李慎之口述和访谈所做的文字整理，则除删减之外，还修改了一些错别字和标点符号，唯任何增加的文字仍会全部放在方括号"[ ]"内；

  4.3 本书中的圆括号"（ ）"或者是李慎之本人写的文章和书信中原有的，或者是其他人在整理李慎之口述和访谈中添加的，本书未做改变。

5. 本书中的图表为编者制作。

6. 对于李慎之的一些脍炙人口的篇章，如《风雨苍黄五十年》等，鉴于网上很容易找到原文，也为节省篇幅起见，本书不再收入。

7. 对李慎之文章和口述中提及的部分人物、事情和事件，本书通过注释做了简单介绍，内容基本取自网络信息，虽然已做了鉴别筛选工作，但或许仍有不准确之处，请读者见谅。

编者

目 录

编者序   1

第一编 李慎之自述

第一章 家庭   5
    1. 无锡老家   5
    2. 祖父和祖母   8
    3. 父亲和母亲   9
    4. 兄弟姐妹等   16

第二章 小学和初中   20
    1. 小学   20
    2. 初中   23

第三章 高中   30

第四章 大学   38

第五章 当中学老师   65

第六章 去重庆《新华日报》   75

第七章 赴延安、转太行、进北京   84

第八章 考察东欧   95

第九章 参加朝鲜停战谈判   101

I

第十章 参加日内瓦会议、万隆会议 陪同周总理外访　107

第十一章 "钦定"右派　116

第十二章 十年文革　144

第十三章 恢复党籍、陪同邓小平访美　156

第十四章 筹办美国所、领导国际片　161

第十五章 八九风波　168

   1. 参与情况　168

   2. 自我检讨　175

   3. 自我考察　179

   4. 组织处理　186

   5. 党员重新登记　186

   6. 个人总结　188

   7. 个人口述　188

第十六章 退休之后　198

第二编 人物点评与通信

第十七章 人物点评　201

   1. 冯友兰（一）　201

   2. 冯友兰（二）　207

   3. 陈寅恪　211

   5. 匡亚明　218

   6. 钱锺书改胡乔木诗　220

   7. 王小波　223

8. 周恩来两次发火 225
   9. 钱锺书 228
   10. 温济泽 232
   11. 胡绳 235
   12. 王若水 238
   13. 李炳泉 243

第十八章 与许良英的通信 248

   1. 李约瑟难题是一个伪问题 248
   2. 中国哲学不讲"真" 248
   3. 科学在中国没有生根 249
   4. 启蒙和公民教育 249
   5. 中国人"不觉不自由，也就自由了" 250
   6. 削骨还父，削肉还娘 250
   7. 我为何参加共产党 250
   8. 毛泽东 251
   9. 我是半个新儒家 252
   10. 陈寅恪是中国最干净的一个人 252
   11. 中国的专制主义 253
   12. 毛的专制比蒋的专制更严重十倍 253
   13. 大陆社会的民主觉悟今不如昔；胡适比鲁迅更重要 254
   14. 一年写三、四篇文章 254
   15. 戈尔巴乔夫 255
   16. 中国民族主义的思潮大大强化 255
   17. 精英政治 256

- 18. 三个代表　　256
- 19. 中国共产党无学者无思想家　　257
- 20. 汪晖的文字　　257
- 21. 胡冠鲁戴　　258
- 22. 顾准的思想　　258
- 23. 编一个民主读本　　259
- 24. 程序民主与实质民主　　260
- 25. 坚定的民主主义者　　261
- 26. 八十感怀——民主是中国和世界各民族的必由之路　　261
- 27. 改写中国近代史——最后一封长信　　263

第十九章　其他书信　　267

- 1. 致袁伟时　　267
- 2. 致何家栋　　271
- 3. 致王若水　　273
- 4. 致胡乔木　　274
- 5. 致舒芜　　277
- 6. 致艾青　　279
- 7. 致朱光烈　　281
- 8. 致葛剑雄　　284
- 9. 致陆定一　　291
- 10. 致许明　　292
- 11. 致陈敏之　　294
- 12. 致李存山　　300
- 13. 致某同志　　307

第三编 文摘

第二十章 中国传统哲学和精神 310
1. 中国传统哲学的基本概念 310
2. 再谈"天人合一" 314
3. 中国哲学与宗教 322
4. 中国哲学的精神 327
5. 中国哲学的价值观 330
6. 中国哲学的未来 334

第二十一章 中国文化传统与现代化 339
1. 中国的文化传统 339
2. 专制主义与现代化 351
3. 中国传统文化中既无民主也无科学 355
4. 中国文化传统将要在二十一世纪得到发扬光大 359

第二十二章 回归五四、重新点燃启蒙的火炬；自由主义的价值 363
1. 启蒙的定义 363
2. "五四"与启蒙 363
3. "五四"与鲁迅、胡适 372
4. 新启蒙 378
5. 回归五四 重新启蒙 386
6. 自由是最有价值的一种价值 389

V

第二十三章 辛亥革命、政治改革和现代化目标　　396

　　1. 辛亥革命　　396
　　2. 政治改革的必要性　　404
　　3. 中国现代化的目标是民主　　406
　　4. 修改宪法与公民教育　　415

第二十四章 亚洲价值、亚太世纪和全球化、全球价值　　420

　　1. 亚洲价值　　420
　　2. 二十一世纪是亚太世纪吗?　　429
　　3. 全球化　　436
　　4. 民主应是全球价值　　441

第二十五章 再论全球化　　447

　　1. 二十一世纪的大趋势　　447
　　2. 开展全球化研究　　450
　　3. 全球化与中国文化　　452
　　4. 海阔天空扯乱谈　　463
　　5. 一体化与多元化　　468

第二十六章 中华人民共和国外交　　472

　　1. 一切从头来　　472
　　2. 马列主义的影响　　472
　　3. 中共建政前的外交　　473
　　4. 毛泽东时代　　474
　　5. 邓小平时代　　479
　　6. 江泽民时代　　483

第二十七章 中美关系与台湾问题；今后十年的台湾　　486

1. 中美关系与台湾问题　　486
2. 今后十年的台湾　　488

第二十八章 书评　　493

1. 《哈维尔文集》序　　493
2. 《奇妙的新世界》中文版序　　497
3. 数量优势下的恐惧　　501
4. 评龙应台的一篇文章　　506
5. 从旋乾转坤到拨乱反正　　508
6. 百家争鸣探源的力作　　511
7. 发现另一个中国　　514
8. 《现代政治学丛书》中文版序　　520
9. 为探索中国现代化之路而奋斗　　522
10. 朱高正《狱中自白》序　　526
11. 《犹太百科全书》序　　528
12. 通才博识 铁骨冰心　　529
13. 守死善道 强哉矫　　533
14. 智慧与良心的实录　　540
15. 只有一个顾准　　544
16. 革命压倒民主　　549
17. 二十一世纪的忧思　　563

第四编　访谈与对话

第二十九章 访谈与对话　　570

1. 与杜维明先生的对话　　　　　　　　　570
2. 新世纪 老任务　　　　　　　　　　　575
3. 李慎之访谈录（2002年7月）　　　　　589
4. 最后一次访谈（2003年3月）　　　　　597

附：本书原始材料清单　　　　　　　　　　610

编者序

李慎之1923年8月15日生于江苏无锡，2003年4月22日因肺炎不治在北京逝世。他一生经历坎坷不平，是当代中国重要的政治人物和思想家。

李慎之聪慧好学，从小家教严格，熟读四书五经，不仅奠定了他深厚的国学底子，而且使儒家道德成为其律己一生的规范。他同时就读新式学堂，而不是传统私塾，因此接受了正规的中西文化的"双料教育"。

1931年，李慎之小学三年级时发生"九一八"事变，深受刺激，感到当亡国奴的危险迫在眉睫。中学期间，李慎之阅读了包括马克思、列宁和毛泽东著作在内的大量进步书籍和报刊，并实际接触到一些地下共产党人。在爱国主义和追求平等这两大"思想动力"的驱动下，李慎之开始走上了中国共产党领导的革命道路。

1941年，李慎之考入位于北京的燕京大学经济系（因太平洋战争爆发，燕京大学后迁至成都），由"坐而言"转到"起而行"。作为燕京大学学生自治会的实际负责人，他参与领导了有数千人参加的反对国民党政府的游行示威。1945年4月，毛泽东发表《论联合政府》后，李慎之代表燕大学生会起草了要求成立联合政府的宣言，铅印寄发全国。

1945年夏，李慎之大学毕业。第二年到《新华日报》工作，正式参加革命，结识的中共要员包括周恩来等人。1946年11月到延安后，他被分配到新华社国际部，此后30多年一直未离开新华社。1948年底，李慎之加入中国共产党。

1953年，李慎之参加朝鲜停战谈判，具体负责向志愿军战俘解释政策。1954年，李慎之任新华社国际部副主任，主管《大参考》

的编辑出版，十六开版面，每天上午、下午、晚上三版，字数有十几万之多，是当时中共党内高层了解外部世界动态最完整、最权威的信息来源。李慎之文思敏捷，写文章下手快、水平高，被聘为外交部的"客卿"，成为周恩来等中共外事领导的撰稿人之一，同时参加日内瓦会议以及亚非首脑万隆会议，陪同周恩来访问多国。

1956年毛泽东派秘书林克向李慎之和王飞征求意见时，李慎之提出了"大民主、小民主"等新颖言论，遭致毛泽东点名批评，1957年反右时成为所谓"钦定"右派。1958年，李慎之被开除党籍，撤销行政职务，并下放到唐山柏各庄农场劳改。1960年摘帽以后调回北京，在新华社外训班从事教英语、作英文翻译等工作。文革中经历各种批斗，并于1970年赴山西五七干校劳动。1972年受周恩来关照回到北京，重回新华社参编部，从事翻译校对等工作。

1979年1月邓小平访美，要求起用周恩来的原外交班子成员，李慎之遂以顾问身份随同访美，新华社在临上飞机之前认定李慎之属于错划右派，同时恢复他的党籍和政治名誉。1981年经胡乔木点将，李慎之组建中国社会科学院美国研究所并担任第一任所长，1985年又升任社科院主管八个国际问题研究所（俗称"国际片"）的副院长，招贤纳士，广开言路，奉行学术自由。1988年当选为第七届全国人民代表大会代表、第七届全国人大法律委员会委员。

1989年5月中旬北京学生绝食，李慎之倡议社科院发出紧急呼吁书，主张政府与学生对话，和平解决问题。北京戒严后，他愤然表示"不能在刺刀下做官"。1990年，因为被认定在"六四"期间犯了"立场错误"，受党内严重警告处分，并被免去社科院副院长职务。

然而，李慎之先生所以值得纪念，不仅仅是他几起几伏的为官经历，更重要的是他离职之后奋笔疾书写出的几十篇文章。李慎之是一位深受中国传统文化熏陶、极度渴望精神自由的现代知识分子。在生命的最后十几年间，李慎之厚积薄发，提笔作枪，为自由正名、为民主摇旗、为启蒙呐喊，书写了他一生最为灿烂光辉的一页。李慎之的文章反映他晚年痛定思痛，既担忧中国乃至人类前途，又反省解剖自己一生。文章观点尖锐犀利、发人深省，加之他功底深厚的文字以及性格开朗、胸怀坦荡的人格魅力，使得李慎之名声大振，被誉为二十世纪末、二十一世纪初中国自由主义的领军人物。

本书的内容，或者源自李慎之本人写的文章和书信，或者源自其他人根据李慎之的口述整理形成的文字记录，因此本书可以被称为是李慎之的"自传"（详见编辑说明）。

概括李慎之一生，用他自己的话，就是：我青年时只能当共产党，1957年只能当右派，晚年只能当自由主义者，这是命中注定。作为"两头真"的典型代表，李慎之表示要"削骨还父，削肉还娘"。作为"半个新儒家"，李慎之重视主张"天人合一"的中国哲学，呼吁发掘中国哲学的精髓，期待实现"中国文艺复兴之梦"。

编者相信，阅读本书之后，读者会得出与编者相同的结论：李慎之先生是中国当代历史中一位值得特别纪念的人物。

编者

2023年10月

第一编

李慎之自述

第一章 家庭

1. 无锡老家

我是1923年8月15日，大夏天阴历七月初四，出生在江苏无锡的县城里。我家的房子在无锡正街上，叫南上塘，我家在上塘街132号。这条路 [2002年时] 还存在，叫新生路。记得我二十岁那年回家，那大街我两手一伸开，两边房檐的水都可以滴到我手上。两架黄包车（我不知道轿子时代怎么办）相逢，是可以错过去，都要放慢速度，慢慢地转可以错过去，当时那已经是无锡第一大街了。我家房子从进深讲应该是不大深的。我家门头传说是明朝的，但是我看没有任何气派可言。我们那儿大户人家的门都讲究六扇屏门，我家也是六扇。但人家讲究的门上用竹子拼成条子刻上图案，红的，漆成朱色，我家是桐油的。

我们无锡李氏从谁开始？南宋名臣李纲，李忠定公[1]。我是他不知道是三十六代还是三十四代[2]，因为我父亲不是族长，也不管那么多事。但我们也算李家，李家不是无锡大族。

我家在太平天国以前是干什么的已经不清楚了，但至少有百多年来都是城里人，同土地、同农村绝无联系。我的太公名字叫竹坪公，我家住的老宅的地基是我曾祖父传下来的，但是我曾祖父是干什么的，我就没有听说过。

无锡当时有小上海之称。荣家梅园已经建了，小西山已经建

---

[1] 李纲（1083年～1140年），字伯纪，福建人，宋代政治家、文学家。自祖父李赓一辈起迁居无锡县，父亲李夔。政和二年（1112年）进士，历官太常少卿。靖康元年（1126年），金兵初围开封时，他力阻钦宗迁都，以尚书右丞任亲征行营使。不久遭到排斥。高宗即位，用为尚书右仆射兼中书侍郎。在职70余天即被罢免，后任湖广宣抚使等职。卒谥忠定。

[2] 编者注：经查应是李纲第三十一代后裔。

了，已经有现代化工厂，也已经有现代化的水泥桥了，但整个城市走来走去还是并不怎么太繁华。王尧臣、王禹卿都是荣家的两个账房。荣家那个梅园，有个楠木厅，这个楠木厅有个匾，叫诵豳堂。豳就是《诗经·豳风》那个豳字，山里头两个猪。就说你们就是山里两个猪，荣宗敬、荣德生。他们府里两个王家人在无锡搞了个园，叫蠡园。就是猪下两个虫，因为蠡园是里湖，是太湖边上一个小湾。猪底下两个虫，无锡人这么调侃荣、王两家。我从小学地理知道的，南京城号称全世界最大的Walled City，就是有城墙的城，城周七十六里。我们无锡有多少？无锡号称有七里十三步，非常小的城市。这个城什么时候建的？我们那时乡土给算的，就是在倭寇进攻的时候。我们有个知县叫王其勤，[1]他的儿子督战不力，他亲自把他杀了。

我出生的时候，我家旁边一个大宅，真是很漂亮。一个小小的花园，还有亭子，旁边有书房，书房前面又有水塘又有石笋，后面有厅台。当然有红木地板，窗户隔扇都是与众不同的，大门是明朝留下来的，有六百年了，无锡城里也不多了。这个人听说很有钱，是一个据说是曾国藩幕府里很重要的人物，不亚于薛福成，叫邹渭清。到我小的时候，他大概就败落了。房子租给了一个中学，中学校的头儿是谁呢？就是陆定一[2]的老丈人，叫严朴[3]。严朴是中国共产党最老的党员，老到什么程度，我不知道，大概党龄不跟毛泽东一样也差不多。严朴我没见过，但从小就听说过。因为有一天说是抓人了，抓人就是抓隔壁的严朴。严朴的学生大概还不少，在无锡有点名气和声望的。

我小时候最初的记忆只有两个。一个是我三岁时生我弟弟，我弟弟七月初一生的。也不知道发生了什么事情，我母亲在屋子里头，人进进出出。我的出生已经是很新式的了。我母亲生了我兄弟姐妹十

---

[1] 王其勤，字明敏，号少月，生于1531年，湖北松滋人。1553年中进士，授无锡县知县。其时地方赋税制度混乱，为厘亩清粮重新丈量土地。1557年调升南京户部主事，民众夹道相送，死后无锡民众建造了松滋王公祠，尊为"南水仙"。

[2] 陆定一（1906年6月9日～1996年5月），江苏无锡人。曾任中国工农红军总政治部宣传部部长、八路军总政治部宣传部部长、中共中央宣传部部长。1949年后历任中共中央宣传部部长，中共中央政治局候补委员、书记处书记，国务院副总理兼文化部部长，全国政协副主席。

[3] 严朴（1898年3月22日～1949年6月5日），字君实。曾任中共浙南军委书记和红十三军政委，参加长征，途中因病被转送到重庆，后到苏联学习，兼任列宁学院党史研究室主任。回国后历任西安、重庆八路军办事处秘书长等职。

个，活下来的只有五个，原因就是那时候的妇幼保健不行。给我接生的是我们无锡的第一个洋医生，叫钱葆真。唯一剩下一点的印象是我弟弟也是他接生的。第二个印象，我们家对面，我们家是上塘，隔一条河叫二下塘，再隔一条河叫三下塘。出门跨过两大步，就有一溜小房子，小房子过去就是河。这河是生气勃勃的，每天不停地各种船进来。比如我们家里要烧柴的，这柴就是稻草，我想鲁迅家大概也是这样。这稻草要在我家园子里一间破烂房子，要堆满一屋子，要烧半年。买西瓜也是一船一船的进来。像我这样的家庭当然也算不上阔的，但是中等人家一买西瓜就要在大厅里的桌子底下堆满的，一天吃一个。无锡现在很发达，我小时候已经有"小上海"之称，但我总觉得跟《儒林外史》所描述的情景差不多，所以我这一生就经历的无锡的变化恐怕是历史上三千年未有之巨变。真的，西瓜每天下午要吃一个，灶烧的是稻草。

我家门口就有两间房子，临水的，就是《儒林外史》里叫做河房的。一间住的一个裁缝，一间是粪坑。因为粪坑必须临河，粪船就等着掏了拉走。好像没有几个钱，反正就是有钱也很少，比如十个铜板掏一次粪。往南一个竹匠、篾匠，旁边就住着一个道士，再过去是个秀才家，就是鲁迅所写的秀才娘子，那里面我都进去过的。把那个树有杈的砍一段做钩子，上面拴一根绳绑在樑上，买了肉必须挂在那儿，否则的话，被猫吃掉了。地上耗子跑来跑去，墙上满是痰迹。

无锡城这么小，我上学要经过一片菜地，里头有个池塘，大概有这个房子三四间大，旁边竖着一块碑。那池塘干什么用？浇地用，浇粪用的。那块碑的碑文是"高忠宪公止水处"，高忠宪就是高攀龙[1]，止水就是投水。

---

[1]高攀龙（1562-1626），字存之，无锡人，明代文学家、政治家。1589年进士，因批评皇帝被贬谪。在此期间与顾宪成在东林书院讲学，抨击阉党、议论朝政，被称为东林党人。1621年被召入朝，先后任光禄寺丞、少卿等职，后因上奏弹劾太监魏忠贤被革职还乡，并在锦衣卫前往逮捕时投水自尽。1628年被平反，赠太子太保、兵部尚书，谥"忠宪"。

2. 祖父和祖母

[我的曾祖父]有两个儿子,第二个就是我的祖父,名叫李景山,他比我要大八十多岁,生我父亲的时候已经四十多岁了,而且在我父亲少年时代即已去世,因此连我父亲对他的印象也已模糊。我只知道我祖父青年时代正当太平天国战争以后,家里房子都烧光了,只剩临街几间小屋。据我父亲说,我祖父到死是一个米店里的小伙计,不是开米店的。开店的是老板,他是二伙,就是二把手,还有三伙。以前哪个店都有一号叫掌柜,可以叫经理,也可以叫老板。米店是很小的,米店在我们那儿有个很难听的名字,叫米蛀虫。[我祖父]一辈子没有"发达"过,家里生活一直是十分贫穷的。我祖父我见到过照片,不是叫照片,叫神像,或者叫喜容,是炭画,跟照片一样。我的祖父很清秀。我从小就没见过我祖父,大概他也算年纪大的,活了七十五岁。

对我家庭以至一直对我有极大影响的是我的祖母。我祖母是安徽程氏,名字我不知道。安徽人在我们那儿很有地位,很有钱的。据说她原来是"大人家"(意思是有钱人家)的"小姐",她是因为太平军时逃难到无锡来,无锡也是太平军的天下。后来因为父亲去世,家道中落而"下嫁"给我的祖父的。我祖父未必有多少文化,她却是一个"知书识字""知诗达理"的女人,对于我的家庭的社会地位是十分不满的,因为在封建社会,只有"读书人家"才是值得尊敬的,而"生意人家"是被人鄙视的。旧时说"士农工商""商为四民之末",何况我祖父连一个商人也难说得上,只是一个小伙计。

她总恨自己嫁的李家没文化,也许我们家曾经有过钱,因为我们家的地,有过那么大。说大也不过二亩地。因此她下定决心,要把我父亲(这是她的长子,因为我叔叔早亡,又几乎可以说是独子)培养成为一个读书人。但是,因为我家不但穷,而且我祖父去世很早,因此,她的愿望的实现过程是很困难的。我父亲小时候读不起书,幼年时是靠我祖母教他一些唐诗、千家诗之类,长大以后,也只在我家紧隔壁的一个老秀才那里读了几年私塾,后来就不得不因为要谋生而到布店里去当学徒。我父亲后来苦学成了一个知识分子,但是始终因为没有能在青年时期赶上"考秀才"而感到遗憾（等他有一点"学问"的时候，清朝已经废止科举了，许多年龄比他小的人反倒考上了"秀才"、"举人"，因此他感到"遗憾"。）我记得我家里最老的一本书是一部《康熙字典》[1]，据说是我祖母把我父亲的一件长衫大褂，当了六十块钱以后买的，一直保留到文化大革命。（她）能看《三国演义》！而且据说是极其贤惠。从贤惠这一点来讲，婆媳（关系）自古都是不太好的，但我母亲谈到我的祖母，没有一个字评论说她不好，而是说她非常好，这个不容易。

我祖母还有一条，因为她是我们家大门以内李氏，就是我太公两房子女，她是唯一的家长，她是绝对反对僧道，典型的儒教。比如伯父说有狐仙，要找一个狐仙童，但是她不信这套，就由她做主，她做主不是靠权位，真是靠德势。我们家到第二代、第三代，没有娶小老婆的。她就抽抽水烟，没有打牌的，我不认识牌的。那时人人都会打麻将，但我们家，包括我的伯父家，就是我们李家大门里头的全没有。

3. 父亲和母亲

我父亲叫李柏森，生在1883年，照规矩应叫柏森公了。我父亲生我的时候已经四十一岁了（我是长子），那时我的祖母早已去世，我的父亲也早已"得发"，因此我对我父亲青年时代的情况简直没有什么了解。我只是听他说过，他的学徒生活很长，换了好几个店，原因是他受我祖母的教育的深刻影响，立志读书，白天干的是倒尿壶、涮水烟袋的工作，晚上就躲在柜台里看书，老板怕他把灯火烧了店房，不但加以斥责，而且加以驱逐。他的老板，我还记得：方老发，是他的大名还是诨名，说不清楚了。有一件事我还受父亲的影响，他要包任何东西永远是方方正正，因为他做过布店伙计，包的是布。

我父亲跟我说这些是为了贯彻我祖母的"遗教"，要我也立志苦学，但是他又不愿意我太多知道他"贫贱"时的实况，而力图培养我

---

[1]《康熙字典》，是张玉书、陈廷敬等三十多位著名学者奉康熙圣旨编撰的的汉字辞书。编撰工作始于康熙四十九年（1711年），成书于康熙五十五年（1716年），历时六年。

的"书香门第"的"自尊感",因此,从没有给我系统地说到他自己爬上来的过程。我只知道,他由于这样努力自修而取得了相当高的旧文化,以至于从当最低级的"录事"(即"抄写员")而成为小学教员、中学教员,后来一直当到了无锡资格最老最大的一家报馆(新无锡报)的主笔。总算是完成了由一个"生意人"转变到"读书人"的过程。

辛亥革命时他不是什么人物,但是一个拥护者。无锡光复的首要人物,我们光知道号,叫秦效鲁,那是无锡第一号人物,跟我父亲都有点交情的。我父亲从那以后起,还是办报馆。我父亲可以算一个新派知识分子。我也是听别人讲的,而且听到的人很多,办报馆的有个恶名,叫"隔壁虱"。但人家说惟独只有一个好人,就是我父亲。

我父亲最好的朋友叫杨楚苏,他们一起办了一个《新无锡报》,后来又变成《无锡新报》。我父亲当过一阵报馆里的第一把手。然后经营不善又赔了,赔了就垮了。垮了以后我父亲可以说一直给资本家管一支笔,无锡县商会,我父亲就是商会的文书,所谓文书就是秘书长,所以他也算绅商一流。但是我的印象确实没有什么发财的机会。也做点小生意,就是在绸缎庄或者哪里,搭一股两股,钱不多,那么一年也可以分点红。他的工作第一是文书,大概几十块钱一个月的收入。又教过书,最有名的学生就是秦邦宪[1]。我父亲是老近视眼,秦邦宪是非常调皮的,拿了一瓶墨汁放在他的座椅上,我父亲不知道,穿着件白色夏布长衫坐下去,衣服就全染了。

这些全是我出生以前的事情。到我出生并能记事的时候,我父亲的报馆早已倒闭,主笔早已不做,当时他的职务是无锡县商会的"文牍"(相当于现在的秘书)。这个职业大体上一直维持到他近七十岁因眼瞎而退休之时(正当解放前夕)。

据我父亲说,他这个文牍,每月的薪金只有二三十圆,但是,从我幼年时起,他每月的收入一直在一百圆左右(当时的一圆是指银币),另外的收入也是薪水。我知道得比较确切的是因为他曾做过报馆工作,因此一直兼任上海《申报》的特约记者,一直到抗战以前每

---

[1]秦邦宪(1907年6月24日~1946年4月8日),又名博古,字则民,无锡人,曾任中共主要领导人。曾翻译《苏联共产党历史简明教程》、《辩证唯物论与历史唯物论基本问题》、《共产党宣言》、《论一元论历史观之发展》等书。1946年4月8日,与王若飞、叶挺等在从重庆返回延安途中因飞机失事遇难。

月有二十圆的固定收入。此外，他还兼任几个同业公会（一个行业的资本家的联合组织）的文牍或秘书之类的工作（所谓工作大概都是他给起草起草文件，如呈文之类），也可以有几十圆的收入。《申报》一直到解放以前，都是中国最老最大最阔的报纸，我父亲给它写的稿子，有一本贴报本，因此我曾见到过，完全是属于商情和商界动态的，没有多少政治性的东西，他大概每月写一两条几百字的文章，甚至不写，也照拿二十块钱的酬劳。

以上是我父亲的固定收入（百圆左右），另外，他因为同资本家关系密切，常常同那些人搭伙做一点"生意"，实际上就是买贱卖贵的投机。方式是把自己积蓄下来的几百块钱同人家搭份子，投机成功可以赚个几十块钱。但是，据我父亲说，他"不是做生意的命"，赚一点就赔一点，从来也不敢把自己的积蓄全部拿出来"发横财"。就我观察所及，我以为这大概是实际情况。

在我幼年时代（1935年以前），我记得，我家里的生活确实是非常节约的，这是因为我父亲要尽量积下一笔钱来盖房子。他的愿望在1934或35年达到了，在我家后院一块祖传的废地上盖起了一所四间门面两层楼的房子。从那以后，我觉得我家的生活突然宽裕了起来，原因是房子已经造好，用不着尽量积钱了。我家搬进新房子以后，楼上全部自己住，楼下就出租，在抗战以前，我在家的时候，房客都是隔壁一家中学的教员。我父母对房客挑选很严，在他们认为是孩子多、吵闹或者不正派的宁可不租，因此房间时常是空着的，在全部出租的时候，每月也可以有二十圆的收入。可能在[19]56年左右，我家楼下的房子就收归房管局了。

在三查三整运动[1]的时候，同志们根据我的叙述，认为我的家庭成份是"中级职员"，有少量剥削，不占收入的主要成分。到[1968年]为止，我的家庭也始终没有划过成份。我在解放以后填表的时候，一般都是笼统地填做"上层小资产阶级"。我以为按他的薪金收入，如果以沿海地区的标准说，还算不上高级职员，但是在全国范围内说，按我们家当时的生活水准已接近"高级职员"了。同时，在资本

---

[1] "三查"是查阶级、查工作、查斗志，"三整"是整顿组织、整顿思想、整顿作风，是中国人民解放军于1947年冬至1948年夏开展的整军运动内容。

11

主义工商业比较发达的无锡,"县商会"是一个很有影响的组织,我父亲也算得一个士绅圈子中的人,在这点上说也接近"高级职员"。

我家里的书可以说很杂,比如像二十四史,我父亲总想买全,没有买全过,但有几部,有《资治通鉴》。最奇怪的是《新青年》八卷是全的,到解放后北京图书馆、上海图书馆一定要他的,可他不卖,最后到文化大革命不知道何处去也。还有一些其他书籍。所以我们受的教育比较杂,可是与书香门第比,不像舒芜书香门第那么正规。比如《安徽白话报》,还有《浙江白话报》,我家都有,都不全的。《点石斋》画报,我家也有些,但是没有全的。我认为他真正有点价值的藏书是《新青年》,但也不是原本,已经是合订本。《小说月报》就是鲁迅登《阿Q正传》的。我看《阿Q正传》跟别人不一样,我是看《小说月报》上的原载版本,否则我的年龄其实根本说不上能看多少鲁迅的。《晨报》也有些,杂七杂八的报纸。还有《玉梨魂》,不过这个很杂了,还有《阳明全书》。如果你要研究民国早年的作品,我家都有一点,而且我还有一点感觉,对我的爱国主义(有影响的),印象就是,清朝末年大量印行明朝末年的东西。还有一个人叫郑所南的《心史》,我家都有。我看看也懂也不懂,但是我从小爱国思想是比较强烈的,就因为常看这些乱七八糟的东西。

我父亲是高度近视,到解放前夕,因患视网膜剥离全部失明,即退休家居,家庭生活靠我两个未出嫁的姐姐(她们都是职员)和我的弟弟(他正好在1949年大学毕业)的薪金维持。我个人在[19]57年以前每月寄回三十圆,[19]57年以后每月寄十五圆。

关于我父亲的政治面目,我所了解的是他是一个资产阶级的谋士,而从不参加党派的。他的思想是典型的封建士大夫而具有一点近代资产阶级的所谓开明色彩的人。我在初中的时候,他常向我表示对国民党"党老爷"的鄙夷不屑。但是他又向我说过,"要讲国民党,我比他们资格都老",这句话,我过去从未深究,我当时的理解是他可能在年青时代参加过孙中山的同盟会,但是我没有明确搞清楚过。我之所以如此认为,是因为我家里有许多清末民初的革命书籍,比如被认为十分名贵的邹容的《革命军》[1]和 《黄帝魂》[2]这样的书，我家都有，我知道收藏这样的书在当年是有杀身之祸的，而且我也知道，我父亲参加过一点无锡本地的所谓"光复"行动（即辛亥革命），我家也有那时的一些文献。

另外我父亲对蒋介石从来没有表示过好感，而对孙中山和黄兴、章太炎却提起来就赞不绝口。毛主席曾经引用过的章太炎痛骂国民党定都南京的对联"此地龙盘虎踞，古人之虚言；群盗鼠窃狗偷，死者不瞑目"，我父亲曾向我多次提到过，因此我在三十年后还是记忆犹新。我个人揣测，我父亲年青时可能同同盟会有过某种联系，但是他是一个胆小的人，又是一个"孝子"，当时"老母在堂"，我估计他是不会当真参加过什么重大的革命活动的，如果有，他一定也会同我谈到的。我父亲大概学过英文，也学过日文，但是根本谈不上读写应用。我曾经猜测他是老新党，鲁迅曾经说自己是老新党，（他）没有说自己是，他说他最佩服老新党。

但是，我父亲也决不是反国民党的，国民党是政府，是正统，这点在他是没有疑问的。他的不满往往是那种从封建士大夫的角度看不惯"世风日下"所发的牢骚。其实，从本质上说，我父亲已经是一个资产阶级知识分子，主要的已不是封建士大夫，他的一生都是为资产阶级发展资本主义的事业筹谋划策，如果说他对国民党有所不满的话，主要的也必然要表现为中小资产阶级同国民党所代表的大资产阶级（买办资产阶级，官僚资产阶级）之间的矛盾。不过这一点，我当时（我同我父亲常在一起的时候是抗战以前，当时我还是一个初中学生，不满十五岁）完全没有能力体会到，这主要是因为我年轻不懂，也是因为我父亲当时同我谈的都只是古文古诗，不及所谓"当世之务"的缘故。

我父亲因为他是在商会任职，他还接很多同业公会的文书。我印象他们打官司都很讲道理。就是要向官府上呈文，什么东西不应该

---

[1] 邹容（1885年～1905年），原名绍陶，字蔚丹，四川巴县人。所著《革命军》1903年5月出版，章太炎为之作序，章士钊为之它题签，被誉为中国近代《人权宣言》。

[2]《黄帝魂》为黄藻所编，辑录了清末报刊有关反清革命的论著，1903年由上海东大图书译印局刊行初版，此后一再重刊，篇目互有增删。

加税，什么东西应该……。我父亲有时生病，就躺在床上口授，让我笔录，笔录以后我的字不行，还要请人誊录。后来我自以为对我的国文有很大的好处，他是一个字一个字念，我一个字一个字地记，对我来讲，这就是对我一种很好的文字训练，大都是用浅近文言写的。

抗战开始，无锡沦陷之后，我们家搬到了上海过"逃难"生活，生活一度比较艰苦。我父亲大约因为在地方上有些名望，曾有人想拉拢他回无锡去做"官"，也就是做汉奸，这点他比较坚决，始终在上海，工作仍然是给一班由无锡搬到上海的资本家办事。这种事情本来不值一提，可是他却自鸣清高，大做其诗，把我家的房子取名为"岁寒书屋"，给自己取名为"岁寒老人"，用的是孔子所说"岁寒然后知松柏之后凋也"的意思。

因为我父亲从事报业，所以他既结交无锡的绅商名流，也结交当年的江南才子。柳亚子[1]、包天笑[2]、范烟桥[3]、周瘦鹃[4]他都认识，但是我父亲有一点，他给我的印象比较清高。没有进入文人圈子，也没有很深交往，但他都认识。无锡有一批人，早一些的比如华蘅芳[5]，这是全国性人物。跟我父亲同年代的那不能算老新党，次老新党，胡明

---

[1] 柳亚子（1887年5月28日～1958年6月21日），字稼轩，号亚子，江苏吴江人。创办《复报》和南社，曾任孙中山总统府秘书，中国国民党革命委员会中央常务委员。1949年后历任中央人民政府委员，全国人大常委会委员，华东行政委员会副主席和中央文史馆副馆长等职。

[2] 包天笑（1876年2月26日～1973年10月24日），又名公毅，字朗孙，笔名天笑等，报人、小说家。一生著译100多种，著有《上海春秋》《海上蜃楼》《包天笑小说集》等，译有《空谷兰》、《馨儿就学记》等。

[3] 范烟桥（1894年7月3日～1967年3月28日），字味韶，号烟桥，吴江同里人，文学家。著述包括《烟丝》《中国小说史》《范烟桥说集》《吴江县乡土志》《唐伯虎的故事》《林氏之杰》《离鸾记》等。

[4] 周瘦鹃（1895年6月30日～1968年8月11日），原名周国贤，江苏省苏州人，作家、翻译家、盆景艺术家。开办苏州著名的"周家花园"，曾任全国政协委员。

[5] 华蘅芳（1833年～1902年），字若汀，江苏省无锡人，清末科学家和教育家。少年时酷爱数学，为曾国藩擢用，和同乡好友徐寿到安庆军械所，绘制机械图并造出中国最早的轮船"黄鹄"号，是洋务运动时期有代表性的科学家之一。

复[1]、胡敦复[2]。还有我们无锡的裘可桴[3]、还有办全国第一个女校的叫侯保三（鸿鉴）[4]，跟我父亲都算是朋友。但是我都觉得他好像君子之交，淡如水似的，没有什么很多的来往。

我父亲一辈子可以说没有嗜好，嗜好就是抽纸烟，抽烟到后来也很少，因为他老要我给他点烟，一晚上也就是一两颗。就是勤俭持家。我父亲一九七一年十一月去世，八十八岁。我父亲一辈子想当一个文人，但是总是当不成。他这个人也是好说话，他在无锡要照他的地位，一定是个政协委员。如果他随便说话，跑不了的右派，偏偏他眼睛已经瞎了。

我母亲叫吴希亚，祖上的情况我不清楚，她自己也不甚清楚。她父亲大概是一个钱庄的大伙计，一度比较有钱，晚年就败落了。她母亲死得很早，（把她）寄养在别人家，我这个外祖父又没续娶，不久也就死了。嫁给我父亲的时候，家境很穷。上过两年学，在竞志女校的小学，原则上不识字。她自己从来不看书，只认识自己的名字。但是她的叔祖，她的叔父都是无锡很有钱的人家。无锡第一个洋房是薛福成家的，罗马式的柱子，那完全是洋房。第二个洋房就是我母亲的叔父家的。所以我们从小对我们那个外婆家就叫洋房外婆家。他家在姚宝巷，一个小巷子，对面王昆仑[5]家。王昆仑的父亲叫王新如。无锡的那个鼋头渚，前山是杨家的，后山就是王新如家的。王昆仑家

---

[1] 胡明复（1891年5月20日～1927年6月12日），中国在国外获得数学博士学位的第一人。与胡适等人一同考取了庚子赔款第二届留美生，入康乃尔大学学习，与后来成为语言学家的赵元任同班。获哈佛大学博士学位，回国后创办并多年主持大同大学数学系，后不幸在无锡溺水身亡。

[2] 胡敦复（1886年3月19日～1978年12月1日），教育家。1912年创办私立大同大学并担任校长，后任北京女子师范大学校长，交通大学数学系主任。1949年后在美国华盛顿州立大学任客座教授。

[3] 裘可桴（1857～1943年12月8日），字葆良，别字可桴，江苏无锡人，光绪十一年举人。创办《无锡白话报》，大力提倡白话文，是中国白话文运动的先驱者之一。另在无锡开办了"三等学堂"、"东林学堂"等新学堂及师范学校等。遗著收入《可桴文序》中。

[4] 侯鸿鉴（1872年～1961年6月19日），字葆三，江苏无锡人。早年留学日本，回国后创办竞志女学校、模范小学、速成师范。历任集美学校校长，福建教育厅秘书，上海致用大学校长等职。着有《塞外纪游》《西秦旅行记》《东三省旅行记》《南洋旅行记》《环球旅行记》等。

[5] 王昆仑（1902年～1985年8月23日），江苏无锡人。曾任黄埔军校潮州分校政治教官，参加北伐战争。与王炳南、屈武等在重庆发起组织中国民主革命同盟。1949年后历任政务院政务委员、北京市副市长、民革中央主席。

是我们无锡的阔家。

她只有一个亲哥哥，但是在青年时就死了，遗一个孀妻与孤女，就是我的舅母与表妹，时常住在我家或别的亲戚家（我的舅母叫郑冰心，是一个有点文化的人，丈夫死后一直做小职员，解放以后思想进步，1958年曾到北京来出席全国妇女群英大会）。我母亲不认得几个字，基本上是文盲，是一个典型的旧式家庭妇女，除关心丈夫儿女外，不问外事。

我记得我家最大的花钱就是盖房子。盖房子靠我母亲，老太太真是不容易。隔壁的木匠帮我家盖房子，我们家隔壁的木匠的房子也是很大的。有很多东西都要买旧货来凑齐。盖好了以后，我母亲金子、银子也是花了很多的。可是刚刚盖好两年，抗战了，不能住了。在上海租了一间小房子，极小极小，就是一间房子一直住了好多年。我母亲死的时候，也是八十八岁。

4. 兄弟姐妹等

我长姐叫李秾，比我大九岁，初中毕业后，即无力升学，搞家务劳动（其时约1934年），抗战后到上海，又入立信会计专科学校[1]初级学校读了半年书，以后经我父亲托人荐入无锡资本家开的昌兴纱厂，做会计一直到1963年（可能是1962年）退休。退休后曾来我处住过三个月，以后一直在无锡老家主持家务。我大姐因为小时候得脊椎变形症，身体极坏，矢志独身，没有结婚。我大姐所在厂一直没有变过，但是解放后因为公私合营，名字可能变过，最后两年，工作也好像有些内部调动。

我二姐叫李芍秾，比我大六岁。抗战开始时在高中二，抗战后到上海读完高中，然后又在立信会计专科学校学习了一两年，是顾准[2]的学生。取得了一个高等学校毕业的资格。以后也是经我父亲托

---

[1]1928年春，潘序伦创办簿记训练班，第二期改为立信会计补习学校，1952年并入上海财政经济学院（现上海财经大学）。1980年复校，1992年成立立信会计高等专科学校，2003年升格为本科院校，2016年与上海金融学院合并为新的上海立信会计金融学院。

[2]顾准（1915年7月1日～1974年12月3日），字哲云，江苏苏州人，思想家、经济学家。曾任沪江大学、圣约翰大学、之江大学等校教授，中共江苏省委副书

人介绍到一个什么公司当会计，后来换了几个地方始终是当会计，[后]在江苏苏州江苏师范学院，还是当会计。她是一个家庭妇女式的职业妇女，没有任何政治历史问题。她也始终没有结婚。理由倒不是不想结婚，而是因为我父母的家庭教育极端严格守旧，别说在家的时候，就是到社会上工作了三十年，还没有交上一个男朋友。我所以说到这点是因为我自小也是受的这种教育。我大姐二姐的情况很足以说明我所受的家庭教育的特点。我家在抗战后迁到上海后，因为父亲收入锐减，经济上很拮据，在我大姐二姐就业后，就又宽裕起来。我二姐解放后的政治表现，我只知道她没有犯过任何错误，在业务上常受表扬，我认为她不可能是一个左派，也不可能是一个右派，大概是一个典型的中间派。

我二姐最近[2002年]忽然常常跟我有电话，说："我是真要感谢你。"为什么？我父亲头两个都是儿子，但是一岁二岁就死了，甚至不到一岁。所以对我的堂兄，我父亲、母亲始终视如己出，他三岁就没有父母，都是我母亲一手带大的。我有个姑母，就是我父亲的姐姐，因为我家生下两个哥哥死了以后，就只有三个女儿，我姑母按照她那个时代标准（她是个寡妇，有个遗腹子，当然她不可能再嫁），一个劲地劝我父亲要娶个小老婆。我二姐就说：如果你要不生出来，那小老婆是娶定了，那就没有我现在的幸福生活了。

我的三姐叫李小秋，比我大三岁，但因为功课不好，在学校的班次比我还低，抗战后才到上海读毕初中，以后也在立信会计专科学校读过一段时间的书，但是没有多久就出嫁了（当时虚岁十九岁）。她的公公是一个中等资本家（在无锡上海有布厂、纱厂），是无锡城里一个大绸布店和纺织厂的老板。我父亲很看不起他，有时嘲他为牧猪奴。因为我三姐长得漂亮，读书不好，所以他先把我三姐嫁出去，因为他家里有钱。她的丈夫叫蒋毅生，结婚时还是一个大学生，后来在南通纺织学院毕业，以后一直在布厂、纱厂中做技术人员。我三姐

记，山东省财政厅长，上海市财政局长兼税务局长等职。1952年三反运动中被撤销党内外一切职务。1953年后担任中央建筑工程部财物司长，洛阳工程局副局长。1956年加入经济研究所，写成《试论社会主义制度下商品生产和价值规律》，成为提出社会主义条件下市场经济理论的第一人。1957年被划为右派分子，文革中受残酷迫害，妻子离婚并自杀，五个子女宣布与顾准断绝关系。《顾准文集》和《顾准日记》出版后，在中国知识界、思想界刮起"顾准旋风"。

一直是个少奶奶型的家庭妇女，因为夫家有钱，生活上很讲究，但是没有政治历史问题，她只有一个独生儿子，高中毕业后想升学未成功，听说当[了]工人。

我的弟弟叫李正，比我小三岁。我1942年离开上海的时候，他才是一个高中一年级的学生，当时在学校功课很差，也毫无活动能力。1946年我回到上海的时候（当时我已经在《新华日报》工作），他已上大学一年级，我发现他变得很活跃，朋友很多。那年暑假他告诉我要到庐山去参加夏令营，我一问，是三青团举办的。我当时立即加以制止，并且予以痛骂，告诉他绝对不能跟国民党三青团走，他被我一吓，没有敢去。我说一"吓"，是因为当时正是抗战胜利以后，蒋介石以民族英雄姿态欺骗人民，像我弟弟那样的对他还有迷信，我同他宣传的革命道理他并不能接受，不过我说的当国民党三青团就是与人民为敌，将来死无葬身之地这些话还能使他震动。后来我介绍他看不少进步书刊，但是一直到我在11月离开上海为止，我认为他并未接受多少进步影响，只是不敢再与三青团接近，则据我观察是事实。我离开上海后，他转系读建筑，据说因为配上了他的才能，功课突然好转，我1950年初回家时他已大学毕业，毕业后经国家分配在几个大学当助教（具体校名我搞不清楚），对业务钻研心很强，但是个人主义也十分强烈。1955年（或56年）时似乎是在苏州工业专科学校当建筑系教师，因为学校要调西安，他坚决不去，后来在无锡市建设局做工程师。我在听说他拒绝分配，自找工作以后，曾给予严厉批评，他表示接受，但是因为他曾经拒绝过分配，他在无锡建设局的工作长期未入正式编制。1963年，我因父亲患病去无锡时，他告诉我，组织上已同意把他的职务转正，但不知道结果如何。

我唯一的嫡堂哥哥叫李新华，是辛亥革命那年生人，比我大一轮。我父亲有一个弟弟，二十多岁时去世，不久，我的婶母也去世，遗下一子，是我的堂兄。从三岁起就由我母亲带大，同我的关系就同亲哥哥一样。他读书到初中毕业，因为家庭经济无力再升学，就到一家钱庄去当学徒，几年以后又转到上海银行无锡支行当行员，抗战后转到上海总行，几十年来一直干的是银行职员。在银行业公私合营以后，也仍然如此。[1968年时]好像是上海人民银行卢湾区分行的某办事处主任。

我的堂兄年青时受过北伐的影响，有一点革命热情，我五六岁的时候，他就教我唱"打倒列强，打倒列强"的歌，印象至今不忘。据说他曾坚持要求参加北伐军革命去，但是被我父母死命拦住，因为我叔叔只有这一个儿子，万一他去当共产党送了性命，对不起自己的弟弟，因此坚决不让去。在我哥哥当学徒的时代，他对现实是不满的，始终订阅邹韬奋办的《生活》、《新生》、《永生》等杂志，还给我介绍宣传，我也从其中得到了一点进步的影响。但是当他进了上海银行当了行员以后，因为地位的变化，思想就渐渐变了（当时的社会上，银行职员被认为高级职业，不论收入多少，在生活"派头"上也比老式职员要高一等），相信起"实业救国"论，要当资本家了。抗战以后，他到了上海，就一心一意纠集同伙，开起小厂来。头一个是宝新袜厂，当时我还在上海因此知道，以后又连续办了印刷厂、制冰厂等。他办厂的"运气"并不好，所谓连续办，就是办一个倒闭一个，又办一个又倒闭一个。这样一直到解放时还是一个银行职员。他是一个十分胆小的人，在办厂的同时，始终不敢放弃他那八、九十圆一个月的银行职员的收入，因此一面当小老板，一面还是以银行职员为正业。他的资本家的"活动"完全是业余干的。这样，一方面别人讽刺他办厂不能发是因为胆小，不敢全力以赴；另一方面他却自鸣得意，以为自己稳重，没有弄到"驼子跌跟斗，两头不着实"。他十多年办企业的结果是有赔有赚，但是我估计赔的大概总不如赚的多。过去，据说，因为他一直未脱离银行职员身份，因此他本人出身也还是算职员。我1946年由四川回到上海的时候，在和他的谈话中发现他的政治倾向是赞同民主同盟的观点，这是完全符合于他当时的小资产阶级的阶级地位的。当时，他知道我在《新华日报》工作，对我是比较同情的。解放以后，除了我回家时曾见到过他外，几乎完全没有书信往还，只听说他工作很努力，曾当选为模范工作者，历次政治运动中也没有听说他出过什么问题。

第二章 小学和初中

1. 小学

在我上小学以前已开始了学前教育。从四五岁的时候起，我父亲为了贯彻我祖母的要把子孙培养成为读书人的方针（我祖母在我出生前已经死了），就不但教我认方字，而且教我背唐诗和千家诗，如"云淡风轻近午天"之类。我虽然一点不懂得其中的意思，却也背得滚瓜烂熟。到我上小学以后，我父亲又在我的"正规的"教育之外，加上了一套教育，读《论语》《孟子》《战国策》《左传》之类，这些东西，在我内心一直是一种骄傲，以为自己受的是双料教育，知识多。

我是在1929年年初，亦即虚年龄进入七岁的时候上小学的，当时因为我年纪小，是随着我的姐姐进的无锡县立女中的附小，这样早晚上学放学都可以有我那在初中读书的大姐带着我。我对小学一年级几乎没有什么印象，每天跟着我姐姐上学，但我父亲总觉得男孩子上女学校不太好，所以我上完一年，就转到[2002年时]可能都是全国最好的一个学校，当时在江苏是很有名的一个小学——无锡师范附属小学。无锡在教育界专门有一派的，叫第三师范。北京香山慈幼院就是三师派接掌的，那个校长是熊希龄[1]的老婆毛彦文[2]，那也是教师。这个学校我前几年还去过，游泳池什么的都有。然后就转到实验小

---

[1]熊希龄（1870年7月23日～1937年12月25日），字秉三，湖南凤凰人，民国时期政治家、实业家。十五岁中秀才，二十二岁中举人，二十五岁中进士，后点翰林。1898年因参加百日维新运动被革职，曾任北洋政府第四任国务总理。

[2]毛彦文（1898年12月13日～1999年11月10日），女，英文名海伦，浙江江山人。留学美国回国后任职暨南大学、复旦大学教育系。与熊希龄结婚后辞去大学教职，协助丈夫开展慈善事业。1950年赴美国，任加州大学、华盛顿大学研究员。著有回忆录《往事》。

学。从二年级转去以后，好像是完全新式的教育。我们的校长叫顾倬之[1]，中国大半所谓先进人物里头就有他的名字。

　　锡师附小的条件照那时的标准看是算很好的，校舍大，操场大，图书仪器多，师资水平高，其教育方法实际上就是"高压、漫灌"。我记得到三年级的时候，一学期下来，就有好多本笔记。当时我的功课在全班算是好的，然而我的身体在全班也是最坏的，到五年级就成了近视眼，每学期都要生一次大病，平常是伤风感冒不断，而我的父亲却越是我身体不好越是不让我玩，怕我玩出病来，读书却一点也不肯放松。在我小学三四年级的时候，级任老师叫蒋啸月，我过去总以为我得益于他很多，认为他品行端方，学问渊博，对我要求特别严格，正是从他那里，我学到了一套"师道尊严"的观念（这个人在我上初中的时候就病死了）。

　　到暑假的时候，我父亲借些钱，去请我们那一带一个有名的秀才，叫赵芷轩，就要我跟姐姐一起念，开头大概也是"白日依山尽"，到后来也念点"关关雎鸠"。当然我家里绝对是重男轻女的，但是在这一点上倒还不太明显，因为我小。所以私塾我没有念过，但是现代教育——我从第一天起，到最后大学毕业，都是经历的所谓（在当时来讲就是）全新式的教育，每个暑假都不能虚度，寒假也一样。

　　我在小学时期所受的政治影响有两方面。一方面是民族主义的。在我小学三年级的时候发生了九一八事变，日本人占领了沈阳，张学良则不抵抗而退出了东北（当时蒋介石把不抵抗的责任全推在张学良头上。）这对我们当时是极大的刺激，感到做亡国奴的危险迫在眉睫，民族意识十分高涨，曾在教师的率领下上街查抄日货，同奸商作斗争。第二年又发生了"一二八"事变[2]，东洋兵打到了上海，十九路军的伤兵从前线撤下来到无锡的，有一些就住在我们学校的大礼堂里，上海的大学生也有到无锡来做抗日救国的宣传的，这些都曾使我们热血澎湃。"九一八"那年我九岁，写作文，就用这样的语言了："尸横遍野，血流成河"，其实也不懂，但是抗日情绪高涨。近代中国一

[1] 顾倬（1872年～1938年），字述之，无锡人，教育家。1902年赴日留学，归国后历任东林学堂校长，直隶提学使署教育科长，官立江苏省第三师范学堂（今无锡师范前身）监督（校长）等职。

[2] "一二八"事变又称"一二八淞沪抗战"，是日本于1932年1月28日在上海发动的侵略事件。当夜日本海军陆战队突袭上海闸北，遭到国民革命军第十九路军抵抗。1932年3月3日，中日双方下令停战，5月5日签订了《上海停战协定》。

切启蒙运动、革命运动，最后感情上的动员力量，全是民族主义。

我启蒙从一定意义上讲是从"九一八"开始，"九一八"第二年就出"一二八"了。"一二八"十九路军，它的军人还有学生队伍，学生军一直到我们无锡一带去宣传，住在我们学校，人不多。穿着呢子军服的军人在我们看起来简直是非常伟大，他们的北方话我们也听不大懂，其实也可能是广东话、广东官话，搞不清楚。"九一八"再加上"一二八"，民族感情大大上升。"一二八"的时候，我们小学有一个老师，不是我们班的，住在我们学校，忽然早上不见了，留下书："我投笔从戎"。这个对我们震动也很大。不过当时我们的老师都是"正统派"，只骂日本人，不骂国民党，我们也只是跟着喊一些"国家兴亡，匹夫有责"的空话。然而日子久了，也产生了一点怀疑，为什么报上天天骂张学良、汤玉麟[1]，而他们却一点不受到惩罚呢？为什么报上说十九路军抗敌如何英勇，战果如何辉煌，而最后却又要撤出上海呢？为什么报上把马占山[2]说得那么英雄，而东北抗日义勇军的少将却居然沦落到在上海街头给人擦皮鞋呢？这些，当时都只是我脑子里一些模糊的问题，自己还得不出答案来。[另]一方面也有一些社会主义的影响。当时，在我们学校每到暑假，总有无锡师范高三毕业的学生来做"试教教师"，这批老师年轻，朝气蓬勃，中间有一些人是有进步思想的。他们就给我们宣传苏联如何如何，工人如何幸福，以及劳动神圣，做少爷小姐可耻之类的思想。这样，像人应该平等，贫富不均的现象是一种社会病态，剥削可耻，社会可以改造，改造可以成功的思想也初步在我的心中立下了一些基础。

我在小学上的是春季始业班，然而当时无锡的中学都是秋季始业班，因此我上到五年级的时候，就考虑到如果照常读下去，到

---

[1]汤玉麟（1871年7月～1949年2月），字阁臣，今辽宁义县人，国民党将领。历任第五军团总指挥，热河省驻防军上将总司令。1933年3月，日本关东军进攻热河省，汤所辖三条阵线同时溃败，日军仅用了七天时间占领热河省全境。宋庆龄女士曾愤怒谴责道："谁是防守热河的，鸦片将军汤玉麟，他就是开门放日本军队进中国的"。

[2]马占山（1885年11月30日～1950年11月29日），字秀芳，国民党将领。出身绿林，在奉系发迹，"九一八"事变后任黑龙江省政府代理主席兼军事总指挥。1932年2月诈降日军，4月通电反正，任黑龙江救国军总司令。1936年参与张学良、杨虎城发动的西安事变。

六年级毕业后，就得停学半年，才能上中学，这是我所不愿意的，我父亲也让我跳一年去考县初中。因此当我在1934年夏天读完六年级上学期的时候，就决心跳班，不上六年级下学期而直接考进初中去。我考的是无锡县立初中。县初中就是秦邦宪那个学校，以前叫县一中。后来我们县初中的同学录上最鼎鼎大名的人物叫钱伟长[1]，后来还是政协副主席。这一跳班不打紧，我本来在小学稳拿前三名。第一名、第二名的名字我还记得，一个是朱纪昌，一个叫薛庆增，我是稳拿前三，有时还可以往前。一进初中，总算考上了。那时走后门不像现在这样，我父亲算是有面子，可以去说说，让我考一下。但我的名次是最后第二名。前榜，我们无锡话叫前榜。名落孙山，孙山就是前榜。我是前榜前一人。因为脱掉了六年级下学期的算术，到中学后跟不上班，使我的数学因此一蹶不振，永远也学不好。一进初中以后整个三年我的成绩进入中上、或者上中、中上，就是中上，永远上不去了。我到高中又降了一个档次。这个半年一跳，我觉得很吃亏的。

2. 初中

初中是我渐渐开知识的时代，我在初一就碰到了一个国文老师，也是我们的级任老师。叫做陈迅易（又名陈凤威）[2]，是一个共产党员（这是我后来才知道的），给了我许多政治上的启蒙教育。无锡前几名烈士。第一名好像叫秦起[3]，第二、第三、第四，不出五名就是陈凤威了。此人到抗战时，组织抗日救国义勇军，跟日本人打，很早死了，他的老婆[2001年]去世，93岁。这个人是共产党。他公开把当时邹韬奋办的进步刊物《新生》（《生活》周刊的后身）上的一篇社论

---

[1]钱伟长（1912年10月9日～2010年7月30日），江苏无锡人，科学家。曾任美国加州理工学院喷射推进研究所总工程师。1946年5月回国，应聘为清华大学机械系教授。1949年后历任清华大学教授、教务长、副校长；与钱学森等创办中国科学院力学研究所，任副所长。1958年被定为"右派分子"，文革结束后担任上海工业大学校长、全国政协副主席等职。
[2]陈凤威（1907年3月5日～1942年10月14日），化名陈迅易、陈雄，江苏无锡人。曾任新四军江南抗日义勇军支队参谋长、副司令。
[3]秦起（1907年1月10日～1927年4月15日），原名秦锡昌，江苏无锡人。1925年加入中国共产党，从事工人运动。1927年被国民党逮捕后遭秘密枪杀，沉尸于河中。

作为国文教材。上面讲到有两个世界，一个是社会主义世界，正在蓬勃新生，一个是资本主义世界，已趋腐朽没落。这是我第一次听到这样的政治概念，正如雷轰电击，耳目顿开。他可能是因为我的作文比较好，对我特别关心，经常把我找到他房间里去个别谈话，给我讲一些进步的道理。

我还记得有一次，苏联和日本达成协议，把中东铁路（即后来的中长铁路）卖给日本，因为我父亲办过报馆，而且在申报馆一直是个特派员，所以我家报纸比较多。无锡当时全市的报纸有好几张四版大报，进步一点的是《仁报》。《仁报》可能相当左倾，或者就是共产党办的。当时国民党所控制的中国报纸上纷纷攻击苏联盗卖中国主权，说苏联是帝国主义，我从报上知道日本人对苏联屈服，最后从苏联买了铁路。我在写周记的时候也把这种言论作为自己的见解抄了上去，写作文骂苏联。他一见之后，大为愤怒，在全班大会指名批评我，问我知道不知道什么叫帝国主义？苏联是什么样性质的国家，能不能叫帝国主义？我张口结舌不知所对，而且羞愧得无地自容，于是他就作了一番解释，宣传了一番苏联社会主义制度的本质。后来，他又把我单独找去，问我为什么跟着报上的反动言论胡说。如果说在此以前，他对我的教育是比较隐蔽的话，那么他以后对我的教育就比较明确了。他虽然还不敢向我谈共产党如何如何，我也已经可以从他介绍给我看的书刊中，知道共产党是好的，国民党是坏的了。有一次他给我看两本书，一本是《八月的乡村》[1]，一本是《丰收》[2]（都是收在鲁迅编的《奴隶丛书》内的），他交给我的时候，亲自撕去了封皮，而且再三叮嘱我不许给人看见。从他那紧张神秘的表情，我已经能感到他本人可能是一个共产党员。到那年暑假，初中一年级快结业时，他说：我明年不教你们书了，你以后要好好学习。

《八月的乡村》讲的是东北抗日游击队的故事，在那个宣扬救国有罪的日子里，看到东北有共产党领导下的部队在活动，心情还

---

[1]《八月的乡村》是作家萧军创作的长篇小说，首次出版于1935年，是五四运动之后最早和最直接地正面描写中国共产党领导下武装反日题材的小说之一。
[2] 《丰收》是叶紫的第一篇小说（续篇是《火》）。两篇小说以云普叔一家的遭遇为中心，从不同的侧面写出了中国农村的残破和贫困、农民的保守和觉醒。鲁迅在书的序言里写道："作者已经尽了当前的任务，也是对于压迫者的答复：文学是战斗的！"

是非常激动的。陈迅易先生同我讲的话，我已经都记不得了，但是在我整个初中时期，包括在我升到初二初三，他已不教我的时候，他对我都是十分关心的。在我上初二的时候，他给我看了一本书，是艾思奇的《哲学讲话》，就是后来改名为《大众哲学》在全国盛行一时的。这本书对我起了最大的启蒙作用，我过去只是爱好文学，对问题不懂得进行理论分析，是这一本书第一次教育了我以马列主义的基础知识，而且培养了我尔后的理论兴趣。我在初中二年级的时候，发生了"一二九运动"，北京学生南下请愿，上海学生以交通大学的学生为首，亲自驾驶火车西上请愿，路过无锡的时候，我们学校的学生也列队前去欢迎。接着又在全市查抄日货，但是在我们这样的初中学生中并未形成什么持久的运动，我自己对北京上海轰轰烈烈的学生运动则向往已极，每天都要看好多份北京上海的报纸。这就叫启蒙。

我常常提三本书，一本是沈志远的《新经济学大纲》，一本是李达的《新哲学大纲》，还有一本是邓初民的《新政治学大纲》，我都看过。实际上是社会发展史，影响很大。对新启蒙第一印象，我看了《哲学讲话》，什么希特勒和卓别林都有小胡子，小胡子是形式，内容是不一样的。什么叫两元论，一个人看招牌，上面讲的是什么，这边讲的又是什么，两边搭起来，结果一看原来不对了。给我一点印象。看完以后，暑假我忽然就对哲学发生兴趣。我家里有胡适《中国哲学史大纲》上册，这本书我还有，是我父亲的。我认真地看了一下，对胡适也很钦佩。从此以后我就算启蒙了，就受了启蒙教育。但真正对我启蒙的不是这两本书。钱锺书[1]有个堂弟，比他小一岁，是我的小学教员，他是第三师范毕业，我们是第三师范附属小学，我六年级时，他当试教先生。他跟我一方面是师生，一方面很哥们儿，他给我看一本书，这本书现在不知道北京图书馆能不能查到，作者叫佐野袈裟美。书的名字对我就有启蒙作用，叫《中国历史教程》[2]。一上来就讲中国的氏族社会，然后就讲中国什么时候发现青铜器，什么

---

[1]钱锺书（1910年11月21日～1998年12月19日），原名仰先，字哲良，后改名锺书，字默存，号槐聚，笔名中书君，江苏无锡人。1937年毕业于英国牛津大学，历任西南联合大学、上海暨南大学教授，清华大学教授，中国科学院文学研究所研究员、哲学社会科学部委员、中国社会科学院副院长。著有《谈艺录》《围城》《管锥编》《宋诗选注》等书。

[2]编者注：此处可能有误，佐野袈裟美所著《中国历史教程》初次出版时间是1945年。

时候就发现了铁器。我自以为我的历史知识相当可以，一看，还真傻了。我那时已经开始看，甚至看完了《资治通鉴》，《资治通鉴》的正本到唐末就完了。看完以后觉得见所未见，闻所未闻，什么中国的奴隶社会，宗法社会，还有铁器的发明。里头还讲到我认为非常高深的学问，什么《诗经》、《尚书》，而且解释呢，我做梦也想不到，什么"雨我公田，遂及我私"，也讲井田制，给我震撼，从此就走向了革命。从那起，生活书店，读书生活出版社，这类书可以说无其数，我每一本都不可能真正看懂，这本看看，那本看看，就俨然自以为学问越来越大了。艾思奇[1]又出了好几个杂志，《生活与实践》，我确实可以如醉如痴地看。分析当时一个十三岁的孩子的感情，半是爱国主义，半是英雄主义，真正的阶级觉悟是谈不上的，而且深锁在家门以内，不但同工农没有联系，连知识青年也没有联系，只有空虚的幻想，毫无实际的行动。

  只有空想，没有行动，但是空想也要找出路，怎么办呢？在一二九以后，在国内形成了一个所谓"新启蒙运动"，以生活书店为中心，出版了许多通俗宣传马克思主义的书籍，这些我自己是找不到的，因为我家里只有老古书。也是通过陈迅易的介绍而看了不少。这些就是我在初中时代的思想生活的全盘内容。

  我们那个时候，学生毕业的时候有一种风气，就是每人要买一本纪念册，请自己的老师和同学在上面签名题词，以留纪念。我还清楚地记得陈迅易给我题的是："伟大的导师列宁昭示我们，没有正确的理论，就没有正确的实践"。这句话一直鼓舞我去寻找"正确的理论"，大大地助成了我好读书的习惯。由于陈迅易老师的教育，我没有走到国民党反动派的路上去（我们初中三年级，学校当局就已在班中吸收国民党员，并有一些国民党的活动），跟着党走革命的路。这是我永远要感激陈迅易老师的。抗战开始以后，我听说他参加了新四军的部队，就在无锡乡下打游击，在一次日寇的扫荡中壮烈牺牲。我相信他是一个纯洁的共产党员，我永远是怀念他的。

---

[1] 艾思奇（1910年～1966年3月22日），原名李生萱，云南腾冲人，哲学家。曾任中共中央宣传部文化工作委员会秘书长。根据毛泽东的建议主编《马克思、恩格斯、列宁、斯大林思想方法论》，被列为延安整风运动的必读文件之一。1949年后历任马列学院哲学教研室主任和中国科学院哲学社会科学部学部委员。

那个[时候的]生活方式，我看《早春二月》[1]那个房子，那个背景跟我们学校非常像，陶岚家里的房子比我们家还好一点。我们家在我小学毕业的时候，我父亲攒了一、二千块钱。我的堂伯父是我们无锡一个纸号的总经理，卖纸的。这个人是有名的厚道节俭，吃饭，一辈子吃饭一点盐巴、一点酱油、白米饭，倒也活到八十多岁。这个人给我的印象很深，他自己不盖房子，大概助了我父亲一、两千块钱，于是我们盖了一座楼房。这楼房就跟钱锺书家的一样一样的。我父亲五十多了，我十二岁多。造这房子的最主要目的，是为了给我堂哥哥结婚用。他比我大十二岁，是我叔叔的一个遗腹子。遗腹子也就上到初中毕业，都是我父亲供他，我母亲养他的。我们一家几乎是不分的。

我认为五四青年追求最多的[是]要求自由，第一条思想不是土地革命，就是要求婚姻自由。我堂兄对我父亲来讲可以说是一个孝子，但是也有不满之处，就是我父亲给他定了一门亲。我父亲觉得非常对得起他。我这个哥哥是典型的顺民，也不敢真正反抗，给他找的对象，是无锡一个很殷实的绸缎店的老板家。这个人呢，没有儿子，三个女儿，把他的二女儿嫁给我的堂兄了。据我母亲讲，她有时候偷看我堂兄的信，一个是不满，总想着独立自主；一个是很满意，说我虽然从小是孤儿，但是没有受过孤儿之苦。我母亲总说这孩子是有良心的。我父亲所以要（那真是旧社会的标准）起这四间房，他认为这地是祖上留下的，这个房子虽是他出钱盖的，但是一定要一半给这个堂兄的，另一半，另外两间，一间是我的，一间是我弟弟的。到死前他还立下遗嘱，要以此为标准划分清楚。我觉得这一点还真是中国传统的。

我们初中的图书馆里有人借什么书看？《日知录》[2]，《东塾读

---

[1]《早春二月》是由谢铁骊执导，孙道临、谢芳、上官云珠主演的剧情片，于1963年7月1日上映。该片是根据柔石创作的中篇小说《二月》改编，夏衍曾参与改编，并将片名定为《早春二月》。

[2]《日知录》是明末清初学者、思想家顾炎武的代表作品。顾氏把写这部书比作"采铜于山"，自言"平生之志与业皆在其中"。《日知录》三十二卷本，有条目1019条，其中不少名言警句，如"礼义廉耻，是谓四维"、"国家兴亡，匹夫有责"等。

书记》[1]。我看高年级学生借看，我也借看，似懂非懂，后来全部忘光。钱锺书我真佩服他，他真过目不忘。

在上高一以前，我没有花钱自己买过东西，顶多跑出去买个大饼。我们无锡有个字，我从小比较"老"，什么叫"老"呢？跟上海的"老介"要差一点，因为"老介"有点贬义，就是老到，因为我父亲比我大四十岁呀，我的同学里没有父亲比儿子大四十岁的。我的侄子比我小一岁，可是得叫我叔叔。

我家到我八岁才装电灯，1931年，电灯也是非常原始的。无锡号称小上海，我家装电灯的已经算不错了，但是远远不普遍。交通工具，那时最摩登的就是黄包车，马车在我们那儿从来没有，比如我们邻居，也有拴马的石头孔，但我没见过马，那时候不会有。我们学校就在文庙的隔壁，初中的大礼堂明确写的字是："明伦堂"。那是无锡第一个中学，比较好的中学。[2002年时]大概也就是无锡第一中学，但它已经搬地方了。最初中国造的新式学校，都是在孔庙基础上发展起来的。电话，一直到解放我们家是没有的。无锡城里的电话大概顶多以百部计，不会超过千部的。手工摇。所以我第一次到上海，看上海真跟外国一样。

无锡城圈很小，城圈之外比城圈里头大。不能叫附郭之田，是附郭之商业区。城里最繁华的地方叫崇安寺，崇安寺这个庙我就没见过。无锡的崇安寺和苏州的玄妙观不一样，玄妙观始终保存三清大殿，是道教，崇安寺是佛殿。但崇安寺第一是菜市场，中心菜市场；第二是像天桥那样，我看瞎子阿炳[2]就在那里。我们叫寺门口，寺门口就是山门口，有一个卖旧书的店，旧书真便宜，我偶然花几个铜板也能买一部书。最有名的店，就是我伯父的永成纸店，还有卖香烛的店，无锡最大的现代化的百货商店的名字，真怪了，叫新新书局。但书局里面不卖书的。二、三间门面，卖毛巾、肥皂、牙膏，牙膏已经

---

[1]《东塾读书记》是清代岭南学者陈澧所著的读书笔记。该书整理汇编了陈氏几十年的读书心得，内容涉及清代汉学、朱学之争，以及文字学、音韵学、地理学、历算乐律等。

[2]即华彦钧（1893年8月17日～1950年12月4日），又称阿炳，出生于无锡市，民间音乐家，因患眼疾而双目失明。一生共创作和演出了270多首民间乐曲，现留存有二胡曲《二泉映月》、《听松》、《寒春风曲》和琵琶曲《大浪淘沙》《龙船》《昭君出塞》六首。

是很新式的东西了。牙粉是中国民族工业的第一家，叫三友无敌牌，天虚我生[1]创办的。我是先用过牙膏，后来用牙粉，到北京后用牙粉的时候，还感觉特别地舒服。我[2002年时]牙全部是原配。协和的大夫说，"都像你那样，我们牙医生只好饿死了"。理由很简单，他说我的牙从坏到好，原因只有一个，就是有一把牙刷。这一把牙刷对中国人的牙齿卫生起的作用之大，很多人很难想象的。

我见过扶乩，在元宵节的时候，就拿放饭的饭箩倒过来。我也去抬过，好像不灵。他们就能用淘箩，淘米用的，倒过来上面插一根筷子，筷子就能这样转。我是没搞成过，但是我见过。

我们家也算中产阶级了，一年真正做新衣服，大多不能一年做一套，因为小孩长得快。我家里做绸子衣服，第一年穿的时候，要在里面打个褶，到明年放一放，后年再放一放，三年以后还可以穿，当然属于旧衣服穿了。所谓新三年，旧三年，缝缝补补又三年。缝缝补补不会去补绸缎的衣服。小时候，有时候说是中午要到哪儿去吃喜酒，要给我穿上新衣服。到学校，那简直是痛苦极啦，因为谁也不穿那衣服，偶然别人也有的啦。你去穿一件缎子大褂，那个羞惭简直是无与伦比。

---

[1]天虚我生（1879年～1940年），本名陈栩，字栩园，号蝶仙，杭州人。鸳鸯蝴蝶派代表人物之一，又是实业家，创立三友实业社，生产无敌牌牙粉等，一度抢占了日本的同类产品市场。

第三章 高中

　　1937年七月初我初中毕业，没有几天就发生了"七七"芦沟桥事变，又过了一个月，就发生了"八一三"上海抗战。上高中我本来想到外地，江苏有几个非常有名的中学，威信非常高的，一个扬州中学，一个上海中学。上海中学不是租界里的，是租界外的，与我们无锡最近的，一个是常州中学，一个是苏州中学。我本来想能够考上的，但我考不上。到毕业时我的名次，我们学校大概一百几十名，我顶多排中间。反正我李慎之已经不是优秀生了，但还有点小风头。别人都以为我第一文学好，第二认为我学问还不小。第一名同学叫刘卫勇。后来我们见过一面，我们无锡县里同学前几年到北京来找我，他联络这些人，我才知道他住在三里河。我说"老同学应该见面呀！"但他说："哎，您官儿大了！"这个人一直是第一名，功课一直是很好的。我后来到上海逃难，在上海住了很久，我们那一段时间很接近的。后来十几年不见慢慢的就疏远了。他是永远的初一到初三都是第一名。还有一个，叫姚桐斌[1]，周恩来还特别关心他，文化大革命被活活打死，是两弹元勋。他老婆来找我说，他从来都是考第一名的，又是英国什么大学毕业的，我说我跟他是熟的，是朋友，但我的印象好像不是第一名。姚桐斌的妻子对我的答复非常失望，我不能证明他是永远的第一名，我只觉得他可能功课好。我到初三数学也忽然冒了一下，就是几何。代数我是怕极了，三角更怕，我认为是烦死人了。

　　就在这样全国局势大开展的时候，我考入私立无锡中学的高中部。抗战初起时那种轰轰烈烈的景象，一直到今天我还是闭目如见。尤其是"八一三"炮声打响以后，民气真是激昂到了极点。我当时也

---

[1]姚桐斌（1922年9月3日～1968年6月8日），江苏无锡人，冶金学、航天材料专家。1951年获得英国伯明翰大学工学博士学位，1954年赴联邦德国亚琛工业大学冶金系铸造研究室任研究员，1957年回国后历任国防部第五研究院一分院第七研究室工程师、室主任、第六研究所所长。文化大革命中被毒打致死。

有"投笔从戎"的冲动，但是主要的还是觉得自己年纪还小（当时足岁十四岁），好像还是能继续读书，而且在我的初中同学中也没有哪一个是直接去参加抗战的。因此在九月份，我就开始了我的高中生涯。上课不到一个月，学校就遭到了轰炸。我还记得第一次经历轰炸的印象，眼看着日本飞机从头上冲下来的时候，一点也不感到恐惧，而只感到仇恨，胸中充满了壮烈的感情。又上了一个月的课，因为战线迫近，许多学生已经自动不来学校了，学校就决定搬到无锡城南，太湖旁的一个小半岛上，南方泉镇的横山头村子里去，以那里的一个和尚庙叫做"横山寺"的做校舍。这是我生平第一次到农村。在那里读了不到一个月的书，日本兵已经在金山卫登陆，向无锡城进迫了。于是学校只好决定解散。解散的当天，我正在彷徨无主，准备回到城里家里去的时候，忽然我的全家雇着一条船来找我来了。原来，当时无锡城里已逃走一空。"有办法"的人家都已往上海或长江上游跑了，一般人家也大多与农村有联系，逃到农村亲友人家去了。

我家不可能跟着国民党政府或军队走，又同农村毫无联系，我父亲在犹豫徘徊之后下定决心，到横山头来找我，找到我以后再说。这样就以一个完全偶然的机缘全家搬了来，通过我们学校当时还留着未走的一两个老师和工友，在当地农家找了两间屋子住了下来。第二天，我的堂兄决心带着我嫂子按照他银行里的疏散计划，雇船到苏北某地去了。我父亲本来还想再往太湖深处走，往内地去，但是一来因为他毫无任何目的地，与内地毫无任何联系，二来因为日军在几天之内已打到了南京和太湖西岸，前进也没有路可走，就在横山住了下来。那时我父亲大概带着几百块钱的积蓄，但是收入完全断绝了，因此生活十分节约。同时家乡沦陷，每天都有日本兵下乡的谣传，充满了恐怖的感觉。我自己心里充满了仇恨与愤怒，坚决不愿当亡国奴，几次提出要只身到内地去，我父亲也同意了我的要求，但是我既没有目的地也没有同行的人，因此又一再蹉跎，这样一直到1938年的初春，大概在横山头住了三四个月，日本人大概因为兵力不足，始终没有到我们所住的那一带乡间，而城里，听说"秩序"已经恢复了，散在四乡的人大多回去了，我父亲也回城探了一探，发现家里东西虽然散失了一些，房屋还没有破坏，就决定搬回家去。又住了两个多月，得到我堂兄的信息，说他已随上海银行迁到了上海。这时上海与无锡的铁路交通还不通（火车只运日本兵，不载客），有一帮汽车司机拿小汽车运人，一辆车要二百块钱的租费。我父亲还是决定全家都迁到上海投奔我的堂兄。这是1938年5月间的事情。

整整这半年多的时间内，我算是真正尝到了亡国奴的痛苦，虽然我家在乡间并没有受到日本兵的直接劫掠，然而一有风声，我和姐姐弟弟，半夜三更就往山上跑，这样的事情发生过多起，真是饱尝了"亡国奴"的痛苦。回城以后，日本兵也到我家一带抄捕过，我们就赶快从后门跑出去躲避。这种经历都使我心里充满了民族仇恨。住在沦陷后的无锡的几个月，我基本没有出过大门。因为一上街就要遇到日本兵，在有桥和有衙门的地方，对站岗的日本兵要鞠躬，这我认为是奇耻大辱，因此除非万不得已，根本不出去。在家里做的就是看书。这时我发现我父亲可能是因为做过报馆工作的关系，除了许多老古书以外还有许多清末民初和五四运动时期的杂志。像戊戌变法以后梁启超[1]办的《新民丛报》[2]，以及五四以后首先揭起文学革命旗帜的《小说月报》[3]都有很多，最奇怪的是居然有全套八卷《新青年》。我就拼命地阅读。这些杂志里的文章都是谈政治、谈理论的，气魄很大（《新青年》是党最早办的刊物，由陈独秀、李大钊主持）。我少年时读的古文诗词歌赋和三国水浒那样的旧小说倒很多，后来接受了一点马克思主义的东西，但是对有关资产阶级革命的著作却几乎没有什么接触，这一下，倒看了不少在中国近代史上有代表性的作品。

[1]梁启超（1873年2月23日～1929年1月19日），字卓如，号任公，又号饮冰室主人，广东江门人，思想家、政治家、戊戌变法领袖之一。维新变法前与康有为一起联合各省举人发动"公车上书"运动，戊戌变法失败后与康有为一起流亡日本。辛亥革命之后一度入袁世凯政府，担任司法总长，之后对袁世凯称帝、张勋复辟等严词抨击，并加入段祺瑞政府。著作合编为《饮冰室合集》。

[2]《新民丛报》由梁启超于1902年2月在日本横滨创刊，1907年11月停刊，共出版九十六期。刊物上重要文章大都出了梁启超之手。创刊号宣言三条办报宗旨："一、本报取大学新民之义，以为欲维新吾国，当先维新吾民……二、本报以教育为主脑，以政治为附从……三、本报为吾国前途起见，一以国民公利公益为目有，持论务极公平，不贪偏于一党派……"

[3] 小说月报》是近现代文学期刊，1910年7月创刊于上海。五四运动前为鸳鸯蝴蝶派刊物。1921年起由沈雁冰主编，全面革新内容，刊登鲁迅等人文章。创作以小说为主，兼及诗歌、戏剧、散文，多是冰心、许地山诸家的短篇小说以及朱自清、朱湘等人的新诗。1923年郑振铎任主编后，又增辟新的栏目，成为当时中国规模最大、影响最广的新文学刊物。1927年5月叶圣陶代行主编后，曾刊登茅盾的中篇小说《幻灭》，丁玲的《莎菲女士的日记》和巴金的第一部中篇小说《灭亡》。

想离开无锡，不能做亡国奴。但是没有别的办法，我父亲唯一的办法就是到上海，因为他有很多熟人，就是我说无锡整个资本家群，他都是比较熟悉的，都迁到上海了。大概是1938年的五六月间，钱锺书的弟弟，叫钱锺汉，他在上海上大学，会讲一口上海话。雇了一辆小汽车，司机、他、还有我兄弟姐妹四个，一共六个人塞到小汽车里头，从公路由无锡开到上海。这是我第一次到上海。从沪西进去，慢慢就看见柏油马路，柏油马路旁边就出现小洋房。这对我的印象，跟后来出国简直一样。我弟弟留在无锡，因为他初中还没毕业，跟我父母留在无锡。我们到上海，去投奔我的堂兄，他当时是上海银行的一个普通行员，一家三口，住在一间小房间里。在上海北站附近，北站以北就是闸北，那是一片瓦砾，完全炸平。他的房子很小，我们就睡在地板上。大概过了一两个月，我父亲又找到了迁到上海的无锡资本家（我家过去跟上海毫无关系）找到了一点儿工作，又有了一点儿收入，才自己租了一间房间住下来。我们这群孩子，刚到上海的时候本来是为"逃难"，并无什么目的。这时才打听到我姐姐所在的中学和我所在的私立无锡中学都在上海复校了，因此就都回到原来的学校去复学。

我所在的私立无锡中学是租的上海江西路一家德国洋行（禅臣洋行[1]）的大楼上的几间房间，规模之小与从前根本无法比，设备除了黑板外什么都没有，而且每天只上半天课，因为还有半天要有别的班上课。虽然如此，学校还居然采取不放暑假的办法，利用五、六月复校后到九月份连续上课的办法，补完了我们在无锡只学了两个多月的全年课程，这样，我的"高一"的学业，虽然停了有半年以上，却还居然一天都没有耽误。下半年照样升入高二，一直到1940年的夏天，我算在高中准时毕业。

这样的学校，其实是"学店"，我们学生虽然有一个求学的目的，做校长和教员的，目的都只是给自己弄碗饭吃。因此我们的学习生活是极端乏味的，但是这几年的生活对我个人的影响还是很大的。

---

[1] 禅臣洋行，Siemssen & Co.，由Theodore Siemssen在德国汉堡成立，从事与远东的国际贸易，历史悠久。1846年在广州设立中国大陆第一间分行，1856年在上海设立分行，随后把驻华总部搬到上海，后陆续在天津、汉口、青岛等处设分支机构，成为在华的著名德商大公司。

像我这样自小生长在无锡这样的小城市里而且完全封闭在极端守旧的家庭以内的孩子，到了上海这样的大城市，简直是到了花花世界，什么都感到新奇，而在上海人看来，像我这样的人，又是十足的乡下佬、土包子。我自己也处处感到自己乡里土气，但是，应该说，我当时对物质上倒没有什么过分的追求，我刚到上海的时候，还是感到政治空气十分自由（所谓上海，指的是上海租界，上海撤守后，日本人并未进去，仍由英法当局统治，国民党共产党都还可以活动），做了几个月"亡国奴"，对日本兵要称"皇军"，到了上海却可以大骂日寇，高呼抗战，报上尽是抗战的消息，心里十分痛快。但是久而久之，也看到了上海仍是帝国主义统治下的一片半殖民地，对中国人的歧视迫害随处可见，就拿我们上学说，大楼的电梯只是为洋人开的，我们做学生的必须用两条腿跑五层楼，要想坐电梯就要挨骂，这样的事例简直不胜枚举。另一方面，上海人生活的贫富悬殊，有钱人住在豪华的洋房里，没钱人就躺在马路上过夜，这种对比也是我在无锡的时候见也没见过，想也没想到的，这些都加深了我一点反帝国主义的思想和对社会主义的朦胧憧憬。

不过，我当时的主导思想还是民族主义的抗日救亡的思想。当时正是抗战初期形势大开展的时期，从报纸上、刊物上、书店里都可以看到大量的抗日宣传品，其范围之广是我过去在无锡时所无法想象的。特别是可以直接看到党的宣传品，像毛主席的《论持久战》《论新阶段》和《新民主主义论》都可以买到，不论我当时理解多少，接受多少，都是如饥似渴地读了的。

三年中间，抗战情绪非常激昂。我除了上学以外，常常逛四马路。不是逛窑子，四马路确实是窑子堆，是妓女集中的地方，是高级妓女。[四马路还]是书店集中的地方，商务印书馆、中华书局、开明书店，这算是三个比较大的书店，北新书局都在四马路。当然还有很多只有我们年轻人喜欢去看的生活书店，我对当时什么样记得非常清楚。商务印书馆就有点气派了，好像有点贵族气了，中华书局也比较贵族气。你可以在那儿站一天，当然我不能站一天，但是我常常可以上完了课到那儿看一两个钟头书，再回家吃饭。这个三年就是饱受共产主义教育。

我在高中的时候，只上半天课，还有半天，家里是不愿意回去的，因为太挤太闷了，全部时间就花在蹲图书馆和逛书店上。当时南京路大陆商场楼上有一个原来由申报馆老板史量才[1]办的量才图书馆，可以自由借书，还可以看到内地报纸，其中包括武汉和重庆的《新华日报》（党的机关报），我就半天半天地蹲在里头看。闭馆以后就到四马路一带的书店（首先是邹韬奋的生活书店）去看书。家里给我的一点电车费和吃饭钱，我都尽量省下来买书看，买不起新书就买旧书，差不多一个月就要转遍一次上海全市的旧书摊。我在上海的生活除了以后生肺病的那一年外，就一直是这样度过的。

当时我心中充满了抗日的激情，虽然在大后方后来看是"空空洞洞"，但当时确还显得是"轰轰烈烈"的救亡运动，使我极端向往，"一二九"运动的故事也给我鼓舞，我自己主观上是很想能参加学生运动和救亡运动的。但是我却始终"不得其门而入"。理由有两个，1，我们的学校是一个无锡搬来的中学，不但原来没有一点学生运动的基础，到上海的学生都是像我一样的土包子，没有一个人是同上海的学生运动（包括党所领导的，甚至国民党以抗战的名义操纵的学生运动）有联系。我记得，有一次有一个大学生模样的人到我们学校来，宣传抗日救国的道理，并且说学生要组织起来等等，听得我十分激动，可是等他走后，我才想起应该同他联系，以后一直等他再来，却再也等不来了，回想起来，这个人到底是什么背景，也无法判断。2，我本人的特点。在当时我是一个毫无活动能力的人。我从小受的是极端保守的家庭教育。可以说，在我所有的同学朋友中都没有碰到第二个像我这样的人。在无锡的时候，我一直到十五岁，没有自己花过一文钱，除了到学校去以外，不曾单独出过门（我在无锡住了十五年，至今对那里的街道是不熟悉的），见了生人话都说不出来。知识上的过度早熟，生活上的极端无能，是我青年时期的一大特点。谈书诗，我从小就是一个小老头；说办事，我到十八九岁了，还顶不上上海滩上的一个小孩子。这一个特点后来虽然改变了，影响还很长远。到上海以

---

[1]史量才（1880年～1934年11月13日），商人、教育家和报业经营者。1912年收购英国人创办的、近代中国历史最久的报纸《申报》。办报以"言论自由，不偏不倚，为民喉舌"为标榜，徐铸成在《报海旧闻》中写道，蒋介石对《申报》不大听话大为不满，曾对史说："不要把我惹火，我手下有一百万兵。"史回答："对不起，我手下也有一百万读者。"后遭国民党特务暗杀。

后，我算是从家庭里"解放"了出来，但是，就像小脚刚放大脚一样，还是不大会走路。我当时曾在作文上大发抗战的雄心壮志，颇为得到老师同学的好评，但是，真是完全的"纸上谈兵"。

另外，从我的"读书"来说，我当时差不多读遍了上海市面上的进步书刊，甚至还能到一些进步出版社的仓库里去买不完全公开的进步出版物来看，这就是我后来自负为"理论准备充分"的根据。我在上面所说的量才图书馆（后来改名为"丁香图书馆"）借的书头两年大多是小说，五四时代的小说，三十年代的小说，中国人写的看完了又看欧洲十八九世纪的小说，平均一两天看一本，有时甚至一天看两本。以后"理论兴趣"更加发展了，一方面看了艾思奇、李达[1]、沈志远[2]写的《新哲学大纲》《新经济学大纲》等等"唯物主义"的作品，甚至开始看列宁、马克思的原著，在震惊于这些大师们的"渊博"之余，就尽量找"原始材料"看。这时，我在高中时代以前，我父亲给我的教育已经起了作用，我不用他来教我，自己都会找书看了，外国的，中国的，甚至《老子》《庄子》都能自己"钻研"了。我读的东西已经超过他了，他要把我培养成为一个"读书人"的目的已经达到，我已经反过来看不起他了。在当时，我读的最多，给我影响最深的作家，还是鲁迅。鲁迅的许多作品我当时都背得出来。但是我同样因为佩服鲁迅的广博，而把鲁迅的伟大误解为他读书多，凡他在文章里举到的书，我都要设法尽可能找来读。一心想参加救亡运动（这也是真的），然而毫无实际行动，除了读书以外还是读书，这就是我在高中时代生活的实际。"有怀投笔，无路请缨"，是我当时的自况。

这里还要说一说我当时的政治态度。从初中时代起，我就倾向共产党，厌恶国民党，这是事实。到上海以后，因为读到了许多党直接出版的书报，更加增强了对党的向慕。特别是我在1939年读到

---

[1] 李达（1890年10月2日～1966年8月24日），名庭芳，字永锡，号鹤鸣，湖南永州人。理论家、宣传家和教育家，中国共产党的主要创建者和早期领导人之一。参加中国共产党第一次全国代表大会，并在会上当选为中央局宣传主任。曾先后在武昌中山大学、北平大学、中国大学、广西大学、广东中山大学等地任教。1949年后历任中央政法干部学校副校长，湖南大学和武汉大学校长，中国哲学会会长。

[2] 沈志远（1902年～1965年），原名沈会春，曾用名沈观澜等，浙江萧山人。曾留学苏联。回国后先后在上海暨南大学、北平大学（今北京大学）、西北大学任教授，着有《新经济学大纲》。1949年后担任出版总署编译局局长，哲学社会科学部委员。

斯诺[1]写的《西行漫记》，这是向全世界第一次系统地介绍中国红军、中国共产党和毛主席和党的其他领导人，特别是介绍了惊天动地而为国民党长期封锁不让外人知道的"长征"的一本书。我认为共产党员个个都是救国救民顶天立地的英雄。但是另一方面，我对蒋介石的看法也有错觉。在抗战以前，国民党把蒋介石宣传为"最高领袖"，我对他倒还是有些怀疑的，但是在1937年7月17日他发表庐山谈话，（就是毛主席在毛选第二卷第一篇《反对日本进攻的方针、办法和前途》一文中所说的"国民党多年以来在对外问题上的第一次正确的宣言"）我的印象很深，很好，把他看成是一个"抗战领袖"。因此，如果我当时果真去参加抗战，也不是没有可能糊里糊涂卷到国民党的堆里去。我对蒋介石在抗战时期真反共的性质一直到1941年的"皖南事变"[2]才认清，而对他假抗战的卖国面目，一直到了成都以后才认清。

我们班到毕业时只有十八罗汉。本来上高一时应该有好几十个人，大部分就去往内地了，有的也就做生意了，做学徒什么的，这是生活受到打击。高三我本来最高理想是考西南联大[3]，记得我没有考上。第一，我的功课是一次比一次差，高中更次；第二，我当时得了肺病。

---

[1] 埃德加·帕克斯·斯诺（Edgar Parks Snow, 1905年7月17日～1972年2月15日），美国记者，1937年出版《西行漫记》，纪录了从中共创建至1930年期间的中国共产主义运动。二战后遭受麦卡锡主义迫害，1959年迁居瑞士埃桑。1970年8月至1971年2月，斯诺最后一次访问中国，期间被告知中国欢迎美国总统尼克松正式或非正式访问中国。逝世后部分骨灰葬于北京大学未名湖畔。

[2] 1941年1月4日，共产党领导的新四军军部及所属部队9000余人北移，1月6日行至泾县茂林地区遭国民党军队武装拦击，除约2000人分散突围外，大部伤亡被俘，军长叶挺被扣押。史称皖南事变。

[3] 国立西南联合大学（英文: National South-West Associated University, 简称NSAU），是抗日战争开始后内迁设于昆明的一所综合性大学。1937年11月1日，由北京大学、清华大学、南开大学在长沙组建成立的国立长沙临时大学在长沙开学（这一天也成为西南联大校庆日）。1938年2月中旬，长沙临时大学分三路西迁昆明，1938年4月改称国立西南联合大学，1946年7月31日停办。

第四章 大学

1940年夏天，我在高中毕业后，就不愿再待在上海这个"孤岛"上了，决心去内地求学（在此以前曾打算去苏北投新四军，但是这个计划未曾与家庭说，准备偷偷走掉，后来没有成功）。我父亲同意了我的要求，我因此拼命准备考内地著名的西南联大。但是不料正好在这个时候，我的肺病突然恶化了。我自小体弱多病，在1939年春天已染上了肺病，还不太严重，医生也没当它是肺病。病情到1939年春天渐趋严重，正当毕业的时候更是吐血不止。肺病在当时叫做痨病，被认为是得了就治不好的。医生宣告，我若不休养，只有六个月可活，这对我真是莫大的打击。无可奈何之中我还只肯放弃去内地的打算，而不肯放弃上大学的打算。我一个表哥是医生，比我大两三岁，他读医科的，这个表哥跟我关系还挺好的，他硬是吓唬我，说你要不治的话，一两年就完蛋。我在上海还有一个表叔，就是洋房外婆家的，他儿子在北平燕京大学[1]，已经毕业了，当时读研究生。他给我宣传燕京大学之好。那时候治肺病有一个非常有名的方法，就是易地疗养。燕京大学就变成了我的首选，不但是首选，而且是最佳选择。结果一考就考上了。同时还考了一个上海的圣约翰大学[2]，两个学校都考上了。

---

[1] 燕京大学（Yenching University）创办于1919年，是20世纪初由四所美国及英国基督教教会联合在北京开办的大学，创始人司徒雷登长期担任校长。燕大的校训是"因真理得自由以服务（Freedom Through Truth For Service）"。1942年至1945年，燕京大学曾内迁成都办学，抗战胜利后回到北平复校。1952年中国高等学校院系调整中，燕京大学被撤销。

[2] 圣约翰大学（St. John's University），1879年创办，初名圣约翰书院，1881年成为中国首座全英语授课的学校，1905年升格为大学，是中国第一所现代高等教会学府，也是在华办学时间最长的一所教会学校。1952年圣约翰大学被撤销，各院系分别并入华东师范大学、复旦大学、同济大学、交通大学等。

[19]40年我本来可以入学了，燕京也来给我录取声明：欢迎你到北平。我的病已经无法支撑了，大口吐血，半夜吐，我还隐瞒，不愿意让我父亲知道，想撑，后来撑不下去了。只好申请停学而在九月份进了医院。我进的是收费比较低廉的上海红十字会医院。红十字会医院在上海有两个，一个在华山路，一个在胶州路。胶州路医院旁边就是谢晋元八百壮士[1]关在里头的军营。医院那环境跟我家比，简直天上地下，有草地，有大树。在当时的上海能够在那个环境中间生活，简直是天堂一般。进院以后病势就渐渐减轻。

怎么养好的肺病？就是培养自己的食欲。我本来爱吃零食，那时绝对不吃零食，让肚子饿到能够吃足够多的饭。这是我养肺病的独得之秘，结果，如果在外面打一针静脉针呀，比如说一块钱，那里头打针不要钱，一天一针。睡觉的床位钱很少。我母亲经常自己或者让我姐姐在家里炖了蹄膀或者鸡，补充我的营养。我后来算了一笔账，那是最廉价的养肺病的办法。我生活的条件比家里不知道要好多少。而当时吃蹄膀、吃鸡，不算很花钱。

医院生活对我有意义的是，认识了一个同院的病友，是一个十六岁的孩子，姓丘，宁波人。他年纪虽小，却已当过两年新四军[2]，因为病势沉重，组织上送他到上海来治病的。我天天向往红军战士，这却是第一次见到一个新四军战士。两个人一见如故，亲如兄弟。他年纪比我小，但是革命实践的经验比我多得不能比了，他天天同我讲打游击的故事，天天怀念部队，天天只盼望重返部队。这一切都给我很大的感动。我在医院里养病的成绩很好，到年底病情就稳定而出院了。不料一出院就发生了震惊全国的蒋介石阴谋消灭共产党的"皖南事变"。我还记得我拿着上海地下党办的《上海周报》到医院去看我的朋友小丘，向他报告这消息，两个人相对流泪的情景。从此以后，

---

[1]谢晋元等八百壮士，史称"谢晋元孤军营"。1937年10月，上海即将沦陷之时，国民革命军88师524团团副谢晋元奉命退守四行仓库，与日军激战四天四夜，一共414人，号称800人，即"八百壮士"。

[2]国民革命军陆军新编第四军，简称"新四军"，是第二次国共合作期间由在中南和南方的中国工农红军和游击队改编的队伍。皖南事变后，国民政府军事委员会下令撤销新四军番号，中共中央军委则命令重建新四军军部。1947年1月，新四军兼山东军区与华中军区合并，山东野战军与华中野战军合并，组成华东军区和华东野战军。

我算是认清了蒋介石独夫民贼的真面目，但是，对国民党政府正统思想的消失还是到了成都以后的事。

1941年上半年，我的任务只有一个，就是养病，实际生活还是"看书"。皖南事变以后，国民党政府反动面目毕露，上海市面上的进步书刊少得多了，关于共产党、八路军、新四军的消息，报上也越来越少了。倒是洋人办的英文报和《密勒氏评论报》[1]上常常有一些记载。为了想了解共产党解放区的消息，我不顾自己英文水平低（我在中学时最不喜欢的科目就是英文），努力地读英文报。

这时候，我因为得了肺病，自以为一辈子是一个病弱之躯了，虽然还空抱着对"革命的恋慕"，实际上已给自己安排了出路——做学者，这个思想一直贯穿到1956年，当时认为是很"清高"的。我自己选定的目标是研究历史，但是因为一知半解地学了一点马克思主义，以为唯物史观要求以经济来解释历史，而我自以为历史知识还有一点，经济知识一窍不通。因此考大学的时候选的经济系。自己的主观打算是学了经济学的知识再来研究历史。

我在上海的这三年多时间，虽然自己没有参加什么进步的活动，但是社会上的进步活动是可以看到一点的。除了出版界的不说，所谓文艺界的救亡运动是些什么内容呢？我所接触到的无非是看了一些话剧，而这些话剧就是田汉[2]、夏衍[3]、于伶[4]、吴祖光[5]的"丽人

---

[1]《密勒氏评论报》1917年6月9日在上海创刊，创办人是美国《纽约先驱论坛报》驻远东记者托马斯·密勒，后由 1919年起由约翰·本杰明·鲍威尔及其子先后担任主笔和发行人。奉行独立办报方针，以敢于批评时局为特色，主张中国应保持独立自主，反对列强干涉。曾大胆刊登介绍毛泽东和中共根据地的文章。1941年太平洋战争爆发后遭查禁，1945年复刊，并成为中华人民共和国成立后唯一仍在大陆出版发行的美资媒体。1953年6月停刊。

[2]田汉（1898年3月12日～1968年12月10日），本名田寿昌，湖南省长沙县人，剧作家、戏曲作家、电影编剧、小说家、诗人。他创作歌词的歌曲《万里长城》的第一段后来成为中华人民共和国国歌《义勇军进行曲》的歌词。

[3]夏衍（1900年10月30日～1995年2月6日），原名沈乃熙，字端先，浙江杭州人，戏剧作家和社会活动家。1929年同鲁迅筹建中国左翼作家联盟，任执行委员。1949年后历任上海市委常委、宣传部长，文化部副部长。文革后担任中国文联副主席，中日友协会长，全国政协常委。著作有《秋瑾传》《上海屋檐下》，创作改编的电影剧本有《狂流》《祝福》《林家铺子》等。

[4]于伶（1907年2月23日～1997年6月7日），原名任锡圭，字禹成，江苏宜兴人，剧作家、导演、演员。1949年后历任上海电影制片厂厂长，上海市文化局局长，上海戏剧学院院长等职。

[5]吴祖光（1917年～2003年），江苏常州人，戏剧家、社会活动家。主要代表

行"，"心防"，"正气歌"等等。

1941年6月22日希特勒背信弃义向苏联发动突然进攻，苏联军民在斯大林领导下奋起抗战。这是我永远不能忘怀的。在那以后，我比以前更仔细地读报，每天以十分焦急的心情了解战况，对国际形势发展的兴趣提到了空前未有的程度。我当时的主要思想是：（一）大大增强了抗战胜利的信心，认为苏联参战，反法西斯战争必胜。（二）产生了速胜论的思想，以为德国无产阶级不会甘心进攻工人的祖国苏联，不用多久，德国就会发生革命，苏联就会胜利。当时我对西方报纸和通讯社关于苏德战争初起时苏联一些弱点的报道是根本不相信的，但是却也留下了印象，后来苏德战争的进展比较艰难。一直到苏共二十大，赫鲁晓夫把苏联初期失利的原因归之于斯大林，我接受了他的说法，一部分是因为当年速胜论思想的反作用。

我1940年考上大学，1941年才真正上大学，就到北京来了。这对我们家庭都是件极大的大事。在家里这么多年，就一个人上北京啦。我当时坐的是船，开滦煤矿公司的运煤船，据说有七千吨。我坐的统舱，坐海船，吐得很厉害，饭也吃不下。一天一夜就到了唐山，再到秦皇岛转坐火车，就到北京了。我对北京的第一个印象相当好，到的时候半夜，不能不住旅馆，住在东交民巷，一直到五十年代还在，叫华安旅馆，很干净的。第二天就进入燕京了，一到燕京，眼睛豁然一亮。那时燕京大学要比后来漂亮得多。全部学生只有800人。一个房间住两个人，抽水马桶，热水洗澡。有一个老头来收洗换下来的衣服，服务非常好，袜子、小裤衩他都知道，绝对不会弄错一点。也不知道他识字不识字。我第一个印象：斋夫。斋夫都是人高马大，剃光头，给我的印象非常憨厚，非常好。这下可是到了天堂了，那时候我的病已经好了。我原来不会骑自行车，到了燕京也花了十块钱买了一辆自行车，也因为特别便宜，因为学校需要骑自行车。加上我们一帮所谓"上海人"，燕京除了"北京帮"以外就是"上海帮"跟"广东帮"，各有二十来个学生。那时真是神仙一样的日子。颐和园基本上只为我们而开，下午四点如果做完功课，做完实验，一个自行车五分钟就到颐

作有话剧《凤凰城》《正气歌》《风雪夜归人》，评剧《花为媒》，京剧《三打陶三春》，并有《吴祖光选集》六卷本行世。1957年被划为右派，下放北大荒（黑龙江垦区）劳动三年。

和园，路上并无行人。进了颐和园，喝茶的就我们几个，那真是美得很。在北京有几次自以为最阔绰的行为，骑着自行车，十五里路，住西单长安饭店，就在长安饭店旁边小旅馆里头，听了一晚上杨宝森[1]的《空城计》[2]。这个是我在大学里头最阔绰、最浪漫的行为！第二件，是进东来顺，吃了一顿涮羊肉。这段时间回忆起来永远是美不颠儿的。当时我对北京的印象，有一部分跟赵元任[3]一样，说是赵元任到北京后说北京民风之好啊。有一个老兄就跟我讲，上海人没有好的，北京人没有坏的。说这话的是上海人呐。燕京生活应该说确实是比较愉快，我读《红楼梦》，说有人"披花拂柳"而来，燕京真有这个劲头。一进大门，一块大草地，四周围有六个宿舍，湖边儿，男同学、女同学。特别当漂亮女同学骑自行车过来，真是"披花拂柳"。人很少，应该说谈恋爱是最理想的地方，可惜我没有。那时候有心要恋爱，也碰不上对象。

　　这时北平已是日本人占领的沦陷区，在西郊的燕大（即今北大所在地）因为是美国人办的学校，仿佛就是上海租界一般。我在这里度过了三个多月平静的学习生活（从八月底到十二月初），十二月八日，日本突袭珍珠港，日美正式开战，燕大的这种"租界"地位不能再继续下去了。当天早晨即有日本军官前来宣布接管，忽然也不知道谁说的："到大礼堂去"，就都到大礼堂去了。一个日本军官，讲的很好的英文："我奉命（我还记得）……（什么）日本军队，你们都给我出去！"赶快回去，收拾行李就准备出门。我在上海买了一本书，我估计当时是共产党最高深的读物，就是河上肇[4]的《新经济学大纲》。翻译的人是

---

[1] 杨宝森（1909年10月9日～1958年2月10日），字钟秀，别号时斋，安徽合肥人，京剧演员、工老生。第一次公演是在吉祥戏园演唱京剧《朱砂痣》，1934年在北京正式搭班演戏，1942年选入"四大须生"行列，1956年3月任天津京剧团团长。其艺术风格称为"杨派"。

[2]《空城计》又名《抚琴退兵》，京剧传统剧目，取材于《三国演义》。该剧目前接《失街亭》，后接《斩马谡》，合成《失空斩》。情节是马谡失去街亭之后，司马懿率兵攻打诸葛亮驻扎的西城，诸葛亮身边没有兵将，只得以空城为计，司马懿唯恐内有埋伏，因而撤兵。

[3] 赵元任（1892年11月3日～1982年2月24日），字宣仲，江苏常州人，学者、语言学家、音乐家。先后任教于美国康乃尔大学、哈佛大学、耶鲁大学、加州大学伯克利分校和中国清华大学等，被誉为"中国现代语言学之父"。语言代表作包括《现代吴语的研究》《中国话的文法》《国语留声片课本》等，音乐代表作有《教我如何不想她》《海韵》《厦门大学校歌》等。

[4] 河上肇（1879年～1946年），日本经济学家、京都帝国大学教授。创刊《社

陈宝印，那就是所谓《资本论》的最好的简本。我还没来得及看呢。在燕京我也接触了几个亲共的，但真正燕京地下共产党员我还没接触过，还没到时候，因为我才进去一百天。燕大还是有些比较好的教授，一个是张东荪[1]，一个是邓之诚[2]。我们经济学系不怎么样。我都没有来得及跟这些人接触，也是因为我才呆了一百天。张东荪，高度近视眼，我在图书馆，他经常坐在我对面看书，看杂志。他喜欢看杂志，戏剧杂志，这我看不懂，那是讲洋戏剧的，但没有什么交往。

学生在当天即被赶出学校，出校前人人要经过搜身检查。百日梦就算完了。离校后住在北京一个同学家里，叫朱宝西。后来在台湾，他是钢铁公司有名的工程师。住在东四干面胡同一带。他让我们四五个人住他家的南房。北京人的生活从南方人看，还是非常简朴的。为了要回南方，要买火车票，应该有点什么手续，我去找过一个大汉奸，他儿子是我同学，伪山西省长苏体仁[3]。他请我吃早饭，也不过就一碗片儿汤。我和几个上海同学在北平同学家住了一阵，好不容易办到通行证以后坐火车回上海。这是1942年年初的事了。

在北平燕大短短的三四个月，除南方人初到北方，一切感到新鲜而外，在自己思想上还来不及形成什么新的东西。当时燕大共有学生八百多人，我当了三个月"大一"新生，并没有认得几个北平学生，相熟的只有十来个上海学生。我对"一二九"运动中心的北平是有些幻想的，希望能看到一些当年的学生运动遗下的火种。事实上，党的地下工作大概是有的，但是我因为是刚来的南方新生，一点也没有发

会问题研究》，发表多种政治经济学著作，包括《唯物史观研究》《社会组织与社会革命》《经济学大纲》《资本论入门》等，对马克思主义在日本和中国的传播有一定影响。

[1]张东荪（1886年12月9日～1973年6月2日），原名万田，字东荪，晚年自号"独宜老人"，浙江杭州人。早年参加中共上海发起组，后因信仰不同退出。历任南京临时政府大总统府内务部秘书，上海中国公学大学和燕京大学教授。1949年后任政协全国委员会委员，中央人民政府委员，著有《道德哲学》《认识论》《科学与哲学》等。

[2]邓之诚（1887年11月29日～1960年1月6日），字文如，号明斋，江苏江宁人，历史学家。历任北京大学、北平师范大学和燕京大学教授。1952年院系调整后任北京大学历史系教授，著有《骨董琐记全编》《中华二千年史》《清诗纪事初编》等。

[3]苏体仁（1888年～1979年），字象干，山西朔州人。历任伪中华民国临时政府山西省省长、华北政务委员会委员、北平市市长。抗日战争后被国民政府以汉奸罪通缉，但受阎锡山保护，说他是"事前奉派有案之参加伪组织反奸人员"，汉奸案遂不了了之。

现，只觉得平静得有点奇怪，奇怪到像中国没有发生抗战，世界上没有发生二次大战一样。就我个人说，因为当时主要关心养好肺病，还没有对这种情景感到很大的不满。我在这段时期交好的同学不多，而且交好的人基本上以后都没有去成都，因此我早跟他们失去了联系。唯一可以一提的是王守义。他是江苏泰州人，上海来的学生。过去的经历大概跟我一样，是一个"书斋里的马克思主义者"，而且是立志要当历史学家的历史系学生。他是我唯一发现的接近过马克思主义的人，我对他来说也是一样。因此，在我们当时相好的几个上海学生中，他与我有一点特殊的情谊。在当时北平处于敌伪统治的环境下，彼此秘密地交换看过一些书籍，谈过一些观点，互相引为同志。他与我先后差不多时候回到上海，以后又先后差不多时候去成都，也同时参加成都的学生运动。

我去北京的时候坐开滦公司的火轮船，离北京就这么坐火车回上海了。我父亲总是有点收入，但是不会多。最大的一笔钱要花二、三十块钱租一间房，我们全家所有人住，这就是很大一笔开销。燕京的学费倒是不高的，那时通货膨胀开始了。旧中国的清华、北大学费一个学期十块钱。燕京多少钱？五十。这就号称贵族化了。我上燕京的时候还是五十，是北方储备券[1]，北京储备银行。南方我去的时候还是法币，跟重庆一样，到我第二次离开时已经变成储备票了，已经是汪精卫进驻了。不是老头票，老头票是日本军票[2]，那是中央储备银行，行长是周佛海[3]。

到上海还要上学。我考上燕京的时候，同时考上了圣约翰。北京这么漂亮，这么美，学校这么有名气，比圣约翰好。回到上海，我就到圣约翰去借读。借读没问题，因为你本来就是考取的学生，

---

[1]中储券是抗日战争时期汪精卫伪政权中央储备银行发行的纸币，"中央储备银行兑换券"的简称，亦称"储银券"、"储备券"。1941年1月中央储备银行成立，发行总额至1945年8月日本投降时达43,408亿元，主要流通于华中、华东、华南等汪伪统治地区。

[2]日本军用手票，简称军票，因票面上多印有日本历史人物像故俗称老头票。军票早于二十世纪初的日俄战争中已经使用，但全盛时期是太平洋战争爆发之后。

[3]周佛海（1897年5月29日～1948年2月28日），湖南沅陵人，中共一大代表。是唯一从境外赶回来的海外一大代表，并被选举为副总书记，1924年9月正式脱党。抗日战争爆发后，任伪财政部长、军事委员会副委员长、中央政治委员会秘书长等要职。1946年11月被国民党首都高等法院因叛国罪判处死刑，后被蒋介石减为无期徒刑。

并在那里注册过。圣约翰大学是一所老牌教会大学，我本来对它不存幻想，只想去凑足几个学分（当时的大学是"学分制"，读满一百四十个学分即可毕业），但是也没有想到那里也成了一个混乱透顶的大学店，学生有许多是阿飞、流氓，或者奇装异服的少爷、小姐。教学内容更是拆烂污已极。一年由两个学期改为三个学期，四个月一个学期。你不想休息的话可以从年初一直读到年三十。在燕京我第一学期只读了三个月，没考试，没成绩。我走的时候找了燕京的化学系主任，很有名的，张子高[1]。他非常慷慨，给我填了一个分数单，成绩是没有的，意思是已经修完课程了。圣约翰马上完全同意，我就加入到圣约翰。因为家里实在太挤，就住在圣约翰宿舍，这个生活条件比我家好得多。学费比燕京又贵了。那时学校要养这么多教员，还有洋人，几乎就是靠学生的学费收入来维持。圣约翰的学生数量大大膨胀了。当时心情苦闷已极，上海沦陷后，不仅进步书报看不到，连貌似"客观"的英文报刊也全部查封，只有日伪的报纸与黄色的刊物。我的精神无所寄托，便埋头读古书，我记得我曾利用一夏天的时间，在课堂上看完了一部《资治通鉴》（当时学校为多招生多赚钱，一年改为三学期，四个月一学期，暑天照常上课）。虽然自以为还向往光明，向往真理，实际上更加脱离实际，而将来准备做一个学者的思想更深地在我的心里扎下了根。

环境仍然是上海最好的，但我是曾经沧海难为水，感觉圣约翰非常差劲。吃饭在学校吃，燕京的饭并不是很好的，第一是吃窝头，我头两天吃不下去。第二基本上就是大白菜，醋溜白菜那么一个。在食堂里头有小贩卖那个肉串，倒是很便宜，一两毛钱一根，经常要找补一点儿。桌子都很大、很神气的。到圣约翰去必须穿过兆丰公园，兆丰公园前门进去，穿过兆丰公园就是中山公园，后门正对圣约翰。圣约翰本身有很大的草地，前面还有兆丰公园作为它的前庭，那环境在当时上海是最好没有的了[2]。这以后就再也没有这样享福时候了。燕大被认为是非常洋气的，我到北京还带有两套西装，可北京的学生穿的是蓝布长衫。我一到北京马上到成府做了一套，深蓝的，北京标

[1] 张子高（1886年7月14日～1976年12月11日），湖北枝江人，化学家、教育家。曾任清华大学校务委员会委员、化学系主任、副校长等职。

[2] 编者注：此处陈述有误。兆丰公园与中山公园是同一个公园，此园由英国人James Hogg建于1914年，1944年改名为中山公园。

准的是浅蓝色的。中国大学男女同学最早的是燕大。燕大比蔡元培[1]的北大还早几年。圣约翰是标准的美国大学。圣约翰老校友里头有宋子文，还有100多岁的老人颜惠庆[2]，这才是真正的圣约翰老校友，还有施肇基[3]，中国最早一批外交家。

离别不到半年的上海，情况已经大不相同了。上海已由"孤岛"成为彻头彻尾的沦陷区。在日伪的统治下，上海不仅政治气氛极度恶浊，而且社会秩序也极端混乱，特务盗匪横行，风气萎靡淫乱，比早就沦陷的北平还肮脏污秽。我这时身体已经恢复，思想上想到内地（即蒋管区，当时称"大后方"）去求学。

1942年秋天，从内地传出消息，说燕大有一批校友在成都办了一个燕京大学，已经有原来在北平的一些教师和学生去那里集中了，我想尽办法总算通过我的堂兄（李新华）找到了一个在西安和上海之间做贩运生意的商人，一个宁波商人。此人在西安做生意，他可以把我们带到西安。到了西安以后，还可以坐越过秦岭的汽车。在这年十月左右，从上海出发经过南京、徐州、亳县，经界首、洛阳到西安，然后再搭商人的汽车经宝鸡过秦岭、川北而到成都[4]，这时已经是1942年12月了。燕大在洛阳设了一个接待站，我没有通过接待站，只是去访问了一下。因为我已经跟上商人的小队伍，有十来个人。商人的目的地是西安，我到成都，还有到重庆的。当时的中、中、交、农四行[5]，上面有个四联总处，里头有会计处，其中有个处长，两个处长夫人，一个处长互相朋友照顾的，把这些人带去，我们搭他们车

---

[1] 蔡元培（1868年1月11日－1940年3月5日），字鹤卿、孑民，号鹤庼，浙江绍兴人，著名教育家。清光绪年间进士，曾出任南京临时政府第一任教育总长。1917年任北京大学校长，主张"思想自由，兼容并包"，后任南京国民政府大学院院长、中央研究院院长、监察院院长。

[2] 颜惠庆（1877年4月2日～1950年5月24日），字骏人，外交家、社会活动家。美国留学回国后执教于上海圣约翰大学，编辑出版了3000多页的《英华大词典》。曾任北洋政府外交部次长、外交总长、内务总长、国务总理并摄行总统职权。南京国民政府成立后任驻英、驻苏大使。1949年后任中苏友好协会会长、中央人民政府政务院委员等职。

[3] 施肇基（1877年4月10日～1958年1月3日），字植之，外交官。康奈尔大学第一位中国留学生，也是第一位在美国获得硕士学位的中国学生。1912年后任交通总长、财政总长、驻英全权公使，出席1919年巴黎和会。1921至1929年任驻美全权公使，是中国第一任驻美国大使。

[4] 参见本章后附的地图。

[5] 指中央银行、中国银行、交通银行、中国农民银行等四行。

到成都。

我第一次在南京住下就在下关。有一个中央银行的处长，还有另外一个处长的太太，还有几个孩子，他们都要去重庆。我搭他们的车，这是我哥哥介绍的关系。就一路走，最重要的就是经过界首，过封锁线。我们几个都依靠商人，他告诉你怎么样，你就怎么样，也没经过什么困难。通过敌伪的封锁线到达国民党统治的地域，按照我当时的觉悟水平，还是感到有点兴奋的。一到界首就感到是回到了"祖国的怀抱"，看到国民党军队，也感到是看到了"祖国的军队"。但是界首给我的印象已经就不好了。妓院林立，丘八横行，麻将烟灯，色色俱全，实在比沦陷区也好不了多少。可是一出界首，在安徽河南大平原上步行十多天到洛阳的时候，看到的情况就越来越惨了。小旅店真是第一次住。记得南京住一宿，半夜三更就查房了。一路晓行夜宿，过了界首就到了河南。河南我真正体会到中州大地。从界首到商丘，商丘到洛阳整整走十天，完全两条腿走，这真知道，第一知道中原之大，第二知道人民之穷。我们常住草房子旁边的店。也到过汝阳，妓女一排排就在旅店门口，所谓旅店也就是民房。这也增加了国民党抗战不力[的印象]，有时候看到有些军官骑着马，不知怎么，天然就有一种愤恨心理，其实干什么坏事我也不知道，只觉得他们欺压百姓。当时河南正处在水、旱、蝗、汤（汤恩伯）四灾之下，赤地千里，沿路都是饿瘪了肚子的农民，在路上挖个灶，用白水煮牛肉卖。卖儿卖女的现象也到处可见，有的地方连树皮都剥光了。而在黄泛区则一片汪洋，淹没了庄稼田地，有的城市只剩下一座空城在水中，这就是蒋介石炸毁花园口大堤[1]所遗下的灾祸。我自出娘胎还没有看见过这样的惨象，常常为之泪下。这时我才悟到"蒋委员长"并不是什么"民族的救星"，而是"民族的罪人"。到了成都以后，我原以为多少会像抗战初期的上海武汉那样有一种蓬勃奋发的气象，不料却是死气沉沉，人民还是噤若寒蝉。我这才算认清了蒋介石的真面目。

我在洛阳地摊上买了两本书，叫《关中胜迹图志》，我有心要

---

[1] 1937年7月7日卢沟桥事件后，日军全面侵华，中方主力部队在徐州战役中受到重创，已无实施战略抵抗的能力。经蒋介石下令，中方军队于1938年6月8日和9日炸开郑州东北黄河花园口南岸大堤，决堤而出的黄河水迟滞了日军的进攻，同时也淹没了河南、皖北、苏北40余县的大片土地，89万余人惨遭溺死，1200万人流离失所。

研究一下中国的历史文物，我后来得出结论，中国的文物十之八九是假古董。孔子问礼处就一个网球场那么大一块平地，怎么你就知道它是问礼处呢？也没任何根据。后来叫王城公园很神气了，就西宫没到，关陵我去过。那个宁波商人也还算有钱，他倒不要赚我们的钱，因为跟我哥哥有点交情吧，照成本就是用点伙食费。坐架子车，理论上你可以躺在上面，把铺盖打开，可以躺着。但是我不需要躺着，我小时候最大的能耐就是能走。架子车人拉，一直拉十天，从商丘拉到洛阳，一望无际的平原。我有一个印象很深，在一处打尖的地方看到一个农民的房子，新的红纸上面写着"天子万年"，当时是民国三十一年，这个落后的印象非常强烈。天子万年，其实皇帝早没有了，我已经二十岁了，我生下以前十几年前皇帝就已经没有了。我的一路一本书也看不到，根本就没有书店。河南还有一个问题就是所谓"水旱蝗汤"。第二年我到成都，就读到王芸生[1]的有名的文章，就是《看重庆　念中原》，那文章是写的：马路边上到处架着大锅，煮什么？煮牛肉。牛肉里没盐，但你要吃的话，大块牛肉真尽你吃，价钱便宜着呢。旱灾，连耕牛也养不活。树皮已经剥掉了。这是我过河南的情况，所以河南之惨啊，河南人怎么能生活呢？我是带着很大的浪漫主义感情去的。中原文物之地，我祖宗隆兴之地。据说抗战"九一八"以后，国民政府讨论过迁都洛阳。后来蒋介石派人去一看，万无迁都之理，没法迁。印象中洛阳只有四条街，实际上就有两条街，我住的地方接近我心目中的市中心，叫大十字，一个十字路口。叫大十字的地方全国很多，都是非常小的地方。

走十天步行到洛阳，潼关到西安坐火车。西安有点城市的样子，但比北京还差得非常非常远。我们里头有两位处长太太，是中央银行和中国银行的，中国银行和中央银行还招待我们吃顿饭。西安也是四合院，但比北京的档次又低很多。出西安就到宝鸡。宝鸡有个申新纱厂第四厂，是荣家的。据说只要无锡人去，都可以白吃饭。我去了一下，这个饭还是我一路上吃的比较好的一顿，是有肥肉的。过了宝鸡就走入秦岭，往留坝方向。不知道为什么，我老想到杜甫那两句

---

[1] 王芸生（1901年～1980年5月30日），原名德鹏，天津人，报人、日本问题专家。历任《大公报》天津、上海、重庆等版编辑、主笔、总编辑，1949年后任《大公报》社长。曾任中日友好协会副会长，著有七卷本《六十年来中国与日本》。

诗:"独念远行客,夜寒山中气。"我们走的时候,这个路非常危险,居然也没出问题。我坐在车上,拉着旁边人的手,互相拉着,如果两个手一脱,就可能掉下去。就是过一辆汽车的路,到重庆都是那样的。然后到留坝、汉中。抗战时期呀,有三个大学区,一个认为是天堂,就是成都;一个是人间,就是重庆沙坪坝;一个就是汉中,称为地狱。那时西北大学在那儿。一路坐汽车到成都,到成都已经天黑了。好像到了蛮荒之地,在春熙街,成都最繁华的地方,电灯是不明的,玻璃窗很少,还是纸窗,红的绿的纸。住下来以后,才知道原来成都还有足够的繁华。

四川确实是富庶。我到北门外桥下陈麻婆豆腐店吃麻婆豆腐。我在四川不爱吃辣,离开四川才能吃辣,所以麻婆豆腐我还要免红。四川好吃的东西都便宜。赖汤圆,拿现在[2002年]的标准就是两毛钱一碗,怎么吃不起。我们住在河公巷的陕西街,大概有三百米的路程,在拐角地方有个店叫美而廉,专门卖熟食,那真便宜。门口有锅盔,里头可以塞肉的,把肉塞得满满的,顶多也合现在两毛钱。赖汤圆,反正合现在几分钱一个。龙抄手顶多两毛钱一碗。每天早晨豆浆、油条,从我们那儿走二百米到我学校,还有醪糟卧鸡蛋,起码三四家,你随时坐下来就能吃。学校吃的不好,每个礼拜要打牙祭一次,牙祭是四川的专有名词,起码是一碗红烧肉,这个对年轻人来讲简直是美味佳肴。茶馆,坐在茶馆里一毛钱可以坐一天也没人赶你,只要你不换茶,茶水吃到白。

说人的穷,我在北京没有深刻的体会,河南有体会,四川有真穷的。四川穷,而且穷得奇怪。穿一件大褂,短裤,腿都露着,底下穿的是草鞋。四川的服饰,头上帕子盘着,身上是大褂,下半截光腿,再一光脚,都有点七擒孟获时代的样子。

这时的燕大是一个很小的学校,用一个原来教会办的女子中学华美女中做校舍,学生是北平来的有一百多人,内地招的有一百多人,总共不到三百人。学校的设备和师资都极差,大部分的课必须到华西坝去听。听金大的教授、华大的教授。我很刁,所有的课都选在下午,从不选华西坝的课,原因就是早晨睡觉睡过了也不碍事。因为有许多北京来人在"祖国的腹地"相聚,还有一点亲密友爱的气氛。在校园之内，相对地讲，空气比上海北京还是要好一些。

我十二月去的，到八月份，学校里活动很多，广东同乡会、上海同乡会、北京育英同学会，二百人的学校，这样的名目排出来可能也有二百个。争奇斗胜，各出墙报，真是自由啊！燕京文摘社，何谓文摘社，就是把《大公报》《新民报》，你满意的文章都给摘出来。还有一个人，新加坡人，华侨，尤其爱国，这个人自称为革命姐，一个人写大字报，整面墙。那时候真有人物。此人后来在新加坡专门研究辜鸿铭[1]这些人。当时就米丁[2]那个《唯物辩证法》，已经算比较高级的，很高级的。最重要的三本书：一本《新哲学大纲》，一本《新经济学大纲》，一本《新政治学大纲》。《新政治学大纲》，只有邓初民[3]的。实际上都一样，都是讲社会发展史，这个学问之大呀，完全把我征服了。比如说，上来就讲："我们共产党人从来不隐讳自己的观点。"这句话现在你看起来觉得可笑，当时来讲这是不得了的坦率。第二就讲："人类自古以来都是阶级斗争社会。"范文澜[4]写这个。范文澜痛恨佛教，他骂佛教就是佛教会说大话。人都要分阶级，你不是资产阶级，就是无产阶级；不是无产阶级，就是资产阶级。生产力决定生产关系。中国自古以来有哪门学问像这样，把这个道理讲到底了，讲透了？

从1943年开始，我慢慢发现，学校中有一些微弱的进步的活

---

[1] 辜鸿铭（1857年7月18日～1928年4月30日），名汤生，字鸿铭，号立诚，祖籍福建惠安，生于南洋英属马来西亚。获英国爱丁堡大学硕士学位和德国莱比锡大学博士学位，精通英、法、德、拉丁、希腊、马来西亚等9种语言。1883年后开始在英文报纸《字林西报》上发表题为"中国学"的文章，宣扬中国文化，并将《论语》《中庸》和《大学》译成英文。曾在晚清大臣张之洞幕府中任职二十年，主要职责是"通译"，后任北京大学教授，出版《春秋大义》（即《中国人的精神》）。

[2] 米丁，M.B.，1901年生，苏联哲学家、社会活动家。历任共产主义教育科学院副院长，哲学研究所副所长，苏共中央马列主义研究院院长。着有《唯物主义辩证法的战斗性问题》《哲学和现代》《列宁和现实的哲学问题》等书。

[3] 邓初民（1889年～1981年2月4日），字昌权，湖北石首人。留日回国后历任山西省政书总编辑，武汉法科大学教务长。1949年后历任山西省人民政府副主席兼山西大学校长、省政协副主席兼体委主任、省文化教育委员会主任等职。著作有《政治科学大纲》、《社会史简明教程》和《民主理论与实践》等书。

[4] 范文澜（1893年11月15日～1969年7月29日），字芸台，笔名武波、武陂，浙江绍兴人，历史学家。北京大学毕业，其后20年间先后任北京大学、北京师范大学、河南大学等校教授。撰写《中国通史简编》和《中国近代史》。1949年后任中国科学院中国近代史研究所所长、中国史学会副会长、中国科学院哲学社会科学学部常务委员、中共中央委员等职。

动。如有一些文艺性的墙报之类，虽然政治上并不明朗，也是我过去在上海北平，连看都没有看到过的。我慢慢分析，发现从内地招收的新生，特别是插班生中，许多是在抗战初期受过所谓"大时代的洗礼"的人，他们在皖南事变后的白色恐怖下沉默了下来，来到成都这样一个国民党统治势力不像重庆那样直接的地方，来到燕大那样不怎么引人注目的学校，又渐渐表达出政治上的要求来。这是我在上海北平所不能遇到的。这使我感到成都与上海北平到底还是大不相同。同时，成都的政治气压虽然很低沉，但是还是有《新华日报》[1]可以看到，从《新华日报》门市部还是可以买到一些党的出版物（虽然种类、数量都很少）。慢慢地我同其中一些人结成了友谊。但是，在成都，对特务的压力感觉也很敏锐，大家彼此提防，彼此警惕，不敢倾心相交，往往是从谈文艺入手，慢慢接触到彼此的一点政治观点。

  我在成都的春熙路一个地摊上买到一本书，从来没见过，大红色封面，《联共党史》。这个书不像中国书，又不像西洋书，纸也比较好。原来是莫斯科原版的《联共党史》。我不很怕，就放在枕头旁边，结果就有人发现了。应该说，学校里的政治气氛是渐渐上升的，但我个人参加各种活动却比较晚，原因是我多年来自负为早已倾向革命，受启蒙早，把自己估价得非常高，把别人看得相当"幼稚"，把出一些一般的文艺性的墙报等等的活动看得"没有意思"。自己幻想着什么时候能找到"共产党"，"大干一场"，其实，我的实际政治活动能力比别人还低，真正是落了"眼高手低"的一句老话。

  我当时在言论上与人的交往是不少的，并且比较好谈大问题、理论问题，因此是引起别人注意的，据后来了解，他们也都怀疑我有什么来头，不敢贸然拉我参加什么活动。

  这样的情况一直继续了1943年一整年，到1944年，战争的形势越来越坏，国民党的统治越来越腐败，人民中间对民主的要求越来

---

[1]《新华日报》是中国共产党在国民党统治区公开出版的机关报。1937年全面抗战爆发后，按照国共两党谈判的协议，允许共产党在国统区出版公开报刊。1938年1月11日在武汉正式创刊，后迁往重庆，1947年2月28日被勒令停刊。

越高，我对我周围的人的情况也越来越了解，我终于同刘克林[1]、崔嵬、龙怀民[2]（现名吴展）、陈鼎文[3]、胡光晔[4]等一些人组织了一个"文学研究会"，出版了一个墙报（报头的名字已经忘了），可能就叫做"文学研究会会刊"。从这时开始，我的工作一直是比较积极的。我们的墙报上也有爱情诗或抒情散文之类，但是我是不会写这类东西的，我写的都是一些带政论性的杂文和文艺论文，可惜我一篇都没有保存，连内容也都一概记不得了。

据说我的"转变"很引起周围一些进步同学的注意，认为我是由"坐而言"转到"起而行"。（在我的入党会上，就有人提到这话）对我就更加信任，更加亲近起来。我自己也记不清楚这个"转变"的具体过程是怎样的了。总之，在那以后，我的工作就一直是积极的，我深深体会到斯大林所说的话，不要拒绝做小事，大事都是由小事积累而成的。我最初也还是觉得出这种"淡而无味"的文艺墙报"没有多大意思"，但是同大家一起开会、谈心、写稿，甚至编排剪贴都会产生一种真正的同志之谊，真正的团结的力量，决不是夸夸其谈，放言高论可以代替的。

跟我同学的有两个人，都是从延安来的，是真正"一二九"燕大学生支部的负责人，比我大好几岁。一个叫陈鼎文，在延安已经参加过整风了。一个是刘少奇派到卫立煌[5]那儿去当上校参议的赵荣声[6]，

---

[1] 刘克林（1924～1966），湖北新化人，记者。1946年燕京大学毕业后长期在重庆和香港《大公报》任职。1949年后历任上海、北京《大公报》总编室、评论部、国际部主任。1963年调中国际宣传处干事，1966年被迫害致死。

[2] 龙怀民（现名吴展）（1923年3月14日～2006年1月3日）。1945年燕京大学物理系毕业后在重庆《新华日报》社工作，次年调到南京中共代表团外事组，为周恩来与美方代表马歇尔的谈判担任英文翻译。1949年后历任国防部第五研究院二分院天线电波研究室主任，第七机械工业部第二研究院第二设计部主任，中国社会科学院美国研究所副所长兼研究员。

[3] 陈鼎文1914年生，1985年离休，离休前任北京市文物局顾问。

[4] 胡光晔，即胡若木，江苏盐城人。曾任重庆《新华日报》、上海《群众周刊》编辑、记者，陕北新华广播电台副主编。1949年后历任中央广播事业局编委兼中央人民广播电台编辑部主任，中国国际广播电台副台长，广播电视部总编室主任。

[5] 卫立煌（1897年2月16日～1960年1月17日），字俊如，安徽合肥人，国民党高级将领、二级上将。史迪威在回忆录中称其为国民党军队中最能干的将领。1949年后自香港返回北京，曾任国防委员会副主席、全国政协常委和民革中央委员会常委等职。

[6] 赵荣声（1915年～1995年），安徽安庆人，曾任《燕大周刊》总编辑，后参加丁玲领导的西北战地服务团，任通讯组组长。1938年受中共派遣，任卫立煌的少校秘书。1958年被划为"右派"，1985年出版《回忆卫立煌》一书，离

又受党的命令，回成都复学。他们算三年级，我也差不多三年级了，所以我的同学里头有一些老革命。还有一个李声簧[1]，李汉俊[2]的儿子，读数学系。他们都挺注意我，跟我的关系非常好，我对他却是毫无敬意，完全是小孩那种脾性。他显得不太露，但是好像都又互相了解。还有一个其实可以说是燕京大学学生运动的头，王晶垚[3]。他参加革命比我还早，在那时他可以算个英雄人物，因为国立二中的事。我当时很佩服王晶垚，第一他活动能力强，他可以一会儿跑到重庆去找八路军办事处，接上关系，一会儿又可以在成都去找那些号称进步教授，都是共产党，如李相符[4]等。第二他去的早，他已经在中央大学还是复旦大学一年，插班生。那时候成都刚好经过这个从抗战开始的学生运动最后一个高潮，他们自以为是共产党员，都在背后瞧你们。我看倒都不见得，就看你们怎么活动。我们也明明没有共产党在背后，但都自以为受党的领导，有理、有利、有节，这一套都掌握得真不错。那些所谓隐藏起来的人，顶多结交一两个朋友，就自以为非常革命。王晶垚是个愣头青，我认为他是天生的革命家。燕大还有一个，就住我下床，河南人，据王晶垚讲，是燕大地下党的最高领导人，叫王文星。燕京大学二百个学生，不知道有没有十个人认识他。

休前任中国工人出版社副社长、副总编辑。

[1]李声簧（1914年春～1975年11月），李汉俊独子。曾任中共宜昌特别支部书记、鄂西特委副书记等职。1949年后历任武汉市教育局副局长、中国科学院干部培养局副局长、中国科技大学教务处处长、中国科学出版社副总编辑。本注释的主要内容来自李声簧的亲属。

[2]李汉俊（1890年～1927年12月17日），原名书诗，字人杰，湖北潜江人，中国共产党发起人之一。早年留学日本，1920年夏与陈独秀等发起组织中国共产党，草拟党的纲领，并校对陈望道译《共产党宣言》。1921年7月作为上海代表参加中共第一次全国代表大会，后任湖北省政府委员兼教育厅厅长，并在中央军事政治学校、武汉工人运动讲习所、中央农民运动讲习所任教。1927年被武汉卫戍司令部以"湖北共产党首领"罪名捕杀。本注释的主要内容来自李声簧的亲属。

[3]王晶垚（1921年3月1日～2021年8月29日），江苏淮安人，历史学家。1946年5月，王晶垚和夫人卞仲耘一起到晋冀鲁豫解放区，参加晋冀鲁豫《人民日报》的创办，成为该报编辑，1948年到新华社任编辑。1957年到社科院近代史所，工作至离休。

[4]李相符（1905年12月～1963年10月20日），笔名林中，安徽桐城人。1928年加入了中国共产党，在西安从事地下工作，发展与杨虎城部的关系，同时担任中共陕西省委宣传部长。1949年后历任民盟中央常委、全国政协委员，林垦部副部长，中国林业科学院副院长。

他到过延安。据说在组织关系上还是我们燕大的党员。这个人毫无声光。据说他们开秘密小组会，别人都要听他的。我没跟他开过秘密小组会。我们后来有个组织叫民协，联大叫民青，成都叫民协。后来西南联大还有西北什么大学到了北京后，这两个又统一了，叫民主青年联合会，是党的直系外围组织。参加民青就算参加革命。外交部后来当到礼宾司司长，跟我同班同学叫卫永清[1]，他第一个被地下党吸收入党。南方局派一个人到成都来领导学生运动，张友渔[2]。跟我住一个寝室双层床的人，李声簧，此人党龄可能不亚于张友渔，年纪当然小得多，跟我的关系特别好，他是跟邓锡侯[3]、刘文辉[4]做联系。他是明确的，绝对不能在公开场合露出共产党的身份来。

早在1942年，燕大就有一些失去党的联系的党员，有一些受过抗战初期"大时代的洗礼"的进步学生，因为白色恐怖的迫害而沉默下来，后来汇集到燕大的人（约有十人左右）互相串联起来成立了一个地下的"马克思主义小组"，其代表人是王晶垚。后来我上面提到的那个王守义也参加了。我通过他也得知了这个小组的存在，但是因为上面所说的"眼高手低"的原因没有参加，他们也因为对我"莫测高深"而不来拉拢我。到这时，我同他们的个人关系可称都相当不错了，他们中的许多人又都在我所积极参加的"文学研究会"中同我一起工作。这样开始建立了一种同志关系。

---

[1] 卫永清，1923年生，北京人，外交官。历任驻印度大使馆三等秘书、驻加纳大使馆参赞、驻土耳其大使、驻土耳其大使、驻委内瑞拉大使、驻肯尼亚大使、外交部礼宾司司长。

[2] 张友渔（1898年1月10日～1992年2月26日），原名张象鼎，字友彝，山西灵石人，法学家、政治学家。曾任燕京大学、中国大学、民国大学、中法大学、北平大学教授，"七七"事变后先后任中共山东联络局书记，《新华日报》代总编辑、社长。1949年后历任中共北京市委副书记、北京市常务副市长、中国社会科学院副院长、全国人大常委法律委员会副主任等职。

[3] 邓锡侯（1889年～1964年），字晋康，四川营山县人，陆军上将。历任四川省省长、第二十二集团军总司令，参与"台儿庄大战"。1949年12月9日在彭县率部通电起义。1949年后历任西南军政委员会副主席兼水利部长、四川省人民政府副省长等职。

[4] 刘文辉（1895年1月10日～1976年6月24日），号自干，四川大邑人，陆军上将。历任四川军务督办、第二十四军军长、四川省政府主席。1949年12月与邓锡侯等率部在四川起义。1949年后历任西南军政委员会副主席、四川省政协副主席、林业部部长等职。

随着"文学研究会"的成立，燕大各种各样的文艺团体和墙报团体以至团契都渐渐活跃起来（我个人在燕大唯一参加的公开的小团体，前后只有"文学研究会"一个），进步学生运动渐渐有了一点苗子，但是学生运动的真正开展，是在1944年夏天以后的事情。

我要交代一下对燕大学生情况的基本分析：燕大的学生主要有两部分：第一部分是内地招的学生。他们中间又分两部分：一部分是我上面所说的，其中：1，有在抗战初期入党而后来失去联系的党员（如刘克林、卞仲耘[1]等，他们入党的时候还不过是十六七岁的中学生，没有经过很多的斗争锻炼，白色恐怖一来，就同党断了线，但是对党是一直是向慕的）。2，在抗战初期从事过进步活动，而受到过迫害的，如王晶垚、崔嵬、岳克[2]等。3，在大后方经过抗战初期的一番经历，对党抱有好感的，这样的人较多。以上三部分人构成了燕大进步学生的最初队伍。另外一部分是四川所谓"绅粮"的子弟，也就是所谓"公爷"，他们构成了落后的或反动的学生基本队伍。其中有些人加入了三青团或本来就是三青团员。第二部分是北平来的学生。因为国民党势力早在1935年的"何梅协定"以后就退出华北，在北平没有国民党的活动，所以这批学生一般没有政治成见，又因为北平长期沦陷，受了多年的"顺民教育"，也几乎没有什么进步倾向。一般说，政治上比较单纯，到成都以后才发生分化。一部分对国民党的正统观念比较强烈，升官发财之心比较强，甚至有个别家在华北解放区，出身汉奸地主，家里挨了人民斗争的，就往三青团国民党的方向走，成为反动学生，不过这批人很少。一部分本来有爱国心，对国民党有好感，到成都后，对政治形势失望，产生民主的要求，逐步向左转，这批人是多数。另外还有几个抗战前老燕大的学生，本来就是较有斗争经验的党员，在白色恐怖下潜伏下来，因为燕大复校而回来复学的。这样的人虽然很少，却是很重要的骨干力量。至于从沦陷区来，而原来有进步倾向，像我和王守义这样的人，那确实也是个别的。

总的说来，燕大学生中的"成分"比起当时蒋管区的各大学来，要

[1]卞仲耘（1916年～1966年8月5日），女，安徽省无为人，原北京师范大学附属女子中学党总支书记、副校长。1966年6月被划为"四类干部"，1966年8月5日被自己的学生殴打致死。

[2] 岳克（1922年6月～2015年3月14日），原名岳殿陛，曾用名岳克，后改名为李原。曾任天津市人大常委会副主任、党组副书记。

算比较单纯，比较好的。国民党反动派原来并没有在这里有坚强的据点。它是一个新学校，小学校，也被认为是教会办的"规矩学校"，国民党也没有加以很大的注意，因此，在学生运动兴起以后，进步势力迅速发展，结成多数，成为全成都各大学中最小，但是团结最紧密、战斗力最强的一个学校。

学生运动的兴起，当然不是几个学生所能办到的事情，它决定于全国的政治形势。而1944年的形势是日本兵从长沙南下把国民党打得一败千里。国民党的统治日益腐朽，在共产党领导下的全国广大人民群众，包括民族资产阶级在内，要求民主的呼声日益高涨。蒋介石应付乏术，不得不在夏天派张治中[1]到西安与我党代表林伯渠[2]谈判。同时不得不重新召开停开多年的国民参政会[3]，以缓和人民的不满。我们做学生的对这一些虽然并不完全了解（许多是事后了解的）或分析清楚，但是当时的政治形势是直接感染我们每一个人的。我们那种忍无可忍的情绪是同全国人民血脉相通的。因此，学生运动从活跃而爆发也是很自然的。

成都学生运动兴起的第一个信号是七月的"国是座谈会"。所谓"国是座谈会"是在蒋介石召开了停会多年的国民参政会以后，成都一些进步学生，以各种各样学术团体的名义敦请在重庆开会回来的七名参政员向成都大学生发表对国是的意见的会议，实际上等于[后来]的时事报告会。这七个参政员我还记得四个，头一个是民盟主席张澜[4]（即开

---

[1]张治中（1890年10月27日～1969年4月6日），原名本尧，字警魄，后改名治中，字文白，安徽巢湖人，国民党二级上将。1949年4月任国民党政府和平谈判首席代表，议定《国内和平协定》。协定遭国民党政府拒绝后，接受周恩来的劝告留在北平。1949年后历任全国人大会副委员长、国防委员会副主席、民革中央副主席等职。

[2]林伯渠（1886年3月20日～1960年5月29日），原名林祖涵，字邃园，号伯渠，湖南人。曾任苏维埃中央政府国民经济部长、陕甘宁边区政府主席、八路军驻陕办事处党代表等职。1949年后任中央人民政府委员会秘书长和全国人大副委员长。

[3]国民参政会是抗日战争时期国民政府设立的各党派参政议政的最高咨询机构。1938年7月成立，汪精卫任议长、张伯苓为副议长。国民参政会设参政员200名，共产党人有毛泽东、王明、秦邦宪、林伯渠、吴玉章、董必武、邓颖超七人。1948年3月结束，总共开过四届13次会议。

[4]张澜（1872年4月2日～1955年2月9日），字表方，四川人，清末秀才、革命家、教育家。历任中国民主同盟主席、民盟第一届中央委员会主席。1949年后任中央人民政府副主席、全国人大副委员长、全国政协副主席等职。

国时的中央人民政府副主席），第二个是青年党主席李璜[1]，第三个是四川的一个大地主，名字忘了，第四个是黄建中，是国民党的特务头子。张澜的发言直呼蒋介石之名，要求他给人民以民主自由，听众掌声不绝。李璜当时还伪装要民主，讲话也还博得一些掌声。那个大地主，代表四川地方当局与蒋介石的矛盾，他的讲话大家虽然不感兴趣，也还听得下去，至于黄建中的讲话就为蒋介石辩护，大家一片嘘声，弄得他下不了台，张口结舌，不知所措。

  我没有参加这次会议的组织，但是这次会议是参加了的。上千名群众开这样的大会是蒋管区多年来少见的，而反应之强烈，群众爱憎之分明，可说出乎我们意料之外。我们只以为自己"进步"，看周围的学生像死水一潭，没有料到其中蕴蓄着这样大的力量。我记得在这次"国是座谈会"以后，燕大和成都各大学的墙报就多起来，学生中就开始公开谈时事了。我们互相串联，争取群众和搞各种活动的积极性也大大提高了。

  成都学生运动的大爆发是1944年11月11日，被称为"双十一事件"的"市中事件"。所谓"市中"是"成都市立中学"。事件的起因是那里的学生因为生活问题闹了一点很小的风潮，但是竟然遭到当时成都市警察局长（军统特务大头子）方超派出警察去镇压，打伤了几个学生。在蒋管区，过去这类事情本来很多，但是这一次学生却不答应了，市中的学生到各个大学来控诉，来争取支援，各大学的学生立即响应，并且在十一月十一日举行了一次争民主、争人权，要求惩办方超和成都市长余中英的五千人的示威游行。这样规模的示威游行在整个蒋管区还是"皖南事变"以后的第一次，因此结果人心振奋，影响甚大。

  当时在宿舍里，二十张床，开起漫谈会来，我确实是主席，别人都说我：你理论水平最高。我也很得意，什么您都能解释。王晶垚给了我一句（又不只他一人说），"坐而言，现在要起而行了"。到了市中事件的时候，他们把我吸收进一个民协的小组，准备第二天的游行了。我心目中共产党，李声簧我很佩服。他的外号叫老道，一件极

---

[1] 李璜（1895年－1991年11月15日），字幼椿，号学纯。在法国发起成立中国国家主义青年团（后称中国青年党）。回国后在上海创办《醒狮》周报。参与发起成立中国民主政团同盟（后改称中国民主同盟），任中央常务委员。1945年以第三者身份参与调解国共关系。1949年去香港，后去台湾。

脏极破旧的棉大褂,我们那几个顽童,把他按在床上跟他开玩笑,他也不火不恼。我是比较文雅的,跟我还能谈得来。你谈到什么关键时刻,他给你来一句。我已经信服他是老共产党了,因为他讲他父亲就是李汉俊,李汉俊名字我早知道了。他在燕大的时候,在党员里也是算老的。他好像比胡乔木[1]——胡乔木是清华的,而且"一二九"时候胡乔木不在清华,已经到浙大去了,——比姚依林资格还要老一点。布置游行,王晶垚就表现他的特点了,第一,决定路线;第二,要准备多少小旗子,要印一个声明。总指挥是谁呢?派给李慎之了。因为几个学校里,当时左派力量最强而学校最小的,组织性最高的是燕大,当然要当头了。兵贵精而不在多。其他华大、川大都跟着我们,我们是头一个。我们就向督院街,就是清朝的总督衙门,那时候是省主席衙门,省主席是张群[2],浩浩荡荡出发了。我们燕大先到华西坝,把队伍纠集好,有五千人。在长期寂寞以后,大后方学生运动第一炮是成都打响的,后来的党史都不理会这事情。

市中事件之所以能取得这样的成功,有国是座谈会以来的政治上的准备,也有组织上的准备。后者是(1)燕大在九、十月份改选了学生自治会,进步学生掌握了自治会的全部干事名额。使得以后燕大的学生能在学生自治会的指挥下全体一致地行动,成为各大学学生队伍中的一支骨干。我个人当选为学生会的秘书,主席是卫永清,但是整整一年期间,我一直是这届学生自治会的总负责人。(2)在市中事件前夕,成都各大学类似我上面所说的燕大的"马克思主义研究小组"那样的团体,统一组成了一个地下的核心组织——民主青年救亡协会——简称"民协",像我这样原来未参加小组的人也参加了进去。这个组织后来通过参加民协的地下党员同重庆中共代表团、中共中央长江局、中共四川省委的联系,取得了党的领导,这是成都学生运动今后能得到健全发展的基础。

---

[1]胡乔木(1912年6月1日~1992年9月28日),本名胡鼎新("乔木"是笔名),江苏盐城人,政治理论家。曾任毛泽东的秘书、中共中央政治局秘书,新华社总编辑和社长,中央宣传部副部长,中共中央副秘书长,国务院政治研究室主任,中国社会科学院首任院长,中央政治局委员。

[2]张群(1889年5月9日~1990年12月14日),字岳军,四川人,国民党元老。历任国民革命军总司令部总参议、同济大学校长、上海特别市市长、湖北省政府主席、外交部长、行政院长、总统府资政。1954年后曾任总统府秘书长和国防会议秘书长。

民协是在战斗中成立的，我还记得当时连夜开会，成立地下指挥部发动示威游行的景象。总之是在十一月十一日那天以后各种各样名目繁多的学生团体的名义号召学生起来到国民党四川省政府请愿。这样的号召下，居然集合了六千名大中学生，组成一支十分严整的队伍。其中燕大的学生在绝对数字上说是比较少的，因为全校只有不到三百个人，但是却是唯一有自己的学生自治会通过决议以全体学生的名义行动的。当时集合起来的学生有二百人以上，人数最少却是最坚强的一支队伍，排在大队的最前面。学校当局曾竭力阻挠游行，当时燕大的代校长马鉴[1]（此人系有名的古文家，国民党员，现在香港大学任教，已成为我们的统战对象和"民主人士"了）[2]就曾把我叫去，坚决不让游行，我说这是全体同学的公意，他有意见可以向全体同学去说，他害怕，不敢去见群众，我们就如计划游行，经过成都各主要街道于晚上到达督院街省政府大门口。由各学校的带队人组成一个十人代表团进去见张群请愿（我是燕大的带队人）。进了辕门以后，很长的大概一百米大的一个院子，因为国民党省政府派出大批宪兵，枪上膛、刀出鞘，如临大敌来对付学生，有的代表表现退缩，推举我为总代表。我要求张群出来见学生，张群派了他的副官来见我们，要我们进去谈判，我要求他下令宪兵首先撤下武器，才能进去，否则便是毫无诚意，如果发生事故，政府要负一切责任。他的副官不干，僵持了很久，学生在外面的口号声一阵高过一阵，副官只好去请示张群，张群答应了我们的要求。宪兵们都卸下了盒子炮，我们才进去。但是他却不肯自己出来，派了他的秘书长李肇甫[3]来和我们谈判。

张群是政学系的首领，是中国旧政界最狡猾的老狐狸。他所以不亲自出来是为了要多设一道防线，好同我们在讨价还价时有缓冲的余地。李肇甫穿一件蓝缎子的袍子，黑褂子，戴金边眼镜，很文雅，也很有风度。我也自以为有点文化，也做得很文雅状，但说话是一句

---

[1]马鉴（1883年～1959年），字季明，浙江省人，文史学者。留美回国后出任北京燕京大学国文系教授，后出任香港大学文学院教授、四川成都燕京大学国文系主任、燕京大学文学院院长和香港大学中文系主任。
[2]编者注：此处有误，马鉴已于1959年去世。
[3]李肇甫（1885年11月4日～1951年7月20日），字伯申，四川省人。曾任大总统府秘书、临时参议院议员、立法院立法委员、司法院大法官。1951年3月被捕，7月绝食死于押所。

不漏的。我们同李肇甫的谈判，凡是属于说理的部分，他都只好表示同意，但是最后我们要求惩办方超和余中英时，他却死也不肯答应，说他们是执行任务。我们则坚决要求惩办，根据是当时国民党刚刚为欺骗人民作出的一些"保障民主"的诺言（见《毛选》横排本959页注释[3]），僵持了很久，李肇甫说：同学们的要求我听着都是合理的，不过恐怕不可行，我去请示一下张主席。张群大概就在隔壁，他始终不出来。他进去一会儿就出来了，说，"我都报告张主席了，张主席比我开明，张主席说同学们的要求都是合理的，完全可以。对你们的要求统统答应。"那时已经半夜，都没吃饭呢，下午三点出门的。我倒是记得毛主席的教导：有理、有利、有节。成都是蒋管区最大的，除重庆以外，最大的城市。我认为可以了，就出去，到辕门口有人拿两个长板凳，我就站在长板凳上告诉同学们说：张主席已经答应我们的要求了。向群众宣布谈判结果。内心充满了英雄感——底下的群众觉得可以满意了。群众，前几排都是燕大的，后来《人民日报》当总编辑的谭文瑞[1]，是拿游行旗子的，另一个刘桂良[2]，是后来《新民报》记者。王晶垚劲头来了，说：这完全是欺骗，我们能答应吗？就要往里冲。我那会儿倒也不害怕，我后来体会到王晶垚的一个思想，革命要流血，流谁的血呢？流你李慎之的血。但他的冒进没人响应，王晶垚忽然泄了气，说：我们现在整队回去。整队回去还是浩浩荡荡，六千多人打着火把唱着歌再度游行回校，我们就回到陕西街。华大就回华西坝，川大就回望江楼，没有任何一点损失，总算面子上我们就算胜利了。（过了一两个月，方超果然调动了工作。余中英则依然当他的市长。其实，学生也知道张群的诺言是空的，也根本不可能去追他实现诺言，方超的去职大概是统治集团内部矛盾的缘故。）

市中事件的游行示威对当时整个蒋管区都是振奋很大的，对我们的教育意义就更大，我们在示威前根本就不知道结果会如何，大家对流血牺牲的准备倒是有的，心中也只是充满了当英雄烈士的浪漫主

---

[1] 谭文瑞（1922年～2014年7月29日），笔名池北偶，广东新会人。在《人民日报》工作40余年，曾任编辑、记者、评论员、国际版主编、国际部主任、副总编辑、总编辑等职。1979年1月邓小平赴美访问，谭以顾问身份随行。

[2] 刘桂梁（1921年～1990年），燕京大学毕业，新华社记者、编辑。

义的想法。同时根本也没有想到会有这么多人参加游行，而且纪律非常好。在这次示威以后才看到群众的力量，认识到只要把群众组织起来，就可以产生力量打破蒋介石法西斯独裁的牢笼。

市中事件以后，在成都学生中左派力量已经占上风，中间学生迅速向左转，各学校的墙报如雨后春笋，对当前一切政治问题都要发言。燕大与华西坝（成都各主要大学的所在地）空气大变。做过这一回以后，像吃了迷魂药一样，每过一个月要搞一次这样的运动，不搞，就好像灵魂没有了，不得安宁了。

那时候我在听陈寅恪[1]的课，陈寅恪的课老实讲没有太大的味道，一首连昌宫词[2]讲一年。我后来就不爱听了，"醉心于革命运动了"。不过陈寅恪我是佩服他的，因为我从小受家庭教育，我认为他是中国学问最大的，还是很钦佩的。你要是听下去，他的江西话也不特别好懂，如果你坐在头一排听懂了的话，还是满有味道的。但是我已经心猿意马了。李声簧有时跟我说：你的名字上了行辕的名单，小心点。但我没觉得特别了不起，慢慢地胆子也越来越大。民协的工作十分繁忙。我大致记得每一个月就有一次大的行动，但是细节已经记不大清楚了，顺次写下来，大概有：

1944年年底的反青年军运动。日本人打到贵州金城江以后，国民党慌了手脚，发起了一个"十年青年十万军"的青年军运动，以民族主义来拉拢青年。因为国民党打着"抗日"的招牌，我们不好公开的反对，但是做了细致艰巨的工作说服了许多中间学生不要上它的当，使他们认清蒋介石是假抗战，只有共产党才是真抗战这一真理。在燕大，我们还利用中间落后的同学大力怂恿那些三青团员"以身作则"带

---

[1]陈寅恪（1890年7月3日～1969年10月7日），字鹤寿，江西修水人，历史学家、语言学家。留学日本和欧美，先后任教于清华大学、西南联大、香港大学、燕京大学、中山大学等。1949年历任中国科学院社会科学部委员、中国文史馆副馆长、全国政协常委等职。著有《隋唐制度渊源略论稿》、《唐代政治史述论稿》、《元白诗笺证稿》、《柳如是别传》、《寒柳堂记梦》等职。
[2]《连昌宫词》是唐代诗人元稹创作的长篇叙事诗。此诗通过一个老人之口叙述连昌宫的兴废变迁，反映了唐朝自唐玄宗时期至唐宪宗时期的兴衰历程，是唐诗中的长诗名篇之一。

头参军。学生自治会给他们开了一个欢送会，结果燕大走的全部是原来就反动的学生，很少落后分子和中间分子。连燕大三青团的头子王蕙蕖也被"欢送"走了。在此以后，燕大三青团力量是大大削弱，到了在学校中很难起影响的程度。

慰劳壮丁运动。当时国民党在四川大抓壮丁，1945年年初有大量壮丁集中在成都，住满了各茶馆（成都的茶馆最多，十步一个）。壮丁生活之惨，简直猪狗不如。连许多本来毫无觉悟的同学看了都会掉眼泪，都会怀疑国民党政府是否真的是"为国为民，真心抗战"。我们抓住这个机会，一方面出墙报，搞宣传揭发抓壮丁的黑幕，一方面募捐募款、做饭做菜，发动同学到茶馆里去慰劳壮丁，同时发动同学同壮丁谈心，调查情况，结果许多从来不知人间苦辛的青年学生多少知道了一点社会上阶级压迫之惨，因为每个壮丁无例外地都有一部血泪家史。许多同学代壮丁写家信，受到的教育尤其深。觉悟程度较高的同学则直接去向壮丁宣传到了前线"见了日本人就打仗，见了共产党就放下武器"。这对国民党来说，是瓦解军心大逆不道的事情。先头他们还没有理会，后来发现了这点，便马上把壮丁都调走了，不敢再送进城来住茶馆了。

1945年年初倒齐鲁大学校长汤吉禾[1]的运动，我还记得有这么一件事，但是内容已完全回忆不起了，但是我自己也是参加了的。

1945年4月要求成立联合政府的运动。这是直接配合毛主席在中共七大提出的"联合政府"的口号的。对毛主席的《论联合政府》（全文刊载在《新华日报》上），当时我们在成都进行了广泛的宣传和讨论，在此基础上，燕大曾以学生自治会的名义召开了全体学生大会，通过了要求成立联合政府的宣言。这个宣言是我执笔的，全长有好几千字，用的是半文半白的公文体，铅印寄发全国，内容已一个字也记不起来，只记得这在蒋管区是在这个问题上最明确的一篇宣言（昆明西南联大的学生也有一篇宣言，但很短，提得也不很明确）。我记得到延安以后，我因为有一次奉命研究东欧各国宪法问题，翻阅了全部《解放日报》，发现这篇宣言曾全文刊登在《解放日报》头版。另

---

[1]汤吉禾，1902年出生，江西九江人，获哈佛大学博士学位。在美留学期间兼任新闻记者，回国后历任国立中央大学政治系教授，齐鲁大学校长，英士大学校长。

外，我附带声明，在1946年到《新华日报》以前，我除了写过一些墙报文章外，从来没有写过印刷成文的文章，唯一的只有这一篇宣言。

1945年5月4日的五四青年节大会和火炬游行。国民党在抗战初期曾定"五四"为青年节，后来又改了以"三月廿九"黄花岗起义日为青年节。因此我们庆祝"五四"青年节是直接同国民党唱对台戏。我对这次大会的内容已经记不清楚了，只记得那是在华西坝大草坪上举行的一次营火晚会，主席台前有八个大可方丈的字"团结、民主、抗战、XX"这八个字，我已记不全，记得的也可能有错，总之这是党当时提出的口号，与国民党的口号相对立的。我印象明确的是，"团结"一词是直接与国民党提出的"统一"一词相对立的。这次营火晚会到的有五千多人，会后进城举行火炬游行，震动全城。五千人这个数字，在当时是认为很大的。

1945年5月的追悼罗斯福大会。这次大会是利用追悼美国总统罗斯福的机会来讽刺揭露蒋介石的法西斯统治。因为罗斯福是盟国领袖，这次大会是一次"统一战线"的大会，由燕大学生会出面同华西大学的学生会联合起来，又会同华西坝各教会大学的学生会举办的。华西大学的学生会是由军统特务三青团操纵的，过去一切学生运动都没有它的份。这次借罗斯福的招牌去联系它，它倒表示愿意合作，主动借场地，布置会场，并且为了显示自己有办法，雇来了军乐队。而我们则把成都所有的外国人，包括英美的外交官和英国驻成都空军的中将都请了来。华大学生会的特务们居然把安排大会发言与议程的权力交给了我们（我们原来就是同他们协议如此分工的），我们安排了一些民主人士上去讲话（具体人我已忘记，只记得有一个加拿大的文幼章[1]，此人是华大教授，曾任宋美龄顾问，当时已转变得激烈反蒋，后来曾为我党工作，五十年代是著名的国际和平人士），借罗斯福所吹嘘的"四大自由"影射蒋介石独裁，甚至明确到说中国就有罗斯福所说的"法西斯余孽"。最后通过了一个英文通电，电文是我们事前拟好的，大意是说纪念罗斯福要把反法西斯斗争进行到底，要在中国肃清

---

[1]文幼章（英文名：James Gareth Endicott；1899年～1993年），加拿大牧师，生于四川乐山。曾任蒋介石的政治顾问、宋美龄发起的"新生活运动"的顾问以及美国军方和共产党之间的联络人。在上海创办英文刊物《上海新闻通讯报》（Shanghai Newsletter），向西方宣传中国共产党。1949年出任加拿大和平大会主席，后任世界和平大会主席一职。

法西斯实现民主。临时叫大会主席，金陵大学的学生，一个国民党高级官僚王正廷[1]的女儿，从来不参加学生运动的一个大小姐去念，她以为很出风头，糊里糊涂读完了，全场掌声雷动，热烈通过。这时华大学生会的特务方君璧才发现问题，质问我这是怎么一回事。但是大会已经结束，我们立即把通电发往各使馆，他已经无可奈何了。这是一次出奇制胜的会议，可一而不可再，是"民协"精心策划的。我们同军统特务、官僚小姐的"合作"，一共只有这一次。这个通电据说在国际宣传上还很起了些影响。

1945年6月底7月初，我在燕大经济系毕业。这是我生活史上的一个转折点。[19]40年考上大学，[19]41年去燕京，[19]42年去成都。我在圣约翰上了两个学期，到毕业的时候没有晚一天，没有多一个学分，也没有少一个学分，这是我经过精密计算的。准时四年大学毕业，而且中间还逛了一大圈。还有一个牵扯到本人恋爱的问题。我在同学眼里也是个英雄人物，女同学都打招呼，但一直到我结婚以前为止，我没有跟任何女同学握过手，理由也很简单：How could I hold her body?

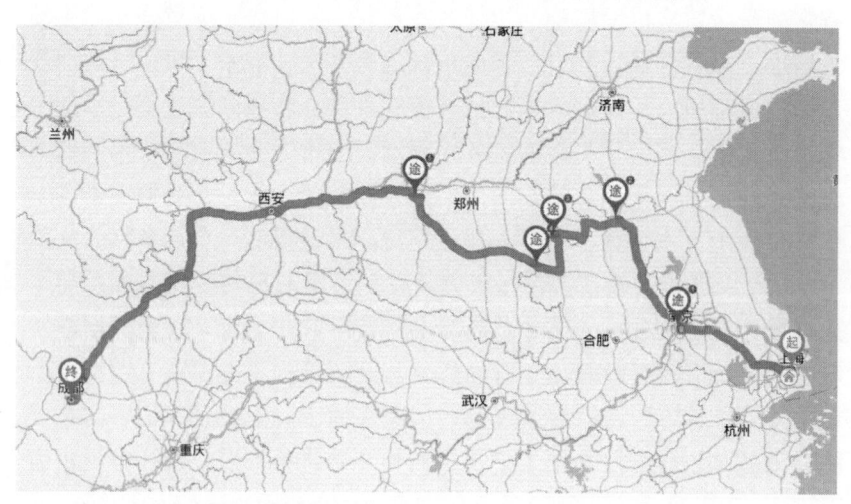

附图：1942年10月至12月，从上海到成都的行走路线

---

[1]王正廷（1882年～1961年），字儒堂，浙江奉化人，政治家、社会活动家。获耶鲁大学博士学位后回国，先后担任南京临时政府参议院代理议长、外交总长、代理内阁总理，南京国民政府外交部长、驻美大使。1922被选为国际奥委会委员，是中国第一位国际奥委会委员。

第五章 当中学老师

毕业，对我是一个重大的考验。

自从1944年，我由"坐而言"转到"起而行"，投身到学生运动中去以后，我的积极性一直是很高的，而且可以说越来越高，我是一直不停地在革命的道路上前进，然而就在要离校门的那天，却来了一个急刹车。

毕业所面临的问题是今后走什么道路，坚决继续革命下去，准备为革命事业完全献身是一条道路，这条道路我认为是正确的光荣的，然而，我觉得自己的条件好（主要是觉得自己的"文化知识方面准备充分"），可以做一个学者，也许这样"对革命的贡献更大"。我这种思想来自当时所谓的"革命学术界"（在中国，郭沫若是其代表人物，在外国就更多了），天天都在给那些所谓"革命学者"捧场，使我觉得这是一条可走的路。

到1945年上半年，我就发现民协中有些同我一样的应届毕业的"元老"，在学生运动中就开始"退坡"，积极性大大下降，我开头不明白为什么，后来才知道他们是在考虑"个人前途"了。我还记得，当时被誉为"燕大自有新闻系以来最杰出的人才"的刘克林（此人曾在钓鱼台秀才班子中工作，据说在文化大革命初期自杀），因为当时全国有名的《大公报》已指名要重用他而决心去就职的时候，曾抱着我痛哭，说："李中，你们是真正下海干的，我是玩票的，不能跟你们一路干下去了！"

刘克林所以说那样的话，是因为到那时为止，我对民协和学生会的工作还是十分认真负责的。在毕业以前，民协的主要工作是培养和吸收接班人（我记得当时重点培养吸收的是新华社云南分社社长于明——当时叫张占元,和新华社外事部的汪家桦),这些工作我还是很认真做到底的。但是以后当民协响应党的号召,动员知识青年去农村、去中原解放区的工作,我就开始游离了。我扪心自问,我自己是最应该走的,真革命就该到农村去,准备埋头干一辈子,这个道理我懂,但是,我又考虑,我这块"材料"难道不可以"发挥更大的作用"吗?难道不可以在学术上有所成就吗?

我觉得自己的思想很有道理,但是又觉得很可耻。我同任何人都不说(当时我同民协许多同志的友谊是很深的,是无话不谈的,但是这个思想却不敢暴露)。关于民协动员同学去中原的工作,我不去深入联系,但是具体地帮人准备的工作还是默默地做。有些低年级的同学刚听到革命的道理,就下决心奔赴中原,看见我给他们打点准备都还以为我这个"老大哥"有什么更崇高的使命,哪里知道我内心的思想。

在一年多的战斗生活中,我已经发现了谁是真正的地下共产党员,具体地说就是[后来成为周总理秘书的]陈浩,我们之间也有了很深的同志之谊,我现在要毕业了,干革命要依靠组织,入党一直是我久有的志愿,我应该提出入党的要求了,但是也因为思想上的个人主义而不敢启齿。

但是,我到哪里去呢?在蒋管区,我没有任何可以介绍我工作的社会关系,我并没有做过任何起码的学术研究工作,同学术界、出版界没有任何联系。做国民党的工作那是根本不考虑的。我思想上一直徘徊犹豫,当时唯一的打算是做中学教员,利用教书余暇来治学,这好像也是当时那些"进步学者"的共通道路。

但是,具体的机会一直到过了两个月才找着。

在毕业以后,就业以前,我在民协办的最后一件事,就是利用国际学生救济会的一笔经费,组织了近二十个成都各大学的学生,成立了一个暑假农村工作队,到离成都三十里的龙泉驿去做农村工作。

按照我们当时定的宗旨,是响应党通过《新华日报》提出的号召:青年到农村去体验蒋介石统治下民不聊生,民怨沸腾,民变蜂起的"三民主义"真相,和农民打成一片,为农民服务。我们在成都东郊三十里路的一个地方叫龙泉驿,住了两个月,开办了农民识字学校,医药服务站等，也曾到农村中去做了一点抗日民主的宣传。当时的龙泉驿跟明朝的龙泉驿是一样一样的，没有任何一所洋式房子。龙泉驿有一个基督教会，只有夫妻两个，在那儿领唱圣歌，我真是感觉到当时封建思想非常浓厚，没有任何一点新的思想。

　　这种工作后来到解放区，同党直接领导下的农村工作、土改工作一比简直算不得什么工作，我们自己也感到好笑，但是当时至少在思想上是严肃真诚的。成员不论出身如何，基本上都是从未到过农村的少爷、小姐，虽然对农村的情况在两个月中了解到的极其肤浅，但是也初步看到了农民生活的痛苦与地主豪强压迫剥削之惨重。我们当时住在一所庙宇内，天天白天工作，晚上学习时事政治，对农民的工作没有做多少，但确也给民协培养了一批干部。我们的工作曾得到成都地下党的协助。

　　正当我们在龙泉驿的时候，得知了一个意料不到的消息。八月十五日日本投降。这个日子是举国欢腾的日子，但是我的实际情绪却是难过。并不是我不欢迎日本投降，而是觉得它来得太早了一点。原来，那时蒋介石的统治已经摇摇欲坠，蒋管区的民主运动一浪高过一浪，蒋介石对人民的压力已经难于为继，而不得不退让，毛主席所提出的"联合政府"的口号已有了实现的可能性。李先念同志的部队在中原解放区日益巩固扩大，王震同志的南征部队从延安一直打到广东，即将与两广纵队取得联系，开辟新解放区（当时的目的是准备在美军登陆之先，先在那里成立解放区）。这些我们都是知道的，现在日本一投降，蒋介石立刻成了"民族英雄"、"胜利者"而神气起来了。李先念部队马上受到压力（我们还很具体地关心去中原解放区的同学们，他们有的半路上就被挡住了）。王震部队马上回师北上。我的这种奇怪的感情也是一些左派青年所共有的。我到延安后，听说延安也有不少人有这种感情，曾受到毛主席的批评，说八年抗战胜利是大喜事，应当同人民一起高兴。

　　当时做什么工作？如果我到国民党政府去做官，也有教授可以介绍的。而且我自以为我的"文才武略"，也可以混个一官半职的。这是我坚决不能干的。做商人也不可能，我学的经济学也不足以做商人。我们在八月底回到成都以后，确实发现气氛大变，国民党、蒋介石顿时神气起来了。许多中间的以至中间偏左的学生都右倾了。据说日本投降消息传来的那天夜间，许多外地学生就宣言要卖了铺盖回家，其他一切都不考虑了。在他们中间做工作发生了很大的困难。但是我们还是在学生中宣传要警惕内战的爆发，散发延安总部命令解放军前进消灭顽抗的日军的命令。那时，国民党发动了它控制的各种组织雇上一些袍哥流氓，游行庆祝胜利，神气活现。民协也组织了一次学生庆祝胜利的游行，以燕大的队伍殿后，散发了民盟中央坚持要求民主，防止内战的宣言，这在当时击破国民党的内战阴谋是起了相当的作用的。

这时，上面所说到的刘克林，有一个舅舅在自流井[1]久大盐业公司[2]当经理（也可能是总工程师，总之是一个头头。久大盐业公司是全国著名的民族资本家的大企业，原来在天津，抗战以后迁往内地），[刘克林]在毕业后去看他，碰到那里的蜀光中学的校长（刘克林中学时代就住在他舅舅家里，而且在蜀光中学读书），请他物色教员，他把我介绍给[校长]，并给我来信。这样到九月间，我就拿了刘克林的介绍信，去蜀光中学教书，结束了我在成都的大学时代。

我离开成都的时候，只有陈浩一个人来送我上汽车，她对我说"党的眼睛是无处不在的，是永远注视着你的"。这句话是我永远不能忘记的。

我在1945年九月底或十月初一个人到了自流井蜀光中学。拿了刘克林的介绍信去见校长韩叔信。他分配我教一班初一的英文（好像还有一班的历史），又让我教高中六班的公民[课]。公民[课]本来是要国民党员教的，那个学校可能因为是商办，要表示超然的缘故却让我教。他一再向我表示课程太重了，很对不起，我倒觉得自己可以有接近学生的机会，又年青（我当时足岁二十二岁），又是单身一人，没有负担，也就没有同他讨价还价，全部担任下来。第二天就开始上课。

[1] 自流井是自贡市的一部分。自贡位于四川盆地南部，"因盐设市"，"自、贡"两个字就是由"自流井"和"贡井"两个盐井名字合称而来。
[2] 久大盐业公司，前身为范旭东在天津塘沽成立的"久大精盐公司"，1938年内迁自贡。

我过去根本不知道蜀光是个什么样的学校。一去自流井，才知道环境非常好，不但依山傍水，风景优美，而且校舍都是新式建筑，我根本没有想到内地还有这样讲究的学校。原来是自流井的大盐商办的，而且请著名的南开大学校长张伯苓[1]按照南开中学的样板办的，许多教员就是南开中学的老教员，在四川算是一个很有影响的学校。

我到蜀光的第一天，刚打校长办公室出来，就碰上一个人，是我在成都的老相识，他是金陵大学的学生（当时已毕业半年，在哲学系任助教），金大"民协"的成员谢道炉。我过去虽然不很熟，但是知道他是华西坝学生运动的负责人之一，因此一见非常亲密，他告诉我，他是自流井人，暑假回自流井，因为成都有消息说，国民党特务要抓他，他不敢回去（他在抗战初期就在中学闹过事，国民党有他的老案底），现在只好在这里找个教员当当。接着他进去同韩叔信谈了一阵出来，告诉我韩叔信已答应了他的要求，让他教一班国文。学校还分配我们两人同住一间寝室。谢道炉后来改名谢韬[2]，在1955年成为胡风集团骨干分子，被捕入狱，不过1945年时我并未发现他什么问题。据1955年公安部的同志到我处来调查他的情况的时候，告诉我，他那时与胡风还没有关系，是1946年到重庆《新华日报》后才同胡风有联系的。

另外，我还马上在蜀光发现了两个成都的老朋友。一个叫李肇通，他是燕大学生，与我同班毕业，是化学系的，在燕大时，政治倾向算是很进步的，但是属于典型的"好学生"类型。忠实、老成、功课好，但是政治上并不强，毕业后不知谁把他介绍到蜀光来教化学了，比我早来了只十多天。此人后来在1946年春天经我介绍到解放区。[后来是]天津化工局副局长。已改名李潞。一个叫张薇之，他是金大国文系学生，也是这年暑假才毕业的。他是成都学生运动初起时的一个活跃分子，而且是市中事件时同我同进省政府请愿的一人。不

---

[1]张伯苓（1876年4月5日～1951年2月23日），原名寿春，字伯苓，天津人，教育家。与严修共同创办南开大学，长期担任校长，还创办南开中学、南开女中、南开小学和重庆南开中学，形成著名的南开教育体系。曾出任南京国民政府考试院院长。

[2]谢韬（1921年～2010年），原名谢道炉，四川自贡人。曾任重庆《新华日报》记者和延安新华总社编辑。1949年后任中国人民大学教授、马列主义教研室主任，1955年被定为"胡风反革命集团"的"骨干分子"。文革后任中国社会科学院出版社副社长、研究生院第一副院长和中国人民大学教授、副校长等职。

过此人是属于一切群众运动中都有的那种初期的勇敢分子，思想上对革命并无坚实的认识，因此在市中事件以后，即在学生运动中游离出去，做"英雄"不成，想过吟风弄月的文人雅士的生活。不过见到我和谢韬，还是非常热情。整个我在自流井的时期，都同我保持友好关系。解放后曾在北京大街上见过一面，知道他在武汉教书，[后来]不知在哪里。

我在成都时想来教书的本意，是要静下心来"做一点学问"，但是，国内政治局势的变化，特别是毛主席到重庆与蒋介石谈判，签订双十《会谈纪要》发表以后，举国人民关心和战[问题]，我哪里能静得下心来。同时，我是第一次以"老师"的身分同这么多十来岁的青年接触，一方面发现他们在国民党的奴化教育下，对政治形势完全无知，一方面又发现他们都迫切地要求知道国家大事，都有强烈的正义感和追求真理的要求。因此，我常常在课堂上给他们讲时事，尤其是我教高中六班的公民[课]，虽然一星期只有六个钟头的课，却接触了全校的高中学生。我根本不理国民党编的那本公民教科书，一上课就是讲时事政治。这样一来，学生闻所未闻，越听越想听。这种情况，谢道炉在他的班上也一样。结果我们的寝室学生不断，在学生中产生了强烈的政治要求，其速度与规模连我们事先都想不到。到10月19日鲁迅逝世十周年的时候，我给他们讲了一点鲁迅的历史和鲁迅的文章（蜀光的学生过去基本上未听说过鲁迅），学生竟自动组织起来开鲁迅纪念晚会，要我和谢韬讲话。讲了以后第二天，学生就出了墙报。据说，蜀光在过去从来没有这样的事情。而从此以后，蜀光就开始有了学生运动。我们首先是帮助学生组织墙报社，后来又注意在他们中间发现积极分子，帮助他们成立核心组织（这一点，我记得有此计划，后来到底做到如何就记不得了）。

在鲁迅纪念晚会以后没有几天，就听说自流井街上就传遍了"蜀光中学来了共产党"的谣传。我这时才知道自流井是西南食盐的原产地，在当时蒋介石治下算是一个工业重镇，据说特务机关有七八个之多，要求绝对保证不能发生风潮，过去盐工只要一闹事就格杀不论。我们两个人在蜀光中学对学生稍稍说了几句话，马上在自流井引起许多谣传，这确是我想不到的。但是我心里倒也不大怕，还是照样干下去。回忆起来，我在自流井实在也并没有做很多的事，可是震幅却越来越大，结果韩叔信把我找去，请我吃饭（他是十多年前的燕大毕业生，算是我的"老学长"，所以对我采取这种西方绅士态度），大意是告诉我："我相信你不是共产党，如果是，那我就不敢留你了，如果不是，请别再胡闹"（话未说穿，大意如此）。我当然虚与委蛇一番。不过，到了十一二月间，自流井街上（蜀光在乡间，距街五六里）发生了一起打砸抢的案件，震动全市（详情我已完全记不起了），谣言流传，说指使的人就是蜀光的两个共产党。据张薇之告诉我们（他接触人很广泛，消息十分灵通）说，蜀光中学有一个叫李三章的会计是身带手枪的军统特务，也跟人说要抓人。这时，我因为事出无稽，心里还只是提防，并不太紧张，谢韬则因为（1）有老案底，（2）家在自流井，怕出事连累家里，坚决主张离开自流井。我开头还不同意他的意见，认为无论如何要挺到寒假再说，半途逃跑，给学生印象不好。不过，后来我考虑到他家在自流井，觉得万一出事连累他父母兄弟不好，又加之以张薇之也一再主张我们走，就同意了他的意见，在十二月底圣诞节的前夜，跳墙出走。何谓跳墙？就是把我带的行李皮箱打墙上扔出去，然后再出去拿起走。潜出校门，住到谢韬家里，第二天一早天不亮，坐四五点钟的汽车经内江到成都。算是结束了我在自流井三个月的生活。

我在自流井仅仅三个月，对学生的启蒙工作是一直在做的，但是到底做了多少工作，自己也说不出来了。不过是轰开了一下局面。解放初期曾听得有人说，在我们走后，蜀光的学生运动就一直没有断过。1958年，我当时已划为右派，在摄影部车间劳动，有一个蜀光的学生到北京来，要求见我，告诉我说，我的许多学生已经成为党的干部，有的已是县委书记，但是我却连他们的名字也记不起来了。[1967年]年底天津文联有一个人来向我调查一个给电影《潘杨颂》编剧的作家张XX的情况，说他自己交代，接近革命是受我的影响，问我可有这回事，但是我也连他的名字也记不起来了。我过去很夸大自己点这一把火的功劳，实际上这完全是党的影响的结果，没有革命形势的开展，像我这样的人是起不了多大的作用的。

离开自流井第一天到内江，第二天到成都，一路上思量到哪里去。我在成都没有什么亲戚朋友，有的只有同学，只有学校是我的据点，但是现在却不敢回去了，想来想去只有一个陈鼎文，他那时已在燕大研究院毕业，曾来信告诉我住在很偏僻的成都东城华英印书局，给吴耀宗[1]编天风杂志，可能可以收留我。暮夜到他那里，他倒正好在家，我还记得他一见我的面，就笑着说"两个红人，怎么变成黑人啦"（谢韬是四川人，在成都有熟人，只在那里住了一夜，第二天就走了）。

回到成都刚好碰上一个反苏大游行，是我所知道规模最大，比那时候反美游行不知道大多少倍。苏军杀了张莘夫[2]，又抢了中国的机器[3]。苏联这个事情我当时不敢怀疑，但内心动了一下：第一颗原子弹扔下来，你苏联才出兵，你到底有什么功劳呢？

吴耀宗是著名的民主人士，是基督教新教派的领袖（解放以后一直是基督教三自革新会的主席），他主持基督教社会主义，拥护苏联，拥护共产党，在当时算是一个"左派"。过去对我们的学生运动是一直同情，并且掩护的，我们"民协"曾在他家开过会，也曾屡次请他在我们主办的大会上讲过话。我因此认得他，他也认得我，不过没有很多交往。他的《天风》杂志不知是什么时候办的，我以前在成都没有注意过。到陈鼎文那里以后，才看到那是一个鼓吹基督教社会主义的杂志，但是宗教的内容不多，对当前国内外政治形势的反应倒不少，态度在当时国内的所谓"民主刊物"中是比较"左"倾的。华英书局是一个印刷而非出版机构，天风杂志的编辑部实际上就在陈鼎文的宿舍内，吴耀宗组织好文章后叫陈鼎文编排付印。我记得好像还有一两

---

[1]吴耀宗（1893年～1979年），字叔海，广东顺德人。留学美国获神学硕士学位，回国后发起成立中国唯爱社，任主席。1950年发起中国基督教三自（自治、自养、自传）运动，动员基督教教会和团体独立自主，自办教育。1954年中国基督教三自爱国运动委员会成立，被选为主席。

[2]张莘夫（1898年～1946年1月16日），原名张春恩，吉林省人，地质学家。1946年1月携随员7人自长春出发，准备赴苏联红军占领的抚顺交涉接收抚顺煤矿事宜，苏军方面人员表示不能由其接收，并劝其返回沈阳。在返程途中，一些"不明身份的武装分子"登上列车，将8人拖下专列杀害。

[3]1945年苏联出兵占领中国东北后，拆除了大量工业设施。根据1946年国民政府有关考查团调查，苏军拆运东北工业设备价值达8.58亿美元，若加上拆装损坏的部分，约达20亿美元。

个编辑，是吴耀宗的亲信，也是正宗的基督教徒而非陈鼎文那样与基督教毫无关系的人。但是，他们都在别处，很少到华英书局来，我[后来]连他们的名字面貌都记不起来了。

我在陈鼎文的宿舍里住下以后，开头，大门也不敢出，怕自流井有追捕文书到成都来抓我。只有张贻（当时她在燕大教英文，与我已有恋爱关系）来看看我，很是苦闷。陈鼎文就同我向吴耀宗说了一下，让我在《天风》杂志做点编辑工作，吴耀宗答应了。于是我也就算成了《天风》杂志的编辑工作人员，正式的名义连我自己也闹不清楚（我也根本不在意），实际的工作是校对、编排、付印。好像陈鼎文还曾从吴耀宗那里拿来几篇外国基督教杂志上的文章让我翻译出来，登在《天风》上，内容我也记不清了，只记得从政治上，当时还是进步的，即主张民主，反对法西斯的。这种工作无所谓稿费，而是由吴耀宗决定以《天风》杂志社的名义，每月送我二三十块钱的酬劳。我有了安身之处，又有饭吃，也就很满足了。

华英书局的环境非常清净，我的工作大部分只是一个人干。我当时脑袋里波涛起伏，不断思考自流井三个月生活给我的教训。我自己觉悟到，在国内革命形势发展如此迅速，斗争如此尖锐的情况下，做学者的道路是根本走不通的，游离于革命之外是可耻的，于是下定决心抛弃个人的一切幻想，到解放区去从事实际的革命工作。我向陈鼎文表示了我的决心。（他是燕大1935级的学生，比我要大七八岁，参加过一二九运动，虽然我不了解他在成都燕大复学以前的历史情况，但是也曾听到像他一样的燕大老学生说他是共产党，我同他在"民协"一起搞学生运动的时候，也发现他在社会经验和组织经验方面比我丰富得多，他与李相符和张友渔有相当多的联系，我甚至猜测他已接上了党的关系，后来知道他当时还没有。）陈鼎文向我表示完全赞成，并且表示现在到中原解放区已无办法，但是可以去延安。听到能去革命圣地延安，我真是心花怒放，一再央求他赶快给我想办法。（我当时不敢出门，旧时深一点的关系又都断了。）我还记得他曾带我去看过几个人（都是女的，一个姓陈，一个姓蓝，一个姓力，只记得姓力的那个叫力伯良），商量去延安的事情。我估计他们都是成都地下党的人。她们对我似乎都很了解、很信任，同我谈到，到延安去有可能，但是暂时没有机会，要等待。这样一直到三月份，陈鼎文告诉我张友渔从重庆来信，叫我去重庆。同时叫我到川大去见一见李相符，办好联系的手续。我马上去川大见了李相符。我还记得同他见面的情形，但是却不记得办了什么手续。那时带正式的介绍信是不可能的，可能只是谈一谈，确定一下关系就是了。然后，我就直接去重庆，找到张友渔，正式参加了革命队伍。

谢韬在比我早的时候就找到关系离开成都，去了新华日报。他是四川人，中学时代就在成都，各方面的关系很多，我不知道他是通过哪条线去重庆的，不过他到重庆后曾给我来过信，说："这里大家都盼望你来"。我本来以为我在重庆毫无熟人，但是他却说如此的话，使我一再回忆起陈[浩]在半年前送我去自流井时对我说的话："党的眼睛是无处不在的，是永远注视着你的"。

我当时是怀着抛弃个人的一切坚决投身革命的思想参加革命队伍的。当时的思想非常激昂，这是我历史上的骄傲。

第六章 去重庆《新华日报》

1946年3月，我从成都到重庆。先到大公报找到了我的老同学刘克林，他常以大公报记者的身份去中共代表团采访，我不敢贸然去代表团，所以要找他掩护。他把我带到上清寺中共代表团，找到了张友渔（张友渔当时是四川省委副书记，公开的是代表团顾问）。他说"本来要分配你一个工作去解放区，现在决定你去《新华日报》"。并且通知我到新华日报后找熊复[1]谈工作。辞出以后，我就到城外化龙桥山里的《新华日报》馆找熊复。熊复（我后来得知他是刚提升的新华日报渝版总编辑）一见我，就好像对我很了解的样子，表示热烈欢迎，我还记得的是他说："我们这里生活很苦，但是是革命工作，欢迎你来参加"。然后他叫人事科长梁华[2]（解放后曾任中央人民政府人事部副部长）给我谈话，填了一张表，算是办了手续，就把我引到资料室，介绍给资料室的负责人洪沛然、张黎群[3]。我就在那里工作。

刚到新华日报，这么一块在蒋管区里的解放区，心情是十分激动的。这里天天有报告传达可听。最初见到我自小闻名，而且名震中外的周恩来来给我们作形势报告的时候，心中简直兴奋之极。这

---

[1]熊复（1915年～1995年），笔名清水、傅容等，四川人。历任重庆《新华日报》编辑部主任，中央中原局、华中局和中南局宣传部副部长，新华社中原、华中、中南总分社社长，中央宣传部秘书长，中央联络部秘书长、副部长，中央宣传部副部长，新华总社社长，《红旗》杂志总编辑。

[2]梁华（1906年6月29日～1956年2月27日），曾用名梁国林。历任中共中央南方局组织部秘书，中共四川省委委员、常委。1949年后任统战部人事室主任，政务院人事局局长，中央纪律检查委员会委员，中共中央直属机关党委书记。

[3]张黎群（1918年5月5日～2003年3月11日），原名黎富敏、黎储力，四川人。历任中共四川乐山地区中心县委组织部长，中共济南市委青委书记，《中国青年报》社社长兼总编辑，团中央常委，文革后任浙江大学副校长，中国社会科学院青少年研究所所长。

里人人以"同志"相称，我也是"同志"，这使我感到骄傲而自豪，严肃而亲切。这里的孩子都会扭陕北的秧歌，唱"毛主席，好比那高山明灯……"使我感到这里是解放区的天地。这里的人每人都只拿几块钱的生活费，（只合普通人家一个保姆的工资）但是人人都努力工作，高兴愉快，使我感到"大同"的理想似乎已经在实现了。这里开跳舞会的时候，是在饭厅的土地上，乐队用的是中国式的锣鼓，音乐是秧歌式的曲子，许多大名鼎鼎的文化人和排字工人、保姆一起跳，根本分不出来谁是谁。虽然我是从来反对跳舞的，看着也有一种共产主义的感觉。这里，我们经常要演习防备暴徒的袭击（当时，在城市的新华日报发行所被特务砸了，他们扬言要到化龙桥来），布岗放哨，垒石拿棍，使我感到战斗的气氛，总之我一点也不感到熊复说的"苦"，而是感到自由、痛快。只有一点，我跟戈茅住一屋，就是后来当文化部副部长的徐光霄[1]，诗人。拿厚厚的《新华日报》垫在床板上，里头的臭虫不知道有多少！我别的都受得了，就臭虫受不了。

　　新华日报的同志关系是十分亲切的，我一去，老同志们就把我当"老相识"，问我成都的事情，好像对我很了解，而且我自始就没有感到自己是一个"新同志"，而是人人把我当作一个"老同志"看，工作上也把我当作一个老人，根本无所谓"教导"和"练习"。我记得，我工作了一两天（任务是看外国报纸找资料），章汉夫[2]叫我找一点西班牙人民反法西斯斗争的资料，我从英文报上摘译了一些东西，归纳整理了一下，交给他，第二天早晨一看，已经登在《新华日报》上，下面赫然是李慎之的名字。我原来根本没有想到他要的资料是登报的，更没有想到我的名字会在新华日报上出现，自己大吃一惊（我原来的名字叫李中，到自流井后，因为与成都朋友通信，为避人注意，才取了李慎之的名字，到新华日报后才正式用这个化名）。

　　我在重庆新华日报不过工作了两个月，到五月初，蒋介石的国

---

[1]徐光霄（1915年11月～1989年12月21日），笔名戈茅，山东莘县人。曾任中央党校文化教员，八路军总部随军记者和《新华日报》副刊编辑。1949年后历任情报总署办公厅主任，出版总署办公厅副主任，文化部部长助理、副部长，国家出版事业管理局局长。
[2]章汉夫（1905年10月24日～1972年1月），原名谢启泰，江苏武进人。历任《新华日报》新闻编辑部主任、副总编辑、总编辑。1945年出席在美国旧金山召开的联合国成立大会，1950年任外交部副部长，负责领导亚洲司。

民党政府要还都南京，以总理为首的中共代表团，也要跟着迁到南京去。这时党有一个计划，要把新华日报办成一个分馆遍布全国的大新闻机构，而以上海为总馆所在地。重庆新华日报只作为一个分馆，受四川省委领导。所以提拔熊复为渝版总编辑，就是为了适应这个安排。原来新华日报的三巨头，社长潘梓年[1]、总编辑章汉夫、总经理熊瑾玎[2]统统要到上海去办总馆。五月初，章汉夫突然通知我跟他一起去上海。当天就住到上清寺代表团，先送总理和董老他们坐马歇尔的专机去南京，然后我们就坐齐兰（马歇尔的参谋长）的专机去上海。

党虽然有在上海设立庞大的新华日报馆总馆的计划，但是一方面由于国民党的阻难，一方面由于和谈破裂，开打内战的可能性很大，派到上海的人并不多。我记得的只有潘梓年（社长）、章汉夫（总编辑）、熊瑾玎（总经理）、徐迈进[3]、乔冠华[4]、龚澎[5]、林默涵[6]、胡

---

[1]潘梓年（1893年～1972年），江苏宜兴人。曾任中共中央宣传部文化工作委员会书记，《新华日报》社社长，中原大学校长。负责筹建调中国科学院哲学社会科学部和哲学研究所，任学部委员和学部副主任，兼任哲学研究所所长。著有《逻辑和逻辑学》。

[2]熊瑾玎（1886年～1973年），又名熊楚雄，湖南长沙人。曾任湘鄂西省苏维埃政府宣传教育部部长兼省政府秘书长，《新华日报》报社总经理和《晋绥日报》社副经理。1949年后任中国红十字会副会长等职。

[3]徐迈进（1907年～1987年），又名徐文元、徐建三，江苏吴县人。曾任上海《立报》编辑，《新华日报》编辑部副主任，《解放日报》副总编辑。1949年后历任中央人民政府新闻总署办公厅主任兼国家广播事业局副局长，政务院文教委员会办公厅主任，国务院文教委员会党委副书记。

[4]乔冠华（1913年3月28日～1983年9月22日），江苏盐城人，早年留学德国，获哲学博士学位。曾在重庆《新华日报》主持《国际专栏》，后赴香港任新华社香港分社社长。1949年后历任外交部部长助理、副部长、部长等职。

[5]龚澎（1914年10月～1970年9月），女，原名龚维航，安徽合肥人，乔冠华夫人。曾任十八集团军总司令部秘书，重庆《新华日报》记者，中共驻重庆代表团秘书，香港《中国文摘》主编，北平军事调处执行部中共方面新闻组组长。1949年后历任外交部情报司、新闻司司长，部长助理。

[6]林默涵（1913年1月10日～2008年1月3日），原名林烈，笔名雪村，福建武平人。曾任香港《生活日报》副刊编辑，重庆《新华日报》新华副刊主编，香港《群众》周刊编辑。1949年后历任政务院文教委员会委员，中宣部副部长，文化部副部长，中国文联副主席。

若木、范剑涯[1]、朱世纶[2]、刘白羽[3]、韦明[4]、李普[5]、沈容[6]、吴展和我等不足二十个编辑干部。在上海又吸收了一些地下党输送来的干部（其中有一个是陈昌谦[7]），人数也很少，连经理部的人（我比较不熟悉）和家属在内也不会超过百人。在上海朱葆三路[8]租了一层楼面，但是实际上却没有多少工作可做。我天天去上班，人很少。章汉夫天天上班，除此之外就是林默涵，七、八个人。在那儿坐着真是没事干，因为天天等出报，可是国民党天天不批。我就是三点一线，一点是朱葆三路新华日报，一点是马斯南路周公馆，一点是我家，别处很少去。学点做秘密工作，总要上班多坐一站电车，下来看看背后有人没有盯梢，再走到办公室。回家也多坐一站，或者少坐一站，再走回家去。我内定是准备将来编国际版的，但是因为未出报，开头只做了一些看看外国报纸，准备资料的工作。后来报纸还是出不出来，"群众"杂志倒出成功了。由林默涵（当时叫林彬）主编。他就要我给他写些文章，我不记得写过什么重大的题材，而且都是写得自己不满意的（大概都是抓住反动报纸上的一些新闻或小品做反面文章，讽刺挖苦

---

[1]范剑涯（1910年8月13日～1991年8月），原名范丙承，曾用名范丙辰、刘念慈。原江苏松江人。抗日战争时期在中共机关报《新华日报》工作，后转至香港，化名刘念慈参与创办《群众》周刊香港版。1949年后，先后在国家新闻总署、中央宣传部、国家林业部、东北局农委任职。

[2]朱世纶（1907年12月26日～1995年11月8日），笔名马赛，安徽寿县人。留法勤工俭学期间加入中国共产党法国支部组织，中联部离休老干部。

[3]刘白羽（1916年9月28日～2005年8月24日内），山东潍坊人，作家。历任中国作协副主席，文化部副部长，总政文化部部长，《人民文学》杂志社主编。著有长篇小说《风风雨雨太平洋》和《第二个太阳》，长篇回忆录《心灵历程》。

[4]韦明（1915～1999年），又名周昌球，江苏苏州人。曾任《新华日报》副刊编辑，新华社军事组长兼北京分社社长。1949年后历任周恩来办公室文卫秘书，北京电影制片厂厂长，中央宣传部宣传局长。

[5]李普（1918年8月～2010年11月8日），原名李前管，湖南湘乡人。曾任《观察日报》特派记者，《新华日报》记者。1949年后历任中共中央宣传部宣传处处长，北京大学政治系主任，广东省委宣传部副部长，新华社北京分社社长，新华社副社长。

[6]沈容（1922年～2004年12月15日），女，苏州人。父亲沈泽苍是蒋介石侍从室主任钱大钧上将的亲信，多次从父亲公文包里窃取抄录绝密情报，后在《新华日报》当翻译，并与李普结婚。

[7]陈昌谦（1921年～2011年），江苏海门人。曾任上海《时代学生》半月刊主编，新华通讯社国内部编辑组组长。1949年后历任新华社国内部编辑组组长、新闻摄影部副主任。

[8]朱葆三路，1922年法租界以上海巨贾朱葆三之名定为路名，是上海第一次以中国人名为马路定名，现在上海黄浦区溪口路。朱葆三（1848年3月11日～1926年9月2日），浙江定海人，曾任国民党上海党部的副部长，革命军的财政部长，上海总商会会长。《新华日报》租用的是朱葆三路25号。

敌人一番），后来已一点印象都记不得了。"群众"算是党中央的机关刊，但是我以为当时办得并不好，特别是当时提出"以小市民为对象"的方针，弄得杂志的版面和内容很庸俗，远不如在重庆时代。后来章汉夫看我闲着没事，说上海的外国资料很多，解放区却要也没有，叫我自己挑些材料翻译（还组织外人翻译），编成小册子，取名为《国际时事资料》，我记得编了好几册，曾在上海市面销售，到解放区以后，我发现延安新华书店还曾翻印出版过。

这时乔冠华和龚澎、陈家康[1]住在马思南路周（恩来）公馆（等于总理驻沪办事处）[2]，出一份英文的 China News Weekly （中国新闻周报，我记的名字可能不确切），也拉我去帮过忙。同时刘宁一[3]出席世界工联大会回来，也要我帮他翻译过一些东西，办过一些文件，具体内容我已记不得了，反正从五月到十月半年之间，全是做的零零碎碎的打杂工作。

乔冠华住在马斯南路，我有时跟他谈诗论文。有一天我去看他，楼下的客厅里就我一个人，忽然走进来一个人，噢！这是我第一次近距离、单独一人看到周恩来！周恩来给我第一印象，夸张一点，真是漂亮！脸上，尤其是眼睛都是放光的。就我一个人，他一个人，他说：你是谁？你是新来的吧？我说：我是新来的。然后就谈了几句话。周恩来很会做人，以后亚非会议时已经把李慎之看成他的老部下了。

1946年8月间，曾任燕大秘书长，一直有民主教授之称的沈体兰[4]，在上海发起了一个双周时事座谈会。参加的人有吴耀宗（解

---

[1]陈家康（1913年1月～1970年7月），原名陈宽，曾用名陈有容，湖北人。曾任中共中央军委外事组科长，参加接待到延安考察的美军观察组，1945年4月以秘书身份到美国旧金山出席联合国宪章会议。1949年后历任外交部亚洲司副司长、代司长、司长和部长助理等职。

[2]马思南路周公馆，即上海周公馆（中国共产党代表团驻沪办事处旧址），位于在上海思南路73号。1946年～1947年国共谈判期间，周恩来在这里工作、生活。因国民党不允许挂"中共代表团驻沪办事处"的牌子，董必武决定称其为"周公馆"。

[3]刘宁一（1907年12月～1994年2月15日），原名史连甲，河北满城人。曾任上海工人运动委员会书记，中共中央城市工作部秘书长。1949年后历任中共中央对外联络部副部长、代部长，全国总工会副主席、主席，中共中央统战部副部长，中国国际信托投资公司党组书记等职。

[4]沈体兰（1897年～1976年6月），江苏吴江人，基督教徒。英国留学回国

放后任基督教三自革新会主席）、金仲华[1]（当时世界知识杂志的总编辑，解放后任上海市副市长）、严景耀[2]、雷洁琼[3]（解放后都是高级民主人士）等都是知名的洋知识分子，还有几个外国人（我已记不起名字）。沈体兰要章汉夫去参加，章汉夫就带我一起去参加，地点在青年会或这些人的家里。会上用英文发言，号称座谈会，其实最后都成了章汉夫的问题解答会，因此他被认为是中共方面的"权威人士"。我去了，往往只是听会，几乎没有发过言，因为我的英文只能听不能说。这个座谈会，我参加了有三四次，到我十月份离开上海的时候，好像章汉夫就已不去，我已不知道它那时是否还存在了。沈体兰是我在燕大时的老师，是我们支持的"民主"教授。解放后，他来北京开政协会，曾来信要我去看他，我还见到过他几次，其他的人，除在会议场合外即未见过。那些洋人，一个都未再见过。

当时，我还有家在上海。报馆因为宿舍挤到极点，让我回家住（陈昌谦也有家在上海，也在家里住），另外一个目的是怕万一报馆出事，便于疏散。我一回到家里，只看见我的两个姐姐（她们都是独身的职业妇女）和一个弟弟（当时刚上大学），我的父母亲在抗战胜利后就搬回无锡老家去了。我姐姐一见我是坐飞机"从天上飞回来"的，还以为我当了什么大官，但是听我一说是跟共产党办事，就凉了半截，劝我不要做这种危险的事。我于是同她宣传了一番。我大姐是最爱我，最信任我的，听我一说，也就只劝我要注意安全。到上海后不久，我还曾回了一次无锡老家，见到了分别四年的父母亲。我父亲

后任英国教会学校麦伦中学校长，与马寅初等发起成立上海市教育人权保障会。1949年后历任华东军政委员会教育部副部长，华东体育委员会主任，上海市体委主任和上海市政协副主席。

[1] 金仲华（1907年～1968年），浙江嘉兴人。曾任《东方杂志》编辑，《世界知识》和《星岛日报》主编，重庆美国新闻处译报部主任。1949年后历任《文汇报》社长，中国新闻社社长，英文版《中国建设》杂志社社长，上海社会科学院国际问题研究所所长，上海市政协副主席，上海市副市长。

[2] 严景耀（1905年7月24日～1976年1月12日），浙江余姚人。获美国芝加哥大学博士学位，回国后在燕京大学社会学系任教。1949年后历任燕京大学政治系主任、法学院代理院长，北京大学教授，民进中央常务委员。

[3] 雷洁琼（1905年9月12日—2011年1月9日），女，广东台山人。在美国获社会学硕士学位，回国后历任任燕京大学社会学讲师、副教授、教授，上海东吴大学社会学系教授。1949年后历任北京政法学院副教务长，国务院专家局副局长，北京大学教授，北京市副市长，全国妇联副主席，全国人大副委员长，全国政协副主席。

听说我是给共产党办事，就竭力拦阻，向我淌了不少眼泪，诉说自己老了，不愿看见我成为"烈士"。但是后来见到自己的话不起作用，也就没有再说。

我在上海是新华日报的工作人员，这个身份当然是公开的。但是我却不愿意让亲友知道（我全家都为我保密），以免连累家庭。因此除了马思南路周公馆外，基本上不到什么地方去，跟旧时亲友断绝了来往，马路上看见也往往避开。在上班或回家的时候，或者提前或者推迟，上车下车也是或提前或延后，绕大弯子走，以防特务盯梢。因此在上海的五个月，我的社会关系全在报馆内部。

1946年10月11日，国民党军队大举进攻解放区，占领了张家口，第二天就宣布召开伪国大，表示决心破裂国共谈判。张家口被占领的消息传到的时候，我正在家里，第二天清早，我到报馆，章汉夫一见我的面，就交给我两张到南京的车票（一张是车票，一张是加快票），告诉我，这是明天的去南京的车票，你准备一下，明天就走，报馆现在要疏散，有的去香港，有的去延安。现在决定你去延安，明天到南京，在那里等军调部的飞机去延安。他又说："我们快则七年八年，迟则十七八年再见面，也许一辈子再不见面也说不定。"我听说到延安，心里又惊又喜，但是想到同志们要分离，战争重起，国家的前途未卜，不禁凄然泪下（我当时周围的人，谁都没有估计到解放战争三年就会胜利，虽然相信革命一定会胜利，但对形势的估计是比较悲观的）。

章汉夫给我火车票的时候说，本来要调你去香港的，香港就是乔冠华他们几个人，去的人更少，考虑到你的爱人，你就去延安吧，也许你们还能碰得上。我问他：张贻现在在哪儿？他不知道，真的不知道。张家口已经陷落，组织说张贻去延安吧，因为当时正是XNCR（陕北新华广播电台）英文广播开始，需要她去做播音员。其实张贻英文发音并不怎么样，后来一天也没当过播音员。在重庆的时候，因为我的关系张贻到张家口去了。跟马歇尔谈判要办译员训练班，她当时在成都燕京教大一英文，她去了以后算是老师了。但是我跟她重庆见了一面之后，毫无消息来往。在新华日报，一问你的爱人是谁，自然就答我的爱人张贻。我把爱人理解为关系已定之情人。但在解放区，爱人就是老婆。

从1946年八九月间，国内形势已非常险恶，我们都明知道《新华日报》是出不成了。随时准备被捕入狱，当时大家都准备了口供，并且练习对口径。但是具体的内容我已经忘了，不知陈昌谦可还记得。

拿了车票回家，就收拾行李，第二天一早就坐快车到了南京，与我同一次车走的有李普、沈容夫妇。到了南京以后，就到梅园新村代表团报到，然后就住到南京新华日报馆。南京新华日报馆也是筹备了半年而未出成报的。内定的总编辑石西民[1]（原重庆新华日报采访部主任）在我们到的第二天就坐军调部的飞机去延安新华社了。

这时，在南京新华日报馆等待去延安的有鲁明[2]、林冈[3]夫妇（原南京新华日报的人，也是重庆来的），刘白羽、汪琦夫妇（他们比我早到南京一天）、李普、沈容夫妇和我。后来上海又来了一个胡若木，一共八个人。在南京等了二十多天，才分批坐军调部的飞机经北京再转延安。

离开南京的时候，李普比我早走一两天。他走的前一天，总理曾找他谈了话，他回来告诉我说"副主席明天要找你去谈一谈"（总理长期是军委副主席，当时我们都叫他副主席或胡公，后一名字是因为他是大胡子）。我在此以前虽然屡次见到总理，却并没有直接给他办过事，因此很感奇怪。李普告诉我，总理是对每一个干部都关心的，这样的时候，他是对谁都要谈一谈的，这使我非常感动。第二天，我去代表团，接见我的却不是总理，而是钱瑛[4]（原中央组织部副部

---

[1]石西民（1912年11月4日～1987年10月17日），曾用笔名石东夫、明石等，浙江浦江人。历任《新华日报》编辑部主任、社长，江苏省委常委，中共中央宣传部秘书长，上海市委宣传部长，上海市委候补书记，中共中央华东局宣传部长，国家文化部副部长，国家出版事业管理局局长。

[2]鲁明，生于1917年，陕西临潼人。曾任董必武的政治秘书，重庆《新华日报》首席记者、采访部代主任，《新华日报》、《香港商报》、新华社驻南京特派员。1949年后历任对外文化联络局处长、驻朝鲜大使馆参赞、对外文化联络委员会副司长、外交部亚洲司副司长、驻科威特大使。

[3]林冈，生于1918年，原名林双盼，女，出身于台湾名门望族雾峰林家，生于厦门鼓浪屿。曾任苏联塔斯社驻重庆分社采访记者和《新华日报》社南京办事处任编辑，1958年出任北京市第十二女子中学（前身是教会学校"贝满女中"）校长。

[4]钱瑛（1903年5月14日～1973年7月26日），女，湖北人。历任中共中央华中局委员、常委，中共中央妇女工作委员会委员，监察部首任部长，内务部部长，中央监委副书记。

长，当时是长江局组织部长，我过去从来未见过她，以后除了大会上再未见到过）。她说总理今天没有空，叫我来见你。她问了我一点对工作的意见等等，我虽然感到非常亲切，但是说的都还是一般的，[后来]连内容也已记不起来了。给我留下深刻印象的是，她后来说："你的组织问题，组织上是在考虑的，不过这一段时期很不稳定，因此一直耽误了下来，你到延安以后，可以提出来，是可以解决的。"

在到新华日报以后，我从来没有提出过入党的申请。我当时主观上的想法是：我既然已经决定参加革命队伍，到了新华日报，那就是表示我已决心要参加共产党了，至于我够不够条件参加共产党，那是要等组织上考察以后决定的，而决定以后是会通知我的。钱瑛的谈话像是看透了我的心。我当时是很感动的，而到延安以后，我也就提出了入党的申请。

过了一两天，我就坐军调部的飞机到了北京，住在当时军调部我方人员所住的北京饭店，等了大约一个星期，送走了刘白羽夫妇（他们去东北），李普夫妇（他们去太行），自己坐军调部的飞机到了延安。跟我同一飞机的还有两个人，就是安娜·路易斯·斯特朗[1]，穿了一件丝棉袍子。还一个就是荣高棠[2]。军用飞机，颠簸得很厉害，我几乎都要吐。

到王家坪飞机场下大雨，甚至不知道谁来接我们。最后分到党校二部的窑洞里住着，我一个人一孔窑洞。

---

[1] 安娜·路易斯·斯特朗（Anna Louise Strong, 1885年11月24日～1970年3月29日）女，美国记者和作家。与艾格尼丝·史沫特莱（Agnes Smedley）、埃德加·斯诺（Edgar Snow）被中国人称为"3S"。著有大量书籍和新闻报道，包括《中国大众：1927—1935年间的革命斗争》、《人类的五分之一》、《中国出现黎明》、《百万农奴站起来》及《我为什么在七十二岁时来到中国》。

[2] 荣高棠（1912年5月～2006年11月15日），原名荣千祥，河北省人。历任国家体委秘书长、副主任，全国体育总会副主席，中顾委秘书长。1983年获国际奥林匹克运动银质勋章。

第七章 赴延安、转太行、进北京

我在1946年11月到延安。先住在党校二部招待所，经组织部谈话后分配到清凉山新华社总社国际部工作，当时社长是廖承志[1]，国际部主任是吴冷西[2]，同部工作的有胡韦德、王飞[3]、蒋齐生[4]、王唯真[5]、黄操良[6]、吴棕音。社级领导干部是钱俊瑞[7]、余光生[8]、艾思奇、梅

---

[1] 廖承志（1908年9月25日～1983年6月10日），广东惠州人，国民党元老廖仲恺之子。曾在日本和欧洲留学，回国后任红军第四方面军总政治部秘书长、八路军香港办事处负责人、新华通讯社社长等职。1949年后历任政务院华侨事务委员会副主任，中共中央统战部副部长，全国青联主席，中日友好协会会长，国务院侨办主任、港办主任。

[2] 吴冷西（1919年12月14日～2002年6月16日），原名吴仕占，广东新会人。1938年加入中国共产党，1940年调毛泽东身边编辑《时事丛书》，后任中共中央机关报《解放日报》国际版编辑、主编、国际部主任。1949年后历任新华社总编辑、新华社社长、《人民日报》总编辑、中共中央宣传部副部长、广东省委书记、广播电视部部长等职。

[3] 王飞（1916年～2006年），原名王泽恒，安徽肥东人。1942年调入新华社，历任编辑、编委、国际部主任，后任《人民日报》国际部主任、首任驻美首席记者。

[4] 蒋齐生（1917年12月～1997年7月9日），陕西户县人，历任新华社国际部副主任，中国新闻摄影学会会长。著有《新闻摄影理论集》、《新闻摄影一百四十年》、《摄影史记》等专著。

[5] 王唯真（1923年3月～2006年5月6日），归国华侨。历任新华社香港分社副总编、河内分社社长、国际部副主任、总社第一副社长、代理社长、党组纪检组副组长等职。

[6] 黄操良（1916年～1958年4月10日），江苏吴县人。曾任《解放日报》国际版编辑，在延安经历了"抢救运动"，被怀疑是特务并遭被捕，关押近两年。后任新华社国际新闻编辑组组长，新华社国际部副主任、主任，《人民日报》副总编辑、国际部主任，后在反右运动中自杀，并因此划为右派。

[7] 钱俊瑞（1908年9月28日～1985年5月25日），江苏无锡人，经济学家。曾任新四军政治部宣传部长，山东野战军宣传部长，新华社北平分社社长兼总编辑。1949年后历任教育部副部长、党组书记，文化部副部长、党组书记，中国社会科学院世界经济研究所所长。著有《世界经济与世界经济学》、《世界经济与中国经济》等书。

[8] 余光生（1907年～1978年6月29日），生于日本东京，原籍浙江镇海。在美学习工作期间，加入美国共产党，任中国局书记。回国后曾任张闻天的秘书兼管延安华侨事务。后任《解放日报》副总编辑、总编辑，新华社、《解放日报》社代理社长。1949年后任铁道部驻东北特派员，东北军区铁道运输司令部政治委

益[1]、石西民、陈克寒[2]、徐健生[3]、祝志澄[4]。

到了延安后，我私人生活上发生了一件事情。原来1946年4月间，我在重庆新华日报的时间，因为当时军调部我方工作需要大批译员。党在蒋管区动员了一批大学生去担任翻译工作，并且决定在张家口开办一个外语学院予以训练，我就去信成都，介绍我的爱人，当时在成都燕大当英文助教的张贻去张家口。后来我去上海，双方通过军调部的飞机还有书信联系。到张家口失陷以后，即失去联系，我不知她下落如何，也根本不以为有希望在短期内再见她。不料，她在张家口撤退后，组织上竟派她一人步行到延安。我刚到延安住下后过了二、三天，她就找到我了。胡乔木在《解放日报》说，他把派克笔丢了，谁捡到，希望能还给他。她就给胡乔木写信。胡乔木不知道李慎之是何许人，但就此把她居然也分在新华社，到英播部，对外广播部，英文编稿。廖承志就叫温济泽[5]、林朗[6]，两个新华社的部主任，还有个秦学，行政科长，说给我们分配窑洞。这样一到延安我们就见了面，而且马上结了婚。

员，齐齐哈尔铁路管理局局长，铁道部副部长兼运输总局局长。

[1] 梅益（1914年1月9日～2003年9月13日），原名陈少卿。1935年参加中国左翼作家联盟，后负责筹办《新华日报》，并担任中共驻南京代表团新闻处处长、新华社南京分社社长。1949年后历任广播事业局副局长，中央人民广播电台总编辑。后调任中国社科院秘书长、副院长、党组第一书记。译著有《钢铁是怎样炼成的》。

[2] 陈克寒（1917年7月～1980年7月10日），浙江慈溪人。长期从事中共情报工作，与陈昌、陈养山一起被称为中央特科"三陈"。1949年后历任新华社社长兼总编辑，出版总署署长、党组书记，文化部副部长，北京市委书记处书记，北京市人大常委会副主任。

[3] 徐健生（1912年4月～1993年3月19日），本姓邱，名照，贵州毕节人。曾任延安马列学院研究室党支部书记，《解放日报》社党总支书记、秘书长，新华总社秘书长。1949年后历任贵州省政府秘书长、副省长，贵州省政协主席，省委副书记，省人大常委会主任，省顾问委员会主任。

[4] 祝志澄（1906年12月8日～1968年4月30日），原名祝根福，曾用名严瑞堂，上海人。1932年去中央苏区组建中央印刷厂，后参与组建延安和重庆印刷厂工作。1949年后历任出版总署印刷管理局副局长，北京新华印刷厂厂长，北京市出版局副局长。

[5] 温济泽（1914年4月18日～1999年4月16日），祖籍广东梅州。1949年后历任中央人民广播电台副总编辑，中央广播事业局副局长。1957年被划成"右派"，平反后任中国社会科学院研究生院副院长、院长，中国科普作协副理事长、理事长。

[6] 林朗，中国共产党新闻机构负责人之一。江苏滨海人。抗日战争时期奔赴延安。1938年加入中国共产党，一直从事党领导的新闻工作。抗日战争时期，当过八路军前线记者团记者、延安《解放日报》记者。

在延安还认识了于光远[1]，怎么认识的呢？此人跟钱俊瑞一起从北平回来，天气很冷，十二月，一个怪物，络腮胡子，下面穿条短裤，上身光着膀子，在山上，山不太高，也不太陡，跑步锻炼身体。就攀谈上了。

我和张贻到新华社不几天，因为胡宗南有进攻边区的迹象，总社即疏散一部分人去瓦窑堡附近的石家畔。张贻先走，我去送她，送到桥儿沟，就是鲁艺那个地方。她去哪里？不知道，根本也不问，真是自觉的组织纪律性，甚至于她去干什么也不知道。就可能萍水相逢，又要永远不见了。其实不过撤退了不到一百里，瓦窑堡。过了几天，我也去了，编辑部大概去了一半，在那儿干了约有一两个月的工作（我已记不起当时到底有没有接替延安的工作，反正延安的工作并没有停），因为胡宗南进犯的危险缓和，我和一批"壮丁"又调回延安工作，但是工作了没有几天，就得到消息，说张贻得了严重的伤寒，无人照顾，组织上要我回去照顾她。伤寒当时是非常重的。延安中央医院就在窑洞里。那真是一塌糊涂，我也没干过这样的事情，我伺候她，完全做张贻的看护，等到她的病差不多了，又回延安，不料这时胡宗南真的打向边区了，因此又是工作了没有几天，就马上向北撤退。

这时组织上给我的任务是让我照顾编辑部几乎全部的婆姨（女同志）、娃娃和病号，由我当婆姨娃娃队队长，首先向山西撤退。我当时是一个二十三岁的青年，过去从来没有在荒山野岭里行军的经验，深深感到这个担子很重，但是心里却怀着满腔热情，一定要把这个任务完成。总算冒着严寒与轰炸，经过五六天的行军在晚上渡过黄河，把这批人马完整无损地护送到了三交。新华社的老同志，如林宁[2]、吴棕音以及老病号如王唯真、黄操良都是我这支队伍里的成员。我在行军途中深深感到共产党解放区的伟大。在地理上和经济上说，这是我平生所从未经历的荒凉穷苦的地区，然而群众都有高度的觉悟、完

---

[1]于光远（1915年7月5日～2013年9月26日），原姓郁，名锺正，上海人。清华大学物理系毕业后任延安中山图书馆主任，中共中央图书馆主任，并在延安大学财经系任教。1949年后历任国家科学委员会副主任，中国科学院哲学社会科学学部学部委员，中国社会科学院副院长兼马列主义毛泽东思想研究所所长。
[2]林宁（1918年～1992年），女，山东青州人。曾任延安新华社翻译科翻译、组长，新华社国际新闻编辑部编辑，新华社布拉格分社、柏林分社记者，新华社对外新闻编辑部副主任。

善的组织，一路上出人出毛驴，按站把我们送过黄河，使我初步领会了组织起来的群众的伟大的力量。

到了三交以后，等了大约有一个月，延安老家的人，等到廖承志从首都来了。他传达中央决定，新华总社迁往太行山，晋冀鲁豫边区继续工作。于是开始了浩浩荡荡的千里行军。廖承志是行军大队长，陈适五[1]是编辑部中队的中队长，吴冷西是支部书记，我是他们下面的一个小队长。走了两个月，横断整个山西，在五六月间到达太行山区林县的西戌村。整个中央纵队里最大的一支队伍就是新华社，因为新华社有编辑。《参考消息》跟着毛主席始终没断，后在新华社国际部工作的言彪跟着毛走，还要翻英文，还有中央社翻译的外电，毛天天要看。都是麻纸印的，中央社合电，中央社合众社电。中央社有两个电，一个叫中央社专电，就是中央社自己采访的，另外一个是从空中偷一些路透社等等，当夜尽量译出来给毛主席看。读者就是毛、周，主要是他们两位。毛的情报部门现在知道，最主要的有熊向晖，第二就是这个《参考消息》，他提出"看看《参考消息》可以消毒"。

中央纵队通令嘉奖李慎之，钱俊瑞讲，我们很多同志组织上入党了，但思想上没入党，李慎之同志，组织上没入党，思想上入党了。

在太行一年，我的职务一直是国际部的编辑。当时部主任是黄操良，同任编辑的有胡韦德、王飞、蒋齐生、李何[2]、张尚民、夏英喆、吴棕音、陈堃等一共七八个人（王唯真有病，未参加工作）。社长是廖承志，总编辑一级的干部（当时未正式设正副总编辑）是石西民、梅益、徐迈进。吴冷西是总编辑室秘书。

太行一年对我有意义的事情，是三查三整运动。我在出身与历史上都没有什么问题（当时查出身是查三代，看有无地主关系与封

---

[1]陈适五（1914年10月～1998年4月），浙江鄞县人。1941年6月调入新华社，历任组长、部主任、驻布拉格分社和柏林分社社长，1955年后在新华社担任领导工作，1979年右派平反后任外文局副局长，中国社会科学院情报研究所副所长、所长。

[2]李何（1918年2月～1962年8月5日），原名洪履和，笔名小黎，福建人。曾任《新疆日报》国际版编辑，新华社编辑，新华社驻莫斯科特派记者，《人民日报》驻莫斯科记者、国际新闻编辑部副主任。

建剥削），但是对我的思想作风还是提出了不少意见。三查三整时候吴冷西是我们那儿的第二把领导，第一把领导是廖承志。我们俩人比启蒙，我说我启蒙比你早。他是[19]38年、[19]37年时候还糊里糊涂，[19]38年到了延安，这个人很聪明，就进了马列学院，后来成了马列学院教员。我说我[19]31年还是[19]32年初中一年级那时候已经读马列主义的书。启蒙的内容，《中国的西北角》[1]，很大的一个就是斯诺的《西行漫记》，在上海出版的。它一出版我就看到，书店里可以买到。我还不是买的，我那时候买书的钱也有限。我把这书给我父亲看一看，我父亲说共产党不但是天兵天将，而且大圣大贤呢。

我在延安的时候，因为连屁股都没有坐稳，所以没有机会提出入党申请。一到行军途中，就接连向党组织提出入党的要求，尤其是在社委会过了黄河作行军总结，向全社表扬了我一个人以后，我自以为条件很够，觉得党应该立即批准我入党。但是党组织告诉我，在三查三整期间，停止发展组织，要我耐心等待。我当时因为党组织同我的关系非常好，我也可以参加党的许多会议，因此对党的不满是没有的，但是情绪上还是有波动，有许多错误的思想。

1948年初，坚持在陕北的以毛主席为首的党中央在西北我军取得伟大胜利，根本扭转了西北战场形势以后，东渡黄河，进驻晋察冀边区的平山县西柏坡村。新华社也奉命回到中央身边，在1948年5月从太行出发，行军近一个月，在五一节前到达离西柏坡只三里的陈家峪，在那里开始了工作[2]。

在整个平山期间，我的职务一直是国际部编辑，同部的人还是太行时的人，只是部主任一度是新调来的日本问题专家黄肃[3]，但是后来还是由黄操良任部主任。

这个夏天，国际部支部讨论了我的入党问题。预先跟我讲：你

[1]《中国的西北角》，作者范长江。1935年7月起，范长江在中国的西北部地区采访，写下一系列真实记录当时当地民众苦难生活和吏治腐败的社会状况等通讯报道，影响甚广。
[2] 参见本章后附的行军路线图。
[3]黄肃，即黄乃（1917年～2004年1月30日），原名黄一寰，湖南省长沙市人，辛亥革命名人黄兴的遗腹子。曾任《解放日报》副刊主编，新华社国际部主任。 从小近视，双目失明后潜心研究盲文，曾提出《新盲字方案》，获教育部批准在全国推广，之后设计《汉语双拼音盲文方案》，被誉为"中国盲文之父"。

入党没问题啦，党现在开始吸收党员了，在你之前只有一个人，王光美。据说中央纵队除了王光美，我是第一个。我是新华社停止发展组织两年以后第一个被吸收入党的人，我满心以为自己的入党应该很顺利，但是小组和支部在讨论时还是开了很多次会。有一些所谓的小知识分子对我意见还不小，主要一条说你谈笑有鸿儒，往来无白丁。燕京大学的同学也说我，自高自大。当时吸收我入党，采取的是《毛选》四卷中所说的"平山经验"，党员与非党员一起参加讨论，当时大家对我提出了很多意见，[后来]回忆起来这些意见是很尖锐的，但是还是很中肯的。我的入党介绍人，一个是支部指定的，当时国际部党小组组长李何。一个是我自己提出的前四川省委副书记张友渔。我的入党是1948年12月8日批准的，通知我的人是当时国际部党小组组长王唯真。

在平山时期，胡乔木实际上代替了廖承志主管新华社的工作，几次改组编辑部，在1948年底到1949年初把吴冷西、朱穆之[1]等近十人直接迁到西柏坡，由刘少奇和胡乔木加以直接训练。刘少奇还在这个时期发表了对华北记者团的谈话。我个人并未参加西柏坡的训练，但是在思想上对刘少奇和胡乔木那一套是钦佩欣赏的。

1948年底，新华社由陈家峪迁到通家口，直到进北京为止，都一直在那里。

1949年2月北平解放以后，我作为新华社第一批入城人员到北平（带队的是新华社副秘书长祝志澄），做的工作是接管中央社北平分社。在我入城前，人民日报的李庄[2]和新华社的韦明即以新华社北平分社正副社长名义进入中央社，并且就在那里开展新华分社工作。李庄并是军管代表。我进城后到那里去作军管联络组组长，接收了中央社的人员财物。我联络组的成员有新华社的老同志梁文（长期在广东分社，[后]不知在哪里），我手下的办事人员有新调来新华社的青年

[1] 朱穆之（1916年12月~2015年10月），原名朱仲龙，江苏江阴人。曾任八路军一二九师政治部宣传部副部长，新华社解放区部主编。1949年后历任新华社副总编辑、副社长、社长、党组书记。后任中宣部副部长兼中央对外宣传小组组长，文化部部长，国务院新闻办公室主任。

[2] 李庄（1918年7月1日~2006年3月3日），河北徐水人。长期在《晋冀豫日报》、太行《新华日报》、晋冀鲁豫《人民日报》、新华社华北总分社、新华社北平分社、华北《人民日报》工作。1949年后历任《人民日报》社总编室主任、副总编辑、总编辑等职。

学生徐耀林（[后]在新华社参编部）。

我还记得在总社进城前夕，我还曾奉到总社的电令在司法部街组织了几个人抄收并翻译过几天外国通讯社电讯，好像是因为在平山的总社要停止工作（因为迁移），要在北平的我们临时顶替两天。但是印象极为模糊，记不清干了些什么。

新华社要派一支先遣部队进北京城，两大任务：第一要给新华社看房子，第二要准备新华社大队人马进京。进城点将第一名又是我。我一路都是两条腿走到平山的，这下坐大卡车了，还坐马车，后来坐卡车从平山进北京城。我们打广安门进城，灯火黯淡。印象是街上有人拿银圆在敲，换银圆。一进城第一个歇脚点，是北京广播电台。广播电台是属于新华社的。在长安街，就是后来邮电局那地方。我给新华社看房子，新华社的国会街是我看下的。我还看了旧王府，但觉得那房子太破烂，也不大合适。那时候任你挑。我在广播电台住了两三天就出来了。在石碑胡同，是国民党中央社，我接收的。那时旧人员住在床上，我们就睡在地板上，但心情是豪气干云。那些旧职员看见我们诚惶诚恐。我还很谦虚的，可内心深处想的是其实我是主人呢。到2月份，我所挑中的房子还没交公，就是北平法商学院，在后来的新华社大礼堂传达二中全会，陈毅在座。听的是北京的入城干部和地下党干部，加起来不到一千人，恐怕不到五百人。

我进城第一件私事，马上给父亲打一电报：我已经到北京了，已经结婚，已经有孙女。问两老是否安康。当时他们无锡还没有解放。

3月份，总社要进城，总社要随毛主席进城，要在两三天的时间内，发全部新闻。组织一个临时班子，我为首，下面有刘尊棋[1]、孙承佩[2]，有七八个人，还有我带进城的几个人。从天上听电报，滴滴答答写出ABCD来，有时前前后后错了，但还能够猜出来。还有翻译电讯，

---

[1]刘尊棋（1911年6月5日～1993年9月5日），原名刘质文，又名刘光、霁华。曾任苏联塔斯通讯社北平分社英文翻译和记者，中央社记者。1949年后历任中央政府新闻总署国际新闻局副局长，英文刊物《人民中国》总编辑，外文出版社副社长兼总编辑。1978年后任英文版《中国日报》总编辑。

[2]孙承佩（1915年12月29日～1990年10月20日），原名耿殿文，山东桓台人。曾任民族革命通讯社记者、主笔，美国新闻处中文部翻译。1949年后历任《光明日报》总编室副主任，北京市文化局副局长，九三学社中央宣传部长、常务副主席，全国政协常委。

发稿还要用小电台发到新华社的总电台，总电台再转发。进城前夕，用的是新华社陕北几月几日电，再次就是新华社延安几月几日电。到那天毛主席进城了，就忽然变成新华社北平几月几日电。这个转换关头的四五天呢，是李慎之立的功。那时住的就是后来人民大会堂身底下，叫第五后勤司令部。我住的房子是监押犯人的看守所。

1949年3月中旬，以毛主席为首的党中央进驻北平西郊的香山。毛主席到香山前一两天，总社编辑部的先头部队就到了香山，开始了顶替平山发报的紧急任务，我也奉命赶到香山，参加了以陈克寒为首的临时编辑部的几天工作。以后就归入国际部建制，国际部的人员仍同过去一样，只是原来的部主任黄操良成了副主任，主任改由在蒋管区有点名气而新来解放区的党员陈翰伯[1]充任。这时新华社社长已正式由胡乔木充任，廖承志调任广播事业局局长。新华社总编辑是陈克寒，吴冷西是第一助理总编辑。

我们在香山慈幼院，好几个院子归我们。旁边就是总编室。当时香山代号叫劳动大学。每天早上有一班班车从劳动大学开到城里。我星期天可以回去，因为大女儿李伊白在城里，二女儿也出生了，老婆在城里，可以团聚一下。那时候还有空袭，我们的防空洞就是国民党军队第五后勤司令部的防空洞。在香山也防空。

有一天少奇同志作报告，去听吧，是刘少奇自我传达他的天津之行。香山是封闭的，跟解放区完全一样，没什么警卫员，大家就去了。刘少奇讲起码还有十五年，也许三十年新民主主义。

我们在北京也有亲戚朋友。张贻的外舅祖是潘馥[2]。她本来从小就在潘家长大，潘家很多人都在北京，可我们不敢去，自觉地划清界线，划清阶级界线。老同学也不敢见，要划清界线，这种自觉性很强。

建国以后我一直是国际部的编辑，到1950年的时候，国际部主

---

[1]陈翰伯（1914年3月14日～1988年8月26日），祖籍江苏苏州。曾任《西京民报》总编辑，《新民报》副总编辑，上海《联合晚报》总编辑任。1949年后任商务印书馆总经理兼总编辑，国家出版事业管理局代局长，《中国大百科全书》总编辑委员会副主任，中国出版工作者协会主席。

[2]潘馥（1883年～1936年9月12日），字馨航，别名潘复，山东济宁人。历任全国水利局副总裁，全国河道督办，北洋政府财政部总长、交通部总长、内阁总理兼交通部总长。卸任后为张学良的高级顾问。

任换了民主人士邵宗汉[1]（他有一个第三副总编辑的名义），但是实际只做国际部主任的工作，同时胡韦德与王飞则分别提升为副主任。黄操良调任第四副总编辑，实际上则批发国际部邵宗汉审过的稿件。国际部人员吸收了不少新人，编制不断扩大，成立了东方、西方、苏联东欧、国际关系四个组，我是国际关系组的组长。这样一直到1950年中。陈克寒提出把国内部、国际部统统解散，成立十个编辑组。国际部一分为三，王飞是东方组组长，胡韦德是西方组组长，我是副组长，李炳泉[2]是苏联东欧组副组长（无组长），均直接向总编室发稿。

这一年多，我一直当西方组副组长，西方组建组以后不久，胡韦德调任总编辑室秘书（也可能是编辑部支部书记，或总编辑室主任，总之是管人事和党的工作的）西方组的工作实际上由我负全责。

1950年的"忠诚老实"运动（同时是"镇反运动"），在国际部是胡韦德领导的，我也参加了领导小组，主要审查了申德诒的问题（重点），还有万光的问题（非重点）。

1952年初，开始了三反五反运动。我只参加了头一段，与孔迈[3]（当时叫孔东平）一起审查胡国城[4]的大贪污案，但是后来胡国城被中央当作典型解放，我们却事先并不知道。我很想打出个大老虎来。但我没犯什么错误，没有冤枉人，因为打了不过几天，就在本单位里头。但那时候已经感觉不大对头。我们背后有一排平房，三十间，叫新字斋，拿出一间来，关人在里头。按照资产阶级法律宪法，关人不能超过24小时，不能随便关人。

[1] 邵宗汉（1907年~1989年6月），江苏武进人。曾任上海《大晚报》国际版编辑，香港《星岛日报》主笔，马来亚华侨报刊《现代日报》总编辑，香港《华商报》总编辑。1949年后历任新华社副总编辑兼国际部主任，《光明日报》总编辑，外交部新闻司司长，世界知识出版社副总编辑。

[2] 李炳泉（1919年~1969年），山东人。曾任《平明日报》采访部主任，期间报道了轰动全国的"沈崇事件"。1949年后历任《人民日报》记者，新华社国际部副主任、外事部主任兼全国记者协会书记处书记。

[3] 孔迈（1919年9月~2008年2月21日），又名孔东平，生于印尼苏岛，祖籍广东普宁。抗日战争爆发后回国，曾任《大众报》编委，《胜利报》社长，《长江报》社长。1949年后历任新华社驻往印度新德里首席记者、古巴哈瓦那分社社长、日本东京分社任社长、中国唱片总公司董事长。

[4] 胡国城（1919年~1986年9月），曾参与组建新华社布拉格分社，历任新华社国际部和对外部秘书、记者、编辑，新华社副总经理，新华社西欧分社总经理、中东总分社总经理。

三反运动中，我本人虽无贪污浪费问题，但是群众还是提出了很多打中要害的意见，指出我的问题是资产阶级学术思想的问题，我却以为这不是像贪污浪费那样有什么了不起的问题，不加以重视。

三反运动还没有结束，大概在三月间，领导上忽然通知我，要我和孔东平（现名孔迈）两人到总政治部去集中，参加红十字会代表团到朝鲜去的工作。这是因为板门店的朝鲜停战谈判中，双方在遣返战俘的问题上形成僵局。美方扣留了我们几万名战俘，还说这批战俘因为反共不愿遣返。我们则认为他是强迫扣留，必须交还。争议很久之后达成协议，双方派红十字会代表去探视自己的战俘。这是一个必然要展开尖锐斗争的工作，我方派的红十字会代表几乎全部是志愿军的军官，而且半数是师团级的干部，我和孔迈，也就是去充当"红十字会代表"的。这个工作具体地由总政治部敌工部主持。红十字会小组共分南北中三组，南组到南朝鲜去慰问朝中方面的战俘，我分配在南组。北组陪同美方红十字会代表去探望美方在北朝鲜的战俘。中组在板门店与美方红十字会代表一起协助双方战俘的交接。当时指定的三个组长是：黄远，总政治部敌工部长；谭右铭[1]，二十军政委，[后任]四机部副部长；丁国钰，二十四军政治部主任，[后]任北京市革委会副主任。后两个都是直接从朝鲜前线回来的。

我们集中以后即组织对于停战谈判内容的学习，红十字会业务的学习，日内瓦公约的学习，和对敌斗争的学习等等。开始非常紧张，准备马上就要出发到前线去，后来板门店的谈判始终未能取得正式协议，就拖了下来，慢慢觉得短期去不成了。许多部队上来的同志就渐渐回去，我和孔迈也拖到在五六月间回到总社。

回到总社以后正好赶上编辑部又改组，撤消了原来的十个编辑组成立国际部，而且连原来的外文翻译部也取消，并入国际部成为翻译组。我被任命为新成立的国际部副主任，主任是黄操良，另外还有王飞、肖希明、李炳泉三个副主任。

---

[1]谭右铭（1910年12月～2015年2月14日），原名谭林，四川云阳人。曾任山西新军教导2师政治部主任，华东野战军9纵25师政治委员，中国人民志愿军第20军政治部主任、军政治委员。1959年任《解放军报》社副总编辑。1963年9月后，任四机部副部长、党委副书记兼政治部主任。

附图：从陕西延安到河北平山的行军路线

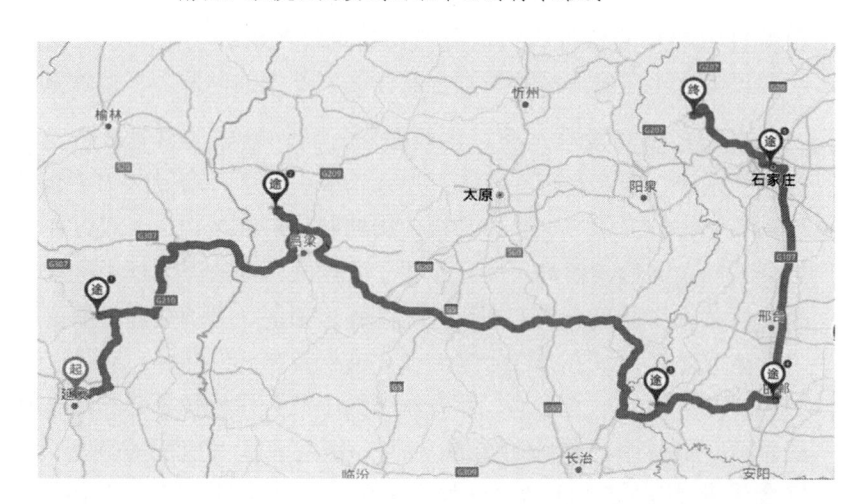

第八章 考察东欧

　　国际部成立后我还没有开始工作几天，就又奉到领导上决定（是黄操良通知我的），要我参加中华人民共和国政府文化教育考察团到东欧各人民民主国家去考察文化教育事业，我马上到北京饭店集中，参加准备，在九月初出国。

　　那个考察代表团是解放后第一个派往东欧的政府代表团，规格是比较高的，成员共十人。我把名单开列如下：团长韦悫[1]，当时是教育部副部长，老民主人士，[后]情况不详；副团长，彭康[2]，当时是山东分局宣传部长，后任交通大学校长，在文化大革命初期就看到大字报，说他是西北最初揪出来的三反分子、大叛徒。我当时只知道他是"创造社"（和郭沫若一起干）的猛将，以为他是"老革命"；哈丰阿[3]，当时是内蒙古人民政府副主席；董纯才[4]，当时是东北教育部副部长，后来提升为中央教育部副部长；曲正[5]，当时是西北卫生部部长，后来

---

[1] 韦悫（1896年9月15日～1976年11月25日），广东香山人。英美留学回国后，任广州岭南大学和广州高等师范大学教授，孙中山秘书，上海教育局局长，《上海译报》总经理。1949年后历任上海市副市长，教育部副部长，中国文字改革委员会副主任，华侨大学任代理校长。

[2] 彭康（1901年8月26日～1968年3月），字子劼，江西上栗人。留学日本回国后参与组建左翼作家联盟和创造社。1949年后历任华东军政委员会文教委员会主任，交通大学校长，西安交通大学校长、党委书记，译著有恩格斯的《费尔巴哈论》和《费尔巴哈和德国古典哲学的终结》。

[3] 哈丰阿（1908年3月16日～1970年11月29日），又名滕续文，蒙古族。曾任东蒙人民自治政府成立秘书长。1949年后历任中共内蒙古自治区委员会文教委员会主任、语文工作委员会主任，内蒙古自治区副主席。

[4] 董纯才（1905年3月5日～1990年5月22日），湖北大冶人。1937年到达延安从事教育工作，1949年后历任教育部副部长，中央教育科学研究所所长，东北教育学院（现沈阳师范大学）院长。

[5] 曲正（1903年～1971年），山东省黄县人。德国和日本留学回国后任延安中国医科大学教员、教育长，陕甘宁边区卫生署长，第一野战军卫生部副部长。1949年后历任兰州大学校长，北京医学院副院长、党委书记，人民卫生出版社社长、党委书记。

不知他干什么；恽子强[1]，当时是科学院办公厅主任，著名的化学家，他告诉我是恽代英烈士的亲弟弟，已在前几年逝世，我在报上见到讣告知道的；张潮，中国教育工会的国际联络部部长，当时还是一个小青年。正式团员加上我，一共是八个人。翻译，赵洵[2]（女）当时是哈尔滨俄语学院副院长，[后]况不详；陆士嘉[3]（女）北京航空学院教授，是中国著名的女科学家。

以上一共十个人，除陆士嘉以外全是党员（韦悫是秘密党员，但在考察代表团内也同我们一起过组织生活），支部书记是彭康。

我们十个人一路上相处半年有余，彼此当时倒很相熟，但是回国以后，我同他们就都没有来往。只有张潮一人在1963年的新华社外语干部学校学习，当了我半年学生。我当时已划为右派，除上课而外，同他连旧话都没有提过。

这个代表团规格很高，当时在国内外都很受重视。出发前全体党员曾到刘少奇处去请示工作。刘少奇的话我没有记录，只记得他要我们多向人家学习，强调我们落后，没有什么好经验向人家介绍，还是多学人家的。

代表团周游了波、德、匈、捷、罗、保六国，每个国家逗留平均一个月以上，到1953年三月底才回国。

我们的行程没有莫斯科，但在莫斯科我们赖了两个礼拜，就住莫斯科旅馆。第一，莫斯科我把它看成是我留学生涯，印象很深的。特里基亚科夫画廊，也是第一大画廊。那油画给我的印象跟小时候大不一样，真是细致极了。第二，特里基亚科夫画廊买了画册，那画册

[1]恽子强（1899年4月28日～1963年2月22日），曾用名恽代贤，二哥是革命家恽代英。曾任延安自然科学院副院长，晋察冀化工研究所所长，华北工学院副院长。1949年后历任中国科学院办公厅副主任、编译局副局长、中国科学院学部委员（院士）。

[2]赵洵（1917年～1988年），笔名杜克展，女，吉林市人。曾任苏联塔斯社《中国导报》翻译，哈尔滨外国语学校副校长。1958年到苏联留学，回国后任中国社会科学院语言研究所副所长、苏联东欧研究所副所长。著有《致友人的二十封信》《同斯大林的谈话》，译著包括长篇小说《静静的顿河》。

[3]陆士嘉（1911年3月18日～1986年8月29日），原名陆秀珍，女，浙江萧山人，流体力学家。德国留学获博士学位，回国后任天津北洋大学教授，后到清华大学从事研究工作。1949年后任清华大学教授和北京航空学院（现名北京航空航天大学）数学力学系副主任，空气动力学研究室主任。

比中国印的还蹩脚，我还攒着。这东西就是卖在旧书店里，也根本就不值钱。

然后坐火车从莫斯科到波兰华沙，第一站华沙。后来戈宝权[1]跟我们讲，你到的大概是老的波苏边界，因为苏联二十大以后又往东扩充了。他说这边乌克兰草房子，那边都是红墙红瓦，那就是波兰。波兰跟俄国比，还是先进了。

到了东欧以后，我有点儿兴趣，彭康也有这兴趣，开始是我们两个，以后就我一个人，专门拜访这些国家里最左的人物。波兰、捷克、匈牙利，都是我单独去拜访的。所有这些国家，有一个特点，我们都各派五个留学生，留学生就给我们做翻译。谈话里发现一点原来想不到的东西。比如说，世界主义者，苏联反世界主义，这个我们知道，说世界主义者是没有祖国的，是帝国主义的间谍。后来之所谓世界主义者主要是反犹运动。还有一个世界语[2]，苏联批判。中国有一批世界语学家，全是左派，胡愈之[3]、鲁迅也支持过。苏联东欧的世界语学者，有的已经枪毙了，而且都集体消灭。还有一句话，大概是捷克人跟我讲的：解放以后拥护新政权，有个困难，老艺人、民间艺人好改造，老左派、老党员不好改造。我也是百思不得其解。

布拉格真是美。我们到处都送画册。波兰的总统哥特瓦尔特，作家。当时我们的规格很高，中国政府第一个代表团。哥特瓦尔特亲自接见我们。访问各个国家，波兰是三十天，德国是四十天，走了半个德国，其他的国家都是一个国家一个月。

---

[1]戈宝权（1913年2月15日～2000年5月15日），曾用葆荃、苏牧等笔名，江苏东台人。1935年起作为天津《大公报》的记者驻苏联三年。1949年7月陪同刘少奇秘密访苏，1949后历任中国驻苏大使馆临时代办和参赞，中国社会科学院文学研究所和外国文学研究所研究员。主要译著有《普希金诗集》《海燕》《高尔基小说论文集》等。

[2]世界语（Esperanto）是由波兰籍犹太人眼科医生拉扎鲁·路德维克·柴门霍夫（Ludwig Lazarus Zamenhof）博士在印欧语系的基础上于1887年发明创立的一种人造语言。"Esperanto"词汇源意为"希望者"，讲世界语的人被大家称为"世界语者"（Esperantists）。19世纪末20世纪初，世界语进入中国。1951年，全国世界语协会在北京成立，胡愈之担任首任理事长。

[3]胡愈之（1896年～1986年1月16日），原名学愚，字子如，笔名胡芋之、伏生、说难等，浙江上虞人。抗战爆发后与蔡元培等上海文化界知名人士联合组织成立了上海文化界救亡协会。1949年后历任《光明日报》总编辑，国家出版总署署长，全国人大常委会副委员长。

代表团的任务是每一个人都按自己所属的口向东欧国家去进行考察。我在代表团内地位最低，但是考察的点却最多，因为我不但要代表新华社到各国通讯社去考察，而且要代表新闻摄影局去考察各国新闻摄影事业（新闻摄影局后来并入新华社，成为摄影部，但当时是独立的）。临行时，曾任新华社社长而当时任出版总署副署长的陈克寒听说我去东欧，又委托我代表出版总署考察出版事业管理的情况。对外文化联络局（对外文委的前身）又委托我替他们考察东欧国家对外文化联络机构的情况。到莫斯科以后，又碰上建筑工程部设计院的院长刘秀峰，因为偶然与我闲聊，发现我对建筑工程有兴趣（这是我过去长期的业余爱好），他说：你很内行，你帮我们考察考察，委托我去访问东欧各国的建筑工程部。所以那些国家的建筑工业部部长、总监我都访问过。

总想学点东西。我曾经在捷克一天看二十几个教堂，第二天再接着问明白。我受燕京大学跟北京故宫的影响，对建筑有兴趣。我从东欧回来，花了两天时间写了一篇文章，登在《人民日报》第三版。梁思成[1]是中国建筑大师，《人民日报》没有给他发表过整版的文章，倒是登了我的。就研究巴洛克风格[2]、洛可可风格[3]，其实我也不一定懂。毛主席的三条：民族形式，大众化、科学化、实用化，我大大做了理论加工。所以梁思成把我认为是神交，几次打电话要求见我，但是时间不凑巧我始终没见过他。我到他家去，他偏偏有事儿，就见到了林徽因[4]。

[1]梁思成（1901年4月20日～1972年1月9日），生于日本东京，清末名人梁启超之子，建筑师和建筑历史学家。美国留学回国后到沈阳东北大学任教，创立了中国现代教育史上第一个建筑学系，曾担任联合国大厦设计顾问，参与人民英雄纪念碑、中华人民共和国国徽等作品的设计。1949年后历任清华大学教授、建筑系主任，北京市都市计划委员会副主任等职。1950年主张保护北京古建筑和城墙，建议在西郊建新北京，但未被采纳。著有《全国文物古建筑目录》《营造法式》《中国建筑史》等书。

[2]巴洛克风格，一般指巴洛克艺术，是1600年至1750年间在欧洲盛行的一种艺术风格，涉及绘画、音乐、建筑、装饰艺术等，最基本的特点是打破文艺复兴时期的严肃、含蓄和均衡，崇尚豪华和气派，注重强烈情感的表现，气氛热烈紧张。

[3]洛可可风格，起源于18世纪的法国，最初是为了反对宫廷的繁文缛节艺术而兴起的，最先出现于装饰艺术和室内设计中，后发展到建筑和绘画等。

[4]林徽因（1904年6月10日～1955年4月1日），原名徽音，女，祖籍福建福州。长期与丈夫梁思成一起研究建筑学，共同赴美留学、考察欧洲建筑、在东北大学执教、创办中国第一个高校建筑系、调查中国古建筑、撰写论文著作、设计国徽和建筑物、保护中国古建筑等。著有《林徽因诗集》《林徽因文集》等。

最后一站是保加利亚。我们去看季米特洛夫的坟，跟列宁的规格差不多。当时保加利亚的第一把手契尔文可夫接见我们代表团，我们代表团的规格是相当高的。每个（国家）有五个留学生，大使馆要我们给他们做工作，教育他们，这个责任就轮到我身上。王幼平说：李慎之，你给他们讲讲怎么学习。

在波兰我去参观奥斯维辛。集中营里有一句话，我劳改的时候始终记得："因劳动得自由"，通过劳动得到自由。我们就是这样。我后来在文革劳动中曾经跟一个我们驻德国的记者讲：咱们现在是因劳动得自由。参观克拉克夫，是哥白尼老家。在德国波茨坦，参观波茨坦会议时斯大林坐的那把椅子，它被后来参观者为了作纪念削去一块木头。还参观德国皇太子的一个很小的宫院，确实非常讲究，比俄罗斯的更讲究。

1953年3月5日在保加利亚时发生了大事：斯大林死了。保加利亚在政府广场举行追悼大会，契尔文可夫出来讲话，全体下跪致哀，我们也得跟着下跪，单膝下跪。

我承担的项目不少，但是考察工作本身倒很简单，只是依据他们提出的问题去问一下，记录一下。而这些问题大多是属于职权范围和组织机构方面的，都比较简单。

我对各通讯社考察的结果曾写成一本小册子，讲的完全是各通讯社的组织机构、分工范围与操作过程，向编委会汇报，编委会曾把它印了出来，但是我不记得曾加以讨论，在群众中大概根本没有什么影响。我从东欧回国后，立即赶往朝鲜，我仿佛记得这本小册子还是我在朝鲜抽空整理好寄回北京的。因此我对我的"考察"的"后果"，已一点印象都没有了，这次文化大革命中，我没有看到任何大字报提到这件事。在需要的时候，也许可以从秘书处档案中查到我的小册子。我自己只记得，东欧各国通讯社都是塔斯社的具体而微，与新华社在工作方针和组织机构上没有多大不同（当时还是斯大林在世的时代）。

这是我第一次出国，对我个人的思想是有影响的，代表团的活动总的来说集中的多，分散的个别活动很少。因为我们是"文化教育考察团"，因此听了不少有关文化教育、艺术的系统报告，看了不少的资料,更看了不少的戏剧、歌剧、音乐、体育表演、图书馆、博物馆。对我来说,是受了一次全面的、系统的、深入的教育。当时,斯大林同志还在世(斯大林同志是我们到保加利亚的时候才逝世的),在东欧文化教育艺术方面占统治地位的思想,是日丹诺夫的思想。我认为我当时是一个彻头彻尾的日丹诺夫的信徒。我党在1948年日丹诺夫逝世的时候,曾称他为伟大的共产主义者,在赫鲁晓夫兴起以后,日丹诺夫的思想曾被认为是"教条主义",但是以[后来]文化大革命的观点来看,日丹诺夫对资本主义的东西是肯定得很多很多的,他是以十八九世纪的古典派资本主义文化艺术来反对二十世纪的资本主义现代派艺术。我自己正是在这一点上钦佩他,然而这样不但没有触动资本主义文化的根子,反而使它具有了合法存在的根据。

当我们的考察刚刚完毕,大概3月10日左右,在回国路中经过莫斯科的时候,大使馆就转来了总社给我的电报,说红十字会小组又要集中,要我赶快赶回北京准备到朝鲜去。我是一个人先飞回来的。

第九章 参加朝鲜停战谈判

我在1953年3月初回北京，对文教考察团的总结会基本上都没有参加，就到总政治部去报到。总政治部叫我到总参谋部去见李克农[1]（副总参谋长，一直坐镇开城指挥停战谈判，此时刚从开城返京休假），他告诉我，最近有一批伤病战俘遣返回国，要我去开城向他们调查我方战俘的情况。与我同行的有调查部某局局长潘芳（李克农是中央调查部部长，又是外交部副部长）和总政治部的一个团级干部蔡润田。

我们三人在朝鲜归俘中进行了一些调查，然后由我一人返京向总政治部汇报。当时红十字会小组已重新集中，我也到那里去集中，准备去朝鲜，不久以后，李克农从朝鲜来电，叫我们不要在北京准备，到开城前线去准备，更能接触实际。我们就在五月初从北京到了开城。

谈判乔冠华是第二号人物，第一号人物是李克农。军界在他之上的有，但都听他的。每天晚上12点，乔冠华要给周恩来打一电话，报告谈判的情况。每天晚上周恩来要下指示。我应该说是很轻松的，浦山[2]他们真苦，听到周恩来的指示，马上就要拟明天的发言稿。

我就住在乔冠华房间的旁边。一到朝鲜，生活跟解放区一样，打井水洗脸、大伙房。这种生活变换，我从来就不在乎。

---

[1]李克农（1899年9月15日～1962年2月9日），安徽巢湖人。曾任红一方面军政治保卫局局长、红军工作部部长，中共中央联络局局长，中共中央社会部部长，1949年后历任外交部副部长，人民革命军事委员会情报部部长，解放军副总参谋长，中共中央调查部部长。

[2]浦山（1923年11月27日～2003年2月7日），祖籍江苏无锡。1949年获美国哈佛大学经济学博士学位，回国后到外交部工作，参加朝鲜停战谈判，后成为周恩来总理的英文秘书。历任外交部国际问题研究所研究员、副所长，中国社会科学院世界经济与政治研究所研究员、所长，中国社会科学院研究生院院长。

我了解情况，写了满满一笔记本，回来就给萧华[1]汇报。我的意思是有困难，战俘不大容易回来。萧华哈哈大笑，说：中国人老婆孩子父母，他还不回来吗？你放心吧。萧华那时是总政治部副主任。主任[2]可能是谭政[3]，实际掌权的就是萧华，当时萧华四十来岁。

到开城不久，朝鲜停战谈判双方协议不派红十字会小组了，改由双方军事当局派出解释代表团向各自的战俘解释政策。于是我们的这批红十字小组工作人员立刻又由文职人员改为军人（绝大部分本来都是现役军人），成立解释代表团。解释代表团的负责人是：李呈瑞[4]，当时的六十八军政委；谭右铭，当时的二十军政委，原红十字小组组长之一，[后]任四机部副部长；李际泰[5]，某军参谋长。因为原来的红十字小组人员人数不够，还调了一些干部（多数是部队上来的）集中起来学习政策、解释工作职权范围、对敌斗争可能发生的情况与应付的办法等。成立了一个方案组来主持学习。我当时的工作是方案组的副组长，正组长是贺明[6]，当时是志愿军的一个师政委，去年从大字报上看是张家口地区部队的政委。另一个副组长是符浩[7]，当时是外交部的专员，[后]任外交部政治部副主任。

在谈判桌上美国人就说："战俘自己不愿意回来，应该遵循自愿

---

[1]萧华（1916年1月21日～1985年8月12日），原名萧以僔，江西赣州人。曾任少共国际师政治委员，八路军一一五师政治部副主任，第四野战军第十三兵团政治委员。1949年后历任中国人民解放军空军政委、总政治部副主任，中央军委副秘书长，兰州军区政治委员，政协全国委员会副主席。1965年为《长征组歌》作词。

[2]编者注：当时总政主任是罗荣桓。

[3]谭政（1906年6月14日～1988年11月6日），原名谭世铭，湖南湘乡人。曾任红四军委秘书长，八路军后方政治部主任，总政治部副主任，第四野战军副政委兼政治部主任。1949年后历任中南局第一副书记，解放军总政治部主任，国防部副部长，解放军监察委员会书记，中央军委常委。

[4]李呈瑞（1912年～1967年9月22日），江西兴国人。曾任抗大总校政治部组织干部科科长，晋察冀军区第三纵队炮兵旅政治委员，华北军区炮兵政治委员。1949年后任六十八军政治委员，参加抗美援朝战争，后任海军航空兵部政治委员、航空兵政委。

[5]李际泰（1919年～1985年1月22日），河北故城人。曾任中国人民解放军第三十八军参谋长、第一副军长、代军长，北京军区空军副司令员、司令员，国务院第三机械工业部部长。

[6]贺明（1919年～2012年12月13日），陕西武功人。曾任中国人民解放军一八八师政治委员，一九三师政委，参加抗美援朝战争。回国后历任六十五军政治委员，河北省军区政治委员，贵州省军区政治委员。

[7]符浩（1916年4月13日～2016年6月17日），原名符忠孝，陕西醴泉人。1949年后历任驻蒙古大使馆参赞，外交部亚洲司副司长，政治部副主任兼干部司司长，外交部办公厅主任，驻越南和日本大使，外交部副部长。

遣返的原则。"我们就是"一律遣返"。"自愿遣返"日内瓦公约没有，但也没有"一律"两字，就说该遣返。这个谈判斗争进行了整整两年。斯大林就愿意中国跟美国在朝鲜战场上耗着。3月5日他一死，3月10日我就得到电报，谈判前线已经松了。

1953年7月，朝鲜实现停战，9月或10月，解释工作正式开始，我担任宣传组组长。我的工作除上述诸人可以证明外，还有新华社外事部的虞孝淮。他当时是我的翻译。我是唯一要越过边界线到战俘营中去做广播工作的人，而他是唯一每次都跟我一起去的人。

谈判说定，由联合国军把这些中国战俘押送到东昌里，就是停战线以南的一个战俘营里头，然后由解释代表团去进行解释，解释完了以后，你愿意回来的你就回来了。就这么三张桌子，比床也宽不到哪儿。这些人如果下定决心不回来，他心里也痛苦，他家里当然希望他回来，他就要自己作弄自己、麻醉自己。进门就喊"他妈的x，我永远跟共产党不共戴天，你别来骗我了。"一进门就这么叫，脸都变样了。怕战俘打人，每一个战俘两边都有两个印度人夹着。他就跳啊、蹦啊、骂。我们就说：你不要这样嘛，还是你的祖国嘛。极个别闹的，忽然不说话了，就往这儿走，这边就回来了。大部分就坚决地不回来，少部分一进门就回来，你不用解释。

最早到战俘营去视察的有我，有个所谓志愿军战俘，趴在铁丝网上拿石头扔，打在我身上[1]。李克农表扬我一顿，说李慎之因公光荣负伤。

后来北京东坡餐厅的老板就是一个英勇斗争要回来的战俘。他居然还带来很多礼物到我家来看我，我们并不认识。他叫张达，受伤被俘，斗争很英勇，胳膊上被刺了字，这边是"反共抗俄"，这边是"拔毛杀猪"，他坚决回来，硬是拿刀把自己胳膊上有字的肉割掉。2001年韩国居然请他们，请志愿军当年的战俘到济洲岛去参观，济洲岛现在是韩国的一个风景名胜。他们去看完全不认识，原来很荒凉，现在很漂亮。我问他一个问题，你到底恨不恨美国人？他说：说句老实话，对美国人恨不起来。美国人是按日内瓦公约原则的，每

---

[1]编者注：据家人说明，李慎之小腿上有一块非常明显的伤疤，是被志愿军战俘用石块打伤留下的。

天早晨、中午拿一大桶馒头来，绝对吃得饱的，一大桶稀饭，咸菜，他一放就走了。照日内瓦公约就应该战俘自己推举领导，你原来的军阶，不必隐瞒，你是将军，你就是最高领导。但中国人不能讲，你要讲了，就是叛国。这个战俘事件比较复杂。

战俘解释工作有个根据，根据就是《金日成元帅、彭德怀将军告被俘人员书》，这个文件第一稿就是我写的，我在北京时候写的。

想想我们的军长、师长、团长被战俘劈头盖脸、妈的x地骂，这些人一肚子火，但是为大局，也只好忍着。我建议不要再解释了，把一切都往美国帐上一推，是美国人强制的。这个意见报告到周恩来那儿，周恩来批准了。如果真正要全部解释完，回来的战俘还是不多，但又都经过解释了，就很被动了。

我们的战俘营管理人员说：他们羞辱我们，我们也要让他们来一下，也要让美国人对美国战俘做解释。美国人无法拒绝。美国人拿录音机来，他人不来。明确宣布，第一根据现在谈判结果，根据日内瓦公约第几条、第几条，现在都应该把你们遣返回国。第二根据美国法律第几条、第几条，你们回国以后，你们被俘期间的工资全部发还。第三如果你们不回去，选择留在中国，你就犯了叛国罪，回去以后还要处以一年徒刑。一解释，大部分美国战俘走了，留下只有二十几个。

回来的中国战俘就到了开城。相当惨，缺胳膊断腿的。都发了里外三新的棉衣，住的也好了，从来没有这样舒服过。等我们的解释工作一结束，他们就往昌图开。

那些战俘在战俘营里坚决斗争，还组织共产主义联合会，这些人自以为没问题了，说等回到中国，就承认你的党籍。但回去以后就出了大问题了，在昌图政审，就是从"功劳不必摆，错误要认识够"开头，搞了好几个月。最后处理是转业或者回乡，只有极个别的可以回军队。从那以后就惨极了，那比右派还惨。后来双开遣返，开除党籍，开除军籍。原来有党籍的人，原来没有党籍的以为回来可以入党。没有！你那是伪组织。

一个师政委叫吴成德[1]，他战斗失利后率残部打游击，最后又兵败被俘，美国人也没把他怎么样。那天他回来，李克农到前面去，我没去，他回来拿给我看，这么厚一沓材料，是吴成德在战俘营被监时自己写的，准备回来给组织看的材料。"毛主席的政策还是成功了，你看他回来了。"

解释工作后来因为种种原因在11月份结束了。当时朝中两国和美国之间互派代表开始政府谈判。中国政府代表黄华[2]在板门店与敌人谈判，他经过开城谈判的最高负责人李克农和乔冠华调我去做他的助手（名义是顾问），于是我又离开解释代表团而参加政府代表在板门店谈判的工作，一直到1954年初政府会谈结束后才回国，回到新华社工作。

朝鲜停战谈判，美国本来不出面的，因为是联合国军。又出来一个朝、韩、中、美政府间谈判。中国政府派的代表是黄华，黄华带了两个高参去，张企程比我资格老得多，还有王纯，都是三八式的干部，不会这个。又把我跟浦寿昌[3]调去。浦寿昌一直在朝鲜，他在代表团没职务，是总理秘书，作为乔冠华的顾问。我们就又变成黄华的顾问。

黄华有趣。谈判时黄华一句话也不要讲，真正讲话的叫白南云[4]，是朝鲜民主主义共和国教育部部长。美国政府来的是助理国务卿什么的。

我们的外交是从朝鲜战争学来的。这真是一个很大的掌故。朝鲜战争全部记录，外交部印出来，很多。有时讲：上午10:00到

---

[1] 吴成德（1912年10月～1996年3月6日），山西新绛县人。任志愿军60军180师代政委、政治部主任。1951年5月，180师陷入敌军重围，被打散后在敌后坚持打游击14个月后被俘，是志愿军被俘人员中级别最高者。

[2] 黄华（1913年1月25日～2010年11月24日），曾用名王汝梅，河北磁县人。参与组织著名的"一二九"运动，后任美国记者埃德加·斯诺的翻译。担任过朱德、叶剑英的秘书。1949年后历任上海军管会外侨事务处处长，朝鲜停战政治谈判中方代表，外交部西欧非洲司司长，外交部部长，国务院副总理，全国人大副委员长。

[3] 浦寿昌（1922年1月17日～2019年12月14日），江苏无锡人。获美国哈佛大学博士学位后曾任《文汇报》驻美国特约记者。1949年回国后长期为国家领导人担任英文翻译，历任外交部政策研究室副主任，国家计划委员会外事局局长，外交部副部长。

[4] 白南云（1894年～1979年），朝鲜人。日本留学回国后历任朝鲜民主主义人民共和国教育相，朝鲜科学院院长，朝鲜民主科学工作者协会委员长，最高人民会议常任委员会副委员长，祖国和平统一委员会副委员长。

12:00，底下记录三行。对方先开口讲，或者我们先讲。我们先讲都是根据总理的指示，已经拟好稿子了。我们都以为外交都要伶牙俐齿，其实不然。所以为什么周恩来一再讲：外交授权有限。比如美国人讲完之后，我们之间也就两张床那么宽的一张桌子，我跟美国代表的距离顶多也就这么远，我们这方面就交头接耳，讨论怎么回答，定了以后，要起草成文字。这就是我的任务，起草成文字。完了首先要请黄华看过，黄华批准了，要翻译成朝文，让白南云看过。白南云再用朝文向对方说，对方要根据朝文再把它翻成英文。军事谈判第一天起就这样，谈判之严格，我们从美国人那儿学来的。当时有一个说法："你的话我注意到了。"这完全是从朝鲜谈判桌上下来的，就是我不回答你这一点，明天再说。"贵方代表的讲话我注意到了，明天给你答复"。谈判倒是非常有趣味的，也非常枯燥。

最后谈判就算结束，决定开日内瓦会议。我大概在过阳历年时回国了。

第十章 参加日内瓦会议、万隆会议
陪同周总理外访

[19]54年回国，我又马不停蹄，要准备日内瓦会议[1]。当时总理自己讲：我是草台班——所谓草台班统战他是很有经验的——没有见过大世面，现在要你们帮我做好这个工作。这是公开这样讲的，在中南海怀仁堂开会就这样讲。我们就编几个大事记。凡是在新华社负责的事都由我总管。我们在图书馆搞了好几个月，四月份就去日内瓦了，另外唱戏了。日内瓦会议，又使我大开眼界，大见世面了，这又是一个层次了。新华社记者有陈适五，还有吴文焘[2]，这些人都是老资格。我的任务永远是代表团秘书。代表团秘书里头，我的任务是做黄华的助理。就是他发言，每个稿子都要我给他起草。黄华是代表团发言人，外交部西亚非洲司副司长。司长是宦乡[3]。乔冠华是亚洲司司长。

我平生做的一件荒唐事。黄华要去见外国记者，大家这个观念很强，外国记者是碰不得的，会把你搞得狼狈不堪。就要在外交部大

---

[1]日内瓦会议，是1954年4月26日至7月21日在瑞士日内瓦举行的讨论和平解决朝鲜问题和恢复印度支那和平问题的国际会议。中国出席日内瓦会议的首席代表是周恩来总理兼外长，代表是张闻天、王稼祥、李克农。会议通过《日内瓦会议最后宣言》，结束了法国在印度支那的殖民战争。日内瓦会议是中国首次以五大国之一的地位和身份参加讨论重大国际问题的会议，为1955年正式开始的中美大使级会谈铺平了道路，对中国的对外政策产生了深远影响。

[2]吴文焘（1913年10月~2011年6月16日），河北清苑人。曾任《解放周刊》编辑，《中国通讯》（英文）主编，新华社副社长，新华社布拉格分社社长。1949年后历任外文出版社副社长、社长兼总编辑，《人民日报》社副总编辑，中国外文出版发行事业局局长、党组书记。

[3]宦乡（1909年11月2日~1989年2月28日），字鑫毅，笔名范慧、范承祥，祖籍贵州遵义，蒙古族。曾任《前线日报》总编辑和《文汇报》副总主笔。1949年后历任外交部欧非司司长，驻英国首任常任代办，外交部部长助理兼政策研究室主任，驻比利时大使，驻欧洲经济共同体使团团长，中国社会科学院副院长，中国国际问题研究中心总干事。

礼堂举行演习,演习的评委是李克农、章汉夫等人,张闻天没来。李克农是代表团的顾问。准备的题目跟答案,我一晚上搞了很厚一本。我写的时候,真是感觉非常非常难回答。我想的都是我们心虚理亏的地方,还要能够说圆,很困难。演习会上别人就假装记者提问了,黄华张口结舌。我以为我这个新闻发言人助理有助理回答之权,就代他回答。最后章汉夫一句评语,李慎之满脸通红。他说:"今天这个助理显得太活跃。"一想不对,从此以后我再没有犯过这种错误。但黄华没意见。

日内瓦最后一天的会议结束后,龚澎跟我悄悄说,"你总要写一篇文章,能够把今天总理的杰出表现写出来。"我写了一晚上。国内盛传,这是文学家张闻天的手笔。新华社、外交部都这么传的。我本来的标题是《几月几日纪事》,吴冷西改成《和平的敌人原形毕露了》。我不愿意太政治化,他一定要政治化才能体现出那味道来。其它大概一字未改。《人民日报》全文发表,新华社全文转发。文章内容就是最后一天记事。每一句话都是根据速记记录整理出来的。就是周恩来跟美国的史密斯斗,说:我是第一次走上国际舞台,没想到受到你们美国人这样无理的待遇,我要求把我的发言载入记录。其实并无所谓记录,但是这一下,给人的印象就是我历史上给你记下这个账。确实全场都佩服。总理的外交才能确实是没话讲。我后来才知道,当时还真不知道,总理是没有任何一点儿权的,能够在这个夹缝里,很窄的缝里也做得色、香、味俱全,这是一个本领。回国以后,刘尊棋来找我,说你这样的文章太好了,我也不予置语。我后来跟总理出国,好几个大使馆大使说我们中国最有民族气质。

1954年日内瓦会议几乎干了半年。

日内瓦会议开完,尼赫鲁请我们从日内瓦直接访问印度,发表[了和平共处]五项原则。总理是轻车简从,带的人很少,除了新闻记者、摄影记者,就是乔冠华、我、马列,就五六个人。记者有十来个人,一架飞机载去,飞印度。总理交代我一个任务,说:你去书店里看看有什么关于印度的书可以买点儿。我买了两本书,老实讲怎么可能看得完,这么厚。我后来回国以后看完的。有一本叫《印度的发现》。尼赫鲁自称是大知识分子,是有学问的。印度第一任驻华大使叫潘尼伽，潘尼伽给我一个知识，就说我们印度没历史的，我大吃一惊，印度文明古国没历史，没有文字记载历史，文字记载的历史是从 Cambridge History of India《剑桥印度史》开始。尼赫鲁给印度写了本历史，[Discovery of India，《印度的发现》]是很大的功劳，有相当权威性。另外他再写了一本[Glimpses of World History]，《世界史一瞥》。他在监狱里写的，给他女儿写的。我在飞机上就看这个《印度的发现》。哪能看完，一共没有几个钟头，还要睡觉。

印度当时是盛况空前。印度国会，总统府叫做世界上最大的单一房子。那个壁画都很气派。乔冠华跟我讲：今天才感觉到外交的气氛。和平共处五项原则是总理在西藏谈判时定的，后来变成两国有点儿互争谁的发明权。印度称之为潘加西，说是佛经里有的。尼赫鲁有点觉得我比周恩来高一辈，从年龄上，他觉得可以跟毛泽东比。他的革命史并不比你毛泽东差。他坐监狱是什么时候，而且他又觉得自己学问很大。[19]55年尼赫鲁到北京，毛主席对待尼赫鲁也下了十足的工夫，"悲莫悲兮生别离，乐莫乐兮新相知。"[1]浦寿昌使尽浑身解数才翻译出来。浦寿昌这方面不错。北京饭店中楼就是为那次而盖的。

访问印度之后是访问缅甸。我记得一句话，印象很深，缅甸总理吴努明确讲：你们中国、印度、日本这些大国好像大象在草地上，我们像小皮球被人踢。我后来发现亚洲小国都这样。

[1955]年是万隆会议。亚非会议是第三世界运动的开始。有人说斯大林有一个分工：苏伊士运河以东归你中国，苏伊士运河以西归我苏联。我有本《亚非会议日记》，已经挖空心思，没有什么再说的。

后来鲍大可[2]把他写的《周恩来在万隆》给我了，平心而论，拿中国人的标准，当然我写的文章比他好；如果从真正记者的标准，他写得比我好。他能够把各种方面都看到，我是必须要照官方口径说话的。所谓李慎之右派是有根子的。我一直极力要抵抗官方的语言，但又绝不能抵抗，这个矛盾在我心里永远存在。比如就表现在我

---

[1]编者注：语出屈原《九歌·少司命》。

[2]鲍大可（A. Doak Barnett，1921年～1999年），美国传教士之子，生于上海，中国问题专家。曾任哥伦比亚大学教授、东亚研究所代主任，后加入布鲁金斯研究所担任资深研究员。著有《共产经济的策略：大陆中国的崛起》、《共产中国与亚洲：对美国政策的挑战》《毛以后的中国》《不确定的航程：中国过渡到后毛时代》《中国政策：老问题、新挑战》等书。

在外交部日内瓦会议预演出那个丑风头那次，我就觉得这话前后要说圆了。这个矛盾我一直存在。还有周恩来是我的榜样，周恩来在万隆会议上，说的话很得体。我文章中讲顾大局、识大体，中国人认为非常高的道德水准。我什么话都要顾大体，识大局，还要顾世界革命之大体。两个都自觉，实际上一直紧张，这个紧张我一直存在，所以到[19]57年就爆发了。

亚非会议我本来是不管新闻的事，总理把我看成是直接为他工作的。很多人都知道，我名义上是新华社记者，但我的内部身份是代表团秘书。克什米尔公主号[1]出问题以前，我原本是应该随沈建图他们一起走的，我准备的一大皮箱资料都交给他们一起带走了。我记得好像总理亲自给我打电话，说："李慎之你先别走了，跟我一起走吧。"我跟总理比他们晚一点出发，他们在香港呆了一下，我们就到昆明。昆明我们住在龙云的郑庄，总理在正宅，我住旁边一个偏楼。我高枕而卧正在睡觉，忽然有人叫我，我当时是一千二百度的近视，看不清是谁，赶忙戴上眼镜，才发现是总理。他说："李慎之醒醒，你知道出事了吗？"我说："什么？"他说："沈建图他们炸了。"

我思想里对周恩来也不是没有怀疑，他问的第一个问题是：你知道带走什么文件了吗？本人有一个观念是孔子给我的——"厩焚，问人不问马"[2]。他光问文件，我的本能反应很快，当然我不敢表现出来，你应该问死了人吗？我说没有什么文件吧。可是把我整整几年的《参考消息》和新闻资料，我一份不缺，在我办公室里，他们要带，我就让他们带走。《新华日报》也是，我的《新华日报》从第一期起一份不缺的。我还有一个怪事，相信中国很可能没有第二个人，我们新华社编的新闻稿一天一本我几乎是全看，就沉浸在新社会里，光明、幸福当中。

我们的飞机于4月16日抵达印尼首都雅加达，并于17日飞抵印尼

---

[1] 克什米尔公主号事件是冷战期间的一起政治暗杀事件，针对的主要目标是中国总理周恩来。克什米尔公主号（英语Kashmir Princess）是印度航空的一架民航飞机，1955年4月11日从印度经香港飞往印度尼西亚雅加达，原定搭载中国代表团前往印尼参加万隆会议。在香港机场停留期间，被国民党特工买通的一名机场清洁工将炸弹安上飞机，爆炸后11名乘客及5名机组人员罹难。周恩来因临时改变计划未乘克什米尔公主号。

[2] 厩焚，子退朝，曰："伤人乎？"不问马。语出《论语》257。

爪哇岛的万隆机场。在机场的接待室里，代表团向报界散发了总理的书面谈话。谈话说："中华人民共和国代表团抱着对于和平和友好的热烈愿望，前来参加即将在万隆举行的亚非会议。"在谈话中，总理也提到了4月11日的飞机谋杀事件。他说："我不能不指出有些人是不喜欢我们参加这个会议的，他们正在力图破坏我们的会议……。但是……我相信，我们的会议一定能够克服各种破坏和阻挠，并对于促进亚非国家之间的友好和合作，对于维护亚非地区和世界的和平作出有价值的贡献。"以后发生的事将证实上面的预言。

记得那是个晴天，机场外大街两旁都是人。飘扬着五星红旗的中国代表团的汽车走到哪里，哪里就爆发出欢呼和掌声。无数的人来欢迎中国代表团。时常可以听到公路两旁人们用印尼语、潮州话、广东话以及生硬的北京话喊着："和平万岁！"，"中华人民共和国万岁！"，"中国和印度尼西亚友好万岁！"等口号。一个挤在人背后的年轻中国母亲，让她的看起来不过两岁的女儿坐在她的肩头上，用力摇着孩子的胳膊。

一到雅加达，我的第一件事，我的任务："李慎之写个唁电"，因为第二天北京要开大会。我自以为，我充满感情的。文字不可能瞎写，但我真是充满感情。

周恩来是亚非会议出了大名，但亚非会议的所谓教父本来是尼赫鲁。尼赫鲁这一点他就比不了周恩来。他以为亚非会议是他策划召开的。所有这些东南亚国家独立，两个因素：第一个孙中山，孙中山他们都承认；第二个就是印度，跟共产党没关系，所以尼赫鲁自以为他说话全都得听，真的老三老四的。比如后来锡兰总理科特拉瓦拉提出台湾最好托管，尼赫鲁说："我看就请锡兰托管算了。"他们本来五个国家是团结的，五个国家是召集国，尼赫鲁的话也可能科特拉瓦拉不一定在乎，但是在中国听了是很伤人的。结果就变成周恩来成为英雄，尼赫鲁应该说相当失败。他对中国真不错。他要成为亚洲的新领袖，当然中国是亚洲最重要的国家是不能得罪的，他的任务是使印度成为亚洲乃至于世界的最重要的国家，印度的国际地位，首先要在东南亚确立起来，那都是印度的影响范围。印度又刚好在朝鲜当了中立国，当时印度是有点上升。尼赫鲁准备振兴佛教。佛教是世界性的宗教，印度教不是世界性的。但是尼赫鲁的雄图后来也落空了。全球化的趋势，并不是世界革命的趋势。世界革命是一个全球化的理论，但那个理论[是]失败的。后来的全球化是另外一个格局，是市场经济全球化。还有不能说百分之百，可以说百分之八十的，就是民主政治的全球化。

  星期一和星期二，也就是会议的头两天，都是公开会议，有各国代表团团长宣读早就准备好的讲稿。尼赫鲁想跳过这些演说而直接进行秘密会议，因此决定自己不讲话，缅甸的吴努也一样。周总理也选择了保持沉默，毫不突出自己，只是会前写了一个大发言稿，油印出来，分发给了各国代表。

  头几个人的演说，相对来说比较温和，他们的发言都提到了对和平的愿望，对友好的愿望，对殖民主义的憎恨。但是伊拉克（当时中央条约组织成员）的外长贾马利在发言中用很长的篇幅来诬蔑共产主义。他毫无根据地把共产主义说成是一种"新式的殖民主义"。贾马利的发言不可避免地引起其他一些代表的响应。第二天上午，巴基斯坦的穆罕默德·阿里和菲律宾的罗慕洛都谈到了所谓"共产主义的威胁"，许多人开始担心这些异样的声音会把大会引入一个可能无休无止的意识形态争论中，而不能取得什么一致结果。

  这个时候，人们纷纷在猜测社会主义大国——中国的反应，记者室里，甚至是一些报章的标题，都是这样的问题："中国代表团是不是一定讲话？""中国代表团讲些什么？"各种各样的猜测在流传着，中国人民的声音注定是会议上注意的中心。

  中午吃饭时，周恩来突然把我们叫到一起，他决定在此刻向我们口述他的补充发言，准备下午宣读。他口述一页，我与几个记者就记一页，并作了翻译。当时临时用了一种台历大小的卡片。就这样，一顿饭也没有吃好，总理是一边吃一边说，我们在一边记，我也忘了我吃了没有。可以说，总理的外交才能在这一刻充分地表现出来。我们根本没有插话的余地，只有飞快地记录和翻译。

  下午会议开始前半个小时，自会议开始以来一直明净如洗的万隆上空突然阴云密布，几乎片刻之间就来了一场倾盆大雨，雷声隆隆，电光闪闪，震耳眩目，惊心动魄。独立大厦会议厅屋顶有一处漏雨，雨水顺着天花板流下来正好滴在中国代表团座位旁边的桌子上，有人认为这是一个恶兆。殊不知恶兆无灵，结果完全不是这么回事。

在下午会议上首先发言的是叙利亚、泰国和土耳其，其中泰国的旺亲王和土耳其的佐尔鲁的话题又与伊拉克的贾马利一样，继续攻击共产主义。许多人不时转过头来向中国代表团的席位张望。人们看见周恩来急速地在他的发言稿上写着什么。

下午4点多，当大会主席宣布请中华人民共和国的代表发言时，全场爆发出从来也没有的暴风雨似的掌声，不但是记者、代表，来宾席上的外交官们也掏出了笔记本。所有人都意识到一个重要的历史时刻就要开始。

"中国代表团是来求团结而不是来吵架的。"周总理开始讲话了，此时此刻，人们感到会场的气氛陡然变了。

总理说："我们共产党人从来不讳言我们相信共产主义和认为社会主义制度是好的。但是，这个在会议上用不着来宣传个人的思想意识和各国的政治制度……"

"中国代表团是来求同而不是来立异的。"总理继续说："在我们中间有无求同的基础呢？有的。那就是亚非绝大多数国家和人民自近代以来都曾经受过、并且现在仍然受着殖民主义所造成的灾难和痛苦。这是我们大家都承认的。从解除殖民主义痛苦和灾难中找共同基础，我们就很容易互相了解和尊重、互相同情和支持，而不是互相疑虑和恐惧、互相排斥和对立。"

总理接着说："这就是为什么我们同意五国总理茂物会议所宣布的关于亚非会议的目的，而不另提建议。""本来中国代表团很可以提议会议讨论美国一手造成的台湾地区紧张局势的问题，也很可以提议会议讨论承认和恢复中华人民共和国在联合国的合法地位的问题。但是中国代表团没有这样做，因为它不想使会议陷入到对这些问题的争论而得不到解决。"总理说道。

两天以来，人们时常可以感到一只黑手想把会议拖向另外一个方向，而此时，另外一只强有力的手把它轻轻推开了。

全场鸦雀无声,大家静听总理讲下去:"我们的会议应当求同而存异。同时,会议应将这些共同愿望和要求肯定下来。这是我们中间的主要问题。我们并不要求各人放弃自己的见解,因为这是实际存在的反映。但是不应该使它妨碍我们在主要问题上达成共同的协议。我们还应在共同的基础上来互相了解和重视彼此的不同见解。"

此后,总理连续谈到了三个具体问题:意识形态、宗教和颠覆活动。他的讲话始终具有和解和友善的态度,从而慢慢将会议推向了高潮。

最后,总理说:"十六万万亚非人民期待着我们的会议成功。全世界愿意和平的国家和人民期待着我们的会议能为扩大和平区域和建立集体和平有所贡献。让我们亚非国家团结起来,为亚非会议的成功努力吧!"

楼上楼下再次爆发出经久不息的掌声来回答代表着中国人民意愿的发言。当总理回到自己座位上时,有不少国家的代表来同他握手。

周恩来还在这次会议上声明,中国人民不要同美国打仗,愿意同美国政府讨论缓和台湾地区紧张局势的问题。这个声明导致中美两国政府讨论缓和台湾地区紧张局势的问题。这个声明导致中美两国从1955年8月开始举行大使级会谈。会议闭幕时发表了洋溢着团结合作精神的《亚非会议最后公报》,提出指导国际关系的十项原则,其核心内容便是一年前由中国和印度首先提倡的"互相尊重主权和领土完整、互不侵犯、互不干涉内政、平等互利、和平共处"五项原则,但由于有些国家认为和平共处是共产党的语言,总理做了必要的妥协,并没有坚持五项原则而同意十项原则。

那时候中国自我感觉非常好。实际上,亚非会议大部分国家,除了那五个中立国,就是印度、巴基斯坦、锡兰、印尼之外,其他都是以美国为首的《中东条约》、《东南亚条约》(东南亚条约[后来]没有了)的成员国,菲律宾等都是带着敌意看中国。对中国他们有两个最大害怕,总理都解释,讲得合情合理。一个怕的是华侨,一个怕的是共产党。据说华侨在印尼,我一个朋友是真正的华侨,他说华侨在印尼挨了一次整以后,地位反而比从前更好了。在亚非会议结束第二天，周恩来就跟印尼外长苏那约签定条约，这个条约以后成了我们的准则，就是双重国籍你只能选择一个。从此以后就两个字，叫华人，你就是印尼华人。你的国籍是印尼，应该效忠印尼，不得参加反印尼活动。我知道陈嘉庚当时非常不满意，"我就是中国人嘛"。你就逼他当马来西亚人。华裔就是华人。华侨就得遵守本国法律，当然也得遵守驻在国的，你不能跟驻在国捣乱。这个问题感情上华侨很难接受，不过形势已经成了，后来慢慢也接受了。

第十一章 "钦定"右派

　　1956年3月苏共二十大[1]，苏共二十大应该讲[是]对共产主义[苏联的]致命一击。虽然苏联垮台是在差不多三十年之后，但是那一届[大会]是非常重要的，就是把苏联的黑暗都暴露了。赫鲁晓夫做了秘密报告[2]，据说是波兰人透露出来的，外电开始有报道。从这以后，吴冷西跟我这样讲，同时他在《回忆毛主席》里也这样讲，说中央书记处"几乎每天开会"。毛对这点真特别关心，"为我党有史以来所未有"。最初，吴冷西没有资格参加，邓拓[3]参加。仿照苏共的制度，党内有资格经常列席书记处会议的本来只有党中央机关报——《人民日报》总编辑邓拓同志一人。毛当时大概心急火燎非常着急要了解各国的反应，了解事情。邓拓可真是一问三不知。第一，邓拓虽然是新闻界的老前辈，可是从未涉猎过国际问题。第二，从江西时代起，我党国际消息的来源就完全集中在新华社（其前身是红色中华社）手里，《人民日报》到那时在这方面还毫无任何基础。在这种情况下，中央每天开会要问到国际上的最新情况时，邓拓同志实在是心中无数，不免受到不满与批评。当时在新华社内部，觉得"《人民日报》是地方报纸"，因为《人民日报》的名称是从华北地方版开始，华北就是晋冀鲁豫，就是晋察冀两个解放区统一而成。进城以后，他们始终超不出新华社，

---

[1]苏联共产党第二十次代表大会（简称苏共二十大）1956年2月14日至26日在莫斯科召开，全世界56个国家和地区的政党派出代表团参加大会。苏共总书记赫鲁晓夫在大会总结报告中分析了国际形势的变化，提出与资本主义"和平共处"、"和平竞赛"，认为国家可以"和平过渡"到社会主义。苏共二十大对苏联和国际共产主义运动产生了极大影响。

[2]赫鲁晓夫在苏共二十大上作了《关于个人崇拜及其后果》的"秘密报告"，全面否定斯大林。

[3]邓拓（1912年2月26日～1966年5月18日），原名邓子健，笔名有邓云特、向阳生等，福建闽侯人。1949年后历任《人民日报》总编辑、社长，北京市委宣传部长、书记处书记。与吴晗、廖沫沙合作，在《前线》杂志上开设专栏《三家村札记》撰写杂文，遭毛泽东点名批评，被撤职批判，文革初起即写下遗书，服安眠药自尽。

当时认为中央言论机关好像地位更重要，就有点层次，但国际问题他就没有一个驻外记者，根本不收任何外电，然后没有任何国际新闻。中国几乎可以说，全国包括调查部，关于国际新闻全部集中在新华社。而这些都是我的管辖范围，这我[也]有兴趣。

毛主席问周恩来：邓拓不行，新华社谁管？周恩来说：吴冷西。周恩来当然知道。吴冷西日内瓦会议也是顾问之一，最末第二名。最后一名是雷英夫[1]。乔冠华等的排名都在吴冷西之上。吴冷西也很忙，每天晚上都要看大样、看稿子，很忙。吴冷西有行政能力，之前他是把更多的精力放在国内部。一直到苏共二十大，才转到国际问题上来。

苏共二十大报告，新华社全文翻译，根据《纽约时报》。朱德代表团带回来的会议文件，可能是师哲他们翻译的。俄文翻译本，不如新华社的译本好。赫鲁晓夫的报告既然是秘密报告，中共当然也不会公开宣传，但是事实上中国人知道的范围很广。因为中央决定把朱德从莫斯科带回来的译文印成小三十二开的小册子，封面上题目都没有，只印有"内部材料·注意保存"八个字，随《参考资料》发放。《参考资料》虽然只发到高级干部，但是并不算是机密刊物，也只是在刊头上印有"内部刊物·注意保存"两行字。因此这个报告的内容实际上传播相当广。另外，外文书店还发售美共的《工人日报》，上面也载有报告的英译文的长篇摘要，北京各大学的学生竞相购买，竟致把《工人日报》买光。尤其是毛主席当时一再发出要打防疫针，种牛痘的主张，《参考消息》由于他的旨意而由两千份扩大发行到四十万份，连大学生都可以订阅。后来出了一本参考的单行本，是秘密报告的校正本，是拿英文来校正师哲等人翻译的俄译本。

后来的新华社有国际部与参编部两个部门，但是历史上两者有过分合，五十年代中期是合的时期。收集所谓外国资产阶级新闻的选报、翻译、编辑的工作全在我个人的分工范围之内。为了执行乔木同志要把新华社办成"消息总汇"的方针，为了要追求时效，从二

---

[1]雷英夫（1921年～2005年），又名雷霆臣，学名甫恩，字超然。河南洛阳人。曾任中央军委作战部资料研究室副主任，叶剑英军事秘书。1949年后历任周恩来的军事秘书，军委作战局副局长，总参谋部作战室主任、副部长，解放军后勤学院副教育长。

十大开始,我自己下的命令,规定参考资料一天要出三本,上午版三十二页,中午版二十四页,晚上版二十四页(有时三十二页),而且要求一定得在早上八点、中午十一点、晚上七点送到中南海的办公桌上。实际上送到我的桌子倒是真的,我不了解中央同志们,两点钟根本没人看,要到晚上才看。这样"一日三参",八十块十六开的版面,尽管是老五号字,大致算起来每天也有十几万字,数量是很大的。我当然做不到字字过目,但是大部分内容,尤其是重要的内容是必须知道的。

那时新华社还有一个任务很忙,到五一节就赶快打电话、打电报给莫斯科,"挂像怎么挂?斯大林还有没有?"反映过来,"有,很少。主要是列宁的"。这些毛都非常注意。这个不上《大参考》,上《内参》。

我还有任务,要搜罗全国、全世界各方面的意见。毛主席要求各国共产党的总书记或者党报或者中央的正式意见反映,就是《批判斯大林文集》。外交部有个会,张闻天主持,就外交部几个司长以及我们新华社跟广播电台,我是每礼拜都去,姚溱[1]也挤进去。他知道有这个任务,就去跟陆定一请缨,由他和我合编,因为材料都在我那儿。合编可以得到一点稿费,我认为这几千块钱稿费是大家翻译的,我不过编一编,我有什么资格拿这个钱呢。而且编的条例都是毛主席规定的。所以我以我同姚溱的名义请了两桌谭家菜,那个很贵,最高标准280元,请吴冷西等人吃了一顿,我生平第一次吃谭家菜,唯一的一次。剩余的还有2000多块钱,全部交给参编部的小金库。陈适五就讲:"你们今天都是吃的斯大林。"

吴冷西差不多每天要去毛主席那儿开会。他进宫以前总要找我问一问,了解最新情况。我也就有了一个特殊的权利,他要把中央讨论的情况,特别是毛主席所讲的,在我听来是闻所未闻的话向我吹风,以作为我们搜集材料的指导。当时我被认为是消息特别灵通的人士。不是一般人呐,乔冠华见我面,[都]问我"老李,有什么消息?"

在一九五六年秋天波匈事件闹得不可开交以后,毛主席专门派

---

[1] 姚溱(1921年3月20日~1966年7月23日),曾用名姚静,化名姚澄波,江苏南通人。1949年后历任中共中央华东局宣传部副科长、中共上海市委宣传部处长、副部长,中共中央宣传部处长、副部长,全国人大常委会副秘书长。

他的秘书林克同志到新华社，向王飞和我这两个当时接触有关情况最多的人征求意见。林克本人自一九四九年北京解放时起就一直在我手下工作，一九五四年秋天在《参考消息》选报组组长任上被调到毛主席身边工作，帮助毛主席看一天十几万字的参考资料（按：一九五五年三月一日后，《参考消息》由刊物型的十六开八版改为报纸型。另办刊物型的《参考资料》，版面无一定限制）所以毛主席派他来征求我们的意见是最自然不过的事情。

当时正是苏共二十大开过半年以后，赫鲁晓夫在大会上作了揭露斯大林的秘密报告，在全世界特别是在国际共产主义运动中引起了强烈的震动，其冲击波不断扩大，直到在波兰与匈牙利出现乱局，苏共和中共对如何处理局势也发生了意见分歧。我自己在铺天盖地的外国新闻报道日日夜夜的冲击下，也是忧心忡忡，到了寝不安眠，食不甘味的程度。我认为国际共产主义运动暴露出来的问题太严重了，希望只能寄托在取得胜利才七年而且领导着新中国各项建设事业蒸蒸日上的中国共产党身上，寄托在为全世界革命人民众望所归、一贯提倡集体领导与群众路线，而且素有宽容与开明之称的伟大领袖毛主席身上，希望由他在中国为国际共产主义运动建立一个民主与宽容的范例。

整个一九五六年，是在人们心目中越来越宽松的一年。高饶事件[1]与先是反胡风集团[2]的斗争，后来又扩大为肃反的运动都随着一

---

[1]高饶事件：1952年底和1953年初，高岗、饶漱石先后从东北、华东党政最高负责人任上调中央工作，高岗任新组建的国家计划委员会主席，饶漱石任中央组织部部长，后两人被指参与分裂中央的活动，被开除出党。

高岗（1905年～1954年8月17日），原名高崇德，字硕卿，陕西横山人。曾任陕甘边红军临时总指挥部政治委员，中共西北局书记，东北人民解放军第一副司令员兼副政治委员。1949年后历任中共中央东北局书记，东北人民政府主席，中央人民政府副主席。1954年被指与饶漱石一起参与进行分裂党活动，受到批判后自杀身亡。

饶漱石（1903年9月～1975年3月2日），原名梁朴，江西抚州人。曾任中共华中局副书记、书记，新四军政治部主任、政治委员，华东军区政治委员。1949年后历任华东军政委员会主席，中共华东局书记，上海市委书记，中共中央组织部长、副秘书长。后因高饶事件被开除党籍及判刑入狱，死于狱中。

[2]胡风集团案是1950年代在中国大陆发生的一场从文艺争论到政治审判的事件，因主要人物胡风而得名。1954年7月，胡风向中共中央政治局递交了一份30万字的长篇报告，即《关于解放以来的文艺实践情况的报告》，就文艺问题陈述了自己的意见，包括建议作家们应该根据自己的需要改造自己，而不是让官员们改造自己。1955年1月，中央宣传部向中央提交开展批判胡风思想的报告，中央随后批发中宣部的报告，指出胡风披着马克思主义的外衣，长时期内进行着反党反人民的斗争，必须加以彻底批判。1955年5月，胡风和夫人梅志被

九五五年过去了；也就是毛主席后来说的急风暴雨式的阶级斗争已经过去了。农业、手工业和资本主义工商业的改造[1]已经基本完成。这一年开头就是毛主席在天安门城楼上接受私营工商改造完成的喜报，然后又是落实知识分子政策，知识分子皆大欢喜，一心想着向科学进军了。三月份的苏共二十大推倒了斯大林，在许多人心目中也去除了不少思想上的压力。接着就是四月份毛主席发表有很多新思想的《论十大关系》。五月份，陆定一同志又根据毛主席的思想发表了在社会主义阵营从来没有提出过的"百花齐放，百家争鸣"[2]的报告，进一步使更多的人心情舒畅、思想活泼，我在这样的大潮激荡下思想也越来越转向寻求所谓的社会主义民主。

因此当毛主席看到波匈大乱而派林克到新华社来向王飞和我征求意见的时候，我们就大谈苏联东欧出问题的根本原因就在于没有在革命胜利后建立起一个民主的制度。冷西同志向我说过，"毛主席说我们现在还是在训政时期"；我就说"请毛主席除了经济建设的五年计划之外，还要制定一个还政于民的五年计划"。冷西还向我说过"毛主席说我们现在实行的是愚民政策"；我就向林克说"我们也要开放新闻自由"；"小学中学都要设立公民课或者宪法课，新中国每一个公民都要清楚自己的权利与义务"。冷西又告诉我"毛主席说我们的问题不止是官僚主义，而且是专制主义"；我就说"我们应当实行大民主"，"应当建立宪法法院"。至于毛主席引用王凤姐的话："舍得一身剐，敢把皇帝拉下马"，更是使我钦佩他老人家胸襟之宽阔，气魄之宏大。我还因此而明确提出"革命胜利以后就是要搞点改良主义"的主张。

我当时的思想与毛主席要搞"不断革命"的思想真是南辕北辙，但是当时我这个有选择性的脑袋却居然懵懂到自以为是想毛主席之所想、好毛主席之所好的地步。当然，促使我这样想的原因也还有别

捕，其他有2100多人受到牵连，其中92人被捕。1978年12月，胡风案获得平反，胡本人后担任全国政协常委。

[1]对农业、手工业和资本主义工商业的改造（简称"三大改造"）是中华人民共和国建立初期，中国共产党在全国范围内组织的的社会主义改造，其中对农业、手工业实行合作化，对资本主义工商业实行公私合营。

[2]百花齐放、百家争鸣，简称"双百方针"，由毛泽东提出，经中共中央确定的发展社会主义文化艺术和科学事业的长期性的方针。基本点是艺术问题上百花齐放，学术问题上百家争鸣。

的刺激源，例如，那时我每星期都要到外交部去参加一次张闻天[1]同志主持的汇报会。他是我最崇敬的我党元老之一，那时还是政治局委员，至少能参加政治局会议。还记得他有一次讲过："毛主席说马克思主义大家都可以发展一点，不要只靠他毛泽东一个人发展嘛。"就是这些话当时竟使我狂妄到了以为自己在毛主席面前没有什么不可以想，也没有什么不可以讲的地步。

向毛主席提意见的是王飞同志和我两个人，王飞为人远远比我谨慎。在林克来电话说要找我们以后，他还特意先同我一起向冷西作了一次汇报（这在我本来是认为并无必要的）。吴冷西没有任何反应。谈话开始以后，虽然我们对彼此的意见都是互相支持的，但是话还是我讲得最多。"大民主和小民主"的话就是我讲得忘乎所以时的临时发明（我这样说不是要维护我的版权，而是不敢逃避我的责任）。但是我确实没有说过"小民主不过瘾要搞大民主"这样的话，我的原话是说"我们的大民主太少，小民主太多"，而且我还对这两个词儿根据当时的时代背景作了解释。一方面，我感到虽然当时的政治大体上可称清明，社会也可算安定，却又痛感人民群众没有多少议政参政的权利，认为这都是跟苏联模式学习的结果，苏联既然出了问题，中国也必须改弦更张，实行大民主，即人民对国家大政方针有讨论的权利与自由，以免重蹈苏联的覆辙；另一方面，当时正是建国七年后第一次大规模的调资定级工作刚过，那次调资的过程中，我一方面坚决反对领导上对我个人提级；另一方面又对几乎天天都有人到我的办公室，甚至到我家里来诉苦的现象十分反感。来的人无例外地都是说自己什么什么时候参加工作，现在的级别是多少多少，别的什么什么人跟他同时或者比他还晚参加工作，而现在的级别又是多少多少。我以为一个人自己到上级面前伸手要求提级是岂有此理的事情，而且这样一闹的结果，几乎人人都觉得自己受了委屈。一次调整，半年不得太平。此外，如分房子，调工作……一概都是如此，更不用说上班迟到早退，办公拖拖拉拉了。我虽然几乎没有在旧社会工作的经验，却硬是

---

[1]张闻天（1900年8月30日～1976年7月1日），原名张应皋，化名洛甫，上海南汇人。曾在日本、美国和苏联留学，回国后任中共中央宣传部部长、中央政治局委员、中央书记处书记、中央政府人民委员会主席。1935年2月至1938年9月，曾主持中共中央日常工作、"负总责"。1949年后历任驻苏联大使，外交部第一副部长，中央政治局候补委员。

断定这是古来未有的荒唐事。我认为这都是共产党太讲人情，不讲法治的结果，这就是我所厌恶的小民主。

我自以为所见甚是，却不料过不了几天毛主席就在二中全会上对我不点名地提出了批评。"有几位司局长一级的知识分子干部，主张要大民主，说小民主不过瘾。他们要搞的'大民主'就是采用西方资产阶级的国会制度，学西方的'议会民主'、'新闻自由'、'言论自由'那一套。他们这种主张缺乏马克思主义观点，缺乏阶级观点，是错误的，不过，大民主、小民主的讲法很形象化，我们就借用这个话。"据冷西同志会后向我讲，毛主席的原话是说："大民主就是要上大街，是对敌人的。我们不能搞大民主，只能搞小民主，搞小小民主。"这样，我觉得毛主席完全误解了我的意思。我虽然想不通，心里倒并不害怕，甚至没有委屈感，因为我心目中的毛主席绝不是像斯大林那样会整人的领袖。另外，冷西还专门找王飞和我传达："主席说这两个同志是好同志，回去不要批评他们。"又说："这不仅是几个人的思想问题，而是一个思潮。"我猜想毛主席虽然误解了我的意思，但是他既然提出这是一个思潮，想必有解决的办法，我只须静待就是了。

不过林克大概是听到了毛主席讲话的全部内容的，心里很有点紧张，又来找我，问我是不是他把我的话传错了，颇有歉意。我倒是觉得没有什么，只是向他再次声明，我根本没有上大街的想法。我的大民主是对小民主而说的，而且正是因为敌人已经被打倒了，我们才可以搞大民主。他听了我的话去又向毛主席解释了一遍，主席说"他们主张的议会民主、新闻自由实际上与上大街没有什么不同"。这样，家就住在新华社大院里的林克又回来向我传达了一遍，我虽然百思不得其解，但是还是并不在意。

过不了几天，我就随周总理出访亚欧十一国去了。后来总理跟陈毅访问十六国好像常有人提，其实这两个价值至少相等，甚至于前者更大。总理跟贺龙访问十一国。我们还是老班子。从越南开始，然后柬埔寨，然后缅甸，然后印度，等等。在印度参观历史博物馆，我走在前面，总理在后面，总理忽然把我叫住说："李慎之，你看了有什么感想？"我愣了。他说："毛主席说殖民主义、帝国主义也不全是坏的，它还是把近代文明输入到殖民地"。这本来是马克思在《不列颠在印度的统治》里讲过，我觉得这没什么，但毛主席这一点更开明了。总之，我听见了觉得很开明，完全迷迷糊糊。回来第二天，马列给我打电话说："李慎之你来听（录音）。"就是毛做最高国务会议《关于正确处理人民内部矛盾的问题》的报告。这样的人不多，顶多浦山、浦寿昌，没有几个人。总理的小班子，真正核心秘书除了乔冠华以外，就是我们几个，加起来不到五个。毛主席这个报告内外版本不同，有些话"一个人生个嘴巴干什么用呀？一个是吃饭，一个是说话嘛。""自由主义谁没有一点儿？""现在开会大家一本正经，一出门就乱七八糟了。"鄙人刚兴冲冲出国回来，第二天在中南海就听到录音了。

出访中途回京的时候，王飞还跟我讲："你走了以后，林克又来传达主席的指示，要我们同他一起读苏联编的政治经济学教科书，被我婉拒了。"我当时还不理解，以为能同毛主席这样的天才理论家一起读书是莫大的荣幸，一定可以得益匪浅，结果未能如愿，颇有惋惜之意。但是王飞对我说"已经犯了错误，挨了批评了，不要再惹事了。"我是末代延安人，没有经历过整风、审干、抢救这样一些运动，政治上是极其幼稚的，听了毛主席关于正确处理人民内部矛盾的问题的报告以后，心头越来越热，尤其是毛主席公开号召"共产党员头上要长犄角"，"要敢唱对台戏"更是使我心潮澎湃，以为毛主席要带领我们走一条全新的通向共产主义的道路了，因此还是不改故态，放言无忌，终于被划为右派分子。王飞则从此谨言慎行，只是最后还是不免受我之累，受到降级处分，丢掉了新华社编委委员（即党组成员）兼国际部主任的乌纱帽。他虽然从不怨我，我却是感到永远愧对老友的。

反右一开始，我是反右领导小组成员，我和王飞开头也想打几个右派。真是想，我一定能够过关，表示我还是党的忠诚党员。正如毛主席讲的，"反派唱惯了，唱正派……"大概斗了一个月，最早一个曹德谦[1]，这人不是特别进步，新华社国际部第一个拿他开刀。我大概有点手软吧，然后第二个，第三个就是我上场。

---

[1]曹德谦（1923年1月~2019年6月1日），上海人，曾就读燕京大学新闻系和美国密苏里大学新闻学院。先后在外交部、新华社和中国社会科学院美国研究所工作，著有《美国通史演义》（四卷本）等。

我越来越近，人家就有风声，说章伯钧[1]的话跟李慎之的话差不多。这句话现在无所谓，当时听起来简直是不得了。而且我到底说过什么话，我自己知道说过无其数，你不以为自己有意，而是充分地为了要宣扬我心目中伟大领袖要以民主治天下的思想。我找的人都是特别选择的对象，都是我发展的党员，我认为品质好的、思想好的我才找来聊天，跟他们聊一聊，结果这些人纷纷揭发。我跟他们谈话，要他们跟上毛主席伟大的民主思想。别人还可能对毛主席有些不满，对共产党，我是百分之百地拥护。我的原话是这么说的，"想毛主席之所想，急毛主席之所急。"所以过了反右以后，我自己给自己作了一副对联，叫做：自作聪明，聪明反被聪明误；自作多情，多情却被无情恼。不大工整，但非常写实。那个时候的痛苦，真是没法说。第一，整个思想完全拧过来了；第二，一下子从天上掉地下。开除党籍是邓小平作反右运动的总结中说的。他的讲话留了一点："党内右派分子，原则上要开除党籍。"这"原则上"三个字给我莫大的希望。

凡是右派都是背后先做结论，当面，头一天这样开始，说："我们最近发现李慎之有些言论很不寻常，我们大家来给他辩论辩论。"

总理我不敢找，但我敢找吴冷西。他跟我讲："你当年争取民主，是向国民党争，现在你怎么向共产党争取民主。"当时我真是眼泪往下滚。一般他还能听我说，我说完了他就说：现在我要去中央开会，你有什么问题找穆之谈。朱穆之跟我的交情不够，我找吴冷西也可以说是百无聊赖，满腔冤屈无处申诉。还有一条：恐惧，怕是怕得不得了。我这一辈子可以算是红干部了吧，一有特别的任务就是李慎之，这一下子掉到十八层地狱。

我在划右派以前，干了一件事情。南斯拉夫有德热拉斯[2]，写了一本书叫《新阶级》，受这本书教育的青年非常多，但他们看的是

---

[1]章伯钧（1895年11月17日～1969年5月17日），安徽桐城人。1923年加入中国共产党，参加"八一"南昌起义。1949年后历任中央人民政府委员，中国民主同盟副主席，农工民主党主席，交通部长，《光明日报》社社长。1957年被划为右派。

[2] 密洛凡·德热拉斯（一译吉拉斯），1912年出生，南斯拉夫共产党主要领导人之一。曾担任过南联盟副总统、南共政治局委员、中央书记等职。1953年因主张在南斯拉夫实行多党派竞争的民主制，成为党内异见人士，与南共总书记铁托决裂，并遭被捕入狱。著有《新阶级》《铁托内幕故事》《同斯大林的谈话》等作品。

后来新华社的译本。台湾的中央社在反右前期全文翻译出来，一大厚本。我下的命令在《参考资料》全文发表。这是我最后一次作这种决定，幸好没人提到，要提到的话，这是向党示威，反党行动。发完以后，第二天，第三天，李慎之你上场吧！我简直无脸见父母，父母不在北京无所谓，（但）老婆、子女，前面后面的院子……我每天晚上都在办公室里，关着灯，到十点过了以后，我才敢回家。

我无法交待清楚我的错误言行。忽然发现王飞的抽屉，锁上留着钥匙，连忙偷偷拿出来，拿到我的办公桌上，因为在人家的办公桌如果被人发现怎么办？在我的办公桌上打开灯一看，原来都是揭发我的材料。王飞后来老年痴呆症，我没法跟他核对了。可能他有心救我一下。这下我得其所哉，明天要揭发斗我，先说两句不着边际的话，慢慢再对上号。"瞧，李慎之态度好的。"本来没法态度好。王飞那时是国际部主任，是斗争我的小组成员之一。他真尴尬极了，他跟我思想根本一样，但他要揭发我，我对他是绝对原谅。

王飞请求，甚至可能会说："我也有点不干净，还是请邓岗[1]主持"。所以由邓岗来主持批斗我。邓岗跟我往日无怨，近日无仇，也无交情。他还可以，前后斗了一个月。

到给我做结论那天，也就是开除我党籍那天了，专门有人跟我讲，"你一定要自己举手！"理由很简单："你要最后一次表示跟党一致。"我也知道这逻辑有荒谬性，但是表示一种忠诚吧。

王飞还是领导小组成员时跟我谈话，没别人在场，"老实承认错误，你的态度，我们认为还是不错的。""再过一次、两次运动，立功表现（好），还可以入党嘛。"我有一篇文章里讲到："多少人怀着重新入党的希望"。

有一点，就是想绝不带害一个人。第一个受我带害的王飞，文革中造反派找我写揭发他的材料，我极力地帮他说话，后来等我平反了以后，我交给王飞看过，那时候他还没得老年痴呆症。他说"你很不容易的。"第二个典型就是乔冠华，说乔冠华跟你差不多，你应

[1] 邓岗（1916年~1991年6月2日），原名高奕鼎，安徽怀宁人。曾任新华社华东前线分社副社长、第3野战军总分社社长。1949年后历任南京《新华日报》副社长，新华总社办公室主任、秘书长、党组成员、副社长兼机关党委书记，中央广播事业局代局长、局长。

该好好揭发他来立功。动员我的是我们党委书记，因为外交部来要材料。当时我就说我这个人有点骄傲自大，我只记陶里亚蒂[1]、南尼[2]这些人的这些话，就算把他搪塞过去。其实乔冠华有些话比我还厉害，硬是讲到两党制。他说两党制也有根据，可能是我告诉乔冠华的，内部参考登了一条消息，苏联有两个院士主张搞两党制，结果被苏共开除党籍。毛主席看到这个了，就在常委会议上讲，吴冷西回来传达的，说"苏联为什么把他们开除呢？要是我啊，我就要专门向他们请教，你这个两党制怎么搞法？"我把这个话告诉乔冠华了，乔冠华可能觉得这话很有道理，就跟我吹了。我觉得这个不可能，所以我没多说，他倒说了。就这样传来传去。要问我他到底说了没有，我也不知道。

批判李慎之以前先进行一个练兵运动，叫做反对温情主义。出墙报，说："有些人认为李慎之业务不错，不能这样看，剥开皮来看是一条毒蛇。"国际部有两个人，号称李慎之的金童玉女，是我的重点培养对象。金童你们不知道，玉女就是梁思成的女儿（梁再冰），起来批判说："李慎之是反动，他怎么怎么瞎说。"李慎之忽然身份改了，说"李慎之业务上是强的，政治上不行的。"本来我高明就是政治上，凡是像我那种经历的都是政治上强的，一变成右派就政治上不行了。

我是要极力用感情压制自己的理智。我那时专门读古书，有一篇文章我不敢读，就是太史公《报任安书》，"削木为吏，议不可对"，"画地为牢，势不可入"，这个不敢，叫我就要反过来了。但是比如读《檀弓》[3]，还有"龙逄、比干，其君不以为忠；申生、伯奇，其父不以为孝。孝子不敢非其亲，忠臣不敢怼其君，而于天又何怨焉？"[4]甚至于故意找那个"吾君老矣，子少，国家多难。伯氏不出而图吾君，伯氏苟出而图吾君，申生受赐而死"[5]。再有"小杖则受，大杖则走，非

---

[1] 帕尔米罗·陶里亚蒂（Palmiro Togliatti，1893~1964），意大利共产党创始人之一，前意共总书记，意大利工人运动和国际共产主义运动活动家。
[2] 彼得罗·桑德罗·南尼（Pietro Sandro Nenni，1891年2月9日－1980年1月1日），意大利左派政治人物、意大利社会党领袖。
[3]《檀弓》是《礼记》中的一篇。
[4] 语出：清，张潮，《虞初新志》卷十七。
[5] 诗出：先秦，佚名，《晋献公杀世子申生》。

不孝也。"[1]我大杖应该承认，不是应该硬梆梆地受打吗？我现在只能够受，说我是背叛了党的原则，这一棍子打下来，打死了。我的办公桌上有个日历，中干才有，上面我写"一错百错，直滚下坡；一切维党，诸法无我。"没有我说话的余地，我觉得是舍身饲虎，用一切荒谬理论自我解脱。这就是我的实际过程。我后来对佛经下过点工夫，这过程其实也不长，顶多两年。我真正内心深处是不服，但上面我不断地加一层一层地涂料，一个字，要"服"。叫做缴械投降。我有什么"械"呢？"械"就是你要坦白。好不容易王飞救了我一把，否则我坦白不出来。人家说"李慎之你不要不老实，现在请谁谁谁来揭发。"开头叫辩论。我还想辩。我有一个冲动，李慎之还有足够的聪明，当时我记得很多，吴冷西传达的，毛主席说的什么，后来一想，我要一说这个，完蛋！那就更逃不了了，人家就说"你污蔑"。这一点我没做。第一不揭毛主席。我是学了所谓资产阶级民主、资产阶级政治学的。但是我全忘了，自信归命正宗共产主义了，到苏共二十大以后又冒起来了，冒起来又要往下压，完全用忠君、忠孝的思想来置换民主思想。专制主义确实厉害，"天王圣明兮臣罪当诛"我也一再念的。我经常这样问，"毛主席能错吗？"只有李慎之错了，哪能毛主席错呢？第二，"是我领会毛主席的话领会错了。"我在上大学的时候，也学过一点心理学，知道人的视听能力是有选择性的，即所谓selective eyes或selective ears。毛主席当时讲的话大概是两面都有，但是我只听得进，也只记得住他批评斯大林、批评苏联的话，认为苏联东欧之所以出问题全是因为没有实行民主，而是一味强调专政，终致循着（当时世界上唯一与共产党合作的）意大利社会党领袖南尼的公式——"一个阶级的专政必然走向一党专政，一党专政必然走向个人专政（即独裁）"的结果。

毛选第五卷，毛有的话是留了两面性的。冷西跟我讲的时候也都讲到了，但是我只记得对我有利的，极力说服我自己，毛主席不是像我这样想的。前两年把毛选第五卷仔细看了，他里头还有句永不忘记的话，"毒草可以肥田。"我就是毒草了。

凡是拉出来批斗的，都是定了右派的。这是确知的，因为我是领导小组的。宣布明天要批斗曹德谦，什么意思？就他已经定了右派

---

[1] 语出：范晔，《后汉书·崔寔传》。

了，从来没有因此改变，一个也没有。毛主席说"结论在调查的结尾"。不，凡是右派都结论在前。因为没有这个结论，根本不能把你拉出来斗，右派又跟一般刑事犯罪不一样，不要证据，证据就是言论。

还有非常具体的问题，孩子、老婆。我当时在北京可能算上层，十一级干部，200块钱工资。新华社还特讲政策，后来到文化大革命都是如此，对我老婆说，她的党员没问题，对她还是礼遇有加，这在别处还不多的。斗完我之后，有一个老干部，1937年日本帝国大学学生，延安的老干部科长，代替我当国际部副主任，专门来找我爱人说："给他吃点好的。"我就把这个尽量夸大，党的慈爱、毛主席的关怀，我必须那样偷偷摸摸活下去。

新华社也不想划我右派，问题是我的材料一批一批地出来，有人说我可能是材料最多的右派。我这一句话：请毛主席定出还政于民的五年计划。这题目下什么都有了。有第二个右派这么说的吗？所以我后来一想，我是右派。我这个案子也算是大的，我是龚子荣[1]划的右派，最后批准的是副总理习仲勋。所以我自己说，如果只有三句话李慎之划不了右派，普通人三句话就够了。整乔冠华的时候还整了龚澎，龚澎硬是受处分了，下放房山区区委任职。他们跟我讲，传达说，"龚澎啊，你跟新华社的大右派李慎之交情密切，你坦白交待！"龚澎说："我跟李慎之不大熟，也就三言两语。"陈毅一拍桌子，叫"高高举起"，说："什么三言两语，一言半语就够划右派的！"这句话我永远记住。真的是这样，一言半语就够划右派的。陈毅主要是为了保乔冠华而保龚澎。我回忆她在重庆的时候，又漂亮，又有风度。

乔冠华后来跟我讲，他去找过周恩来，意思保一保李慎之。周恩来不说话，一句话都不说。但周恩来在机场迎接外宾时，碰到新华社的干部，就问"李慎之怎么样？"说"他现在是右派。""检查得好吗？""要好好检查。"彭真敢保人，陈毅敢保人，周恩来不敢保人。周恩来可以说没有一个是他的死党。我原谅周恩来，周恩来要保人不是要保我李慎之一个，白区多少干部他都可以保的。这点，我认为他有他的原则，此戒不能开，一开就麻烦。李慎之跟他关系毕竟并

---

[1] 龚子荣（1914年5月～1995年9月21日），原名龚允济，福建福州人。曾任中共中央监察委员会候补委员、委员，中共中央国家机关委员会第一书记。

不深,应该说是解放前认识,解放后他才认识的一员在他看来是可爱的小将。乔冠华明确跟我讲,"咱们叫总理叔叔是可以的"。尤其到文革,如果例子一开,他在文革根本没法活了。周恩来对陈毅、三野是保的。他有根据的,一定是毛主席说过话的。周对毛是最了解的。所以我就只能潜伏爪牙忍受。

劳改以前有一个月的放松。我知道要下去劳动,所以斗完以后,我就满城乱转,练我的腿力。在宣武门一带吃晚饭,我还记得红烧肉一碗两毛钱。羞见家人,羞见老婆,还羞见子女。大女儿李伊白当时不在北京,在无锡,但我的二女儿都八、九岁了。每天晚上一般都要黑灯了我才敢偷偷溜回去。我老婆倒没说我什么,并不更多地责备我,我就是有点怕见她,无脸见江东父老。[19]57年,经常看着我屋子镜子里的自己说:这舌头我想切掉它,为什么你多嘴多舌!以后还有好几次。之所以能坚持活下来,很大一个原因就是孩子、家庭。

[19]57年年底,也可能是58年年初,就劳改去了,劳改的第一站,就是修十三陵水库。

那一年是我最复杂的一年。平心而论,一开始劳动不行,后来还不错,因为我的身体本质不错。挑担,肩膀痛得要死,一个月下来就不痛了。在十三陵工地,陈适五劳动特别好,他是新华社的副社长,是延安时代过来的,他刚刚从德国回来,不到半年,新华社没有几个人认识他。广播站广播了,说:新华社有个老同志,陈适五……。我说"糟了!"果然电台戛然停掉了,右派分子你怎么可以表扬呢?

[19]58年我在十三陵劳动,天黑收工,我们能一觉睡到大天亮。民兵夜里站岗,给我们拿枪放哨,真有意思。党委书记来传达,毛表示要退居二线。陈适五跟我说:"什么退居二线,他野心更大了!"

我是[19]58年3月18日处理的。之前我虽然划了右派,除了不能工作以外,工资照拿,一直到了3月18日就定了下来。按四类处理[1],

---

[1] 右派分子处理类别。1958年,中共中央对划定的右派作出六种处理,由重到轻依次为劳动教养、监督劳动、留用察看、撤职、降职降级、免于行政处分。据法学家江平回忆,(北京政法学院)对右派分子的处分分为六类:一、二、三类被称为"极右"分子,要离开学校去改造,其中一类要开除公职实行劳动教养,二、三类只发给生活费;四、五、六类被称为"右派"分子,留在学校就地改造,工资降级,其中四类处分工资降二级,五类处分工资降一级,六类最轻,免于处分。

对我算是宽的，但工资降了六级。降六级对我打击当然很大，但相比于有些单位对右派的处理还是宽多了，看来新华社对我们还是暗中保护的。到[19]59年初，没去劳改农场前，有时在院里做杂工，有时做校对。平时我经常挑人错字，自以为高明得很，结果一做校对发现完全不是那么回事。上夜工，每天早晨看谁的成绩最好，我永远是最坏。我看不出来，比如中华人民共和国，我自己写的时候经常写成中华人民共国国。真正好的校对，他根本不管意思，一个字一个字对，我没有这个耐心，这点我心服口服。到摄影部，给人贴贴照片。十七级的干部99块钱，就做这个工作，因为你不配做文字工作。[19]58年在昌平一直干到大坝合龙，大坝合龙那天又不让我们去了，总理、领导人都去了，你们赶快走吧。

我还有个人生经验，比如我做检讨的本领很大，有些人简直就写不出来，这不行啊！你知道莎士比亚的老婆叫海登，她的墓志铭叫"She Has A Way"，就是"她有一条路走"。我后来发现你会检讨也好，不会检讨也好，该到过关时候都过关。这个是我的人生经验，你不必给他着急。我本来要挖空心思检讨，要"动心忍性"，用我自己的语言就是斯坦尼斯拉夫斯基的进入境界。你不进入境界怎么能做出好文章呢？我的检讨在新华社很有名的，恐怕没有第二个右派有此待遇，新华社千人大礼堂，就是曹锟时的国会，检讨时人坐满了，我在上面。党委书记，就是我真正的熟人，专门叮嘱我"沉痛一点儿啊！"这眼泪也不是假的，想到我落到这地步，这眼泪是真的。声泪俱下，泣不成声，底下也声泪俱下，泣不成声，他们也感觉李慎之也不知道是冤枉还是怎么，觉得可怜，同情弱者。我是要做真的，"真做假时假亦真"。到时候你真不知道真的假的了，要做到自己浑然忘却。检讨完了以后，全文在《前进报》上登了一版半。然后还有跟我不认识的小青年说，"老李你的文章真好！"还有小青年说："看李慎之的检讨，佩服他！"斯坦尼斯拉夫斯基就在我身上实现了，要进入境界，不进入境界你怎么能写得出来，写到你自己也感动，心灵如意。这不是一天两天，整个过程都是。到文革，我已经想通了，每到检查时，还得做一点儿戏，当时我自己的语言叫做做气功。

我的小儿子很小，马上要进托儿所，不敢进新华社托儿所。当时在西四北附近有一个托儿所，大酱房胡同托儿所，我把他送进托儿所之后再回来准备接受批斗。我的工资也还够了，我本来每三个月给父母家里寄100块钱，对不起不寄了，我的大姐、二姐都是职业妇女，她们还能够负担。不敢跟家里讲，只好跟我弟弟讲，我弟弟看了信大哭。然后才敢跟我姐姐讲，始终不跟我爹娘讲。我的孩子，跟朱穆之的孩子在一起玩时，说她"你爸爸是坏人！"她急了，"我爸爸要是坏人，你爸爸也是坏人！"常常互相斗嘴皮子，她们关系也不坏，小孩嘛。她们到西郊机场，去迎接爸爸回来，看到周恩来，所以她们认为爸爸没什么坏的。

那年秋天在机关院里打杂工，有时帮助修路，大机关都有基建队，你去搬搬砖，搬搬水泥，干这活。这很不好看啊。我觉得我做的真是不错，我觉得没什么丢脸，工作得不错，以至于有人（工人）跟我讲，"李慎之以后在院子里再不许你这样神气活现。"摘了帽子以后，我到外训班当教员，那个教育处长，就不敢拿那个厕所的手纸，走过大院倒到垃圾站，他始终不好意思。我倒有点儿鲁迅所称的蛮气，那里头都是屎啊，我就给它倒掉，昂然阔步。这也是我的一点点儿反抗心理，就觉得没有什么丢人的。

到年底了，大概中央单位的右派分子都必须去农场改造，两个地方，一个是北大荒，我没去，那个我占了便宜；一个是柏各庄，唐山海边。过年去的。[19]59年过了阴历年立刻就走。

社里保卫处管我们人说，"明天上午带好衣服、行李，上柏各庄。"坐大卡车去的。陈适五的老婆林宁是30年代前跟叶群同学的老党员，是新华社对外部的副主任。新华社保卫处把我们叫去听训，林宁替他去听训，领受劳动任务，居然说："陈适五有事，我代表他来。"她是司局级的干部啊，把我们保卫科长搞得非常狼狈。她就跟我讲过，"我愿意拿我瘦弱的声音来保卫他伟大的身躯！"后来我经常到陈适五家去坐坐，包括林宁一起聊天，胡发议论。那要到[19]60年以后。

[19]59年一年真所谓画地为牢，你自己就不敢真的反抗，还得用极大的力量，制造一种感情，用现代语言叫"氛围"，压住自己，不要造反，不要忘记身份。知识分子一定要说服自己，我这样做是对的。

新华社应当说我还有别的好朋友，都不来往了。王飞就不能说话了。我知道王飞是同情我的，有时候在院子里看见都低着头了，他受我连累，把国际部部主任给革掉了，把编委，就是党组成员给革掉了。

我劳改的地方真是荒凉。平原上寸草不生，一棵树也没有。给人印象非常不好。我宁可要老解放区那个有山有水可看。去了以后自己先造房子，叫干打垒。海边的房子，拿铲一切，三面一切，四面一切，这块土就是砖，再和点泥把它一粘，草顶。在那里时间长了才知道有好处，大食堂吃的头等白米稀饭，完全新鲜的最棒的窝头，经常还有梭鱼吃。还有非常高明的，我到现在也吃不到那么好的酱烧茄子。后来农村越来越穷了，才知道那是好地方。一位解放区的干部，叫张科长，第一天训话就是："我是公安科长，但你们不要误会，我不是以公安科长身份来管你们的，我是以党委委员的身份来管你们的。"

在我们到柏各庄农场之前，已有一批调查部的右派，多是小青年，已经改造了小一年。其中有几个女的，有人讲都被张科长搞过。他就利用他们来批判斗争我们。跟我们在北京城里改造的就是不一样，真是伶牙俐齿，反右派的言论一套一套的。

一直到1959年9月底，毛主席又发表命令，要摘一批右派帽子。毛主席叫摘帽子，我们都有点兴奋，因为扎扎实实表现都不错。新华社还派了一个保卫科科长，一起陪我们下去改造。他不参加劳动，在他的屋子里写点东西。好像看出来，有意思要摘新华社四个领导干部的帽子。我一个；一个庄重，国内部副主任；一个郑德芳，对外部副主任；还一个陈适五。照毛主席说，四十五万右派要摘掉十分之一。十分之一我们应该在里头了，表现好，自以为[有]老本钱，历来这样。

张科长此人之口才，真是第一流的，他忽然宣布摘帽子，摘的全是中调部的那几个小青年，都是斗起别人特别厉害的。然后又把我们四个人找到他屋子去谈话，不露声色。说话相当文明，相当有一套。说："你们嘛，改造嘛，也不要着急，总会改造好的。但是呢，现在大家改造呢，当前的标准就是三面红旗[1]，看你们拥护三面红旗

---

[1] 三面红旗：1958年中共中央提出的社会主义建设总路线、"大跃进"和人民公社的统称，在1960年5月以前曾被称作"三个法宝"，5月以后又称为"三面红旗"。

到什么程度。"讲出这一句话，我当时还不理会，阴毒之极，"为了你们改造，我想发动发动群众。"就是要发动群众斗争批斗你一下，看你是真的还是假的。这下不得了，第二天就来了。揭发李慎之有反对三面红旗，这个太好找了，你无论说过什么，你的意思就是对这个三面红旗不满。比如我们下去种试验田，专门的农业技师跟我们一起种。拿一大捆高粱杆，上面拿红漆，一段一段做标记，比如说一亩地种十万枝的有多少，一亩地种五万枝的有多少。从内蒙运来羊粪，把地深翻三尺，一层羊粪一层土。刚种下去的时候出的苗，漂亮，就和绣花一样，像草坪。但是三天以后就疯长，倒了，四五天以后就完全完了。在旁边地里用铲子一块一块剥出来，把一亩地匀成十亩地，总算挽救过来一点。那肥料它吃不消，烧死的，有化学的原因可能不叫烧死，反正肥料太大了。我们确切知道毛主席要求密植，也确实知道那简直是胡闹。这个事谁去做？当然右派最好了，种试验田。还好大田没让我们去，要让我们去，成本太高。真是斗得七荤八素，每个人都垂头丧气。自从反右派以后我还没有那么写检查，那检查非常困难，在那儿跪那儿写，写出厚厚一本，把自己从头骂到底。最后大会批斗，大会批斗完了，张科长来说话，有一句话非常重要，后来陈适五经常提起，他说："你们到底改造得好不好，组织心里是明白的。"……"群众意见等于零。"这句话非常重要，其实一切运动群众意见都等于零。"你们已经是右派分子啦，还能把你们怎么样？好了，卸下包袱，轻松一点回家过年。"

在农场苦闷极了，我发明了一个"分段生活法"，你不是生活很痛苦吗？把它缩短为一秒钟，这一秒钟没什么痛苦吧，一秒，再加一秒，再加一秒，这样度日。

[19]60年初，阳历年初，阴历年底，可以一次回家。回北京后先到新华社保卫科，我家就在那对面，我们在保卫科房间等了一两个钟头，不让回家，大概保卫科有什么原因不让走。我就看着我家窗户，当时灯光都是黯淡的，想看看我老婆或者孩子的影子。一两个钟头不让回去，惨不忍睹。"解散吧，回家吧。"我家还算近，有的还要跑到甘家口。

我并不觉得自己特别坚强，但还不算太脆弱。我多次想自杀，没路走怎么不想自杀。从农场的大伙房烤了窝头片，走到我的住处，荒野里只有我一个人，有时候我专门挑这个，那倒也挺安全的，一路上就想我这一生吃过的东西，我也吃过谭家菜，到底有没有比这窝头片更好吃的？没有。这个仔细体味生活就是鲁迅所谓"抉心自食"[1]，就要嚼出点儿味儿来，我觉得还是这窝头片真好。我也有点儿、一种特殊的心情，比如我们那儿有农渠，相当大的一条河，越是在下雨天，如果打雷可以劈死，我特别到那儿去游泳，就我一个人，有点儿屈原的心情，郭沫若心目中，就是到那儿去叫两句冤苦吧。

新华社对我们几个人确实是照顾的。到[1960年]5月，忽然说有人调回北京了，我是调回去的，郑德芳[2]调回去了，我们号称是英文好的，还有董乐山[3]调回去了，因为要办外语训练班。外语训练班就是北京第二外语学院的前身，第一粒种子就是新华社的外语训练班，就是五六、七、八个人，大概是[19]59年办起的。我们在那儿号称教员，但归学生支部管。学生都是地方来的十四、五级的干部，外文不懂，政治是强的。小青年凡是政治上强，说句话都是左派，对我们完全谈不上尊重。经常有传达，有时我们也在那儿，"右派分子退出去"。这一年对我倒很有好处，我自己英文其实并不好，我是很甘心的。董乐山教书，郑德芳教书，我在那儿给他们刻腊版。刻腊版刻注音符号是万国音标，我从来不会，刻着刻着我懂了，万国音标是这样。我的英语发音也有进步，认识字也大有进步，我的英文倒确实有点儿进步。后来也叫我去讲课，我从一个字的希腊字怎么讲，拉丁字怎么讲开始。讲着讲着有点儿名气了，说李慎之讲课有学问。还有两位，就是陈适五跟庄重，因为我们走了，又不敢全发回，他们两位一直到两年以后才从农场调回来。

所有的右派，尤其像我们这个档次的都要上报，惟独我们几个

---

[1] 语出鲁迅《野草》中的《墓碣文》。
[2] 郑德芳（1917年～2008年），原名郑培德，浙江杭州人。1946年调入新华社国际部作编辑，1958年被划为右派，1978年右派改正后回新华社工作，后到中国日报任副总编辑。
[3] 董乐山（1924年11月14日～1999年1月16日），浙江宁波人。曾任新华社参编部翻译、审稿员，北京第二外国语学院英语教师，1957年被划为右派。文革结束后任中国社会科学院美国研究所研究员、研究生院美国系主任等职。译作包括《第三帝国的兴亡》（合译）《一九八四》《西方人文主义的传统》《红星照耀中国》（《西行漫记》）等书。

没有上报。新华社第一个上报的是戴煌[1]，那是鼎鼎大名的。后来他写本书《九死一生》。我老婆跟戴煌关系好，看《九死一生》，忽然哭了，说："你们这样受苦啊！"我说："我们倒没有那样受苦。"但戴煌是真苦。

不知哪一年，外训班变成北京第二外国语学院，迁出新华社。就四个人不让离开新华社，不让离开新华社是一条非常大的宽容。新华社的右派都到安达大庆油田去了，后来当然都回来了。去的时候真是天苍苍地茫茫，不知道前途如何。我们几个人留在新华社，外训班没有了，我就留在那里，也叫外训班，给译电员讲课。译电员是要抄电报的，他又不认识A、B、C，就是听着滴滴答答画圆圈。我就教他们。后来外训班还扩大了，把外面的人很多，比如像李德润，后来是国务院参事，《大公报》记者，比我年纪要大，居然也来听。还有新闻摄影局，广播电台，都有人来做我的学生。很蹩脚的几间房。生活倒很平稳，我一个礼拜要上三十几个钟头课，我那时精力倒挺好，但是讲完课，双腿都发麻。管外训班的是个极小的小干部，对我们，至少对我一直很同情。这就到[19]63年了。

[19]62年还有一个分房。平心而论分的还是不错的，本来给我们一家六口分了两间房。我又胆大包天了，行政处处长是我们延安的，我给他写封信，我说"我无功于党，有罪于国，但是家里人口多，是不是这个……"我老婆是决不肯开口，最后他还是分了我三间一套，在当时就算是很不错的。三间房不是[后来的]三室一厅，没有厅，三间屋子，在皇亭子。

到[19]61年我才摘右派帽。[19]59年第一次摘帽，[19]60年第二次摘帽。照毛泽东说每年摘百分之十，其实第一年大约只摘百分之二，以后大概也那样。[19]61年可能摘的最多。摘帽的过程很简单，支部书记把你叫去，通知你已经摘帽了。我心里想，是该我了。我[19]59年就应该摘帽了。[19]60年摘了董乐山的帽子，怎么[19]61年还没我呢？可能对我们宣布一下，可宣布等于零，你还是那学生管着。

王晶垚确实也是老朋友，我刚摘了帽子，专门请我到他家里去，

---

[1]戴煌（1928年2月12日～2016年2月19日），原名戴澍霖，江苏阜宁人。历任苏北文工团团员、文学组长，新华社军事记者、政治记者，高级记者。1957年被划成右派，1978年平反后重返新华社。著有《胡耀邦与平反冤假错案》等。

跟我喝杯酒。说，"这几年没有白活吧！"这话也是很英勇的。

我摘帽以后，乔冠华知道了。乔冠华那时是外交部副部长，刚刚升官。我家当然没有电话了，他居然辗转打电话，叫我去看他。我那天是有点儿错，非常兴奋。他叫我三点去，我在报房胡同绕几个圈，硬是到三点才进门。龚澎跟我讲，"老乔为了你来，早就睡不着觉了，茶都泡得快凉了。"这话我听得暖烘烘的。我们上下古今的乱扯，那天在他那儿吃的晚饭，我到九点才回家。我自己觉得有点儿不识时务了，我心情是非常激动。因为他是官身，他身上还有点儿屎。我那天从下午三点谈到晚上九点，这个李慎之啊是个危险人物。其实谈话也没有完全敞开，但比较敞开。他问我第一个问题，"你爱人怎么样？"就是怕爱人跟我离婚。"你现在住的房子怎么样？"这些还都是老朋友的话。然后谈诗说赋，跟过去一样。我的缺点是我本来该不吃晚饭就走，在那儿有点儿控制不住，自己总算回到老朋友身边了，坐着不走了。我自己知道我的感情有点儿过头了。受了这么多年冷遇，又回到从前的这个氛围中，他一再讲过去的旅行怎么怎么样。我觉得我是不应该，你一坐坐了六个钟头，他是高官，而且这个高官，为胡风问题他给外交部党组写了一封决绝的信，说胡风此人已经不可救药了。你李慎之不也是不可救药吗。从那儿以后他没找我了，虽然我也给他打过电话，他也表示欢迎我。

我以后再找他的时候，是等他当了外交部长以后，我已经从干校回来，我的身份也有过改变之后。到他最后时期我倒常去找他。从我个人来讲，我觉得能够谈话的，吴冷西虽然印象非常不错，朱穆之本来跟我没有共同语言，他们都非常的官样文章。乔冠华确实能对话。乔冠华最后还是做官做坏了。[有一个人]说，"李慎之怎么跟胡乔木有交情？这人不行的。"我不这样看，我认为胡乔木还是能够跟我讲一些他的真心话，我也绝对不可能出卖他，或者在别处给他找什么麻烦。胡乔木毕竟还是知识分子，毕竟还是清华大学外文系毕业的。他晚年跟钱锺书的关系是非常好的。我问钱锺书，"胡乔木当年对你是不是关系不错？""噢！他私底下与面上的界线划得很清的！"

到[19]62年又发生问题，陈适五还是没摘帽。[19]62年，庐山会议以后，要对右倾机会主义分子进行甄别。甄别完以后，传说要给右派分子平反。我们那时还能听到消息，但没有很准确的消息。说是刘少奇最后意见说还是慢一点，本来听到好像是毛主席的意见。刘少奇还是谨慎，也应该谨慎。我们的小领导传下话来说，当时新华社第一把手是朱穆之，吴冷西实际上是在《人民日报》，朱穆之要找陈适五谈话，邓岗要找李慎之谈话，谁谁再找另外两个人谈话。意思是你们要准备写平反材料。我还没写呢，因为邓岗也没正式找我。朱穆之找了陈适五，陈适五这个人是平常一点儿不发火的，这下说："我们不是平反不平反的问题，根本搞错了，你们瞎搞！"

朱穆之这个人有一个特点，还是比较讲礼貌。说"你不要生气骂我们"。结果上面说刮右倾翻案风，陈适五第一个倒霉。他当时在国际部资料室工作，就由资料室开他的批判会。廖承志的女婿说，"你是配合蒋匪反攻大陆"。那气氛下你又不敢申辩，陈适五真是一肚子气。他老兄毕竟还是有点儿办法，通过廖承志调到外文出版局工作。我当时也找过朱穆之，说我想调到《人民日报》工作，朱穆之，无形中我还觉得感念他，他忽然生气了，说："李慎之你不要以为你自己……，我们还是了解你的"。这话我觉得很有感情，"有点儿什么事情，我们还能挡一挡，你要到《人民日报》不一定会有好，运动还没完啊！"他态度有点儿你不受抬举的样子。他本来要升我一下，比如升到资料室，或者做点儿文字工作，因为我已经摘帽二年了。但原则上摘帽右派等于右派。我是十七级干部，他要升我到参编部，比一般的组长也不低。也可以再宽大一点儿。我表示不愿意，朱穆之这个人在共产党里有点儿老派，还讲点儿人情道义，还有点儿人情在我身上。这样子他也不说调我了，我也不调了，马上空气越来越严。到文革时，包庇、企图启用大右派分子李慎之，也是他的一个罪名。

[19]63年我还有一句名言，后来李泽厚[1]的那个"告别革命"，说"只能于马上得天下，不能于马上治天下"，被人认为非常高明。其实反右派斗争中间很多右派讲过，我也讲过。

记得我说了一句，我自以为名言，陈适五夫人林宁问我，"李

---

[1]李泽厚（1930年6月13日～2021年11月2日），湖南宁乡人，哲学家，主要从事中国近代思想史和哲学、美学研究。曾任中国社会科学院哲学研究所研究员，巴黎国际哲学院院士，德国图宾根大学、美国密歇根大学、威斯康星大学等多所大学客座教授。

慎之你说我们是教条主义，还是经验主义？"毛当时强调反对经验主义。我说"毛主席我给他两顶帽子都戴，经验主义基础上的教条主义。"我自以为我说了一个一般真理，每一个人都是经验主义上的教条主义。你只要是有点儿成绩，都咬住了不放。

乔冠华的身份历来在吴冷西之上，这点还有个白区跟苏区问题。在胡乔木心目中，解放区不出大人才，所以新华社的国际部主任，首先是黄甦，就是黄兴的儿子。后来一进城让陈翰伯来当国际部主任，把黄操良搞得挺火，因为延安干部更应该当领导。解放初期，任命一个单位各层次比较高的负责人，都强调原来在国民党统治区有地位身份的人，这又吹了股风。后来又觉得这些人不行，这是个神秘的问题，就是共产党的一套你不行。在钓鱼台成立反修写作小组时候，最高主管是康生，实际小组长是吴冷西，副组长是乔冠华。本来应该乔冠华当组长，不行，从毛的角度看，乔冠华不如吴冷西。乔冠华对吴冷西，我记得那次我说"冷西怎么样？"乔冠华很骄傲了，"一点儿才气没有。"这话真的，吴冷西没有才气。九评[1]有一些有名的句子，"上穷碧落下黄泉，两处茫茫皆不见"[2]，"似曾相识燕归来"[3]，我怀疑不是毛主席的，就是乔冠华的，吴冷西说不出这话来。乔冠华是不会看得起吴冷西的，当然身份压在那儿，他也不敢说什么。

当时康生要出大批的灰皮书。翻译灰皮书以前，要写一万字的摘要介绍。一万字介绍不容易，你要摘得很准确。我有一个老朋友，我们本来就认识，进城的时候在香山他是我们国际部主任，陈翰伯，当时是出版总局局长。我成为右派以后，唯一的一个到我家的高干就是他。他带来一批灰皮书，"慎之啊，请你给我翻一翻。"这个对我很有好处，第一，我愿意看；第二，一篇文章，可能好几百块钱的稿费，当时是八块钱一千字，那我当然乐意了。在反右以后我根本想的是"他生未卜此生休"。我还有什么想头？没有想头了。我是一直

---

[1]九评，指中共中央先后发表了九篇评论苏共中央的文章。1956年苏共二十大后，中苏两党在国际共产主义运动路线和策略等问题上出现分歧并逐步激化。1963年6月，苏共中央发表《给苏联各级党组织和全体共产党员的公开信》，对中共中央此前发表的《关于国际共产主义运动总路线的建议》进行了全面的反驳。从1963年9月至1964年7月，中共中央以《人民日报》和《红旗》编辑部的名义，相继发表9篇评论和批判苏共中央公开信的文章，称为"九评"。

[2]诗出：唐，白居易，《长恨歌》。

[3]诗出：宋，晏殊，《浣溪沙·一曲新词酒一杯》。

到[19]80年代以后才感觉到还有些余热。翻译那东西我有兴趣，比如南斯拉夫就好几本。其中最有名的一本就是胡乔木要压着曾彦修[1]出版，曾彦修告诉他，这是托派的书，胡乔木不知道，这学问大着呢。

一部书要看完，看完要作笔记，再浓缩成一万字。那个钱不好挣，要比翻一万字工作量大多了。一万字我一天可以翻出，第二天再校，两天就有了。那个活儿，一个月才能完成。陈翰伯就把我吹了，说这样的人我们找不到，你老兄勉为其难吧。陈翰伯给了我一个待遇，我把我的一部分稿费可以存在他那儿，他出一批书就寄我一书单，我书单一打勾寄回去，他就给我寄书来。我家跟他家很近，他在翠微路，我在皇亭子，步行不过半小时，要坐车的话一站。这个对我是很大的一个特权，别人都是高干才可以看的，我那时候不是人也能看，而且这样的书我很全。

这些书我确实看了不少，而且买了不少，当时书都很便宜。我拿100块钱稿费，可以买一大摞。陈翰伯还给我一个优待，商务书馆的书你要借哪本就借哪本。我看了一本奇怪的书，蔼理士[2]的《性心理学》。什么时候发生性关系，怎么发生性关系，我看过一点儿，没兴趣，一本也没有看完。张竞生[3]搞性史，就是学习他的。张竞生的《性史》四大本，我拿回去全看了。这是我在商务印书馆享受一点儿的特权，是我趁此机会看看商务印书馆藏书里头的意外收获。

文化大革命完了以后我去看陈翰伯，我们是老交情，他住和平里。桌上有一本《天安门诗抄》[4]，我说这本书什么时候出版，他跟我讲："再过二百年。"

---

[1]曾彦修（1919年～2015年3月3日），四川宜宾人。曾任《南方日报》第一任社长、人民出版社总编辑。1957年划为右派，后在上海辞海编辑所做编务工作。1978年后任人民出版社社长、总编辑等职。

[2]哈夫洛克.霭理士（Henry Havelock Ellis, 1859年～1939年）一译埃利斯，又译霭理斯，英国著名的性心理学家、作家和文艺评论家。从事人类性科学和性心理学研究，在哲学、宗教、社会学、美学和文学批评上也多有著述。

[3]张竞生（1888年～1970年），原名张江流，广东饶平人，哲学家、美学家。留法获博士学位，回国后任北京大学教授，最早提出和确立风俗学、最早翻译卢梭的《忏悔录》、最早发表人体裸体研究论文、率先提出计划生育。著有《性史》。

[4]天安门诗抄，一九七六年清明节期间，北京民众将大量悼念周恩来的诗词张贴在天安门广场人民英雄纪念碑上。北京第二外国语学院汉语教研室16位老师以"童怀周"为笔名，将有关的抄本加以编辑整理，编成《天安门诗抄》一书，1978年12月由人民文学出版社出版。

董乐山应该讲有些生意眼，他从来就是搞翻译的，他对翻译叫翻书。我在新华社图书馆发现一本很厚的书，就是《第三帝国的兴亡》，我看了一看就给他看，他说可以翻译。他本来想就我们两个人翻译，[但]这本书大概[一百三十万字，我们俩翻了]80万字。

董乐山有一句名言，"越是水平低的翻译越是慢"。那时中央编译局说一天翻二百字，要反反复复地。他不需要，我也是从来不反复，看完以后再翻，一路翻下去，我是两遍，一遍是翻完，有疙瘩就绕过去，第二天再回头看，再一遍是校对。就是一个暑假，我那时在外训班，当时搬了家以后，外训班跟我家就是一个楼连着。还有暑假，这倒也是教书的好处。我差不多一天翻一万字，二十万字差不多一个月翻完，翻完以后再花一个月校对一遍。传出去就有人知道了，刚好当时反对小生产，李慎之第一次在新华社有点儿臭名远扬，就是你变万元户了，其实稿费还没到手，马上就停止。请注意第一版，译者的第一个名字叫李天爵。董乐山能够专翻这些高明的东西。董乐山划右派比我还早一个多月，他划右派的时候我就没管他了，是由王飞他们管。我们两人本来没有很多话，他划右派的时候，倒是吴冷西跟我讲过一句话，"这个右派大概是普遍的，董乐山是有才的人，我们将来还要用他"。我后来告诉他这句话，这老兄念念在兹，二十余年不忘，我觉得这句话已经失效了，李慎之都变右派了，右派开头还说，一两年可以重新回单位工作，后来一看真的没戏了。对这个署名，我还有一个思想，觉得靠翻译相当差劲。所以以后我就对董乐山说，你署名，我不署名。为什么叫天爵，孟子的话里有"人爵、天爵"[1]。这其实是我的反抗，做人的官已经被你剥夺掉了，现在我做天给我的官儿了。后来大概有一版还用了个董天爵的名字，以后就用董乐山挂头牌了。如果全部翻出来稿费数目很大，我们翻得快，世界知识出版社把其中的二十万字分配给当时已是号称有名的翻译家，外文出版局的，二三十个人。董乐山可是下了决心，买了一部《韦氏世界词典》，要放在小桌子上翻着看的。五十多块钱，也不算很贵。他校对。有过这个经验的都知道，校对真不如自己干，工作量差得远了，那工夫是他费了，但你不能一人拿一、二万块钱稿费，那还得了！就因为这一条我归功于他，你挂头牌，我的署名取消。后来始终是四个人的名字，其中后

---

[1] 天爵，语出《天爵》，选自《孟子·告子章句上》。

两个人的名字是假的，只有董乐山是真名。几十个人怎么署名字？立个假名字。董乐山是上海少爷，此人第一行为非常规矩，第二没有任何嗜好。所以全心全意地翻译，他明确跟我说："我们要创牌子"。将来摘了帽子就没事了，你还要生活，还要做事，董乐山的牌子出名很重要。这我十分十分理解，我还有党员可以依靠，他没有。所以我就把出名的机会让给他。

这个事情又引起意见，我们的党委书记作报告说：现在新华社有万元户了。万元户这个词，就是那个时候开始的。小生产要达到这个标准，那你资产阶级思想严重了。又要批我，当时我在外训班，外训班归教育处管，处长找我谈话，我就立马停了。稿费有两千元，这是我自以为的保命钱，这两千元大概一直在我的存款里，我是准备要命的时候用它，但是老也没到需要用的时候。文革中间，一个青年人，到我家抄家，说：你的存款交出来。非常奇怪，不是他给我打收条，而是我给他打收条，"今上缴存款两千元"。这是我的保命钱，非常重视的，虽然是两千元富翁，但我是不敢花的，还在我的存款里。我后来下放干校的时候，忽然我的专案小组说"现在对你落实政策了，你当年上缴有两千块钱，现在你可以拿回去"。我本来以为一去不回头，这倒很奇怪。

文化大革命期间，我把我的存款，就那两千块钱，交给我老婆，她忽然说了一句："你是不是想自绝于人民啊！你要是这样做，你更对不起我们！"这句话把我挽救了。

[19]63年又出了一件奇怪的事情。我后来涉及两次反革命案件。划右派以后，在农场劳动结交了几个右派分子，都是新华社的。有一个右派分子他只有一个罪状，是给其他右派通风报信，这是正式的一条罪状，因此划为右派，第六类处理，属于右派六类。这个人给我印象很够哥们儿的。我实际上还是非常注意的。但是我跟陈适五说，他没有任何的防范，这个人跟陈适五也很好，陈适五决不会跟他说出格的话吧。我们从农场回来，有时他就到我家，我有时也到他家，都在一个大院里，聊聊天。这个人非常荒唐，不知道怎么的，大概是[19]63年忽然给钱学森写了一封匿名信。这封信我百分之百不知道。以后他出来了，也不大跟我讲话。我对他没有什么，当他看见我，

只笑笑就赶快走了。他给钱学森写匿名信,大概骂大跃进的,这就构成反革命罪。钱学森把那东西交上去,公安部还真查出来了。公安部有一套的,什么纸张、什么墨水。然后就把他抓起来了。此人在监狱里,要他交待,第一个就交待了我,陈适五他倒一个字都没交代。还有我们国内部主任庄重,也交代他,说我们俩有反动言论。大概就是反对三面红旗。他说我跟外交部的某某有来往。教育处处长找我谈话,"你现在还得交代,你又有问题了"。我想一想就知道,就他一个人被捕了,还有什么人揭发我呢?我跟陈适五商量这事情,他说,第一我是不会跟别人这样讲话的,第二要是我的话,只有等他把我供出来,不但供出来,而且上面已经告诉你谁揭发你,"宁天下人负我,我不负天下人,我决不会说他跟我讲什么"。后来上面人倒是讲了,"某某人揭发的,你想想你有什么话,只要能够交代",也跟农场那个老兄一样,"你已经是右派分子了,他是国家犯人,还能把你怎么样,也不会加重你的处分。反正你不交代是不行的"。这个人最不应该的呀,我大概那时找了几个朋友互相传些话,这背后大概他有留下印象,我都忘了,领导上也一再地跟我谈话,领导上派来的这么一个奇怪的人物,是个非常聪明的农村干部,当时在新华社当理论教员。反我右派的时候他来听我的一切批判会交代,然后再作批判,因为这个理论已经联系实际了。这个人后来在干校一起劳动跟我的关系很好。他说话里头总带着再三再四在暗示我,"你跟某某有什么关系?"这个对我非常痛苦,某某没什么对不起我的,我无非顶多是说他一次,"李某人怎么把我跟他的事说出来了?"这个事情可能是我一生,就是我交代出那个某某,我觉得你这个人不地道。其实大概是这么一句话,我说"现在不能随便说话,说话要杀头的。"我已经琢磨出来了,我交代出来不就完事了,那个暗示已经很清楚了。陈适五说"反正我是决不会,除非他跟我亮牌,要我我决不会"。我就只好死顶住,"我没跟人说过什么话。""最后你想一想,你跟外交部的某某人说过什么话?"我还是琢磨出来了,然后我就真交代了。我把我的话交代了,他的话我交代不出来。这是我生平真对不起人的事!结果这个事很有趣了,倒跟那反右又相近了,又不相似。上面人说"对,你交代的对啦。"然后说"以后好好改造。"以后还能怎么样呢,就算没什么了。就问我那个右派分子有什么反动言论,要从我这儿诈出那个右派有什么反动言论,这个连环套!这个事我是一生负疚的。

但是这个反革命事件影响很小,新华社也没多少人知道,教育处是新华社最小的一个处。我还照常教书,也没有什么变化。

第十二章 十年文革

当时我对文化大革命,第一没有完全料到,第二我基本料到。我觉得毛主席一年不搞运动他就不能安心。而且运动越来越大。我本来以为我已经十年了,我早该摘帽子,早该回到人民内部,(但)其实摘帽等于零。所以我对毛是已经彻底地失望了。到文化大革命,引用《儒林外史》中谁的一句话,"你看贯索犯文昌,一代文人有厄。"[1]我还真以为文化大革命,本来真以为是文人倒霉,因为历来都是文人倒霉。一代文人有厄,就是有文人倒霉。我总以为就这样,没知道一上来,没几天就超过文人了。人永远处在恐怖之中,又一下子吊在半空里,不知道自己前途如何。我们新华社大礼堂经常成为周围街道来批斗什么地主婆、什么国民党反动军官的场所。我们是三层楼,看外面进来有一些地主婆浑身贴了草标,就到大礼堂去斗。兔死狐悲,我真是心里悬着,不知道会发生什么事情。你以为周围很太平吗,真是有可能,忽然门口上来了,"李慎之跟我出去"。这个完全可能。我路过西单商场,里头出来带着铺盖卷的,大概是原来的旧业主,发回原籍。当时北京城是一片恐怖。

运动一开始,我最好的朋友就是王晶垚,王晶垚我也是敢跟他说真话的。一次去他家,到门口我都不敢进去,徘徊了很久。大字报贴满。不是贴王晶垚的,贴卞仲耘的。后来我进去,还在那儿聊天,忽然卞仲耘回来了,一进家就躺在床上,"天啊,总得有个是非黑白,总得有公理,怎么这样呢?"我们是老同学!真是惨不忍言。但是她毕竟还是中学校长,也没说罢她的官,反正我自以为我的情况比她更不好,其实那时候她刚刚从教师训练班出来。经过这次,我去哪儿看到门口贴满大字报也敢进去,否则一看那儿全是鬼门关,不知

---

[1]语出吴敬梓《儒林外史》第一回,王冕语。贯索、文昌,星座名。古人认为文昌星主管文运。

道里面有什么动静,可怕得很。

从他家出来,那时候是夏天,阴风惨惨,你听见马路上都喊打倒谁谁谁。就是斗厂长、书记、主任什么的。记得有一次就从卞仲耘那里出来,一个小孩,"哎,什么人来了!"就要追我,我可以说魂飞魄散,真的魂飞魄散。我逃,"你别逃"。最后一看,这下又给我破除迷信,原来也没有什么了不起的,他就停步了,我再慢慢走到公共汽车站回家。那一晚上简直可以说魂都快掉了。

我出来的地方就是鬼窟,楼梯上到门口全贴满大字报。"横扫一切牛鬼蛇神"[1],"他们一看大字报脸色发黄。"当时也不知道谁写的,真是了解我们的心理,真是可怕。

到卞仲耘一死,我就不敢去看王晶垚了,害怕得很!旧情、老交情还在,我大概过了一个月才敢去看他。我看她女儿也很可怜。我本来去的时候,她女儿上小学呢,跟我说"吴晗真坏,他反对毛主席。"后来她妈妈死了,十一、二岁的女孩子,我还把她领回我们家,在我们家住两天。那时胆子已经渐渐大了,她刚被打死的那几天,真是可怕极了,满城都是沸反盈天,到处都看见喊"打倒……"。

很快就斗到我们身上了。据我姐姐弟弟告诉我,我父亲到那个时候就听说我[早已]是右派了。我父亲真有一种明智,他说"还好,现在他可以少吃点儿苦头。"他一瞎子不知道怎么懂得这个道理。

他们一再鼓动我贴大字报。我生平只贴过一张大字报,也写得很长。我是根本从心里、从性格里反对大字报的,当然我也贴过一张,贴刘少奇的大字报。刘少奇当时已经出大问题了。1956年的时候,刘少奇曾经接见新华社的领导干部,讲新闻应该怎么样的,有些言论稍微的自由化一点儿,并不多,没有乔木多。乔木还认为当年把《大公报》改掉是个错误,这话我还记得。我还敢对乔木质问:"你们盐城有几张报纸?我们无锡有几张报纸?那小地方都那么多报纸,怎么现在北京城里只有《人民日报》跟《光明日报》两家,《大公报》都封了。"乔木说"现在看来是错了。"刘少奇把我们找去以后,后来记录整理依据的一个是我的记录,一个就是庄重的,那个记录也已经都公布

---

[1] 横扫一切牛鬼蛇神,是《人民日报》1966年6月1日头版头条社论标题,从此文化大革命席卷全国。

了。新华社要批判刘少奇，一定要我写大字报，我不肯写，本来也不敢写。第一我根本反对大字报，这是根本。第二要我揭发任何人，打死我也不干。"揭发刘少奇的修正主义言论"，我就见过三次刘少奇，第一次那不算，我出国的时候。一次就是他到天津讲话，那已经不值钱了，一次就是新华社已经传开了，就是他接见新华社领导干部的讲话。到底有多少修正主义我也不知道，一五一十地，其实跟当时《前进报》出来的一样。《前进报》是新华社的社报，已经是揭露大毒草了，我等于把它照抄一遍。我这一生就抄了这一张大字报。我觉得我的"大民主"跟你的"四大"[1]根本没有共同点。

还有一次陪斗，陪我们教育处长斗，他没挨过斗，那个怂样比我还怂。我是内心恐惧之极，外表还能强作精神，他外表都不行了，有经历和没经历可大有差别。他挂的是小黑板，我挂的是纸牌子。好几次呢。他大概是很苦的，我脖子里的麻绳勒得也很痛，不许抬头，抬头就拿那个教鞭似的打一下，好几次。有一次，在批斗他的时候，我在旁边，忽然说"李慎之你交待，你家里藏有凶器"。那天热得不得了，我说"没有"，"没有，到你家抄去"。去尼泊尔的时候，尼泊尔国王送给我们每人一把尼泊尔弯刀，陈龙（新华社对外部主任）跟我一起去，他是半路参加的，他把这个刀上交了。去了以后，他要不说我还不知道什么东西。知道了，就把床打开，把刀拿出来。他们拿走以后，我大儿子、小儿子在内，一直惋惜不止。刀并不特别精致，很粗的，但上面镶满了各种"红宝石、绿松石"，而且都是歪的，非常怪。他们拿着战利品就一轰而走，我也不要再回到社里去了，明天再去。那刀回来就真的不见了！

还有一件事情，也是在家里。我们正在规规矩矩上班，造反派突然说："李慎之要抄你的家！"然后就轰轰地上一路公共汽车到我家。"你这些书里头哪些是违反马列主义毛泽东思想的？你都得拿出来。"我说："我坦白地告诉你，除了马恩全集，毛泽东选集以外，只有鲁迅全集是不违反马列、毛泽东思想的。"我说其他都不对，我现在没法拿走，你们给我拿走算了。他们说不行，你自己拿过来。我还

---

[1] 四大，具体所指为"大鸣、大放、大辩论、大字报"。1957年反右运动后，毛泽东大力提倡的运动方式，1975年写入中国宪法，文革结束后在1980年宪法中删除。

真规规矩矩，每天用那个小旅行袋拿一袋过去堆在办公室里。拿过几袋以后，我发现没人理，也就不再拿了，后来又陆续拿回家了，有一个我觉得很可惜，一套线装的《曾文正公全集》就此不见了。

有一次全体牛鬼蛇神大游行，我正在办公室坐着，"李慎之出来！"出来了马上就给我戴上一个高帽子，这个高帽子就是我们厕所里的纸篓，就是把有屎的纸扔掉，但是里头呢，外面还用报纸糊一糊。为首的第一名是朱穆之，邓岗真出问题了，尿中毒，病得几乎死掉。我们已经到尾巴上了，牛鬼蛇神，跟着绕新华社大院几周。因为天热缺水邓岗得了尿中毒，我也是大汗淋漓，真是够呛！集中到大礼堂。报名。"朱穆之你是什么人？""我是头号走资派。"乖乖地报，第二号邓岗，"我是二号走资派。"然后"李慎之你是什么人？"我赶紧说："我是右派分子。""你犯了什么罪？""要复辟资本主义。"一直到晚上八点。唇干舌燥，汗流满地。

完了就赶出会场，第一事情先到自来水龙头上，根本也不顾了，大喝一通。喝完就走，出门，这时陈适五已经调到外文局了，偏偏在西单又一顺门口碰到他。人要吃饭，就到又一顺吃点儿面疙瘩，然后才回家。这一次也是挨打的，背后老有一个人拿小木头棒子敲你，我估计哪单位都一样，"李慎之规矩点，不许抬头！"回到办公室，高帽子还在那儿呢，"帽子你保存着，随时用，不许毁掉。"我就规规矩矩放在我的办公室内。还好他没要你戴着回家，他如果说你戴着回家，我还不敢不戴。这点儿我觉得新华社还比较文明。我把那个纸篓高帽放在我办公桌里，到后来过几天也没用。

还有一次斗朱穆之，白天贴出通告，我有点儿福至心灵，好像有点儿预感，故意回去穿了厚棉袄，戴了棉帽子，冬天了。怎么斗？历数朱穆之罪状，其中大罪状之一，"重用大右派李慎之"。其实我跟朱穆之没关系，当时真没有任何人事关系，好像我的升官都当然之理，完全按照组织手续，连吴冷西都不会说。吴冷西一点儿也没关系，为什么说影响我大的是胡乔木、乔冠华、周恩来呢？乔冠华知道要出国，他是认为李慎之有才干，可以替他写很多稿子吧，周恩来也有这个。吴冷西从来不推荐我，只要上面调你，他有组织纪律，马上让你去，从来不推荐我什么。斗争会上好一顿拳打脚踢，我也挨打了，朱

147

穆之被打得更重。

第二次挨打，这一次真是惨了，没有打伤，打掉了我的眼镜，我要特别保护眼镜，到出大门的时候，打掉在地上，我高度近视眼，还算拣起来了。已经到了出会场门口了，已经作鸟兽散，我也就算了。那个打得！拳是不轻的，但我已经做好了准备，盔甲在身。第二天、第三天也没事情。斗得最热闹的时候，其实倒是我们最轻松的时候。到后来，我懂这个了，如果我当时在台上，这下就不得了，首先在国际部反复地轮流斗你。教育处我不过是普通教员，而且教员中有好几个人还是国民党老资格，我一辈子没有历史问题。我挨打、大游行就这两次，不过我相信我的经历恐怕人人都有。

我们外训班的学员，就是一批英文不通的，专门挑江苏苏北人，说这批人可靠，高中生。现在选学员一定要挑发达地区来的，英文确实要好的。那时候不这样，那是毛泽东思想革命路线。这批人在新华社是最尖锐的、最激烈的一批人，他们是打手，但他们的兴趣是去打高官。他们知道教育处有个李慎之是大右派。也有人拉我，因为永远有保的，有革的。好像是保的一派，对我还有点儿感情，此批人中有地方干部子弟。有人跟我讲，"李慎之你也该翻翻身了，你讲大民主，现在毛主席都讲了，你应该出来说话"。我说我已经是右派分子，没有参与。

慢慢地日子不好过了，清理阶级队伍。每天晚上都要集中，白天倒没事，晚上要集中。我每个礼拜做一次思想汇报，这很费劲。我自以为我是讲逻辑的，又不能太浅，又不能太深，还有当时有句话"要给自己画张像，要画得像"。"你李慎之是有思想的，有学问的，别拿这套来骗人，你真正的反动思想是什么？"最后下放干校，这批人是监管我的，又跟我关系搞好了，说"老李你真傻，费那么大劲写这个。"

他说我写的东西头两天还看，以后你写了我们就扔到废纸篓里。那时不敢不交。天威之至，真不得了。我认为我这辈子已经完了，下辈子谁知道呢，管他娘啦，99块钱工资领到哪一天不知道，反正当时还能领着。我就没下功夫，看书，我这天生的兴趣，什么都看，没停，但是没有一个目的，没有一个把自己培养成一个专长的思想，这事我想起来都感觉后悔，两头不着实。我觉得有愧。清理阶级队伍和我没太大关系。凡是清理出去，我要跟他一起学习，一起交思想汇报。

牛棚是哪里来的？[19]67年才出来。上海把一群电影演员，关进电影棚，说是一群牛鬼蛇神，然后才叫牛棚。本来哪个单位都有几间屋子让你干这个的。有些老同志、女的，出去被斗了回来，一进来就哭。我已经久经锻炼了，不至于那样了。我们还安慰他"哎，别哭。"有点儿老油条了。我们有几间房关人，最次的，都要拉出去斗。

还有一次，也是被告密。我们在劳动中间，忽然红卫兵从城里来叫我和王飞回到社里去，回去就摆开阵势："你们说什么话？交待！"是一个工人不知道听见我们说什么，我们都说没有，确实也没说什么，就惊吓一通，"滚蛋！"这样事情不止发生一次两次，那他就是诈唬你。

还有一件事。冯友兰的弟弟叫冯锦兰，地质学院的。被地质学院的红卫兵发现存款财产有十几万，地院东方红就下命令说，以后一个月给你12块钱生活费，其他的全部上交。新华社不能落后，也给我们下命令，每月只发12块钱生活费。命令下达当天，吃中午饭我在食堂除了窝头以外不敢买菜，不是我饿不饿的问题，我的孩子怎么办？这个发12元生活费的政策实行了就一个月。那一个月真难过，我简直连汤都不敢喝。本来我99块钱工资还可以，还敢买个比如炒肉丝，到那时那12块钱怎么过日子？简直没办法。回家看到子女，第一个感觉就是无颜见子女，生了你们又不能养你们，这是怎么回事。所以对总理我还真要说他好话，总理马上说话了，说不行，照原工资发，不许破[这个例]。只有总理能够关心到这样，这事情又不能算是很大的事情，真是日理万机。那时又想不如死了，死了怎么办，我的孩子更没办法，连12块钱都没有了。我老婆15级的工资，她自打参加工作，没有升没有降。一个月，也不是很短，而且并不知道下个月是否发还给你。发还时，那一个月扣掉的，我99块钱，12块钱除去还有87块钱，都发还了。

我就认为新华社始终把我们留在新华社，就是对我们是很大的宽大。当时不知道，甚至于留我们的人自己也不知道，反正你留，就是朱穆之那个老话："留在这儿，我们多少可以挡一挡。"后来他自己都挡不住自己了。朱穆之他们在我们那儿住所谓社长楼的,当搬家的时候,搬到最次的房子。谁给他们搬家?牛鬼蛇神,就我们给他搬家。

还有一个我们的保卫处长,他跟走资派关在一起都不愿意。这个跟罗瑞卿说"我和彭德怀不是一样的人"一样可笑。我们后来在农场劳改的时候,我们旁边那块地,是劳改犯干的,我们有些人不知道走过去了,结果那张科长就把我们训了:你们不要到那边去,那边是劳改犯,你们是不一样的。

那一年,毛主席发表"派性掩护敌人,敌人利用派性"。我深有体会。我作为敌人就希望他们斗,越斗我越轻松。直到他忽然有时觉悟一下,联合斗你一下,但斗完还是搞派性。

应该讲文化大革命起源是陈伯达带着穆欣[1],《光明日报》总编辑,进驻《人民日报》[2]。所以他跟陈伯达来往。南开抓叛徒战斗队所以来找我,是穆欣揭发的。穆欣说:"金日成、彭德怀《告被俘人员书》是李慎之最初起草的。"不过那事情,总理没倒啊,还是解决很大问题的。那时候外调人员很野蛮的,这次我碰到的还可以。那人说,"这个事情是不是叛徒哲学,我们正在研究,我也知道不是你定稿的,是总理定稿的,但你得把经过讲出来。"这没什么可讲的。后来我打听出是穆欣揭发的。穆欣也是,后来我见他了,我说:"我上次见你就是……","哎!"他说:"别提那事情,我不知道。"也许有点儿内愧。陈伯达跟穆欣来到我们大食堂开会,陈头一句话就是"我是个小小老百姓,我中国话说不好,你们的吴冷西是个大人物,他能参加的会,我们不能参加。"冷西知道毛主席的内心世界,当然也不等于全部,但常委会议上的讲话,他全部有记录。林彪不会记笔记的,邓小平也不会记的,周恩来也不会记的,就是他不但必须记,而且有些情况必须传达。此人很灵,他传达时候既比一般人传达的多,又不越过界线。他从来不抢你说话,到最后,毛主席说"冷西,

---

[1] 穆欣(1920年7月11日~2010年9月3日),原名杜蓬莱,河南扶沟人。历任《光明日报》社副总编辑、总编辑、党组书记,外文局副局长,《人民画报》社社长、总编辑。

[2] 1965年11月10日,上海《文汇报》刊登姚文元《评新编历史剧"海瑞罢官"》。《人民日报》社因不支持该文引起毛泽东不满。1966年5月31日,陈伯达率领工作组进驻《人民日报》社,成员包括《光明日报》总编辑穆欣、《解放军报》副总编辑唐平铸。工作组除全面主持《人民日报》社工作外,还指导新华社、中央人民广播电台的对外报道工作。

你说说吧。"他说一、二、三、四，把大家的话归纳得非常清楚，而最后的意图一定跟最高领导相当一致。这个脑子非常好。所以有人，比如李锐[1]、于光远，总看不起吴冷西，认为他们是大学生，吴冷西是中学生，不对！曾彦修就不同，曾彦修说，"吴冷西这个人非常聪明"，他一去就在马列学院，而且马列学院毕业不到一年就当教员。乔冠华也是对的：吴冷西就是"一点儿文采没有。"

下放以前，还有一段所谓落实政策。对我的政策就是，算你改造还有成绩，帽子拿在群众手里，什么时候需要戴上就给你戴上。反正你得把问题全交待清楚。这时又发生了一件事情，就是和我一样的右派，原对外部副主任郑德芳，这人是彻头彻尾的没脑筋，又很有脑筋，就是非常自由化能思想的人，她跟我关系很好，什么话都说。她调二外了。她却在二外交代李慎之跟她说的反动话。我们一般一两个月总能见一次，那时偏偏没见。我在宣武门大街上碰到她，说起来真是有点儿差劲了，脸皮还厚，"李慎之我揭发你了，你交待我。"我说"我交待什么呀？"她就跟我说了两点，她说"除了你没有人会说这话。"我跟她说了什么？说是我说的，"雍正之后，乾隆当太上皇，嘉庆很恨和珅，但是不敢，乾隆一死马上就杀。"还有就是明太祖要杀功臣，他的儿子非常不赞成。他说"痴儿我都是为了你。"我当时以为毛这样大杀功臣是为了便于林彪接班。她说这历史知识她是没有的，只有李慎之有。此人是老干部，[19]38年以前在上海就入党。她说，这个话我说了，别人就问我你哪儿听来的？我就说你告诉我的。我说你为什么不说你自己？她说别人不相信，说你不懂这个。我这下又一次掉到油锅里了。已经告诉我，马上要下放，落实政策，你还有什么事情没有交待清楚。我又找陈适五，陈适五不但是我高参，我视他为兄长！此人人品极好。

我的思想解放跟他有很大关系，他是十分解放的，但他非常非常谨慎。他不是谨慎，天生他不爱跟人说话。我告诉他某某人坑了我了，我当时不是笑眯眯的，愁苦不堪。他说：你等他们把材料拿过来，你再说。你现在千万不要主动的去。主动也没问题，但他的

---

[1] 李锐（1917年4月13日～2019年2月16日），原名李厚生，曾用名李侯森，湖南岳阳人。曾任水利电力部副部长，毛泽东的兼职秘书。1959年7月庐山会议上受到严厉批判，撤销一切职务，开除党籍，文革后任中组部常务副部长。

一种基本守则,"宁人负我,勿我负人。"我的屋子跟专案组的屋子挨着,那时一听电话铃响,我的心就扑通、扑通跳。呆了好几天,马上就要走了,忽然有一次电话铃响了,接着马上就是"李慎之过来!你不老实!你说你的问题都交待了,怎么又有问题了?"我说"什么问题呀?"她说谁谁谁揭发你。这下又比上次进步一点儿,跟我公开了。我说恐怕是随便说说这话,我们第一都是老同志,第二都是右派,都不是好人。她说你要交待。这个专案组的是个女同志,后来跟我关系还不错,比较文雅。一两天就完了,完后就说以后可绝对不能再出这样的事情。

一直到[19]69年林副主席一号通令,我们就到干校去了。这个真是生离死别。最后小乐惠,到东来顺吃了一顿涮羊肉,这也是苦中作乐。我的小儿子是留在北京,因为他还在上初中,还可以不下放,一个人。第二天就走了。李伊白已经下放了,下放地点跟我们要去的地点,一条笔直向北的土路,40里,20公里。她插队在临猗,我去的地方永济东伍姓郭李,永济跟临猗中间,她的村子跟我们劳动的地方,就是20公里长的一条笔直的大路,中间横亘一条大堤。这对我很方便,我大女儿在。但都回来帮我搬家。永济有两样东西对我很有吸引力,一是有个澡堂子,澡堂子很脏,但我总归还要洗洗嘛。二是有个饭馆,可以五毛钱吃一个过油肉。

反正一到这里头,所谓没有问题的人跟我们有问题的人是一样的。红卫兵本来是管我们的,但去了以后有点儿交情了。我记得过年的时候,我拿着一杯酒,有一个红卫兵是我们新华社老大学生,"李慎之你敢不敢喝?"我说"有什么不敢喝的?"其实我要喝完一杯,这么大一杯,也要吐的。但他比我更不行。结果他又吐又拉的,躺在床上,说"李慎之说我不是好汉"。第二天以后,交情大增。这个人名字叫[XXX],他父亲是个老干部。

新华社对外部有一个人,这个人在农场劳动,当时我看《参考消息》,发现一个非常明确迹象,中美要和好。他和我一起脱坯,我就跟他聊天谈到这个想法,他马上报告军代表,军代表马上动员全校批判李慎之。批判我时这样说啊:你这个说话跟林副主席的九大报告完全不一样,我们的第一号敌人是美帝国主义,第二号是苏修。把我捧一下,"你李慎之可不是普通人,你搞国际关系问题多年,你不是不懂啊,你是故意制造谣言。"后来尼克松访华,当然没有平反这一说了。这给我在新华社赢来荣誉,当时在新华社很有点儿名气,说李慎之高明。

大概是[19]72年或者[19]71年,林彪死了以后,总理有一个时期权最大,在批林批孔批周公以前,有一年左右时间。又是总理,当时有一条要老干部回城养病,照他的标准,朱穆之够这个资格。但对朱穆之,总理也不敢明确,可回城养病的老干部也必须是没有问题的老干部。其实所谓有问题的也多,所谓有问题也是在审查中。朱穆之是没历史问题,没什么问题。林彪问题出来,我们传达,全新华社只有一个人没听传达,就是朱穆之。他到底有多少罪,我知道他不是叛徒,不是特务,不是内奸,就是因为他是新华社第一号走资派。那时他养猪,我也养猪。结果我听传达去,他一人在那里喂猪。朱穆之倒是也不打听,过了一两礼拜,又单独跟他传达。朱穆之,江阴才子,刘半农的外甥,他母亲是刘半农的姐妹,刘半农是他舅舅。"一二九"的时候以及抗战开始那一年,他是北大学生会主席。

一直到[19]72年中间,总理召见新华社的军代表张纪之[1],不知道哪个军的军长,说"朱穆之在哪儿?""就在永济干校。""可以让他回来了,也可以安排工作嘛。"并不是让他当第一把手。然后又问了一个问题,"李慎之在哪里?"十几年了,快二十年了!"也可以回来工作嘛。"这下李慎之就又上天了。我曾经动过念头想找总理,受不了的时候,我脑袋里动过这思想。真是,咬紧牙关忍住,不要去。我自己也知道,求他也无用,弄得不好反而糟糕,我从来没有找过一下周恩来。这个军代表很老练,第一保密,但是这些新闻是不胫而走,李慎之又成人物了。军代表很有手腕,他是慢慢地把一批一批人调回去。林彪一死,干校气氛大变。开学习会,斗私批修,就胡扯淡了,本来是扯淡说空话、套话,以后简直就是谈你家的孩子怎么样了。我的感觉毛主席这下大丢面子,据说毛主席坐那儿忽然就昏厥了。我有个无锡朋友,叫陆拂为,他跟我用无锡话讲:千拣万拣,拣了个猪头瞎眼。他挑接班人,挑了个最好的宝贝,你毛主席全世界最伟大,结

---

[1]张纪之(1920年6月~2014年10月27日),山东高青人。曾任四十军政委和新华社军管小组组长。

果挑了个猪头瞎眼。三三两两背后都有议论，而且没有人揭发了，从此就算太平。有一段时间，干校都要学六本书[1]，有《反杜林论》什么的。有一个红卫兵就来问我说："我现在觉得马克思很右啊。"

总而言之，这个林彪一死，全国干校风气为之一变，这是普遍的，我们也没什么特别。我批过林副主席的话，当时说李慎之你敢歪曲，已经批过了，所以我感觉很轻松。有很多人见到我背后讲，"不要告诉人啊，总理问到你啦。"我也佯装不知道，说"有吗？不会吧"，其实心中当然暗喜。军代表他就把一批人春节调回去，朱穆之单独调回去，恐怕硬是拖了一年，[19]72年8月把我老婆都调回去。再把我们三四十人调回去。我想他有道理，就是不要造成任何震动。最初他不知道李慎之是谁、在哪里。后来才打听清楚，调回来以后就没有什么事情了。

调回来我工作就变了个地方，回到了国际部当时的一部分，就是我管过的参编部工作，而且可以做翻译工作，本来是我永远不能做这个工作。开始工作，就可以看《参考资料》。凡是参编部的人每人都有一本。我渐渐地形成一种感觉，总的来讲在这儿工作对我非常有利，如果我不是在国际部工作，我至今眼界很难拓那么宽。

回来后，我在东方组，我的领导是林克。林克是15级干部，是我提的他。林克甚至那时就跟我讲，"中南海太黑暗了。"他后来乘下放机会在广东下放一阵，当时地方上乱得一塌糊涂。文革里，他没倒什么霉，又回到新华社，当他的东方组组长。在某个意义上讲二十年没升官。

他在文革开始前离开中南海。我为什么把林克派去中南海？原因很简单，鄙人的党性很强，我认为林克这个人，特忠诚，后来表现出也是这样。他对我真是优待之极。我在那儿开始做资料，新华社参编部的卡片箱，二十几个全被我收到我那儿，我就写卡片，别人要这样做要挨骂的，林克视若不见。林克对我真是毫不干涉，但是他一本正经的各个运动都是响应的，所以到文革以后他是挨整。

---

[1]1970年代初，毛泽东提出要读一些马列的经典原著，并列出了六本，即马克思、恩格斯合著的《共产党宣言》、马克思的《哥达纲领批判》、马克思的《法兰西内战》、恩格斯的《反杜林论》、列宁的《唯物主义和经验批判主义》和列宁的《国家与革命》。

他最后尾巴上一段很左，可是又两说着，对李慎之绝对不左。所以这个很有趣味的。

那时我真正关心的是女儿怎么能回北京。李伊白比较幸运，我没有任何门路可走，偏偏首都师范学院下去招生，是我们的一个工农干部，延安新华社干部处长苍孝和的老婆，忽然碰到我，我说"我女儿要考"，她老干部那劲儿，我一辈子也不敢这样说，"哎，把她交上去，别人抹下来。"我说"我是右派"，"可教育好子女嘛。"李伊白就是以可教育好子女，按照当时规定还必须有一个两个，完全符合政策的。真是完全偶然。我就有点儿野心啦，希望我的老二也能如此办理。就不行，真的不行。老二那时在东北白城，干活非常棒，身体也很好。后来不知道怎么，身体突然不行了，就投奔到她姐姐这来，当地接受了。这有个很大优点，骑自行车两个钟头，就可以到我们的干校来了。我回北京的时候，李伊白也回来上学了，我二女儿一个人留在那儿。既然要走门路，当时北京出产两种香烟，一个香山牌，一个八达岭，我买了两条香烟，再买点儿水果糖，不能说是行贿吧，希望她去走关系，价钱一共不超过十元。无效，无效。我到他们村子里，那个村长小干部，脸铁青的样子，你也没办法。那一年我是尽量到教育局什么的想办法，都没用。最后是自动回来的，整个大返城回来的，否则回不来。

1974年，我已经从干校回来，去看乔冠华，他已经是乔部长了。一个女的大概是人事司的司长，来请他去作报告。他说："我才不去放屁呢！"这就是乔冠华可爱之处。别人决不会当着我的面这样说的。其实乔冠华后来对我有点儿害怕了。我摘了右派帽子后曾经跟他一次长谈，但时间太长了，他觉得我也不要沾染上你。这个我理解，谁都怕沾染。但他说"我才不去放屁呢！"这话，他并不怕。

第十三章 恢复党籍、陪同邓小平访美

[1976年]总理死了以后,外交部写过一些追悼他的文章,被认为太次了,大概就是王海容[1]跟唐闻生[2]他们的秀才班子写的。1977年初就以黄华为首,说太次了,对不起总理,意思要重写。

华国锋上台以后,也要给周恩来抬高地位。外交部没人知道李慎之,那时候已经建国快三十年了,人家知道李慎之是我们外交部的客卿,这个名誉有的。黄华要组织一个班子来写一篇纪念文章,当时以外交部理论学习组的名义,由我执笔。有个人叫李汇川[3],这个人确实很有才,老资格,张闻天的大秘书,管过中长铁路,外交部的一个司长,人是非常好。李汇川提名,说还是把李慎之找来,我们一起写。外交部还有一个才子叫毕朔望[4],号称诗人,他的父亲是毕倚虹[5]。

我当然很高兴,有点儿可以扬眉吐气,倒没有别的思想,又活泛一点儿了。跑外交部去开会,一进外交部,二十年未进,有点儿前度刘郎今又来的意思。在外交学院的房子里辟出两间给我们工作,外交部还专派一辆奔驰汽车接送我,当时是不得了的事情。写文章反正我一把抓,李汇川根本是求之不得。写出来后就登在《人民日报》

---

[1] 王海容(1938年9月25日~2017年9月9日),女,湖南长沙人,祖父为毛泽东表兄。曾任外交部礼宾司副司长、部长助理、副部长,国务院参事室副主任。

[2] 唐闻生(1943年3月~),女,广东恩平人,生于美国纽约,中国首任联合国副秘书长唐明照之女。曾任外交部翻译、美大司副司长、部党组成员。

[3] 李汇川(1917年~1999年),北京人。历任驻苏联大使馆参赞,外交部苏联东欧司副司长、代司长,外交部政策研究室副主任,外交部国际问题研究所所长。

[4] 毕朔望(1918年~1999年),江苏扬州人。曾任《新华日报》主编,中国驻印度使馆一等秘书,外交部亚洲司专员,《国际文摘》主编,中国作家协会外委会负责人。译著包括《列宁传》、《路易·艾黎诗集》等。

[5] 毕倚虹(1892年~1926年)名振达,以字行,江苏仪征人,作家。著有《人间地狱》等。

上，《人民的好总理》，署名外交部理论学习小组。

这次一来，至少在外交部的故人中已经传开，李慎之复活啦，现在没人管了。到当年的十一月初就忽然进钓鱼台了。1977年11月，胡乔木写完那篇毛主席关于三个世界划分的理论是对马克思主义伟大贡献[1]以后，邓小平还想让写本书，题目叫做《社会帝国主义论》。胡乔木想到我了。这个我衷心拥护，因为我个人感觉毛晚年做得最好的一件事情，唯一的一件好事就是联美反苏。胡乔木以为这个事情得找外交部的人，刚好宦乡到了社科院。乔冠华以为那文章并不够好，他心目中有点儿看不起胡乔木。但从另外一方面看，胡乔木的文才在他之上。

在钓鱼台的写作组，我们那里头第一号人物是乔木，他不常来的，底下第一号人物是宦乡，第二号人物是李汇川，第三号人物是谭文瑞，《人民日报》的副总编辑，第四号人物就是右派分子的我了。我那时候原则上就不去新华社了，所以我从新华社到钓鱼台，"一跤跌入青云里"。我记得饭钱只有三块钱，但顿顿是红烧肉，大鱼大肉那是外面绝对吃不到，所以我很满意。

后来一想，写什么呀？中国已经"要吃米找万里，要吃粮找紫阳"了。还有很多修正主义措施，都是我们骂苏联的，我们都远远超过苏联，你还批苏联？胡乔木也很鬼，除了成立的时候来过一次，压根不来。毛主席以前住过12号楼，我们这个写作组住江青以前住的11楼，胡乔木因为家里要装修就住在10号楼，相距不到100米，每天早晨散步都要见面，他就点着头不理你。多日写不出什么文章，谭文瑞真是老好人，他说"咱们不能光吃饭不干活呀！"我说你越干活错误越大。邓小平也不来撤消，也不来指导，有胡乔木嘛。胡乔木还是聪明，中国已经修过苏联了，你还批他什么修，中国跟美国的关系已经比跟苏联好得多了。

李慎之那时跟新华社关系就稀里糊涂了，我组织关系还在新华社。当时有一件事，温济泽入党了，这个事情我的记忆始终跟温济泽自己记的有点儿出入。他给我打电话，说你赶快申请重新入党。乔木

---

[1]胡乔木此文，以《人民日报》编辑部的名义，发表于1979年11月1日该报头版。

同志已经在1978年元宵节把他调到社科院，当时人事局副局长高地，是女的，正的是赵风，说"我给你们请来一个科研局的局长"，就是温济泽。科研局后来我们并不瞧得很高，但当时不得了，你想这样一个人下之人忽然就翻身了。温济泽跟胡乔木什么的关系始终没断过。温济泽给我打电话说是"你赶快写个申请书，申请重新入党"。我当时看得非常清楚，右派平反是迟早的事情，叫我再来写入党申请书，你第一要检讨，"我以前犯了错误，多年来我永远是依恋着母亲"。这都是老一套，我就没理他。这一年中还有一件事情，于光远打电报给曾彦修，叫他到北京来，也叫他重新申请入党。我听了以后，我就急功好义了，赶到社科院，记得大日头八月份，我说你千万不能这样做，你再入党要八抬大轿抬你进去。我就跟他讲这道理，你入党第一要检查错误，第二要说现在已经改正了，第三认识到党的伟大。我说你再干这个为什么呢？我说汪东兴是反对改正，青岛会议时反对，我说长不了了，你等着吧，顶多半年，你二十年都过了，你还等不及？曾彦修的脑子非常好，他因此对我一直感激。但他这过程又记不清楚，我也不跟他再提了。前几年中风我住在医院里，温济泽就在旁边，我说"你到底怎么入党？怎么检查的？"他明确跟我讲，他说"我说我受了刘邓黑司令部的毒害。"我说"刘邓黑司令部1966年才有"。他说"哎，你管他呢。"戴煌给他写的《第一个平反的右派》说他不是重新入党，是直接平反，我不相信，但我也没法跟他核对了。

1978年年底，邓小平出国，我已经在外交部挂上号了。邓小平是没有外交班子的，黄华说邓小平只有一句话：要用总理原班底的旧人。那么我是旧人啦。还有一个旧人不能用，就是乔冠华。乔冠华那时是处在挂着的状态，也没结论也没重用。总理的旧人里加了个谭文瑞，谭文瑞也在我们那个反修小组里头。我怕我已经不行了，好久没写那套官样文章了，谭文瑞还行。党籍嘛，曾涛是我们新华社的社长，说了一句很有气派的话："什么党籍不党籍，是党员可以去，不是党员也可以当顾问。"这个我倒是永远记住了。给我平反，我人住在钓鱼台，平反小组在新华社。新华社给我写了很多好话，我当然也不管了，但最后我留了一个底，他们说"李慎之同志光明磊落，胸襟坦白"，一切罪状都推翻了。我就给他们回了封信，我说你们说我好，我也不见得有那么好，我至少做了一件我不应该做的事情：承认我没有犯过的反党反社会主义的罪。第二，他们给了我一封信，这样写的，"李慎之的问题并不是根本政治立场错误，而是思想认识错误"。我就问了个刁问题：我的思想认识错误到底是哪些错误？请你们给我个回答。我并不要他回答，我就是自己留个底，作为将来向历史说明之用。他们不回答我，我明白了，我本来就不要你回答，我是给自己留个底。

我已经平反了，然后填表，出国有个表，大概代表团出国才有，政治面目我填无党派，到上飞机的时候，我是共产党员啦。我以后去美国，我永远填共产党员，我已经是明摆着身份的。后来外交部有规定：一律不填。我是填的，你不必说假话，也不必假装。我是共产党，我到美国我也公开地讲，我后来不赞成共产党我也公开的。其实那时我已经半步跨入社会科学院，因为反修小组在胡乔木领导下的，就有这么个意思。乔木当时已经要成立一百个所，我后来倒觉得他真要干倒也不错，总算还可以留点儿基础。

到美国去当然是大开眼界，但只有十天，我一共只有一套衣服，西服都没做，就是这个中山装，特别厚的礼服，中国人冷怕了，以为在美国也那么冷，其实倒也没有那么冷。

我认为邓小平是明确一条，非常明确的一条，就是只有跟美国走。中国的历史，实际上经过毛阶段只有一个反作用，我们还处在这个过程中间。江还有一度不领会邓的意图。

邓小平一上飞机，就过来观察他的部下，只是观察我们一下。我跟章文晋[1]坐在头一排，前面有一张桌子，他是反座，跟我对面，半个钟头，他没有理我，我也没有理他。他以后接见外宾我参加过，从来没跟他讲过一句话，要是周恩来不会如此，要是毛泽东也不会如此，真是怪事。所以我的印象，我想邓小平这次办外交可能不怎么样，没知道一下飞机，此人灵巧的程度决不亚于周恩来。我觉得邓小平非常灵活，而且笑容满面的，跟看着李慎之不说话完全不一样的。

---

[1]章文晋（1914年7月13日～1991年2月18日），曾用名章宏道、章振弗，原籍浙江三门县。留学德国期间加入共青团。1944年开始在周恩来领导下从事中共的外事工作，1972年参与接待尼克松访华工作，后任中华人民共和国外交部副部长，驻美国大使。

在外交方面我觉得我很佩服邓小平。

到美国第一天晚上他是到布热津斯基家里去吃饭，那天晚上我没去，他就提出一个问题，我们要教训越南，你们怎么样？放了一个口风。现在人说邓小平两大错误，一个是打越南，一个是六四。但是我对打越南倒是赞成的。

1979年底，鄙人又有一个奇怪的荣誉。建国三十周年，叶剑英发表讲话，那篇文章被认为很重要。我跟黎澍[1]两个人，我也不知道谁提我的，反正说通知你们两位去参加人民大会堂开的讨论会。都是高干，差不多全是那时候省委书记一级的干部。黎澍问我"谁让咱们参加的？"我说"我还想问你呢"。他说大概是乔木。我们那次与会的都是什么人物，李葆华[2]是一个，张劲夫[3]是一个，还有姚依林[4]。张劲夫跟李葆华在那儿互相问"哎，咱们安徽到底死了多少人啊？"一个说"死了XX万吧？"[5]"恐怕还要多点儿吧。"指安徽死多少人，他们俩人前后书记。姚依林有一点儿很奇怪的，说"昨天晚上我听美国之音"如何如何，我是严格不听敌台的，我想你这个大人物怎么还听。陈国栋[6]发表意见了，当时可能是粮食部部长，说"我儿子他们有些见解，说是埃及、印度都是历史古老，历史古老再也翻不了身。咱们中国也一样。"因为都是内部，因为老干部刚刚翻过身，倒是很自由。我有点儿傻眼。黎澍资格虽老，他参加特高干的会也很少，也感觉有点儿傻眼。我们两人，参加了三天。大概乔木已经瞄准上我了。

---

[1]黎澍（1912年2月7日~1988年12月9日），湖南醴陵人，历史学家。曾任《中国社会科学》杂志总编辑，中国社会科学院研究员、学术委员会委员，国务院学位委员会委员，中国现代史学会会长。

[2]李葆华（1909年10月2日~2005年2月19日），曾用名赵升阳、杨震、赵振声等，河北人，中共早期领导人李大钊之子。历任水利电力部副部长，安徽省委第一书记兼省军区第一政治委员，贵州省委第二书记，中国人民银行行长。

[3]张劲夫（1914年6月6日~2015年7月31日），原名张世德，安徽肥东人。1949年后历任浙江省财政经济委员会主任，国务院地方工业部副部长，中国科学院党组书记、副院长，财政部部长，中共安徽省委第一书记，国务委员兼国家经委主任。

[4]姚依林（1917年9月6日~1994年12月11日），曾化名姚克广，祖籍安徽池州，"一二九"运动的主要领导人之一。1949年后长期在中央经济管理部门工作，曾任国家计委主任，国务院副总理和中共中央政治局委员、常委。

[5]编者注：此处录音不清楚。

[6]陈国栋（1911年11月~2005年6月7日），名吴永和，曾用名陈慎之，江西人。历任财政部、粮食部等部门负责人，文革后曾任上海市的主要负责人。

第十四章 筹办美国所、领导国际片

我办美国所的方针非常简单，我自以为是完全按照自由主义的原则办的，中间我奉命参加过前后可能有十年的台湾工作。

如果讲思想经历的话，是全球化以后，以及这几十年的经历使我否定马列主义，最后找到自由主义与民主作为自己唯一的目标。参加务虚会的那些人，于光远、苏绍智[1]、冯兰瑞[2]都在那儿写文章，社科院是出了点儿力气的呀，我承认他们都有功，对改革开放是有功的。但是我不能说与他们相同的话，我说他们的话，就是对不起自己的良心的违心之论。我根本不相信你这套。苏绍智的社会主义高度民主论。我还拍过乔木一句马屁，但我知道他也说假话。乔木说解决经济就能如何，他用了孙冶方的语言。所以有人曾经说乔木是经济改革之父。他在什么地方发表文章，就是说牵牛要牵牛鼻子，别抬牛腿。

我说你最好再来这么一篇，（但）后来就没有了。最初的时候连邓力群都是改革派，很短时间，乔木比他长一点儿，后来一直是改革派的就是苏绍智。老实讲我已经彻底地冰凉了，我根本不信这一套，所以我就要寻找一个语言。

那跟美国所没关系，美国所我确实认为是自由的。今天在社科院里可以称为国士之才的人美国所最多，第一个茅于轼[3]，第二个资

---

[1] 苏绍智（1923年～2019年5月27日），北京人。曾任中国社会科学院马列所所长、研究员，英国牛津大学、美国哈佛大学和明尼苏达大学以及以色列希伯莱大学访问教授。

[2] 冯兰瑞（1920年9月～2019年2月28日），女，贵阳人，曾在中央军委编译局工作，长期从事经济学分配理论研究。丈夫李昌曾任中央纪委书记。

[3] 茅于轼（1929年1月14日～）生于南京，经济学家。曾长期从事铁道机械机车车辆研究，1958年被划为右派，1975年开始从事经济学研究，1985年调中国社会科学院美国研究所任副研究员、研究员。北京天则经济研究所前理事长。

中筠[1]，第三个董乐山。我原则上是不管，真的不管。茅于轼我就没有给他一丝一毫的压力，也没给他一丝一毫诱导。我就让他出国。他出国浦山就提意见了：你们所的茅于轼简直不像话，拿什么亚当·斯密的理论出来，这个人家老早否定了。浦山说话有分量，他是哈佛大学不但拿博士学位，而且是优秀博士，能够拿金钥匙。他说：这是人家都否定了的东西，茅于轼还在讲，这给中国丢人。我听在耳朵里，从来不跟茅于轼讲，我要保护。茅于轼真的是不错，在中国可以算是一个全国性的人才，我认为他够。

从1980年开始我出国就比较多了，但跟现在[2002年时]不能比，现在动辄往国外跑，那时我一年顶多跑两次不得了。有几句话我印象挺深的，一个就是1980年胡乔木封了我一个官，叫做马列研究所的特邀研究员，反正我被认为是懂外事的，带着苏绍智到南斯拉夫去，参加社会主义的世界会议，我敢说我是全国第一个参加这个会议的人。现在苏绍智全世界乱跑，比我强多了。我第一次听到一个词叫modernity，我也不懂什么意思，他说就是现代性，怎么琢磨的。当时看到一大批大概都是新左派，也不一定新左派，因为是法国共产党、意大利共产党的，在我们看都是修正主义，邓小平可能已经明确了[靠拢美国]，但是除他以外的人都不明确，都还在那儿向匈牙利取经，向南斯拉夫取经。我回来跟费孝通[2]讲，我说这批人他们好像都是左派，都有点儿名气，仿佛就是现在德里达[3]这样的人物，但好像最后也没有达到像德里达这样出风头，因为都是共产党员。然后又去美国，也听到一个词，丹佛大学教授叫盖勃瑞尔·阿尔蒙德[Gabriel Almond]，他发明这个词叫政治文化，从那以后中国什么都有文化，

---

[1]资中筠（1930年6月~），祖籍湖南耒阳。中国社会科学院荣誉学部委员、美国研究所退休研究员、原所长、博士生导师，专业方向为国际政治、美国研究，著述甚丰，此外旁涉中西历史文化，撰有大量随笔、杂文，并翻译英法文学著作多种。

[2]费孝通（1910年11月2日~2005年4月24日），江苏吴江人，社会学家、人类学家。获伦敦经济政治学院博士学位，博士论文《江村经济》颇享盛誉。历任民盟第五、六、七届中央委员会主席。全国人大副委员长，全国政协副主席。

[3]雅克·德里达（Jacques Derrida，1930年~2004年），法国哲学家、解构主义的代表人物。曾任巴黎社会科学高等研究学院（EHESS）研究主任，国际哲学学院创始人和第一任院长，法兰西公学院名誉教授。主要代表作有《论文字学》《声音与现象》《书写与差异》《哲学的边缘》《人的目的》《马克思的幽灵》《文学行动》等书。

厕所文化、饮食文化。政治文化这个词，我当时也不懂，现在个人感觉政治文化包括政治制度、政治理论等，是一个民族最重要的创造。说最重要的，并不是说最好的，也不是最坏的，它要是定成什么样的制度，所谓国民性都由这个决定。这个人虽然我认识他，而且跟他一起吃过饭，我其实没看过这书。当时我有一个身份，就是中国政治学会常务副会长，会长是张友渔。张友渔在文革中间我曾经去看过他，就在永安南里前面的简易房，已经拆掉了。他就跟我讲：你写东西吗？我说我不写，他说"写了放在抽屉里"。他当政治学会会长讲的又是官方一套，如果偶然《人民日报》让他写文章，那又更是百分之百的官话。我发现人的三层性，在中国来讲很难避免。三层次，第一背后讲，第二一般讲话，第三上报纸。

邓小平去美国是1979年。我不是记下来两句话吗："要开放就是向美国开放，跟其他国家开放都是白搭"；"我现在七十多岁的人啦，这次我要去美国，非要我自己去不可"。当时认为邓的年纪非常大了，总理是78岁死的。所以我认为他内心，还有再加上他1992年那段话，邓小平的思想要比一般人想得深一点儿。当然市场经济也不会是1992年他忽然一激动，他想久了。此公，我认为他在江西所谓邓小平小道就想到了，这个人不像我们这样理论一套一套的，但有的问题他想得很深。邓小平是左派，反右他就是总指挥。现在一般人这样说，我觉得也有可能，说因为邓小平小时候在法国吃了几年洋面包。

他想来想去，比如毛主席那句话，我们都听到了，我都没特别记忆，他记住了。苏共二十大公布的时候，毛说过"这样的事情，要是在英美法不可能发生。"这句话我估计他当时也可能忘了，但是在江西老先生反复地想。当年对刘少奇有个评论，说刘少奇读联共党史，一页要读一个礼拜。说他深入钻研呐。我估计邓小平就是这样一个人，他没你们一套一套的东西，也没那么多理论，但是想准了。他一辈子革命怎么被打到江西，成了第二号走资派，我想对他灵魂的刺激是很深的。我说邓小平已经是眼睛往西看了，可是于光远跟胡乔木，还要去南斯拉夫跟匈牙利取经，还要派我当先头部队。我带了很多材料回来，很想看通它，看不通，也不看了。

张友渔说"你去美国，请两个政治学家来讲学。"我就请了盖勃瑞尔·阿尔蒙德,因为他讲政治文化,他说我去讲什么好呢?我说你讲最基本的原理。这个我非常清楚,就是三权分立,权力制衡。

当时有一个人我觉得倒确实是新进的政治学家,基础很差,就是我们的严家其[1]。严家其,乔木是真的很欣赏。严家其的成名作是《光明日报》刊登的《三个法庭》。他的大方向对的,整个欧洲文艺复兴这一套他是尽量地去学,但是没搞清楚。胡乔木到"六四"以后,曾经跟我讲过"我提拔严家其,他为什么老反我?"那这个是没办法的。下一代要反对上一代是天然的。谁让你不与时俱进。胡乔木有一度是全国思想解放的人物,连邓力群都是,但他不肯与时俱进你有什么办法。严家其现在[2002年时]的水平比二十年前高明多了。

苏绍智,[2002年时]也进步多了,他感到城乡差别,贫富差别,社会福利,美国比苏联好得多,比我们更不知好多少。他现在在美国属于穷人,银行存款不足两千。美国人都查清了,你逃也逃不了。他花五万块钱买了一个海滨别墅,那房子也不一定大,但独立,环境好极了。三室一厅,外面门外还有一个小阳台。美国政府每月给他五百块钱。他跟我讲他要当美国人啦,因为拿中华人民共和国护照过期,他现在是无国籍人,非常困难。

人只有自由才能发展,而自由必然造成贫富不均,有一个问题非常重要,就是一定要把绝对贫困化消灭,至于相对贫困化永远消灭不了,也不要消灭。中国人在毛泽东时代,农民不勤劳吗?苦得很,不是不勤劳,他就是出工不出力,出力不出活,大家几乎都快要饿死了。

我是中美交流第一批就参加了。这倒是宦乡的功劳。宦乡跟哥伦比亚大学的比亚勒[2]交流,这都是美国第一流的苏联问题专家。我们都讨论苏联。中国认为当时苏联是第一号敌人,美国也认为苏联是第一号敌人,这一下把我们联合起来了。另一位美国非常有地位的,叫罗伯特·达尔[3],耶鲁大学的,我奉政治学会之命请他到中国来。

[1]严家其(1942年12月25日～),又名严家祺,江苏武进人,政治理论家。曾任中国社会科学院政治学研究所首任所长,中华全国青年联合会常委,并在中共中央政治改革办公室工作。八九风波后流亡法国,后移居美国。

[2]塞维林·比亚勒(Seweryn Bialer,1926年11月3日～),生于德国柏林,后移居美国,美国苏联问题专家。曾任纽约市立大学副教授、教授,哥伦比亚大学教授,哥伦比亚大学国际变化研究所所长。

[3]罗伯特·达尔(Robert Alan Dahl,1915年12月17日～2014年2月5日),

后来美国所请他来。他问我讲什么，我说不用你讲特别的，就是讲ABC，因为我觉得中国真正需要的就是那些最基本的原理，如自由是一切财富的来源。我还跟他说讲讲美国宪法的原理。那个时候中国人真是从来没有听到过。我都还是在国民党时代上大学时听到的。我当时都认为不如马列主义，有一段时期是和平共处，有一段时期是东风压倒西风，但也没彻底，所以后来又发芽了。

布置我做台湾工作的顶头上司是杨尚昆[1]。比如国民党有一个叫丘宏达[2]，当然年纪比我小得多，现在[2002年时]六十多岁了，是国民党政务委员。第一他忠于国父孙中山，第二他忠于统一，第三讲话有一贯性，有骨气。他是搞国际法的，我把他请到大陆来，我们大陆很对不起他。他就想能够见杨尚昆，起码能见吴学谦[3]，但都不见。我有时到旅馆去陪他，觉得把他太冷落了，他倒也还好。所谓四大金刚我都见过，都跟我关系还不错。我当时就感觉到，我们的领导寄希望于国民党，而且寄希望于老国民党。当时特别欣赏的是陈立夫[4]，我已经体会到陈立夫在台湾的影响等于零。可我们还寄希望于陈立夫，对死掉的蒋介石好像也很有感情，都打马后炮。当时口号就是两党重新合作，现在你跟国民党合作有什么用？我自以为我都看到了，但是进言很困难，进言说不动，听不进去。就和当年我跟肖华汇报后肖华的话 "哎呀，中国人哪个不喜欢回家"一样。杨尚昆也上过当，他跟我讲："最近，而且这几年都有人从台湾来，都给我带来陈立夫的信，我开头很相信，后来一去不回头，我现在都怀疑了"。杨尚昆这个人，给我的个人印象非常善于交际，一点儿架子没有。

美国政治学家，耶鲁大学政治学荣誉退休教授，美国政治学会前主席，美国国家科学院和美国人文与科学院院士，英国科学院通讯院士。

[1] 杨尚昆（1907年8月3日-1998年9月14日），四川潼南人（今属重庆市）。曾任中共中央办公厅主任，中共中央军委常委兼秘书长，中央军委常务副主席，中央政治局委员，中华人民共和国主席。

[2] 丘宏达（1936年3月23日～2011年4月12日），福建海龙海人。曾任台湾大学及政治大学客座教授，台湾大学国际关系研究所特约研究员，美国马里兰大学法学院国际法教授兼研究委员会主席，《现代亚洲研究专刊》主编。著有《现代国际法问题》、《中国与台湾问题：文件与分析》、《中共与国际法》等书。

[3] 吴学谦（1921年12月19日～2008年4月4日），上海人。曾任中共中央政治局委员，外交部长，国务委员，国务院副总理，全国政协副主席。

[4] 陈立夫（1900年8月21日～2001年2月8日）名祖燕，字立夫，浙江吴兴人。历任蒋介石机要秘书、国民党秘书长、教育部长、立法院副院长等职。

有一次到福建参加台湾问题讨论会，当地一个干部讲"我们共产党说话历来算数。"我说"什么时候算过数？"共产党真是说话不算数。可你也别怪这个人，他就是老一套。

大概是1983年左右吧[1]，当时我跟胡乔木没什么关系，他给胡耀邦建议让李慎之当对外宣传领导小组组长。那官儿正部级，当时胡耀邦还有意要建立对外宣传部，就我是部长。我一想这不得了，那时候我已经参加台湾工作了。对外宣传部首先可以得到一百万美元经费，干什么？就是支持《侨报》这些。我绝对不能干这个。是《人民日报》的总编辑谭文瑞告诉我的。中央办公厅文件里头已经有了，他说"向你恭喜啊，你升官了！"朱穆之的秘书还把中央对我的批件给李伊白看了。我想这个干不得。这是官儿，跟外国人有关，那时候我有很胆小的一面，比如当了几年右派，凡是牵涉到跟外国人的事，你千万不能瞎来。我就给乔木写了一封信，方法很简单，把李慎之固有的毒素放出一点来，吓唬乔木，我也没大放，大放还得了，略放一点，我这个毒放得适量，马上见效。乔木是个胆小鬼，看出我的思想不对头了，乔木就取消了这个任命。这个事情还留下一点影子，乔木对我印象当然还不错，但到后来要提拔我当副院长的时候，"李慎之这思想恐怕不合适吧"。又亏梅益给我讲话，梅益亲自告诉我，梅益说"他不错"。从他的角度讲，李慎之第一有才；第二有思想，这是他赞扬赵复三[2]的。所以是可以提拔，很想提拔的。而且是他的老部下，十几年的老部下，应该提拔。

美国所，当时是所长负责制，党委书记就是我。我一直赞成这个观点，党政分开。我认为党政分开是句假口号，要么你就搞真正的比较民主的治所办法。要强调业务，如果要反对党的专政，只有党政分开合一。比如我在美国所当所长，没有一个人来挑战我，如果有个党委书记的话，他的名字一定摆在我下面。今天电话名册都是党委书记在前面。我一直认为党的任务，尤其从1957年以后更清

---

[1]编者注：朱穆之担任中共中央对外宣传小组组长的时间是1980年9月至1988年2月；担任中共中央对外宣传小组负责人、组长的时间是1990年3月至1992年11月。

[2]赵复三（1926年3月～2015年7月16日），上海人，曾任中国社会科学院副院长、中国基督教三自爱国运动委员会副主席等职。1990年6月被撤销全国人大常委会委员、全国人大外事委员会委员等职务。晚年在在美国教学，译著有《西方文化史》《西方思想史》《中国哲学史》等。

楚，就是整业务干部。"六四"以后也不是一下改的，"六四"以后慢慢都改回来了。

第十五章 八九风波[1]

1. 参与情况

1.1 参加两次民盟会议

四月二十六日晚，我接到民盟副主席高天[2]的电话，说是费孝通同志准备在次日上午召集几个学术界的同志讨论一下对五四运动的看法。我与费老自八十年代初调到社科院后开始认识，但并不熟。去年年底和今年年初，我两次奉命陪费老去香港和新加坡会见台湾方面的人士，一路上谈得颇为投机，并且发现彼此对中国文化和历史有些共同的兴趣和见解，因此就答应前去与会。

四月二十七日上午，参加者大概有十几个人，除了我以外，有民盟的费老、高天、冯之浚[3]、北大的丁石孙[4]、王瑶[5]、季羡林[6]、

---

[1] 除非另有说明，本章第1-6节内容选自李慎之在1989年下半年至1992年间所做的多次检讨和总结。本章第7节选自李慎之2002年11月对友人的口述整理。本章中的小标题由编者所加。

[2] 高天（1917年8月－1994年6月19日），曾用名高紫瑜，江苏淮安人。曾任国际新闻社重庆办事处负责人，《扫荡报》昆明版总编辑，香港《华商报》编辑部主任，中国民主同盟中央委员会副主席。

[3] 冯之浚（1937年4月～2017年2月20日），回族，北京市人，经济学家。曾任中国民主同盟中央委员会原副主席。

[4] 丁石孙（1927年9月～2019年10月12日），祖籍江苏镇江，数学家。曾任北京大学校长，全国人大常委会副委员长。

[5] 王瑶（1914年5月7日～1989年12月13日），字昭琛，山西平遥人，文学史家、教育家。青年时期师从朱自清，致力于中古文学史的研究，学生中有知名学者孙玉石、钱理群、陈平原等。著有《中古文学史论》和《中国新文学史稿》。

[6] 季羡林（1911年8月6日～2009年7月11日），字希逋，山东聊城人，语言学家、文学家、佛学家。历任中国科学院哲学社会科学部委员，北京大学教授、副校长，中国社会科学院南亚研究所所长。

似乎还有朱德熙[1]，我院的李泽厚、严家其、苏绍智（可能那次没有去，反正第二次会议有他），另外还有几个我不认识的人。费老致开场白，主要是讲五四运动影响巨大。但是，讨论开始后并没有人就此发言。似乎是李泽厚同志作了一个比较认真的发言，说目前学生正在进行规模空前的大游行，队伍正在向天安门进发，政府可能要镇压，大家都在担心事态的发展可能引起严重的后果。这个时候，很难对五四运动作什么学术性探讨，当务之急是要避免冲突，平息事端。此话一出，会议的方向明确变化，几位北大的老先生都本着同情学生的立场，或介绍学校的情况、学生的要求，或回忆过去的学运作历史的对比。发言渐渐地都集中到一个思想上：不赞成《人民日报》社论把学运定性为动乱，认为学生对此不服，因而正在以更大规模的游行示威来对抗，而政府则既已有言在先，极可能要用武力来制止。如果如此，则必然会发生流血冲突，后果不堪设想，费老以全国人大副委员长之尊，有可能接近中央领导，一定要反映大家的意见，请中央采取克制的态度，务必要避免酿成不可收拾的事端。费老大部分时间是静听大家的发言，后来则表示，目前已向中央反映过意见，但不知能否被接受。

我在这次会议上主要是讲了"民气可用"，认为不要把学运看成是破坏力量。学运历来出人才，共产党和国民党的许多人才都出于五四运动。政府的本领就表现在使学运所爆发出来的力量能为我所用。在今天特别要利用学运来推动改革冲击腐败。我对党和政府的领导人不肯出来见学生亲自做工作也是有意见的。因为季羡林先生提到"九一八"的时候，他曾作为北平学生的代表到南京请愿，蒋介石曾出来接见，我也提到我青年时代搞示威游行张群出来接见的例子，觉得对学生不要怕。总之会上一边倒的声音是同情学生，不赞成"四二六"社论，主张对话，大家忧心如焚、情绪激昂，我也可能有一些激烈的言辞，已记不起来了。

严家其在那次会议上的发言，似乎是讲了学生为参加今天的游行，有许多人已写了遗书，一定要想法防止流血。现在已近中午，队

---

[1]朱德熙（1920年10月24日～1992年7月19日），江苏苏州人，语言学家、教育家。曾任北京大学教授、副校长，世界汉语教学学会会长，《世界汉语教学》杂志主编。

伍可能已到城边，请费老一定要想想办法。

四月三十日晚上，高天又给我打电话，说四月二十七日午后，费老就向中央反映了意见，得到中央赞同，取得很好效果。费老准备在五一上午请诸位放弃半天休息时间再谈一谈。

五月一日上午的会议从十时开到十二时，参加的人同上次差不多，不过少了几个人，加了几个人，加的人有个金观涛[1]，还有李锐同志。令我奇怪也感到兴奋的是阎明复[2]同志也来了，我猜想费老召开这次会议的用意也许是要中央领导同志亲自听听大家的意见。

这次会议的发言的主题或流向我已记忆不清楚，而且大部分可能与上次会议相混。就现在记忆所及，似乎一上来是由费老作的开场白，大略是说上次大家提的意见，已经向中央转达，也已蒙中央采纳，现在事情尚未了，请大家继续谈谈。

严家其这一次的发言同上次不一样，不是即席发言而是早有准备。我远远看过去，似乎手里拿着一张稿子。他的发言有几点突出的内容：（1）邓小平应该下台；（2）应由李洪林[3]代替王忍之[4]为宣传部长；（3）应该由胡绩伟[5]担任《人民日报》社社长，王若水[6]担任总编辑。

---

[1]金观涛（1947年～），浙江义乌人，学者、思想史家。1980年代主编《走向未来》丛书，曾任香港中文大学中国文化研究所讲座教授、当代中国文化研究中心主任，台湾政治大学讲座教授。著有《轴心文明与现代社会》《系统的哲学》《中国思想史十讲（上卷）》《兴盛与危机：论中国社会超稳定结构》（与妻子刘青峰合著）《开放中的变迁：再论中国社会超稳定结构》（与妻子刘青峰合著）等。

[2]阎明复（1931年～），辽宁海城人，1989-1990年被免去中共中央书记处书记、中共中央统战部部长，政协全国委员会副主席、党组副书记等职。1991年5月至1997年7月任民政部副部长。

[3]李洪林（1925年～2016年6月1日），辽宁人，理论家。历任中国历史博物馆党史研究室主任，中共中央宣传部理论局副局长，福建省社会科学院院长等职。

[4]王忍之（1933年9月～），曾任中共中央宣传部部长，中国社会科学院党委书记、副院长

[5]胡绩伟（1916年8月～2012年9月16日），四川自贡人。曾任成都民族解放先锋队宣传委员，成都《大声周刊》编辑，《星芒周报》主编，成都《星芒报》主编兼《四川日报》编辑，《人民日报》总编、社长

[6] 王若水（1926年～2002年1月9日），笔名王澈，出生于上海，理论家。历任《人民日报》理论组编辑、评论组组长、副总编辑，中国社会科学院哲学研究所兼职研究员，辩证唯物主义研究会理事，《哲学研究》杂志编委，辽宁大学荣誉教授。

由于严家其的发言中有攻击邓小平的话，阎明复表现非常激动。回答说："家其，你不了解情况。小平同志不是你所说的那种人。我现在身体有病，但是，只要我活着，一定要在死以前向你说清楚……"阎说这话的时候，声音哽咽，热泪盈眶。我对阎对小平同志的感情之深和他对严家其的关系之熟都感到十分惊奇。会后，李锐同志问我："阎明复为何激动到痛哭流涕？"我说："我不了解。"

这次会议正在袁木[1]、何东昌[2]等同志与学生代表对话之后，因此学校里的教授们带来了学生们对这次对话的反应，可以说是百分之百地认为这次对话不但无效，而且增加了学生对政府的反感。我认为必须区分袁、何的态度。虽然袁木对问题的回答有许多不如人意之处，但他总还是想把话说得圆一些，想缓和与学生的对立，而何东昌总是在袁发言之后把调子再升高，虽然口才远不如袁木，却还时时要纠正袁木立场不够坚定之处。因此，我认为何与袁可能是代表着两种不同的政策。当时，我对何东昌极为反感，认为教育部长天然地应当替学生说话。教育部长如果已说服不了学生就应当引咎辞职。何现在的行为已失去了当教委副主任的资格，政府应当将何免职，这也是平息事端的一种办法。

会上大家提供的情况与见解渐渐形成了一种见解：四二六社论或者四二五讲话（好像没有人不知道社论是根据小平同志讲话写的）是小平同志被谎报军情的北京市委误导的结果；我们的决策机制有毛病，中央政治局与常委都不愿负责，却让小平同志在不充分了解情况的条件下拍板；发表四二六社论与传达四二五讲话是把小平同志推到前台，将来如果出了问题，就把责任推到小平同志身上；因此，我们一定要让小平同志了解真相，退让一步，扭转局面，才是国家之福。

回忆我自己的言论，大概还有两点可说：一是鼓吹了一下新闻自由。我认为，在当前的中国，什么制度化的民主、法治都不可能实现，也不是非实现不可。在现阶段，讲民主只有开放新闻自由是正

---

[1] 袁木（1927年12月～2018年12月13日），江苏省兴化人，曾任国务院研究室主任兼国务院发言人。

[2] 何东昌（1923年4月～2014年1月23日），浙江诸暨人。曾任清华大学党委副书记、书记，副校长，教育部党组副书记、书记、部长，国家教委党组书记、副主任。

经。没有新闻自由就没有舆论监督，无论是官箴民风都没法肃正。二是认为在政府与人民发生矛盾时，应当有中间力量出来斡旋。在当前的情况下，人大或者民主党派就可以起这样的作用。

1.2 建议发呼吁书

五月十七日晚上，我在家里看了电视。屏幕上天安门学生绝食的场面，各界人士声援的场面，都使我多日来感到形势紧急，不知如何是好的心情进一步发展；同时广播的当天早晨赵紫阳代表中央政治局常委发表的谈话，只要求学生停止绝食，而自己却不肯出来对话，使我感到不满，而十大学校长的公开信，则被我认为是要促进对话的，深得我心。我从传统的知识分子心理出发，认为像中国社会科学院这样代表整个文科知识界的单位在此时此地应该出来说话，做一个中间人，促使双方对话，争取解决问题。

这样，我就把这个想法通过电话告诉丁伟志[1]同志，主张发一呼吁书，他说他也有同样的想法，我说，既然如此，必须先得到胡绳[2]同志的同意。过了一阵，他来电话说，胡绳同志同意这样做，不过不是以社科院学者的名义，而是以北京社会科学界知名人士的名义，他已在起草这个呼吁书。又过了一阵，他又来电话把呼吁书给我念了一遍，并且说已向胡绳同志报告，并已经胡绳同志修改定稿，再征求我有何意见，我建议改了两个字，然后他说，那就去征集学者签名了。这就是"5·18"紧急呼吁书出笼的经过。我是这一文件的发起人，理当承担首要责任。我并没有同伟志同志仔细讨论文字内容，因为我当时已荒唐到认为"人同此心，心同此理"，因此自己也谈不上有什么特别高明的见解，后来听到丁伟志同志告诉我胡绳同志对原稿的修改之处，才感到胡绳同志推敲很细，还是十分注意同中央保持一致的。

我发起的"5·18"紧急呼吁书，对此我应负祸首的责任。

---

[1]丁伟志（1931年1月～），山东潍坊人。历任《历史研究》副主编，《中国社会科学》副总编辑、总编辑，中国社会科学出版社总编辑，中国社会科学院副院长，中国史学会副会长，中国社会科学院荣誉学部委员。

[2]胡绳（1918年1月11日～2000年11月5日），原名项志逷、笔名蒲韧、卜人、李念青、沈友谷等，出生于江苏苏州，哲学家、近代史专家。曾任中共党史研究室主任，中国社会科学院院长，全国政协副主席。

1.3 向胡乔木进谏

五月十九日早晨，有一位领导同志[1]到社科院来，我从同他的谈话中，意识到中央有可能要出兵清理天安门广场，使我大为惊恐忧虑。我认为出兵平乱是下策，政府只有以积极方针同学生对话，而且必须让一步才能解决问题。我的这种主张因为是当着许多人的面讲的，在院内流传甚广，影响恶劣。

1.4 未参加"五一九"党政军干部大会

十九日下午，听到北京要戒严的传闻，感到我最担心的局面马上就要出现，内心极度悲观，极度痛苦。下午四、五点钟，因为晚上要赴费孝通的一个宴会，顺道到胡绳同志家里，想诉说一下心中的苦闷，见到丁伟志同志已先我在座。他向胡绳同志提出要辞职。我觉得我的心情与他完全相同，但是他的处境比我要为难，因为他是常务副院长，值此非常时期，胡绳同志要率团访苏，他得里里外外支撑应付，实在不易。而且我感到他当时肝火很旺。如果他在思想不通的情况下和谁顶起牛来，对他个人不好，对全院也影响重大，因此对他分外同情。我本来也想向胡绳同志提出辞职，但是又感到他身负重任，如果在这个时候，助手们都躺倒不干，实在也太为难，因此只是向他表示了一点意见，算是挂了一个号，然后说，只要没有人来接替我，我一定继续干。

当天晚上，中央召开党政军干部大会，我大概在下午已知道消息，但到离院前还没有得到赴会的通知。在胡绳同志家里，丁伟志表示身体不好，第二天要请假，晚上的会也不去了。我去参加宴会结束后回家已过八点，家里人告诉我院办公厅有开会的通知，我一算时间已来不及（或者已过了）也就没有去。当时的具体情节已记不准，但我的主观心情是十分清楚的，不愿去参加一次宣布我所不愿意听到的决策的会议。

[当晚我还]给胡绳同志写了辞呈，其中无一字谈到政治，只是说

---

[1]编者注：这位领导同志是时任中国社会科学院名誉院长的胡乔木。胡乔木当天来社科院会见一位美国教授，李慎之陪同。结束后李慎之谈起学生运动，动了感情，表示中央绝不可出兵镇压学生，并极其郑重地对胡乔木说：你是我党的老臣重臣，现在是该你站出来说话的时候了。

173

身体不好，工作不得力，年龄已大，因此要"乞骸骨而避贤路"。但第二天到院部时未曾上交。这是因为当时戒严令已下，院部群情激愤（当然是从我的错误立场来看），秩序混乱，楼内领导无人。我感到自己"守土有责"，要与大家共甘苦，因而打消辞意。

1.5 不在刺刀下做官

[五月二十日]，我去菲律宾大使馆要求撤销我原定6月初的访菲之行。回院后就楼上楼下到各个办公室看望群众，并且劝止他们从楼上撒传单，以免引起外人涌入，危害大楼安全，要他们"要撒到院外撒去"。有一次，我已记不清在哪层楼上了，有一群青年人围住我问我该怎么办？我说，"现在最重要的是大家要坚守岗位，我本来已决心不能在刺刀下做官，但是我现在已打消辞意，同大家一起度过困难。"

1.6 对戒严决定想不通

五月二十六日，是北京宣布戒严后的第七天，李铁映[1]同志通知刘国光[2]同志，社科院应当对戒严令表态。当时院党组只有刘国光、丁伟志、汝信[3]同志和我四个人在家。国光同志召集党组会议讨论此事。会上，我首先发言，表示自己对宣布戒严想不通，但是党组作为一级党组织要表示拥护，我不持异议。最后，党组通过了表示拥护中央决策的决定，但是我个人思想是直到此时对中央挽救党和国家的重大决策仍然是对立的。

1.7 总的思想态度

在今春夏之交的这场风波中，我强烈反对《人民日报》4.26礼论把学潮定性为动乱，强烈反对5月19日国务院发布戒严令，强烈反对6

---

[1]李铁映（1936年9月～），湖南长沙人，捷克斯洛伐克查理士大学物理系毕业，高级工程师。曾任中共中央政治局委员、中国社会科学院院长、党组书记，全国人大常委会副委员长。
[2]刘国光（1923年11月23日～），江苏南京人。曾任中国国家统计局副局长，中国社会科学院副院长，全国人大常委。
[3]汝信（1931年8月～），江苏吴江人。曾任中国社会科学院哲学研究所副所长、副院长，国务院学位委员会委员。

月3日部队进城。

2. 自我检讨

2.1 错误的性质

通过反复学习关于平暴的文件,又经过同志们的多次帮助,我现在认识到,我犯了严重丧失立场的错误,这对一个共产党员,尤其是一个党的负责干部来说,是不能容许的。

我在很长一段时期内未看到自己的错误,是因为我把这场绵延五十天的斗争中的是是非非,看成是一个政策选择的问题而不是一个立场选择的问题,或者说是站队的问题。

我一直自以为是好心好意,忧党忧国,自以为我不过是赞成采取一种比较好的政策,反对一种不可取的政策。经过学习,知道了许多我原来不知道的情况,我才真正了解到中央所说的这是一场关系到党和国家生死存亡的斗争的意义,了解到"生死存亡"这四个字的分量。在这样一场历史性斗争的关键时刻一个共产党员必须把党的安危、政权的存亡放在第一位来考虑。我虽然自以为是忧国忧党却缺乏这样尖锐的危机意识。在中央认为别无其他选择的时候,却还认为可以通过退让妥协来息事宁人。这是一个在思想感情上与党不一致的问题,对一个共产党员来说,当然是一个立场问题。

2.2 错误的严重性

五月十七日下午,院党组成员中,只有丁伟志同志和我听取了杨树林同志传达的罗干[1]同志对国家机关系统党委打的招呼。他要求大家"降温,不要升温"。我不但对此充耳不闻,反而在当天晚上发起呼吁书,无怪乎有同志说这简直是对着干。

我所谓"不能在刺刀下做官"实际上是抵制党的重大决策的心理反映,是一种不服从党的领导,违抗党的命令的思想。它是不去参

---

[1]罗干(1935年7月~),山东济南人。曾任劳动部部长,国务院秘书长,中央国家机关工委书记,中共中央政治局常委,中央政法委员会书记。

加5.19大会的错误行为的发展。党要求它的干部无条件地服从党的方针、政策,而我的态度则是有条件的、有选择的,完全摆错了党和个人的位置。

我当时的心态完全不是一个无产阶级先锋战士在党的号令下肝脑涂地也要挽救社会主义的心态,而是一个封建士大夫呼天抢地也要谏止党不要犯错误的心态。同志们批评我的行为客观上是为动乱推波助澜,实际上我主观上还要竭力拉住党的手脚,不让党去使用无产阶级专政的工具。所以阶级观点模糊必然导致站错阶级立场,这一条马克思主义的原理在我身上又一次得到了证明。

2.3 错误的关键

我犯错误在五月中旬,但是关键却在于在四月下旬没有认真学习人民日报4·26社论。这篇社论传达了中央政治局常委的决定,传达了邓小平同志的声音,这些我都是很早就知道的,都是当时认为中央无非是要以一九八六年底相似的方式处理学潮而不予重视,因此对这篇社论一没有理解,二没有执行,渐渐地还随着形势的发展而站到了它的对面。

我的错误开始于对这次学潮的性质的错误认识。因为我自己年青时参加过学生运动因而对学生运动有天然的同情,胡绳同志批评了我的这种"天然同情"是缺乏阶级分析,指出必须辨明运动是由谁来领导和组织的,必须分清延安和西安、北京和北平。

我的第二个错误是认为平暴的手段太猛烈,代价太大。其实,只要从实际出发就可以看到形势发展到五月份,除了动用军队的强大威慑力量外已没有其他的手段可以奏效。近两个月来访的外国人(包括美国人)还有台湾人都对我说在那种局面下,任何政府都会采取果断行动,在学生得寸进尺的要求面前,政府确实已退无可退。再退只能促成政府的解体和社会秩序的完全失控。这种局面造成的损失决不是戒严所可比拟的。我痛惜武力镇压付出的代价太大,事实上,正如中央领导同志所指出的"政权要是丢了,还说得上什么别的东西"。党现在一再强调"国家不得已而用兵"。我作为一个多年的老党员、老干部对党在生死存亡关头，在别无选择的情况下不得已而采取的手段，不是体谅、理解、拥护、支持而是怀疑、挑剔以至抵制，实在是极不应当犯的错误。

小平同志在接见外宾时一再表示，中国若不平暴，必然发生内战。这话有极大的说服力。我现在认识到，为平暴付出的一切代价如果同不平暴或平暴不成功比起来，都是可以说是微不足道的。斤斤计较于这种代价，真如西方谚语所谓"丢了脑袋还舍不得头发"一样可笑。

2.4 错误的根源

我这一次犯错误的根源在于在批判了"文化大革命"的极"左"之后的十年开放改革的环境下，阶级斗争的观念日趋淡薄，阶级立场日趋模糊。

在党组生活会上，有同志提出我治院的方针（指对国际片的领导）是"兼容并蓄、无为而治"，虽然我自己没有这样说过，但是用这八个字来概括我的思想和行为并非不准确。我以为我自己还不是一个搞资产阶级自由化的人，但是却确实是一个自由主义相当严重的人。领导上一再强调反资产阶级自由化，我一向执行不力，这一方面是由于我的思想水平有欠缺，一方面也是因为我怕思想斗争会伤同志间的和气，怕影响双百方针的贯彻。事实上我曾多次说过，社科院应当"培元气，养太和"，要创造一个安定和谐的环境，化几十年的时间使目前青黄不接，枯萎零落的学术界繁荣兴盛起来，使我们的下一代能接上我们的上一代的老学者的班。十分明显，这种态度不但不能在学术界坚持以阶级斗争的观点观察问题，处理问题，而且只能越来越模糊阶级斗争的观点，放弃马克思列宁主义和毛泽东思想对学术的领导。

这种忽视阶级斗争的倾向正是自己在这场大斗争中看不出阶级斗争，并且站错立场的原因。我不是不知道自己的弱点，但是放松既久，也就不以为意。现在由于在这场严重的斗争中暴露了院里许多严重的问题，自己也犯了错误，才感到积累下的问题实在已十分严重，也就是所谓"冰冻三尺，非一日之寒。"在国际问题研究中，我们久已不从国际阶级力量对比的角度来研究国际大形势。社会主义和资本主义的界限也渐趋模糊。似乎对现实问题的研究越深入，离开马列主义的基本理论也就越远。

2.5 请求处分

忘掉了阶级斗争的观念，看不到阶级斗争的存在，在严重的阶级斗争出现的时候站到了与无产阶级对立的方面，我还能算什么共产党员呢。前一阵同志们在帮助我的时候曾指出，我有三个不相称："同一个共产党员的身份不相称，同一个老干部的身份不相称，同一个领导干部的身份不相称"，这种说法，其实还是客气了一点。我是一个不合格的共产党员，不合格的干部。

从一般的工作表现来说，我大体上还可算称职，但是要从共产党员必须首先自觉地做阶级斗争的工具这一点来说，我承认自己根本上不能算是一个合格的共产党员，在我年轻的时候，我也曾有过冲锋陷阵的锐气，现在年纪大了，如果要我为自己认识到的原则而牺牲生命，我自信也还做得到，但是问题恰恰在于，我总是不能在和平建设的时代看到你死我活的阶级斗争，总是不能在学术探讨的范围来看到敌我斗争。

半年以来，我虽然屡次作检查，但是从来没有自请处分。因为当初政局未稳，人心不安，我自以为作为社科院这样一个大单位的领导人之一，不宜轻举妄动，影响清查工作的进行。现在天下大定，社科院的清查工作即将顺利结束，我既然已经认识到自己的错误的严重性，理当请求组织上给我以最严厉的处分。

从党的立场上来说，目前，不但中国刚刚经历了一场严重的风波，而且国际共产主义运动也正在经历着空前未有的大危机，党要领导全国人民去进行特别艰难的战斗。如果还把我这样已经丧失战斗意志的人包容在自己的队伍内，如何能严肃党纪而鼓舞士气去夺取胜利。

在我来说，我已经明确自己顶多不过是孔孟门下的一个迂夫子，再也不是马克思、列宁、毛泽东旗帜下一名勇猛的战士了。我也再无颜厕身在党的队伍内，领受党的光荣了。就像我历来不认为自己是一个合格的学者，因而不敢申请任何职称一样。按照我的理解，中国传统文化的精髓就是做人要做到一个"诚"字。"所谓诚其意者，毋自欺也"。我心中的道德律也不能容许我再这样自欺欺人了。

就行政上说，我也恳求免除我担任的社科院副院长职务。事实上，我这几年主管国际问题研究，而自己则并不研究国际问题。许多同志都听到过我的"三不主义"——不写文章，不做报告，不做学问。我也常说，国际问题只是我的职业，我的志趣是想沟通中国传统文化与现代性。1983年，我为辞去中央的一项任命，向上级上书言志，表示"愿师夫子，假我五十以学易"之志，以求"可以无大过"。不料我立志不坚，又当上了社科院的副院长，结果给自己添了不少错误，给党添了不少麻烦。今后我只求能潜心读书，实现我以前立下的志愿——"穷理尽性以至于命"。

3. 自我考察[1]

3.1 治院思想

在[1989]年秋天的检查中，实际上已经提到我错误的办院思想。我当时曾经说过，我认为社科院承文革十年学术凋敝之后首先应当"培元气、养太和"，这话我曾正式提出于1985年的党组会上，也曾在不少场合讲过。现在回头来看，作为无产阶级先锋队的共产党员在任何时候都应该把开展阶级斗争作为自己的首要任务，而我却给自己规定了这样一条和平主义—自由主义的路线。党在社会科学的领域本来应当是以无产阶级思想去占领一切阵地。而我却总是标榜"学术独立"、"学术自由"、"学术尊严"。

这种话在别人也许只是在外国人面前说说，装点装点门面，我却因为从小就是在这种观念下成长起来的，是在"学术自由"下学到马列主义的，因此我内心确实有强烈的向往。在三中全会以后开展的"拨乱反正"，在我心中主要是批判"以阶级斗争为纲"的极左思潮，因而在头脑里完全放松了阶级斗争这根弦，以"学术第一"代替了"政

---

[1]编者注：1989-1990年期间，李慎之根据要求，多次检讨其在"六四"中的表现，并对担任社科院副院长的工作进行全面自我考察。

治第一"；以"兼容并包"代替了无产阶级思想对资产阶级思想的全面专政。事实上，我从十年前调到社会科学院担任美国研究所所长之时起，就在内心深处以蔡元培作为自己的楷模。我公开也说过"在我心目中，科学院的第一个原型就是蔡元培的中央研究院，研究所的第一个原型就是梁启超的清华国学研究所"。

我在工作中凡不符合党的阶级斗争的要求的地方差不多都可以从我的这套思想中找出根源来。在我调到院部领导国际片八个所以后，我一贯强调各个研究所的独立性。我对所管各所明确采取不干涉主义，不但是因为我能力有限，更是因为我确实相信，院只应该是一个管理单位，所才是真正的科研单位，而科学研究是不应受行政干涉的。我在参加院领导以后的第一次党组会议上明确提出范文澜同志的名言，"只有坐得住冷板凳，才能吃得上冷猪肉"，就是从清华国学研究所的章程里所谓研究人员应当不慕荣利"专以著述为毕生目的"的话里引申出来的。我到院部工作以后，对办院前途越来越感到艰难，也是从看不到有产生王国维[1]、陈寅恪这样的人才的可能性而引起的。十年来，我一直以为我的这些标准都是正确的，各种要求都是出于好心，甚至连内心深处的悲观情绪都是出于忧国忧民的情怀。一直到"六·四"以后才使我的迷梦惊醒，发觉自己在非政治化的道路上已经滑得太远了。根据党的一贯标准，我的这套思想，根本就不符合做社会科学院一个领导干部的要求。

3.2 在反精神污染和反自由化中的表现

我是热烈拥护三中全会路线的。除了一般的理由不说，我是三中全会路线的直接受益者，是三中全会给了我第二次政治生命。我在被划为右派二十二年之后第一次参加的干部会议就是小平同志讲坚持四项原则的会议。所以我主观上总是自以为是坚持四项原则和坚持改革开放的。但是，事隔十年，回头来看，这种主观上的"自以为"实际

---

[1]王国维（1877年12月3日～1927年6月2日），初名国桢，字静安、伯隅，谥忠悫，浙江海宁人，著名学者、清华国学研究院"四大导师"之一，在教育、哲学、文学、戏曲、美学、史学、古文学等方面均有深诣和创新。1927年6月2日在颐和园中昆明湖鱼藻轩自沉。著有《海宁王静安先生遗书》《红楼梦评论》《宋元戏曲考、《人间词话》《观堂集林》《古史新证》《曲录》《殷周制度论》《流沙坠简》等。

上是我自己对三中全会理解得过宽,换言之,是理解有偏差的结果。我从自己狭隘的切身经验出发,把三中全会的"拨乱反正"看成是纯粹的纠左而忘掉了党在三中全会以前二十多年中给我的许多教育。拿党今天重申的标准来看,我对四个坚持的态度并不是没有问题。至少在"一手软,一手硬"的问题上,我不可能比两任总书记强,而只能比他们还差。

在过去,甚至在反精神污染与反自由化的斗争中,我就不会认识到自己有错误。现在,这两场斗争在我心目中的印象已经十分模糊。但是我明确地记得每当中央发出斗争的信号的时候,我就有畏难以至抵触的情绪;而当中央鸣金收兵的时候,我就感到如释重负。不管全国形势如何,我总是强调,"国际片没有精神污染,也没有自由化",理由是当时和以后并没有揭发出什么严重的问题,或者什么突出的个人。当然,作为领导,我也得动员检查,也得讲话表态。我的态度就是走走过场,根本说不上自己作为党的一名战士去发现问题,纠正偏向,进行战斗,我只想大家平安无事就好。

从1982年的十二大以来,我一贯主张不要对国际形势作全面系统的理论分析,而主要从中国的民族利益出发研究我们的外交政策,而外交政策的重点也应当从单纯讲意识形态与政治转到政治与经济并重。党中央给十二大的报告关于外交政策的这一段就是这样写的(我是起草人)。从那以后,中央历次文件凡涉及国际问题的,都没有脱出这个格局,因此我自以为我在自己的业务范围内是与中央保持一致的。实际上,国际阶级斗争的观念,虽然在文化大革命中曾提到极高的程度,在我却始终认为当时的立论缺乏说服力。揪出四人帮以后,我们在1978年重申了毛主席三个世界的理论,又在1982年在事实上予以放弃。以后,我一直没有能在自己的脑子里对国际形势的发展趋势从理论上理出一个脉络来。当然我曾经一再提出过,从经典的马列主义出发,研究国际问题首先应当分析国际阶级斗争的总形势,如斯大林当年在苏共历次代表大会上作报告时所做的那样。但是我发现很少有人与我有同样的认识与兴趣,多数人比我还不关心马列主义理论在国际关系中的运用,中央似乎也无此要求。因此我自己也就只安于分析一下以民族国家为主角的国际舞台上的战略与策略问题,尽可能理解或探索其经济背景，以为这样做也就尽够了。我以为我们对当代世界的实际了解得太少，能从历史背景了解的更少。因此，我总是主张少谈原则性的大理论而多研究些具体问题。

总之，我历来是以国际片无严重的自由化倾向和自由化人物为满足，模糊自己的阶级斗争的观念。一直到1989年底，有人批评社科院苏东所散播戈尔巴乔夫的"新思维"才稍有警觉。

3.3 对国际片的领导工作

社科院在建院之时起就强调领导人主要是通过自己的学术实践，首先是通过著作来领导，这完全符合我的思想——以道德文章来领袖士林——但是极端可笑的是，恰恰是我自己完全做不到这一点。首先我自己并不是一个学者。我有时在公共场合或国际场合模仿着一个学者的口吻讲话，但是自己心里是明白的，我学无专长，一生没有专著，平常也不写文章，甚至没有研究课题，不论是博通还是专精，一概说不上，以我这样的人领导一个大学科本身就是一个绝大的讽刺。更为荒唐的是，我号称"国际问题专家"，实际上我的一点求知求真的兴趣却不在国际问题上，而在中国国学上，其水平则只能骗骗外国人。我公开宣称"三不主义"：一不写文章，二不作报告，三不作学问，这是众所周知的。对此，我还有一点自知之明。我始终不敢申请研究员的职称，因为我觉得自己不配。我公开声明，我不是靠学问、著作领导国际片，而是靠年龄、资格，顶多还加一点常识领导国际片的。就这个意义上说，我的领导就已不能不是不合格的。我唯一的好处不过是一生读书不辍、求知不已、兼收并蓄、不傍门户，自求融会贯通，如此而已。我可以聊以自慰的是，自己检查起来，这几年在领导工作中似乎还没有说过外行话，办过荒唐事。

我领导分管各所的方针是"不干涉主义"、"无为而治"。宦乡同志奉乔木同志之命筹组国际片的时候，他的本意是要使国际片成为中央对外政策的咨询机构，用时下流行的话来说，就是要成为决策者的思想库，或者智囊。就宦乡同志个人来说，我认为他多少在这方面起到了一点作用。但是在我接任以后，我就觉得这个方针行不通，首先是我的思想与他不同，我希望把研究所办成独立的纯学术机构。在我思

182

想里，智囊团比科学院的层次要低，把社科院比作兰德公司，我就以为是对社科院的侮辱。但是更重要的是，我个人并没有宦乡同志那样与外交界的广泛联系，而且外交界（包括外交部和中联部）事实上并不感到需要学术界的咨询。我们太多出主意反而会引起与他们的关系问题。因此我一贯强调把国际片各地区所和国别所办成广义的文化型的地区和国别研究所，以与二次大战后全世界国际问题研究的大趋势相一致。

在用人行政方面，我只是在各所所长换届的时候才发挥领导作用。为选择一个合适的所的领导班子，我自以为一秉公心，确实费了不少心力。我的偏向是比较强调年龄与资历。本来按照我的人才主义的主张，我应当倾向于提拔青年有才之人，但是我认为各所实际上没有这样的人，还是老同志德才足以服众。结果是，八个所长中有六个现在都已超过六十岁。这是我给国际片遗留下来的一个问题。

3.4 对外事局和学术交流的领导

社科院的学术交流工作是由宦乡同志和赵复三同志开创的。到1985年中我接手时曾声明由于外事工作情况复杂，我不熟悉，因而提出半年之内仍由赵复三主管。我批发文件硬是到1986年初才开始的。其时主管外事的[社科院]副秘书长李寿祺同志已经工作了半年。因此到我接手时，自以为自己已处于上下都有依托的局面，只要萧规曹随，照章办事就可以了。

我接手外事工作后有一点变化，就是一改过去的老要"开创新局面"的方针，而强调"控制规模，提高效益"。这个主张和外事局和各所的要求表面上颇为矛盾，因为各所都想扩大交流而外事局则总想多做工作。但是这两者都只是意向，实际上当时的对外交流量已接近或超过极限（说"超过"是实在派不出可派之人了），因此这种矛盾倒也没有引起什么争论。而我之所以主张控制也并不是因为我预见到了和平渗透和平演变的危险，这样的政治警惕性是我所没有的。我对学术交流过滥的忧心仍然来自我的学术第一主义，我每天都要批发许多出国的申请，我虽然手下写同意，心里却总是怀疑其中许多人出国能在学术上得到多少好处。我始终认为如果不是一个学有根底而又有向学之忱的学者，交流是得不到什么好处的，相反，交流一滥反而会使我们的人心猿意马，想游逛多于想求知，再也坐不住冷板凳了，其结果将是学风大坏，妨碍了社会科学院的根本建设。这个思想我几乎在七十年代末第一次出国时就有了，以后愈来愈强烈，也同好多人说过。但是我认为学术衰落人才凋零，非我所能挽回，出国成风，则是潮流所趋，我也无法抗拒，只好照章办事、签字放人。在1988年换届后，我一再告诉外事局局长交流规模不能再扩大了。

3.5 民主作风与廉政

我自参加革命之日起，一直担任某种领导责任，自以为多少还有一些领导经验与能力。但是由于二十多年脱离公务，到79年重新担任领导工作时已感觉不像过去那样胜任愉快，只有兢兢业业，依靠群众，努力以赴。我平生严守两条原则：一不擅权（对上级严格执行请示汇报制度，对平级和下级开诚布公、遇事商量），二不诿过（勇于承担责任，有错误当众承认，当面道歉）。自问还能心口如一，说到做到。在掌握政策上，如上所说，我认为自己的想法与中央一致。因此执行尚无大的偏差。十年间，我也从事过若干次外交的与准外交的斗争，在原则性与灵活性的掌握上，自信还能做到严格与准确。当然中央具体政策也有我不同意的，如八十年代中期的工资改革，我认为是"反改革的改革"，至今认为它一无是处，但是我还是执行了的。

这次考察的内容除了政治标准以外还要考察执行民主集中制、廉政两方面，我对自己的评价是"乏善足陈"，无大恶亦无大善。我幼承庭训，"守身如执玉"，历来规行矩步，"不敢妄为些子事，皆缘曾读圣贤书"。我一生没有人事关系的问题，虽然历经坎坷，并无私人恩怨。一般说，我谨守两条原则：一不专擅，二不诿过。我从来不把我应当负的责任推诿给别人，也从来不未同有关方面商量就擅自决定问题。只要发现自己有错，也决不怕公开承认，或向人道歉。我除主管国际片与外事局的工作外，有时还承担上级委托的一些外交性的或者谈判性的任务，我自知才力不足，唯一的办法就是事先请示，事后报告，这是我所以能勉强完成任务的唯一依靠。我的工作作风属于辛辛苦苦的官僚主义一类，事必躬亲，没有秘书，连公文都不经过公务员而自己送。

另外，古人说"人之大患在好为人师"，我偏偏有"好为人师"的毛病，看到人家的办事失当，或者文字错误，甚至礼节不合规范，往往不惜引经据典，说上半天，得到的评语往往是"老李，你们那时代行，我们这辈人都不行了"。然而我积习难改，还是唠唠叨叨没有完，不但对年轻人，而且对年纪大的人一样爱教训。这种作风，不免烦琐，我自己也知道自己不是领导之才。

在生活作风方面，我自幼受儒家教育影响，一生规行矩步，清廉自持，从来没有向组织上开过口，一生没有争名夺利，求官谋爵的行为，倒是有过一些辞官避名的事实。我没有架子，群众关系看来还过得去，至少一生没有与人闹过人事摩擦，无私怨亦无私敌。现在检查起来，以我的德才，本来就不配担任社科院副院长这样领袖士林的高位，但是当时内心深处有一个想以不开口、不伸手的方式来解决家庭住房拥挤的问题，因此贸然同意出任副院长，这始终是我内心深处的一个污点。

3.6 世界观方面的问题

我虽然受过党几十年的教育，其实世界观并未得到改造。

1947年三查的时候，我在当时写的自传中曾说自己"少诵孔孟之言，长窥马列之书"。我接触马列是比较早的，是在初中时期；糟糕的是我读孔孟之书却早在小学时期就开始了。我长期以来分辨得清孔孟与马列的社会理想，却分辨不清两者的道德理想。在我参加革命以后，在民主革命时期，我自己的道德标准还能与共产党员的标准水乳交融（我对少奇同志的《论共产党员的修养》就是这样看的），一到了社会主义革命时期，就对党的某些做法想不通。一个例子是，肃反运动时毛主席批评有些共产党员主张共产党要行仁政，我实际上就有"行仁政"的思想，以致于在1957年被划为右派。以后整整二十多年，我受到的批判教育实在太多了，有时我在概念上是能对两种思想作出相当的划分了，但是到阶级斗争展开得越来越激烈，连刘少奇同志和许多党的领导人都被作为阶级敌人斗争的时候，我就对流行的划分好人坏人的政治道德标准发生怀疑，而退回到孔孟以仁义为中心的道德伦理观念。

我一生经历过多次思想极端困难的时刻，总是靠儒家伦理观念来渡过难关，而且越来越接近王阳明的思想，我常常想的问题是："阳明在龙场，居夷处困，更从何处悟入"。去年六·四以后，我有两天没有上班，在家里没有做别的，就是又看了一遍王阳明的《传习录》。因此，我这些年来在政治上是一个阶级调和论者，在哲学上是一个相信"致良知"的唯心主义者。以我这样的人在1989年那样的风波中要不犯错误是不可能的。拿党的标准来衡量，我衷心地感到自己不是一个合格的干部。在这次干部考察工作中，为严肃党纪、政纪，我诚恳地请求组织上撤销我社科院党组成员与副院长的职务。我年近古稀，现在已是超龄服役。在我六十岁的时候，我曾恳辞过中央的一项任命。我当时在信中说"愿师孔丘'假我五十以学易'之志，退而读书补过"。后来立志不坚，继续滥竽士林，以至再犯错误。这一次希望能得到组织上的成全。

4. 组织处理[1]

"李慎之同志在动、暴乱中犯有严重错误，平息反革命暴乱后，对自己的错误认识较迟。经过党组成员和其他同志的多次帮助，基本说清了所犯错误的事实，并作了检查，认识有了提高，本人请求给予处分。

经研究决定，给予李慎之同志党内严重警告处分。"

5. 党员重新登记[2]

我谨向党组织提出重新登记为共产党员的申请。

我接受马克思主义的教育和中国共产党的影响已近六十年，参

---

[1]本段文字引自中共中国社会科学院机关委员会1990年6月6日《关于李慎之同志所犯错误的处分决定》。

[2]本节内容选自李慎之1990年7月5日写的《重新登记申请书》。"六四"清查结束后，中共要求所有党员根据其在"六四"前后的表现完成重新登记程序，即符合条件的予以登记，继续留在党内；不符合条件的不予登记，视同被开除党籍。李慎之提出申请后，被准许重新登记。

加革命已经四十六年，入党也已经四十二年了。在这么长的时间里，党取得了胜利，也经历过挫折；我个人的经历也几经起伏，颇历坎坷。在这个过程中，我的思想言行有时与党的具体的政策有过歧异。在1989年中国的风波中，我犯了与中央决策不一致的错误，已受到组织上给予的严重警告的处分。但是，我参加革命、参加组织，为争取共产主义理想在全世界实现的初衷从来没有过一刻的动摇，按照共产主义的道德标准要求自己立身行事，不惜牺牲生命的决心也从来不敢有丝毫松懈，我认为我现在和今后都应当继续作为一个共产党员为共产主义的事业奋斗终生。

继去年春夏之交中国的风波之后，在东欧一系列社会主义国家发生了社会主义被否定，共产党被解散或者推翻的一场剧烈变化，在全世界引起了很大的震动。但是按照马克思所倡导的历史唯物主义和辩证唯物主义的观点来看，这顶多只能说是一种不成熟的或者有错误的社会主义尝试的失败，而从全人类历史的发展进程看，马克思1848年在《共产党宣言》中所预见的情况正在世界上以更大的广度和深度在出现。资本主义制度确实已经发展到了烂熟与腐朽的程度，事实上正在呼唤着马克思所设想的更高级的社会形态——以马克思所揭橥的共产主义理想为组织原则的社会形态。可以说，现在正是共产党人通过反思而在更加坚实的基础上努力工作，争取共产主义按照历史发展的法则趋于实现的时代。我愿为这一事业尽自己的力量

鸦片战争以后一百五十年的事实，一九四九年以来四十一年的事实，和过去一年的事实证明，中国共产党是中国人民要求解放，要求富强唯一可以依靠的政治力量。没有中国共产党的领导，中国将重新回到一盘散沙的混乱状态而不可能取得任何成就。这不但是根据马克思主义的原理推导出来的结论，而且是中国历史实际发展的结果，是不容有任何异议的。尽管我在1989年犯有政治性的错误，但是对中国的改革开放必须依靠共产党的领导这一点，却确实是我一贯肯定的认识。

我十一年来一贯衷心拥护党的十一届三中全会所确定的"一个中心、两个基本点"的路线和政策。我愿意在今后继续作为中国共产党队伍中的一个成员，为中国的繁荣富强，进而为全人类的最后解放而奋斗到底。

6. 个人总结[1]

我是在1989年犯的错误，在1990年受的处分。在1991年，因为解除了行政职务，读书时间大大增加，生活感到特别充实。一年内，国际形势发生了从海湾战争到苏联解体这样的急剧变化，我从事国际问题的研究四十多年，对此自然不能不关心、不研究，也参加过院内外一些关于国际问题的讨论会。但是主要精力已转移到对中国哲学的研究上来，在古稀之年实现了从小就有的愿望，以家庭作业的方式写了几篇论文，参加过一些有关的学术会议，自觉有些收获。今后只希望在晚年还能对中国哲学的精义有所探索，有所界定，有所发挥，使这一辈子不为虚生浪死。总的说来，这一年来，除了我个人永远不能割舍的一片忧党忧国之心外，心情可称极为愉快。

我说过：我这个人由于教育的关系，不会在生活和作风上犯错误；由于经历的关系，不会不努力改造思想，以使主观认识符合客观实际。但是我还是一再犯错误，问题都是出在不能和党中央保持一致上。因此，在过去的一年中，我对政治学习抓的还是比较紧的。

1991年发生的苏共与苏联解体加强了我自1956年以来就树立的信念：共产党必需按照马克思主义的根本原理有意识、有步骤地改革苏联模式的社会主义。89年到91年国际上发生的变化，如果发生在文化大革命期间，我们的党和中国社会的承受能力，会比经过十多年改革的今天小得多。由此可见，我们党中央的领导是正确的，稳当的。

7. 个人口述

7.1 费孝通

费孝通俨然以北京知识界[领袖自居]，找了李锐，找了严家其、吴稼祥[2]、丁石孙，不少人呢。费孝通我理解他的心情，这下非常兴奋。民盟的那个劲头，他当时地位已经上升到可与张澜相比啦。

---

[1] 本节内容选自李慎之1992年1月31日向社科院递交的《个人总结》，其时李慎之已经被解除社科院副院长职务。

[2]吴稼祥（1955年～），安徽铜陵人，副研究员。1989年7月～1992年8月间被隔离审查，羁押于秦城监狱。

严家其这么说：我刚刚从北大来，学生都坚决绝食，学生要死了。这个严家其真是，也就是他一人这样。严家其非常激动，严家其（有）一个东西，就他5月15号有个声明，我们都知道。他跟我还来往，我到他家去，5月16号有个声明明确打倒邓小平。后来吃饭我坐费旁，我说：严家其呀太感情冲动。

费孝通个人的思想呢？我觉得他还是有些进步，但是不很突出。跟我关系非常好，只是在一个事情以后就不理我了。《风雨苍黄五十年》我给他看了。本来他过半年一定要让他女婿给我打电话：李老啊，费老要请你来谈谈。而且一定要说：他在北京也很寂寞，我们又谈不来，你来陪他谈谈吧。从那以后三年了，一次也没有见面了。

7.2 建议发表呼吁书

这个事情最后算下来，就是李慎之打了个电话叫丁伟志，应该考虑发言，丁伟志说我已经在考虑了。然后杨润时[1]起的初稿，丁伟志改一个字，最后第三稿是由胡绳改定。胡绳的改当然改得更加温和，但他责任逃不掉。然后胡绳处分来了个免予处分，免予处分的处分。郁文[2]有时说话很讽刺的：哎，胡绳同志不能不出来嘛，你是政协副主席嘛，如果你不出来，外面又有谣言啦。反正他的政协副主席是没有动，也不能让你受任何影响，影响外面又有谣言了。然后我就说：这下共产党其实已经不行了，已经注意关心舆论了。毛泽东反右派管他娘。哈，才不管呢。

7.3 5月19日

5月19号，胡乔木会见施拉姆[3]。施拉姆问：毛泽东到底对中国最大的贡献是什么？胡乔木回答说：统一。然后第二个问题就问：你

---

[1]杨润时（1944年10月～），辽宁人。曾任中国社会科学院新闻研究所副所长、院办公厅主任、副秘书长，最高人民法院审判委员会委员、办公厅主任，《最高人民法院报》出版社社长。

[2]郁文（1918年12月～2010年4月1日），原名孙保安，河北满城人。历任《新疆日报》社社长，中共新疆分局宣传部副部长，中国科学院干部局局长、副秘书长、政治部主任，中共中央宣传部常务副部长，中共中央对外宣传小组副组长，中国社会科学院副院长等职。

[3]斯图尔特·施拉姆（Stuart R. Schram，1924年～2012年），美国汉学家，曾写过毛泽东传记。

们说马列主义的什么书对毛主席的影响最大？胡乔木就说：李慎之你也可以说说嘛。我本来不想说，鄙人是管外事的副院长，我陪见。他说：李慎之你也可以说说嘛。我说：可能还是《共产党宣言》吧。因为他到晚年还让西哈努克读这个。胡乔木想一想说：不一定。他认为是《国家与革命》。

我的错误有好几桩，现在我倒把我的错误慢慢地忘光了，这不行啊，应该永远铭记在心啊！5月19日戒严令下了，费孝通跟我讲——那时他是消息灵通，大概阎明复天天找他。那天刚好费孝通请客，在政协礼堂的餐厅。请台湾的李亦园[1]。我回家接到电话，办公厅的，说请你晚上八点钟到院部来，从院部坐小巴到什么地方去。当时有车子不能去的，非常严密。就去听李鹏下达命令。本来规定北京市所有的大概是副部长以上，都要到总后勤部的礼堂去听这个。我是故意不去的，但是这个罪状好像逃过了。我说费孝通请客，我回家已经很晚，我没有接到通知，就算逃掉了，实际上我是故意不去的。但是这个会议我们全都知道，为什么？第二天不停的广播，一天到晚广播李鹏讲话，还有杨尚昆讲话。李鹏穿了个藏青呢子制服，脸绷着。杨尚昆穿着夹克，而且这样笑眯眯地说：这个军队不是针对学生的。所以这下我又有感觉杨尚昆是有点儿老奸巨滑呀。杨尚昆这点儿，想大概邓小平恨他一点：你要做好人。

7.4 戒严之后

戒严以后我第一件事干什么？我第一件事是到菲律宾大使馆，我说我们国家戒严，我不能来了，因为我被邀请去作一个主题发言。那个主题发言本来是菲律宾总统阿基诺。然后有两个主题，一个是我，一个是美国前国务卿黑格。鄙人又是爱国心来了——我不能离开中国，也是守土有责。所以第一件事情我就8点到院里，8点30就到菲律宾大使馆，我说我已经不能来了。

7.5 不在刺刀底下做官

---

[1]李亦园（1931年～2017年4月18日），福建泉州人。曾任台湾大学教授，台湾中研院民族学研究所所长和台湾清华大学人文社会学院院长。著有《人类的视野》《文化的图像》《文化与行为》《信仰与文化》等专著16种。

我说"不能在刺刀底下做官"。这句话后来，据他们查来查去没人揭发我。

除了"不在刺刀底下做官"这句话，鄙人还有一句话，"守土有责"。鄙人还是个忠臣呢。到那混乱的时候，胡绳又出国了，还有刘国光、汝信又不到院里来，我有时简直是院里唯一负责的。所以刘启林啊——刘启林也后来因祸得福——刘启林就是在工作组来整我们的时候，刘启林说：这个班子第一是内行，第二是团结的。就这句话被郁文抓住。这郁文真是不怎么样，我对郁文一点儿好印象也没有。

这罗干老兄，他是到社科院来督阵的，就坐在我旁边。现在中央政治局常委，老大哥了。刘启林为什么调出？就是因为同情这些犯错误的人。

不在刺刀底下做官这句话怎么说的呢？因为有人——这个人是谁我还知道，大概是日本所的，到我们十三层楼往下面撒传单，社科院那时候已经有铁栅栏。马路上的老百姓很革命化，就拼命往上爬。我就说句话：要撒传单到外面撒去。这个到批判我，又成了问题了。我明明是保卫社科院，而且我的思想应该被认为很保守呢。

我当然怕出事了，不是社科院号称小天安门吗？你上面撒传单，下面人爬上来，那怎么行呢？我说要撒传单到外面去，我还不至于采取镇压学生运动的态度，完全是事务主义地保卫社科院，不要卷到里头。

哲学所有个人就在十三层楼，就在美国所的走廊里头，一群人挤过来，我记不太清楚了，意思说是"老李你要表个态"，我就说了"不在刺刀底下做官"。

这句话后来据他们查来查去没人揭发我。后来所以这个事情暴露出来，是因为"六四"以后胡绳召集——胡绳已经从国外回来了，郁文当时可能还没来呢——在当时气氛也还不太紧张，在那儿谈对"六四"的看法，我就说我说过这句话。有人告诉我：没有人告你，你就赖掉算了。这下要说刘国光了，后来批我的时候，我说话随便，我说：我想……刘国光完全文化大革命口气：李慎之你说清楚，到底是你想还是你说？这下我火了，我说：我说，我不改口。

刘国光一般还算温和的。最近看到我说这样的话,我简直莫名其妙。他说:老李,你的文章我很喜欢看。我寻思我有什么文章你能看到?这个我不问他。那天当时我是很火。[有人]跟我讲:没人揭露你,你不要承认嘛。但他非在那儿咬,就被咬住了吧。

吴介民[1]讲:"李慎之不在刺刀底下当官,我们哪个人不是在刺刀底下当官?"

7.6 民气可用

有句话其实不是我说的,是汝信说的,后来又变成我的啦,叫做"民气可用"。是汝信跟我一起从院里散步回来跟我说的。我后来作为坦白自己思想,我赞成这说法。结果汝信一句不说,又赖在我身上。

本来这句话没揭发出来,后来揭发莫名其妙,根本跟我没关系,那都不说它了。我后来又成了重点对象了,就是"六四"以后。大概"六七"、"六八"的时候,胡绳召集党组谈心会,我也是一般说说,我就说:我认为民气可用。我也并不是想说汝信说的,然后以后都变成我的话啦,就算到我的账上。我那时也不太怕。你知道所以这是不誉之誉,本来我不应该享受这个荣誉。汝信本来有个表现,就是他写那个人道主义的文章,香港报纸明确讲汝信是中国先进的改革派。

7.7 愿把身躯易自由

我奉官方之命,跟刘国光去向学生慰问。有学生拿那个T恤,就拿那个背给我,说请你在上面题字,你知道我题的什么字吗?我题的是续范亭的"窃恐民气摧残尽,愿把身躯易自由。"

我觉得中国人的诗情都用到那儿了。杜甫《后出塞》"马鸣风萧萧,"长极了,"借问大将谁,恐是霍嫖姚。"大概这几句诗,刺激了青年人的某种感情了。中国真是诗的国家。比如天安门的诗,这又是个奇怪的情况,诗没有几首好的,但你在那看了以后非常激动。这又是一个极奇怪的感情现象,想想那什么诗,但你越读越来劲儿。"扬

---

[1]吴介民(1922年~2008年1月5日),广东增城人。曾任《红旗》杂志社编委会委员、党委书记、副秘书长,交通部办公厅主任,中国社会科学院党组成员、秘书长。

眉剑出鞘"这是最好的一首。

7.8 六月三日

6月3号，胡乔木最后一次接见李侃如[1]，本来他接见外国人也不多。李侃如说这个学生游行绝食怎么办？他说：我看快完了，大概半夜三更把他们拉走就算了。

6月3号晚上，我们那儿已经很紧张，不断有军车开过来。今天我跟你们讲个秘密，我也去劝阻过军车进城。还有一个人是见证，后来他也不说，我也不说。他比我更潇洒，吊儿郎当，晃里晃荡。我倒真是，说：你们对学生不能开枪啊。好几辆军车本来从东边进来都回头开走了。而我当天的心情觉得今天晚上不会出事了，没知道半夜三更出事了。那天晚上我好像没有听到什么枪声，第二天早晨整个情绪不对了，就是后来主要在什么关山复家死人都是那时候听说的。

7.9 批判和检讨

"六四"以后半年，首先是批判。批判我真记不大清楚，也没太在意。然后就整党，整党嘛，我的最后检查，有人说你这个检查水平太高了。我说我在政策选择上没有跟党保持一致，我说我认为和平解决比较好。也没有什么人专门逮住我这个。

但是我当时有一个印象，就是汝信。汝信本来不是一个冷面的人，是一个很和善的人，他简直冷面。他说：我写一篇人道主义的文章受到乔木的批评，我就又写了一篇文章做了检查。我听到有人说：汝信是一个没有骨头的人。他说这个话的时候，你真不能想象没有任何一点儿感情。老实讲他不检查也没错，他又检查，检查又采取如此冷静的态度，这我真不能想象。从那以后我的印象汝信就再没有什么可说的了。

有一个挺不错的人，就是西亚非洲所所长葛佶[2]，是院党组专门

---

[1] 李侃如（Ken Lieberthal，1943年9月~），美国中国问题专家。曾任密歇根大学教授，克林顿政府国家安全委员会特别助理兼亚洲政策主任。
[2] 葛佶，生于1929年3月，女，浙江平湖人。曾任中国社会科学院西亚非洲研究所研究员，中国亚非学会副会长，中国非洲人民友好学会副会长。

请来准备对我重炮批评的。葛佶我很知道这个人，这个人是个大家闺秀型的。哎，她说话还故意提高调门，那中国人谁没有这个训练呢，但我觉得她的说话很有分寸，就是好像好凶，实际上没什么。以后她每年给我寄一贺年卡，而且看见我的时候啊，好像特别地亲密，就是因为她是在国际片挑出来的，可以来批判我的人。

还有一个历史所的党委书记，我不知道叫什么。那时候人有很多话真是莫名其妙，甚至于有人讲：照这样的，根本就应该立刻枪毙。还有这样的话，我听了完全是瞎说了。但批判的水平可以略见一斑。

最后给我的处理是党内严重警告。丁伟志也是党内严重警告。

7.10 胡乔木

胡乔木是"六四"那年到美国去的，他找过我，要我陪他去。他叫我去，他意思要我跟他去翻译，我英文不好的，我就婉辞。然后我又给他推荐一个人，他的老同学，叫王作民[1]，就是跟韦君宜在学校里是一个屋子的，跟胡乔木在浙江大学一个板凳的。胡乔木同意了，但最后，我也不知道赵复三是有意的还是无意的，反正赵复三跟他去。翻译是我们美国所的张毅。这个人确实非常能干，回来后张毅跟我讲，对胡乔木印象很好。好在哪里呢？他说洋人举出来的历史材料，他都能讲得出来。

"六四"以前，胡乔木写过两篇文章，我认为是中国高干能够写出来的最为右倾，而且最带有学术性的文章。第一篇是《中国为什么选择社会主义》，还有一篇，可能他胡乔木集里都有。

"六四"以后，他明确跟我讲，而且首先跟张毅讲，说："六四"嘛，社科院有什么问题？他明确讲：我要保一保社科院。但是后来怎么保呢？就是让李瑞环[2]到社科院来作报告。李瑞环说了两句话，大

---

[1] 王作民，生于1916年，女，浙江长兴人。美国密苏里大学新闻学院毕业后到新闻总署国际新闻局（现外文出版社发行事业局前身）工作，历任新闻局英文组组长，《北京周刊》文化栏专栏作者，新世界出版社副总编辑等职。著有《美国万花筒》一书。

[2] 李瑞环（1934年9月～），天津宝坻人。曾任中共天津市委书记，中共中央政治局委员、常委，中央书记处书记和全国政协主席。

概意思是：你们也有点儿问题，但不要紧嘛。诸如此类，就算保了。我就对胡乔木说：你也政治局委员。他说：哎，不一样，他是常委。我才知道在这个老干部心目中，常委有这么高的地位。

他在美国招待他的人到北京来，他又做东请他们一下。而且拿中文起草一封信，要给他翻译成英文。我当然都让张毅翻了，让他签字发出，从那以后老先生就原则上不找我了。但有一件事情是我建议的，就是邓力群的国史馆，但是我建议的，[2002年时还]没实现，我说应该成立国史馆，当然还是中华人民共和国政府，党史研究室、文献办跟国史馆应该合而为一。胡乔木怎么说：你的意见很好，但是这个办不到。要拆掉一个庙不容易呀，甚至于不可能。我最后到胡乔木家去开会，有邓力群，有几个，当然我也不说话，就此就完了。跟胡乔木的关系就此就中断。最后到死的时候他老兄就把刘国光跟汝信叫去说：社科院的前途就靠你们两位了。

7.11 赵复三

胡乔木一个劲地找我，要我把赵复三搞回来。哎哟，感情极其深厚，而且还写了一首词。这个词是什么东西呢？就是宋朝无名氏写的《水调歌头》。然后他就写：你一直要我写字，我始终没有能够应命，现在有空我给你写了。然后我就把胡的信复印了好几份。我抄了赵复三的办公室，抄到有他女儿的地址——然后就按照那个想办法寄去。那个事情中央当时很重视。后来当过新闻办主任叫周觉[1]，是当时驻法国大使，他说：哎哟，赵复三好人！赵复三怎么好呢？挂印封金。在旅馆里写好信，说：我现在不能回国，但是我拿了社科院五千美金，我现在一笔笔账都记下，剩下的钱在桌子上。所以周觉认为这人非常之好。这里头也非常复杂，我跟你讲，费孝通认为——跟赵复三的关系非常好的——都认为这不是赵复三写的，钱锺书也认为不是赵复三写的。

郁文那时就跟我隔壁办公室，忽然走进我屋子，就五分钟都不到，说：你看有没有可能，赵复三能够回来？我说：我可以试试，

---

[1]周觉（1927年4月～2020年12月29日），湖南衡阳人。曾任中共中央对外宣传小组副组长，国务院新闻办公室副主任和中国驻法国、土耳其大使。

没什么把握。我就故意问他一下，谁希望他回来，他明确告诉我是杨尚昆。但是郁文完全是个滑头，他就是交待了任务了，他对得起良心了，组织原则，但他并没有跟我对赵复三的事进行任何讨论，马上拍屁股就走了。这个要在毛泽东时代不会，这个都是上面交下的任务。

我后来没见到过赵，丁伟志见过。我后来到美国去，跟他通过长电话，但没见面。后来丁伟志给我一封信，这个信呢写给丁伟志的，同时写着"请交芳邻"。他知道我跟丁伟志住在一起。丁伟志怎么见的他？丁伟志女儿在德国，他去看女儿时见过。据说后来有位院领导去欧洲访问，陪同的是何秉孟[1]。有一次在比利时卢汶大学，在图书馆看见一个人在看书，正是赵复三，赵复三的行为很奇怪，就说你等一等，我有东西要你带回去。带什么东西？就是我费了千辛万苦带去的胡乔木的那幅字，而且也附了封信，不知给谁的。

丁光训[2]跟赵复三的关系啊是很密切的。丁光训也想把他搞回来，后来都不成功。我给赵复三算好的命，我说他是社会科学界——当然我认为赵复三的学问不怎么特别了不起，但是此人是八面玲珑啊，而且在学术界也八面玲珑。他讲什么都好像懂一点儿，有这个特点——我是拥戴他当社科院院长，为什么？我不能当社科院院长，我当社科院院长，我得苦死了，他是什么都能。第二，他决不会下重手整人，而且还可以化解很多难题。而且我跟他策划过，连他的接班人我都考虑到了，当时想的就是龚育之。我跟他办公室就隔壁啊，我们倒是无话不谈。而且鄙人还有一个特点，我有时敢于当面就说：赵复三你别跟我来这个，咱们拆开来讲。他倒也听我的。所以我是非常拥护他当社科院院长，这一界领袖，宗教界他一界，政协老资格的，所以我算定他政协下届副主席。放着这么大的官不当？而且如果他再当的话他心安理得，他跟我还不一样。

他还有奇怪的话。他说：你不要以为有人说好多的好话，下手毒着呢。如果这样讲，等于说比如杨尚昆啦，说好话，其实回来后整

---

[1]何秉孟（1944年10月～），湖北汉川人。曾任中国社科院办公厅调研处编辑、副处长、处长，院科研局副局长、局长，院副秘书长和学部主席团秘书长。
[2]丁光训（1915年9月～2012年11月22日），上海市人，文学硕士和神学博士。历任全国政协副主席，中国基督教三自爱国运动委员会主席，中国基督教协会会长，南京大学副校长，金陵协和神学院院长等职。

你。他就跟我信里写的就是：千万不要……，他跟我本来他没有自以为对我可以有老三老四的，但他那信里就简直[就是]：人事诡谲，千万不可轻信。

后来还有一次是通过胡绳，大概是向江泽民进言，江泽民就明确批：不能回来。就算完了。能够给他最强硬的支持就两个人：一个杨尚昆，一个胡乔木，都死了嘛，没人说话了。

他本来没问题。他有两次发言，第一次在日本，他讲：最近在北京发生的事情使我感到痛心。我专门问跟他在一起的林丽蕴，我说赵复三的话有没有人知道，有没有人揭发？林丽蕴说：我没揭发，那么谁能揭发？第二次在法国，又说了一句很简单的话：这事情我是同情的。忽然驻法国大使馆发回一个电报给社科院，说赵复三过两天要到马德里去参加一个国际新闻协会。我说赵复三怎么参加这个会呢？郁文问我，我说了实话，我说：这下去了没有好话啦。他就真讲一通中国没有新闻自由，中国是独裁国家。好几页发言稿驻法国大使馆全部发回来了，外事局翻译出来。我职责所在，只能给郁文了，我说：由此看来赵复三不会回来了。

赵复三有一条我倒感到很奇怪，我是确认他是个假牧师，但是我认为其实倒有可能会恢复到基督教的信仰。但是我如果批评赵复三的话呢，他心底里可能确实有一个鬼，可能就是从小当共产党。

第十六章 退休之后

我的社科院副院长当到1990年。我这个人大代表真倒霉，[2002年时]人大代表到处转，那时候是1989年以后，什么都不让转，那时有一个出国任务，要去蒙古国，后说没有经费也不去了。我的人大代表没有出过国。暑期的休养，鄙人一概没享受过。1990年国庆前，我到云南去考察执法情况，这是我唯一的一次。等我从昆明回来，李伊白在飞机场迎接我，给我看《人民日报》，国务院总理李鹏的命令："免去丁伟志、李慎之的社科院副院长职务"，就算完了。从那以后，原则上我就跟社科院脱离关系，开始我的退休生涯了。但实际退休很晚。第一我是人大代表，可以不退休，第二我人大代表大概1993年完了，我提出要退休，我也没很认真办这事。"哎，你就干着吧！"我顶多跟胡绳提过。我真正退休是1996年办手续。前些日子过中秋节，看到退休人员的名单，社科院顶多200人。这单子只有我，只有浦寿昌，只有丁伟志，没有其他人物。我两次被任命副院长，当时三年一任命，没有任期，我第一次是全国人大常委会任命，第二次就是由国务院总理李鹏任命了。

90年代初期参加会议，我自己不发言，我的主要发言，为什么全球化、中国化，那时候我有一点儿醉心于孔孟之道。原因很简单，因为这批林批孔，我对毛主席很反感，他说中国孔子怎么怎么不好，批孔子那个材料有什么重要，那么厚厚一本。"天马行空"也算一条，什么"三月不为仁"，"克己复礼可谓仁也"，这个算什么！他越是这样，这观念我后来倒明确了，自古以来的统治一般地说要比你共产党好得多。所以那两年我还热衷于搞点儿这个东西。中国文化书院请我去跟张岱年[1]打打交道，我觉得总而言之比你这马列主义强。我自己

---

[1]张岱年（1909年5月～2004年4月24日），曾用名宇同，别名季同，河北献县人。曾任北京大学哲学系教授，中国社会科学院哲学研究所兼职研究员，中国哲学史学会会长，中华孔子研究会会长，清华大学思想文化研究所所长。著有《中国哲学大纲》。

觉得我的言论不能说，说出来把人吓坏了。现在渐渐人家也不怕了，慢慢地就这么个过程，真的。

资本主义需要批判，这个是民主制度永远的需要，谁的批判也比不上马克思的批判。没有人才，或者是时代还产生不出，所以马克思这个稳居第一。我相信在苏联马克思主义与西方相比反而不吃香。

我写了《风雨苍黄五十年》以后，有一个人到我家，我给他看这个稿子，本来用了一个假名字叫谨斋，他忽然讲：第一我不赞成你发表这东西，第二要是发表的话，你就用李慎之，不要用什么谨斋。发就发了。我当时主要是气不过，这个五十年，那时候还没有后来的所谓政绩，这些房子都还没有呢，我觉得这五十年你把中国人整得这样。还有一条，李慎之不是好的，邓小平已经死了。毛泽东活着我绝对不敢，邓小平活着我估计也不敢。因为邓小平整胡绩伟，他出口这话，"胡绩伟是坏人"。李慎之在他心目中的印象，我估计邓小平也是记忆力超人，我既然给他当过顾问，他可能会有印象，他可能会说"开除党籍"，或者降级、处分一下。我当时真是有点冒险，我估计江泽民大概不会了。在一个意义上讲，我也是给中国知识分子做了一回石蕊试纸，一试好像没有问题就算了。后来也有问题，中纪委找我谈话了，中纪委的一个大概司局长级干部。谈了一个钟头，他只有一句话：你是老同志了嘛，我们对老同志的言论行为要关心，要负责嘛。我说我自己对我的文章负责，你们可以不必操心了。他就没有进一步的，我也没有进一步的，车轱辘话说了一个钟头。然后他说，李慎之同志你也累了吧。这意思就送客了。在我们二楼，本来就是外事区。我欠身而起，他送我到台阶上，以后就再也没事了。院纪委也找过我一次。

今年[2002年]三四月份，我在南京给人家讲课，在中美文化研究所。人家介绍我是共产党员。我是[南京大学]中美文化研究所的高级顾问，成立的时候我就在。人家问我一个问题说："李先生，听您的讲话，感觉着你这个共产党员组织纪律性差一点儿。"这话问得很刁的。我跟他回答一句话："如果拿共产党的组织原则看，我是差点儿；如果说现在有哪个人还能保持入党时的初衷，我觉得像我这样的人也不多"。我说"我自己不能评论自己，你们评论吧！"

第二编

人物点评与通信

第十七章 人物点评

1. 冯友兰（一）[1]

1.1 深受冯先生的教益

我确实是受到了冯先生极大的教益。可以套孟子的一句话："予未得为先生徒也，予私淑诸人也。"

四十年代初，我在成都看到冯先生在抗战前出版的《中国哲学史》和当时正在陆续出版的《贞元六书》，可以说一下子就被引进了中国哲学的殿堂而震惊于其宏深广大。

一九五七年以后，我遭到了一场飞来横祸，有大痛苦，生大困惑，只有在劳动之余不多的时间拼命读书以求解脱。有一天读到冯先生的书，里头有一句话说："人们大多知道自己在社会中的地位，却不知道自己在宇宙中的地位。"忽然有悟，然后再读书，再联系实际，思前想后，渐渐感到心里恢复了平衡和自主。我把这看成我在哲学上的第二次启蒙（第一次启蒙是一九三五年读艾思奇的《大众哲学》）。

文化大革命后期批林批孔，在我看来，是非很分明，背景的来龙去脉也不难看清楚，不料发现冯先生也加入了批林批孔的行列，于诧异惋惜之余，也趁当时号召大家读书"坚持数年，必有好处"的机会，又认真读了一些冯先生的书与中国哲学的典籍。

文化大革命结束以后的八十年代时，许多人的兴趣已由破四旧而渐渐转向重新认识中国传统文化了，议论之热烈，意见之分歧，为几十年来所未有。我原有的兴趣当然也因之更加强加浓了一些，这时，我又一次感到冯先生对中国文化和中国哲学的贡献之巨大。

[1] 本节内容选自《融贯中西 通释古今》（1991年）。

1.2 冯先生可超而不可越

许多朋友（当然也包括我自己在内）发觉，要对中国的传统经典有所钻研，首先还是要向冯先生请教。他的知识最广博，鉴别最精当，介绍最系统，解释最明白。把四书五经作为基本教材的中国传统教育制度在清末解体以后，中国人要了解、学习、研究中国哲学，一般来说，必须通过冯先生为后来者架设的桥梁。我常说，冯先生可超而不可越，意思是，后人完全可能，而且也应当胜过冯先生，但是却不能绕过冯先生。绕过冯先生，不但必然要多费力气，而且容易走弯路而难于深入堂奥。

冯先生认为，在西学东渐之时，谭嗣同是以中学比附西学，因为他懂中学多而懂西学少；严复是以西学比附中学，因为他先学西学而后学中学。两个人都是格义，而后者胜于前者，因为冯先生一向主张，中国近代史上的所谓中西之分实际上是古今之异。西方先东方近代化，因此是今；东方落后了一步，因此是古。谭嗣同以古释今当然不如严复以今释古。在我看来，冯先生是中国第一个对中国哲学做到了融贯中西、通释古今的人。

近年来，渐渐有些青年人意识到自己对中国传统文化所知太少和自己的中文写作能力之不足了。当有人问我有什么办法补救的时候，我的回答首先总是：读冯著《中国哲学史》。理由很简单，从冯先生的书里，他可以花最少的时间得到最多的信息。读冯先生的书不但可以了解中国哲学的精华，而且可以学会做文章的本领。

1.3 冯先生有些观点值得商榷

冯先生以证明"理世界"的存在作为其哲学体系的基础。而我却无论怎样也无法想象这么一个理世界怎么能存在，反而同意冯先生不大同意的陆象山的话：在太极上加无极是"叠床架屋"。冯先生的理世界是通过分析共相得来的。在冯先生看来，只有共相是真的；而在我看来，只有具体的单个的事物才是真实不虚，共相无非是人运用思维能力抽象出来的。道学家所谓"一片天理流行"，在我看来，只是一片人理——人所赋予自然之理，而不是冯先生所说人之所以为人之理。冯先生爱说的方必有方之理、圆必有圆之理、飞机必有飞机之理，我也都认为只是人的思想对宇宙中万事万物的某种近似的模写、影像、猜测甚至臆断。至于人之所以能思，我只能归之于孟子所谓"天之所以与我者"。人与天本来是一体，不过天有其全，人得其偏。人心通于天心，天假人以立心，人因心而知天。不过人之所知乃是从部分窥全体，所以永远是片段的、浅层的。我甚至不能同意冯先生所谓"一般与特殊的问题乃是中国哲学的根本问题"的说法。我以为中国哲学的主流正脉是宇宙论和与之贯通的心性论，而不是冯先生以西方逻辑方法推出来的那种本体论。

冯先生说天地境界，对我启发最大。据说，先生认为自己生平立说，其他什么都可丢，唯有天地境界说不能丢。先生叫世人要认识自己是宇宙的一分子，确乎是究竟至极之论，将永远有裨于世道人心，而且能推动科学思维的发展。但是，每读冯先生所论，又总是感到不满足，总觉得冯先生在这方面采佛道之说多了一些，而阐孔孟之旨则尚有未尽。同于大化，同于大通，同于大全……这确实是极高明的境界，足以破流俗而励清操。但是在"直到先天未划前"之后，仍然要"不离日用常行内"，在这方面，无论从逻辑上推论，还是在实践中观察，仍然可以有迥乎不同的两个倾向：一个是消极的，一个是积极的。而冯先生实在是太消极了些，他只是重复宋儒的话，在禅宗所谓"担水砍柴，无非妙道"以外又加了一句"事父事君，亦是妙道"。照冯先生所说，天地境界中人的所作所为与道德境界中人并无多大差别，差别只在其"觉解"高了一个档次。不但如此，冯先生还依宋儒之说，以天地境界来贬低道德境界中人之所为。他一面引孟子论浩然之气的话，"其为气也，至大至刚，以直养而无害，则塞于天地之间"，承认这是天地境界中人语；一面又引朱熹的话说，"孟子所谓富贵贫贱威武不能移屈之类，皆低，不足以语此"。而我的看法是，天地境界中人正因为其觉解更高，其所作所为也应更高于道德境界中人。"千古艰难唯一死"，古今中外多少有德有才之人就因为过不了生死关而失德败行。而天地境界中人是不但勘破梦觉关而且勘破了生死关的，当然可以从根本上大大加强人知善的能力与行善的意志。可惜冯先生在这方面竟没有多少发挥，我一直纳闷，冯先生为什么不把"参天地，赞化育"作为天地境界的定义与目标。

所幸，冯先生承认张载所说"为天地立心"是天地境界。既然如此，我想我们不妨说，如果道德境界中人的行善只是出于社会责任感的话，则天地境界中人行善就应当出于"为天地立心"而自觉。用现代语言来说，就是他的思想行动都要能推动人类历史合乎规律的发展，以顺应宇宙进化的大势。这个境界太高、事业太大，是一定不能如冯先生所说的那样"为无为"，"不思而得，不勉而中"的，也一定不是"只能顺受，不能斗底"。冯先生在其著作中所没有提到，而我以为最接近于天地境界中人之所为的，是《周易》所说的"穷理尽性以至于命"。这里一个"穷"字，一个"尽"字，一个"以至于"，都不是"大段着力不得"，而是要花大力气，下大工夫的，要如孔子所说"造次必于是，颠沛必于是"，真到死而后已的。正因为如此，才得着一个"命"字。这个命字，无论解作生命、命运、还是使命，都是天之所赋予者。我以为，只有如此认识才能说透天地境界的意蕴。这样的天地境界才可以不被参禅谈玄、说油了嘴的和尚道士们拉虎皮作大旗。而且也只有如此，天地境界才能不但贯通作为中国哲学精华的道德哲学，而且包罗为中国之所短而为西方之所长的科学精神。总不能把牛顿和爱因斯坦这样穷究宇宙奥秘的大科学家排除在天地境界之外吧！立天地境界就应当真正在道德与理智两方面"立人极"。对天地境界中人来说，做道德的事与做理智的事都应当是冯先生所说的"替天行道"，在根本上是完全相通的，并不是两码事，不过如冯先生在论"才命"时所说，一个人为主客观条件所限，总是难以（或者竟不可能）得其全而已。

1.4 冯先生与"批林批孔"

文化大革命后期，冯先生也跟着"批林批孔"、"评法批儒"走了一阵。以冯先生平生陈义之高、任道之重，海内外不能无微辞。虽然如此，回想那天昏地暗、狂风暴雨挟排山倒海之势以来的岁月里，举神州八亿之众，能不盲从苟同而孤明独照者，屈指有几人？不少行辈年龄小于冯先生，精神体力强于冯先生，政治经验深于冯先生的共产党员，因为忍受不了而诉诸一死，其遗书遗言，甚至骨肉知交也不能辨析其真意，我们又何能求全责备于一个气血已衰的八十老翁。更何况冯先生后来处境之特殊，已特殊到"中国一人"的地步，可谓"蒲轮安车在其左，刀锯鼎镬在其右"。冯先生的选择不是不可理解的。

也许，先生一生以继往开来自励。在当时的情况下，先生一定也看到中国传统哲学与整个中国传统文化已经到了近乎灭绝的地步。斯文将丧，传灯何人？先生也许是想起司马迁在《报任安书》中所申论的"死有重于泰山，或轻于鸿毛，用之所趋异也"的那番道理，于是下定决心，宁为伏生而不为辕固生了。一九八二年，他八十七岁的时候不是还赋诗明志："智山慧海传真火，愿随前薪作后薪"吗？当然，这也只是我的猜想。

1.5 都是过来人

我宁愿把先生个人的遭遇，他的痛苦和悲哀，看成是全体中国知识分子和中国人民的痛苦和悲哀。大家都是过来人，谁又能说不是呢？

我认为，天之所以厄冯先生者或不为不酷，而天之所以福冯先生者亦不为不厚，锡以大年，使他能在否极泰来之后，还能以九十高龄写完一部一百五十万字的《中国哲学史新编》，这真是学术史上的奇迹。

尤其可以引为幸运的是，冯先生竟然有机会在历劫重生以后写出了一生的自传《三松堂自序》，并且表示自己在批林批孔中没有做到"修辞立其诚"。还有机会在《中国哲学史新编》修订本的自序中表示："经过这两次折腾，我得到了一些教训……路是要自己走的；道理是要自己认识的。学术上的结论是要靠自己的研究得来的。……吸取了过去的经验教训，我决定在继续写《新编》的时候，只写我自己在现有的马克思主义水平上对于中国哲学和文化的理解和体会，不依傍别人。"

三折肱然后为良医。好一句"不依傍别人"！这才不愧是"男儿到此是豪雄"！

1.6 开发中国哲学宝库

我相信中国哲学一定可以成为"最科学的哲学"。这种说法可能会引起争议，因为自"五四"以来，已经有过很多有价值的探讨，论证中国哲学是非常不利于科学发展的哲学，冯先生本人就写过这样的文章。但是我认为这些论证只能说明中国传统哲学在过去曾起到化解科学思维的作用，而并不是说中国哲学在将来也会阻碍科学发展。恰恰相反，中国哲学把宇宙看成一个生生不息的有机体，最能与最新的科学把宇宙看成是处于进化过程中的观点互相发明。

我相信中国哲学一定会成为最普遍的哲学。当然，历来的哲学都自以为是能范围天地、弥纶宇宙的理论，但是事实上各民族、各时代的哲学都互有长短。这不但是由于各民族的哲学都带着本民族文明初起时留下的胎记，也是由于以有限的人窥测无限的天所不可避免的"偏至"。过去如此，现在如此，将来大概也还会如此。但是在经过整整一个世纪的冲击而荡涤掉附着在自己身上的污垢以后，中国哲学将是最能帮助人们去认识人生的意义和价值的哲学。

所以说"最"，是因为这无非是一种比较。拿宇宙的尺度来看，人类还只是在幼年时期。中国先贤所盼望的"世界大同"、"天下一家"将来大概是会出现的吧，但是拿人的尺度来看，这却还是相当的遥远。因此，是否会由于一个统一的人类社会的出现而出现一个统一的普遍的哲学，还是以不忙作预断为好。可以肯定的是，即使到了那一天，也会是冯先生所论证的一个"和而不同"的局面，各种学说争鸣齐放，也许比现在更加热闹，决不会是"一道同风""万喙息响"的局面。

中国哲学，就其最根本处说，实际上代表着中国人的原始观念与思想习惯，也就是中国文化的遗传基因。中国要现代化，要赶上世界先进地区前进的步伐，不在中国哲学中开发出其绳绳相继而又可以日新又新的精华来，是极难推动或者引导十二亿之众前进的。西方曾有哲人说过，"没有历史的民族是幸福的"；毛主席则说过，"一张白纸，没有负担，可以画最新最美的图画。"道理也许是一样的。无奈，中国不是一个没有历史的民族，而是一个有着极大的历史负担的民族，因此也就不可能"从零开始"。唯一的办法是把负担化为财富,"化腐朽为神奇"。冯先生是深深懂得这个道理的,他一生孜孜兀兀力求继旧统而创新统,正是为了这一点。而正是从这一点出发,我们不妨套一个现代的名词,说冯先生是"一个伟大的爱国主义者"。虽然冯先生所树立的最高目标,并不是属于他所谓尽伦尽职的道德境界的"爱国主义",而是知天事天同天的"天地境界",但是他知道这两者是互通的。

为了全人类的提升,首先为了居住在一千万平方公里上的十二亿中国人的进步,同时也为了个人精神上的自我超越,我们有义务继承冯先生的遗志,开发中国哲学的宝库。

2. 冯友兰(二)[1]

2.1 学习冯先生的"接着讲"

首先是要学习冯先生说自己是"接着讲"中国哲学的精神。"接着讲"不同于"照着讲"。两句话只差一个字,但是精神全异。"照着讲"是一种保守的、抱残守缺、泥古不化、拒绝进步的态度。"接着讲"则是一种有沿革、推陈出新、继往开来的态度。

六十多年前,陈寅恪先生在冯著《中国哲学史》的审查报告中说:"窃疑中国自今日以后,即使能忠实输入北美或东欧之思想,其结局亦当等于玄奘唯识之学,在吾国思想史上既不能居最高之地位,且亦终归于歇绝者。其真能于思想上自成系统,有所创获者,必须一方面吸收输入外来之学说,一方面不忘本来民族之地位。此二种相反而适相成之态度,乃道教之真精神,新儒家之旧途径,而二千年吾民族与他民族思想接触史之所昭示者也。"这话真是值得人们"愿书万本诵万遍,口角流沫右手胝"的真知灼见。冯先生所谓"接着讲"真正是体现了陈先生所说的原理。

"国于天地,必有自立"。一个民族,尤其是中国这样的一个大民族,其哲学都是经过百代千秋演化而来,而且还要不断演化下去,但是这个过程必然是承先启后的,决不能把传统一脚踢开,另起炉灶。

---

[1] 本节内容选自《我们向冯友兰先生学习什么?》(1996年)。

那样的哲学必然是无本之木，无源之水，长不到哪儿去，也流不到哪儿去的，历史已经证明了这一点，而且还将继续证明这一点。

2.2 学习冯先生的"借着讲"

冯先生值得我们学习的第二点，是我要称之为"借着讲"，也就是融会贯通中外哲学的精神。世界上的国家现在有将近两百个，民族据说有三千个，哲学就其大类来说当然没有这么多，然而细分起来，却也真不知有多少。中国哲学，照陈寅恪先生的定论："自晋至今，言中国之思想，可以儒道释三教代表之，此虽通俗之谈，然稽之旧史之事实，验以今世之人情，则三教之说，要为不易之论。"冯先生写中国哲学史当然要分疏三教以至诸子百家的源流。这方面，他总是分析到最根本处而观其会通。比如"万物皆备于我"，"仁者浑然与物同体"本是儒家的学说；"乘天地之正，御六气之辨，以游无穷"，"与天地精神往来"本是道家的学说；"证真如"，"常乐我净"本是佛家的学说。而冯先生一一打通之，并且提出"道体"、"大全"、"理"、"气"这些范畴，整理出一个头绪，组织成一个体系。这样，中国哲学才可能不流于百家之杂学而成为一套真正的中国哲学。事实上，冯先生也正是把中国哲学之全体介绍给世界的第一人。

冯先生所以能做到这一点，不但因为他深爱中国哲学，也因为他兼爱西方哲学。他自述所以学哲学是因为在上大学时对西方逻辑学发生兴趣。在出国留学以后，他又爱好当时流行的新实在论（共相实在论）。他也确实从共相和殊相的分析入手来建立自己的哲学体系。新实在论是否就是用西方哲学来解释中国哲学的最好方式是可以讨论的，但是冯先生的努力仍然值得称道。他至少做到了构筑成他的新理学的一个完整体系，使后人能够清楚地理解中国传统哲学，或者清楚地看到它的失误。他所以自称自己建树的新理学为有异于宋明理学的"新统"，也是以西方逻辑学批判中国旧的形而上学的结果。他事实上为几乎所有在他之后企图进一步发展中国哲学的老师宿儒打开了一条新路。如唐君仪之以黑格尔哲学，牟宗三之以康德哲学，方东美之以圣多玛哲学尝试中西结合与中西互释，虽然路子不同，但是走的都可以说是中国哲学今后要走向世界的必由之路。当然，中国哲学要真正成为现代化、全球化的哲学还应该如冯先生已经做到的打通三教那样，进而打通基督教的、伊斯兰教的、印度教的以及世界上各种宗教的和非宗教的哲学，但是诸位老先生都不可能没有学力的限制与时代的限制。继续的融合会通还会有漫长的路要走，只能寄希望于后生了。

2.3 学习冯先生对哲学的界定

我们要向冯先生学习的第三点是他对哲学所作的界定："哲学的价值在提高人的精神境界。"冯先生曾预言："在未来的世界，人类将要以哲学代宗教。这是与中国传统相结合的。人不一定应当是宗教的，但是他一定应当是哲学的。他一旦是哲学的，他也就有了正是宗教的洪福。"这句话不但指出了中国哲学的真精神，而且一定会成为今后全人类哲学所共同努力的目标。冯先生提出人生的四境界说，由自然境界、功利境界、道德境界直到天地境界。甚至在历经批判以后还说，"我的别的什么都可以丢，唯独天地境界不能丢。"正是天地境界体现了中国传统哲学中关于人生的意义和人生的态度的究竟至极的探索。尽管冯先生的具体哲学思想是可以讨论的，但是他据以发展其哲学思想的指导原则却是不会更易的。

世界上自从有了哲学这个东西以来，真是流派迭出，千门万户。但是私见以为只有能指导人如何生活，或者如何"做人"的才是真正的哲学。当然研究哲学，或曰"学道"，可以有多种多样的入手处，比如研究宇宙与人生，好像是很不相同的问题。但是只要深入进去，就必然会接触到"人为何活着"，"如何活着"的问题，必然会去探究中国古人所谓"天人之际"的问题。还记得几十年前我读冯先生的书，看到他说："一般人大多知道自己在社会中的地位而不知道自己在宇宙中的地位"，心灵感到极大的震撼。他推衍孟子的话说"人在宇宙中的地位谓之天爵，人在社会中的地位谓之人爵"。这也可以说是中国哲学的老生常谈了，小时候做作文常用的一句套话就是"人生天地间如何如何"，但是看似冯先生以普通的大白话向你直接提出这个问题的时候，却感到有一种出乎意料的力量。冯先生自称他的哲学是人生哲学。可以说这是哲学的正宗，哲学在今后只要还存在，还为人们所需要，就无论如何躲避不开这个主题。在当今这个哲学新说盈天下，学者往往引一得以自见的时代,哲学很容易成为标新立异的一种手段,成为"成名成家"或者"为稻粱谋"的一种手段。我恐怕其中不少都将成为稍纵即逝的过眼云烟。要在这个世界价值大混乱的时代而能卓然有以自立,而且确实有补于世道人心,有助于确立世界秩序,恐怕只有像冯先生那样,接着往圣先贤而会通中外古今在坚实的基础上立说、而能有助于提高全体人类的精神境界的哲学才有永恒的生命力。

2.4 天地境界

依冯先生之说,天地境界确实包括了老庄佛禅的玄言妙道,因而为冯先生所宝爱。但是冯先生一向说是非善恶是不能脱离社会的政治经济制度而论的,而天地境界,尤其是所谓同天境界,却是完全超乎人间的是非善恶之上的。如冯先生常引程明道观鱼以见万物自得之意。但是"大鱼吃小鱼,小鱼吃虾米"的事实,从吃与被吃看来,是有善恶的,而从天地亦即宇宙看来,则不过是维持生物链或者生态平衡之必要。正因为如此,老子说:"天地不仁,以万物为刍狗";周易说:阴阳"鼓动万物而不与圣人同忧"。以现实社会生活为例,人类自古以"生生"为最高道德标准,然而近百年来,人们认识到过量生育必然使资源与环境都不胜其负担,因此我们国家现在已实行"生一个孩子好"的计划生育政策。虽然价值观念的改变历来并不少见,但是只是到现在,人类才面临要从宇宙大化流行的观点来重新审查一系列的价值观念。冯先生提出了"天地境界"这个最高标准,但是当时还并未想到"天地境界"实际上要面对的许多新问题。解决这类问题要求人类有新的视角、新的眼界,要利用日新月异的自然科学知识,要考虑到"至大无外,至小无内"的许多现象。这是冯先生提出的天地境界给我们留下的课题,是需要后人继续不懈地探索的。

2.5 学习冯先生的行文风格

要特别强调向冯先生学习的第四点是冯先生的行文风格。不论冯先生在其著作中引用了几乎全部中国传统哲学中被认为是古奥的术语,也不论他引用了多少西方哲学中被认为是难解的概念,他的文字永远是条理畅达,丝丝入扣而又明净如水。我在纪念冯先生逝世一周年的一篇文章中说过这样一段话:"近年来,渐渐有些青年人意识到自己对中国的传统文化所知太少和自己的中文写作能力之不足了。当有人问我有什么办法改进的时候,我的回答首先总是,读冯著《中国哲学史》。理由很简单,从冯先生的书里可以以最少的时间得到最多的信息。而且冯先生是一个运用语言的大师,在用白话文写哲理文章方面,其才能可以说是冠绝一时。冯先生的书特别好读,已是学者的公论。因此读冯先生的书不但可以了解中国哲学的概貌与精华,而且可以学会做文章的本领。平心而论,与冯先生并世诸贤,对中国哲学钻研之深、考证之细、析理之精,或有可与冯先生比肩者,而能开广大法门为后学接引者,却无人能代替冯先生。"到今天,我仍然这样认为。

文理通达,这不是一件小事。开放改革十几年来,中国人介绍西方学术思想的越来越多,但是以我之不才,往往想学而弄不懂。满纸的"话语"、"文本"使我如入五里雾中。我历来总是自恨中年失学,力有不逮,但是近来却也碰到越来越多的公认为学贯中西的老先生常常摇头自叹不懂,因此我也居然斗胆怀疑起这样到底是在扩大与加深交流与融合呢,还是在增加混乱与隔阂。"言之不文,行而不远"。在这个全球化的时代特别要求有越来越多的对本族的与外域的文化能够都懂而致力于做打通工作的人,这是全球化的历史要求,冯先生自称能把复杂的东西讲得简单,这是一项了不起的本领,我衷心地希望有越来越多的青年人有意识地学习冯先生的文风。

3. 陈寅恪[1]

3.1 杰出的思想家

陈寅恪先生是举世公认的二十世纪中国伟大的史学家。陈先生[也]是中国本世纪最杰出的思想家之一,他的思想的光芒将照耀中国人进入二十一世纪,也许直到永远。陈寅恪在一九二九年所作王国维纪念碑铭中首先提出的"独立之精神,自由之思想",今天已成为中国知识分子共同追求的学术精神与价值取向,而且一定会成为现代化以后的全中国人民的人生理想。

---

[1]本节内容选自《独立之精神自由之思想——论作为思想家的陈寅恪》(1999年)。

历来有一种说法，认为陈寅恪是一个"文化遗民"，胡适即主此说。其实光就王国维纪念碑铭看，陈寅恪竭力引进自由、独立的精神，而且竭力要使之接上中国文化的传统，就可以否定此说。何况，陈寅恪到晚年著书表彰陈端生、柳如是，主要的就是表彰她们的自由独立精神。更何况，陈端生与柳如是是在中国传统文化中处于底层的妇女，而且一为罪妇，一为妓女，更是底层之底层。而号称"世家子弟"（李提摩太语）的陈寅恪晚年却还要专门"著书唯剩颂红妆"，十分同情陈端生反抗"当日奉为金科玉律之君、父、夫三纲"，赞美"端生此等自由及自尊即独立之思想"；对柳如是，则甚至夸奖其"放诞多情"，称之为"罕见之独立女子"。这岂是一个文化遗民，或者用现代的话来说，一个文化保守主义者所能说得出的？

3.2 中国传统文化的精神

中国传统文化的精神到底是什么？早在一九二七年的《王观堂先生挽词·序》中，陈寅恪就高度概括地说："吾中国文化之定义，具于白虎通三纲六纪之说，其意义为抽象理想最高之境，犹希腊柏拉图所谓idea者。若以君臣之纲言之，君为李煜亦期之以刘秀；以朋友之纪言之，友为郦寄亦待之以鲍叔。"试问：自从中国人与外域接触并且开始对自己的传统文化有所反思以来，有哪一个人对之有如此概括，如此明确的结论？

在这里，陈寅恪实际上已经点出中国传统文化的定义是叫人"无所逃于天地之间"的专制主义了。

3. 坚持独立的学者

中国学人历来的一个价值标准就是要"学有宗旨"。陈寅恪在二十年代提出"独立之精神，自由之思想"以来，终身未曾违背这一宗旨，真是"造次必于是，颠沛必于是"。最明显的就是五十年代初中国科学院决定增设两个历史研究所，派人南下广州，邀请陈寅恪先生出任第二历史研究所，亦即中古史研究所所长。当时早已失明的陈寅恪亲自口授了一封复信，其中说：我认为研究学术，最主要的是要具有自由的意志和独立的精神。……独立精神和自由意志是必须争的，且须以生死力争。……我决不反对现在政权，在宣统三年时就在瑞士读过《资本论》原文。但我认为不能先存马列主义的见解，再研究学术。我要请的人，要带的徒弟都要有自由思想、独立精神。不是这样，即不是我的学生。

这正是"三军可夺帅也，匹夫不可夺志也"。它决定了陈寅恪不可能北上。而在以后留在中山大学的岁月中，他虽然只能凭超常的记忆论证了一番《再生缘》与陈端生、钱牧斋与柳如是，虽然由于政治环境与生理条件（目盲足膑），远远不能尽展其才而为中国新史学开宗立派，然而已以其著作，其言论，特别是其品格为中国文化添上了一个"独立之精神，自由之思想"的新统。其价值将愈后而愈显。

3.4 中国传统文化的"第二定义"

还有一个可以称之为中国传统文化的"第二定义"，也是陈寅恪下的。这就是他一九三三年在《冯友兰〈中国哲学史〉审查报告三》中说的一段话："故自晋至今，言中国之思想，可以儒释道三教代表之。此虽通俗之谈，然稽之旧史之事实，验以今世之人情，则三教之说，要为不易之论。"此虽通俗之说，然而只有陈寅恪这样的通才硕学，一槌定音，然后世无异辞。不过以我之不敏，还想在"三教"之后加上"九流"二字。这倒不是指《汉书·艺文志》所说的九流，而是指直到今天社会上还实际存在的所谓"三教九流"或"下九流"而言。因为中国文化同世界上其他民族的文化一样，原始时代的巫术并未绝根，而且还不断有所发展，历史上有不少朝代，初起时都以之为凭依。即使在儒、道、佛三家的正统中也未能从几千年的进化中完全汰洗干净，而在号称中国唯一本土宗教的道教中则大量存在，在民间的各种信仰以至迷信、邪教中，更是大量流行，影响于历史的、当代的、甚至明天的中国社会生活者十分重大。

3.5 中国哲学惟重实用而不究虚理

据一九一九年十一月十一日吴宓日记所记陈寅恪的言论云："中国之哲学美术远不如希腊，不特科学为远逊泰西也。但中国古人素擅长政治及实践伦理学，与罗马人最相似。其言道德，惟重实用，不究虚理。其长处短处均在此。长处即修齐治平之旨；短处即对实事之利害得失，观察过明，而乏精深远大之思。故昔则士子群习八股，以得功名富贵。而学德之士，终属极少数。今则凡留学生，皆学工程实业，其希慕富贵，不肯用力学问之意则一。"这些话是八十年前讲的，然而移用于今日，可谓毫厘勿失，也许更有甚焉。

八十年来，中国人所担心的好像总是怕发展不了经济，深怕中了斯大林的话，叫做"落后就会挨打"。然而陈先生偏说："此后若中国之实业发达，生计优裕，财源浚辟，则中国人经商营业之长技可得其用，而中国人当可为世界之富商。"陈寅恪的这些话都可以说是先见之明，当时几乎没有什么人有同样的预见。现在，中国的经济有了些发展，中国人计算的又是GNP的总值如何？增长率如何？什么时候总量可以赶上，什么时候人均可以赶上先进国家？再过一个世纪能否成为世界第一强国？然而不知道到那个时候，即使中国经济发展的目标达到了，要取得世界各国的尊敬，更重要的是文化的力量，或者如陈寅恪所说"以学问美术等之造诣胜人"，然而在他看来，这却是"决难必也"。陈寅恪下面的一段话尤其富有针对性："夫国家如个人然。苟其性专重实事，则处世必周备，而研究人群中关系之学必发达。……尤有说者，专趋实用者则乏远虑，利己营私，而难以团结、谋长久之公益。即人事一方，亦有不足。今人误谓中国过重虚理，专谋以功利机械之事输入，而不图精神之救药，势必至人欲横流，道义沦丧。即求其输诚爱国，且不能得。西国前史，陈迹昭著，可为比鉴也。"

这些问题都是八十年来实实在在存在的。见事见理之明察深刻如陈寅恪者，并世实罕有堪与比肩的人。我们固然需要陈寅恪这样的历史学家，但是更需要陈寅恪这样的思想家。

3.6 吸收输入外来之学说

陈寅恪又一个著名的论点，即："中国自今以后，即使能忠实输入北美或东欧之思想，其结局当亦等于玄奘唯识之学，在吾国思想史上既不能居最高之地位，且亦终归于歇绝者。其真能于思想上自成系统，有所创获者，必须一方面吸收输入外来之学说，一方面不忘本来民族之地位。此二种相反而适相成之态度，乃道教之真精神，新儒家之旧途径，而二千年吾民族与他民族思想接触史之所昭示者也"，不但已为二十世纪的中国历史所证实，而且即使全球化的浪潮汹涌澎湃，也可以相信其至少在二十一世纪仍然有效。

陈寅恪逝世二十九年以来，即不断有学者为其当年不能远走海外而深致惋惜，最近在香港，即有人以此为言。但是我的看法不同。姑不论父母之邦为陈先生所决不忍去，陈先生在《柳如是别传》的缘起中不是还说过："披寻钱柳之篇什于残阙毁禁之余，往往窥见其孤怀遗恨，有可以令人感泣不能自已者焉。夫三户亡秦之志，九章哀郢之辞，即发自当日之士大夫，犹应珍惜引申，以表彰我民族独立之精神，自由之思想。"陈先生晚年正是要以自己的孤怀遗恨，不屈不挠地为国人立一典型，使天下后世知所矜式，其意义、其价值是无论如何估计也不会高的。

4. 章文晋[1]

4.1 难得的好人

好人——这可以是一个很平凡的词儿。在估计有一亿多人遭灾的文化大革命中，不是也还是说百分之九十五以上的人都是好人么！但是，它也可以是一个极有分量的评价。滔滔者天下皆是也，盖棺论定，又有几个人能被公认为一个"好人"呢？对于文晋，我想不出，也觉得不需要更多的赞美，只想说：他真是一个难得的好人。

4.2 传奇式人物

熟悉文晋（一九一四年~一九九一年）历史的人，会把他说成是一个传奇式的人物。出身于通儒显宦之家，祖父章一山是晚清的翰林，外祖父是曾任北洋政府总理以领袖风雅而名重一时的朱启钤，然而他却在十五岁的时候就在德国参加了CY。两年以后又在中国因为干革命在上海坐过大牢。一九三五年又成为清华大学机械工程系的高材生。一九三七年抗战开始以后，他随学校南迁，又有三年时间中途离校，先在国民党的陆军机械化学校学汽车修理，后在中国红十字会

---

[1] 本节内容选自《典型顿失 遗范长存——纪念文晋公逝世一周年》（1992年）。

工作，给红十字会会长、当时被视同"洋人"的名医林可胜当秘书。一九四三年在西南联大毕业以后，就到了重庆第十八集团军办事处。以后的事情，世人知道的比较多了，因为他成了周恩来的英文翻译和秘书，参加过同马歇尔的谈判，有时还作为中共代表团的发言人举行过记者招待会，名字常常出现在报纸上。中华人民共和国建立以后，章文晋一直在外交系统任职直到去世。一部新中国的外交史，文晋虽然不能说无役不与，但是也确实是屡当大任。不说中缅、中尼、中巴、中阿划界和中印边界谈判这一类的事情，单以他在从乒乓外交到中美建交中所起的作用，也就足以使世人传为美谈了。当然，一九八三年以七十高龄还由邓小平点将而出任驻美大使，也是一段佳话。

4.3 "文晋公"和"文敬公"

从四十五年前最初认识他的时候起，我一直没有把他看成是一个叱咤风云的人物。那是一九四六年的早春，我从成都到重庆化龙桥的新华日报"参加工作"。文晋当时在上清寺的中共代表团。那是一个非常值得怀念的时代，只要是革命同志，哪怕素昧平生，一见面就同亲人一样。当时，不但周恩来的名字可以使我这样一个刚出学校的青年倾倒，就是"周恩来的秘书"这个头衔也已足够使我肃然起敬了。但是文晋给我的印象并不是一个少年得志，意气洋洋的人物，而是像一个老学长，淳朴谨厚、温文尔雅，这个印象以后几十年都毫无改变。

国共谈判破裂以后，文晋随周公回到延安；在胡宗南进犯延安前夕又东渡黄河到山西的三交，再到河北的平山，最后进北京。我虽然同他不在一起工作，走的却是一条相似的路子，因此在三年之间也不断有过一些相聚的机会，但是真正比较熟悉还是在建国以后。他在周总理身边工作，我则不时被征召到总理出国时的临时班子里"客串"，照陈家康同志的说法，都是"文学侍从之臣"。工作是繁重而紧张的。但是也常常互相笑谑，轻松一下。因为主要是做起草文件的工作，这班人彼此戏称为"文草公"、"文定公"之类。其间只有文晋因为名字天然合适，被大家牢牢地上定了"文晋公"的尊号。其实，谥法并无"晋"字，在我心目中，他应该被称为"文敬公"。谥法：夙夜警戒曰敬，合善典法曰敬。这两条他都是当之无愧的。

确实，文晋公是一个堪称典范的人民勤务员，对工作真的是孜孜兀兀、兢兢业业。据张颖同志说，文晋在外交部工作期间很少有半夜以前回家的时候。他真有"连续作战，不怕疲劳"的作风。我至今记忆犹新的是一九五四年七月，我们随同总理乘日内瓦会议休会的间隙访问印度。到离开新德里前一天的晚上，为了打磨后来以提出和平共处五项原则而闻名于世的中印总理联合公报，在印度总统府整整干了一个通宵。一过十二点，我已经是上下眼皮粘在一起，呵欠连天了。他却还是精神抖擞，我的困劲儿好像也在他的影响下慢慢消失了。那天一直干到窗外发亮才完工，他一分钟觉没有睡，却还照例要做早操，我们一起走到户外那个著名的蒙兀儿花园，四十多度的高温竟感受不到一丝清晨的凉气。

作为一个勤勤恳恳的公务员，文晋从来没有想当学者，但是他对于经办的事情总是力求弄清原委本末，因此他所积累的国际知识和外交资料是极其丰富的，而且记忆十分精确，因而完全称得上是一个专家。要问到什么问题，他都可以一五一十如数家珍，就像从电脑里"调"出来一样，真不愧"外交部活辞典"之称。这是像我这样大而化之，事情一过就抛到脑后的人不能不叹服的。

4.4 真正的外交家

文晋做了一辈子的外交家，如果人们以通常对外交家的印象推断文晋，以为他也是那种苏秦张仪式的人物，舌带风雷，胸怀权谋，那就错了。他恰好是那种现在已不多见的老式君子。我曾亲自听到周总理说他"不懂政治"。不必讳言，这在当时是一种批评，但是现在看来，这难道不是一种赞扬——极高的赞扬么！

我最后一次见到文晋是在一九九〇年底，当时美国第二任驻华大使恒安石来北京，我请他吃饭，顺便也请文晋一起叙旧。他身体看上去还不错，精神也还可以，我们谈到箭在弦上的海湾战争，也谈到没有怎么好转的中美关系。席间，恒安石对文晋说，美国的许多朋友都认为像你这样儒雅的（scholarly）外交家最能博得美国人民的信任。大家都特别想念你（miss you very much）。文晋去世以后曾有人告诉我，美国第一任驻华大使伍德科克曾为他的死而痛哭失声，我相信是真的。

他也许不合乎世人心目中的"外交家"的模式，但是却是一个真正能"以诚信结两国之好"的人物。在我看来，毋宁这才是真正的外交家。新的时代会有新的人才，中国的外交界也将会继续涌现新的外交家，但是像文晋这样的人恐怕是很难再有了，因为培育了他这种人品、学识的土壤与气候都很难再有了。

文晋大我九岁，我一直视之为兄长，仰之若前辈。李义山《哭刘蕡》有云："只有安仁能作诔，何曾宋玉解招魂？平生风义兼师友，不敢同君哭寝门"，这也正是我此时的心情。

5. 匡亚明[1]

5.1 主持《中国思想家评传丛书》

匡老是二十年代的老党员，大我几近廿岁。一见投缘，主要是因为我们共同关心中国传统道德的继承与发扬的问题。我还记得他第一次见我时就说："我们共产党多年以来只讲斗争，不讲道德，斗来斗去把社会风气斗得这样坏。"我听得出他的忧心是很深的。从那时起，他以八十高龄主持《中国思想家评传丛书》这部二百册的皇皇巨著，经过他和他的同事们的努力，现在已经完成了五十多册。它完全不同于近年来社会上好大好虚的浮夸之作，以卷帙、以装帧、以派头、以价钱欺人压人，而是确实罗致各方专家，深钻精研，一字一句、一章一节写出来的，务使每一本书都确有内容，确有精神，可以成为我们时代的继往开来之作。尤其值得惊叹的是，他亲自动手完成了他自己所谓"四十多年的一个小小愿望"，写了其中的第一部著作——三十五万多字的《孔子评传》，从印在卷首的手稿复制件看，真是反复修改，至再至三。仅此一点，比之于当代以至古代的一些"大老"冒领虚衔，浪逐声名，看起来像是总持风雅，实际上是导人以伪、伤风败德者，真是天渊之别了。

---

[1] 本节内容选自《做学问首先要做人——匡亚明先生印象》（1997年）。

5.2 深受儒学影响的汉子

匡老自称从小上私塾，读的是孔孟之书，以后参加革命，对儒学别有看法，晚年又回归孔子，其间经历了一个否定之否定的过程。这是许多革命者共有的经历，"三折肱然后为良医"，恐怕也自有其客观规律性在。

匡老在其著作中一再提到一些中国共产党早期的卓越领导人恽代英、萧楚女、邓中夏等同志对他的影响，这些人一方面给了他马克思主义的影响，一方面也给了他中国传统道德的影响。这一点证实了我久有的一个猜测。我一向以为中国共产党所以能领导中国革命取得胜利，除了客观环境与政治路线的原因不说，有一点是因为老一辈的共产党人大多是顶天立地的汉子。他们骨子里都秉承中国文化传统的精华：他们怀有"天下兴亡，匹夫有责"的抱负；"民吾胞也，物吾与也"的襟怀；立定"三军可夺帅也，匹夫不可夺志也"；"无求生以害仁，有杀身以成仁"的气节，这样才能使他们前仆后继，再接再厉，不达目的，决不休止。我似乎早就在给我以马克思主义启蒙的共产党员老师身上看到了这一点，匡老也属于那一辈人。

匡老一贯强调孔子思想"提出了有独立人格、独立个性和独立志气的人的自觉"。他指出"中国传统文化的价值在于围绕着个人，人际关系和社会提出了一系列关于如何做人、个人修养和处理好人际关系"。他的思想是真正继承了中国古来"治国平天下"的第一大事——正人心，淳风俗"。中国真要振兴，世界真要得救，是离不开这一条的。

匡老说："我想来想去，中国学问的精髓就是'人学'，做学问首先要'做人'。"这一点，在匡老晚年真是念兹在兹，天下推为知言，我本人也听他讲过多次。这决不是老生常谈，而是一个九十老人历尽沧桑之后最深刻的体悟，已经浃骨沦髓，融入他的灵魂了。当然也有人以为中国学问不如西洋学问之处正在于中国人不重求知，然而反过来也可以说这正是中国学问的优长之处。事实上，宋儒就说过"学问之道在变化气质"，看看今天社会上的浮躁、虚夸、轻薄、诈伪……之风日甚一日，虽然提出了"精神文明"的要求，却甚难落到实处。什么时候才能使中国人的气质来个大变化呢？

5.3 先辈仪型在

中国文化有三大悖论：第一，中国人自以为重历史，一开口就是上下五千年，然而中国人实际上最不重视自己的历史，天天在毁灭真古董，又天天在制造假古董，尤其是开放改革以来，造起了不少红红绿绿、俗不可耐的"名胜古迹"，其用意只在一个"钱"字，而全无求真好古之意，全无从历史中培养民族感情，涵泳人文精神之意。第二，中国人号称最爱自然，看看中国的传统典籍诗画，似乎也确是如此，有人甚至以此来解"天人合一"之说，但是事实上，中国人最爱破坏自然，只要人一加开发，立刻名山失色，碧水遭殃，可谓百试不爽。第三，中国的最高哲学概念是仁，强调的是"以仁存心"，是"万物一体之仁"，中国的政治哲学则可以说是"以仁为体，以礼为用"，所以中国自诩为"礼仪之邦"。但是中国人的公德心（姑置私德不论，也不说其他可能有的悖论）却又几乎可称世界倒数第一。匡老莞尔称是。

匡老生性旷达乐观，不像我卞急狭隘，看世事常带灰色。先辈仪型在，这一点就值得我学习终生。"人之云亡，邦国殄瘁"。这是我不免有的感情，但是匡老有知，一定不以我为然。"长江后浪推前浪，世人新人换旧人"。孔子说："后生可畏，焉知后来者之不如今乎！"想必这也是匡老的襟怀。倘能如此，匡老虽去，也可以无憾了。

6. 钱锺书改胡乔木诗[1]

一九八二年六月一日是乔木同志七十寿辰，但是为了给定于九月份召开的中国共产党第十二次全国代表大会准备文件，他过了"五一"就带着我们这一班人上玉泉山了。比我更了解他的同志说，当时是乔木心情最舒畅的日子：三中全会已经开过，大批冤假错案基本平反，林、江两集团案件已经审判，建国以来党的若干历史问题决议已经通过，改革开放征程初始，捷报频传，他个人与许多老朋友的交谊已逐步恢复。在玉泉山，他不但主持十二大的文件起草工作，而且负责处理许多有关意识形态方面的问题。如就在这年六月份作过一次论证为何不再提"文艺为政治服务"的精彩讲话，在文艺界引起强烈反

---

[1] 本节内容选自《胡乔木请钱锺书改诗种种》（1997年）。

响。所以那时他虽然年高七十，体弱多病，还是精神振奋，有说有笑，富有幽默感。还记得有一次，我看见他一个人仰卧在草地上，我问他这是为什么，他说："我有能源危机，要接点地气！"

我当时已是社会科学院的工作人员，我自信深知乔木同志内心的一个秘密。他虽然久居高位，"文革"以前已经因为是中央书记处候补书记而成了"党和国家的领导人"，然而他心中最珍视的职位恰恰是世人不甚尊崇的"中国社会科学院院长"。他曾亲口对我讲过，"社会科学院永远是我的恋爱对象"。当时他脑袋里真是"一片振兴学术之心"，想办这个所、那个所，起用这个人、那个人，颇有平生大愿，至此方得大展的劲头。这种意愿在与我闲谈中常有流露，惜乎后来大都无法实现。

大约是五月份的一个星期六晚上，他忽然告诉我"明天要去找钱锺书"。我问为什么？他一字一顿地说："我要请他看在我的面子上，给社科院撑撑场面，给社科院当个副院长。"我永远不会忘记他当时笑眯眯的表情。中华人民共和国成立三十三年了，我从来只知道"官能荣人"，现在才第一次看到了原来"人也能荣官"。

六月上旬的一天，我看到他在走廊里往复徘徊，又屡屡在我的房门口停留，似有垂询之意，不免奇怪，便请他进屋。他拿出两张纸，上面写的就是后来在"七一"发表的《有所思》。然而涂改批注很多，一望而知是钱锺书的笔迹。他一面给我看，一面说"我做旧诗总是没有把握，因此要请锺书给我看一看，改一改，不料他给我改得这么多。你看怎么办好？"我说："这是钱先生书生气发作了，还是我来给你办一点外交吧。"

我自以为对乔木同志的心情是理解的：四首《有所思》实际上是他七十岁时的人生总结，是他的平生自序。乔木同志与锺书先生虽然谊属同学（钱要高一班），然而在上大学以前就走了两条完全不同的道路：一个是投身革命、历尽艰险，然后是久赞枢机、管领意识形态，几十年来基本上是烈火烹油的事业；一个是矢志学问，自甘寂寞，虽然青年时代即名震清华，而解放后三十年，始终视声名如敝屣，如果不是"四人帮"倒台，著作印不出来，也不惜没世而不见称，可谓今之高士。两人之间的这个差别，钱先生本来十分了然，也不知为什么，那一次却似乎完全忘却了，就像改自己的诗那样，只顾一东二冬、平平仄仄，由兴改去。而乔木同志偏偏又是一个极重礼貌的人。这样，居然出现了"我诚心请你改诗，你也费心改了；我期期以为不可，但又怎么好意思请你再改回去呢"的尴尬局面，因此十分踌躇。这种心情，其实不难了解，要解开这个疙瘩也不难，只要向钱先生提一提就可以了。

六月十二日，我带着这个理解来到钱先生家里，充当"说客"。我与钱先生同乡世谊，比他小十三岁，一向倚小卖小，直来直往，我说：乔木同志一生是个革命家，有他必须守定的信条，像"红墙有幸亲风雨，青史何迟辨爱憎"、"铺路许输头作石，攀天甘献骨为梯"……这样的句子，都是乔木的精魂所系，一个字也动不得的。你不能像编《宋诗选注》那样，嫌文天祥的《正气歌》太道学气就不收的。以钱先生的绝顶聪明，几乎不等我把话说完，已经完全明白。他大概立刻想到了孟老夫子所谓"故说诗者，不以文害辞，不以辞害志。以意逆志，是谓得之"，说"是我没有做到以意逆志而以辞害志了"。

然后，我们一起先是恢复原文，再选择我们共同认为不妥的地方改了几个字（如第一首末句"弦急琴摧志亦酬"原作"弦断琴亡志亦酬"，"断弦"旧多指丧妻，与作者原意不符，故改），由我带回给乔木同志。他大为高兴，后大概自己又改了一些，不久就发表在七月一日的《人民日报》上。

乔木同志自称爱新诗甚于旧诗。看他的诗集，此言信然，虽然我还是偏爱他的旧诗甚于新诗。他的旧诗过去常请郭沫若、赵朴初先生，以至毛主席修改，后来则与钱锺书相切磋。他的诗集《人比月光更美丽》就是请钱先生题的签。他告诉我，他在清华读书时，对老师辈最景仰陈寅恪，对同学少年则最佩服钱锺书，然而因为选择的人生道路不同，后来虽有工作关系，却直到"文革"以后，才能倾心结交。钱锺书的《管锥编》、杨绛的《干校六记》如今已成"当代经典"，当年如果不是乔木同志的亲自支持，是出不来的。

我常常想，如果我们的国家没有搞那么多人为的阶级斗争，能够让乔木同志从心所欲，尽展长才，在他的岗位上总持文章，宏奖风雅，今天中国的文坛、学界，或者再扩大一点，中国的精神文明，会是一个什么局面呢？

7. 王小波[1]

7.1 不认识王小波

我并不认识王小波，虽然我同他老丈人和丈母娘是几十年的老相识，因此也认识了他的妻子李银河。文化大革命结束以后，李银河和林春两个小姑娘在《人民日报》上发表一篇文章，里面引用了马克思的话：伟人之所以伟大，是因为你跪着看他。这是我们这一代人想说而不敢说的。

王小波唯一与我打过的交道是，大约六七年之前，我收到一本书，叫《王二风流史》，扉页上写着"李慎之师指正"。我草草看了一遍。觉得文字清新、简练、轻松活泼。内容照中国人传统的观点看，可能有点"黄"。小波逝世的时候，我因为中风躺在外国的医院里；他逝世的消息传来的时候，我因为病还没好躺在中国的医院里，零零星星看到一些追悼、评论他的文章，不觉渐渐产生了一丝越来越深沉而弥漫的悲哀，因为这些文章勾起了我对小波的文章的片段回忆。

7.2 不忘文革

小波和别人都说他是一个小说家，已经完成并且得奖的作品是长篇小说《黄金时代》、《白银时代》和《青铜时代》，但是，这是我直到几天前才听说过的事，当然谈不上阅读。事实上，我对小波的了解是很不够的，小波引起我注意的只是零零星星的一些文字。譬如，文化大革命，我总以为是当代和以后的中国人决不可以忘记的。倘说文化，这是中国博大精深的"五千年文明"结穴的杰作；倘说国耻，这才是真正的国耻，已经到二十世纪下半期了，只有我们中国才能闹出"八亿人不斗行吗？"这样的大笑话、大悲剧来。我总以为中国人倘要在二十一世纪能好好地活下去，就要不断地深刻反省文化大革命（正因为文化大革命的缘故，我已经不敢说"彻底批判"了）。但是近十年来，好像大家已把它淡忘了。只有小波还念念不忘，常在文章

[1]本节内容选自《文苑失英 明者永悼》（1997年）。

里提醒人们。比如他谈到自己"改造思想"的经验：

当年我假装（对劳动之苦）很受用，说什么身体在受罪，思想却变好了，全是昧心话。说良心话就是：身体在受罪，思想也更坏，变得更阴险，更奸诈。

"文革"当然已经过去，但是这种说"昧心话"的风气还远远没有根绝，甚至还很流行。

从八十年代到九十年代，中国的所谓思想界发生了一个转折，其原因，在我看似乎是十分简单的：中国传统还在发生作用，无论是权势者还是知识者，老一套又来了，稍稍改了的一点又退回去了。十年前有许多我有幸引为同道的青年人，现在都"沉潜"了。抛开"下海"的不说，有的转向"学术"，有的转向"功业"，使我有时很感到鲁迅先生曾有过的对青年人的慨叹。但是，我渐渐地也"理解"了他们，青年人不像我这样的老头子，总是要奔一个前程的。然而，特立独行如小波，却使我感到尤其可贵。

7.3 民族主义

九十年代还发生了一股不可小觑的思潮——被称为民族主义，我则以为是借着爱国主义的名义泛滥的国家主义思潮。许多人大谈起中国文化如何"博大精深"来了，犬影吠声，很是耸人听闻。但是，我有一次偶然看到一段文字：

总的来说，中国人总要以为自己有了一种超级的知识，博学得够够的，聪明得够够的；甚至巴不得要傻一些。直到现在，还有一些人以为，因为我们拥有世界上最博大精深的文化遗产，可以坐待世界上一切寻求智慧者的皈依——换言之，我们不仅足够聪明，还可以担任联合国救济总署的角色，把聪明分给别人一些。一种如此聪明的人，除了教育别人，简直就无事可干。

这样痛快淋漓的讽刺，引得我再看一看文章的作者到底是谁，原来就是王小波，题目是《智慧与国学》。在目前的这股思潮中，连辜鸿铭也被捧为"学贯中西的文化怪杰"。敢于直斥之为"虐待狂"与"自虐狂"的，就我的见闻所及，也只有小波。

因为李银河给我寄来了小波的杂文集《我的精神家园》，又初次看到了这样一段文字：

> 中国人——尤其是社会的下层——有迷信的传统，在社会动荡、生活有压力时，简直就是渴望迷信。此时有人来装神弄鬼，就会一哄而起，造成大的灾难。这种流行性迷信之所以可怕，在于他会使群众变得不可理喻。这是中国文化传统里最深的隐患。宣传科学，崇尚理性，可以克制这种隐患；宣扬种种不可信的东西，是触发这种隐患。作家应该有社会责任感，不可为一点稿酬，就来为祸人间。

这是对中国文化最深刻的认识，也是最深刻的忧虑。其实，这样的现象，西洋也是有过的，把人活活烧死的宗教裁判和追捕烧杀女巫的行为就是。他们今天的局面是经过几百年反复的理性的反思得来的。这也正是我们所以要对文化大革命持续反思的原因。

鲁迅先生说，中国要有希望必须多有不自满的人。我就是从这个意义上去理解小波的，也正因为如此，我才产生了一开头所说一丝越来越深沉而弥漫的悲哀。这样的人中国本来就不多，现在又少了一个。正如鲁迅先生所谓"宏才远志，厄于短年。文苑失英，明者永悼。"

8. 周恩来两次发火[1]

8.1 第一次发火

一九五六年十二月二十三日，在巴基斯坦的海得拉巴，正当总理访问亚欧十一国（越、柬、巴、印、苏、匈、波、阿富汗、尼泊尔、锡金）前半段的末尾。那天上午，主人安排总理参观他认为管理得法、效益很好的一家刀片工厂，好像是一家合资工厂。厂方特别热情地介绍总理去看他们非常得意的一个模范工人工作的情况。这个工

---

[1] 本节内容选自《我见到周总理的两次发火》（1998年）。

人其实是一个童工，年纪无论如何不会超过十四五岁。他的工作是包装刀片。我们没有见到他包装单个的刀片，而是把一些（可能装一打刀片的）小包再包成中包。把中包再装成大包就不是他的事了。他瘦小的个子，枯干的皮肤，目不转睛地盯着手下的刀片，两条胳膊、一双手、十个指头的动作完全同机械一样规律、整齐、匀称。只见他微微一欠身，手指头不知怎么一动，一包刀片就已经包好，平平整整、四楞八角地跟着传送带走了。厂主就笑眯眯地请总理阁下（Your Excellency）注意他的动作，等着总理赞扬。

不料刚才还满面春风的总理看了一会儿，二话不说，就扬起声音指着厂主说："你们怎么能这样对待一个人，他还是个孩子呢！你们怎么能把人当作机械来使唤，这是不把人当人嘛！……"总理越说越激昂，脸都涨红了。厂主大概没有想到中国的总理会有这样的反应，不好再说什么，只有连连说："是，是，是。"同时，旁边早就有人用盘子托了一大包刀片（估计总超过一千张），上面还用缎带扎了一朵大红花，厂主就拿过来作为礼物送给总理。更出人意外的是，总理接过以后，不是像往常一样表示一下感谢以后就交给工作人员，而是径直走到那个工人身旁，双手捧着送给了他。可怜那个孩子心无二用地还在继续做那完全机械式的工作，根本不知道刚才在他身边发生了什么。总理与厂主的说话是通过译员用英语进行的，虽然英语同乌尔都语一样是巴基斯坦的国语，但那个出身下层的贫民子弟多半是听不懂，即使听得懂，他那高度紧张的神经也不大可能听得进周围的人在说什么。总理对他说："这是送给你的，祝你一切都好。"这话最后翻成乌尔都语，那孩子应该听懂了，但还是反应不过来。他接过了那一大包刀片，还是两眼发直，显得手足无措。总理接着还问了他一些问题，如家里还有什么人，生活怎么样之类，他可只是发呆，一时竟答不上来。

8.2 第二次发火

第二件事与我个人有关系，发生在一九五四年七月二十一日，是关于恢复印度支那和平问题的日内瓦会议闭幕的那天晚上。

我在日内瓦会议期间的任务是负责会议新闻，因此每逢开会就随团进入会场去听会。可是那天下午，因为事先通知要通过最后宣言，总理嘱咐我不要去会场了，而是拿着最后宣言的初稿在别墅里等会场的通知，每通过一段就交给电台向北京发一段，会议对初稿有什么修改就照改，等全文发完就大功告成。这本来是最简单不过的工作，不料总理"所托非人"。

别墅楼上，现在只有我一个人。我每等来一个电话，就改正一段，然后用剪刀剪下来，送到电台。没事时，就享受着日内瓦的阳光和空气，看看窗外花园里极美的景色，自以为"兢兢业业"地完成了任务。一直等到总理率代表团回来，我才回到自己住的日内瓦湖边的旅馆去，过了十点就上床睡觉了。

不料到了半夜十二点左右，床边电话铃响了，是总理的机要秘书陈浩打来的。她说："你快来吧！你怎么搞的，从来没有见总理发这么大的火！"我大吃一惊，赶快赶到别墅，心想不知犯了什么大错了。等我赶到别墅，陈浩告诉我："北京来电话了，说我们发回去的最后宣言比别的通讯社所发的少了好几段，总理也不知道是怎么回事，正等着你哩！《人民日报》已经印了二十四万份了，因为新华社把你发回去的稿子同外电对，对出了问题，已经停机不印了。"我仔细回忆，才想起大概是打在极薄的打字纸上的原稿，在被我剪成一段一段的时候，有的竟被风吹走了，因为我的办公桌正好临窗。

我怀着极其惶恐的心情走进总理卧室，看他似乎还有余怒未平，就叫了一声"总理"，等着挨一顿严厉的批评，不料他说的竟是："你来了，我气也生过了，火也发过了，不想再说什么了。你到机要室去看看我给中央的电报，然后赶快补救，北京还等着呢。"我去看了总理亲笔写的电报，一个字也没提到我，只说他自己"应负失察之责，请中央给予处分"。

那天晚上，感谢陈家康同志陪着我把最后宣言的中文同英法文原文仔仔细细重新校订了一遍，也改正了一些错误（家康同志是懂法文的），最后发回北京已经是凌晨两三点钟了。校订稿以后，家康自己去睡觉了，我则一个人在屋里写检讨，又誊正了一遍，第二天早晨交给总理。总理一句话也没有说，叫我交给李代表。李克农同志笑着对我说："你们知识分子就是有这个不严密的毛病，要好好向总理学习。"

回到北京后,人家告诉我,七月二十二日的《人民日报》到中午才出版。我自以为受过良好的公民教育,料定这次玩忽职守罪是逃不了啦。我也绝无逃避的意思,准备被起诉,坐牢半年或者三个月。这是我心甘情愿的,绝无怨言,总理都自请处分了嘛。不料第二天,也就是七月二十三日,总理又叫我随同他一起访问柏林,然后是华沙、莫斯科,最后回北京……什么事都没有发生。

9. 钱锺书[1]

9.1 天不能死,地不能埋

没有能赶上见[钱钟书先生]最后一面,总算赶上了第三天在八宝山举行的火化仪式。我不知道这能不能叫做仪式,因为遗体只是在八宝山的第二告别室停放了二十多分钟,在场的也只有相伴了他一辈子的杨绛先生和几个亲属,社科院的一两个领导人和几个办事人员,一共只有十来个人。偌大的告别室,空荡荡的,没有松柏,没有鲜花,没有哀乐,更没有花圈和挽联,甚至没有照片。杨绛先生领着大家鞠了三个躬,遗体就推到火化室去了。遗体一直盖着白布,上面洒着玫瑰花瓣,连头都蒙着,我还是没有能见到最后一面。

事情来得匆忙,我什么都没有准备,一直到了八宝山,才买了一个装着白菊花的花篮。想写一副挽联别在上面,临时想不出词儿来,凑了两句"万流失倚依,百代仰宗师",可能是陈三立诗里的句子,虽然文字拙直,但是钱先生是当得起的。

第二天一早,又因为《胡绳全书》出版,我应邀参加发行式,那可真是冠盖云集,社科院大院里都叫小汽车给塞满了。而且因为有中央领导同志出席,从大门、二门到三门,都设了岗卫,我不知怎么忽然对昨天的告别有一种凄凉的感觉,但是马上又觉得我的想法实在有点亵渎钱先生。钱先生一生寂寞,现在"质本洁来还洁去",最后连骨灰都不留,任凭火葬场去处理。"千秋万岁名,寂寞身后事",他自

---

[1] 本节内容选自《千秋万岁名 寂寞身后事——送别钱钟书先生》(1998年)。

己的选择是他一生逻辑发展的自然结论。更何况钱先生本来就是"天不能死，地不能埋"的人。

9.2 世交

钱先生和我是世交，他的尊人子泉先生和先君柏森公是朋友，因此我从小就能听到夸他读书如何颖悟，小小年纪就能代父亲司笔札、做应酬诗这些话。子泉先生是我们家乡的文豪，我们上初中时就读过他的《无锡公园记》的。因此每当听父亲说"你们应当学钟书"的时候，心里充满了惊异钦羡之感。但是我真正认识他，已到抗战时期的孤岛上海了。那时他同他的双胞胎叔父孙卿先生同住在上海辣斐德路。他的堂弟锺汉、锺毅、锺鲁、锺彭，或是我的中学老师，或是我的中学同学，关系十分亲密，因此我常去他家。那时往往可以在客厅里看到一位戴黑边眼镜，穿着深色西服，人字呢大衣，望之俨然的人，他们告诉我这就是大哥锺书，我当然是不敢通问的。三十年后在北京熟识以后，我才知道他是一个十分随和而且极富于幽默感的人。不过，如果说"学习"，那么，以我之鲁钝，不但办不到，而且是根本不敢想的。

9.3 《管锥编》和《谈艺录》

给了我深刻的印象的是书名起得十分谦虚的《管锥编》。如此一部百万言的巨著，开始写的时候，钱先生夫妇虽然已经从干校回来了，但是还没有住处，只好住在学部的办公室里，白天写作的桌子，晚上打开铺盖就是床。在这样的生活环境下写这样博学的著作，可能在世界上是孤例。但是更难得的是，这书是在仍然险恶的政治空气下写的。当时，"文革"还未结束，钱先生就敢写那些与"三忠于、四无限"毫无关系，只有"封建余孽"才写得出来的书。不但胆识惊人，而且远见洞察实非常人可及。虽然还是高天滚滚寒流急，他已经算定严冬即将过去，春天不久就要来了。因此，一九七九年我看完四卷《管锥编》后，就去向他祝贺，特别钦佩他"自说自话"，无一趋时语，一个字都没有理睬三十年来统治全中国的意识形态。他只是淡淡一笑，摇摇手说"天机不可泄漏"。

229

《管锥编》出版以后，钱先生这才"声名从兹大，汩没一朝伸"。但是他还是守素抱朴，闭门读书著述，在八十年代又增补了他四十年代的旧作《谈艺录》。同青年时期一样旁征博引，阐幽发微，使篇幅扩大了一倍。

　　据为《管锥编》和《谈艺录》查对材料的同志们告诉我，该书引文书籍多达两千余种，还不包括许多现在中国无处找到原文的西洋典籍在内，引文几乎没有什么错误，钱先生的记忆力真是不可思议。我有幸熟识他的好几位清华同学，都是当代中国的一时之选，对钱先生的才气都是交口称誉无异辞。乔冠华就不止一次对我说过："锺书的脑袋也不知怎么生的，过目不忘，真是photographic memory。"胡乔木则说："同锺书谈话是一大乐趣，但是他一忽儿法文，一忽儿德文，又是意大利文，又是拉丁文，我实在听不懂。"其实，我也是一样，可是他还时不时说"你当然知道……"，愚陋如我，哪里懂得他说的是什么，只好傻笑作理解状。费孝通先生跟他是同年好友，最近还曾跟我说，他父亲是清朝最末一科的秀才，母亲是中国第一个蒙养园（就是现在的幼儿园）的园长，但是自己受的却是新式的，也就是西式教育了。上一代的人要引用传统古籍，就像打开自来水龙头一样自然流出来。而到他这一代，要引一句诗云子曰，就要翻半天书，还找不着。我说，你们这一代还有一个钱锺书。他说，他天分特高，不能算是我们这代人的代表。事实上，记诵广博如钱先生，家里却几乎没有藏书。他看过的书盈千累万，都是记在脑子里的。

　　我曾问过钱先生，我也读过不少诗，可是除了《长恨歌》《琵琶行》这样的能记得住题目外，其他的就算背得滚瓜烂熟，题目也总是记不住。他怎么能把那些奥僻冗长的题目都记住呢？他告诉我，他在牛津读书的时候，有一个老师，就是教过宣统皇帝的庄士敦，曾对他的论文提出过批评，说是引据不全，又不是原始出典。他说："我以前哪里懂得这个，以后就注意了。"但是，说实在话，像我这样的人就是注意了，也无论怎么样都学不会的。

　　从八宝山回家的路上，我一直在想：中国，甚至世界，又要过多少年才能出这么一个博闻强记的头脑，这么一个聪明智慧的头脑呢？

9.4 远避名利

钱先生性格开朗，有时也是口没遮拦的人。就他的作品而论，出版在六十年代的《宋诗选注》，就可以说是一个特出的例子。当时，我是头上戴着帽子的右派分子，看到他在注语里偶尔爆发的"奇谈怪论"，真是有为他捏一把汗的担心。据乔冠华告诉我，他认为那是那年头唯一可看的有个性的书，我也一直怀疑，五十年代就一直有些"不良言论"在社会上流传的锺书，何以竟能躲过五七年的大劫。有一次，我问他，他又不信佛教，为何对宗门语录如此熟悉。他说，那是为了破执，破我执，破人执，破法执。他后来又说："I never commit myself."我想也许这就是对我心中的问题的答复了。

钱先生的诗，我最爱的是"凋疏亲故添情重，落寞声名免谤增"一联。据在清华低他一班的同学施谷告诉我，锺书当年在清华才气无两，睥睨一世，老师宿儒，敛手称扬。如此少年高名，出国回来就破格当上了西南联大的教授，但是到解放以后，就深自谦抑，远避名利。三十年间，在中国大陆几乎无人知道钱锺书的名字。同学少年当了大官的，他从来不去串门，到了晚年也都是别人去看他，他则只是到别人弥留之际才去医院探望一下，以尽年轻时的交情。

和陈寅恪先生一样，钱先生虽然躲过了五七年这一关，无产阶级文化大革命这一关却无论如何是躲不过的，资产阶级反动学术权威这顶帽子是不能不戴的。汝信同志屡次告诉我，有一次，学部猛斗牛鬼蛇神，别的人都被斗得狼狈不堪，惟独钱先生胸前挂着黑帮的牌子还昂首阔步，从贡院西街走回干面胡同的宿舍里，任凭街上的孩子哄闹取笑，既不畏缩，也不惶悚。这只有"有恃于内，无待于外"的人才能做得到。我在那时也有过被斗的经验，然而却绝没有这样的气度。钱先生为杨绛的《干校六记》写小引，说其实还漏了一记——"运动记愧"。我想这篇文章其实是应该由全中国人来做的，中国人如果完不成，或者做不好这篇文章，是洗雪不了中国这一段的国耻的。

9.5 学贯中西的大师

自从海通以还，中国知识分子就以学贯中西竞高争胜。确也出了一批大师。但是三个月前,杜维明先生就同我慨叹,真正学贯中西的人物大概已经没有了。有之,钱先生是最后的一人。钱先生有一次曾对我说"西方的大经大典,我算是都读过了"。环顾域中,今日还有谁能作此言,敢作此言?

近二十年来,学术界有一股奇怪的风气,就是贬洋排西,好像非要振大汉之天声而后快。在这中间,钱先生是非常清醒而冷静的一个。他的名言:"东海西海,心理攸同;南学北学,道术未裂",与马恩在《共产党宣言》里关于世界文学的话后先辉映,实际上是未来的文化全球化的先声。

因为钱先生历来认为朝市之学必成俗学,有不少后生把他看成是不食人间烟火的人,但是对人民的关怀与对祖国的关怀,一直在熬煎着他的心。九年前的夏天,长安街上的鲜血大概还没有冲洗干净,我去看他,他给我看了新写的一首七律,写的是:

> 阅世迁流两鬓摧,块然孤唱发群哀。
> 星星未熄焚余火,寸寸难燃溺后灰。
> 对症亦须知药换,出新何术得陈推。
> 不图剩长支离叟,留命桑田又一回。

我们相对黯然。这就是他后来收在《槐聚诗存》中一九八九年唯一的一首,题目就叫《阅世》。我相信海内外无论什么样的有识之士,对中国的命运无论作什么样的推测与分析,也不会超出钱先生的卓见以外——"对症亦须知药换,出新何术得陈推。"

10. 温济泽[1]

10.1 几十年的老朋友

我是一九四六年九月才离开上海,中经南京、北平撤回延安的。到十一月就被分配到在清凉山的新华通讯社。见过社长廖承志以后,他就叫行政处来给我们夫妇分配了一孔窑洞。刚住进去,打开行

---

[1] 本节内容选自《一个老派共产党员》(1999年)。

李，济泽就给我们背来了一篓烧火盆用的木炭。他那时三十多岁，是一个典型的文弱书生，把一篓几十斤重的木炭从山下背到山上是很吃力的。我心里很感激他，请教他的尊姓大名，他说，"我叫温济泽，三个字都带三点水"。我一想果然，从此就再也忘不了了。

次年二月，胡宗南进犯延安。新华社是较早撤退的一个单位。正是在行军路上，温济泽与我逐渐熟悉了起来，我发现他果真是人如其姓，中国古圣人的遗训"温良恭俭让"，他哪一个字都做到了，真是"君子人欤？君子人也！"

进城以后，我继续留在新华社工作，温济泽则因为他所领导的口语广播部独立扩大成为广播事业局而离开了新华社，后来又成为广播局的副局长。我们不在一个单位，不过同属宣传部门，因此还不时有见面的机会。一直到我一九五七年被划为右派为止。这段时期给我留下的一个问题是，到那时为止，同志们见面都叫他"小温"，就像廖承志一直被唤作"小廖"一样。

一九五七年我忽然被划为右派。我痛切地做了检查，也算是口服心服了。但是，批判完以后，我心底里实际上还是不断有"斗争"。我把右派划分成很多类，暗暗拿自己同他们比较。比如说，有些人先前是政客，反党是自然的；有些人本来是出身资产阶级，当然要反社会主义；有些人是留洋学生，资产阶级思想深入骨髓；有些人品质恶劣，有些人秉性狂悖……总之别人划右派都有理由，惟独我划右派实在没有理由。这些今天看起来十分可笑的想法，当时却真是挥之不去，时时咬啮我的心。大概一年之后，我才听说小温也划了右派，这对我是一个震动，因为在我的朋友中。他不但资格最老，而且对党的感情最深，为了革命，三次被捕，坐过五年国民党的大牢，而且从来都听党的话，这样一个正道直行，中规中矩的人，都划了右派，我还有什么可说的呢？

再见到小温，已是一九七三年了。林彪死后，气氛已有缓和，是许多从干校回来的人纷纷打听、访问老朋友成风的时候。我打听到了小温就住在麻花胡同的一所大杂院里。这所院子还是我在一九四九年初进城时接管下来以后划归广播局的。大是真大，大概住了几十户人家。本来是旧宅子，又经过二十多年的风雨，更显得破旧了，小温一家三口就住在其中的一间陋室里。我忽然觉得他那时已经是六十来岁的人，再叫"小温"实在不合适了，就叫他老温，以后什么时候改称"温公""温老"，就记不清了。

再得到消息是一九七八年五月二十六日（不知为什么我对这个日子记得特别清楚），他辗转找人给我捎话，叫我赶快申请甄别平反。他说，乔木同志那年元月在社科院召见了他，他还没有恢复党籍以前就被任命为社科院的科研局副局长。他提出要求甄别以后，得到胡乔木以下中央好几位同志的支持，最后是组织部长胡耀邦亲自批准，把他的右派案子作为错案"纠正"的。他成了全国第一个平反的右派分子。组织部的文是五月二十六日下的，老温是一接到消息就通知我。这种同志之谊是我不能忘记的。

10.2 老派共产党员

改革开放的二十多年也是人们的认识不断发展的二十年。温老的特点是他的思想不断"与童冠而俱迈，作时世之前驱"。八十年代中期，我忽然听说温老是我们社科院一个著名的"资产阶级自由化分子"。我先是一惊，还有点为他担心。但是，后来听说原因就因为他到美国去参观了一趟，回来做报告，说美国真干净，从西部到东部，走了一个月，皮鞋都不用擦。这样就成了"美化美帝国主义"了。

乔木同志是我们共同的老上级，从四十年代起就是毛主席手下的理论权威，他对温老的器重与爱护，也是大家都知道的。温老也称之为恩师，但是在改革开放以后，乔木同志本来就有的思想上的保守与褊狭不断发展，常常发表一些莫名其妙的言论，然而温老的思想却始终保持开放、进步，从来没有退转过，以至于他在纪念乔木同志的文章中说出"吾爱吾师，吾尤爱真理"这样的话，真是勇往直前，义无反顾，可以永远为后人师法的。

一九八九年秋天，苏联瓦解以后，院部有一天把我们几个老同志找到一起，传达中央关于苏联剧变的形势通报。传达完了以后，他照例艰难地随我走到就在会议室对面的我的办公室，然后坐下来问我："你是研究国际问题的，你给我说说苏联是怎么回事，怎么一下子就垮了呢？我说："苏联从头就搞极权专制，拖了七十四年，已经够长了。"他又问："如果戈尔巴乔夫聪明一点，是不是还可以挽回？"我说："'天作孽，犹可违；自作孽，不得活'。没救。"他停了一会儿，说："老李，我可是六十年党龄的共产党员啊！"这时，他一滴早在眼睛里涌动的眼泪终于顺着眼角滚了下来。

据家楣同志说：温老在去世前一天，自己给自己做了一个结论，说自己"是一个好党员"。温老可能不知道，在今天的中国人心目中，共产党员的形象已经十分驳杂混乱了，哪怕是"好党员"也罢。我倒宁愿说：温济泽同志是一个有七十年党龄的"老派共产党员"。虽然这样的党员已经凋零殆尽，然而他们那经过历史考验的形象是长留天地间而不会变易的。

11. 胡绳[1]

11.1 几十年的交往

我认识胡绳是在一九四六初进新华日报的时候，也是先认识他的夫人小吴，我们连桌办公。那时胡绳好像已去北平、上海，只因家在重庆，才偶然回来。他一向是一个寡言少语的人，同我又没有什么工作关系，因此在当时白区党内的"才子"中，我同他的关系远不如同乔冠华、陈家康那样密切。

那年秋天，我随周公撤回延安，乔、胡则去了香港。一九四九年以后，他们都到了北京，但是因为工作关系，我同乔冠华和陈家康（在一九五七年划右派以前）倒是常见面。同胡绳则一别三十余年，直到一九八〇年我作为"中央写作小组"的"留守人员"，住进毛家湾时才又见面。毛家湾原来林彪的宅子当时已是中央文献研究室的办公地点，胡绳在那里当副主任。我们的办公室相邻。他温雅如故，毫无架子如故，然而大家刚刚经过十年浩劫（我还要再加十年），似乎也没有多少话可说，话题往往是那里存放的陈伯达、康生搜刮来的一些书画。

---

[1] 本节内容选自《忆胡绳》（2000年）。

我们比较接近是到一九八二年胡乔木把我俩都调到玉泉山为"十二大"准备文件的秀才班子里去以后。两人比屋而居，他带有聂绀弩的《三草》，时时吟哦，引得胡乔木也知道了聂老的千古奇诗而专门去拜访了一次，还请人民出版社为他出版了《散宜生诗》，并且亲自作序揄扬。那时，胡绳还送了我他重印的《枣下论丛》和刚出版的《从鸦片战争到五四运动》。不过我的历史观当时已大有变化，翻了一翻，觉得并无新意，也就没有如当时权威人士号召的那样去认真学习了。

一九八五年他任社科院院长以后，我们算又是同事了，但是来往仍然很少。一是因为他是领导，二是分工不同。不过我们的办公室挨着，他偶尔也会到我屋子里坐坐。刚上任时，他颇为学术研究工作该怎么做而苦思焦虑。我曾给他提过两条意见，一条是"坐得冷板凳，才吃得冷猪肉"；一条是"多研究些问题，少谈些主义"。前两句是老共产党员、历史学家范文澜的名言；后两句胡绳当然知道是曾挨过全民大批判的胡适说的话。这两条意见，我提的都不很正式，他也不置可否。但是我注意到，在以后的党组会上，他都委婉地提出类似的方针。

一九八八年，他当选为第七届政协副主席，一下子成为"党和国家领导人"了。我怕自己秉性难改，言行不慎而连累他，交往也更疏远了一些，不过每年或者隔年春节，总是到他家里拜个年而已。

11.2 晚年反思的本分人

现在世人都知道胡绳在一九九八年初发表的《毛泽东新民主主义论的再评价》是他晚年深入反思的代表作，以至于有人猜测胡绳的反思是什么时候开始的。这个问题我当然也答不上来，但是有一件事给我的印象极为深刻。那是在一九八七年反自由化的高潮中，胡绳（可能是奉命）在《人民日报》头版发了一篇当时可称是传诵一时的大文章：《为什么中国不能走资本主义道路？》它得到了中央的表扬，认为是解决了青年学生的思想问题。社会上也是一片赞扬声。记得在一次党组会上，有人称赞这是"中国社会科学最高水平的表现"，就在这个时候，胡绳忽然扭过头对坐在旁边的我说："其实我不过只回答了一半的问题，还有一半问题根本没有谈呢！"我当时也没有很在意，会后细细琢磨，胡绳的话是不错的。他的大块文章确实回答了中国共产党如何发扬蹈厉，以新民主主义为号召，以统一战线为依托，以坚苦卓绝的武装斗争打败了反动腐败的国民党，建立了新中国。但是当时许多青年心中怀疑的还有：为什么新中国不实行新民主主义而实行社会主义，不实行市场经济而实行计划经济，不实行共同纲领而实行无产阶级专政。还有，为什么会有反右派，大跃进，大饥荒，以至文化大革命这些大悲剧呢？这许多明摆着的问题，胡绳并没有回答，当时的中国也没有一个人能回答。

一九八九年的那场风波肯定也是刺激胡绳进一步反思的一个因素。那年五月底，他在领衔发表了社会科学院学者们的呼吁书以后，就率领社会科学院代表团到苏联访问去了。当来自祖国的悲痛消息传到莫斯科的时候，代表团有人看到他暗自落泪。回来以后不久就是检讨，最后得了一个"免予处分"的"处分"。

一九九四年五月，曼德拉领导南非黑人解放运动成功，南非废除了种族隔离制度，白人种族主义者和平交权，曼德拉也当选总统。一九九五年春节，已经退休的我去给他拜年的时候，谈到这件事。他说道："现在看来，民族问题或者种族问题所造成的人的对立与仇恨比阶级问题更加深广，然而就是这个问题也不是不可能和平解决的。"就我所知，南非问题的解决在国内确实也引起了一些人对毛泽东所说的"民族问题说到底是阶级问题"这句话的怀疑。胡绳也是想到了这一层。这个想法在他后来因病住院的时候大概也曾同前来探病的社科院同志说过。结果传出了两个版本：一个是上面提到的；另一个则说，"胡绳同志指示，今后研究国际问题一定不要离开阶级分析。"真是南辕北辙，大相径庭。第二种版本后来传到香港，立刻有人攻击胡绳成了"左王"。来年春节，我又去给胡绳拜年的时候，一进门他就问我："有什么新闻？"我说："你现在成为新闻人物了"。他颇为惊讶。我把原委本末一讲，以为他会不高兴，因而建议他把他原来的意见正式传达一遍，以正视听。不料他竟面无愠色。只是淡淡地说："随他们说去吧！"

我同意吴江同志说胡绳"虽是高官，并非政要"的话。他逝世以后，我听到社科院的干事、工友、甚至司机的评论，都说"胡绳是一个本分人"。"本分人"这个说法不但使我感到新鲜，而且感到亲切。当今的世道，以胡绳这样的地位、资望，得到的评语，竟不是"炙手可热"而是"本分人"，实在是最高的赞誉。

胡绳一辈子"实现自我，失去自我，回归自我"[是]全面而正确的评价。[有人]还希望老天爷能假以年寿，使他的反思更深入，做出更大的贡献。这当然也是我们大家的希望，但是我要说的是胡绳所做到的实在已经很不容易了。古今中外，有几个人到了七十八十还能反思，还能"尽弃所学而学焉"呢？西方哲学家认为，未经过反思的人生是没有意义的人生。这话是经过冯友兰介绍到中国来的。冯先生一肚子的学问，然而到了八十岁才有机会开始反思。中国古代的圣贤从孔孟颜曾起，"吾日三省吾身"的工夫是有的，"七十而从心所欲不逾矩"的境界也是有的，但是在经过三十年的信仰，三十年的大惑以后，还能从头反思，如冯友兰、胡绳这样的，以我之陋，实鲜闻知。胡绳作为一个八十岁的老人，不容易啊！

12. 王若水[1]

12.1 天语嘉奖

若水从五十年代起，就是一位"名人"。这在当时确实是异数。他是极少数有幸姓氏上达天听，又蒙天语嘉奖，然后声名播于天下的人。他在一九五〇年调入《人民日报》理论部工作后，响应毛主席的号召写过批判胡适的文章，引起毛主席的注意。毛主席提出"百花齐放，百家争鸣"的口号并且号召大鸣大放以后，他在一九五七年四月给《人民日报》写过一篇社论，毛主席认为很好，因此在把邓拓叫去狠狠批评他执行鸣放不力的时候把王若水也叫了去，当面称赞，以反衬邓拓不搞大鸣大放是"死人办报"。对于王若水来说，这真是圣上特达之知，大名因此不胫而走，我当时在新华社工作，同他属于同一个圈子，因此知道得特别早，也特别详细。

但是六年以后，他又写过一篇《桌子的哲学》，据他自己说实际上是反右以后看了马克思的《一八四四年哲学手稿》，受到影响的

---
[1] 本节内容选自《魂兮归来，反故居些！》（2002年）。

结果，这本书是被苏联（因此也被中国）哲学界认为是马克思早年不成熟的著作而不予承认的。然而，不知出于什么原因，这篇文章又受到了毛主席的表扬。那时在中国，已是经过反右派、反右倾两大运动而万花纷谢一时稀之后，王若水也在《人民日报》被认为思想有问题而下放改造过一段时期了。二次蒙天语嘉奖，实在是异数中的异数。

12.2 毛喜怒无常

中国的事情就那么怪，毛主席喜怒无常，神机莫测的一句话就可以决定一个人的命运（且不说决定国家的命运了）。文化大革命初期几乎把所有的干部都打倒了，但是到后期要遵照毛主席的指示"结合革命干部"的时候，只要有毛主席在无论什么时候对什么人讲过一句好话，这个人就有极大的可能被结合进革命委员会。一九七二年，王若水被周总理任命为《人民日报》的"看大样小组"的成员（相当于当时其他单位的革命委员会或临时领导小组），一方面固然因为他的才具，一方面也与他曾蒙毛主席的赏识有关。

但是，若水后来居然干了一件荒唐事。他是在林彪出事以后"升官"的。当时，周恩来指示《人民日报》要批林彪的极左，而四人帮则要批林彪的"形左实右"，若水想不通倒也罢了，却竟然上书毛主席，告了张春桥、姚文元一状，天真到以为毛会支持总理而批评张姚。这下可捅了大漏子，他不知道他反对的正是毛泽东的意见。毛泽东说了一句"《桌子的哲学》的作者，现在看来也不高明"，于是招来了一顿他还没有经历过的大批判，而且又一次被下放劳动改造。

不过，这一次打击可深深地教育了若水，使他进一步看清了伟大领袖的真实面貌。好在一九七六年秋天，毛主席逝世，四人帮也倒了，若水倒反而多了一顶"勇于反左"的帽子，因此一九七七年就出任《人民日报》副总编辑，很可能是当时资历最浅，年纪最轻的"高干"。

12.3 马克思主义理论家

共产党以马克思主义立国。自从一九四九年中华人民共和国成立以后，全国人民，尤其是我们这些从事宣传工作的人，就没有一天不是处在马列主义毛泽东思想的地毯式轰炸之下。五十多年来，按理应该造就大批的马克思主义理论家，但是，算来算去，似乎只有若水一个，顶多再加上其他几个极个别的人，是真正钻研、真正熟悉马克思主义的理论家。当然理论的最高权威是有的，因为权力的中心必定要是真理的中心，他就是毛泽东本人。他尽管不难做到"一言而为天下法"，但是要不了多久，甚至不到一年，他的话就会自动转向，使人无所适从，又得"苟日新，日日新，又日新"了。原来跟了他一阵子的"理论权威"，不免纷纷落马，以至于现在谁也说不清到底什么是真正的马列主义毛泽东思想，除了"朕即国家"这一条。

12.4 清除精神污染

毛泽东逝世，四人帮被逮捕以后，中国开始有了一种"百昌苏醒晓风前"的感觉，但是历经三十年的高压，备受荼毒的中国人当时能够想到，敢于想到的只是人道主义和人的异化的概念，这都是马克思主义的概念，又都是"文革"前曾有人提倡而又受到批判的概念。当初主持批判的主将之一是曾有"中国文艺沙皇"之称的周扬，王若水则是一位积极追随的青年理论家。文革中历尽磨难的周扬对此有了反思和新的觉悟。到一九八三年，中共中央决定为纪念马克思逝世一百周年而召开由总书记胡耀邦做报告的大会，另外又召开一个大规模的学术讨论会请周扬做主题报告。周扬决定主要讲马克思主义与人道主义的关系，同时邀请王若水作为他的报告的起草人之一。

三月七日，周扬做了《关于马克思主义的几个理论的探讨》的大报告，在会场上和社会上得到了热烈的欢迎，也得到了意识形态部门的赞扬。不料没有几天就引起了中央主管意识形态的最高负责人胡乔木的异议以至反对。

以后的事情是一个长长的故事。它部分与胡乔木反复无常的性格有关，但主要是与中国政局的发展有关。周扬的报告终于还是违背胡乔木的意志而在《人民日报》上发表了。十个月以后。胡乔木在中央党校大礼堂发表了给周扬的文章消毒的演说，《关于人道主义和异化问题》，最后也在《人民日报》上发表了。

周扬的报告与胡乔木的反驳直接引发了一九八三年十月中共中央八届二中全会发动的"清除精神污染"的运动。作为清污的一个结果，周扬在一九八三年十一月五日向新华社记者发表谈话，违心地作了检讨。一贯支持王若水的《人民日报》社社长胡绩伟自请辞职，十月二十八日中央书记处同意了胡的请求，并且免去了王若水的副总编辑的职务，最后还在一九八七年八月二十八日把他"劝退"出党。

12.5 为人道主义辩护

王若水则始终不接受批评，不断抗辩。事实上他在马克思主义也包含人道主义与社会主义也会异化这两个问题上思想本来就比周扬丰富得多，深刻得多，也活跃得多，在一九八六年还出版了一本近二十万字的《为人道主义辩护》。

现在有人侈谈八十年代是思想解放的年代，但是不要忘了，所谓解放永远是充满了解放与反解放的斗争的。八十年代中国思想界的中心议题就是周扬和王若水提出的人道主义与异化，而顶着压力，始终站在斗争的最前列的就是王若水。这场斗争的全过程，王若水已经源源本本写进了二十五万字的《胡耀邦下台的背景》里（据说若水本来定的是另一个书名，书商为炒作非要改成这个名字），他以铁的事实，铁的逻辑（当然是马克思主义的逻辑）说明了真相，把迫害他的大人物和小人物钉在了耻辱柱上。

当时，像我这样的人心中也不是没有倾向，不是没有分辨是非的能力，但是被连续几十年的运动吓破了胆，因此还是噤若寒蝉，只能在心底对若水的正确与勇敢叫好，赞叹与敬仰。

在若水被除名以后，中国的报刊和出版社就不敢再出他的文章和书了。但是这个一生不倦地追求智慧，追求真理的人是不会搁下自己的笔的。他老当益壮，与时俱进，带着问题学，想清一个问题就写出一篇文章。每年大概总要写篇把万言长文，不能出版就自己打印出来，分赠友好。我就收到过一些，得益匪浅。好像把他的文章翻印流传的人也很不少，我相信他的读者不会比当年他那《为人道主义辩护》一印就是三万册的时候为少。

若水青年的时候是在列、斯、毛的影响下接受马克思主义的，几十年的政治运动这个"反面教员"使他逐步脱出了列、斯、毛的极左教条主义，回到马克思《一八四四年哲学手稿》中所说的"人类的特性恰恰就是自由自觉的活动"的原点，和一八四八年《共产党宣言》中所讲的要建立"每个人的自由发展是一切人自由发展的条件"的联合体的原初理想上来，重新学习，重新审视马克思主义。他在一九九五年底修改定稿的《我的马克思主义观》完成了这个任务。

12.6 吾爱吾师，吾尤爱真理

[王若水]的思想越来越独立，也越来越全面，越来越深刻，越来越切合实际。他在二〇〇〇年底完稿的《整风压倒启蒙》已经推翻了他的老领导周扬说过的一九四二年的延安整风运动是"三大思想解放运动"之一的定论，论证了那是毛泽东为排除异己，在党内确立个人绝对权威的一场运动，而且是全国解放后历次政治运动的祖本和样板。

在《我的马克思主义观》的标题下，他引了亚里斯多德的一句话："吾爱吾师，吾尤爱真理"，就表明了这一点。在我看来，他似乎越来越转向几百年来作为世界主流思潮的自由主义。当然，一切意识形态，一切主义，在其发展特别是实践的过程中都会发生偏差、矛盾，以至异化，自由主义也不例外，然而几百年来世界历史的实践证明，自由主义是最少偏差、矛盾与异化的，而且它也预设了随时纠正自己的机制。

《整风压倒启蒙》很可能是若水的"绝笔"了。他在文章的结尾说：

> 我们今天需要一个新的觉悟，新的启蒙运动。这是因为五四运动的任务还没有完成，而我们今天又需要启"党文化"之蒙。……首先知识分子应当进行反思，重新对我们在多年中受到的教育进行批判的审查，从左的精神桎梏下彻底解放出来，恢复自己的人格尊严和独立思考精神。不解决这个问题，国民素质得不到改造，人的现代化不能实现，中国也无法迎接新世纪的挑战。在跨进新千年的门槛时，我们仍要举起启蒙的火炬，把本世纪未走完的路继续走下去！

说到启蒙，若水真是一把好手。除了他的学力和识力而外，他的文字能力也是别人难能企及的。无论什么艰深的题目，也无论什么复杂的情况，由他写来，都是宛转自如毫无滞碍，完全做到了从小老师教给我们的文章的极致——simple（简单）和direct（直捷）。有人说他的文字正可以用他的名字来形容：一泓秋水，清澈见底，了无渣滓，沁人心脾。

12.7 中国需要你

一代思想大师，文章大家，为什么就这样走了呢？若水，你提出的启蒙的任务远远没有完成，甚至还不能说已经开始。中国实在需要你啊！你几次提到，只要一想到苦难深重的中国，你就会热泪盈眶，甚至夺眶而出。你爱中国，爱得那么深沉，正是因为如此，你才会以衰病之躯，还那么勤奋地写作，正是因为你深爱中国，你才那么关心中国的命运。

若水，中国现在正处于最需要你的时候。在长逾百年的转型期中，现在已快到最后阶段了，这是又一个极危险的阶段，随时有失序脱序的可能。今天中国最需要的就是思想家，只有思想家可以引导人们的行动，可以规范社会的思潮。若水，怎么偏偏在这个时候你撇下你命途多舛的祖国走了呢！

呜呼若水，生死别矣！西方之土，不可以久留些！魂兮归来，反故居些！

13. 李炳泉[1]

13.1 传奇性人物

在我的朋友中，炳泉可以算得是一个"传奇性人物"，因为他的经历是和共和国的成立联系在一起的。现在的青年大抵不会知道新中国成立后的第一部电影是苏中合拍的《中国人民的胜利》。那是一部当时极其稀罕的大型彩色文献纪录片。其中有一个镜头：一九四八年

---

[1] 本节内容选自李慎之生前完成的最后一篇文章《被革命吞吃掉的儿子——怀念李炳泉（1919-1970）》（2003年2月）。

十二月十七日，炳泉把傅作义的代表介绍给解放军平津前线司令部林（彪）罗（荣桓）聂（荣臻）的代表，从此开始了北平和平解放的谈判。在这个特写镜头中，炳泉穿着一身蓝袍子，他本来个子就高大，在电影里顶天立地，几乎撑足了整个画面，那形象是十分引人注目的。这部电影是"进步人类的伟大领袖斯大林大元帅"亲自委派到中国来拍摄中华人民共和国开国大典的摄影队和中国电影界合拍的，因此在一九五一年得到了当时中国人心目中的世界第一大奖——斯大林文学艺术奖。炳泉能在这样一部电影中"露脸"，其光荣是今天的追星族难以想象的。何况炳泉不但曾长期"战斗在敌人的心脏"，而且此前在一九四八年十二月初就已经首次以中共地下党代表的身份面见傅作义，在傅的办公室里谈判和平解决的条件，又在一九四九年元旦亲自见到林彪、罗荣桓、聂荣臻，并且奉他们的指示，向傅作义当面传达中央军委关于谈判的六点方针。

炳泉给我的印象，除了身材魁梧而外，完全是一个普普通通的平常人，绝口不提自己的"英雄业绩"，一直到一九五〇年《中国人民的胜利》公映，我们才第一次看到他的"光辉形象"。炳泉真正做到了"不矜不伐"，他对我们这些"延安来的老干部"，不但十分谦逊，而且简直是恭顺，虽然这些人的资格许多也并不见得比他老（我就不如他）。

13.2 模范共产党员

从一九五〇年的批武训开始，政治运动就没有断过。对于意见比较多的知识分子干部来说，犯点毛主席批判过的"自由主义"是难免的，我自己就是一个。但是炳泉却总是表现得改造得比别人都好。我们同在一个支部过组织生活好几年，我实在想不起他说过什么出格的话。难怪支部书记胡韦德有一次说："在李炳泉身上，可以看到一个地下党员模范的组织性和纪律性。"

一九五七年九月，我因为右派问题而被揪出来批判的时候，炳泉大概是出国刚回来。作为我的亲密同事，他是不能不发言的。我还记得他的第一句话就是，"这几年同李慎之是离多聚少，听了同志们的发言才知道他的思想已发展到十分危险的程度……"那时，我已是惊弓之鸟，几乎怀疑每一个人都可能落井下石，保不定什么时候就有人站出来说"某年某月某日，李慎之对我说过一句什么话。李慎之必须交代你的黑纲领……"听了炳泉的开场白，我安心了，他不是那样的人。

以后十年，除了我自己沦为人下之人而外，我知道他的工作是顺利的，虽然并不显赫。新华社成立了外事部，他当主任。这个工作本来是在国际部工作的时候在我分工范围内的，只是在他的领导下，业务大大扩展了。我听到的口碑是好的，他一如既往地勤勤恳恳，兢兢业业。

13.3 反动文人

一九六六年，史无前例的"横扫一切牛鬼蛇神"的"文化大革命""以排山倒海之势，挟雷霆万钧之力"开始了。从小参加革命，为革命出生入死，本来没有历史问题的炳泉却像当时的许多走资派一样忽然有了历史问题。在那个天昏地暗的年月，凡是本来是坐过国民党的牢的，就都一定是叛徒；凡是在苏联留过学的就一定是苏修特务；凡是在与美国人有关的单位工作的就都是美帝特务……这几个"凡是"虽然也未必那么"一定"，但是绝大多数都要受到某种怀疑，却是逃不掉的。炳泉的历史，连这样的怀疑都不可能。但是造反派的革命警惕性还真是高，他们查来查去，竟然发现他在解放前曾在傅作义的"华北剿匪总司令部"办的《平明日报》当过记者，写过有"反共"嫌疑的反动文章，这原是地下党员隐蔽身份作对敌工作不得已而为之的事情。但在造反派看来，既然是老共产党员而又反共当然是叛徒无疑，也必定是傅作义的"奸细"或"特务"无疑。就在这个时候，不记得四人帮的哪位"秀才"（可能就是张春桥或姚文元）发明了一个头衔，叫做"反动文人"。一时间这顶帽子满天飞，造反派觉得对炳泉特别合适，就死死的扣在了他的头上。

13.4 劝说炳泉

大概是一九六八年夏天吧，我在院子里见到炳泉，发现他脸色灰暗，两眼发直，神情颓丧到了极点，我忽然有了一种不祥的预感：觉得他的精神似乎要垮了，因而立刻有一种冲动，要帮助他挺住。我对他说："我们在西柏坡的时候，李克农来做报告，一上来就说'你们知道我是谁吗？我是共产党的特务头子。但是看问题不能脱离阶级观点，我是无产阶级的特务，就不可能是坏人。你们不能骂共产党，不能捧蒋介石，但是我就能够，因为这是工作的需要，是党的需要，是符合无产阶级的利益的。'你在傅作义的《平明日报》工作，要夸几句国军，骂几句共军，完全是为了工作的必要，谁敢说你是反动文人，不要相信那些人的话。就是给你带上反动文人的帽子，党也会给你摘下来的。"说实在的，在那黑暗看不到边的年代，我对将来有没有这么一天，心里其实也没有底，只是想给他打打气，让他振作起来而已。不料他居然无动于衷，低着头用几乎听不见的声音对我说："他们都是同志，不会冤枉好人的，我确实应该认真检讨。"

[后来]听说，炳泉的专案组对他采取了诈术。先是向炳泉夫人刘可兴说炳泉已经交代了他们在私下说的三反（反党，反社会主义，反毛泽东思想）言论，要她也揭发炳泉的言论。虽然刘可兴拒绝诬陷炳泉，但是专案组竟冒刘之名，编造假材料逼炳泉承认，在严刑逼供下，取得了一点点"战果"，然后又反复"敲诈"了几次，"战果"当然也多少扩大了一些。这对炳泉的打击，可能是最致命的。可怜炳泉这个老地下党员，不但没有经过江西时代的整AB团的肃反运动，也没有经过延安整风审干时代的抢救运动，对"革命的"政治运动的承受力是很小的。

13.5 被革命吞吃掉的自己的儿女

李炳泉是一九七〇年五月二日去世的，消息传到干校的时候，都是说他是在被隔离的地方自杀的。但是后来也有人说看到他死后的两张现场照片，他遍体鳞伤，因此怀疑他是被打死的。整个文化大革命中，自杀的人不可胜数，其中许多都是自杀他杀，莫可究诘。这个问题在当时是没法分清的，尤其是死者往往处于绝对隔离的条件，亲人不但不在周围，甚至不在北京。炳泉去世的时候，两个儿子都已下乡上山到了云南和山西，妻子虽然近在宣化，但是五一劳动节，别人都放假回来了，她就是不能准假，只有第二天炳泉死后才得到消息。

炳泉的专案组长是一个中年的女同志，据说审问炳泉时很凶，手段也很毒，比如像使他们夫妻互相揭发的招儿就是她想出来的，因此有人说炳泉其实是她逼死的。这个同志，原是新四军的干部，五十年代中调来北京的，可以算是炳泉和我的老部下了。人长得富态，也很端正，平常也是一个挺和气的人，怎么会这样手辣心狠呢？不过，只要熟悉中国历次政治运动的人，就不难理解，在伟大领袖的感召下，在无产阶级和资产阶级的"生死斗争"中，在这块革命热情汹涌澎湃的土地上，什么事情都是可能发生的，包括把人变成狼。

自从一七九三年被送上断头台的法国革命家维尔涅（Pierre Victurnien Vergniaud）说过"革命会吞吃掉自己的儿女（Revolution may devour her own children）"以来已经两百多年过去了。这样的悲剧竟是愈演愈烈。法国大革命和它以前的革命且不说，俄国革命和中国革命所吞吃掉的自己的儿女简直是指数式的增长（据初步统计，中国共产党自己杀掉的共产党员，就比中国国民党杀掉的共产党员还多好几倍）。这样的悲剧不知道是否还要继续，也不知道怎样才能终止。

第十八章 与许良英的通信[1]

1. 李约瑟难题是一个伪问题[2]

我目前忙于搞一些其他事情，计划从明年开始写一篇文章《李约瑟难题是一个伪问题》。李约瑟热爱中国，以半生精力发掘中国古代科技成就，出了一部大书，这当然是一件好事，然而把中国人搞得神魂颠倒，则实在不是什么好事。现在的爱国主义者，都大谈中国如何领先世界二千年，东方文明如何伟大等等，我实在不敢苟同。但是我于自然科学实在无知，对科学史更是无知。只是出于一种责任心，觉得不能让中国人目迷神醉，忘其所以，所以才发此愿心，希望你能给我指导和帮助。

我的印象是李约瑟十分博学又极端亲华。凡一件东西，中国与外国可能同时发生的，他必判给中国。读其书，可以明显地感到他的这种情绪甚至偏见。可是这话是我们做中国人的几乎不能说，说了就有卖国之嫌。怕的还不是官方压制，而是群众情绪。

2. 中国哲学不讲"真"

真善美是西方哲学的最高价值标准，中国古典只讲善美，是不怎么讲真的。美、善天生就带有价值上的好恶，真就不一定。我把真说成是价值中立的，在内心讲正是想把它作为最高的价值。美、善不讲真就失去了基础。你引哈佛大学的校训中有"真"，我的母校燕京大学

---

[1] 许良英（1920年5月3日 – 2013年1月28日），中国科学史家。1998年2月至2003年3月，李慎之与许良英之间有几十封书信往来。许良英是李慎之晚年书信交往最多的一个人。本章内容选自李慎之写给许良英的信，但不包括许良英写给李慎之的信。

[2] 李约瑟（Joseph Needham；1900年12月9日 – 1995年3月24日），英国生物化学家和历史学家。所谓李约瑟难题是：中国科技古代相当发达，为什么近代落后了？

的校训是"因真理得自由以服务"（Freedom through Truth for Service）我以为是世界上最好的校训。

我心目中的"真理"是价值中立的。"真理"两个字本非中国固有，而来自佛经，因此已带上了价值色彩。共产主义就其原始的意义讲（如《共产党宣言》所说）已是一种应用真理，真理一旦应用，就有了很大的出错的可能，这一点在我们青年狂热时期是不了解的，到后来才懂得。"真理"一词因为汉语双音化的大潮流，已无法改译为"真"一个字，这也是无可奈何的事情。不过社会科学中本来就没有自然科学中的那种真理。"自由主义"是"真理性"最差的一个"主义"。

3. 科学在中国没有生根

明年是五四八十周年了。朋友们在研究怎么"回到五四，重新启蒙"。虽然这样想的人实际上只有"一小撮"，但是其中绝大部分又只注意到五四口号之一"民主"，而忽视五四的另一个口号——科学。他们好像认为科学是"不言自明"的东西，在中国已经生根了，官方也从来没有"批判过科学"，有些不正常的干预，也都是因为没有民主造成的。但是我认为"科学"在中国根本就没有生根，有些科学家甚至"院士"，有多少科学精神，我也很怀疑。我想当今的中国也许只有你能写阐明"科学精神"的文章。

我知道你现在的兴趣在民主方面而更甚于科学方面，但是现在着意研究民主的青年人（也都在五十上下了），还有一些，他们年富力强，在学理上比我深入系统，但是在科学上，特别在科学精神上下工夫的，至少以我之孤陋寡闻，还一个都举不出来，至少在面向大众的报刊上，我没有见到过一篇。所以我要请你多写些文章。

4. 启蒙和公民教育

我其实是很悲观的，我已不敢说什么"启全国人民之蒙"的话，只敢想能刺激一下"一小撮知识分子"，予愿足矣。我写过一篇要搞公民教育的文章，只有两个人响应，其中一位是与我同年的76岁的老先生，正是教人难受，然而也还是只能知其不可而为之地干下去。

5. 中国人"不觉不自由，也就自由了"

你看顾准日记序，想必已经注意我提到顾准和百年来的中国知识分子实际上追求的是"自由主义"。去年七月，我写这篇序的时候还不见有人提起，现在注意这一点的青年学者渐渐多起来了，使我感到欣慰。但是中国的传统，尤其加上近五十年的传统，使我感到提倡民主实在是夜长梦多。这就是我所以慨叹于中国人的"公民意识"的原因，反正也只有知其不可而为之了。

现在的绝大多数中国人，大概都像胡适所说"不觉不自由，也就自由了"。

6. 削骨还父，削肉还娘

我本来是一个"红干部"，但是还是划了右派。头两年，我在思想深处竭力要说服自己，只有党对，不容我对，但是到59年底、60年初，我算是彻底觉悟了。我用了《封神榜》里哪吒的一句话对自己说："削骨还父，削肉还娘"。我看到有许多人当右派真是冤枉。但右派是思想罪（甚至不是言论罪），就思想而论，我是真右派，根本与毛泽东思想背道而驰，不可能调和。

我在反思我们这一代人是怎么迷信上"马列主义、毛泽东思想"的？我自己说过，我青年时只能当共产党，五七年只能当右派，晚年只能当自由主义者，好像是命中注定。

7. 我为何参加共产党

你提醒了我，我们参加共产党的过程，尤其是思想历程其实相同，具体情况也大致相似，只是小有不同。二三十年来自己思忖与人讨论共产党得胜的因由，大家都说是因为抗战，因为民族主义，积时既久，就把这个简单化的命题也套到了自己的头上。读来信之后，才想到我这样的人从小就有两个几乎不可分的思想动力，一个是爱国主义，或曰民族主义，另一个就是一种朦胧而强烈的平等思想（甚至不是"公正"的思想，那时候我还不懂）。

我出生在一个小康家庭，从小到大，没有吃过什么苦，但是父母从小教育就有强烈的"恤老怜贫"一条。中国传统文化中从孔子的"大同"到墨子的"兼爱"不用说，就是民间的故事到民间谚语，也都充满着这种思想，一直到我很小就开始看的侠义小说都是如此。像《七侠五义》《施公案》《彭公案》，现在评论家都称之为"特务小说""警探小说"。我理解这种见解已经到近三十岁了。当初从其中接受的"教育"就是要"扫尽人间不平事"。当时受的"教育"可称既深且广，只是近几十年追求理论以后才几乎忘光了。现在还记得的是我母亲常挂在嘴边的一句话是"瓦片也有翻身日"，还有"不要看见大佛得得拜，看见小佛踢一脚"，教育我们千万不能看不起穷人。当时社会上穷人也实在太多，生活也实在太苦，后来稍大一点，读新文学和外国文学著作，从中吸收的"精华"思想也就是"平等"。

如实回顾起来，与上面所说的民族主义与平等思想相比，民主实在是我思想中最薄弱的环节。确实是搞学生运动才学会跟着叫的，当然叫得比别人还要起劲。事实上，同你一样，我也主要不是为了追求民主而参加党的。

8. 毛泽东

我对毛的崇拜前后也有二十年。后来自以为觉悟算早的，但是，现在想起来，实在太幼稚。毛其实本质上与他晚年（批林时）自许的"哥儿们"——陈胜、吴广、洪秀全、杨秀清并无二致，不过是靠了所谓马列主义骗过了我们这批青年人而已，而我们又是根本没有过个性解放的体验的人，也不可能识破他那一套（从本质上说毛和我们都还是传统中人），结果个人和国家都吃了极大的苦头，走了极大的弯路，因此，下一篇我想从毛的草头天子的本质来写中国的专制主义是怎么借尸还魂，变本加厉的，只是，那样写出来，更无处发表了。

[你问我在文章中为何称毛为]"毛主席"，我的意思是人们称嬴政

为秦始皇一样,下两篇文字即拟改称"毛泽东"。

9. 我是半个新儒家

我到现在也还是半个新儒家,因为第一我相信陈寅恪的话,即创造新的历史必须与旧的传统接轨。第二,对传统必须有鞭辟入理的批判。我自以为已经懂得新儒家了。我的几篇谈论天人合一的文章其实都是对季羡林和民族主义分子的批判。

关于半个新儒家我今后可能还要说,我要在剥出中国文化的精髓是意识形态,是政治—伦理哲学之后,在说明中国传统文化非拔掉这个毒根后,还可能要评价一下实际上五四以来一批好心人竭力想把传统文化与现代相结合的努力。如果这样,我也许还能算是"半个新儒家",条件是专制主义必须打倒了,必须清除,专制主义不能与民主共存,借多元文化之名也不行。

10. 陈寅恪是中国最干净的一个人

陈寅恪是我的老师,浑身可称浸透封建士大夫的气味,因此连胡适也称之为"文化遗民"。但是"气味只是气味",细究他的生平志业,几次大声疾呼"独立之精神,自由之思想","不自由,毋宁死耳!"连五四时代的陈独秀也没有喊出这样简洁明了,可以作为口号的话。他说"吾中国文化之精义具见于白虎通三纲六纪之说……",完全没有赞成三纲六纪的意思(而且是反对的),而是以一个中国史学家、中国文化学家的权威作出的最简练的概括,与他所说的另一句话"中国文化约略等于三教合一之说(我以为还要加上九流,如今日之法轮功之类)同样是最权威的概括,可以省却我们后来研究来研究去还找不到门儿的混乱与困惑。陈祖父、父亲是清朝命官,虽受贬,但还是不能不守君臣之大义,陈本人即一生不向北洋政府与国民党低头,尤其是不跟共产党合作。我以为在文革结束前,他是中国最干净的一个人,比俞平伯、沈从文都更干净,更不要说巴金以下的人了。

11. 中国的专制主义

我现在已想到另外一个题目，叫做《中国传统文化与现代化》。题目大的吓人，实际上不过是要说明中国传统文化如何妨碍了现代化而已。我最近的认识是，中国或许如大家认为的那样不是一个宗教的国家，但中国绝对是一个有极强的意识形态的国家，自秦始皇至于今日全国上下无人不受这个意识形态的支配，即专制主义的支配，不论是儒是法，或表或里，都无非是专制主义，而且愈演愈烈，在二十世纪后五十年达于极致，这二十年是好了一些，然而也不过是我评Havel著作中所说的后期极权主义而已。当然我也明白它再不能维持二、三十年了，但是过了这一关（当然可以说是决定性的一关）以后，也当然同台湾一样，有自由而无法治。中国人要走上有自由又有法治的"像样的民主"（我只能说"过得去的民主"，自从少年时期的乌托邦破灭以后，我再也不会说什么"真正的"，"理想的"那类话了，那样的民主大概也只能在无限远才能接近）。以中国人素质之低，如果那能在二十一世纪末，或者二十二世纪初达到，我就可以死而瞑目了。

12. 毛的专制比蒋的专制更严重十倍

我思考了一下中国的专制主义，得出了与我五十多年前完全相反的结论，认为毛的专制比蒋的专制更严重十倍，而如果没有毛的专制，蒋的专制还要比他后来的实际好一点，也许大陆到世纪末已经可能达到台湾今天的水平。（大陆比台湾大几十倍，要比台湾更好，在我看来是无论如何不可能的。）

我现在想，中国其实并没有经过什么资产阶级民主革命，更没有经过什么无产阶级社会主义革命，整个二十世纪其实是在旧王朝崩溃——农民革命——新王朝建立的传统恶性循环中"团团转"，当然社会还是有进步的，那不能不说是外来的资金、技术、榜样与思想影响的结果，中国人自己的觉悟起的作用是很小的，只除了五四那一次的爆发。

13. 大陆社会的民主觉悟今不如昔；胡适比鲁迅更重要

今天的大陆作为全社会来说的民主觉悟，比不上戊戌，比不上辛亥，比不上五四，比不上八·一三，也比不上1948-49（那是一个重要的转折点），甚至比1976-77低，那时候，老人还没有死光。全民对民主的常识几乎可以说是清末以来最低落的时期，几乎没有精英人物。这种人物我自己知道或认识的的不过　二十个。我极力幻想，以为全国也许有一二百个。这样的现实要希望中国能很快地实现民主化，至少我无此信心。

美国有一史学家，叫唐德刚，比我略大一两岁，与我颇交好。最近看他写的中共历史，十分内行（除了细节有些错误而外）。他的理论是，中国自1840年以后即进入三峡峡谷，亦即他心目中由专制向民主的转型期，他认为出三峡需二百年，也就是从今天算起，还有四十年。我们没有讨论过对这段历史的看法。但是我以为实际上看法差不多。中国要转向真正现代化的民主国家，四十年不算太长。

我说唐德刚认为中国至少还要四十年才能过这一峡谷，你认为未必，我也认为未必。只（是）你的"未必"是未必要这么长的时间，我的"未必"是四十年未必能行。

我在纪念五四文章的结尾讲"全球化的怒潮拍岸而来"，表明我还是乐观的。只是一个民族自己没有人，要靠外力来取得进步，实在可鄙可悲。我年轻时最推重鲁迅，而有点看不上胡适，这点我现在承认是错了。然而，十年来，我几次去美国，住的时间将近[一]年，跑了十几个城市，十几所大学，竟没有看到一个可与胡适相比的留学生，虽然博士倒不少。我自己说自己孤独，其实是"蜀中无大将，廖化作先锋"。目前还有大思想家在说，只要中国经济发展了，政治自会民主。这话信徒甚众，但是我是不相信的。

14. 一年写三、四篇文章

为什么我到九十年代才有文章而八十年代不着一字？说实在的倒不是因为忙，而是因为我的朋友们都在忙着讨论"社会主义民主"，讨论改良计划经济，而我则自从六十年代觉悟后，实在不愿写违心的文章（当然，我深知他们都是真心诚意的，不是违心的）。九十年代以后越来越宽松，才开始打些擦边球，我去年估计今年还会宽松些，不料大错特错，反而出了义和团来，真叫人哭笑不得。

我现在确实是"知其不可而为之"。但是我"为"的能力是很小的，一年也不过写三四篇文章，分量也不大，如此而已。然而"写罢低眉无处发"，真有"予口则瘖，予手则瘏"的感觉。不过一息尚存，我总是要想，也总是要写的。有你的鼓励，我更非努力不可了。

我自认为我思想的"大方向"还是正确的，但用作论据的许多事实和材料都不准确，这是因为我学力不足而且从头就没有决心潜心治学的缘故。经你指出，感激不尽，但是仍然觉得以后改正为难。倘能经常向你请教（在这方面，事实上当今只有你一个人可以为我之师，其他人大抵只有我自己觉得有疑问时，打个电话，请代查一下。一般只能靠自己的常识，而常识又是很不可靠的），或者常常切磋琢磨，当然可以好些，但实际上又很难办到，总之早几十年没有下决心，而今已到八十，只能成为终生之憾了。

15. 戈尔巴乔夫

我不知道你为什么举列宁而不举戈尔巴乔夫。苏联出了个戈尔巴乔夫，他的思想先行者是很多的，多到中国不能相比的程度。

16. 中国民族主义的思潮大大强化

我同意中国今天的社会条件比起国民党时代、五四时代以及晚清时代大概是大大地进步了，所谓进步指的是可以实行民主的社会因素大大增加了。但是，我总觉得有觉悟的人太少了。撇开我心目中的"官学"和"极左派"不说，九十年代也出来了一批"民族主义分子"和"新左派"，他们的嗓门很大，听众甚多，而且出于我至今弄不清楚的理由，强烈地以"自由主义"为共同敌人，必欲灭之而后快。出于我更不理解的理由，他们口口声声"自由主义控制了话语霸权"，真不知从

255

何说起。

虽然我认为新左派大概成了气候,而民族主义是有"五千年文化传统"与一百多年来的民族屈辱作背景的,极容易赢得群众。事实上从各种民意调查中看,这批人在青年学生中的人数一直在增加。再想想我们自己小时候,就主要从爱国主义出发,才走向亲共、亲苏的社会主义道路,结果上了一个大当的。其实世界在二十世纪已发生了大变化。自由主义已肯定地成为全球的主流价值,而中国却仍然置身于这一主流价值之外(就政府行为讲还很显得有些"中流砥柱"的味道)。如果说"六四"有十年反文革的思潮为背景的话,现在,这个思潮已十分淡化,而民族主义的思潮却已大大强化了。

17. 精英政治

你对精英政治反感,我在新华社的时候,有权决定译名,当时外电常常提及苏联的elite,我就叫他们译作权贵。与你可称所见相同。不过,关于精英分子或精英政治,则还当别论。其实古今中外无论任何政体,都可以算是精英统治,因为掌权的总是少数人,也只能是少数人。(二十年前的中国的elite是指"政治上强的人",现在是靠什么人,我一下定义不了,反正是党看得上的 "选民"。)任何国家(中国也在内)要进步,必须有你所说的一批"独立知识分子"。你对这批知识分子的形容是十分精彩的,我读了好几遍。这批人也就是我上次信中所提到,我想象充其量中国最多有一二百人。他们应该是不愧为精英的,他们应该是孟子与孙中山所说的先知先觉(可笑,毛泽东为了宣传他的"平民意识",还一再批判所谓"先知先觉")。但是以有十二亿人口的中国(而)言,最难的就是怎么才能做到使这批人能真正成为思想领导者。我觉得要让自由主义成为思想领导者,简直有些不可能。

18. 三个代表

关于"三个代表",虽然过去没有这个说法,但我们年轻时参加革命时历来都认为"马列主义、毛泽东思想"就是代表三者，就是再加上几个代表都可以（比如说代表最先进的生产关系，最高的人道理想……），总之一切都是最最最。也正因为如此，我从接受马列主义、毛泽东思想以后，就再也不用努力学习了。

吸收资产阶级入党，在中共是有先例的，如抗战前宁绍保险公司董事长胡应麟是正牌资本家，又确是正式共产党员，不过这样的例子甚少而已。我以为要大规模吸收资本家入党，顶多只要组织部发一文件就可以了，犯不上这样大肆宣传。目前这样铺天盖地的宣传就某方面实已等于或超过文革的宣传（当然，从"势头"讲，对毛那样的个人迷信至少在目前已不可能重现）。

我的想法是，如此铺天盖地宣传确实少见，要使这样的宣传不至于完全出乖露丑，总得"在帽子里变出个兔子"来吧！资本家入党实在犯不上这样小题大做，我看也许有实现私有化的可能（当然，名义上还是只能叫民营化，决不会承认私有化的）。我所以这样叫一叫，当然不是考虑为当局鸣锣喝道，而是希望能给国人一个概念，我要向你表白，我的最高纲领，仍然是"和平演变"。不过由于当局一动不动，我觉得如果能先实行私有化，也可为未来的政治改革，打下一点社会基础。至于政治上当局正在不断收紧，我的文章大概已无在大陆发表的可能，我当然是清楚的。不过，我们已经老了，物质地讲，我们是最少可怕的人，现在老人都越来越衰退，我胆量有限、作用更有限，能叫一声就是一声而已。

19. 中国共产党无学者无思想家

中国共产党可称根本无学者无思想家，此外，中国又有几个人？中国的人才实在太少了，因此我现在总倾向于"在矮子里面拔长子"。

20. 汪晖的文字

几个月前得到汪晖的《1989年社会运动与"新自由主义"的历史根源——再论当代大陆的思想状况与现代性问题》，翻了一翻，因为其文字晦涩难懂,未予注意,最近有人寄来批判文章,才了解汪的高论:①把89民运看成是世界反全球化运动的一部分。②把自由主义与民主主义完全对立起来。③把中国的贪官污吏与自由主义并列,认为"六四"是二者共谋镇压人民。……真是匪夷所思。另外我本来以为汪晖文字能力太差,不料恰恰是他这种艰涩不通的文字居然能俘虏大批的青年人,以为是有学问、有见解、有思想,是以为大家取法,结果造成一大批伪学者与伪思想,真是可叹。但是迄今还很少看到有力的批判。就是我收到的这篇批判文章,固然论点很不错,但是文字竟也有"汪味"。

21. 胡冠鲁戴

"胡冠鲁戴",虽然作者给我来信说并不是指我,但是事实上,正是我两年前在那封给舒芜的信中引用胡适自己的话,把鲁迅称为自由主义者,当时心中就有几分不安,总觉得鲁迅也许更应该说是一个共产主义者,但是还是分析不清楚,邵建的文章把胡适与鲁迅的思想体系分析得比我深入了一大步,给了我很大的启发,真是后生可畏。

22. 顾准的思想

我对顾准[评价]是很高的,理由有二。一,顾准说他可以得三个博士学位①数学②经济学③历史学。这话我是相信的,因为近代以来中国当然也有不少思想家。(也许可以包括毛泽东这样的"权威",但是同时对这样几门学科下"死工夫"(或者以顾准自己说的那样下"笨工夫")的人,可以说一个没有。梁启超、陈独秀、胡适已经是佼佼者了。他们确实是思想敏锐,气度恢宏,文才更是侠群绝伦,但是都不如顾准那样集中精力,钻研深透。二,顾准是在毛泽东的绞肉机里几乎走完全过程的,因此他的觉悟特别可贵,对今日中国的意义也特别大。你也知道共产党的组织纪律观念有多强,但是他的结论居然是"痛苦地"从理想主义回到经验主义。这二十多年来我也接触过党内不少"思想解放"的老同志,但是没有一个达到顾准的标准的,从胡耀邦到孙冶方到王若水。(也许你是例外,我下面再说。)事实上顾准已经成为民主派或者自由主义者的一面旗帜。我是相信传统的力量的。就是所谓"莫为之前，虽美而不彰；莫为之后，虽盛而不传。"民主思想正式引进中国还不足百年，根子还没有扎下就被灭绝五十年，现在也还说不上再生。所以即使以后一定会出现以民主为目标的思想家，也必须要高扬顾准承前启后，存亡续绝的作用。

不嫌狂妄地说，我的二次觉悟（一次觉悟是马列主义觉悟）大体上与顾准是同步的（我是一九六〇年看穿毛泽东式的社会主义而重新确立新民主思想的，也可能比顾准晚了两三年）。但是我的斗争意识远远比不上顾准，我的心情灰到"他生未卜此生休"的地步，书倒是不断地看，像哈耶克的《通往奴役之路》，熊彼得的《资本主义、社会主义与民主主义》，几乎在"内部"一出来，我就能看到。但是我一来从青年时就没有过做学问的训练，二来是根本没有觉得自己还能有著书立说的可能，当时对自己的最高要求就是做个明白鬼算了。到"改正"以后也有好几年还是这个心情，只是做官做事大体倒还能做到按自己的原则行事。近几年才想到还有可能发挥些余热，但是又觉得桑榆晚景干不了多少事了，就一年写几篇文章，最长不过万字，自认为想通一个问题就写一个问题。其间还有一段时期，因为对毛泽东批儒的反感，觉得中国传统文化远没有毛的极权主义那么坏，还一度迷醉于新儒家的学说，这就是我曾经对你自称也可以算"半个新儒家"的原因。

因此，不是我恭维你，在我朋友中，我认为只有你一个人虽然似乎觉悟稍晚而见机甚早，并且全身心投入对民主思想与制度的研究，虽然现在还没有完成，但是不久以后一定可以完成。这点是我对你极其钦佩（好像我有次在信中曾向你表白过）而迄今没有志气与信心向你学习的。

23. 编一个民主读本

我过去几年的"工作"进度是很慢的，自己觉得虽然效率不高，但是还能"赶趟"。不过最近以来，我突然直觉地感到中国应当有一批"战斗的民主主义者"，然而全社会好像都没有这样的准备。我有三个小圈子，一个都是八十以上的人，一个是大约六十到七十的人，另一个是大约五十上下的人，每一两个月聚会一次。我近来一再呼吁他们研究民主的理论和制度，但是除了年轻的一批外，反应都很冷淡，我也以你的努力与我的疲塌为例进行说服，结果也不理想，这些人差不多都想通了中国的唯一出路是宪政民主，我就劝他们研究一下宪法。万一形势急转直下，这些自认为的民主主义者连部宪法都拿不出来，怎么行呢？

你给我的信里说，《大学人文读本》选的文章不够经典化，水平不高。我的意见完全与你相同，只是我学力不足不能拿出一个新的"民主读本"来（当然用这样的书名，大概根本就出不来），我想你已研究民主多年（我并不知道你预定的书名，也不明白你着力的重点所在，盼告），是不是可以就在潜心著作的同时，"顺便"把你认为有价值的经典原文，编一个"民主读本"，可能我说得太轻巧了。但是我实在是希望能有这么一个本子。现在也许还不能出版，但是我想可能过几年就会成为一本抢手的书的。有了这么一个本子，将来起草宪法，编公民教材就都有了依靠了。这个思想我本来就有，就因自己没有长期打算，到现在还是两手空空。我实在希望你能考虑我的意见。如能成功，"功莫大焉"。

24. 程序民主与实质民主

关于程序民主与实质民主；我认为是老早就有的概念，并非我的，或者新左派的创造。首先我六十年前读政治学的时候，有一个词就常在耳际，即所谓宪政国家，一切都要讲due process。后来在学术交流中常有人用procedural democracy这个词，我在前年发表的致舒芜的信《回归五四，学习民主》中说过，我认为没有什么无产阶级民主；也没有什么资产阶级民主，没有什么新民主，也没有什么旧民主，民主就是民主。心目中想的就是procedural democracy。不过，我既没有做专门研究，也没有积累，要问我经典的出处在哪里，我实在说不出来而已。

关于实质民主，我认为实在是马列主义的一个概念。前几十年读理论书就总是说资产阶级的民主是旧民主，假民主，是形式民主，只有无产阶级民主才是真民主，是实质民主。我一时也说不出经典的根据来，但是我多次引用列宁的话，无产阶级民主要比资产阶级民主高明"百万倍"（见《无产阶级革命与叛徒考茨基》，至于陈独秀，他到晚年对民主有二次觉悟，实际上是向所谓"资产阶级民主"回归，但是仍然认为社会主义民主的范围更广大，我认为就是"实质民主"的概念，这个概念是有很大的误导作用的。

25. 坚定的民主主义者

来信收到，你是一个坚定的民主主义者，你的意见，我是同意的。我所以向你提出问题，是因为世界在发展进步的过程中，随时可能出现新的过去没有的问题，这时候就要停下来深思一下。我反正知道我们年轻时相信的乌托邦不但不可能实现，而且是一种谬误。民主的价值将为越来越多的国家接受，然而充分的民主像我们现在西方发达国家看到的可能再过二三十年在中国还实现不了。（现在有许多人担心中国实现民主以后，会出现"拉美化"，我也有这种担心。）不过公民权利有起码保障的民主，我想是有希望的，顶多我们不能及身而见，我们的下一代是一定可以看到的。

26. 八十感怀——民主是中国和世界各民族的必由之路

我今年已是整八十。过去虽然口头上也说"老之将至"，而心里总是感觉目前的日子还可以照老样子过下去。五年半以前中风，对我是一个警告，然而日久玩生，也好像无所谓了。这次老妻摔跤，住院已两个多月，我一人在家，"苦守寒窑"，不但孤独寂寞之极，而且也产生了"死生无常"之感。我从2001年起记录我认识的亲友死亡名单，得十五人。2002年就上升到二十一人，自己到底还能活几年，开始感到有点没有把握了，而且自己也认为应该对自己敲敲警钟了。

我前信曾经跟你说过，今生已无从根本上研究"民主"的发展与历史、理论与实践的愿望与勇气，只是还想写几篇万言长文：一是破，破秦始皇以来的专制主义和马列毛以来的极权主义；二是立，立一些民主的规范。

过去几年，我也写了一些文章，多少也做了一些工作，只是自己以为远远不够。今年手头还有四五个题目，希望老天爷能让我做完这个工作。但是我最想写，而且觉得不能不写的是《民主——中国现代化的目标》一文。我要说明社会主义作为一种政治制度已经彻底失败了，中共实际上已放弃了它，保留它作为口号，无非是保持极权而已。当然社会主义还可以作为一种政策目标，甚至执政党的施政纲领，但是也只有在一个民主的社会中，一个民主的政治制度下才有可能。而且，如果得不到多数选民的认可，就该下台。马列斯毛说的"国体是无产阶级专政，政体是民主集中制"，已经试过，应当作废了（虽然它仍是中共掌权的理论基础）。

中国要现代化只有一条路可走，就是全面的、充分的民主，这不但是中国的必由之路，也是世界各民族的必由之路。

但是，民主的确切定义是什么呢？当然我曾经几次引用陈独秀的概括，但是也只是利用一下他的权威，其实未必准确完全。

我才疏学浅，觉得还没有能力作合格的概括。前几个月我请一位专门研究美国宪法的老先生给我开几条。他给了我一个答案：

（一）主权在民
　　　包括选举等等
（二）限权政府
　　　包括三权分立
（三）保障公民权利
　　　包括言论及出版自由
（四）军队国家化

因为你多年研究民主，我要请你用最简单的文字（500字以内）回答我两个问题：

民主的必要条件是什么？

民主的充分条件是什么？

进入新世纪后，我常说两句话：（1）对中国之实现民主，我能否及身得见，比较悲观。（2）对中国能在二十一世纪上半期实现民主，我基本乐观。不过，我之所谓民主，只能指废除一党专政，建立民主框架而言，并非指充分民主。实现充分民主，最乐观也需要到二十一世纪末。

关于中国民主化以后，出现拉美化的可能，我以为不大，因为中国人无强烈的宗教信仰。这可能是一弱点，但中国人是十分世俗，十分实利的民族，可能亦有一优点，能够在实用的范围内学样，也许比土耳其（土耳其算是在基马尔时代即60年前完成了政教分离与民主化的一个东方国家）表现得稍好一点，但拉美化实在无法预料。

中国之充分民主化有待于全民的启蒙，而这样的启蒙又有待于民主框架（或用现在流行的说法"民主平台"）的初步树立。所以中国的民主化似应分两步走，民主框架之树立，仅仅是完成民主化的"开始"而已。

开始以后怎么办？我想到了一个办法，就是全体大学生在毕业后需用半年时间学习"公民"，再用半年时间到中学教一个学期的"公民"，只有完成这一义务后方可取得毕业文凭。中学生全部六年十二个学期都要学公民（课），教学内容不多，但要循序渐进。这个想法，我从来未同人讲过，也许"训政"的味道太浓。向你请教，你以为如何？

27. 改写中国近代史——最后一封长信[1]

近十年来，生活没有什么波动，平常总因为可以无限期地 indefinitely 活下去。老妻骨折后才悟到不变中其实一直存在着变的因素。只希望中国沉默的政治也蕴藏着什么表面看不出的推动力。

前两天王若水的夫人把王若水遗著《新发现的毛泽东》送给我。全书上下两册，约五十万字，我看了约十万字，叹为得未曾有，原来若水在1993年就开始搜集材料了，用功之勤，思想之广博深刻，都使我惊叹。虽然实际上还只是一部未完成的杰作，但大体规模已

---

[1] 此信写于2003年1月23日，距李慎之逝世不足3月。

具，估计至少十年内未必有人超得过。这又使我惭愧，优柔迁延，不肯下决心、下工夫做学问，正如我对你的研究民主问题一样。

由此想到，我早几年就有中国近代史（自1840年到二十一世纪中期民主框架大体完成之日）必须改写的想法，但总觉得这不是我老朽的事，而寄希望于年轻人。最近忽然想，整本的写不出来，万言长文，提示几个主要论点，或者写出一个大纲，总还是应当而且可以的吧。现在想把最初步的意见向你请教一下。

首先，我认为一个民族最重要的创造是其政治制度，经济、文化、国民性都由之决定，与马克思的经济决定论不同。1840年以前的中国，其政治制度就是专制主义，从秦始皇算起已有二千年，不但养成了中国人的深入骨髓的奴性，而且压制了中国生产力的发展。中国的商品经济发生得并不比任何国家为晚，秦汉时期规模即颇可观，但是只能永远处于"萌芽状态"，就是因为专制的政治压制了这个"芽"永远也长不大。所谓明清之际的"萌芽"说不过是被硬套五阶段论的文化专制主义的一种伪理论而已。

1840年以后帝国主义侵略中国，但一方面确是侵略；一方面也带来了中国历史中从来没有的进步因素，因而开始了中国近代化（或现代化）的极其艰难的过程。

中国传统，如果要一分为二的话，一方面是外儒内法的皇权专制的传统，一方面是以游民打先锋（甚至是领导）的农民造反的传统。后者开头也许有些平均主义或自由主义（实际上是无法无天）的倾向，一旦成功，立即回到皇权专制的老传统。

1840年以后头十几年的历史，主要是传统的专制主义抵制抗拒资本主义和民主主义的历史。偏偏这时农民造成的传统之大发作（主要是太平天国，还有规模较小、较后的捻军、义和团等）。最后虽被统治者扑灭，然影响残留甚强（与以前历史上的比较而言）。

戊戌、辛亥都应该肯定。辛亥的孙中山更是近代中国民主思想之集大成者，但是由于传统强烈，他也沾染了不少皇权专制的影响，还有下层黑社会的影响，从历史来看，这都是当然的，必然的，不足怪的，但是在叙述时必须指出，必须批判。

辛亥以后资本主义与民主思想都有不小的发展，但还远远不足以抵抗专制传统。所谓军阀混战，其实与历朝历代改朝换代之际的分裂混乱相差不大，在中国历史传统中几乎是应有之义。

五四在中国历史上应该大书特书。但是作为总司令的陈独秀，一方面把"民主"与"科学"请进中国，一方面并不真懂民主（也难怪他）。其人一方面把共产党引进中国，一方面在党内实行家长制。其实，即使他真懂民主，在当时的历史条件下，他也不可能在建立民主方面有多大的作为，胡适即是如此。

就当时世界论，帝国主义确实存在，而且主宰世界。凡先进国家就无一例外地都是帝国主义。帝国主义必然要产生自己的对立面，就是马克思主义。马克思主义虽在欧洲吸引了无数正直的知识分子的心灵，但是只有在俄国这样的国家经由列宁这样的理论家与政治家的运作才能成功。马列主义一旦在俄国成功，即成为较资本主义与民主主义更为强劲的思潮而在落后国家取得地盘。中国共产党得以在中国成立。资格要老得多的国民党及其领袖孙中山、蒋介石也不得不受其影响。

国民党北伐应该肯定，其轨迹也与中国历朝历代皇纲解决以后新王朝首先要削平群雄，统一天下相仿。国民党也不是毫无引导中国走向现代化的可能，所谓黄金十年（1927—1937）政绩，也还过得去，但当时的中国在与列强对比问题实在太多，非古时的明、清可比。加以日本侵略（1840年的英国侵略，李鸿章称之为三千年未有之变局，1930年代的日本侵略，置中国于亘古未有之奇耻大辱与土崩瓦解之危机），致使①国民党统治者无法施行其统治；②全国人民同仇敌忾义愤填膺，而且趋左倾；③共产党因时崛起（包括西安事变等偶然因素）。

八年抗战完全应该肯定，国民党无能误国之处甚多，但外交上可称因抗战胜利而完全胜利。

政协亦应肯定，但三年战争共产党大获全胜，可称历史奇迹。我是过来人，但除了佩服毛主席英明伟大之外，到现在还有莫名其妙之感。但有三点必须申说，①国民党由久穷（八年抗战）而骤富（劫收）必然特别腐败；②共产党以历史上从黄巾、张角、李自成到洪秀全大体相似而远为精妙的方式发动农民夺取政权，并赢得知识分子的拥护已到出神入化之境；③国际形势，苏联影响膨胀与共产党一贯学说一致，其政策更是有利于共产党取得政权。

1949年中华人民共和国成立到1979年这三十年的历史实在很难肯定，不过它既然出现了，存在了，就应当深入地作出合理的说明。只要抓住中国的文化传统这个内因与马列主义影响这个外因，其实也不难作出有说服力的解释。总之是世界上最最最革命的理论与最最最专制的传统相结合，使中国形成了最最最黑暗的毛泽东思想之三十年的统治。中国传统的专制主义变成了极权主义。

但是这三十年虽然可称黑暗之极，史学家仍须发现其有一些后来有利于中国现代化的因素（如大大加强了中国的统一，提高了中国的国际地位，普及了初等教育，改善了妇女地位，提高了中国社会的均质性Homogeneity等等）。这些都同时带有片面性，需深入研究。

十一届三中全会确实是中国近代史的转折点，从此开始了中国脱出极权主义的艰难过程。但是由于中国历史已走到了极端，由于全球化的不可抗拒的影响，这个过程尽管艰难曲折，但已不可能逆转。目前中国的极权主义已进入晚期极权主义（late totalitarianism），再过二三十年应能完成初步的民主改革。

中国的历史看起来很特别，其实放在现代化、全球化的大背景之下来看，也不见得就什么太奇怪。俄罗斯帝国、奥斯曼帝国就都在二十世纪走过了与中国大体相似的道路。欧洲的意大利（文艺复兴的祖国）、德国（宗教改革的祖国）在二十世纪还经历了右的极权主义的曲折。像美国这样的民主国家，在世界史上看其实是特例，正如希腊在古代是特例一样。回头看世界各民族的历史发展各有特色；朝前看共性将越来越多。奥斯曼帝国中的土耳其是第一个摆脱了伊斯兰专制的国家，其民主到现在也还不怎么样，但比许多阿拉伯国家还是强得多。阿拉伯国家到二十一世纪末，顶多到二十二世纪在全球化的影响下，也会艰难地走向现代化、民主化的。

第十九章 其他书信

1. 致袁伟时[1]

1.1 全盘西化

"现代化不是西方化"。这已成为第三世界的咒语，甚至也是一部分西方自由派知识分子的咒语，你却仗义执言，力辩其偏颇，非具有绝大胆识者，谁能作此语。这是我要向你表示钦佩的原因。

我把陈序经和胡适提出过的"全盘西化"的口号改为"全球化"，自信其原则无背于尊意，不知是否有当。

你说"全盘西化"从未在中国实行过，我同意，但是也想指出，从1949年到1976年，中国实际上作过"全盘西化"的绝大努力。这点恐怕要看到，从党章到宪法，到一应学习文件，以至街巷议完全以西方的一种思想为圭臬。连天安门过节树起的领袖像也全是大胡子洋人，如果说这还不算西化，恐怕说不过去，倒是应该说，即使全盘西化不可能，它也做到了人力所能做到的极限。文化大革命中强调两个"决裂"更是任何国家、任何民族都没有做到过也许是今后也做不到的。因此我的朋友美国教授唐德刚说，中国虽然没有做到全盘西化，却做到了"半盘西化"。说起来近于笑话，细想倒也合乎事实，最大的证明就是：中国当代青年，包括口口声声在叫"宏扬传统文化"的，已不知传统文化为何物了。

中国目前在文化上的问题有二，（1）可以说是完全丧失了固有的文化传统，因而有使民族成为一盘散沙，社会秩序越来越混乱的

---

[1]本节内容选自李慎之1994-1999年间写给袁伟时的信。袁伟时（1931年12月15日～），广东兴宁人，中国近代史学家，中山大学哲学系教授。著有《中国现代哲学史稿》、《晚清大变局中的思潮与人物》、《路标与灵魂的拷问》等书。

267

危险。（2）参加文化多元主义的大合唱，对全人类的（也就是全球的）主流文化故意唱反调，因而有阻碍中国现代化的危险。你在文章中讲了许多过去的事，我却怕这些过去的事会在将来重演。

1.2 中国需要向外国老老实实学几十年

我是研究国际问题出身，对今天的世界我深感问题之多与思想之乱为从来所未有。而国际与（各国）国内的种种问题又有高度相似之处。在我看来，总的是一个全球化进程在矛盾冲突中发展的趋势，不过由于舞台太大，角色太多，这个过程也许要一二百年才能有一个（相对稳定的）结果。我的兴趣是在其中理出一些头绪来，去年写的《全球化与中国文化》，以及现在寄上的《亚洲价值与全球价值》就是这方面的一些探索。不过由于问题太大，自己也知道自己的能力无异于"天狗吞月亮"，无非是知识分子的积习未改，"知其不可而为之"而已。

顺便说一句，现在学术界刮起一股[反西方]主义，反后殖民主义之风，其维护中国文化之志可敬可佩，但是奇怪的是：（一）这些爱国志士对中国文化的知识之贫乏令人吃惊，像我这样七十几岁的老人完全可以认为他们还比不上六十年前的中学生。（二）他们用的"话语"完全是西方"后现代化"的话语，为我这样的人所难以了解。这样，他们在思想以至语言上都已首先"自我殖民化"了，却还要义愤填膺地反殖民化，这是当今学术界最为奇妙的景观之一。然而这种景观却是大得当局欢心的。

在目前的中国，最需要的是要有真正懂得中国的弱点与缺点，而又肯真正向外国学习的人，取人之长补己之短，老老实实，学他几十年，中国是会有希望的，仅仅是自以为是地逞英雄充好汉，只能给我们苦难深重的民族再添苦难。

1.3 全球价值出现还是一个遥远的未来

全球价值大概总是要出现的，但是以我们个人的生命为尺度来衡量，还是一个遥远的未来。从人类学说，从直立人到智人已经过数以百万年计的进化（最新的说法是四百四十万年），人类应当是同源的，但是为生存所驱迫在地球上各地极其不同的环境中发展，到彼此相互发现的时候文化已经是大不相同的了。因此人类虽是同源而文化（或曰文明）却确实是多元的。这个局面到1492年哥伦布发现新大陆而有根本的变化。如果说五百年前的历史是分的历史，则五百年来的历史却是合的历史，要说全球化，在那个时候也可以说是开始了。不过人类意识到这一点而开始有全球化的自觉的，则始于冷战结束以后，也就是二十世纪的九十年代。这虽然又是一个转折点，然而以五百年来的历史与当今的现实推断，要出现真正的全球化的价值标准，即使再过五百年也不算长，尤其是与四百四十万年相比。而要达到这一点，我担心还是要经过多次的冲突甚至杀戮，正如恰恰是哥伦布所开始的全球化时代带来了殖民主义、帝国主义，第一次和第二次世界大战一样。从目前世界各国民族主义的高涨来看，我对远期的乐观掩盖不了对近期的悲观。

作为一个中国人，我天然地认为中国哲学最符合未来的全球价值，比如"道"的概念就比"神"的概念更好，但是中国现实社会的情况实在还够不上对现在已呈衰败之象的西方文化形成挑战，倒是学了西方许多不值得羡慕的东西。

世界太大、太复杂，我们的知识与心力却有限，有时不免有"望洋兴叹"之感。我个人甚至有人类还得继续堕落五十年到一百年才能"迷途知返"的心情。

1.4 回归五四

你这次提的"回归五四"的口号，也是我过去提过，而且准备在明年"五四"八十周年时认真再提的。为什么提"回归五四"而不提"超越五四"？你的解释我完全同意。

为朱高正作序的文章，我一半是捧他，其原因也是为推销他的社会自由主义（改革开放二十年来，出了不少理论家、思想家，但迄今还没人敢于提出自由主义、个人主义）。一半是批评他，其实更主要的批评余英时、林毓生（他们的影响太大了，连王元化[1]、李泽厚

[1] 王元化（1920年11月30日～2008年5月9日），生于湖北武昌，祖籍江陵。

都被说服，更不用说陈来以下的一大批新进学者了）。此文在国内迄未发现有任何影响，倒是台湾的《海峡评论》居然转载。（那是一小撮极左派的刊物，他们极端亲华亲共，转载大概因为朱高正是台湾最有影响的"统派"的缘故。）。

1.5 新左派

12月25日《南方周末》发表朱学勤文章，指出自由主义与新左派同时出现是1998年思想界的大事，深然其说，不知先生有何看法。

广东报刊思想十分活跃，但是后现代主义亦十分活跃。想先生已注意及此。愿以后能更多登主张鼓吹民主、自由、科学、人权的文章。后现代主义（新左派只是其中最主要的一支）在京沪均很猖獗，最可惜的就是《读书》杂志已落入彼等手中，年终全面转向。

识破新左派最主要的一点就是他们批判一切，解构一切，就是不主张政治改革，因此不出一两年必与老左派合流。

1.6 向西方乞灵

有好文章一篇特向你推荐。作者蔡仲德，是冯友兰先生的女婿，中央音乐学院教授，是近十年来一贯张大五四精神，宣扬自由主义的一个优秀理论家。

你可能像我一样不了解音乐界有一股传统主义的、本位主义的强大思潮，他们竟连义勇军进行曲、黄河大合唱都敢斥之为"邪门歪道"。我起初几乎不敢相信，但是与中央音乐学院的教授座谈后，才明白确实有这么一股很大的风。

蔡仲德对中国必须提倡、实行自由主义、个人主义有很深入系统的研究。这篇文章的题目叫做《出路在于"向西方乞灵"》。"向西方乞灵"大概在别的地方可能十分刺激，但是在音乐界也许还好一点，此话是你们广东音乐理论界的老前辈廖尚果说的，实际上中国文化的出路，尤其是政治、经济制度唯一的出路就在于"全盘西化"，传

文艺理论家。1955年因胡风案件受到株连，1981年平反。历任国务院学位委员会第一、二届学科评议组成员，华东师范大学教授，中共上海市委宣传部部长。

统如真有好东西，是不必怕化掉，也化不掉的。

2. 致何家栋[1]

2.1 新左派要打击经济自由主义派

你说你最近才发现新左派要打击的原来是经济自由主义派，亦即主流派经济学家。这个情况我也许比你早觉察了一点。自从我1997年给顾准的日记写序时，战战兢兢地提出自由主义的概念，1998年给《北大的自由主义传统》写序时公然声言"自由是一切价值中最有价值的价值"以后，到1999年，新左派和后现代派就恶毒攻击自由主义者为贪官污吏打先锋，我简直莫名其妙。后来到2000年上半年才算弄明白了，他们指的是经济自由主义者，首先是厉以宁他们，但是在学术上实际上打击的是徐友渔、朱学勤这一批政治上的自由主义者。挨点子弹倒没什么，可恨的是把自由主义者卷入一场混战，使自由主义者反对专制主义的目标不能彰显，而且弄得一身臊。这实在是始料所不及。其原因还在于毛泽东在中国的影响实在太根深蒂固，不但当政者赖其荫庇进行统治，而"造反派"也始终不脱红卫兵的水平。

2.2 当面的敌人就是在中国绵延了两千两百年的专制主义

我的看法是，当面的敌人只有一个，就是在中国绵延了两千两百年的专制主义，虽然自八十年代起，它已因自身的腐烂而日趋软化，但极权的本性未变。

要救治专制主义，只有民主主义、自由主义、以至个人主义，别的出路是没有的。因此还是五四的任务，五四的口号。其实自由主义就是资本主义，在世界上，它已越来越成为主流，苏联瓦解改制后尤其明显。几百年的世界近代史，一百年的较量，应该可以得出结论：共产主义是现代化过程中的支流或逆流。自由主义则是主流，而且是全人类迟早都要走的必由之路。

---

[1] 本节内容选自李慎之1999-2001年间写给何家栋的信。何家栋（1923年9月~2006年10月16日），原名万舒扬，1949年创办工人出版社，1957年被定为右派，1979年平反后任工人出版社常务副社长和《开拓》杂志主编，1984年因《开拓》创刊号发表刘宾雁报告文学《第二种忠诚》而被查处。

中国在经济上是否可说自由主义已占上风，我不敢说，因为中国计划经济的思想实在太强大，只要看有开明之称的朱镕基的施政就可以明白，不过经济自由主义不出十年必然要占上风，是可以肯定的。经济自由主义（1）必然能发展生产。（2）必然扩大贫富差距。这个趋势无法扭转，世界几百年来的经验已经证明这一点。新左派和后主们所以能在西方存在就是因为抓住了后一点大肆批判的缘故。

西欧因为执行社会主义政策，人民的福利比较平等一点，美国在这方面就比较差。然而美国的经济活力又始终比西欧强，人们当然要求"两全其美"，然而又实在做不到。这恐怕是永恒的矛盾。

2.3 自由主义的精髓在政治自由主义

自由主义的精髓其实还不在经济自由主义，而在政治自由主义。我现在还没有看到新左派和后主们敢正面批判民主、自由、人权和法治的。这些都是中国传统文化中根本没有的，而是中国今日迫切地需要的。

因此，我们的"战斗的策略"，似乎也可以像经济自由主义一样，少同无理进攻者纠缠，而是"一步进一步地"正面阐明自己的主张：以民主反专制，以法治反人治（＝党治），并高高举起作为其根据的自由主义、个人主义的大旗。高扬人权在今天已成为无人敢反抗的全球价值，但是人权必须落实在一个个人身上，集体人权是我们中国人的狡辩。一百年以后看，自由主义必然成为全球主义，这点是可以有信心的。

2.4 公民课本

自从我在今年年初为改革杂志写了《修改宪法与公民教育》一文以后，余世存就告诉你有意集合同志写一套公民课本，我当时的感觉是，你对我的话太认真了。我们这样的体制哪里有什么条件能编实实在在的公民教科书呢？只要一提笔就要碰壁。因此并不十分措意，等到出国回来，李郁又跟我讲，你确实是在干这件事。我又想了一想：教科书固然编不出来，但是写一本《现代公民试行教程》似乎还有可能。法国革命以前有"百科全书派"，对启群觉悟起了重大作用，中国当然主客观都无此条件，但是几万字的一本《公民教程》，也许能起到"统一思想，唤起民众"的作用。（照民主国家的原理，任何人都无权"统一思想"，《公民》正要告诉人们这一点。但是我偏偏想不出别的词儿了，姑且借用，也许可以证明我中毒极深，已脱不出过去的框框了。）因此我极愿先生带头主持促成此事。

现在社会上思想混乱，自从我两年前战战兢兢提出"自由主义"这个词以来，老左派都未见响应，新左派却可以说大加"恶毒攻击"（好像都还没有提到我个人的），说自由主义是向权利者献媚。我至今莫名其妙：新左派大都是在美国喝过洋墨水的人，美国这个国家当然什么言论都有（包括我们最近大力反对的邪教），互相攻讦也是不亦乐乎。但是我发现就是没有攻击宪法的。如果我们能编出一本公民教程来，对政府与人民，中央与地方，立法与行政，行政与司法，立法与司法的关系……都有顺应世界潮流，合乎文明原则的表述，我倒真想看看有什么样的英雄好汉敢来挑战。

五十年前，我是一个青年共产主义者，满腔热血，一片赤诚。五十年后居然走到了原初的对立面。

3. 致王若水[1]

3.1 自由主义的核心价值是个人主义

我晚年做的唯一一件事就是把"自由主义"在中国叫开了。现在虽然它的意义仍然说不上"光大"，然而学术界至少知道了在世界上还有一种与毛泽东所反的"自由主义"，不同的自由主义。

我心里还想做的一件事是要把自由主义的核心价值"个人主义"叫响，以反对毛泽东所说的"个人主义是万恶之源"。但是又实在感到力不从心。现在得知法共都提出新时代是"个人时代"，就想起只有请你这个马克思主义的老权威来写一篇"马克思主义与个人主义"。

中国今天仍然是无声的中国，我们只能以自己微弱的声音来迎

---

[1]本节内容选自李慎之1999年9月写给王若水的信。

新世纪了。

4. 致胡乔木[1]

4.1 什么是农业社会主义？

我记得一九四七年，新华总社还在太行山的时候，您从陕北发来了一条《新华社信箱》，题目叫做《什么是农业社会主义？》其中专门解释农业社会主义是一种反马列主义的思潮，对于当时所理解并纠正在晋冀鲁豫土改中发生的过左偏向，有很大的教育意义，对我个人留下了不容忘怀的印象。但是我在学习马列主义原著的过程中，却没有找到批评农业社会主义的文章，也没有找到这个词。因此只好直接写信给你，希望你不吝赐教。

在马克思的著作中我曾在他的《经济学—哲学手稿》中找到一段对"平均共产主义"的批判，这个平均共产主义似乎与农业社会主义的概念相似，不知我的看法是否符合你在《新华社信箱》中所说的意思。

4.2 回忆周总理

上个月底，外交部党组突然要我同李汇川同志和毕朔望同志三个人，以"外交部理论组"的名义，写一篇回忆周总理同第三世界的深情厚谊的文章，纪念总理八十诞辰。我五七年以后，即未再见总理，二十年未曾执笔为文，要完成这个任务，深感困难，但是由于对总理的感情不能不勉力应命，一周之内，匆促成文，勉强交卷，就是三月四日登在《人民日报》上的那篇《伟大的国际主义战士》。

但是，就在同一天的《人民日报》上读到了您怀念周总理的诗，气概宏大，声情激越，使我感到极大的激动。这两年来，我也写了一些悼念总理的旧体诗，不过写得很不好，现在不揣冒昧，随函呈阅，谨请指正。

我自从在重庆新华日报馆工作的时代起，就在总理的领导下。大概因为当时在同辈中年龄最小，总理对我偏爱独多。建国以后，总

---

[1] 本节内容选自李慎之1977-1990年间写给胡乔木的信。

理历次出访总是叫我随行，为他办理一些新闻发布与报道的工作。总理当时就看出我年少气盛，不自检束；一再告诫我不要泥古好洋，要谦虚谨慎，然而我竟没有能领会总理的深心。到1957年6月反右运动开始以后，总理还命我参与他在一届人大四次会议上的政府工作报告的准备和修订工作，不料一个月以后，我就因为妄言获罪。我一身不足惜，但是有负总理的知人之明，却是我终身的痛事。

即使在那以后，总理也没有嫌弃我，而是一再殷殷垂询，慰勉多于切责。是总理的爱护关怀使我比较顺利地度过了二十年来一些困难时刻，直到1972年，也还是由于他老人家的亲自指示，才得以从山西干校调回北京总社。我内心虽然始终抱着一点不灭的希望，以为总有一天还能见到总理，但是总觉得"戴盆何以望天"，从来没有敢提出这样的请求，只是寄希望于将来。我哪里知道，就在1972年，他老人家已染上了不治之症，我心底的一点私愿，竟成了泡影。

4.3 希望有机会做研究

最近从报上看温济泽同志出来工作，并且担承了培养新闻研究生的消息。这个消息引起了我的一点想望。我从少年时代起，由于家庭的影响，就曾想以学术研究终生。但是，上大学以后，因为从事革命活动，就没有认真读书。俯仰之间，已近暮年，至今仍然空疏如昔。因此虽然在知道您主持社会科学院的工作以后，就曾有过想请求您给我一个做一点研究工作的机会的念头，但是却总觉得自己学无专长而羞于启齿。一直到今天，才鼓起勇气，冒昧向您写这封信。

1972年底回到北京以后在参编部做新闻翻译，虽然工作较忙，但是利用新华社的便利条件，做了一些国际经济、社会、思想、政治方面的卡片，五年之间已盈十箱，当初的目的也只是为了使自己能认识世界。现在，我唯一稍为有点自信的就是，多年以来，除了文化大革命初的五、六年之外，始终未曾断过同外国书报杂志的接触，对国际上的学术思潮可能比一般同志略为熟悉一点。因此我现在只敢请求您考虑，能否给我一个机会，做一点介绍外国学术思想的工作。能在社会科学院这样一个学术环境中，尤其是能在您的直接指导下，向诸位前辈先进学习，把自己几十年来因而知之的千虑之一得，整理出一点思想资料来，或者可供后来者参考，那就是我此生最大的满足。

4.4 请辞对外宣传小组组长

两天以前，听到传闻，说是书记处已经内定由我担任对外宣传小组的组长。下风逖听，不胜惶悚。昨天晚上，专诚去看了梅益同志。梅益同志告诉我，两个星期以前，李彦同志曾去向他征求意见，他的看法是，我并不适合于干这个工作，而且我的志趣也只是想在一两年内把草创伊始的美国研究所办得粗具规模，然后退下来，自己做点研究工作。他前天见到力群同志，也向他表示了这个意思，并且表示希望我继续留在社会科学院。梅益同志对我的了解与支持，使我感激。

今天早晨，我同黎虹同志通了电话，知道中央委我以如此重任，是由于您对我的垂爱与推荐，我更是衷心感激。但是我自己度德量力，深深感到，无论从才具与气质两方面说都实在不能胜任这一工作，难免不有负组织上托付之重，也有负您知人之明。

去年秋天，我把抄呈锺书先生的几首小诗寄呈，本意也是博长者"一粲"，没有料到您竟在百忙之中给我写了回信。嘉勉之余，针砭有加。当时真是感动已极。我多年脱离实际，囿于一种闭塞的心境之中，发为诗文，貌似豪放而实迂执；言近旷达而实衰飒。这种精神状态，我自己是经过这几年的重返工作岗位才渐渐有所自知的，而您则是一眼就明察到了。我实在感到哲人知言，罪我者惟公，知我者亦惟公。

4.5 请辞社科院副院长

前天，社科院收到了中央任命郁文、曲维镇、江流三位同志为社科院副院长的任命。昨天，院党组举行了党组成员最后一次关于清查的民主生活会，通过了我的检查。我在检查的末尾，请求党给我以最严厉的党纪处分，并且撤掉我的一切行政职务。

今年五月二十日，我就曾向胡绳同志提出过辞呈，要求"乞骸骨而避贤路"。最近，我又同胡绳同志恳谈此事，他很同情我的要求，但是又认为，事情还未可必，要我也要作另外的思想准备。我要向你恳求的，就是要请你鼎力支持，成全我今生要向党提出的最后一点个人愿望。

我平生受知于总理和你（当然也许还可以加上当初直接领导我工作的乔冠华同志和吴冷西同志）。可以说，是你们两位决定了我一辈子的遭际。我这次又犯错误，对我自己来说倒无足惜，因为我的秉赋、教养和经历都决定了这是无可避免的。只是有负你的知人之明与同仁们嘱望之殷却不能不使我慊然。

乔木同志：三中全会以来的十年中，中国学术界的进步尽管还不能尽如人意，但是成绩还是极大的，是无论如何也抹煞不了的。朋友们现在饮水思源，想起十来年前那段艰难岁月里，从罗致人才组织队伍，到规划学科建立制度，甚至纠正对学术的观念，都是出于你的高瞻远瞩，惨淡经营，正所谓兴灭继绝，旋干转坤，功在祖国，泽被士林。现在中国的学术又面临一个新局面，进乎退乎？群情嗯嗯，都把眼光仰望着你，需要你关心擘划的事情太多了。但是我还是希望你能照顾到我这个"老门生"的微末的愿望，曲予成全，则我有生之年皆是戴德之日。

锺书先生今年11月21日是八十岁虚岁生日，我们几个人曾送去一个蛋糕，以志庆贺。

本星期日（12月24日）是叔湘先生八十五周岁，我们几个也要去看看他。

知道你对他们两位特别关心，特此附闻。又及

5. 致舒芜[1]

5.1 市场经济、民主政治是各国人民迟早都要走的必由之路

古人有一句话"虽曰天意，岂非人事哉？"可我在反思自己一生的时候，背后常常有一个思想："虽曰人事，岂非天意哉？"我对毛泽东争取群众、运动群众终能三年底定天下，而且得到万众归心（以胜利

---

[1]本节内容选自李慎之2000-2001年间写给舒芜的信。舒芜（1922年7月2日～2009年8月18日），本名方管，学名方硅德，字重禹，安徽桐城人。历任人民文学出版社编辑、编辑室副主任、编审，《中国社会科学》杂志社编审。

前后为分界），至今不敢有异言的本领之高强，实在是佩服之至。但是细细想来，确实有一个世界历史的大背景，我们在其中翻滚飞飏，晕头转向，其实不能出历史的大背景之外。

我在今年年初的一篇文章中说，许多"新生事物"起因大多"偶然"。只有其中有的能起示范作用以后，才逐渐显出必然性。苏俄的马列主义起示范作用者少算五十年，顶多一百年，而我们这些人却视之为"放诸四海而皆准，行之百世而不悖"的"真理"或规律。

经过一百年的折腾，我看只有市场经济、民主政治才是世界性的大趋势，才是各国人民迟早都要走的必由之路。中国在二十世纪已付出极大的代价之后，多少也有些进步，就是社会现在也许可以摆脱革命（在中国只是"造反"）的命运，而有了可以改良的基础了，我大致感到在二十一世纪，在全球化的推动下，中国应该可以实现制度的民主化，然而因为鲁迅指出的"国民性"仍然存在，中国大概起码还要有五十到一百年的"拉美化"时代。要通过各种各样文化、道德、法律、精神……的建设来不断改良。这是不是还在"历史的局限性"里看世界，那就不是我所能知道的了。

5.2 鲁迅和胡适

近代中国的知识分子的命运真是一个大悲剧，然而也是中国本身这个大悲剧逃不掉的一部分。我对历史的熟悉远不如你。如果以前半个世纪而论，鲁迅实在是如毛泽东所说"骨头最硬"的一个。但是以后半个世纪而论则胡适还是应"矮子里头拔长子"。你说他终身优游于庙堂之上这一节，似乎过当，他的中国公学被解散，在广东也曾被通缉（我对历史不熟悉，只是印象仿佛如此，查书则已无精力，可叹，乞谅），晚年在美国相当潦倒，终于中央研究院任上也可算死得其所。他从来就富于妥协性，从溥仪皇上开始，到以后一直与蒋合作。（胡门弟子还有主张中国实行法西斯的）。然而为雷震案也还敢对蒋上书极谏。到死，至少在中国应走什么样的道路上，好像没有什么原则上的游移。

历史好像是有规律的，只是必须以世纪的尺度来衡量才能窥知。蔡元培清党时是投了赞成票的，近人作传或为之讳，或谓之一时糊涂，百年回首看蔡决然反对"农民革命"应该说还是有道理。你说鲁迅误信苏联，是君子可欺其以方，确实可以这样理解，但是鲁迅大了我们四十多岁，消息还是比较灵通，他之所以相信苏联是有意识形态背景的。他虽看得出周扬等人的"奴才总管相"，然而就看不出冯雪峰与瞿秋白的"幼稚"，也是意识形态作怪。

现在需争的实际不是鲁如何、胡如何，而是中国今后只能走哪条路。蒋去台后统治远较在大陆时为严酷，然而台湾的民主思想"不绝如缕"。因此到80年代就有不少抗争，党禁一开，立即就活跃起来。大陆则我几年来"求其友声"，对于能像陈胡那样理解"民主"的，几乎可以说是没有。真可以说是"斩尽杀绝，靡有孑遗"。所以中国还是需要胡适那样的人。足下近几年表彰周作人，是做了不少工作。然而此人大节已亏，在我们这个讲究夷夏之辨的国家，已很难奉他为宗师。吴江就认为他不能跟胡适比，因为胡适还是抗战阵营中人。现在是慢慢有人为胡适说好话了，但是许多人还是忘不了50年代那场大批判，因此强调不能"以人废言"。一个民族的元气斲丧以后再要恢复过来真是难上加难。

6. 致艾青[1]

6.1 诗人的歌声

二十一年前，在《人民日报》上，我读过这样的文章《艾青还能不能为社会主义歌唱》，现在，我终于又在《人民日报》上看到了你的诗《在浪尖上》。还是我年轻时所熟悉的艾青。《火把》里、《大堰河》里、《北中国在燃烧》里的艾青。不论夜多么长，多么寒冷，多么黑暗，光明终于又来临了，伴随着这一丝微光而来的，就有你诗人艾青的歌声。

---

[1] 本节内容选自李慎之1978年12月写给艾青的一封匿名信。当时"匈牙利事件"还被认定为是反革命事件，且李慎之尚未完全平反，说话有顾虑（"还不能扬起头来歌唱"），因此采用了匿名形式。艾青（1910年3月27日～1996年5月5日），原名蒋正涵，字养源，号海澄，笔名莪加、克阿、林壁等，文学家、诗人、画家。1957年被划为右派，1979年平反后任中国作家协会副主席、国际笔会中心副会长等职。

6.2 对诗人的一点失望

但是我也不能没有一点失望：在你的诗里出现了这样的句子：

"是谁把群众的革命行动，
污蔑为'匈牙利事件'？"

难道二十年的打击、折磨、隔离，竟使我们博通中外的诗人忘掉了"匈牙利事件"是完全同天安门事件一样的"群众的革命行动吗？"

"匈牙利事件"同样是争民主、争解放的震天动地的群众的革命行动，而且他还多了一个内容"争民族的独立与解放"

6.3 匈牙利事件和天安门事件是照耀人类历史的两支火把

只有最无知、无耻的人才把"匈牙利事件"污蔑为反革命事件。今天在匈牙利，这个事件还没有如天安门事件在中国一样平反，但是无论是在匈牙利人民，还是全世界人民的心目中，他早已平反了。就是当年镇压匈牙利人民的人，现在也已实际上退却而不敢再提了。至于将来，匈牙利事件将一定会同天安门事件一起成为照耀人类历史的两支"火把"。他们是二十世纪后半期，争民主、争自由、争独立、争解放，而向新的独夫暴政冲击的伟大象征。

诗人，我们民族的智慧和良心！请不要跟着官方的提法去看待匈牙利事件。如果可能，请你为天安门事件歌唱的时候，也为匈牙利事件而歌唱吧！如果目前还不可能，那就姑且回避吧！

如果有人献诗歌颂韩志雄说"他们居然敢把你污蔑为王蒙、艾青、丁玲……"你又如何想呢！

最后，我还要说的是，我也同你一样，是一个自豪的、光荣的，前右派分子兼前共产党员。我们身上经历的痛苦与悲剧，不但不小于，也许更大于韩志雄他们，没有我们的悲剧，也就不会有韩志雄他们的悲剧，这个历史的逻辑，现在不是谁都明白了吗？（顺便说一句，正是有人被匈牙利事件吓坏了，才想出以"鸣放"的阳谋来制造出一批右派分子，这个历史的逻辑，现在也已十分清楚了。）你什么时候能为我们歌唱呢？不是为我，也不是为你，而是为中国人民——为人类的尊严，为理性的光辉。

在我们不多的余生中，还能看到这样一天吗？我在等待着。

一个还不能扬起头来歌唱
但是已经敢向你写这样一封信的
老右派、老共产党员

7. 致朱光烈[1]

7.1 后进国家可以实现现代化

后进国家实现现代化而取得公认的成效的，前有日本，后有新加坡。就日本论，它倒是确有思想指导的，那就是以福泽谕吉为代表的"全盘西化"路线。他们不但不反对，而且公然承认西方中心论。干了五十年，居然敢向西方挑战。失败了，又被人按着脑袋学，又干了五十年，现在又神气起来了，今天不但还有人（盛田昭夫）敢于向西方说"不"，而且还成了提倡"亚洲价值"的发起人。

就新加坡而言，进入近代以来，它沦为英国殖民地几近一个半世纪。一九六五年建国以后努力苦干，今天它的人均国民生产总值已超过全世界最早实现现代化的它原来的宗主国——英国，因而它的领袖李光耀也成了号称足以与西方价值对抗的"亚洲价值"的主要代言人。但是李光耀本人也承认新加坡的成就是在英国殖民统治的基础上取得的，他本人除了家庭影响以外，受的是完整的英国教育，并不懂得多少儒家思想。他今天虽然高举"亚洲价值"的大旗，强调家庭价值与集体主义，但是有论者说他实际上做的是要保持英国殖民统治的管理方式，而竭力保持原来的奴工在中国传统的专制主义下的驯服顺从的性格。新加坡的成绩是十分令人瞩目的，但是随着人民生活的日趋富裕已经渐渐变得懒惰而不听话了（这一点在日本也已有表现），李光耀也公开表示担心。

---

[1]本节内容选自《中国应取什么样的风范》（1996年）。朱光烈（1937年4月～），《现代传播——北京广播学院学报》高级编辑。

7.2 中国实现现代化复杂一点,但只要路子对也没有那么困难

如上所述,看来只有中国这样号称有五千年文化又有广大众民,长期自以为居于天下之中心的国家在现代化的道路上要特别复杂一点。首先,自古以来只有"用夏变夷",哪有"用夷变夏"之理。像"传统与现代化"能一再成为国民与学术界讨论不休的问题的,恐怕在世界上并不多见。这样的讨论往往返回到对传统的探索而很少联系到对现代化的研究上,恐怕背负的历史包袱过重是一个主要的原因。

中国走向现代化的道路一百多年来几经曲折,像样地干,实际上只是近二十年的事情,比日本晚了一百年,比新加坡晚了三十年,偏偏这个时候先进世界的问题日益暴露,而世界又已进入全球化与信息化的时代,国与国、人与人之间的接触日趋容易,接触多了,彼此间的了解比较具体,摩擦自然日益增加,结果一方面是"孳孳为利之徒"与"逐臭之夫"大量扩充;另一方面,爱国志士又惶惶不可终日。"传统文化与现代化"的问题实际是后者提出的,两个社会阶层的距离日益扩大,两个阶层内部又各有着眼点大不相同甚至截然不同的分派,这也是传统与现代的问题讨论不到一块儿的又一个原因。马克斯·韦伯的理论实际上被学者夸大了。他探讨英国率先实行工业化的原因是深刻的,但是其他后进国家,无非是"见人学样"而已。

事实上,在这个全球化与信息化的世界上,只要路子走得大致差不多,现代化也并没有那么困难。中国近十几年见人学样的现代化应该说成绩是很大的。在小平同志改革开放的方针指导下,"摸着石头过河",中国的经济增长速度连续十几年高居世界之榜首,中国的对外贸易从在国际上无足轻重到举足轻重。

7.3 虚骄横霸之气会成为中国现代化的又一个大障碍

可以忧心的是:中国刚刚从世纪初害怕"亡国灭种"的恐惧中摆脱出来,就立即产生了一股虚骄,甚至横霸之气,俨然二十一世纪就是"中国的世纪",今后的世界"必定要以中国人的价值观为中心"。这股思潮虽然还不能说已成为中国人的共识,但是因为爱听奉承话是人之常情,因此来势相当猛。

我所担心的是这股思潮很可能会成为中国现代化的又一个大障碍，甚至能使我们在现代化的道路上摔跤，就像三十年前中国人想领导世界革命的那股思潮那样。

7.4 中国成为领袖群伦大国的前提是必须好好地继承中国传统中的大国风范

我倒是相信中国成为世界上一个领袖群伦的大国的可能性是存在的。但是其重要的前提是必须好好地继承中国传统中的大国风范，真正以"泱泱大国"的标准约束自己。

什么是大国风范？老子说："江海所以能为百谷王者，以其善下之。"孔子说："君子贵人而贱己，先人而后己，则民作让。"单就经济而言，中国今天问题之多，实在值得人忧心。一个市场经济，决不能像有些人狂妄地宣称的那样是中国古已有之的东西，这是本世纪初"西学源于中国论"的可笑的翻版。中国要走正道，就只有老老实实地向人家学，而且要承认迄今为止学得还不到家，然而已取得了这么大的成绩。这只能使我们更加虚心，更加努力地学习，不但要学透它这样做的原理，还要建立它得以这样做的环境和条件，这就够我们临深履薄学几十年的了。何况还要看到，不是以小平同志的权威，恐怕连市场经济到今天还实行不了。然而小平同志年事已高，而且他也像任何人一样不能超出他一生所处的时代所给予他的局限性，后来的人如果不能继承他的思路，突破他的时代局限性，结果只能是不进则退。

7.5 "韬光养晦"，"决不当头"

小平同志告诫我们要"韬光养晦"，"决不当头"，但是现在却偏偏有人要张牙舞爪，要强出头，宣言要"靠中国哲学拯救世界"。这样不知天高地厚的狂妄，不但不能推进中国的现代化，而且恰恰是违背中国的文化传统的。

就是中国真有一天实现了现代化的愿望，成了世界头等富强的大国，也还是要继承中国古人所艳称的周文王"三分天下有其二，以服事殷"的态度。这种态度确切地说是协和万邦的态度，是今天世界上所缺少的，也是中国真正可以贡献给世界的，是未来的多元化而又全球化的世界的胶合剂，是足以改变这个世界自古以来服从的"武器先进者胜"这条规律的置换体。我常说，西方中心论不是义愤填膺的批判可以批倒的，因为至少从哥伦布以来的五百年间，西方事实上主宰或者主导着世界。（已故的谭其骧教授力主此说，真是卓见）但是西方是可以取代的，只要有哪一个或者一群国家真能做到"言为世则，行为世法"！

我们中国今天还吹不得牛，但是未能免俗，我也还有一点私心，祖宗之邦，谁能不爱？我的确是希望从我们中国的传统中产生出来的某种现代化有一天能成为世人向往学习的榜样。

8. 致葛剑雄[1]

8.1 到底什么是西方，什么是东方？

我历来反对随意使用东方文化这个名词。西方文化因为有一个希腊-罗马-犹太教-基督教的传统还不妨囫囵谈论。东方文化则至少有东亚文化（姑且以中国的儒教文化为代表）、南亚文化（姑且以印度的印度教文化为代表）、西亚—中亚—北非文化（姑且以阿拉伯的伊斯兰文化为代表）。三者大不相同，其差别实不亚于中国与西方的差别。自古以来中国与三者的接触也远不如十九世纪以来与西方的交流。在今天的中国，博通这三种文化的人，即使不说没有，也是少之又少。以我之孤陋寡闻，实在一个也举不出来。因此我认为无法把三种文化捆在一起当作东方文化来谈。

近年来，季羡林先生以梵文专家的身份一再合三为一把东方文化作为一个整体，而且以为东方文化优于西方文化，进而按照据说"三十年河东，三十年河西"的"规律"断定：既然最近几个世纪是西方文化主导世界，那么下个世纪必然是东方文化主导，而且即使东西文化汇合为一种世界文化也一定是东方文化在其中起主要作用。我对此论即

---

[1] 本节内容选自李慎之1997年写给葛剑雄的信。葛剑雄（1945年12月15日～），生于浙江湖州，复旦大学教授，民革中央委员。曾任复旦大学历史地理研究中心主任、图书馆馆长。

不敢苟同。三年前曾撰《辨同异，合东西》一文，就是为说明我的这个观点。虽然如此，东西文化之说仍然日见流行。最近，中国社会科学院成立东方文化研究中心。我问它的负责人，这个所谓"东方"，到底是什么意思，回答仍然还是东亚、南亚、中亚、西亚分开研究，并没有把"东方文化"统一起来研究。

抛开文化不说，当代所应用的东西方概念事实上是冷战引起的。五十年代初，著名的苏联作家爱伦堡就曾在《真理报》上尖锐地讽刺西方的政治家与政论家出于意识形态的偏见，不顾地理常识而把苏联和中欧国家妄称为东方，又把日本妄称为西方。我还亲自听到过他到中国访问时发表过这番宏论。所以，你对近五十年来东西方概念的划分完全正确。当然，近年的形势大有变化。今年的新闻是俄罗斯已参加"西方"七国集团使之成为八国集团，捷、波、匈已参加北大西洋公约。东方与西方的概念看来又要变动了。

另外一种把世界笼统分为东西方的人应当说是西方的帝国主义分子。在他们心目中，西方就是先进的文明国家的总称，东方就是落后的野蛮国家的总称。鼎鼎大名的吉卜林（Rudyard Kipling）就如此把世界两分而说过："East is East/West is West/Nowhere the twain shall meet."欧洲人把东方分为近东、中东、远东，我怀疑是以伦敦为中心命名的，很值得考一考。不过，以早于英国称霸世界的葡萄牙、西班牙和荷兰为坐标，近东、中东、远东的概念还是一样，中国目前还颇有人牢守这样的东方观，同时又努力高举爱国主义的大旗，未免有些顾此失彼了。

8.2 文化是可以变化与移动的

虽然比起意识形态来，文化的稳定性要大得多，但是却一样不是不能变更的。南北美洲本来是印第安人的文化，即所谓阿兹特克文化，印加文化和玛雅文化。但是五百年前西方人入侵以后，其主体已成了基督教文化。今天的中亚（包括中国的新疆在内）本来是"西天佛国"，但是现在已统统成了伊斯兰世界，那里的居民甚至不愿承认自己的祖先曾是虔诚的佛教徒。"远东"的印尼也是一样。这两年世界上最大的战争即波黑战争中的所谓穆、塞两族，其实是人种、语言、历史都相同，就是土耳其五百年的统治使双方的宗教发生了差别的结果，更不用提印巴分治了。我们历来总是说以力服人的结果只能是压而不服，而历史上却又有大量的反证，到底为什么？伊斯兰教的吸引力为什么这样大？军事、政治对文化有多大影响？人们研究得很少，所知并不多，看来还值得深究。

有一个自古以来就有的现象，但是只有到近代以来才大大加速，而在冷战结束以后，才不但更加加速而且已开始引起一部分人的惊恐，这就是由于移民而引起的文化移动。历史上有过许多因族群移动而融合的现象，但今天的移动来得太快，简直不容有融合的时间。比如上面谈到的东西方文化的分野，本来都是历史经过千百年的时间所形成的，到二十世纪上半叶应该说还算稳定，但是从下半叶开始，法国增加了许多阿尔及利亚人（且不说还有别的非洲人），英国增加了许多巴基斯坦人（且不说印度人和西印度人），德国增加了许多土耳其人（且不说南斯拉夫人和其他外国人）。在这些本来只有基督教一统天下的国家，现在都出现了许多清真寺，成为一种新景观。在所谓民族大熔炉的美国，原先以奴隶身份带着锁链到新大陆来的黑人本来无所谓文化传统，因此几乎全都随着自己的奴隶主信奉基督教，而且连姓名都是奴隶主给的，因此美国虽然历来有种族问题，却并没有文化问题。可是战后五十年来，越来越多的黑人改宗伊斯兰教，自己给自己起了阿拉伯式的名字，前几年到过中国的拳王穆罕默德·阿里就是比较有名的一个。现在黑人穆斯林的领袖法拉罕公开宣布成立伊斯兰国，一开起会来据说有百万之众，而且势力还在扩张。多元文化已成为所谓现代社会的常规。这种文化随种族而渗透的现象在发达世界的西欧北美特别显著，因为按照"人往高处走"的定理，生活水平低的地方的人总是要往生活水平高的地方移民。正是这种趋势，今天已成为"全球化"过程的一个内容。使亨廷顿这样的人不但忧心忡忡而且恐惧已极。他提出文明冲突论，为西方敲起警钟，而且提出，西方只有加强北大西洋公约的团结才能自保。其实敏感如亨廷顿之流不可能不预见到随着世界人口增长与移动的大趋势，用不了一二百年世界文化就会出现百衲衣方式的情况，你中有我，我中有你，根本不是可以靠北大西洋公约这样老式的民族国家的组合可以画地为牢以自保的。

只是有碍于所谓政治正确性——"PC"（Political Correctness）而不敢说出来罢了。这样的前景可能导致人类历来视之为理想的文化融合，也可能导致许多人已经预言的文明冲突的悲剧。历史是无法预言的，今天谁都不知道答案是什么。

8.3 东西之分果然只是古今之异吗？

你提出东方文化（我想你这里的东方文化指的是一切落后于时代的文化的总称，与地域无关）与西方文化的差异主要是时代差异而不是本质差异。这倒不是新论点。至少就中国来说，自本世纪初有文化讨论以来就有了。冯友兰先生很早就提出的"东西之分即时代之异"之说，可能是最著名的一家。他甚至比西方人为城里人，比东方人为乡下人，说中国人要求现代化实际上就是力求从乡下人变为城里人。（见《新事论》）此话不但正好符合马恩在《共产党宣言》中说资产阶级"使东方从属于西方""正像它使乡村从属于城市一样"，而且大旨也符合相信并且主张全人类都要进步到共产主义的马克思主义。不过，文化问题讨论了几十年，讨论来，讨论去，人们也发现各种族、各民族之间，确有若干根深柢固难于融合、统一的东西在，也确有不能以社会发展阶段解释的差异在。你以父母莫不爱其子女，子女莫不爱其父母，来说明文化的普遍性，这当然是事实，然而一旦制度化为一种文化，如中国的儒教与西方基督教，其差别就不能算小了。耶稣确实讲过"我来是要叫人与父亲生疏，女儿与母亲生疏，媳妇与婆婆生疏。人的仇敌就是自己家里的人，爱父母过于爱我的，不配作我的门徒；爱儿女过于爱我的，不配作我的门徒"。这与儒教教义完全对立。（当然，中国自古也有"忠孝不能两全"的矛盾。）利玛窦在中国本来想蒙混过关，容忍中国人既拜天主，又拜君父，以利传教，但是被人打了小报告，罗马教皇因此明令不能妥协，使其在中国传教的事业归于失败。西方从"在上帝面前人人平等"出发而养成了所谓个人主义，其好处是独立自强，其末流是利己主义。中国从"君父至上"出发，养成了所谓集体主义，其好处是可以为他人而牺牲自己，其末流是奴隶主义。两者的不同与冲突都是十分明显的。亨廷顿说：在可见的将来，世界上还不会出现一种统一的文化。迄今未见有人提出异议。所谓可见的将来大概一二百年也不算长。虽然人人都认为世界历史的运动速度越来越快，但是再快也不像能使一二百亿的黑种人、黄种人、白种人（五十年内就能达到此数）在一二百年内来一个"混一车书"。正因为如此，亨廷顿说西方文化是"独一无二的"。这话并不像中国有些论者骂他的那样是什么"西方中心主义"，他实际上已完全不相信西方文化有"化"掉人数越来越多的非西方民族的能力了，因此内心害怕得厉害。

8.4 文化果然没有优劣之分吗？

我在这里要向你提出异议的是你提出的文化并无优劣之分。应该说，这个观点是全世界共产主义者到自由主义者的统一观点，也是美国所谓"政治正确性"的一个信条。我在五十年代曾参加过一些外交文书的起草工作，就常常写到国家民族无分大小对人类文化宝库各有贡献一律平等这样的话。最初是当作一种高尚的思想学来的，后来就深信不疑。但是久而久之，见识渐广，到现在已很怀疑这个论断了。十多年前，我在埃及开罗参观他们的国家博物馆，刚好有几个台湾人同我一起参观，他们大概觉察到我是从中国大陆去的，于是就来问我"咱们中国古代的东西要比这高明得多了罢？"老实说，我在中国虽然算不得一个好古敏求的学者，自问也见过一些世面，然而面对着埃及五千年（这可是不折不扣的五千年，不是我们那种含糊笼统的五千年）至六千年前的文物，我实在想不起当时的中国有什么可以相比的东西。然而这正是你说的中埃处于同一社会发展阶段——农耕社会或奴隶社会的时候。二十多年前，西安发现了秦俑，现在已成了中国人的"骄傲"，许多人竟不惜拾西洋人的牙慧称之为世界"第八奇迹"（他们不知道"第八奇迹"是可以任人排队的，比如吴哥就早就被人称为"第八奇迹"了），但是，秦俑除了数量多而外，质量能与希腊、罗马的雕像相比吗？再看清末民初的中国人初游西欧的，几乎无不对其艺术惊叹。文化（culture），就其最窄的定义来讲，本来就是指艺术，我们不妨从石器时代西班牙和法国山洞里的岩画起，比较各地各时代各民族的绘画、雕刻、陶器、音乐、舞蹈、建筑，可以说优劣是确实存在的。至于在器物以上之各个层次如制度，如哲学，也不是不可比较，例如博学多识的陈寅恪先生就曾说过中国哲学美术"远逊泰西"的话。当然优劣的标准比较难于确定，但是如邓小平同志提的"三个有利于"就是一种很重要的标准，当然决不是全部标准。情况确是比较复杂，极可能优劣互见，或优中有劣，或劣中有优；或优而可以变劣，或劣而可以变优；或优于此而劣于彼，或劣于此而优于彼……但是总而言之，是有优有劣的，否则各文明即无学习之可言，亦无交流之必要。至于为什么有优劣，有人以为人类各族群自有自己的语言起，即走上了开创各自不同文化的道路，再难一致。有人则因此而有所谓文化基因论，正如各民族的体质基因尽管是大同仍不无小异。哲学家托马斯·库恩则认为各民族文化从起源时起，即有"不可共量性"。我则以为孟夫子所说"物之不齐，物之情也"一句话也就可以说明白了，事物的本性本就是如此。如果要说民族文化基因有什么差别，那么最好（优）的基因就是最善于向人学习的基因，最坏（劣）的基因就是固步自封不肯见贤思齐的基因。

我自知这个思想如果在今天的"西方文明世界"发表，是违反所谓PC的，是冒天下之大不韪的。两年以前我介绍过新加坡资政李光耀与美国《外交》季刊扎卡里亚谈亚洲价值的谈话。他说"All men are created equal. No. They are not."。我并不同意他的许多观点，但是很佩服他的勇气。他当时的话特指几万年前由亚洲跨过白令海峡到美洲去的印第安人。他的意思是说印第安人本来也是同我们一样的亚洲人，但是在美洲的环境中生活了几万年以后变懒了，不那么优秀了。李光耀说这话的时候虽然自我嘲讽了一下，认为自己"政治上不正确"，可是实际上是十分自鸣得意的。奇妙的是我们今天有不少留洋学生却与他们的先辈不大一样，看不到人家的优点，而经常有一种我称之为"虚骄之气"的情绪。这也许正反映了中国的进步，然而却缺少了孙中山、康有为、王国维、陈寅恪、胡适……那一辈人"知耻近乎勇"的态度。这是我心所谓危，深为忧惧的。

这是我要向你提出商榷的最重要的一个问题。我很知道这是一些犯禁的话。然而，骨鲠在喉，不吐不快，还是要说出来向你请教。我发现你在文章中常有"优秀的"这样的说法。这样，按逻辑推理，似乎即不能没有"低劣的"以为反衬。所以我假设你实际上也是承认文化有优劣的，不知是否唐突。不过我也赞成你说的各民族文化没有"本质上"的差别。"本质上"这个词太大了。人既然在生物学上属于一个种（species），就不应该有"本质上"的差别，但是，在文化的各个方面、各个阶段不能没有"质"的差别，则是经验事实可以证明的。

8.5 中国落后于西方多少年？

大文屡次谈到中国落后于西方"二三百年"。不知是否是你的一个定论。近十几年来，随着中国民族主义（有许多其实是冒充民族主义的国家主义）的上升，关于中国落后于西方的年代不断在缩短，这大概是你也注意到了的。我看到的最新的说法是，一八四○年中国败于英国不得不被迫割让香港，但是仅仅二十年前（即一八二○年）中国还是世界第一。我起初甚为不解，后来一打听，才知道指的是中国的GNP数世界第一。当时中国是世界第一大国（不仅指人口言，俄国、美国的疆域当时也还并未伸足），人口占世界四分之一，GNP占世界第一确实不应该有问题，就像中国粮食产量一直是世界第一一样。但是当时世界有无各国的GNP统计，我不甚了了。总之是听到以后不觉哑然失笑，觉得后来的康有为、梁启超、孙中山、鲁迅、胡适、陈独秀、李大钊要是都能这样认识问题，大可不必奔走呼号白忙活了。当代中国人之虚骄之气一至于此，可发浩叹。

闲话少说，我心里真正赞成的是你的老师谭其骧先生说的一句话"中国落后于西方至少五百年"。我还记得这是他死前不久在一个什么会议上力排众议，拍案而起，慨乎言之的。我曾在《文汇读书周报》上看到并且剪了下来，惜乎现在找不到了，你如还保存得有，希望能复印一份寄我。我的理解与他一样。五百年前，正是哥伦布发现新大陆之时（一四九二年），亦即西方文明席卷（说裹胁或侵略亦无不可）世界的起点。中国文化从此有了一个大参考系，无论是凭目测，凭研究，说"至少"从那时开始落后，应当不会有问题。季龙先生学贯中西，他立说必有根据，不像我只是大而化之远远一望。他是中国历史地理学的权威，他的这一个论断，我特别希望你作为他的传衣弟子，能够表而出之，光大其说，一杀今日学界少年浮薄之气，反于求真崇实之正，功莫大焉。

9. 致陆定一[1]

在《人民日报》上看到您给《中学语文教学新体系》写的序。拜读之后，十分兴奋，使我不揣冒昧给您写这封信。

几十年来，一直流行着一种理论："汉字不科学"，"老式的语文教学是死记硬背，损伤儿童的脑筋"……这种理论流行的结果是教员讲课越来越细，学生识字越来越少。小学生、中学生、大学生，一直到硕士生、博士生的语文程度越来越低。在内心深处，我一直以为这已是我们民族的一大灾难，然而又觉得这种"江河日下"的潮流不可阻挡，从来不敢在人前发表自己的看法。

万没有想到您老人家不但也看到了这个问题，而且已发现了辽宁省黑山县北关实验小学"集中识字、大量阅读、分步习作小学语文教学新体系"这么一个"挽狂澜于既倒，障百川而东之"的新事物，真可以说是感动已极，同时对自己长期看到问题，"心所谓危"而"无所匡救"，深感惭愧。

现在大家都说要振兴科学技术，要建设精神文明，但是却很少有人注意人的思维能力决定于少年时代的语文训练。而语文训练既决定于识字的多寡，也决定于语文所体现的知识和哲理，套一句流行语，就是"信息量要大"。您提出"为什么老的识字课本，一开头就讲大道理。比如《三字经》，就讲'人之初，性本善'，而新教科书却是'大狗叫，小狗跳，叫一叫，跳一跳'？"我认为真是抓到了问题的根本。几十年来，成亿个人已经在这样的"叫一叫，跳一跳"中把几百几千亿个学时浪费掉了。我们国家今天的任务是要急起直追，想想这浪费了的时间和精力，简直是犯罪！

我学识字的时候，老辈就说，人生最可贵的是"记诵之年"，多读多背，久后自然贯通。我虽然并不好学，读些经书古文也未见得有多大痛苦，但是到我的儿子一代，国家和学校都特别照顾爱护他们的脑筋，不但字教得少，而且还简化了几百个，结果简直是切断了他们与中国传统文化的联系。现在，我有了孙子了，我从他们三四岁起就教他们"三、百、千、千"，而且教繁体字，也不见他们有多大痛苦，效

---

[1] 本节内容选自李慎之1990年8月写给陆定一的信。

果就比他们的父母好得多。但是整个社会环境习于浅薄，又使我感到很难把这种成绩发展下去。现在看到您在提倡"至少要学三千字，才能阅读和写作"，顿时感到有了希望。

教育问题已成为全世界的问题，现在几乎人人都懂得教育关系到一个民族的素质，民族的前途了。中华人民共和国成立四十年了，我们在普及初等教育与发展技术教育上可能是取得了不小的成绩，但是在提高基本教育（主要是语文教育）上到底有多大成就呢？我在社会科学院工作十年了，按我们的体制，这是最高学府，是人才荟萃之地，但实际水平，实在不堪逼视。原因何在？不是资料少，不是交流少，而是因为基础差。基础为什么差？小学中学的语文就没有过关。

从我自己的体会出发，我认为您提出的问题实在是太重要了，是真正关系到我们国家命运的问题。我认为中国的语文教育所以下降到今天的地步，我们党的工作不能辞其咎。我希望您能继续领导我们来纠正自己的失误。

另外，我还想说几句实在不是奉承的话。几十年来，您发表的文章不多，我读到的当然更少，但是每一篇都给我深刻的印象，并不是因为其思想和论点（绝大部分我已记不得），而是因为其"文风"（如果可以用这两个字的话）。我认为您的文章，以其行文之简、朴、老、辣而言，并世无第二人。我曾几次向中央文献研究室的朋友建议出版您的文集，在我来说也并不是因为其思想，主要是因为其文字，可以供后人简练揣摹。我现在向您呼吁手定文集行世。这固然是我的一点私好，但是在我向有些朋友提出以后，也都能引起他们的同感，可见"口之于味有同嗜焉"，希望您能满足我的要求。

10. 致许明[1]

10.1 "封建"二字不可滥用

读到你为《中国知识分子的人文精神》所写的序言，我十分赞成，十分高兴。在目前这个时代，振兴中国文化，首先是振兴中国知

---
[1] 许明身份不详，疑为1978年考入中国社会科学院研究生院，后任上海社会科学院《社会科学报》社长。

识分子的人文精神，实在是太重要了。

但是，必须申明，对你的《序言》，有一点是我所不能赞成的，就是对"封建"一词的滥用。下面，先抄一段我为纪念冯友兰逝世一周年而写的一篇文章中批评冯先生《中国哲学史新编》的一段话：

> 多年来人们以讹传讹的"封建"二字，冯先生过去是不用的，而现在则满目皆是，甚至按姚文元之邪说，把中国正规的"封建"概念改为"分封"。从这里，人们也可以认识到，早年博学明辨，晚年强立自反如冯先生也难于完全洗掉那个时代给人们的思想所造成的污染。

你们这一代青年人可能已不会注意到，滥用"封建"这个词原来正是政治势力压倒"知识分子的人文精神"的结果。因为时下所说的"封建"以及由此而派生的"封建迷信"、"封建落后"、"封建反动"、"封建顽固"……等等，并不合乎中国历史上"封建"的本义，不合乎从FEUDAL，FEUDALISM这样的西文字翻译过来的"封建主义"的本义，也不合乎马克思、恩格斯所说的"封建主义"的本义，它完全是中国近代政治中为宣传方便而无限扩大使用的一个政治术语，严守学术标准，不肯随声附和的史学家是决不如此滥用"封建"一词的。不信，你查一查一生"未尝曲学阿世"的陈寅恪先生的文集，绝不会发现他会在任何地方把秦始皇已经"废封建、立郡县"以后的中国社会称作"封建社会"。

所幸的是青年一代史学家已经有人注意到了这个问题。两年多以前，我收到湖北大学冯天瑜教授寄给我的《中华文化史》，书中即已专列《中国"封建"制度辨析》一节。

10.2 中国封建时代恰恰是人性之花开得最盛最美的时代

时下流行的看法是，封建主义束缚以至压杀了中国知识分子的人文精神。我的看法则相反，造成这种结果的是专制主义而非封建主义。历览前史，中国的封建时代恰恰是人性之花开得最盛最美的时代，是中国人的个性最为高扬的时代。只要打开《左传》和《战国策》一看，就会发现在那个真正的封建时代有那么多铁铮铮的汉子以至妇女。你甚至会纳闷，中国人后来是不是堕落了？

我还记得小时候曾读过梁启超为想振起中国民族精神而编的一本传记集：《中国之武士道》。其取材大多来自于春秋战国。彼时除了荆轲、聂政这样的武士而外，文士如鲁仲连、颜斶也是后世不多见的人物，更不用说孔、孟、老、庄了。老实说，上述我最推崇的中国人恰好就是中国封建时代的人，那么尊严，那么"强哉矫"。其后如《世说新语》中所描绘的六朝名士，《宋明学案》中所表现的道学先生，当然各有其可贵的风度、气象，然而总的说来却要比那些封建时代的人物疲弱多了。

没想到在读过梁启超编的《中国之武士道》六十年之后，又能在今天读到你们编的《中国知识分子的人文精神》。我认为你们的用心是一样的。中国人都应当要做一个堂堂正正的人，中国必须挺起自己的脊梁来，这一点乃是共通的，永恒的。从你们这本书的出版也可以证明"中国性"是不会失落的。

11.致陈敏之[1]

11.1 中国实际上走的还是陈胜、吴广的农民革命和秦始皇的专制主义的老路

中国的问题，我们年轻的时候都以为学到了一套最新最正确的理论指导我们的革命，因此中国的问题已经一劳永逸地解决了，后来才发觉不是这么一回事，实际上走的还是陈胜、吴广的农民革命和秦始皇的专制主义的老路。（都是毛泽东自己说的），而且一旦上了套就再也没有可能脱出来了。在全国党内知识分子中，最早觉悟到这一点的，应该是顾准（像胡风那样的右派，大概都到不了顾准的觉悟）。他说的从"理想主义到经验主义"，应该就是这个意思。我在给他日记写序的时候点出这个"经验主义"应该就是（英美式的）"自由主义"。

---

[1]本节内容选自李慎之2001年写给陈敏之的信。陈敏之（1920年5月27日～2009年5月4日），原名陈怀初，曾用名陈树哲、陈大年，生于上海，顾准的弟弟，曾任上海社会科学院部门经济研究所研究员。

我自己可能也要算觉悟较早的人，但是从小痴迷几十年，即使有一两次"猛然惊醒"，但"脱魅"还是一个长过程。我从1997年提出顾准心目中的经验主义应该是自由主义之后，一直在思索这个问题，而且也不断觉得今是而昨非，但是这辈子也不一定能有透彻的觉悟。顾准在初步觉悟以后，即开始研究西方从希腊开始的民主传统。我以为西方有民主传统已无问题，于是转而研究中国的文化传统。发现两千两百年来原来都是专制的传统（其实这并不是我的发现，五四先贤早就发现了。）但是因为据说马列主义是最革命的思想，我们都被他弄晕了过去，所以要在八十年后重新"发现"。中国的专制主义有如此深厚的传统，不但打不倒，而且能借尸还魂，变本加厉。我自以为重新找到中国的病根是一大收获，但是现在的听众已不能同五四时候相比。我自己知道说"中国的文化传统是专制主义"赞成者极少，反对者极多。因为这话伤了他们民族主义的自豪心与自尊心。

49年的胜利正是毛一生转向秦始皇的转折点，他少年时有过无政府主义思想，当然也有过一些民主思想，但是到49年就都变成了"人民民主专政"的思想了。要说他违反马克思的思想，是不行的，因为正是马克思自称自己真正的贡献不是阶级斗争而是"无产阶级专政"（这点我在以后要写文章说明）。当然在抗战胜利前后，为了统一战线，为了拉朋友，得民心，他是说过一些民主的话，但是他是否真信，真懂，就不见得，中国几万万人到底有几个懂得，我也怀疑。稍微懂得一点的几十、上百个留洋学生如罗隆基等人，也在毛三年歼灭蒋军八百万的胜利下，只知道歌功颂德，而完全忘掉了分析批判了。至于毛本人在这个过程中倒也一再说了真心话，如"搞民主本来是拖泥带水，自找麻烦的事，以后痛痛快快搞建设更好。这些话我们在解放区是经常听到传达，你们在白区不知是否知道。

11.2 1949年的政协与共同纲领是骗骗民主人士的

因此1949年的政协与共同纲领，本来就是骗骗民主人士的。我们这些青年共产党员虽然可能也是被骗者，其实想望与拥护无产阶级专政的热诚，并不亚于毛泽东。谁耐烦搞拖泥带水的"民主把戏"呢？谁又不愿意一步登天痛痛快快搞共产主义呢？我猜想顾准虽然后来觉悟很早，但是在胜利前后的心理，大概同我差不太多。

反右以后，我一直想到一句话"解放者与征服者其实是差不多的"。在胸中郁积多年，今日为先生一吐为快。不过二次大战后，美国征服日本、德国，倒确有解放日本、德国的意思。

中国共产党不是在革命胜利后才执政的，49年以前已经按照中国农民革命的传统加一点苏联经验在解放区（最初称苏区）执政二十余年。而当时极少数懂得一点民主理论的民主人士，却完全没有执政经验的，他们除了听共产党摆布以外，其实没有什么主意。要提出反对意见，那就更谈不上了。57年以前，只有梁漱溟与胡风提了一番基本肯定，略有批评的意见，结果惹得龙颜大怒，就只好做"寒蝉仗马"或"伴食中书"了。一直到1956年苏联捅出了斯大林问题以后，毛运用"引蛇出洞"的策略，才算把他们看到的问题略略"反映"一点，不过一个多月，就惹来了"劈头盖脸"的反右运动。毛也正式宣布从1949年起就搞的是社会主义，人民民主专政实际上是无产阶级专政。顾准和我这样的人正式成为反党反社会主义的敌对分子。现在想想几年之间，其实根本就没有发言批评的可能与机会。

近作两文呈政，其中论胡适与鲁迅一文，本来要说的主要就是没有无产阶级民主与资产阶级民主，没有新民主与旧民主，民主就是民主。两年前胡绳和你一样提出应该搞新民主，结果挨了左派好一顿批评。其实新民主本来是没有的，一定要说有，那么就是共产党领导下的民主，同你现在怀疑的正好是一回事。（又，肝胆相照、荣辱与共……是胡耀邦为纠50—70年代之偏而提的。他是共产党内难得的好人，但是他亦决不可能摆脱传统的束缚。）另外告诉你北京一句流行的话，"共产党是无产阶级的先锋队，民主党派是共产党的先锋队。"说些"肝胆相照、荣辱与共"的中国传统套话还可以，要说"平权议事"那就是反党反社会主义，根本是不可能的了。（就像我们只能提"百家争鸣，百花齐放"，而不能提"言论自由，出版自由"一样。）这样的话虽然写在宪法上，但中国传统就没有宪法的概念，这些话从写上去之时就没人睬的。

中国的问题根子太深。就这一点而言，人民还简直谈不上有什么觉悟，尤其现在稍稍放松一下以后，中国知识分子多数已经满足。

11.3 中国今后只有在顾准指出的道路上走下去

《顾准文集》的出版是一件大事，第一、因为他是整个二十世纪中国共产党（甚至是全中国）出的唯一的一位人物，第二、是因为中国今后如还有出路，就只有在顾准指出的道路上走下去，其他的出路是没有的。

顾准在九十年代一度成为舆论热点之后，目前已有些声华黯淡，这完全是官方的原因。官方一方面禁止他的思想传播，一方面鼓励各种邪说流行，以淹没甚至压杀他的声音，然而顶多十年二十年，顾准及其后继者的思想，必然会成为走向现代化的中国的主流思想。

顾准的思想到底是什么思想？他自己说是从理想主义回到现实主义。他的现实主义又是什么现实主义？我在1997年给他的日记写序的时候，给他定了个"自由主义"。从此以后自由主义总算冲破毛泽东《论自由主义》中所给的恶名，而进入了学术界，而且站住了。虽然现在仍然毁誉参半，但是我敢说明天的中国，必然是自由主义居于主流的中国。理由则我也已一再说过，无非是"走全人类必由之路"。

11.4 自由主义就是资本主义

自由主义又是什么？我的答案是"自由主义就是资本主义"。越来越健全，但是永远也达不到"理想的程度"的资本主义。因为永远达不到理想的程度，因此也就没有"娜拉走后怎样？"的问题。资本主义是不太坏也不太好的东西，今后在全世界（或世界主要部分）顶多也像在美国建国二百几十年中间好好坏坏活下去，总算没有离大谱而已。不过世界也不会太寂寞，太平淡，因为全人类面对的问题越来越多，从环境问题到资源问题，从民族问题到移民问题……这点倒要同意毛泽东说的，"没有矛盾就没有发展"。

我从来没有见过顾准，但是我自己猜想，我已猜到了他的心思，也许七十年代的时候他还没有想得那么远。

有一点是毫无疑问的，顾准是我们党内最最了解资本主义的人，他生长在上海，学的又是会计学，他因为痛恨资本主义而参加共产党，参加革命而且取得了胜利，后来又亲自经历到专制主义无边的黑暗。回头再想,只有一个参考系,就是他曾深恶痛绝过,然而也懂得是无可替代的资本主义。过去和现在的世界上,自称调和共产主义和资本主义,或者超越两者之上的思潮不知凡几,但是他们都骗不了顾准。顾准的经历实际已经使他"充分"了解了二十世纪世界上所有的"有效思潮"。

我对中国传统文化的核心,也就是中国的总病根子的诊断是:专制主义。马克思主义也不能不与之相结合才能在中国成功,而经过列宁、斯大林解释并付之实行的马克思主义不过是世界现代化过程的一股支流,甚至逆流而已。这一点马克思也许不能负全部的责任,但也有不可推卸的责任,他虽然也常谈自由,但对自己的晚年定论则明确声称自己的贡献"不在发明阶级斗争的学说,而在证明无产阶级革命必然发展到无产阶级专政。"(1852年致魏德迈的信)

11.5 中国特色的社会主义就是中国特色的资本主义

中国现在实行的,官方叫做"初级阶段的社会主义",又叫"中国特色的社会主义"。其实,中国特色的社会主义就是"中国特色的资本主义"。不过这个资本主义因为有了中国特色,成为一种最糟糕的资本主义。有中国人称之为"原始积累时期的资本主义",有西方人干脆称之谓"强盗资本主义"。要照我们年轻时的想法,真是想再革他一场命。但是我们又都有过经验了,决不会革好的,只会越革越坏,所以只能慢慢改良,但是今天的情况是越改越坏,真是急死人,这是中国人的苦命。

你写的序,我没有意见。当然,照我上面所说的,你的序还不很"到位",但是真到位了,不但你的序发表不了,连顾准的书也出不了了。因此也就只好这样了。

上面我写的话许多还没有写成文章发表,也许在我们有生之年永远也不能发表。但是你已年过八十,我也接近八十了,大风大浪都已经过,还怕什么?你我因顾准而相知,而订交。在顾准灵前,还有什么不好说,不敢说的话。我肚子里当然还有许多题目,要慢慢写出来,但是既然承你存问,索性把胸中郁积的话为先生一吐,先生以为然否？

11.6 人类的前途的必然都要走自由主义之路

阅世既久，我对人类的前途的看法是，必然都要走自由主义之路，亦即自由竞争之路。至于设定一个理想，大家去争取，不但代价太高，而且根本做不到，因为人的需要与人的创造能力都是不可计划的。现在西方也有所谓自由主义与社会主义两大思潮，不过从中国的立场看来，都属资本主义世界，亦即资本主义思潮。西方人看我们，虽然自称社会主义，其实却是共产主义，其间的差别就是前者是建立在民主制度之上的，而后者则建立在无产阶级的或人民民主的专政之上。江泽民号称"富而思源"意思是要思"党的好政策"，其实真正的"源"是1978年在安徽凤阳小岗村十八户农民按血手印分田单干，实际只是要求谋生的自由而已。可是统治者居功自是，而得不出西方经济学家三百年前就已得出的结论，可笑亦复可叹！

你说你在美国看到的，那里的共产主义因素远比我们为多。其实如果你到欧洲去看，那里是社会民主党的天下，社会福利政策大大强于美国。外国人未取得国籍都可免费上大学，而在美国只能上中小学。中国人同时去过欧美的，一般也认为欧洲比美国好。但是从纯经济政策的合理性比，欧洲又不如美。顾准作为一个经济学家必定知道没有一项经济政策没有两重性。只有我们中国的伟大领袖才能设计出尽善尽美一无偏颇的政策来。

关于贫富差距拉大，这是自由主义的必然产物，这种趋势自工业革命以后就没有停止过，近年来，尤其是知识经济发展以来这个趋势更甚。比尔·盖茨就是一个突出的例子。这是无法避免的，只有靠"政策"（而不能靠"制度"）来调整。另外就是靠社会的道德水平，在西方是靠宗教力量来调整。总之，人类只能在矛盾中前进。（反正在西方、在东方四小龙和中国发达地区，饿死人的情况已经没有了。）

12. 致李存山[1]

12.1 关于"天人合一"的讨论

在《传统文化与现代化》上读到大文《析"天人合一"》，对作为中国哲学的基本命题的"天人合一"分疏详明，十分钦佩。

除了你的文章而外，最近又在《传统文化与现代化》上读到蔡仲德先生《也谈"天人合一"》的文章，也有许多深入的分析与极好的见解。看来，自从《传统文化与现代化》在创刊号上发表了季羡林先生受钱穆先生晚年定论的启发而写的《"天人合一"新解》以来，已引起了对中国哲学这一基本命题的深入讨论。这对于中国文化的重建具有十分重大的意义。

《传统文化与现代化》还连续发表了德国学者卜松山的两篇主题相似的文章：《中国传统文化对现代世界的启示——从"天人合一"说起》和《儒家传统的历史命运和后现代意义》。对"天人合一"这个命题有很好的发挥。当此"东方主义"之说在海内外都甚嚣尘上之际，看到有西方人写出对中国传统思想的理解决不亚于中国人自己的文章是特别令人欣慰的。

不但如此，在1994年出版的第十期的《中国文化》上看到了海外新儒家代表人物杜维明先生的文章《如何回应钱穆先生的"彻悟"？》，把我和季先生、蔡尚思先生和周汝昌先生同列为对钱穆先生的证道书的回应者。杜先生大概还没有看到你和蔡仲德先生的文章，我也还没有看到蔡尚思先生和周汝昌先生的文章。我自然是赞成钱先生的"彻悟"或"大体悟"的，正因为如此，我在读了季先生的全文转引钱先生晚年定论的文章以后，才说"我本来以为季先生的思想与我大相径庭，这次……才发觉我们的看法原来高度一致"。但是，随着讨论的逐步深入，我也进一步发现我在这方面的知识十分浅陋，理解更未必深刻。对于杜先生也把我列为回应者之列真是十分惭惶，深恐强作解人，有忝前贤。

---

[1]本节内容选自李慎之1995年1月写给李存山的信。李存山，是中国社科院哲学研究所研究员、博士生导师，兼任中华孔子学会副会长、中国哲学史学会副会长及《中国哲学史》杂志主编。

12.2 中国传统文化的主流正脉

"天人合一"确乎是遍及中国传统文化各个方面的一种思维定势与终极追求。你从各个学派的源流传承出发分疏对"天人合一"的各种解释已经足以证明这一点。

就中国传统文化的主流正脉而言，对"天人合一"的哲学的解释当然是最根本的解释。钱先生的晚年证道书就属于这一类，它从时间上说固然是最近的，但是从内容上说倒也不过是承孔孟周张程朱陆王之说而未必有新的发明，只是按儒家的学统或道统，一个人要达到"天人合一"的境界本不是靠闻见之知，而必须靠亲证，钱先生以九十高龄，积平生所学而体悟到天命与人生的一致确是得了"正果"。至于就解释中国哲学而言倒也与同时代的冯友兰先生所提出的"个人与宇宙同一""天地境界"并无二致。

除儒家而外，道家与中国化了的佛家都以"天人合一"为旨归。你的文章讨论道家，还没有讨论到禅宗，实际上两者相去不远，只是与儒家相比有出世入世之别。然而，佛、道与儒家相异而互补，甚至相反而相成，这已是人所共知，只是详细准确的分疏与简单明了的概括则还有待于深入的研究。

中国传统美学也是以天人合一为最高境界的。蔡仲德先生以行家的身份从音方面作了不少说明。而"人与天调，然后天地之美生"在美术方面也并不例外。阐释中国绘画书法里的禅意或讲"书画禅"的文章从来就不少，在我的印象里，日本铃木大拙的著作，可能因为他名气大，更显得突出。至于建筑学（包括造园术）则兼有"与天地合德"和"与自然合一"的不同的"天人合一"的寓意。诗文方面，由于谈的太多了，也许反而可以不谈了。

12.3 "天人合一"说的最初源头

"天人合一"说最初的源头，应当是来自于神学。它虽肇始于三代乃或三代以前，但是最完备的形式或曰最系统的理论却表现为汉董仲舒的"天人相类"与"天人感应"之说。这种学说后来虽然由于其过分粗陋而有所衰微，但是还是有许多遗留在政治—伦理哲学中，不但后世始终相信"王道之三纲可求诸天",也始终相信治道通于天道:风调雨顺一定是因为君王有道,而天降灾祸一定是因为君王失道。而且,既然孔子说过"唯天为大,唯尧则之"。历来称为"天子"的皇帝自然也都要自许为"奉天承运","继天立极",以表明其统治的合法性。至于"天听自我民听,天视自我民视"则也许可算是一种平民主义的"天人合一"说。

12.4 "天人合一"与文化大小传统

人类学家对一个民族、一个社会的文化传统有大传统与小传统之分,前者指精英文化或上层文化,或者指民间文化或下层文化。两者貌似不同,其实互相联系,互相作用,难解难分。上面所说,大概属于大传统。

至于中国文化的小传统我所知更少,然而却确实感到有一种"天人合一"的思想贯穿于其中,而且弥漫到各方面。以祖先崇拜为例。如说"先王有至德要道",即"以孝治天下",当然可以称是大传统,但是风水堪舆之术号称能使坟山贯气以利子孙,就只能算是小传统了。后来发展到建宅要定山向,连家里的床位和办公室的桌子摆法都要讲究,才能家业兴旺。这虽然是缙绅先生或者道学先生所不应当相信的,但是十多亿海内外的中国人相信与实践之者何止万万,而且还在越来越多。倒是听说过"子曰:夫孝,天之经也,地之义也……民则天之明,因地之利以顺天下……"这样的大传统的人不但如今寥寥可数而且越来越少。然而两者之间确乎贯穿着同一个"天人合一"的原理。

我姑且把这种小传统归于"民俗学"的范围。在这个范围内,我们立刻就会碰到为大量中国人相信的星相卜筮:按天文历数、四柱八字算命合婚,择吉成礼,按五行缺什么补什么为孩子取名字,直到《三国演义》中诸葛亮设坛祭东风,拜北斗求延寿,还有周公圆梦、麻衣相法……等等,无往而不是中国的民间的传统文化,无往而不体现着一种"天人合一"的原理。中国传统的各种养生炼气之术,从吐纳胎息到所谓男女双修,采阴补阳的房中术,其理论也往往与"天人合一"有关。

我还亲自听过当代气功"大师"的授功报告,看过他们的传道文章。在受过中国哲学专业训练的学者看来，自然会认为是概念模糊逻辑混乱，但是中间却毫无疑问地有一个"天人合一"的大框架与大系统在。而且据李亦园先生的研究，这些小传统中的各种方术，其终极目标都是要求得一种和谐，包括人与自然之间，人与人之间，人体内部之间，或者兼三者而有之的和谐，与《周易》所谓"保和太和"，《中庸》所谓"致中和则天地位焉，万物育焉"相一致。所有这些三教九流的方士、日者、地师、神媒主观上也确实自以为能"尽人之性"，"尽物之性"，自以为在"赞天地之化育"，"与天地参"。

说"天人合一"确实是中国文化大传统与小传统共有的原理，看来是错不了的。关于大传统与小传统的分类，曾有学者对这种分类法的命名提出过批评。他们认为在任何民族、任何社会都是信奉和实践小传统的人比信奉大传统的人为多，因此不如把大传统叫做小传统，把小传统叫做大传统。不过，"在一般情况下"，大传统对社会有主导作用，而小传统却起不到这样的作用，因此多数学者还是主张不必改变，还是把精英文化叫做大传统，把民间文化叫做小传统。我当然也同意这个意见。但是，话虽这么说，今天正处于转型期的中国社会实在很不"一般"，传统的精英文化日益衰落，而古老的民间文化与新兴的外来文化却日益兴盛。因此要准确地了解中国传统文化与其未来的趋向，实在不能不花很大的气力对两种传统都进行真正全面、深入、系统的研究。否则很可能大讲特讲中国传统文化的结果，竟成了瞎子摸象，得出的结论当然也就文不对题了。

12.5 大传统穷理尽性，小传统祈福消灾

对小传统作了开创性研究的台湾学者李亦园先生认为，中国文化的大传统是讲义理的（他的原话是"哲理的"），而小传统则是讲功利的。这是极其精辟的见解。用我自己的语言引申，则不妨说大传统讲的是穷理尽性，而小传统讲的是祈福消灾，不知道世界其他民族的大传统与小传统是不是也可以以同样的原则区分。

在哲学与民俗学之外，中国还有几类学问属性难于界定，它们似乎介于大传统与小传统之间，也许还是以属于大传统为宜。我指的是兵、工、医、农之学，姑且以"实学"作为其类名吧。

我对这方面的知识十分贫乏，只知道农事是必须跟着天时地利走的，打仗要讲究"顺天行诛"，"兵法者天运也"，建筑宫殿要象天地，营造园林要合自然，也不知道这样的理解对不对。只有中医的理论，我虽然不懂却确知它与"天人合一"的原理特别扣得紧。中国人历来认为宇宙是一个大生命，人体是一个小宇宙。中医就是从这样的观点出发来调和阴阳，治病保健的。

12.6 必须理解"天人合一"这一中国传统文化的极其重要的思维模式

总而言之，统而言之，"天人合一"是中国传统文化的极其重要的思维模式。要理解中国传统文化的作用与走向，不从各个方面、各个层次弄懂这种思维模式是不行的。但是我自己学力不足，又兼年已衰朽，实在没有能力来做这个工作，因此我吁请你和其他在这方面有功力的同志们能进行这种研究，使不学如我，读了以后也能得出一个简要而正确的概念。需要特别声明的是，我的这些想法（我希望它是正确的）主要是你的大作《析"天人合一"》引发的。

我要特别强调的是，我自己是服膺"天人合一"说的，但是只是指儒家的"正解"，也就是你说的"对中国古代'天人合一'命题的理解应以儒家的'天人合一'的思想为主"。我所以赞成钱先生所说的把人生与天命"和合为一"，就因为这话同我心目中的正解相一致。

12.7 中国哲学的最高信条

我认为中国哲学的最高信条就是《礼记·礼运》上说的"人者天地之心也"这句话。张载为什么要人"为天地立心"，其根据正在于人的本质中有这样的潜能。有人会说这话有点"神秘"，但是一切宗教与哲学的最高境界本来不能没有这么一点点"神秘"，何况现代科学的发展已越来越指向，宇宙在其进化过程亦即"生生不已"的过程中不但产生出物质，而且产生出能量，而且产生出信息。虽然人也许永远不能对"心"达到完全"科学的"了解，但是哲学却必须树立这种信念。没有这点"神秘的信念"，孔子就不能说什么"天生德于予，桓其如予何？"不能说"天之未丧斯文也，匡人其如予何？"孟子就不能说什么"尽其心者知其性也，知其性则知天矣。"没有这点"神秘的信念"，其后的程朱陆王的哲学都可以说不，张载的《西铭》等于白写，文文山、杨椒山等于白死，钱穆先生的"彻悟"或"大体悟"也只能是"究竟无得"。

然而钱穆先生的最后的话确实是体道有得之言。季羡林先生认为钱先生并没有说明这"彻悟"的内容究竟是什么，因而它将"成为一个永恒之继"，我倒认为他是已经说明白了的，如若还有不够深切着明之处，前贤对类似的体悟讲得并不少，因此也不难索解。上面已经说过，即以同时代的人而言，冯友兰先生对"天地境界"的解释也够周全的了。当然，按儒家的传统说，所贵的并不是口舌笔墨之学，而是悟道体道。

但是体道还不等于践道。提到践道，就不能不令人想起与钱、冯两位先生同时代的梁漱溟先生。梁先生是我所知道的当代唯一公然自称"我相信我的安危自有天命。我将完成一项非常重大的使命"的人。这无异于钱先生晚年证道的自我宣告，而在以后的几十年中，梁先生也确实本着这种体悟立身行事的，一直到在"批林批孔"那样的高压下还站出来反对批孔，毅然声言"三军可夺帅也，匹夫不可夺志也"。这真是石破天惊，立懦廉顽，表示了由"天人合一"的体悟而来的精神力量。

12.8 "天人合一"与"天人相分"

近年以来，"天人合一"之说几乎成了中国传统文化者的一个咒语，而且"是大神咒，是大明咒，是无等等咒"，靠了它，就可以度一切苦厄，拯救世界，拯救人类。但是，中国人的思想中是不是就光有"天人合一"而没有"天人相分"了呢？在这个问题上，我认为你作了最明确的否定的回答，你说："'天人合一'命题在中国古代有各种具体的含义，这些思想都是以'天人相分'即自然界与人类相分或主客相分为前提的。问题很明显，如果没有'天人相分'的意识也就无从产生'天''人'的概念；'合'必以'分'为前提，如果没有'天人相分'的'分'也就提不出'天人合一'的'合'"。这真是一语破的，说到底了。至于你引据荀子的"明于天人之分"这样的话来证明中国人自古也有"天人相分"的思想，其实类此的话还很不少，不过在你的断论面前已显得并不重要了。

根据你的说明，可以推导出一些前人对"天人合一"这个命题没有说得很清楚的概念。我以为"天人合一"的这个"合"讲的是一个动态的意思，是从实际的"分"求真际的"合"的意思。钱先生的"彻悟"就说的是由"分"而达到"合"的境界。梁先生之所以能作狮子吼就是因为他早就相信自己本是与宇宙"通而为一"的。他的思想言论行动有天作靠山，哪里还说得上什么畏惧。总之"天人合一"就是人与天既分而求合，既合而同天，到了这个地步，一个人就可以得到最充分的自由，其人格也因此可以得到最完美的实现了。至于原始人那种混沌未开，根本还分不清天与人，甚至也分不清人与我的状态，虽然也曾受到老庄之徒的赞美讴歌，我看并不足取。人类毕竟再也回不到那个时代了。

12.9 西方人也有"天人合一"的观念

是不是西方人就只有"天人相分"的观念而没有"天人合一"的观念了呢？我想学你的榜样，也来作一个断然否定的回答。道理很简单，人本来就是宇宙进化出来的，而且仍然是宇宙大全的一部分，并不能置身于宇宙之外，而还是要受宇宙大化流行的支配。"天人合一"与"天人相分"一样都是客观事实，不过因观察的视角不同而有"分""合"之异而已。因此说这种分合之异大体上是两种不同思维模式、思维定势则可，说它们是根本对立而绝不相容的则不可。

我虽然对西方的神学毫无所知，但是基督教的《圣经》还是看过的，还记得《约翰福音》记载耶稣曾向上帝祷告说"我祈求使那些信我的人合而为一；正如你，父亲，在我之中，我在你之中一样，使他们全都在我们之中。"这种"神人合一"的思想难道与我们的"天人合一"思想就没有相似之处吗？关于西方哲学，我只知道希腊古代的哲人也曾同中国古代的哲人一样致力于探究世界的统一性。在后来的思想家中至少有谢林的"同一哲学"，相信存在和思维、物质和精神、客体和主体的"绝对同一"。康德的先验理论与黑格尔的绝对精神即使与中国哲学的"天人合一"说不同，也决不是不能相通的。尤其根本的是，人自宇宙中进化出来以后，要求"寻根"，要求回归母体，要求与宇宙认同，这是人的本性。说西方人根本没有"天人合一"的思想，我是不相信的。爱因斯坦就说过，他不相信能降人祸福的上帝，但是相信斯宾诺莎所相信的维系宇宙万有和谐的秩序的上帝，这个上帝与中国传统哲学中的天或道，何其相似乃尔？

世界已进入全球化时代，各个民族的联系越来越紧密，碰撞也越来越频繁，各种文化间的冲突与融合的可能性同时在增长。我们研究中西文化的比较，研究"天人合一"与"天人相分"，目的应当是辨异以求同，使人类走向团结，文化走向融和，从而避免或减少彼此间的对立与冲突。

这个目标是不是有点陈义太高了呢？也许是的，但是真正相信中国哲学的人，也就一定相信普天下的人"人同此心，心同此理"，相信"天人本不二"，相信"民吾胞也，物吾与也"，相信西方人和东方人都是"人"，相信中国的"天人合一"与西方的"天人相分"最后能相反相成，相通而互补。这个"打通"的目标尽管高远，路途尽管艰难，我们也只有努力以赴的。

13. 致某同志[1]

13.1 年轻人要讲礼貌

昨宵承枉顾，畅谈甚快。你说以后还要带一些年青的朋友来看我，我十分欢迎。我是干学生运动出身，历来喜欢接近青年，尤其是现在老了，最怕接受的信息量减少，反应的灵敏度下降，那样人就真的是老了，僵化了，也该朽了。

但是有一点，我希望你能告诉你的朋友。来看我一定要讲礼貌，如果大大咧咧，随随便便，目中无人，一点不讲应对进退之礼，甚至对我七十岁的老伴连声"伯母"都不会叫，那就恕我不欢迎了。

你一再表示衷心追求"高尚"，有志于钻研和重振中国文化，我是十分赞赏和钦佩的。但是不论你将来能有什么样的造诣，首先要从"言忠信、行笃敬"做起。一个人只要稍有内在的修养，就不可能不表

---

[1] 本节内容选自李慎之1991年4月写给"某同志"的一封信。

现为有礼貌。现在大家都说中国人的素质太低。到底低在哪里呢？我以为首先是低在道德水平上，至于知识水平，科技水平倒在其次。而道德水平低首先就表现在不懂得如何做人，没有规矩，没有礼貌上。要改变中华民族或者说提高中国人民的素质，首先要从教会青年人讲礼貌做起。

什么是中国学问的精髓？简言之，就是"学做君子，学做圣人"。其最高境界是"参天地、赞化育"，其起码功夫就是要诚、要敬。《论语》上说，"子路问君子。子曰，'修己以敬'"。孟子说："君子所以异于人者，以其存心也。君子以仁存心，以礼存心。仁者爱人，有礼者敬人。爱人者人恒爱之；敬人者人恒敬之。"孟子又说："君子所性，仁义礼智根于心。其生色也，睟然，见于面，盎于背，施于四体，四体不言而喻"。内心的高远追求，必然要表现为外表的谦和恭谨。文化大革命使中华民族遭到了严重的灾难。而最严重的一点就是把人心给搞坏了。要正本清源，不能不从知礼做起。

作为长者，我不能不把这番话赠给你。我以为这比谈多少学问都要紧。我自己的子女也未必符合以上的要求，所以古人主张"易子而教"，真是"良有以也"。

第三编
文 摘

第二十章 中国传统哲学和精神[1]

1. 中国传统哲学的基本概念

1.1 安身立命

中国传统哲学最大的优点是能指导人"做人",指导人"安身立命",但是现在中国哲学已成了极少数学者在书斋里"研究"的问题或材料,普通老百姓既不读圣贤之书,也不闻孔孟之教,人们日常生活中简直看不到什么中国传统哲学的痕迹,因此有人认为中国哲学实际上已不存在。这是一个很尖锐的质问,但是也有人发现在中国老百姓的日常语言中,还留得有"天理良心"这句话,为人们所广泛应用。这句话代表着中国哲学的精义,它可以成为中国哲学复兴与发扬的根据。

1.2 道

中国哲学的最高的概念本来是"道"。它是宇宙万物发生与灭亡,运动与变化的根本原因。对这个概念解释得最好的可能是老子。他说"道之为物,唯恍唯惚。惚兮恍兮,其中有象;恍兮惚兮,其中有物。窈兮冥兮,其中有精;其粗甚真,其中有信。"他又说:"有物混成,先天地生。寂兮寥兮,独立不改,周行而不殆,可以为天下母。吾不知其名,强字之曰'道'。他又说:"道生一,一生二,二生三,三生万物。"他又说:"人法地,地法天,天法道,道法自然。"老子应该说是对本体的道、形而上学的道,作了最充分解释的人。这样的道是不可穷尽,不可言说的"常道",《老子》一上来就说"道可道,非常道"。

---

[1] 本章内容选自《天理良心》(1992年)、《"天人合一"的一些思考》(1997年)、《漫谈中国的哲学与宗教》(1992年)和《中国哲学的精神》(1993年)。

指的就是这种道。

道还有第二种意思,是好的政治行为和道德行为。这方面的例子太多,如说"纣无道",就是说他治国不讲道理;"先王之道"就是先王的好政治。又如说"士志于道",就是说士有志于修身齐家治国平定天下之道。道也还可细分为更多种的解释,但是在哲学上有重要价值的解释,主要就是这两种。

1.3 理

与道并起的还有"理"的解释,如《周易》说"易简而天下之理得矣"。这里的理也有道理的意思,但是长期没有取得如道这样至高无上的品格,而比道低一等,如《韩非子》说:"道者,万物之所然了,万物之所稽也。理者,成物之文也,物有理不可以相薄,故理之为物之制。万物各异理,而道尽稽万物之理。"因此直到宋以前,道与理不是一个概念,而且理比道要低。到了北宋的程颢、程颐兄弟方才把理作为最高的范畴。宋朝的道学,后来竟被称为理学,一直到今天。他们首先把道与理的概念混用,这可以是一千多年来已渐渐形成的习惯,然后据程颢说"吾学虽有所授受,天理二字,却是自家体贴出来"。此后"天理"或者"理"就取得了与道完全相等的品格,而且与上面所说的"道"的两种解释完全打通。

1.4 良心

"良心"在中国也是很古老的观念。它起源于孟子。孟子在《告子·上》中首先提出良心的概念("其所以放其良心者,亦犹斧斤之于木也,旦旦而伐之,可以为美乎?")。在《尽心·上》中孟子又提出良知与良能的概念。孟子的定义是"人之所不学而能者,其良能也,所不虑而知者,其良知也"。在孟子看来,良心也和良知、良能一样是人天然就有的。他说:"恻隐之心,人皆有之;羞恶之心,人皆有之;恭敬之心,人皆有之;是非之心,人皆有之。恻隐之心,仁也;羞恶之心,义也;恭敬之心,礼也;是非之心,智也。仁义礼智,非由外铄我也,我固有之也。"孟子认为人人都具有这种良知、良能、良心,不过是"求则得之,舍则失之"因此,"学问之道无他,求其放心而已",也就是说要把亡失的良心找回来。

将近两千年以后到明朝的王阳明,根据孟子的学说提出"致良知",提倡人们发现,发扬自己的良知,以此作为立身处世的标准。

1.5 天理良心

"天理良心"这句话应当是在王阳明以后流行的,它确实浓缩地代表了中国哲学的精神。

中国哲学一向相信"人心通于天心",或者如王阳明所说"良知即是天理"。

提出这个观念最早的也是孟子。他在《尽心》章中一上来就说:"尽其心者,知其性也。知其性则知天矣。存其心,养其性,所以事天也。夭寿不二,修身以俟之,所以立命也。"这也就是中国人所谓"天人合一"的精髓。此之所谓心本来既可以作道德之心解释,也可以作科学之心解释,但是中国人历来偏重于道德心,这种偏颇当然是中国哲学的一个缺点(比如同希腊哲学相对比),但是在今天这个人欲横流,道德沦丧的世界上,却是一个大大的优点。

根据"天理良心",良心是来自于天理,所以人只要本着良心行事,其力量就是来自于天,可以无畏无惧,可以做到"虽千万人吾往矣。"

有人说"善未易察,理未易明",世间万事,纷纭错杂,你中有我,我中有你,哪里是凭个人的一点良心就能判断的?其实,世上的事情不论如何复杂,把判断的标准分析到最后还是每一个人自己所不学而能、不虑而知的良能、良知,也就是良心。要判断复杂情况下的是非善恶,需要经过一番训练,即孟子所谓"集义"的工作,但是其最初的出发点离不了每一个人与生俱来的"知善知恶"的良知。因此,尽管每一个社会在每一个时代种种不同的条件下有许多不同的甚至截然相反的道德规范,但是从根本处看,首先总是带有普遍性与永恒性,如各宗教都有"诚实"和"爱人"的戒律。

天理良心诚然是在今天中国各色人等口头上都可以听到的一句普通语,但是又往往带有一种被动的色彩。例如,为自己辩解时常说的:"天理良心,我没有骗你",又如于人有所要求时常说的"说话要摸摸良心"。这些话证明天理良确实还是人心目中的道德的根本出发点。

1.6 "仁"和"诚"

不过要使这种浅层的觉悟成为深层的觉悟，照中国传统哲学，还要不断地下"扩充"的工夫，最主要的就是要下点"仁"和"诚"的工夫。孔子说"仁者爱人"，韩愈说，"博爱之谓仁"，用现在流行的语言就是要时时保持一片爱心，时时想到别人和自己一样是人，有一样的好恶，这样你的行为就不会只顾自己而损害别人。结果就不难达到道德上的所谓黄金律令，即孔子所说的"己所不欲，勿施于人"和耶稣所说的"你们愿意别人怎样待你们，你们也要怎样待他们"。

至于诚，《中庸》上说"唯天至诚，为能尽其性。能尽人之性，则能尽物之性。能尽物之性，则可以赞天地之化育。可以赞天地之化育，则可以与天地参矣"。这番话把"诚"的意义提得极高，但是其出发点则是《大学》上所说"所谓诚其意者，毋自欺也"，说得很简单。不过要做到这一点确实也并不容易，实际上就是要经常处于"良心发现"的状态，然后按照良心所要求的去做。只要能贯彻、能坚持就可以达到"三军可夺帅也，匹夫不可夺志也"的境界。

在今天这个到处都是看到人们见利忘义的时代，实在愿意多听到"天理良心"的声音，看人们本乎天理良心而发的行为。我相信，只要"天理良心"的概念存在，中国哲学就总会有复兴的一天。中国哲学最大的优点就是它永远能指导人们的生活而不是一些无益有害的概念游戏。迄今为止，世界上多数国家的人的道德是由宗教负责，现在宗教有所衰微，而且歧见迭出，也许只有建立在"天理良心"之上的哲学可以最好地包容各种宗教的教义而形成世界人类共同的道德规范。当然，这是我个人的一种"以为"，它丝毫也不能有任何的强求。"天理良心"的价值正在于它要依靠每一个人的完全自觉，然后循着"人同此心，心同此理"的路子走到全人类的自觉。

2. 再谈"天人合一"

2.1 "天人合一"是中国哲学以至中国文化的出发点与归宿点

"天人合一"是中国哲学以至中国文化中最古老、最广泛的概念。它不但是中国国家哲学（也不妨称之为国家宗教）的儒家的基本概念，而且是一切其他的思想体系，不论是属于大传统还是小传统，如道家、中国化了的佛家、法家、阴阳家、兵家、农家、医家，以至风水、气功、武术、房中术……的出发点与归宿点。

2.2 "天"概念的发展

儒家的天人合一之说起源应在孔子以前，亦即应在巫术时代或万物有灵论的时代。"天人合一"，何谓"天"？何谓"人"？历来有不同的解释。如天，即有所谓主宰之天、命运之天、义理之天、自然之天、人格之天的分类法，还有与此大同小异的分类法。其实在大传统的文献中，这些概念的界限未必清楚，古人用"天"这个词的时候，也未必有那么多的讲究，我现在只想从其历史的发展，由带有极端的迷信色彩到脱去迷信而只意味着宇宙或大全的过程来区分为四类。

根据史学与考古学，中国在周以前，天的概念并不发达，发达的倒是"帝"或"天帝"的概念，它大体上就是祖先神或其扩大。部落酋长或者巫师可以直接与之对话。人间一切事情都要通过占卜，得到能降人祸福、决人体咎的"帝"的旨意以后，才能决定。商朝的最后一个君王纣，在死到临头的形势下，仍然说什么"我生不有命在天？！"这个"天"还是迷信色彩极其浓厚的主宰的"天"与命运的"天"。后来到了周朝，"帝"的概念为"天"所替代。天虽然似乎还执掌人的命运，但是迷信色彩已大为减少，到孔子、孟子与老子、庄子，天的意义已有了越来越强烈的哲学色彩，到荀子甚至遭到完全的否定，但是在墨子，特别是阴阳家那里还是有相当浓厚的迷信色彩，这方面的影响一直遗留到三千年后的今天。这是我要说的第一种天。

到了汉武帝的时候，一方面民间流行十分迷信的谶纬学说，一方面大儒董仲舒又提出一个完备的"天人感应论"，把天的一切都与人的一切相比附，比如说"人有三百六十节，象日数也；大节十二分，副月数也；内有五脏，副五行数也；有四肢，副四时数也……"由此建构了一套完整的确认皇帝应当"法天而治"的理论。这是第二种天。它一方面树立了君权神授的地位，一方面也对之提出一点警告，强调他上面还有天，因此不可违逆天的意志，否则必有祸殃。这个理论发生在孔孟老庄对"天"已经讲了许多出于理性的话以后，其粗陋是显而易见的，因此从汉以后就逐渐衰落。但是，也有有长远影响的一面，比如皇宫的建筑就是一个例子，今天北京的故宫就是"象天设都"的最后代表。地上的紫禁城完全是与天上的紫微垣相对应的。这个理论影响之大，还可以从现在很少有人注意到的司马迁写的《史记》上面看出来。他为了"凡举事无逆天数"而因"天有十二辰而作十二本纪；天有十干，作十表；天有八方，作八书；……"

第三种天是对宇宙及其运行规律最彻底的抽象。老子的著名的话"人法地，地法天，天法道，道法自然"，"天地不仁，以万物为刍狗"，这中间的天就是这么个宇宙万有最高抽象的天。

这个天的概念当然一直有强大的影响力。但是在中国历史上，在中国人的心目中，最有影响力的始终是虽然已经是宇宙的最高抽象但是仍然带有某种道德意志以至目的论含义的天。这是第四种天，也就是儒家，尤其是宋朝以后的新儒家，所发展的天人合一学说中所说的天。它是人世间一切价值的源头的天，正是我们要在这里讨论的天。

2.3 孔子创立了第四种天

这个天的概念的创始人是孔子。孔子说过"天何言哉！四时行焉，百物生焉，天何言哉！"这就是所谓"自然之天"。他又说过"天生德于予，桓魋其如予何？"这就是所谓命运之天，但是孔子又说"天之未丧斯文也，匡人其如予何？"又有人说这是义理之天。把这三句话再加上孔子说过的有关天的话合起来一起看，就可以明显地看得出，孔子心目中的天是一个有着道德倾向的天，与人有不可分割的联系的天。但是，真正开辟了儒家天人合一学说的是孔子的孙子孔伋。他说："唯天下至诚，为能尽其性。尽其性，则能尽人之性。能尽人之性，则能尽物之性。能尽物之性，则可以赞天地之化育。可以赞天地之化育，则可以与天地参矣。"孔伋的学生的学生孟子进一步说"尽其心者，知其性也，知性则知天矣。存其心，养其性，所以事天也，寿夭不贰，修身以俟之，所以立命也。"先秦古典《礼记》的《礼运》篇有言："人者天地之心也"。这句话把天与人的关系明确到无以复加的程度，其哲学意味至今令人咀嚼无穷。以后到宋儒张载说"儒者则因明致诚，因诚致明，故天人合一，致学而可以成圣，得天而未始遗人。"第一次公开提出了"天人合一"的命题，为以后对这一命题的发展开了先河。以后的学说之繁富已经可以不用介绍了。

2.4 何谓"人"？

至于"何谓人？"古来的争论是说，有资格与天合一的人不是普通的人而是圣王。在古代，这种解释看来符合原义，但是，自从孟子说过"人皆可以为尧舜"，儒学的教化越来越向群众普及以后，人的意义也就越来越普遍化。再考虑到小传统中医、农、卜、筮、星、相中的人只有极少数的例外才是指王者或是圣人，因此可以说"天人合一"中的"人"还是指一般的人。

到了老子的时代，中国人的思维能力已经达到了相当抽象的程度，此时之所谓"天"就是对宇宙万物在物质方面的抽象，不但如此，还有了对宇宙万物及其运行机制的精神方面的抽象，也就是上面已经提到的"道"（到宋以后又往往为"理"的概念所取代）。中国古人是不分什么唯物主义与唯心主义的，所以天与道往往是不必区分的概念，也就是董仲舒所说的"道之大原出于天"，"天不变，道亦不变"。不过哲学上的道一直有两个意义。一个是指现实生活中正确的行为或方法。如孔子说的"天下有道则庶人不议"；又说"吾道一以贯之"，前者是指好的治理，后者是指好的品德。至于老子说的"道可道，非常道"，与"道生一，一生二，二生三，三生万物"的"道"则完全是宇宙运行规律的最高抽象。在哲学上的涵义是不同的。这里要讨论的只是后一种道。同时，从上面的引语中还可以看出，到孟子的时代，另外一些概念也已水到渠成地抽象出来，那就是"性"（人所得于天的本质）、心（人的感知与认识的能力）、命（从个人的遭遇到宇宙运转所不得不然的规律）。另外，还有上面提到的"仁"与"诚"的概念，请到以后再加说明。

2.5 "三教合一"

中国的传统文化是"三教合一"的文化。中国哲学成熟于宋的道学（后来多被称为理学），即所谓新儒学，而新儒学之所以能集大成又得益于中国原来就有的道家学说，因此中国学术界有人认为，是道家而不是儒家，为宋朝的新儒学准备了形而上学的基础。这话是有根据也是有道理的。他们所低估的是，新儒学心目中的天始终是有道德倾向的天，而人则始终是有天生善性的人。

2.6 "天人之分"

除了天人合一的理论以外，中国传统的文化中也有它的对立面，即主张天人相分的学派，如战国末期的荀子就主张"明于天人之分"。唐朝的刘禹锡主张"天人交相胜"，天与人不但不能合一而且相互对立。当代有学者指出，就辩证法的观点看，天人相分与天人合一是互为条件的。说天人合一，其前提必然是天与人实际上有所不同，故而要以合一的观点来看待之。同理，说天人相分，也正因为人本来是宇宙进化的产物，而且还要受宇宙大化流行的支配，正因为如此，人在许多情况下必须以改造自然（天）来利用自然以便于生存，这是人类几百万年进化的历史证明了的。

2.7 "天人合一"的现实意义

在今天的中国，人们所以大谈天人合一，理由是伦理道德上的。二十年极左路线，再继之以近二十年"一切向钱看"的社会风气，已经把中国人的道德水平降到了前所未有的低水准，中国需要重振道德。

中国民族道德的根基是有二千五百年历史的儒学，是从孔、孟起到宋明的新儒学。在宋以后，知识分子要做官就必须熟读所谓《四书》即《论语》《孟子》《大学》《中庸》以通过国家考试。国家著为功令，垂千年之久。流风所及，其中有许多思想甚至文句，连不识

317

字的农夫农妇都耳熟能详，琅琅上口。这样深入的影响，世界上恐怕只有基督教与伊斯兰教可比。现代知识分子要研究流传二千五百年的儒学最根本的思想基础，就无法避开天人合一的思想模式。如果不能在中国人的心目中唤醒他们濡染已久的道德意识，那么中国人就将退化为从来没有受过人文教化的穴居野人。

正统儒家相信的是虽然脱去迷信，却有着强烈的价值观念的天。正统的儒家是不相信一切迷信的，孔子从来不说"怪力乱神"。到我小时候还能见到的正统儒家就是如此，虽然百分之九十的中国人确实是看见偶像就拜的。正因为如此，今天中国文化的各种各样小传统不但复活而且泛滥，这是中国在重振道德的过程中必须认真对待的。正统儒家不但相信天是有善德的，而且相信人作为"天地之心"是天生有善性的。这就是孟子开创的性善说，他认为人生而就有恻隐之心，羞恶之心，辞让之心，是非之心。他说："恻隐之心，仁之端也；羞恶之心，义之端也；辞让之心，礼之端也；是非之心，智之端也"。这里孟子不但提出了为人的基本道德，而且还提出能够辨明这些道德的"心"，是"天之所以与我者"，这样天就成了人的价值的源头。他还提出人天生就可以"不学而能"的"良知"与"不虑而知"的良能；后来在群众中流行更广的是他所创造的另外一个概念——意义与良知良能相当的"良心"；孟子甚至认为，只要做到上面所说的"尽性知天"，那就"人人可以为尧舜"。孔门后学、宋明朝新儒学中心学一派的开山大师陆九渊说"吾心即宇宙，宇宙即吾心"；与他同一派但比他晚了三百年的王阳明说"良知即是天理"，把天人合一说推到了极致。这样，儒学的思想体系在中国历史上绳绳相继，代有传人，就构成了中国哲学史上的道统，到今天，一句"天理良心"（或曰"天地良心"）仍然流行在千百万人的口头上，多少能够唤起他们内心的道德意识，虽然，遗憾的是这样的人越来越少了。

2.8 性善与性恶

人性是不是本来就是善的，是一个大可争论的问题，比如孟子提出性善说时与之辩论的告子就认为"生之谓性"，人性本来无所谓善与恶，其为善为恶完全看后天的教育与环境的影响而定。后孟子一百年的荀子则明确提出"人之性恶，其善者伪也"。不过他也认为，经过教化"涂之人皆可为禹。"这三派学说争论两千多年不绝。但是孟子性善论的正统地位始终没有被推翻，这一方面是因为儒学一直与政权相结合的缘故，一方面也是因为后儒不断以越讲越精致的天人合一的理论加以补充和加强的缘故。为了证明人性是善的，必须证明天道，也就是天的本性是善的，这样即使是不讲性善性恶的道家，也因为老子说过"人法地，地法天，天法道，道法自然"，还说过"天之道损有余以奉不足；人之道则不然，损不足以奉有余"这样的话而因此被认为可以为性善论效劳。《周易》有一句话叫做"天地之大德曰生"，这是即使从宇宙学最新的成就来看也挑不出错来的。因此，天地的"生生之德"被认为是一切善的起源。不久前才过世的台湾新儒家牟宗三因此而把天之善与人之善统统归结为"创造性本身"，这种学说与当代最新的科学发现，如大爆炸的宇宙生成论，遗传基因的发现与破译等，以及科学界目的论思想的潮流，可以相互呼应。这样就构成了一个比较完整的体系。

说比较完整，是因为它实际上还是有漏洞。上面提到过的老子的话"天地不仁，以万物为刍狗"就是不容易推翻的一句话。比如说，宋儒有喜欢养几条鱼"以观万物生意"的，其用意是按照天人合一的学说来涵养自己的善性。但是现代生态学却明白无误地告诉我们生物界存在着残酷的生存斗争。中国俗话说"大鱼吃小鱼，小鱼吃虾米"，这是生物链所以得以维护的不可抗拒的规律。一个人如果真的要把眼光扩大到天地境界，他究竟是同情吃小鱼的大鱼还是学被大鱼吃掉的小鱼呢？《周易》的另外一句话："阴阳鼓动万物而不与圣人同忧"，讲的也就是在天地万物运行的规律中并没有圣人关心的道德律。

近代以来中国知识分子在学了西方政治学以后，又对性善说从另外一个角度提出质疑，就是中国传统文化由于长期忽视人性中恶的方面，而忽视了在政治制度与政治实践中对人性恶的防范。这被认为是中国几千年长长的历史所以没有能开出民主政治的一个原因。有人甚至说，美国宪法的起草人根据基督教的"原罪说"的传统相信人性是恶的，所以在制定宪法时特别强调处处设防，规定各种制衡机制因而得以成就历两百年而未衰的民主政治，而中国的文化大革命对人性的最后假设却是性善，因此"造反有理"，"放手发动群众"，"一切相信群众"。在毛泽东的心目中，群众确实是无所不能的大善人，结果造成十年动乱，其遗毒至今也未能肃清。这些意见都是足以引起当代中国人反思的，是中国今后发展新文化新道德时必须考虑的。

2.9 天人合一与神秘主义

对天人合一的又一种批评是，它带有浓厚的神秘主义色彩。"神秘主义"不是中国原有的语词，是在本世纪初中国知识界倾心于科学与民主的时候从西方引进的。对绝大多数没有钻研过哲学的人来说，它几乎就是"迷信"的同义语，因此这种批评也是相当严重的。其实无论是孟子所说的"万物皆备于我"，还是庄子所说的"天地与我并生，万物与我为一"，本来就是十足的神秘主义。对于一种哲学来说，神秘主义不但说不上是一种批评，而且是说明它已达到最高境界的一种夸奖。兼通中西哲学的当代中国哲学家冯友兰就明白地告诉中国人，康德的不可知论就是一种神秘主义。古今哲学上一切伟大的形而上学体系无一不在自己的体系的顶点冠以神秘主义的大帽子，柏拉图在《理想国》里，亚里士多德在《形而上学》和《伦理学》里都是如此。冯友兰还认为中国哲学的神秘主义优于西方哲学的神秘主义，这是因为西方哲学的神秘主义大都讲上帝与人的合一，但是上帝既然是全知全能，实质上就是一个理智观念，而中国哲学则是经过彻底的推理，最后彻底否定包括上帝在内的一切理智观念，才达到"与天为一"或者"同天"的境界，而同天的境界是不可思议的，不可言说的，也就是神秘主义的。它是理性思维的最高成就，而不是与理性思维相对立的。冯友兰还说："在我看来，未来的世界哲学一定比中国传统哲学更理性主义一些，比西方传统哲学更神秘主义一些，只有理性主义与神秘主义的统一才能造成与整个未来世界相称的哲学。"

2.10 天人合一与环境保护

在今后的中国思想界，还有一个对天人合一由于望文生义而产生的一个极大的误解，就是认为今天世界的环境污染是西方人主张与自然对立，力求征服自然的"天人两分"的思想恶性发展的结果，只有中国的天人合一说才能救治西方思想的弊端。但是，第一，中国历史上虽然也有一些保护环境的思想与措施，在丰富的中国传统典籍中几乎不占什么重要的地位。第二，这种思想完全没有进入中国哲学的主流。第三，在实践上，中国人对环境的破坏是相当严重的，从总体上说，中国对环保并没有多少值得夸耀的成就，虽然中国能以相对少量的土地养活大量的人口可以算得上是一个伟大成绩。事实上，造成环境的破坏，确立保护环境的意识，最后真正改善环境，完全是一个科学与技术的问题。当然，它也不难同中国天人合一的传统哲学联系起来。因为改善环境正是所谓"赞化育，参天地"。但是要做到这一点，还要花很大的力气，决不能像今天有些人认为只要把"天"解释成"自然"，就能乱吹起什么"向东方生态智慧回归"那样简单。天人合一的道德学说是经过千百年的思想家锤炼而成的，要树立几乎毫无根底的"天人合一"的"生态智慧"，当然不必也不允许花那么长的时间，然而投入的智力劳动却是省力不得的。

2.11 重建中国人的道德意识

"文化"这个词在中国也是外来词，中国人对这个词的理解是"人文教化"，确实也是文化多种定义中最精的一个定义。而要接着中国的传统文化发展现代化的新文化就不能不唤起中国人心底积淀的天人合一的意识。在这方面关键的有两个词：一个是仁，一个是诚。

"仁"最初的意思是就是"仁者爱人"，本来是比较简单的爱的观念。但是后来一直发展到"仁者混然与物同体"，这个仁也就成了"与天地万物一体之仁"，完全成了"天人合一"的自觉，而且成了沟通天人的一个形而上的概念。

"诚"最初的意思也无非是真实无妄。但是后来就发展到了张载所谓"儒者因明致诚，因诚致明，故天人合一"。这里说的诚就是人用以知天、同天的功夫，也成了沟通天人的一个形而上的概念。

要重建中国人的道德意识必须在这两个词上下功夫。在这里，仁是更广泛使用的概念。《论语·学而》载有子的话说"孝弟也者，其为仁之本与！"所以，仁的养成首先要从亲亲做起。这样，虽然仁的概念有似乎基督教的博爱，但是却要从家庭开始，所谓"亲亲而仁民,仁民而爱物",这与基督教要求人爱上帝甚至不惜断绝父母、子女之爱是大不相同的。在我们中国人看来,我们的因明致诚,因诚致明的办法要合理得多。鉴于道德败坏是世界性的问题,而西方人一再提出"家庭价值"作为重振道德的一个重要途径,我不知道中国人与西方人之间能否找到一个共同的出发点。

"天人合一"的价值观的典型例子,就是文天祥的《正气歌》。文天祥是宋朝的最后一名丞相,他因为抗元失败被囚禁在北京的一个水牢里,但是就在他因为拒绝投降而被处决的前夕,他写下了这首流传千古的诗篇。全文太长,只能举其首尾。他一上来就说"天地有正气,杂然赋流形。下则为河岳,上则为日星。于人曰浩然,沛乎塞苍冥。"然后他举了一批中国古代志士仁人高风亮节的表现,然后又说到他自己虽然兵败被俘,处境困苦,但是他的态度仍然是"鼎镬甘如饴,求之不可得"。最后高唱"哀哉沮洳场,为我安乐国,岂有他谬巧,阴阳不能贼……"我不希望这世界上再发生战争,但是我衷心地祝祷这以天为价值源头的道德精神,这种以苦为乐的品格能够回到中国人民和世界人民的心中。

3. 中国哲学与宗教

3.1 中国人宗教观念淡薄

跟一般认为宗教是一切社会的普遍现象的看法相反,中国人被认为是宗教观念淡薄的民族。佛教毫无疑问是外来的宗教,虽然它可说几乎完全被中国化了。道教也被认为是受到了外来的,主要是佛教的影响而发展起来的。儒家虽然大体上可以代表自古以来中国人主要的意识形态,但是因为它并不承认有一个作为造物主的神,也不承认有一个彼岸世界而被认为算不了宗教。至于人民群众中的多神崇拜,至少还不能算是充分发达的宗教。这些意见都是可以同意的。事实上,许多中国人也自认为中国是一个无宗教的国家,至少是并无所谓"国教"。但是,正如"宗教"这个词是一个外来词一样,各国学者判断中国有无宗教或者其宗教发达到什么程度的标准也是外来的,实际上还总是摆脱不了以基督教的标准为标准。不过,如果把宗教看成是诸多文化现象中的一个，那么在中国传统文化中应该说是有这个因素的，而且甚至可说中国哲学本身就具有宗教的品格。我们现在如果不是去区别中国哲学各家各派的学说，而去找出它们共同的东西，去发掘它们有时并没有明说，但是按照推理必然存在的前提，我们就会发现有一些原始的观念是中国一切哲学所由以产生的根源。这就是"天"和"道"的观念。如果说"天"是实际存在的自然界或者宇宙的话，那么"道"就是它运行的规律。在中国哲学中，无论"天"和"道"都没有表现为一种人格神，它并不简单地"创造"一切，也并不简单地"决定"一切，但是它确实是一切据以存在，据以运动变化的根据。中国人通过祖先崇拜，通过教育制度和科举制度，通过封建的和大一统的政治制度，而同这个"天"或"道"建立起精神上的联系，而且通过以之为价值源头的各种教条与礼仪规范着自己的行为。有学者以荀子对"礼"和"文"的解释来说明中国事实上存在着一种没有神的宗教，我是同意这种看法的。我想在这里举出一句更有名的孔子的话："祭神如神在"来说明孔子虽然不能肯定神的存在，还是极其重视祭礼本身。还有一个有名的故事：子贡欲去告朔之饩羊，孔子却对他说："尔爱其羊，我爱其礼"。这说明了他所重视的正是祭礼所起的社会作用。所以，即使说中国文化中没有完全与欧美的宗教相等同的东西，也可以说确实存在着可以称之为哲学的学问一样。如果进行深入系统的比较研究，很可能会发现我们现在称之为中国传统哲学的东西也许在确立社会的价值系统和维持社会的秩序与和谐方面起着并不亚于宗教的作用。

有意思的一个历史事实是：中国哲人似乎有一种非宗教化的倾向与能力。我们知道，在远古，中国是有祭天的原始宗教的，是有上帝与鬼神的观念的。但是，从孔子起，这种观念就越来越淡薄了。佛教在传入中国以后，经过近千年的传播，到了禅宗六祖惠能的手里，又经历了这样一次相似的变化。这一种历史经验，对外国，对未来，是不是有什么较为普遍的意义呢？这是一个值得探讨的问题。

3.2 中国哲学对终极原理的追求

宗教的一个特征是对终极原理的追求。就这一方面说，中国哲学也是具有这种品格的。中国哲学的精神可以说就是引导一个人在对宇宙、对人生穷极究竟的基础上达到自己的安身立命。如果说西方人认为人通过宗教而从神得到拯救的话，那么，中国人通过哲学而与宇宙认同（"与天地为一"），因而得到精神上的力量，使短暂者归于永恒，个别者同于普遍。从这方面看，中国的哲学与外国的宗教确实是相通的。只是中国哲学对人的地位似乎要比宗教摆得更高些。中国哲学不肯定人格神的存在，却肯定人是宇宙"生生不已"的进化过程中的最高阶段。所以孔子说"天地之性人为贵"。《礼记·礼运篇》把人定义为"人者天地之心也"。《中庸》则以人的使命为"参天地，赞化育"。这样的哲学当然并不会为神留下一个位置，然而却赋予了人以自我解脱，自我完善，自我超越的能力。

3.3 中外对宗教的差别

中国人在宗教观念和宗教生活方面与外国人的差别，曾经引起许多人的注意与研究。这种研究还应当深入进行下去，但是这一现象本身并没有什么特别可惊讶之处。约翰·希克的名言"上帝有许多名字"，这种看法与中国哲学的看法是一致的。就是《老子》所谓"同出而异名"，就是《易经》所谓"圣人一致而百虑，同归而殊途"。虽然"天"与"道"，或者叫"宇宙"，作为一个无限的整体而存在、而运行，但是人却永远只能从自己的有限的角度去认识它、体会它。因此中国哲学历来认为可以言说的永远只能是有限的。老子很早就指出"道可道，非常道；名可名，非常名。"禅宗更是认定"第一义不可说"。意思都是说，纵然有大全存在，有绝对存在，却并不是人可以言说的。人所能言说的都只能是一偏之见，也因此而只能各异其名，这正是人之所以异于神而无可避免要受的限制。反过来，也正因为人是有限的存在，人才会产生对无限，对全体，对永恒，对绝对的追求。

从这一点出发，不但可以说哲学在中国起到了宗教在别的国家所起的作用；还可以说不论各民族的宗教与哲学如何千差万别都可以求得彼此之间的共同点，这种共同性渊源于人的本质的共同性。它表现在人类文明发轫之初，而且应当会在各民族的文明充分发展以后更多地表现出来。

3.4 宗教与科学

有学者提到现代化过程中出现的一种强大的思潮，认为宗教将逐渐衰落而最后被科学所取代。从一九一九年的五四运动以后，这一种思潮一直在中国具有压倒性的影响。我们很难推测非常遥远的事情，但是，就可见的将来而言，宗教在历史上发挥过的规范人的行为的作用正是今天的世界所需要的。特别是在这个全世界到处都出现了价值标准混乱，人们行为失范的时代，宗教的这种作用还应该加强而不是削弱，更何况宗教所涉及的并不仅仅是行为的规范和社会的秩序而涉及到人的终极追求，人的根本价值。这些都并不是科学所能解决的问题，而是信仰的问题。中国哲学虽然被认为不是一种信仰体系，然而它所赖以建立的终极原理仍然是只能用心灵去体会而不能用科学方法去验证的，实际上也是一种建立在信仰之上的公理体系。正因为宗教和哲学牵涉到人心的最深处，我们看不出宗教和哲学会在可见的未来衰亡的前景，也许宗教的复兴倒是更合乎逻辑的推测。而且可以推断，在今天这个旧秩序已经打乱而新秩序尚未确定的世界上，内心充满危疑忧惧的人们还会需要，甚至创造出许多的新宗教或者亚宗教来，而且不可避免地带有粗陋的迷信。这种现象现在就已经大规模地开始了。对于关心人类命运的人来说，这是一个值得重视的问题。

3.5 中国哲学与中国社会的发展

中国文化在按其自己的轨道发展的过程中，并没有发展出欧美国家所发展的科学技术、市场经济和民主政治来。按照目前世界上通行的标准来说，也就是没有打开现代化的局面。中国因此而落后于欧美国家。这是无可争辩的历史事实。但是，这个事实却引起了学者们的深思，以至有人认为促进西方的现代化的是基督教的伦理，而中国的哲学则对现代化的进程起了阻碍与抑制的作用。这种学说可能是有道理的，但是，它也只能说明在人类被自然分割而分别发展的过程中在某些阶段上发生快慢的一个原因。现在，世界各国经济、政治、文化的相互依赖与相互作用已经发展到十分紧密的程度，应该说已经开始了一个全球化的进程。中国文化并不见得对于现代化的进程只能起抑制或者阻碍的作用，而不能起促进的作用。这个问题是近年来国际学术界的一个热门话题。我想我们至少可以说，中国文化在外来的刺激与启发下是可以与现代化的进程相适应的。在这里，我们一样可以回溯到中国哲学的基本观念，即认为人都是一样的"同胞"，都有"为天地立心"的使命，各个民族在发展过程中的参差不齐，并不等于命中注定哪一个民族永远领先，哪一个民族永远落后。与中国哲学并生的某种社会制度和风俗习惯可能会落后、僵化、衰老而消亡，但是中国哲学本身是开放的，是"生生不已"，"自强不息"的，同别的宗教、别的哲学一样，它在不断深化自己对宇宙的认知的过程中，将会越来越取得彼此间的共同点。最古老的观念将不断得到最新的意义；最新的解释将不断肯定最古老的智慧。

3.6 中国哲学与现代化

中国传统哲学，同中国传统的宗教道教、佛教一样，在近百年来一直处于被批判的地位。这在信奉中国哲学的人看来似乎是一件坏事，但是也许恰恰是一件好事，因为这样长期的批判与否定确实可以使中国哲学净化，摆脱掉几千年来附着在它身上的迷信与陋习。中国哲学相信，人总是要探索宇宙的究竟，寻求人生的意义，这是任何力量、任何环境都消灭不了的。中国哲学也相信物极必反，剥极必复，现代化的进程可能造成传统价值观的破坏甚至崩溃，但是它最核心的东西、最原始的东西是不会改变的，它在外部环境现代化的过程中，自己也得经历一个现代化的过程，为下一个新的、比较稳定、比较和谐的时代树立一个价值体系。

我们不能说中国人如果信仰一种外来的宗教就不可能取得同样的结果，对于个别的中国人来说，这不是不可想象的事情。但是，宗教本身是一种文化现象，对有过四五千年文字可考的历史，现在已经有十二亿人的中国来说，我们实在不能想象它可以被整合到一种外来的宗教或者哲学中去。既然迄今为止一切外来的意识形态最后都只有进行了适应中国文化传统的改造以后才得以在中国立脚（最著名的例子就是佛教），那末，在可见的将来大概也只能重复这样的过程。当然，由于我们上面谈到过的世界范围内相互依赖与相互作用日益发展，无论是中国文化还是外来文化都得相互适应，相互改变。其结果是共同性将日益发展，而中国特色则将长期保存。

4. 中国哲学的精神

4.1 中国哲学的定义

哲学这个名词不是中国本来就有的，而是近百年来翻译过来的西方名词，我们借用这个名词来概括中国传统文化与学术中与之相当的那一部分。可是，虽然同是哲学，因为传承不同而内容与定义也有不同。因此，这个问题又必须根据中国哲学的精神来回答。

第一，中国哲学是寻根究底之学；第二，中国哲学是安身立命之学。首先，中国哲学起源于中国古人对人生、社会、自然、宇宙的思索。他们想穷究世上万事万物的根源与它们彼此间的关系，用《周易》的话来说，就是"极深而研几"；用司马迁的话来说，就是要"究天人之际，通古今之变"；用禅宗的话来说，就是"一点真疑不间断，打破砂锅纹（问）到底"。总之，要对广大至天道，深微到自心，一切的一切，都要问个究竟，以至于问到无可再问。这种最后的问题及其最后的答案，以及这种寻根究底的探索本身，就是哲学。这一点，是中国哲学与外国哲学差别不大的，至少西方哲学的主流也把自己所学看成是追求"终极原理"的努力。这可以说是出发点之"同"。

但是，中国哲学在其追求的过程中并没有如希腊哲学那样发展出一套严密的知识论来，为以后各门科学的发展奠定基础，或者说打开道路，而是发展出一套伦理的、道德的、政治的观念来，其最大的成就在于通过哲学的传习与运思找到个人自己在宇宙中的正确位置，得以从容处理环境与命运所给予的各种遭遇和挑战，不论穷通祸福都能做出正确的反应而保持心理上的安静和平。"君子所性，虽大行不加焉，虽穷居不损焉，分定故也。"这话看起来似乎是孟子的一家之言，实际上，它贯穿于两千多年来儒家之正道，中国哲学的目的最后在于精神人格、道德人格的自我树立与自我完成，走的是一条《周易》上所说的"穷理尽性以至于命"的道路。这可以说是中国哲学与外国哲学归结点之"异"。此之所谓"异"也就是中国哲学的特点。

4.2 中国哲学的宇宙观

同任何哲学一样，中国哲学当然要表示对宇宙的看法，但是"宇宙"是后出的名词，在中国作为哲学术语而广为流行那就更后了。更古老的名词是"天"，或曰"天地"，但是"天"更原始，含义更广泛，用字更简略。大概从古到今的中国人日常说话没有一天能离得了"天"字的。从宇宙论的意义上说，天曾经有守主宰一切的人格神的含义，这样"天"就等同于"帝"、"天帝"或"上帝"。但是从孔子开始，历代哲人所阐释的天就越来越趋向于自然存在的宇宙，相当于"万有"、"大全"或"大一"，神秘的、主宰的"天"的概念就只存在于民间的信仰中了。

中国哲学中与"天"相并举的概念还有"道"。道有时似乎是与天相对的概念，有点像西方之所谓"逻各斯"或"绝对精神"。如对道的概念做出最大贡献的老子就说："有物混成，先天地生。寂兮寥兮，独立而不改，周行而不殆，可以为天下母，吾不知其名，字之曰道。"又说："人法地，地法天，天法道，道法自然。"金岳霖也在《论道》中说："中国思想中最崇高的概念似乎是道"。但是深察细究，一部中国哲学史在绝大部分情况下，都并没有把"道"与"天"分裂或者对立起来讲。即如上举老子所谓"道法自然"，他的意思实际上是说道是自然而然的；孔子则说："天何言哉？四时行焉，百物生焉，天何言哉？"这样，"天"和"道"实际上是一个等值的概念。道无非是人对天欲有所思，欲有所议而得出的一个最高抽象，所谓"道之大原出于天"。道即是"天行有常"之"天行"，"天道无亲"之"天道"，道与天不可分。

从这样的宇宙观出发，中国哲学并不像西方哲学和印度哲学那样认为在事物的表面现象之后还有一个"本体"或者"真如"，前者为虚为幻，后者为真为实。中国哲学认为宇宙即是真实。世上万事万物都是宇宙的一部分，同源而歧出，同体而异用，循宇宙自然而然的规律而生灭变化。

因此，中国哲学无论就其本原而言，还是就其主流而言，都是一种无神论的哲学、自然主义的哲学、唯物主义的哲学。无怪乎中国哲学在十七世纪传到欧洲以后曾经引起很大的轰动。它使欧洲的思想家如笛卡尔、斯宾诺莎、莱布尼茨、伏尔泰……等受到启发，发展出一系列反

328

对教会黑暗统治的理性主义的哲学，不但引发了欧洲历史上有重大意义的法国大革命，并且奠定了近代科学精神和科学方法的基础。

4.3 中国哲学的人生观

在宇宙这个总系统中，人处在进化的端点，也就是处在最高级。所以孔子说"天地之性人为贵"。中国自古有"三才"、"四大"之说。三才出于《周易》，其辞曰："有天道焉，有人道焉，有地道焉。兼三才而两之故六。六者，非它也，三才之道也。"这是说在中国最原始的宇宙图像中，人已与天地并列而为一卦三爻中之一爻。（"两之故六"，言重两卦而成六爻。）"四大"出于《老子》，其辞曰："故道大，天大，地大，人亦大。域中有四大。"这样，人不但与具体的天地等值，而且与抽象的道等值。"人为万物之灵"是中国人普遍持有的信念。

世上何以而有人？人何以而有生？人生又有什么意义？对这些问题的答案就是哲学。大多数古老的外国哲学的答案都认为人是神所创造的，而中国哲学却从来就认为人的出现是宇宙进化的结果。（女娲抟土为人的故事只止于神话传说，从未进入中国哲学。）《周易》说："有天地，然后有万物；有万物，然后有男女；有男女，然后有夫妇；有夫妇，然后有父子；有父子，然后有君臣；有君臣，然后有上下；有上下，然后礼义有所错。"这番话自然比不上现代的天文学、地理学、生物学、社会学、政治学那样严密精确，但是其为秩序井然则无二致。这样，人的生命就是源于宇宙的大生命而为宇宙进化过程中的最高产物。所以，认为中国缺乏人本主义传统的话是不对的。外国古典哲学中还没有哪一家像中国古典哲学这样把人推尊到这么高的地位。

人之所以异于万物者，在其有灵明知觉，也就是有心。这个"灵明知觉"是从哪里来的呢？孟子的回答是："心之官则思，思则得之，不思则不得也。此天之所与我者。"王阳明则把人心称之为"天植灵根"。《礼记·礼运》说得更直捷："人者天地之心也，五行之端也，食味别声被色而生者也。"

当然，中国传统哲学中也有把人看得极其藐小卑微的，如庄子，就以为人在天地之间不啻"毫末之在于马体"，但是第一，这种思想在中国哲学中甚少响应之者；第二，庄子之论真人、至人、神人也真是神乎其神。所以他的卑视人是出于相对主义的论证，而正言若反，他实际上还是极其推尊人的。

总而言之，在中国哲学看来，人"超然万物之上而最为天下贵也"。因此，"人之生真可谓之贵矣。天地与其贵而不自贵，是悖天地之理，不祥莫大焉"。

5. 中国哲学的价值观

5.1 价值的源头

世界上的哲学与科学对于人之"所知"，可以说研究得很不少了。但是对于人之"所以知"或"所以能知"，除了置之不问外，却只有两种回答：一种是神学的回答，如基督教《圣经》讲耶和华用泥土造人，然后"将生气吹在鼻孔里"，就是最著名的例子。按照这种路子，人的价值源头必然在于神。一种是中国哲学的回答：人的生命来自宇宙，人的心是宇宙进化所形成的人赖以认识宇宙的器官，人的思想是宇宙进化所形成的人赖以认识宇宙的功能。所以照中国哲学看来，人的价值源头就在于天。

5.2 价值的标准

既然人的价值源自于天，来自于宇宙这个"生生不息"，也就是进化不已的总系统，那么人的生命的意义也就在于认识、顺应、以至推进这一进化的过程。关于这一点，张载说得最好，就是"为天地立心，为生民立命，为往圣继绝学，为万世开太平"。

宇宙的运动是有规律的，有秩序的，但是如果没有人，这个规律，这个秩序，就不能被认识，不能被阐明，不能被应用。只有有了人，宇宙的运动乃至其存在本身才有了识者，因此，不但可以说"人因心而知天"，而且可以说"天假人以立心"。既然如此，人的作用当然也就在于为天"立心"。这个"立"字充分表达了人的认识能力和能动作用。而且由于宇宙的范围大至无外、小至无内，其变化来也无始、去也无终，这个"立"字也意味着一个无限开展的过程。

广义地说，所有的人的一切感觉、思维、言语、行为，都是在为天地立心。不过，立心应当有一个最后的目的，最高的标准。它是什么呢？照张载说，是"为生民立命，为往圣继绝学，为万世开太平"。这已经是很高的境界了。但是，似乎还不如更古老的《中庸》说得更简要透彻，那就是"参天地，赞化育"。另外，还有一种更通俗的民间的说法，就是"替天行道"。到了这个境界，人就不但是宇宙的产物，而且是宇宙进化的推进者，甚至宇宙意志的执行者了。总结一句，天不但是人的价值的源头，也是人的价值的归宿。

5.3 价值的实现

价值的实现，说的是人通过什么样的方法来修养，以达到"参天地，赞化育"的境界。中国哲学中自来有两个概念，一曰"仁"，一曰"诚"。孔子讲"仁"较多，孟子说"诚"较透。后人解经，以诚为自我一致，以仁为推己及人。前者相当于曾子所阐释的"夫子之道，忠恕而已矣"中的"忠"；后者相当于其中的"恕"。这两个概念尽管在中国哲学史上经过各家解释有轻重大小之种种不同，但是根本上是相通的。

本来，照我们今天看，不论走"仁"的路子以极其敏感的态度去体察万事万物内部蕴含之理，还是走"诚"的路子以极其严格的逻辑去推究万事万物相关互动之理，都应当能发展出一个宏大精密的自然科学体系，以至社会科学体系来，但是中国古代哲人并没有走这条路子。他们走的是孟子所谓"尽其心者知其性也，知其性则知天矣"这条路子。他们把"仁"和"诚"的功夫全都用到了反观内心、穷究人性上去了，没有能致力于"开物成务"以发展出自然科学来。这个缺陷是中国人一直到近代接触了西方科学和西方哲学以后才发现的。因此，现在中国人正在这方面急起直追。虽然如此，当代世界亟待重建的正是人的价值系统，因此中国哲学并不因其过去的缺陷而减其当前的意义。

就实现人的价值而言，这是一部中国哲学史讨论得最多的问题。

但是不论哪家哪派，统统都是由理解自心出发到理解宇宙，最后达到个人与宇宙的冥合，使个别者同于普遍，短暂者归于永恒。虽然各自修养的家数不同，或曰"尽心知性，尽心知天"；或曰"明心见性，见性成佛"；或曰"致虚极，守静笃"、"归根复命"……大旨是一样的。

应当指出的是这样一个实现价值的过程可以大别为积极的与消极的两种倾向。佛道走的是消极的路子，其目的只在于个人自己的全生保真、心安理得；孔孟则走的是积极的路子，其目的是要从正心、诚意、修身、齐家一直到治国、平天下，然后而可以"仰不愧天，俯不怍人"。后者之所以取积极态度，是因为他们心目中的"天"有一个"天命"的功能，因而内心有一种使命感。其理论根据是"天行健，君子以自强不息"；"维天之命，于穆不已"；"民受天地之中以生，所谓命也。是以有动作礼仪威仪之则，以定命也"。

不论这两大倾向各自内部的开阖变化如何复杂，如何丰富，又都有一个共同的归结点，就是"乐"。所以只要是悟道得道的中国人，不论是和尚道士还是寒儒尊官，也不论他一生的遭际是荣华富贵还是艰难困苦，他都感到自己是在实现自己的价值，而从中感到一种乐，总是能以微笑来面对惨淡的人生。"孔颜乐处"是大家都知道的儒者追求的目标；佛教以证涅盘为得"常乐我净"；庄子以无乐为"至乐"；孟子说"反身而诚，乐莫大焉"；文天祥身处囹圄，马上要杀头了，还在《正气歌》中高唱"哀哉沮洳场，为我安乐国"。佛教徒的僧肇在临刑时也还说偈曰："四大元无全，五阴本来空。将头临白刃，犹如斩春风。"真正做到了视死如归。这种精神，可以说是"乐是乐此学，学是学此乐"的中国哲学的发用。在今天这个充满紧张焦躁、危疑忧惧、孤独感、疏离感的世界上，难道不正是中国哲学教人如何安身立命的时候了吗？

5.4 价值的主体

价值的主体当然是人。在中国哲学中，这是不成问题的。成问题的是由于几千年宗法的、封建的、专制的社会的束缚，中国人的个性一般来说没有能得到足够的发扬，因而形成了一种普遍的印象，中国哲学是压抑人的个性的。其实，这是一种误解。孔子说："三军可夺帅也，匹夫不可夺志也。"（《论语·子罕》）曾子说："自反而缩，虽千万人，吾往矣。"（《孟子·公孙丑上》）孟子论大丈夫"富贵不能淫，贫贱不能移，威武不能屈"（《孟子·滕文公下》）。这些都是极其突出个人主体性的话，为中国人所熟知。可以说，这在价值源头归之于神的外国哲学中是较为少见的。

特别应当强调的是，中国人自来把学问看成是"为己之学"，是"践履之学"，是"自家受用之学"。孔子说："古之学者为己，今之学者为人。"（《论语·宪问》）就是对那种以学问为装点门面，欺世盗名的人痛下针砭，而提倡一种以实现自我价值为目的的学风。孔子又说："为人由己，而由人乎哉？"（《论语·颜渊》）一直到"无求生以害仁，有杀身以成仁！"（《论语·卫灵公》）一个人为了行善而可以献出生命，其人格难道不是得到了最高的发扬吗？

中国哲学之所以能给人伟大的道德力量正是因为它把个人的价值源头归之于生命源头的宇宙。孔子说："天生德于予，桓魋其如予何？"（《论语·述而》）又说"天之未丧斯文也，匡人其如予何？"（《论语·子罕》）这些都是说明人是如何得到这种大无畏的力量的。不幸的是，中国长期宗法的、封建的、专制的社会往往难以容忍个人主体性的这种发扬，因此经常发生冲突。可是，正是这种情况造成了忠臣烈士史不绝书的悲剧。也许这就是老子慨叹"六亲不和有孝慈，国家昏乱有忠臣"的原因吧！不过这种哲学与社会的冲突正好凸现了中国哲学的超越的品格。哲学终将突破社会的束缚，成为推动社会前进的动力。

与孔孟相对，在中国哲学中对人生取消极态度的佛老二氏之说表面看起来似乎是灭没个性的，其实他们之遁世避人正是为了全生保真。他们虽然不向权威反抗，可是也不向权威低头。他们的思想取径与原始的中国哲学思想并无二致。《庄子·天下篇》论庄子之所以为庄子正是因为他"与天地精神独往来"。而慈照禅师所说"天地与我同根，万物同我一体"，正是代表了中国化了的佛教对"真如"的体认。随着科学的发展，理性的发扬，这种精神证明是最符合于现代化的要求的。

6. 中国哲学的未来

6.1 应当发扬光大中国哲学

中国哲学是一种有待于发扬光大，应当要发扬光大，而且必然会发扬光大的思想体系。这样说，是因为：

第一，中国哲学是极富"真理性"的哲学。只要我们能直探中国哲学之本源，而综观各家各派之会通，就可以发现中国哲学以宇宙为一个不断进化的总系统的思想是一种最少武断、最少迷信而完全能与现代科学的最新成就相融合、相发明的哲学。按照人类进化的原理来推测，人类必将逐步发展出对宇宙、对自然、对社会、对人的生命、对人的认识能力与行为能力的一系列共同观念，中国哲学将是世界各种哲学中最能与之相包容的哲学。

第二，中国哲学是最具"群众性"的哲学，这个论断是不言自明的，因为除了中国自身的十二亿人口之外，世界上至少有两亿以上的人愿意与中国哲学认同。

第三，中国哲学是最能适应"时代性"的哲学。在科学脱离哲学而独立发展以来，已经取得了极大的成就。但是这个成就主要表现为促进了技术的进步与经济的进步。曾经有人想象可以通过科学的发展而提高人的道德，这个希望已经证明是幻想。道德的树立仍然只能是哲学（还有宗教）的任务。在人们越来越意识到生活提高、物欲横流所造成的危机以后，人类必然要进入一个在精神上自我调整的时期。因此在世界范围内，哲学的复兴将是一个大趋势，而至少在中国和中华文化圈内，在十亿人的范围内，中国哲学将百年陵夷之后重新展现其价值。人们将在其中得到寻根究底的智力上的满足，也得到安身立命的道德上的满足。

当然，中国哲学绝不是没有缺点的。可能是因为它早早就提出了"尽心…知天"的原理，而自以为已经探得了天人之际的奥秘的缘故吧，它竟没有能发展出本来应当建立的知识论，因而使中国两千多年"有技术而无科学"，这是我们不能否认，也不容讳言的。但是人类的知识是不难交流、交融的，这个缺憾在今天已经可以通过"拿来主义"向西方学习而弥补了（当然，中国人还必须进一步为发展科学建立自己深层的哲学基础）。而哲学在唤醒人的觉悟方面所必须依赖的历史背景、文化色彩、民族感情，却绝不是外来的东西所能代替的。唯一的办法是"开发"我们本来的"中国心"。

就风格而言，中国哲学的一大特点是清通简要。这只要与印度哲学之烦琐与西洋哲学之细碎一对比就立刻可以看出来。也许正因为如此，印度的佛教传到中国以后，禅宗独盛。当然，曾有人因此而讥诮中国哲学为粗疏甚至浅薄，然而道理的深浅从来不在于文字的多寡。倒是中国哲学，由于其言简意赅、文约义丰而使几千年来每个只要有机会读几年书的儿童都能对那些圣经贤传"口而诵，心而维"，甚至村夫野老、市井负贩也都耳熟能详。当然，由于中国哲学衰蔽已久，现在要兴灭继绝，决不是一件容易的事情。然而民族的共同心理还在，只要我们的教育内容能够改进，我们的哲学研究能够赶上来，时代的要求，社会的要求，是可以实现的。

6.2 发掘中国哲学的精神

中国哲学的精神——这个题目太大，本来是不应当冒昧落笔的。但是世变日亟，社会的失序，生态的失衡是大家都已普遍感觉到的危机。人类看来已经临近，甚或已经进入一个大调整时期，人类今后是走向衰亡还是走向兴盛呢？问题，或者说任务，就是这么明白地摆在我们面前。对中国的哲学工作者来说，就是要帮助重新树立中国人应当树立的价值系统。

中国哲学是诸子百家、三教九流在几千年过程中产生的许多知识和智慧的集合体，现在要用一个"精神"来包罗它，是否有些冒昧、甚至荒谬呢？看起来是如此。但是正如科学已经把人类历史上出现过的许多似乎矛盾的知识董理条贯了一样，哲学也可以在适当的时候适当地做到这一点。

拿对客观世界的认识来说吧，中国古代哲人之所谓"天"，细考起来，确有各种各样的认识，各种各样的定义，但是今天这个"天"已经可以在宇宙这个总系统的运动变化中得到会通的解释。对于"道"

也一样，现代关于必然与偶然，机械决定论与概率决定论的知识，已经可以把中国人对于"天行"、"天运"、"天命"等等比较原始的概念做出通释了。在这样做的时候，我们会发现当年争论不休的各派中国哲人对天、对道的各种各样的感受和思议，在最深层是一样的，这个"一样"是符合"天生人，人赞天"的原理的。这个"一样"的东西就是中国哲学的精神，我们应该朝这个方向发掘。

发掘出来了又有什么意义呢？意义极大。哲学已经把许多东西委诸于科学了，但是，"立人极"，也就是为人树立价值标准的任务却只能留给自己。科学将来也许会弄明白人是如何形成自己的认知能力的。但是，科学永远只能解决"如何"的问题，"为何"的问题始终是属于哲学的。哲学代表了人类对一切知识所赖以确立的终级信念。只有哲学才能告诉人们什么是"应当"，什么是"不应当"。现在我们已知的是，一个民族的价值观念与它整个文化背景不可分，它决不会"革故鼎新"，而只能"推陈出新"。中国要想现代化，要想在这场大调整中进步和振兴，就必须在自己古老的哲学中寻得价值的源头，找到其中绳绳相继而日新又新的意义。

中国哲学虽然陵夷衰敝，但是几十年来，各种各样的研究工作倒也没有完全断过，也有不少同志在这方面有着极大的兴趣。当然深入细致的研究是永远不会够的，但是现在确实需要停下来，回头看一看，哪些是中国哲学真正的精髓，是可以使诸子百家、三教九流统之有元、会之有宗，可以承先启后、继往开来，既合乎历史的源流，又顺乎时代的潮流的东西。经过"温故而知新"，然后"先立乎其大者"，否则不但许多的努力会成为浪费，甚至会走上错误的路子。

6.3 与季羡林先生商榷

我过去看到季先生一些短篇论东西文化的文章，总以为他的思想与我大相径庭，[后]看到他的长篇论述，才发觉我们的看法原来高度一致。但是我还想提出几点次要的差别，以就教于季先生和诸位先生。

首先，我完全同意季先生对"天人合一"的理解，是"讲人与大自然合一"。人之所以出现于天地之间，不但是生物进化的结果，也是宇宙进化的结果。人既然秉宇宙之使命而有生，也必然要从以推进宇宙的进化来实现其价值。这一点在我看来是不应该有争议的。我对人的地位可能看得比季先生更高一些，我以为这是合乎中国哲学的精神的。

其次，季先生似乎对西方科学技术的副作用看得多了一点。我则以为西方科学技术的成就及其在地球范围内的破坏性后果，也只是宇宙进化过程中某种不可避免的阶段。去年六月讨论环境问题的全球首脑会议前夕，有一批当今世界上在各种学科居于领导地位的科学家特地写信给首脑会议发出呼吁，认为只有发展科学，发展技术，发展经济，才有可能最后解决环境问题。决不能为保护环境而抑制发展，否则将两俱无成。我是赞成他们的意见的。而且揆诸历史与现实，也很难说愿意"与大自然交朋友"的东方人对环境的破坏就比一心"征服自然"的西方人好一点，很可能情况反而要更糟些。另外，要真正在世界范围内，在各色人等中确立"天人合一"的观念，也只有依靠当代科学发展出来的广义进化论和其他许多相关科学的不断进步才行。有人说，自从伽利略以来，一直是物理学领导着世界学术思潮，包括人文学科在内。这话是有道理的，它也适用于"天人合一"论。在科学与哲学分家以后，科学家一向认为自己只应该回答"如何"（how）的问题，而把"为何"（why）的问题留给哲学家，内心还认为做这种事情是"可怜无补费精神"。可是每解答一个"如何"的问题，也就是在解答"为何"的问题上前进了一步。经过这么些年的进步与积累，解答了许多"如何"的问题以后，已经到了一个可以回答一些重大的"为何"的问题（或者猜测其答案，或者提出大胆的假设）的时候了，因此我们现在看到各种边缘学科蓬勃兴起，各学科会通之处越来越多的盛况。"天人合一"之论将因科学的发展而成为世人的共识，看来不是不可想象的事情了。

就是到了"天人合一"成为世人共识的那一天，我们也只能说是实现了人类认识的一个飞跃，而并不是人类认识的终结。在这样一个新的认识基础上，如何推导出新的知识论以推动各门科学的发展，又如何推导出新的价值论以规范人们的社会行为，提高人们的道德水平，还是极其艰难的任务。我们不可能在这里详细讨论，但是应该把问题提出来。

　　季先生所提出的"三十年河东，三十年河西"论，是我最不能同意的。我并不认为有这么一条"人类社会进化的规律"，尤其是世界今天已进入全球化时代（虽然先得经过一个相当混乱的阶段），各种文化已开始在融合共进。今后的世界文化既不会是一道同风，也不会"不是东风压倒西风，就是西风压倒东风"，当然矛盾与冲突是免不了的。我也同意说西方文化现在已进入一个衰落期，不过岂但西方，全世界都是如此，东方也不例外，原因就是因为人类价值观念的大混乱。这是世界进入空前大调整时期的一个标志。

第二十一章 中国文化传统与现代化[1]

1. 中国的文化传统

1.1 传统文化和文化传统之区别

从九十年代开始，我就渐渐形成了一种看法，朦朦胧胧地认为传统文化和文化传统是不同的。[2]

我以为，传统文化就是中国自古以来形形色色的文化现象之总和，其中任何一种，不论从今人看来是好是坏，是优是劣，只要没有消失，或者基本上没有受到（一八四〇年以来）强势的西方文化的彻底改造的都算。但是它又是一个变化的、包容的、吸收的概念。古老的东西只要慢慢失传了，如《周礼》中的许多规矩、制度，也就从传统文化变成已死的"文化遗迹"了；外来的东西，只要被中国人广泛接受了，与中国文化接轨而融合，它就可以称是融入中国的传统文化了。比如西服、芭蕾舞……我们今天是没有人会把它看成是传统文化的，但是再过若干年，它们就可能像我们今天看胡琴、金刚经……一样认为是中国的传统文化了。

文化传统则不然。它是传统文化的核心，它的影响几乎贯穿于一切传统文化之中，它支配着中国人的行为、思想以至灵魂。它是不变的，或者是极难变的。

---

[1] 本章内容选自《中国文化传统与现代化—兼论中国的专制主义》（2000年）、《中国传统文化中既无民主也无科学》（1997年）和《中国哲学与二十一世纪》（1991年）。

[2] 编者注："传统文化"与"文化传统"不同，是李慎之在其2000年《中国文化传统与现代化——兼论中国的专制主义》文章中特别提出的观点；在其他文章中，李慎之有时并没有按照该篇文章的定义使用这两个词。

因此，传统文化是丰富的、复杂的、可以变动不居的；而文化传统应该是稳定的、恒久单一的。它应该是中国人几千年传承至今的最主要的心理习惯、思维定势。

1.2 中国的文化传统是专制主义

根据我近年的观察与研究，中国的文化传统可以一言以蔽之曰"专制主义"。

陈寅恪先生在《王观堂先生挽词·序》中说："吾中国文化之定义具于《白虎通》'三纲六纪'之说，其意义为抽象理想最高之境，犹希腊柏拉图所谓Idea者。若以君臣之纲言之，君为李煜亦期之以刘秀；以朋友之纪言之，友为郦寄亦待之以鲍叔。"

对于主宰了中国人传统文化的三纲六纪，我还要引用中国近代第一位"儒学名臣"曾国藩在他家书里的话再作进一步的说明。他说："罗婿性情可虑，然此亦无可如何之事。尔当谆嘱三妹，柔顺恭谨，不可有片语违忤三纲之道。君为臣纲，父为子纲，夫为妻纲，是地维之所赖以立，天柱之所赖以尊。故传曰：'君，天也；父，天也；夫，天也。'仪礼记曰：'君，至尊也；父，至尊也；夫，至尊也。君虽不仁，臣不可以不忠；父虽不慈，子不可以不孝；夫虽不贤，妻不可以不顺。'……尔当谆劝诸妹以能耐劳忍气为要。吾服官多年，亦常在耐劳忍气四字上做功夫。"曾国藩这段话把三纲都提到天的高度。天是中国传统文化中最后最高的概念，确实只有希腊柏拉图所说的Idea可以相比，因此，把三纲六纪（六纪指诸父、兄弟、族人、诸舅、师长、朋友）说称之为"形而上的"也是完全可以的。

1.3 专制主义的传统深到不能触动的程度

当然，经过这一百年的西化，中国已经没有皇帝了，父母、夫妻之间的关系也有了很大的改变。比如历来被认为是"天之经也，地之义也，民之行也"的一个"孝"字，现在已经几乎听不到看不见而被洋里洋气的"爱心"代替了。但是只要一加审视，三纲在历史上就不是平等的。作为政治范畴的专制主义居于至高无上的地位，不是子事父的"孝"和妻事夫的"顺"可比的，这是没有制约的权力结构的本性决定的。这一点只要看《红楼梦》里贾元春省亲这一幕就明白了。不是她先向长辈请安，而是祖母和父母先要跪迎她这位贵妃，这就叫做"未叙家人之情，先行君臣之礼"。

在皇帝被推翻以后的近百年里，老百姓对人主的"忠"，作为一种意识形态，仍然长存不衰，而且变本加厉。我是清朝覆亡十二年以后才出生的，然而我记得在小学读书的时候还学过一首歌，虽然连调子都记不起来了，但是有一句"把生命交托给总理"却还记得很清楚。

我在上初中的时候，也还学过一首歌，头几句就是"大哉中华，代有贤能，蒋公中正，今日救星"，歌颂的是既非国家元首，又非政府首脑，可是却在实际上统治着中国的军事委员会委员长蒋介石。至于以后高唱《东方红》，歌颂"中国出了个毛泽东，他是人民大救星"的事，恐怕一直到今天还可以说是无人不晓。

中国的专制主义，因为时代的不同，内容也多少有些变化，但是大体上都差不多。它完全控制了中国传统文化的各个方面、各种表现，尤其是支配了中国人的政教礼俗。它实际上就是历来所说的名教、礼教、礼法。我现在特别拣出"政教礼俗"这四个字，以为可以说得更全面、更明白些。凡是能决定支配一个国家、一个社会的政教礼俗的，就正是意识形态。

就专制主义之作为意识形态而论，不论是中国文化的大传统还是小传统，也不论大小传统怎样划分，基本上都是一样的。随便举一个例子，距今一个多世纪以前，被正统的清朝与儒家视为异端的"太平天国革命"，实行的也是"万事爷哥朕做主"，"敬主方是真敬天"，"只有人错无天错，只有臣错无主错"那一套。其他的武林、黑道……就不用提了。中国人之接受专制主义真是到了深入骨髓的程度。

中共元老李维汉在一九八〇年五月二十四日特意求见邓小平，向他提出，所以出现文化大革命这样的悲剧是因为中国的封建遗毒太深。因此建议邓小平"补上肃清封建遗毒这一课"。邓小平完全同意李维汉的意见，并且在六月二十七日指示在起草《关于建国以来党的若干历史问题的决议》的报告时，特别提出要"继续肃清思想政治方面的封建主义残余影响"。可见刚刚走出文化大革命的噩梦的中共元老们对传统意识形态的毒害是有共识的。他们之所谓封建主义就是我所说的专制主义。不过所谓"肃清"的工作后来也并没有坚持下去,而是不了了之。其原因也很简单,就是因为这个专制主义的传统太深,深到不易认识清楚,深到不能真的触动的程度。

1.4 专制主义的意识形态

"意识形态"一词,据《汉语大辞典》的解释:"指在一定的经济基础上形成的对于世界和社会的系统的看法和见解,包括政治、法律、艺术、宗教、哲学、道德等思想观点。"这个解释大概受到日本人的影响。事实上,"意识形态"这个词也正是日本人借与中国人共用的汉文,对西文ideology的翻译,其实不但文理欠通,意思也不确切。据英国的牛津字典,ideology的解释是:A system of ideas and ideals, especially one which forms the basis of economic or political theory and policy. 照美国的韦伯斯特字典的解释是:A systematic body of concepts especially about human life or culture. 另一个解释是:The integrated assertions, theories and aims that constitute a sociopolitical program. 三者大意差不多。如果用中文简单地概述,就是一整套关于经济、社会、政治、文化的教条和理论。中国的专制主义恰好符合这个解释。

在上述列举的西文与中文专制主义对应的词中,我的朋友,去年逝世的芝加哥大学教授邹谠最爱用的是第一个词totalism,他译之为"全能主义",因为皇帝老子什么都要管,实际上也就是"权力通吃"。藉此,也可以更清楚地明白专制主义的涵义。

海外华人学者有把ideology按声音译成"意底牢结"或"义谛牢结"的,倒也尚能传神达意。它真是牢牢地固结在一起,不用极大的力量,不经过长期的冲击,不经过内部的腐烂,确实是攻不破的。

1.5 专制主义与奴隶主义

所谓专制主义,只是用一个名词来说,它也可以一分为二地说，那就是在上的一方面是专制主义，而在下的一方面是奴隶主义。专制主义就这个意义上说，是一个合二而一的结构。它决定了中国的政教礼俗，也因之而决定了中国的国民性。在这方面迄今为止看得最深最透的是鲁迅，他所创造的阿Q就是长期的专制主义统治下中国国民性的典型。阿Q明明是奴隶，可又老想当主子，后来又因为加入"革命"而威风了几天，于是又大摆其主子的架子，最后还是以乱党的身份被杀了头。鲁迅说，对中国老百姓而言，中国历史只有"想做奴隶而不得的时代"与"暂时做稳了奴隶的时代"，实际上就是皇权趋于稳定或皇权遭到破坏的时代。这实在是一针见血，鞭辟入里的话。

1.6 中国专制主义的历史

中国专制主义是从什么时候开始的呢？我想避开一切可能的争议，截断众流，定为公元前二二一年秦始皇称帝时算起。这样二千二百年的历史也已经是世界上资格最老的了。

秦始皇并吞六国，统一天下（其实只是中国，不过在当时已经是世界上版图最大、人口最多的第一大国了），确实是中国历史上、甚至世界历史上的一件大事。当时他当秦王已经有二十五年了，统一中国以后，他首先就让群臣给自己上尊号为"皇帝"。这是合远古所谓三皇五帝而言，其尊贵是从来没有的。皇帝自称曰"朕"，历来称为"民"的百姓则更名"黔首"。他既然扫灭诸侯，并吞六国，就索性废除了有近千年历史的封建制度，而改行郡县制度，分天下为三十六郡，每郡又分为若干县，由皇帝派出的大臣直接统治，同时统一全国的文字与度量衡，筑驰道通到全国各地。这就是所谓"车同轨，书同文"，或者是所谓"混一车书"，"并冠带之伦"。

自秦始皇在公元前二二一年统一中国到公元一九一一年辛亥革命推翻大清帝国为止，两千一百多年间的中国政治制度，除了汉初有过若干年分封诸王的反复外，基本上没有大的变化，也就是王夫之所说的"郡县之制垂二千年而弗能改矣"。由于意识形态的支配作用，中国经济制度基本上也没有什么大的变化。这就是有名的中国停滞论。二十世纪下半叶以来，中国学术界受马列主义的影响，以所谓五阶段论（即认为人类历史发展必然经过①原始公社；②奴隶社会；③封建社会；④资本主义；⑤共产主义五个阶段的理论）的影响，不断有人论证，到明朝末叶即已有资本主义的萌芽，如果不是受到西方侵略，中国自己也会发展出资本主义来。但是这只是一种无法证明的假设。而据另外一些学者如傅筑夫、顾准等人的研究，则中国早在周秦即有资本主义的萌芽，就是因为政治上的极权专制主义而始终发展不起来，一直到西方帝国主义以大炮轰开中国的大门以后，资本主义才得以艰难地成长，却又因为政治制度的束缚而始终不能顺畅地发展。我是比较相信后一种说法的。

1.7 儒法互补和儒法交融构成中国专制主义的核心理论

历来作为主导的看法是，中国传统文化的主流正脉是儒家。唐朝的韩愈与宋朝的朱熹甚至制造出一个道统来，把《尚书·大禹谟》中的"人心惟危，道心惟微，惟精惟一，允执厥中"说成是"尧以是传之舜，舜以是传之禹，禹以是传之汤，汤以是传之文、武、周公，文、武、周公传之孔子，孔子传之孟轲"的所谓"十六字心传"，是以后又经韩愈、朱熹传之后世的"道统"。事实上，即使不说这只是虚妄的捏造，光把儒家看成中国传统文化的主流正脉，也是极其偏颇的。应该明确，法家在缔造中国文化传统——亦即专制主义传统的过程中，其作用决不亚于儒家。儒法互补，儒法交融，这才构成中国专制主义的核心理论，才是中国传统社会的道统，或曰理统。

首先，不但秦始皇在建立大帝国的时候，就纯粹是按法家的思想统治天下的。而且秦之所以富强，以至被六国视为"虎狼之秦"，又是秦孝公任用商鞅励精图治一百多年的结果，商鞅当然是儒家所鄙视的法家。法家虽然刻薄寡恩，但是在两千几百年前要做到富国强兵还真是有办法。不过，秦政苛暴，二世而亡，从统一算起亨国才十五年。汉承秦制，后世又承秦汉的制度，虽不无斟酌损益，但是到底没有什么根本的变动。所以谭嗣同说"两千年之政皆秦政也"，毛泽东也说"百代皆行秦政制"，实在是千真万确的。虽然毛泽东自己实行专制主义，还要扬法批儒，无非是进一步表明自己的立场，给自己的行为寻找一个中国自己的道统做根据。但是他明确指出法家在中国文化传统中的地位，看到大反传统的"五四"先贤所没有看到的东西，在学术上倒是颇有贡献的。

不过，法家相信"仁义惠爱之不足用，而严刑重罚之可以治国"，毕竟太肃杀了一点，施政效果也可以从秦二世而亡这一点上证明不怎么样。因此，到汉文帝的时候，贾谊作《过秦论》就批评秦"仁义不施"；到汉武帝时，用董仲舒的建议"罢黜百家，独尊儒术"。以后历朝历代都尊崇儒学，孔子也一直被追尊追封，直到"大成至圣先师文宣王"，而法家则自秦以后即不得其传，没有一个学统，道统亦隐而不见。于是形成一种成见，认为儒学是中国学术的正统。其实，法家的思想早已融化于"百代皆行"的"秦政制"中而千古不能废了。以至北宋的苏东坡都说："读书万卷不学律，致君泽民总无术。""儒主礼乐而法崇刑赏"，儒家的作用不过是替法家冷酷无情的专制主义为之"节文"，为之"缘饰"，使之增加一点"仁义"，罩上一层"温情脉脉的面纱"而已。所以自古到今，中国都有"儒表法里"，"内儒外法"，或"阳儒阴法"的说法，实在是不错的。事实上，汉武帝的玄孙，后武帝十三年当皇帝的宣帝就对自己的太子说过"汉家自有制度，本以霸王道杂之，奈何纯任德教用周政乎？"所谓霸道与王道杂用，说的就是法家与儒家并用。这一点，历代最高统治者心里都是十分明白的。再看一看号称尊崇儒学的明朝的开国之君朱元璋，竟因为看到孟子书中有对帝王不敬的话而勃然大怒，差一点把他永远革出孔庙，就更加清楚了。

南宋的儒学领袖朱熹对这种情况很不满意，只能慨叹："（从孔子算起）千五百年之间，正坐如此，所以只是架漏牵补过了时日。其间虽或不无小康，而尧舜三王周公孔子所传之道，未尝一日得行于天地之间也。"这实际上就是承认儒家的"德治"或"礼治"的理想始终未能实行。不过，认真说起来，法家也有理由对这千五百年之间的治道表示不满意，因为"哪怕你铜墙铁壁，哪怕你皇亲国戚"的、"铁面无私"的"法治"理想（注意：此所谓"法治"只是法家反对儒家的"德治"、"礼治"的说法，决不是建立在现代民主制度上的"法治"），也从来没有得到贯彻，在朝廷执法的过程中，也不知有多少"拉关系，托人情"的徇私枉法的事例。中国的专制主义实际上也就是在这种不儒不法，亦儒亦法的状况下延续了下来。而且儒家也自有其严酷的一面，它与法家都尊崇绝对皇权。即以上面所说的自以为中兴儒学，传承道统的韩愈而言，他在著名的《原道》中说："君者，出令者也；臣者，行君之令而致之民者也；民者，出粟米麻丝，作器皿，通货财，以事其上者也。君不出令，则失其所以为君；臣不行君之令而致之民，则失其所以为臣；民不出粟米麻丝，作器皿，通货财，以事其上，则诛。"一个"诛"字，实在是够鲜血淋淋、杀气腾腾的。

就是这个韩愈，硬是替两千多年前的周文王做了一首向当时的最高统治者殷纣王认罪效忠的《羑里操》，说什么"臣罪当诛兮天王圣明"，作为忠君的最高典范，作为后人学习的榜样。这原本应该是十分可耻的一句话，倒成为千年来中国人的最高道德准则。不过，据我的同学唐振常教授的考证，韩愈此话"是微词，是反语，是愤极的咒骂"。但是我本来并不知道这些，倒确实是靠了这两句话发扬自己的奴性即阿Q性，才渡过了被划为右派后思想上极其艰难的最初两年。我确知还有不少与我抱同样心理的人。我们都可以说是以亲身的经验验证了专制主义主宰中国人灵魂的实际的。

1.8 佛教与中国文化

中国人总是把佛教融入中国文化评价得非常高，以为中国文化特别富有包容性，殊不知释氏与道家所谓"二氏之学"虽说对中国的知识分子的精神生活有相当大的影响，对儒学的精致化与形而上学化有所推动，但是对中国整个社会的政教礼俗来说，与儒家和法家的主流作用是无法相比的。印度人欣赏的"佛法平等"硬是被中国的专制主义挤得无影无踪（当然也是因为中国社会的不平等远不如印度的种姓制度严酷）。倒是佛教给中国引入了印度的地狱与西天极乐世界的信仰，对中国人相信因果报应的心理有极大的影响，而且还带动了所谓"中国真正的本土宗教——道教"的发展，又从而带动了一大批"邪教"从白莲教到义和团……的发展。这些在中国历史上对人民的实际生活也起过不小的作用，但是始终取代不了儒法交用、政教合一的正统地位。

1.9 中国专制主义的特点

第一是资格特别老。从秦始皇称帝算起，专制主义已有二千二百多年的历史，这个历史比起世界上的大宗教如基督教和伊斯兰教已经长得多了。

第二是儒家虽然未必能如康有为、陈焕章以及今天有些人主张的那样，就是一种宗教，但是它确实具有某种神学的品格。本来从孔孟起，儒学就把天或道与人事相联系，特别是从董仲舒开始，把皇权与中国传统文化中最高的概念——天或者道具体地联系起来，形成一套颇为完整而又精微奥妙的理论，使皇权具有神圣的意味。从来皇帝的尊号中都有"奉天承运"、"继天立极"这样的字样。明明是流氓地痞、靠杀人放火、打家劫舍发迹的人，只要一登皇位，就自然而然戴上这样神圣的光环。在基督教或者伊斯兰教的国家中，王权或皇权都要受到上帝或安拉或者他们的仆人——教会的制约，基督教国家的国王或皇帝登位后还要由教会来加冕。中国的皇帝则是直接通于天的，他是唯一的"天子"，是天在人世间的代表，是道的化身，是当然的圣人，一切都由他做主。借外来的术语来说，中国实行的是一种政教合一的专制主义。其实，因为中国的政与教由于儒法两家都有"君师合一"的传统，历来就分不清楚，所以也许还不如说"政教混一"更为确切。

第三个特点就是把专制主义人情化，也就是有名的"政治伦理化，伦理政治化"。三纲六纪本来就是从家人父子的亲情出发的。所谓"孝弟其仁之本欤"，再转到忠君上，所谓"迩之事父，远之事君"，"求忠臣必于孝子之门"；再转到天的头上，所谓"王道之三纲，可求之于天"，"天不变，道亦不变"。这样就构成了一个循环纠结怎么样也无所逃于天地之间的网，而最后落实到皇帝的绝对专制上。这一传统之深可以从前几年还唱彻神州大地的"天大地大，不如党的恩情大；爹亲娘亲，不如毛主席亲"，还有"唱支山歌给党听，我把党来比母亲……"的歌声中得到充分的证明。许多人，包括我自己在内，在被打成右派或三反分子甚至反革命分子以后，一面表示服罪，一面在内心对自己说："被党打了，就跟被爹娘打了一样，还能怎么样呢？"

第四个特点是"大一统"。《春秋·公羊传》固然有大一统的说法，认为周天子应当做到"六合同风，九州共贯"，但是只有到秦始皇才在事实上做到，以后就成为定制。中国实际上是一个封闭或半封闭的国家，地处亚洲的东方，至少从秦起就是世界第一大国，作为主体

347

民族的汉民族又老早就是世界第一大民族。所以中国虽然一再被北方来的游牧民族所征服,而他们又都不得不"师汉法",也就是学习汉民族的文化以统治汉民族,金、元之际为一代儒宗的元遗山甚至还伙同别人请蒙古的忽必烈为"儒教大宗师"呢!

第五个特点就是中央集权的官僚制度。这也是从秦始皇统一中国、废封建、立郡县而形成的。古代西方的罗马帝国,也是因为北方蛮族的入侵而灭亡的,这些蛮族的文化也远低于罗马帝国,他们也不得不被罗马的文化所同化,但是他们不是化于罗马的政治制度而是化于罗马人信奉的基督教。结果是成立了许多分立的封建小国。虽然其中也有一些拥戴神圣罗马帝国的皇帝为共主,但是第一,这只是一部分国家;第二,罗马皇帝的统治是松松垮垮的。因此,据后人研究,欧洲的封建国家倒是比较容易产生民主主义的。中国则不然,自秦始皇以后,地方行政长官都由中央派出,以下层层节制,最高权力还是集中在"执长策以御天下"的皇帝一身,统治力量要强得多,严密得多。两千多年来一直是如此,民主思想根本没有产生的空间。直到现在,"父母官"三个字,还是挂在人们嘴上,压在人们心头。这些所谓"亲民之官"固然也有好人,但是往往是更加专横,更加残暴,到今日而尤甚。

中国专制主义的第六个特点,也是最可恶、最黑暗的一个特点,就是思想统制或曰愚民政策,其实它本来就是政治上的大一统必有的一个组成部分。"自是而相非,自贵而相贱",本是人性中固有的阴暗面,因此现代民主制度首先必须保障人民的思想、言论、出版自由,以相互宽容作为民主的第一要义,而中国的文化传统则反之。且不说秦始皇以前的孔子即有"攻乎异端,斯害也已",孟子就有"息邪说,放淫词"的话,至少那时还容许"百家争鸣",虽然争鸣的内容一概都是"人君南面之术"。秦始皇是完全靠法家的理论立国的。他称帝以后,除了统一文字、统一度量衡以外,还燔百家"以愚黔首";"以吏为师"以统一思想,终于达到"偶语者弃市,腹诽者诛,道路以目"的程度。以后,法家之治渐渐儒化,情况当然要好一点,但是总的来说仍然是实行的"舆论一律",到后来更发明了开科取士的方法,又浸假而发明了八股制艺。天下士子都得"为圣人立言","非圣人之言不敢言"。至于以言获罪，以文字贾祸的则代不绝书，而以二十世纪六七十年代的文化大革命中的"全面专政"达到顶峰。

由于以上的六个特点而有了第七个特点，即中国专制主义的生命力特别顽强。这一点是大家都看得到的明白的事实。请看一九一一年十月十日辛亥起义推翻帝制，中国成为亚洲第一个共和国以后，人们本来满以为专制已经结束，民主马上可以实现了，殊不知不过三年（一九一五年）就发生了袁世凯称帝的活剧，虽然他只做了八十三天的皇帝就下台而且病死了，但是次年（一九一七年）又发生了张勋拥戴溥仪复辟的短命闹剧。以后经过十年的军阀混战，好容易蒋介石率领国民革命军北伐，统一了中国，但是不久就暴露出其法西斯独裁的本质。一九四九年中华人民共和国成立，结果却迎来了一九五七年到一九七六年的二十年极"左"路线，毛泽东自称"我就是马克思加秦始皇"。中国人民一百几十年的维新、革命并没有改变两千多年的专制主义的本质，只是革掉了一个皇帝。

1.10 专制主义的支持力量

计划经济是对专制主义最有力的支持，甚至是现代专制主义的基础。用最简单明白的话讲，就是计划经济只有一个老板，即国家。没有国家的恩赐，任何人都不可能有饭票。所以现在有人质疑二十世纪下半期的中国人普遍地软弱、奴性、没人格以至无耻，这是无论如何不能深责的，因为任何人胆敢不服从，就得面临没有饭吃，也就是生死存亡的问题，而求生的本能又是每一个人都有的。这番道理在中国改行市场经济以后渐渐地有人懂得了，但是中国人迄今还没有进行认真的反思甚至拒绝忏悔，这才是中国的耻辱。

专制主义还容易受到十九世纪以来因为遭到外国侵略而义愤填膺的中国人的民族主义的支持。正好一百年前如狂飙突起的义和团的口号——"扶清灭洋"就是最能说明问题的例子。五四运动是中国历史上最大的反专制的启蒙运动，不过它确实是以反对帝国主义，反对北洋政府与日本签订二十一条卖国条约开头的。以后的几十年有"救亡压倒启蒙"之说，也并非无稽之谈。任何一个专制政府，只要把民众的怒火引到外国头上去，它就可以压倒民众的民主要求而可以保住以

349

至加强自己的统治。一句"二十一世纪是中国人的世纪",立刻可以使听众百脉偾张,满座若狂。中国人民历来是讲究"夷夏之辨"的,可又是历来不讲究专制与民主的区别的。他们对爱国还是卖国的敏感程度要比对专制还是民主的敏感程度高出万倍。

集体主义是支持专制主义的又一个强大力量。中国传统文化中从来没有什么"个人主义"的观念,就同根本没有"自由"与"人权"的观念一样。虽然战国时候有个"杨朱为我",但是其思想从未发育成一种有效的政治、伦理思想,而且很快就被孟子把他同墨子一起斥为"无父无君,是禽兽也",骂倒了。"大公无私"、"为集体而牺牲个人",一直到文化大革命中的"狠斗私字一闪念",好像谁都认为是高尚的道德行为。"识大体,顾大局"更是被认为是高贵的情操,然而就在这种情操之中,人人都变成了奴隶。

中国的专制主义也受到中国的传统哲学的支持。中国专制主义不但是由法家的和儒家的思想家或哲学家,如董仲舒、韩愈、朱熹、曾国藩所提倡、甚至铸造的,它还受到其他各派的思想家,如阴阳家和谶纬学的附和,也受到道家或释氏的消极的支持。近百年来被认为代表下层人民利益、许多老共产党员(包括少年时的我)所推崇的墨家,也一样是十足的专制主义者,主张"天子之所是是之,天子之所非非之"。一部中国哲学史或者中国思想史怎么样也逃不了专制主义统治一切的模式。

正是因为这个缘故,事情才会如鲁迅所说:"可怜外国事物,一到中国,便如落在黑色染缸里似的,无不失了颜色。""民主"一辞,明明是外来的,到了中国,便成了"为民做主";"法治"一辞在今天的中国,也明明是rule of law的翻译,但是没过多久,便成了"依法治国',变成rule by law了。中国的意识形态的惰性或曰惯性简直是攻无不克、战无不胜。

1.11 中国的皇权主义

过去半个世纪以来,因为受马列主义的强力影响,中国人一直把秦始皇以后到鸦片战争为止的两千年历史称之为封建主义阶段;把一八四〇年到一九四九年（因为外国帝国主义的入侵以及本国资本主义的生长）称之为半封建半殖民地的阶段。其实这是很大的误解，是极不准确的，是用"放之四海而皆准"的所谓人类历史发展的"五阶段论"推导出来的。中国自己的传统则历来都把秦始皇一统天下、分天下为三十六郡以前称为封建时代。从社会制度上说它与马克思所说的封建主义，也就是西方一般史学家普遍说的封建主义（feudalism）基本一致，甚至也与日本明治维新以前各地由"大名"统治的封建制度基本一致，而与秦始皇建立的郡县制大不相同。所以发生这样的误解都是因为用"五阶段论"硬套的结果，也可以说是文化专制主义的结果。到现在，半个世纪过去，众口一词，已经积非成是，积重难返了。流风所及，老百姓把一切传统的东西，包括风俗习惯，都冠之以封建的形容词，如坐花轿、拜天地、裹小脚、烧香祭祖、求神拜佛……等一概称之为封建思想、封建迷信。

封建制度废除以后的中国的中古社会就是相当独特的一种，是不能硬归入欧洲中古的封建社会一类的。我本来认为，最好就称之为帝国主义，因为民国以来已有不少学者称周朝为封建而以秦汉为帝国，但是因为与世界上已经约定俗成而且意思另有所指的imperialism犯重，所以只好称之为皇权主义，也可以称之为皇权专制主义，或者绝对皇权主义。我杜撰了一个英文译名，就是emperorism，以此来称呼中国两千多年的社会形态，以代替名实相乖的封建主义（feudalism）。

2. 专制主义与现代化

2.1 物质现代化不等于精神现代化

中国的现代化在物质方面当然是有成就的，而且可以说是成绩大大的。在精神方面，也可以说有许多的收获。比如一九〇一年底才由皇上"劝喻女子勿再缠足"，现在可以说已经看不到多少小脚老太太了。其他种种"解放"，也真是不胜枚举，触目皆是。

但是，中国人的政治文化变化很少。最近看到报上有青年干部说："看看我们现在对上级说话的态度，已经跟过去完全不一样了"。他的意思是说上下关系已经很民主了。我却很怀疑，不一样的恐怕只是失去了中国曾经十分讲究的礼貌与规矩而趋于随便与粗野，不变的却是首长的自以为是和下属的曲意逢迎。证据真是随处可见，只要打开电视，翻开报纸，看看上面的新闻报道和评论文章，都是只见千士之诺诺，不见一士之谔谔。

这样的社会不但在精神上与现代社会的标准相距甚远，而且在物质上，也就是在经济建设上，即使能取得若干进展，也是有限度的，不能持久的。经济，尤其是现代经济的发展，首先要依靠的是个人有充分的自由，有充分的安全保障，也就是民主和法治。饮水思源，中国二十年来改革开放所取得的成就都是从一九七八年安徽凤阳县小岗村十八户农民按血手印分田单干开始的。要知道，这一点求自由的精神是从当年几乎是世界上最贫穷、最落后的小岗村到当今世界上最富裕、最先进的硅谷是完全贯通的。

一九二五年，鲁迅在回答《京报副刊》关于青年必读书的问题时，劝中国人"要少——或者竟不——看中国书"。这话在当时倒还没有引起多大的反对，现在则成了鲁迅的一大罪状。我自己对中国书是读得不算多的，但是对外国书读得更少，对鲁迅的回答既没有反对过，也没有深究过。一直到近两年，我才渐渐悟到专制主义、奴隶主义的气息几乎弥漫在各色各样的中国传统文化中，只要一接触就会受感染而不自觉，我自己即是中毒甚深的人。鲁迅的话固然是愤激的话，然而却是一个只有对个人自由与个性解放有深刻觉悟的人才说得出来的话。当代中国人对鲁迅的诟病，只能说明中国人的总体觉悟又退回到"五四"以前去了，这真是可悲的事。

2.2 中国现代化必须拔除专制主义这个毒根

我曾经相信过鲁迅的话，认为中国要现代化"必洞达世界之大势，权衡较量，外之既不后于世界之思潮，内之仍弗失固有之血脉，取今复古，别立新宗"。我也曾服膺过陈寅恪的话，认为中国今后"其真能于思想上自成系统有所创获者，必须一方面吸收输入外来之学说，一方面不忘本民族之地位"。经过近几年的观察与思考，我现在认为，所谓"固有之血脉"或者"本民族之地位",必须分清是传统文化还是文化传统。如果是前者,可继承发扬的当然是极多的;如果是指后者,那么,我认为无论如何不能继承作为顽固的意识形态的专制主义。专制主义是只能否定,谈不上继承的。

只要拔除了专制主义这个毒根,中国传统文化中不但不受意识形态污染的广大部分,从文学艺术到科学技术,可以而且应该继承发扬,即使是儒家与法家的学说,也都有应该继承的因素。比如儒家的"民本主义"固然不等于民主主义,但是它并不难转化出民主主义来。古人的许多嘉言懿行都应当成为中国未来的民主主义的源头。我曾说过:"孔颜孟荀、程朱陆王的思想,只有在中国彻底消除了专制主义之后,才能大放光彩。正像基督教只有在革掉了教会与教皇的专横腐败以后才能发扬光大一样。"即使是法家,其"王子犯法,与庶民同罪"的话也可以与"法律面前人人平等"相接轨。最近在报上看到有人主张加强德治。我完全赞成这个意见,不过要指出,认真的德治只有在完全的法治的基础上才有可能发挥好作用,否则难免不成为专制主义的帮凶。孔子的一些话,像"三军可夺帅也,匹夫不可夺志也",还有孟子的"虽千万人,吾往矣",简直可以说完全与现代的个人主义相通。同样孟子给"大丈夫"下的定义,"威武不能屈,贫贱不能移,富贵不能淫",不但在历史上已为许多人所取法,在明天还可以为更多的人取法。更不用说像孔子所说的"己所不欲,勿施于人"这样的话,已经被世界公认为"全球伦理"的"金规则"了。这些都是必须放到中国未来的公民教科书里去的内容。

2.3 制度的改革和启蒙教育是否定专制主义之路

中国要否定专制主义只有两条路:一条是制度的改革,一条是进行启蒙教育。前一条如果机缘凑巧也许可以速成。后一条则必然是一个长期的耐心的过程,要急也是急不得的。要有一批人长期潜下心来做认真细致的启蒙工作,实际上就是要变中国人现有的"子民心态"为"公民意识"。现在大家都说中国人的素质低,其实所谓素质低,就是缺乏公民意识。要提高人民的素质只有大规模地、长时期地、扎扎实实地、认认真真地进行这几十年社会上、学校里根本不存在、甚至没有听说过的公民教育。

现在在多数人心目中，现代化只有物质的标准，只是几十年前乡下人对城里人的观念"楼上楼下，电灯电话"的延长与放大。殊不知中国人所以要现代化根本上是为了要做现代化的人——独立的、自由的、自尊的人。一百多年前，严复在中国在甲午战争中失败后成为第一个看出中国的病根在人的"不自由"。以后，他又成为第一个把西方关于"自由"的学说介绍进中国的人。但是他在翻译穆勒的《论自由》一书的时候，竟因为担心"中文自由常含放诞、恣睢、无忌惮诸劣义"，而费尽心思改译为《群己权界论》。我们应该理解他的心情，继承他的遗志，做好启蒙工作。个人与他人的权利如何划分，如何划定界限，确实是公民教育的一个重要内容，但是还不是全部内容。在几千年的专制制度下培育出来的顺民与刁民还必须分清个人的权利与国家的权力的范围。

我是一九四五年抗日战争胜利前夕从大学毕业的，毕业后不久就到战时首都重庆，在中国共产党领导的《新华日报》工作。正好赶上举世瞩目的国共谈判。我当然没有资格躬逢其盛，但也算得是一个就近的观察者。当时双方"斗争的焦点"是国民党要把持政权，并且以政府的名义要解散或者收编共产党的军队；共产党则主张成立联合政府，要国民党开放政权，开放民主。其中有一个到今天看起来还特别有意思的论点是：国民党认为中国人民的素质太低，实行不了民主；而共产党的反论则是，要学会游泳只有跳到水里去才能学会，不实行民主，人民的素质永远不会提高。奇妙的是半个多世纪过去，国民党的论点现在成了共产党的论点，而大批的知识分子，从当年的国民党人和党外人士到今天的共产党人和党外人士，虽然身份变了一个过儿，但是论点却完全一致，都是认为中国人素质太低，短期内不能实行民主。这个观点是康梁以来的中国知识分子的百年痼疾，中国要有前途，必须打破这个只能引人走入死胡同而且永远转不出来的论点。历史是人干出来的，不是抠书本、讲死道理抠出来的。当然，如果机缘凑巧中国能够迅速民主化了，可以预言那个民主也是一个很不如人意的民主。然而我们只能以此为起点，认认真真地进行公民教育，既是大刀阔斧地也是一点一滴地剔除中国人灵魂里的专制主义的毒素，使中国的民主逐步健全起来，正规起来，再在大体上实现了民主，亦即人民已取得了基本自由的条件下，完成完全的法治。中国的志士仁人只有以此为目标，有努力奋斗几十年的思想准备来建设中国的民主。

人类的文明史证明：所有已经实现了现代化的国家，莫不以保护人民的自由与公民的权利为第一任务。历史也已经证明：只有人民最自由的国家才能成为最稳定、最繁荣、最强盛的国家。

3. 中国传统文化中既无民主也无科学

3.1 问题的提出

冯世则说"伟大的五四运动热烈欢迎德赛二先生，于今七十余年矣。认真想想，科学我以为我们一直是有的，包括传统时期在内，虽然不如西方发达（若不，李约瑟的那部巨著从何写起？）"

看后，我不禁大吃一惊，为什么五四先贤接着前人几十年的探索才发现的中国传统文化的两大缺陷，经他"认真想想"就轻易地推翻了一个。冯世则是我的朋友，因此我立即打电话给他，告诉他错了。他不但从善如流，而且要我写一篇文章来纠正他的误断，我也就恭敬不如从命。

3.2 中国传统文化中没有科学

在世界各古老文化中，只有希腊文化从文明发轫的所谓"轴心时代"开始就有科学与民主，其他如印度文化、中国文化，以及更古老的埃及文化，最古老的苏美尔文化，一概没有。这已是世界史的常识。冯世则提到李约瑟写的大书《中国的科学与文明》，以为他"认真想想"的"根据"，其实二十多年前"文革"尚未结束时，我分明在《参考消息》上读到李约瑟写的几近一版的文章，盛赞中国历史上的技术发明（记得那篇文章特别提到了中国人发明了马镫，使人与马联为一体，对文明有伟大意义），但是他的总结论是中国历史上"有技术而无科学"。

为什么说中国没有科学？理由十分简单。第一，中国没有按严格的逻辑推理发展出一套科学理论绳绳相继，日新又新。第二，中国没有发展出以数学作为各门科学的共同语言。

3.3 中国历史上有技术而无科学

在欧几里得发明推理严密的几何学之时，中国还只有占卜之书的《易经》，然而现在它却被推为科学之祖的"元典"了。数学在中国当然也是自古就有的，举一个例子来说罢，每一个木匠，要做一张圆桌，都懂得"径一周三"。祖冲之推算出来的圆周率的精确度据说比欧洲人早了几百年，这也是我们大肆宣传的。但是中国从来没有几何学。"算学"在中国历来被认为是"绝学"，也就是没法传承的学问，往往是出了一位"天才"再过若干年又出一位"天才"，得其"不传之秘"，或更进而发扬光大一下，然后又成"绝学"。如此反反复复，并无可以形诸文字的传承体系，如我们今天从小学到大学学的从西洋学来的一套数学教科书，也完全不能同中国自己的"文史之学"相比。而这些我们今天承认之为"天才"的人，在历朝历代的圣君贤相、文人学士的眼中是根本没有地位的，他们不过是"方伎"或"术数"而已。

解放以后才被树立起来的汉代大发明家张衡，我几十年前读中学的时候只知道他是文学家，作过张衡四愁，与梁鸿五噫并称。崔伯玉撰张衡碑云："数术穷天地，制作侔造化"，评价不可谓不高，不过后人评论却说："人之思虑，必极渊微，方可通神明，体天地而类万物，否则不能契理于《易》，何有哉。"这只能叫人倒抽一口冷气。

绝大多数中国人都分不清中国人的发明原来大多是技术而很少是科学。中国历史上有四大发明，近世以来方为世人，尤其是中国人所艳称。刚刚逝世的英国科学家李约瑟更孜孜兀兀为我们中国人发现了许许多多领先于世界其他各国的发明，大长中国人的志气。然而绝大多数中国人都分不清中国人的发明原来大多是技术而很少是科学。

3.4 清末以后的先贤懂得科学和技术的区别

清末的先贤如梁启超、严复，是懂得这一点的，五四的先贤如陈独秀、胡适是懂得这一点的。后者所以要大声疾呼拥护德先生（民主）与赛先生（科学）就是因为中国博大精深的五千年文化里并没有这两样宝贝。

一九一一年，梁启超写过一篇文章，题目叫做《学与术》，其中写道："学也者，观察事物而发明其真理者也；术也者，取所发明之真理而致诸用者也。例如以石投水则沉，投以木则浮。观察此事实以证明水之有浮力，此物理也。应用此真理以疗治疾病，则医术也。学与术之区分及其相互关系，凡百皆准此。"严复在《原富》一书的按语中写道："盖学与术异。学者考自然之理，立必然之例。术者据已知之理，求可成之功。学主知，术主行。"两位先生所说的学就是科学，术就是技术。他们舌敝唇焦都想把这两个判然有别的概念引进中国，开导中国人民，没有知道中国人并不领情，"学术"一词，此前几千年始终分不清，此后八十年也还是分不清。

3.5 "科学"与"技术"不能混同

中国还发明了"科技"一词，到处流行，如"高科技"、"高新科技"等等，不一而足。合"科学"与"技术"而一之，实际上则是混同"科学"与"技术"而不分。这样的混同，害处是极大的，至少是真正的科学观念输入不了，真正的科学也就上不去。尤其是近二三十年，两弹都上了天，高楼大厦拔地而起，电脑与大哥大随处可见，中国俨然是"科技大国"了，却很少人知道"科技大国"绝非"科学大国"。

最近看到台湾"中央研究院"院长吴大猷的一篇文章，题目叫做《近数百年我国科学落后于西方的原因》。其中说：

> 很不幸的，我们在现代创用了"科技"这个名词，代表"科学"与"技术"两个（不是一个）观念。……我们的探索如动机是求知，"求真理"，往往在无边的领域，由一些构想出发，按逻辑，继续不断地推行，这是"科学"探索的要义。如有具体的问题，作有具体目标的探索，我们称之为"技术性的研究"。这样粗浅的说法，并未能将"科学"和"技术"精确的鉴别；实际上，二者亦非完全划分的。……以三十年代核子物理的实验

和理论探索，乃纯学术性（科学）的研究。四十年代初原子弹的研究发展，乃进入"技术性"的研究；第二次世界大战后的核能发电发展，乃技术工程。每阶段的研究，所需智力，无基本上的不同，但在探索的目标，是为求知或为求实果，和探索的方法，则不同。

吴先生把中国人发明"科技"这个名词认为是"很不幸的"，他的感慨是很深的。

我请教了可称"日本通"的朋友，问他们在同属于汉字文化圈的日本，有没有"科技"这个词，答复是"没有"，只有"科学"与"技术"两个词。只不知道同属汉字文化圈的韩国、越南、新加坡有没有"科技"这个词儿。吴大猷先生也读过李约瑟的《中国的科学与文明》（注意：这部书的中文译名是《中国科技史》）但是他读完后的感想却与我们大多数人读过以后"爱国主义油然而生"不同，而是"微感不安"。"盖这些比较，或使一些国人有自傲自喜的依据，以为我民族的科技上长期超先于西方，只是近数百年落后于西方而已。"他还指出："李氏乃一优秀的科学家，他书中未指出我国输至西方者系'科技'，而用的是'技术'二字。"

3.6 中国学术基于"应然"而不是"实然"

吴先生接着再讲科学与技术之不同。他所没有说的是：中国学术从发轫之始起讲的就是"求善之学"，一切都从"应然"出发，又归结于"应然"，"实然"是不大考虑的；西方学术是"求真之学"，一切都从"实然"出发，又验证于"实然"。西方学术的原动力是所谓"求知的好奇心（intellectual curiosity）"。而中国学术的最高境界，从孔子所谓"尧舜其犹病诸"的"修己安人之道"，到宋儒所谓"胸次一片天理流行，更无一毫人欲之私"，都根本与"求知"不相干的。

就以吴老先生提到了"求真理"三个字而论，他为什么要在这三个字上加上引号？原来中国传统文化中本来没有"真理"这个词的，是经过佛教从印度引入中国。西学东渐以后，又以之来翻译英文truth这个字，其原义实与"事实"或"真相"无别，可以说是一个价值中立的词儿，而我们这一代人从小就把它看成是一个有崇高价值的词儿，从小学起，就要追求救国救民的"真理"，随时准备为"真理"而献身。在对"真理"的认识上，中国与西方实在是天差地远。

吴老先生在他那篇短文的最后一个注解中说"……内战与抗战频仍，国人之认识'科学'与'技术'之分别可谓始自五十，甚至六十年代。"台湾的情况，我不了解，但是大陆的情况，似乎还有些不同。吴老先生是一位物理学家，不是治学术史的。事实上，在中国，从我们上面引据的梁启超与严复的话可以明白，本世纪初就已经有思想界的领袖人物分清什么是科学，什么是技术了。不但如此，稍后于他们的国学大师、"古董先生"如王国维、陈寅恪就一直慨叹于"中国人太讲实用而无理论"。大概当时的中国学者国学根底深厚，对其缺陷体会深刻，而对西学则又特具新鲜的敏感，不料"五四"以后不到八十年，也输入了不少科学技术，人们就渐渐习以为常反而失去了当初曾有的正确的观察、深刻的体会了。尤其是近二三十年，两弹都上了天，高楼大厦拔地而起，电脑与大哥大随处可见，中国俨然是"科技大国"了，却很少人知道"科技大国"绝非"科学大国"。我的印象是，在本世纪初，国人好不容易才分清楚了的科学与技术，到本世纪末反而又模糊起来了。博学明辨如冯世则同志亦有此误解，也是一个例证。

一九九九年就是"五四"八十周年了。抚今追昔，我们所愧对五四先贤的是，我们在民主和科学两方面都没有达到他们对我们的期望。但是，我们也不必因此而有自卑心理。因为虽然希腊文化在古代有其不可企及的辉煌，但继承和发扬之者原来都是在文化上本来无甚根底的野蛮人，即构成今日所谓西洋人的主体的日尔曼人。在这个全球化的时代，我们中国人要赶超西方并没有什么不可克服的困难，何况我们今天已有了一些科学的积累，所需要的只是彻底的觉悟与全民的共识。"知耻近乎勇"，最怕的是因无知而来的"自傲自喜"。

4. 中国文化传统将要在二十一世纪得到发扬光大

4.1 发扬光大的原因

中国文化传统将要在二十一世纪得到发扬光大。理由是中国哲学的主要命题正好与当代科学已经开始发生自我超越（或范式性革命）以后的新观念暗合或者相通。

（一）当代科学认为宇宙是一个有创造能力的宇宙。它具有全息式的特征，而中国哲学则历来认为天的活动是有秩序、有规律的。所谓"天行健"，"天行有常"，"天地之大德曰生"。《诗经》上则说"维天之命，于穆不已。"孔子也用"天何言哉，四时行焉，百物生焉。天何言哉！""下学而上达，知我者其天乎！"这样的话来表达宇宙的功能和人与宇宙的关系。中国哲学比较原始的立论和自信同当代科学比较精密的发现和推测有着惊人的一致。

（二）当代科学认为人是宇宙的意识的组成部分。人的大脑以全息式的原理活动。正因为如此，人才能认识宇宙。而中国哲学历来认为"人心通于天心"。在宇宙间，人是最可宝贵的。《易传》以天地人为三才，所谓"天地之性人为贵"。中庸开宗明义就说"天命之谓性，率性之谓道"。孟子论性善，认为此性都是"天之所以与我者"。"天地与我同根，万物与我一体"是中国哲学不论大宗小宗一致肯定的命题。中国哲学最大的特点是以天为人间秩序与道德规范的源头。然而据说孔夫子不大肯谈这一点，"夫子之言性与天道不可得而闻也"。可是当代科学却替他老人家填补了这个空当。

（三）当代科学在许多学科进行了究竟至极的探索以后，认为人类要免于自我毁灭，最重要的是要重新确立价值观念，大力加强道德意识，而且认为只能通过宗教和哲学来做到这一点。而中国哲学的特点与优点，恰好是在道德方面。当代科学的发现与中国哲学的传统相结合，不但能如水乳之交融，而且大大加强了中国哲学的本体论的基础。作为中国哲学的特点的"天人合一"论将更易于摆脱过去附加在它身上的各种芜杂悠谬之说而发扬普遍的意义。

（四）中国道德哲学的中心概念是"仁"。在"仁"的概念初起时，大体上还不出"仁爱"的范围。所谓"仁者爱人"，"亲亲而仁民，仁民而爱物。"到后来，宋儒解经，以"麻木不仁"反训"仁"，"仁"，就有了普遍感应的意义。当代科学认为，宇宙间存在普遍的能量交换与信息交换。也就是说，宇宙各个组成部分之间，存在着普遍的感应。而中国哲学认为，通过仁的发用，人的最高作用在于"参天地，赞化育"，所以宇宙不但是人的价值的来源，也是人的价值的归宿。

冯友兰先生在解释中国哲学的精神时，曾说过："许多人都了解自己在社会中的地位，但是却不大了解自己在宇宙中的地位。"而中国哲学就是最能帮助人认识自己在宇宙中的地位，因而更好地确立自己的行为准则的哲学。

基于以上的理由，我相信中国哲学将在二十一世纪得到大大的发扬。

4.2 中国传统思想文化不是妨碍中国现代化的最大阻力

说来奇怪，中国哲学在整个二十世纪，同更广泛的中国传统思想文化一起，被认为是妨碍中国现代化的最大阻力，因而实际上几乎是处于批倒批臭的地位。这也许是中国历史发展中一个无法避免的过程。中国在上个世纪碰上了一个"三千年未有之变局"，中西文化相碰撞，相冲突，中国文化，尤其是作为其核心的中国哲学，就像中国的长矛大刀在西方的洋枪洋炮面前一败涂地一样，被外来的科学思想和民主思想打得抬不起头来。其实这也并不是什么可奇怪的事。正如中国人在二十世纪也学会了制造洋枪洋炮，而且一再打败了洋人一样，中国哲学也一定会到达一个剥极必复，否极泰来的时代。而且过去的批倒批臭，从根本上说还是一件大好事。猛烈的冲击恰好洗刷掉了几千年宗法的、封建的、专制的社会所加于中国哲学身上的一切污秽肮脏、荒谬迷信的东西而使之显露出其本来的光辉。

无可讳言，中国哲学在二十世纪所受到的遭遇也造成了一个严重的问题：一百年前每一个学童必须"口而诵，心而维"的四书五经在绝大部分当代中国人心里已经留不下多少印象了。中国哲学要复兴，要发扬，谈何容易！

无论是多么的不容易，我还是有信心。系统论认为，在临到分岔的时候，一个微小的力量能够产生巨大的后果。有着丰富的历史积累的中国哲学在迫切的时代要求面前，只要有人为之努力，顺天应人，因势利导，就可以起到这样的作用。

中国哲学一个特出于世界其他各大哲学系统的品格，就是它并不把自己的价值源头寄托在一个神或者上帝身上，而是把自己与宇宙结为一体，所谓"道之大原出于天"。因此和一百多年来许多西学的崇拜者的理解相反，经过冲击而净化了的中国哲学最容易和当代科学相结合。当然，哲学并不能代替科学，既不能代替自然科学，也不能代替社会科学（过去几千年中，中国哲学正是因为在这方面"多管闲事"，而招致了应得的批判）。我们仍然必须依靠自然科学来认识自然界，并且通过以科学为基础开发出来的技术去利用厚生；也必须依靠社会科学来建立一个比较合理的社会制度。哲学的任务只是开发我们自己的心，利用天所赋予我们的能感知、能反应的良知良能这个"天植灵根"，去认识宇宙的秩序，自然的秩序，并且顺应这种秩序来建立人的秩序——道德秩序。

和科学一样，哲学历来想在自己的范畴和理论中，建立普遍性的原则，所谓"推之四海而皆准，俟之百世而不惑"。但是科学已经发现自己脱不出文化的背景，哲学也无法摆脱自己民族的、社会的和历史的、时代的色彩。我们既然是中国人，当然也不能摆脱自己的传统。但是这并不是一件坏事，正是凭借了这个传统，我们可以更容易地开发十二亿人的心灵。中国今天的目标是实现现代化，一个民族不能在自己的传统中找到现代化的根源是不可能实现现代化的。而所谓现代化指的不仅是物质生活的丰裕，更重要的是要实现人的心灵的升华。我们现在有外国的现代化的经验可资借鉴，也有自己的传统可资凭依。我们的现代化是可以实现的。梁漱溟先生在本世纪初曾断定中国哲学是"早熟"的。这个"早熟"给了我们许多的智慧，也使我们吃了许多的苦头。然而中国哲学早就预言人类各民族的哲学迟早会"百虑而一致，殊途而同归"。让我们这个"早熟"与其他民族也许是更适时的"成熟"一起重新成熟，把"现代化"这个与时推移的移动目标不断地推向前进吧！

第二十二章 回归五四、重新点燃启蒙的火炬；自由主义的价值[1]

1. 启蒙的定义

启蒙就是以理性的光芒照亮专制主义与蒙昧主义的黑暗。启蒙这两个字原来是外来语的翻译。欧洲的启蒙不但也经过了一个世纪的时间，而且它是继承了几个世纪的文艺复兴与宗教改革、反对中世纪以神本主义为基础的专制主义与蒙昧主义的历史而来，而且也经历了各种风刀霜剑。我们这八十年的挫折，并不足以使我们灰心丧气，只能使我们再接再厉。灰心丧气只能延长痛苦，而决不能回避问题，中国要现代化，启蒙是必不可少的，个性解放是必不可少的。

2. "五四"与启蒙

2.1 最大、最重要的一次启蒙运动

"五四"是中国近代史上最大、最重要的一次启蒙运动，一次思想解放运动。"五四"的精神虽然长期湮没不彰，但是随着新世纪的来临，"五四"的精神力量越来越显得重要，它是全人类的需要，更是中国人民的需要。

中国的启蒙应该说是从一八四〇年西洋人以大炮轰开中国的国门之后就开始了。前乎"五四"者，自甲午而戊戌而辛亥；后乎"五四"者，

---

[1] 本章内容选自《重新点燃启蒙的火炬——五四运动八十年祭》（1999年）、《回归五四 学习民主》（2001年）、《不能忘记的新启蒙》（2002年）、《弘扬北大的自由主义传统——〈北大传统与近代中国——自由主义的先声〉序》（1998年）和《关于自由主义答客问》（1999年）。

自五卅而北伐而抗战，应该说都标志着中国人民作为全体而言的觉悟与进步。然而就觉悟的程度而言，一个半世纪以来，还是"五四"先贤的觉悟为最深最广最高。"五四"在八十年前定下的个性解放的奋斗目标，不但现在还谈不上超越，而且还远远没有达到。

2.2 五四运动的定义

五四运动从来就有宽窄二义。窄义的五四运动是指一九一九年五月四日那一天北京几千学生，以北京大学为首，游行到天安门，喊着"内除国贼，外抗强权"的口号，开大会，发传单，一直到火烧赵家楼，反对北洋政府向日本出卖主权，答应日本提出的"二十一条"无理要求的一场学生运动。

广义的是指大体上从一九一五年起陈独秀在上海创办《青年》杂志（次年即改称《新青年》）反对旧礼教，提倡"民主"与"科学"的一场新文化运动。这场新文化运动因为"五四"学生运动的声威以及继起的历次群众运动而影响日益扩大，总的来说，它确定了中国要走向现代化的目标。中国的白话文与新文学由此推行到全国而且扎下根子而不可逆转。各种社会科学与自然科学的新思潮也由此大规模地引进中国。除此而外，"五四"的影响还及于社会和政治方面，中国的工人运动和妇女运动都导源于"五四"，中国国民党因此而改组，中国共产党因此而成立，影响十分深远，只是它的启蒙的目标还没有完成。今天所说的五四运动实际上是合两者而言，而尤其指一般名为"新文化运动"的启蒙运动。

2.3 "五四"的精神

"五四"的精神是什么？是启蒙。

现在有些人把"五四"的精神归结为爱国主义。这当然是有根据的。八十年前五月四日那一天使北京学生斗志昂扬、壮怀激烈地走向天安门的口号"内除国贼，外抗强权"就证明了这一点。但是"五四"的意义却远远不是爱国主义足以概括的。它与欧洲的文艺复兴与宗教改革一样，是人的解放的开始，是中国走向世界的开始。

中国共产党人一直把"五四"看成是社会主义和共产主义传入中国的开始，所谓"十月革命一声炮响，给我们送来了马克思列宁主义"。它是中国共产党创立的契机，也是中国走向共产主义的契机，其终极目标是解放全人类，其意义当然远远超出爱国主义的范围。

2.4 德先生和赛先生

自从秦始皇统一中国以来的两千二百年间，中国传统文化的核心就是专制主义，由专制主义又必然衍生出蒙昧主义。对迫切要求现代化，赶上世界先进潮流的"五四"先贤来说，就是要引进作为专制主义对立面的"民主"与作为蒙昧主义对立面的"科学"，亦即所谓的"德先生"与"赛先生"。

这个要求，陈独秀在一九一五年为《青年》杂志创刊号上即已露其端倪。他揭橥办刊的宗旨为：（一）自主的而非奴隶的。（二）进步的而非保守的。（三）进取的而非退隐的。（四）世界的而非锁国的。（五）科学的而非想象的。《新青年》办了三年，出版满三十期以后，在社会上产生了重大的反响，除了积极拥护者外，也招来了"八面非难"，因此陈独秀又在一九一九年《新青年》第六卷第一号上发表《新青年罪案之答辩书》说："本志同人本来无罪，只因拥护那德莫克拉西（Democracy）和赛因斯（Science）两位先生，才犯了这几条滔天大罪。要拥护那德先生便不得不反对孔教、礼法、贞节、旧伦理、旧政治，要拥护那赛先生，便不得不反对旧艺术、旧宗教。要拥护德先生又要拥护赛先生，便不得不反对国粹和旧文学。大家平心细想，本志除了拥护德、赛两先生之外，还有别的罪案没有。请你们不要专门非难本志。要有气力，有胆量来反对德、赛两先生，才算是好汉，才算是根本的办法。"

2.5 "五四"与"个性解放"

五四精神就是由陈独秀首先提出的德先生和赛先生，也就是民主和科学。现在，有人认为五四精神可以一言以蔽之曰"个性解放"。个性解放当然是民主，甚至也是科学的始基，但是"个性解放"能代表五四的全部吗？

如果说"个性解放"是五四精神的话，那么这个"个性解放"应当是争取中国人人都能做到的"个性解放"。那样，才有可能避免伟大领袖从心所欲的"个性解放"压杀我们这些凡人的"个性解放"的惨剧。在这方面，先进国家经过几百年的经验教训是总结出了一整套的行为规范的。只有树立并且遵行这些规范，人们才有可能走近马克思、恩格斯在《共产党宣言》里所说的联合体，"在那里，每个人的自由发展是一切人的自由发展的条件。"

这些规范就是"五四"所确立的"民主"。在我看来，不管鲁迅对自由的渴望何等强烈，争自由的战斗何等勇猛，对这套规范的认识和理解是很不够的。在中国这样专制主义传统牢不可破的国家里，要认识、理解这样的规范并不容易，更不用说加以倡导了。

2.6 "五四"先贤的主张

五四运动，按陈独秀在一九四二年追悼蔡元培的文章中说："是中国现代社会发展之必然的产物，无论是功是罪都不应该归到哪几个人。可是蔡（元培）先生、（胡）适之和我是当时在思想言论上负主要责任的人。"

胡适之言曰："社会最大的罪恶，莫过于摧折个人的个性，不使他自由发展。""发展个人的个性需要有两个条件：第一，须使个人有自由的意志。第二，须使个人担干系，负责任。"他还说："现在有人对你们说：'牺牲你们个人的自由，去求国家的自由！'我对你们说：'争你们个人的自由，便是为国家争自由！争你们自己的人格，便是为国家争人格！自由平等的国家，不是一群奴才建造起来的。'"

陈独秀之言曰："举一切伦理、道德、政治、法律、社会之所向往，国家之所祈求，拥护个人之自由权力与幸福而已。思想言论之自由，谋个性之发展也。法律之前，人人平等也。个人之自由权力载诸宪章，国法不得而剥夺之，所谓人权也。人权者，自非奴隶，悉享此权，无有差别。此纯粹个人主义之大精神也。自唯心论言之，人间者，性灵之体也；自由者，权利之实行力也。所谓性灵，所谓意志，所谓权利，皆非个人以外之物。国家利益社会利益，名与个人主义相冲突，实以巩固个人利益为本因也。"

至于被称为五四新文化运动的护法的蔡元培，姑且不提他说过"道德之精神在于思想自由"、"言论自由与思想自由为现代共和国家'绝对之原则'"这样一些名言谠论，仅以陈独秀在纪念他的文章中说的，他任北大校长时"对于守旧的陈焕章、黄侃，甚至主张清帝复辟的辜鸿铭，参与洪宪运动的刘师培都因为他们学问可为人师而和胡适、钱玄同、陈独秀容纳在一校；这样容纳异己的雅量，尊重学术思想自由的卓见，在习于专制，好同恶异的东方人中实所罕有。"正是蔡元培在一九一七年出任北京大学校长以后，以"囊括大典，网罗众家，思想自由，兼容并包"的精神改造了北京大学，使之成为新文化运动的策源地。

由此可见，"五四"先贤的思想倾向就是三百年来早已成为世界思想的主流正脉的自由主义和个人主义。

至于还有一位五四运动中特别杰出的人物，中国新文学的开山大师鲁迅，不但以其文学的天才刻画出中国人在两千年的专制主义下受扭曲的性格，如阿Q和《狂人日记》中的"我"，大大扩大和加深了五四运动的影响，而且也在思想战线上树起一面不朽的个人主义旗帜，并且在晚年和蔡元培、宋庆龄一起组织保卫人权大同盟，为确立和发扬中国的民权鞠躬尽瘁，死而后已。

2.7 "五四"先贤的思想过激了吗？

大约十年以前，也就是"五四"七十周年纪念的时候，在海内外忽然兴起了一种论调（大概是因为探索中国为什么会在二十世纪后半期出现二十年的"极左思潮"与十年文化大革命而引起的吧），据说中国之所以出现文化大革命是因为五四精神过于激进的缘故。据说"五四"先贤的思想以"打倒孔家店"与"全盘西化"为代表，主张彻底推翻中国的旧文化，结果使中国社会失其统绪，中国传统价值完全失落，社会无法维系，遂致造成后来的十年浩劫。"五四"先贤的思想过激了吗？

胡适是"文学革命"开第一炮的人，他自己也因此而"暴得大名"。至今中国文人可以下笔万言，洋洋洒洒地用白话写文章，都应拜他之赐。当时在主张保存古文的人如林纾到胡先骕这样的人眼中，他已经是一个过激派了。然而在整个二十世纪，他是中国自由主义的第一位代表人物，以"宽容"为自由主义的第一要义。他往往因此而倾向妥协，遭人诟病。然而，他本人倒是立场一贯，守正不阿，到晚年还知其不可为而为之地呼吁蒋介石开放民主。如果胡适还要被称为过激，那真不知天下还有谁不是过激派了。

陈独秀是五四运动当之无愧的第一员猛将，反对起作为儒学用以维系社会的精髓的"名教纲常，君道臣节"来，真有千军辟易的气概。但是如果说他全部否定孔子，也是诬蔑不实之辞。他不但在一九一七就说过"孔学优点，仆未尝不服膺"，而且在二十年后的垂暮之年还作《孔子与中国》，其中明确地说，"在现代知识的评定之下，孔子有没有价值，我敢肯定地说有。"据罗荣渠考证，"打倒孔家店"之说，出于胡适在给《吴虞文录》作的序中称赞吴虞是"只手打孔家店的老英雄"这句话，其中并无"打倒"字样。后来，倒是张申府提出过"打倒孔家店，救出孔夫子"。

事实上，多亏"五四"先贤们的努力，在二十世纪末的中国，知识分子已经只知道孔子说的是"己所不欲，勿施于人"，"苛政猛于虎"，"和而不同"，"天下为公"……这样一些话，而不像八十年前的人们（不仅是知识分子）所领会的，极其繁琐的、据说都是孔子说的或转述的、一体遵行不得有违的那一套"周公之礼"了。那套细致严格的规定，陈独秀在《孔子与中国》中言之略备，现在是即使是专家学者也弄不清了。把这一切统统忘掉，是中国的一大进步。但是如果要怪罪"五四"先贤为何非孔，那么看一看倒是有益处的，那一套是非"非"不可的。

2.8 全盘西化

确实曾经提出过"全盘西化"，后来又改为"充分世界化"的胡适说："如果对新文化的接受不是有组织的吸收的形式，而是采取突然替换的形式，因此引起旧文化的消亡，这确实是全人类的一个重大的损失。因此真正的问题可以这样说：我们应当怎样才能以最有效的方式吸收现代文化，使他同我们固有的文化相一致协调和继续发展。这个问题的解决，唯有依靠新中国知识界领导人物的远见和历史连续性的意识，依靠他们的机智和技巧，能够成功地把现代文化的精华相连接起来。"

这不正是当代中国知识分子所艳称的"综合创新"或"创造性的转化"吗？所谓"极左路线"和文化大革命之所以出现，其原因应当到中国历史中去找，到中国传统文化中去找。

应该说，世界上许多国家的历史中都曾有过专制主义与蒙昧主义，只是中国在这方面的传统实在太长久，太深厚。谁叫我们早早当上了世界第一大民族，而且还是四夷"向风慕化"的"天朝上国"呢？从鸦片战争到中日战争，从"戊戌"到"五四"，不论看起来一次又一次的刺激何等强烈，其实还是刺激不到深处，刺激不了全民。中国传统文化托体于"上下五千年，纵横九万里，人口四万万（现在是已经超过十二万万了）"的这个庞然大物，真是有足够的生命力腐而不朽、垂而不死，来包容、来消解，尤其厉害的是还可以篡改与转化这些刺激，使许多一度反对之者最后又回到原来的样子，而以文化大革命达到顶峰，它是对五四精神的完全背离与反动。

总之，以我愚见，像文化大革命这样重大的政治事件必有其深厚的历史原因，决不可能仅仅因为几个知识分子在几年内思想"过激"就能产生出来的。何况，"五四"时期的中国思想界十分活跃，除自由主义与个人主义而外，共产主义、无政府主义、国家主义、新村主义，……不一而足，还有教育救国论、科学救国论、实业救国论……甚至还有张东荪的主张只立不破、以新换旧的"不骂主义"，倒确实是一个"多元化"的社会，只可惜这样的多元化在法律上并无保证，政权还是一个专制的政权，不过由于军阀混战而控制力稍松，暂时放出了一批牛鬼蛇神而已。至于这些思潮中哪种思想后来被历史选中，只有整个文化传统才是其答案，顺便说一句，当时名高一世，以后也可能名垂千古的《新青年》，起初销路只有一千份，以后也没有超过一万五千份。这个数目怎么看都不能说是很大的。

2.9 "五四"与马列主义

海内外某些学人之指责"五四"过激，一个理由大概是因为正是"五四"时期，从俄国输入了马列主义，当时称之为"布尔什维主义"，中文有的即译为"过激主义"或"过激党"。但是它在"五四"时代，也不过是"百家争鸣皆欲以其学易天下"中之一家而已。而且，照研究"五四"的左派历史学家的判断，"从当时的情况来看，实验主义和改良主义的倾向，明显地胜过马克思主义的社会革命论"。

另外，中国人之接受马列主义，不但因为其思想的吸引力，更是因为政治上的原因。就在一九一九年七月二十五日，正当北京学生与全国人民愤怒抗议日本二十一条企图鲸吞中国而列强装聋作哑之时，加拉罕代表苏维埃政府对中国南北政府发表宣言，建议废除沙俄政府与中国签订的一切秘密条约和不平等条约，放弃在中国的一切特权。虽然这一宣告由于弄不清楚的原因，一直到一九二〇年三月才到达北京，而且北洋政府还称之为误传而拒绝与苏俄政府谈判。可对中国人民来说，它同日本与其他列强的态度却形成了如同黑白的对比。同是一个俄国，革命以前同革命以后，对中国和世界的态度就全然改变，成了世界上唯一以平等待我之民族，要想使中国人不闻风响应，并且想进而探讨所以有此改变的原因，可以说是根本不可能的。何况共产主义是一个世界性的思潮，在二三十年代的世界各国中，共产主义思潮强过于中国的国家并不少，但是它们后来并没有发生文化大革命。所以，外铄的、思想的原因，未必就是中国后来走向"极左"的根本原因，只有"极左"这个词儿倒是外来语，而且确实是与马列主义有关的。当然，苏联模式，或者干脆就说斯大林模式，对中国所起的坏作用不应低估，但是它顶多也只能是辅因，而不能是主因，主因还是要到中国社会、文化的历史中去找。在国际共产主义运动中，中国模式的"主动创造"特别多，中国人特别能把"马克思主义中国化"，就足以证明这一点。

2.10 "五四"对专制传统批判不够全面

我们当然不能对历史提出苛求，但是从学理上看，"五四"对传统的批判确实还不够全面。第一，"五四"先贤把批判的矛头针对儒教，却放过了其实同样是中国传统意识形态的正统的法家。曾经有过一场争论：三纲之说起源于儒家还是法家？结论还是归到儒家。然而中国专制主义的鼻祖秦始皇却正是以反儒任法而统一中国的。其次，"五四"先贤还有赞扬以洪秀全为代表的太平天国革命的，其实农民革命胜利的结果还是回到专制帝王的统治，两千多年来未尝有一日脱出这个循环。

宣统逊位以后的民国历史实际上充分表现了中国传统文化继续在起作用的特点。虽然风云多变，然而草蛇灰线，轨迹宛然。袁世凯当上了大总统还不过瘾，非要当皇帝不可。虽然只当了八十三天，但是一方面天下嚣然，一方面群臣劝进，这是最初的表现。贤哲如孙中山，因为政治运作的需要，还说："自由万不可再用到个人上去，个人不可太过自由，国家要得完全自由……便要大家牺牲自由。"蒋介石是在"五四"启蒙运动以后，以革命的名义誓师北伐登上最高权力的宝座的，他利用民族主义来转化人民的自由要求，做得尤其巧妙，以"国家至上，民族至上。力量集中，意志集中"和"为国家尽大忠，为民族尽大孝"的口号，作为排斥异己实行独裁的理论基础。抗战胜利之后，还在南京演出了一场献九鼎的个人迷信的国粹丑剧。

2.11 中国革命实质上是农民革命

毛泽东消灭蒋介石的八百万大军取得了中国革命的胜利。他一再强调，"中国革命实质上是农民革命。"中国学者受了他几十年的教育，但是却很少有人研究，既然"实质上"是农民革命，就不能不"实质上"打上历史上农民革命的印记，重复历史上农民革命的特点。农民革命初起时，总是带有特别"平等""自由"的色彩，即所谓"哥不大，弟不小"，但是随着革命的胜利，为了克服平均主义、宗派主义、山头主义……就必然要求越来越严酷的纪律，直到实行孔子所说的"天无二日，尊无二上"的古训。

毛泽东在青年时期曾经是无政府主义者。在"五四"时期，（据他自己对斯诺讲）又对胡适备至敬仰，但是，成为政治领袖以后，就自称是"绿林大学毕业"了，到了晚年更是自称是"马克思加秦始皇"。他对农民革命几乎没有停止过提示，尊之为中国历史发展的主流正脉。五十年前，全国解放前夕，吴晗到西柏坡向他请示对朱元璋的评价，毛泽东就指出吴晗对朱元璋的批评过当，因为朱元璋的所作所为都是为了巩固政权之所必需。到"文革"中林彪出事以后，毛泽东亲自出来批判，又在中国历史上举出陈胜、吴广、洪秀全、杨秀清四个人许为同道。到"文革"末期批林批孔的时候，他还举出了一个盗跖以反对孔子之恶。盗跖大概是中国历史上最早的有文字记载的农民起义领袖了。

以上是指实际的社会运动与政治运作而言。就意识形态而论，毛泽东在七十年代提出扬法抑儒，而且提出儒法斗争是中国思想政治史的主线。说实在的，当时颇有一些自以为对中国历史有点知识的人口虽不言，实际上是腹诽的，我自己就是一个。现在想起来，毛泽东的确可称独具卓见。不过说儒法斗争，也许还是说儒法合流或儒法互补更妥当一些。他说，"千古皆行秦政制，十批不是好文章"（后一句是批郭沫若扬儒抑法之非），实与谭嗣同说"两千年之政皆秦政也"相一致，也与许多史家评中国历代实行的都是"外儒内法"、"儒表法里"相一致。如果我记忆不错，朱元璋就曾因为孟子倡言"民贵君轻"，差一点把他革出文庙，不得配享从祀。法家思想在中国文化传统中的地位值得大加重视，有深入研究的必要。

3. "五四"与鲁迅、胡适

3.1 通过鲁迅认识五四，但胡适更能全面表达和代表五四精神

我们了解五四，接近五四，其实都是通过文学，尤其是通过鲁迅而认识五四的，是在初中时从读《狂人日记》《阿Q正传》开始的。我是特别爱敬鲁迅。

去年是"五四"八十周年，我也读了一些"五四"的文献资料，结果发现鲁迅还不能代表五四的全部（比如陈独秀就说五四运动只能由蔡元培、胡适和他自己三人负责），能够比较全面地表达和代表五四精神的，毋宁还是胡适。

3.2 "个性解放"必须基于民主的规范

五四精神就是由陈独秀首先提出的德先生和赛先生，也就是民主和科学。现在，有人认为五四精神可以一言以蔽之曰"个性解放"。个性解放当然是民主，甚至也是科学的始基，但是"个性解放"能代表五四的全部吗？

如果说"个性解放"是五四精神的话，那么这个"个性解放"应当是争取中国人人都能做到的"个性解放"。那样，才有可能避免伟大领袖从心所欲的"个性解放"压杀我们这些凡人的"个性解放"的惨剧。在这方面，先进国家经过几百年的经验教训是总结出了一整套的行为规范的。

3.3 鲁迅对民主规范的认识不足

这些规范就是"五四"所确立的"民主"。在我看来，不管鲁迅对自由的渴望何等强烈，争自由的战斗何等勇猛，但是对这套规范的认识和理解是很不够的。

鲁迅是伟大的文学家，在中国文学史上真可说是独步千古。他的文学感染力之强是无可比拟的。还记得我初读《纪念刘和珍君》《写于深夜里》……这样的文章的时候，人若中电击，看了一遍之后，马上要看第二遍，第三遍，不多几遍之后（仗着年青时记忆力好），仿佛就能背诵了。至于像《野草》这样的散文诗，在我看来简直不是人间笔墨。一九四五年下半年，我在四川一个中学当教员。十月十九日晚上，主持了一个鲁迅逝世九周年纪念会，寒风习习，夜静如死，烛光摇曳，几个学生朗诵鲁迅作品的片断，一方面是啜泣之声微若可闻，一方面是肝肠断裂怒火中烧。鲁迅的著作永远是对我心灵的启示与激励，甚至在被划为右派以后，我居然还荒唐到自以为是"背着因袭的重担，肩住了黑暗的闸门，放年青的一代去宽阔光明的地方。"

在这样的心情支配下，我六十年来一直爱戴崇敬鲁迅。对胡适的感情是完全无法与之相比的。在我心目中，胡适当然"也是个人物"，但是他软弱，易妥协，同鲁迅比起来，"不像一个战士"，而且显得"浅薄"……这些"胡不如鲁"的印象本来也一直存在在那里。[现在]我的思想

373

居然倒转了过来，认为就对启蒙精神的理解而言，鲁迅未必如胡适。

3.4 鲁迅的破与胡适的立

启蒙应当有破与立两方面的意义。我现在的体会，大而言之，鲁迅主要的是"破"传统的战士。他自称是"不惮以最坏的恶意来推测中国的人"，主张"敢说，敢笑，敢哭，敢怒，敢骂，敢打，在这可诅咒的地方击退这可诅咒的时代！"胡适则除了在五四运动初期也狠狠地"破"了一下以后，精力就主要转到"立"的上面去了。因此，鲁迅倾心革命，胡适钟情改良。对我们这些血气方刚的青年而言，两者的吸引力（也就是我们眼中的"深刻性"）是不可同日而语的。正因为如此，才有徐懋庸的名言："人谁不爱鲁迅？"

当然，正如鲁迅自己所说"绝望之为虚妄，正与希望相同"。鲁迅在对传统和现实几乎完全绝望之后，也有"立"的一面，那就是他因为创造社的攻击而学得的新思潮，又因为冯雪峰与瞿秋白的介绍而向往的新世界。

3.5 鲁迅和胡适的留学经历不同

鲁迅和胡适的身世背景，其实可以说是差不多的，他们在近代史上初露头角的时候更是如此。他们最大的不同也许在于：鲁迅是明治维新后建立了极不成熟的"民主制度"的日本留学生，他在那里接受的现代化思想天然是有残缺的，后来又接受了半西方半东方的俄国的社会革命思想。而胡适则是在被马克思称作"天生的现代国家"的美国的留学生，又一贯关心政治和法律，因此他天然地站在历史的制高点上。

对我这样的人来说，认清这一点竟要花半个世纪的时间！

请看胡适在《介绍我自己的思想》中说的话：

> 现在有人对你们说："牺牲你们个人的自由，去求国家的自由！"我对你们说："争你们个人的自由，便是为国家争自由！争你们自己的人格，便是为国家争人格！自由平等的国家不是一群奴才建造得起来的！"

何等简练干脆！何等明白晓畅！

3.6 只有一种启蒙

在三十年代中期我自以为"启蒙"了。大概十年以后，我才知道，我所接受的启蒙，是共产党人陈伯达、艾思奇、何干之所发起的"新启蒙"，是比五四的"资产阶级启蒙"高得多的"马克思主义启蒙"，而马克思主义则是"全人类智慧的最高结晶"。我自己曾经长期以此而自鸣得意，好像从少年时代起俨然就是一个革命家的样子。其实我哪里分得清什么旧启蒙与新启蒙，只是朦朦胧胧地觉得要反封建，反传统，要自由，要民主，尤其要共产主义而已，直到被划为右派以后才渐渐悟到这两种启蒙是不一样的，甚至是对立的。以后又过了很多年，年纪已近七十了，才进而又悟到归根结底只有一种启蒙，也就是五四的启蒙，西方几百年前就开始的古典的启蒙。这两年，社会上又有所谓"超越五四"之说，反正我是认定了，在五四定下的建立像样的"民主"和在多数民众中确立"科学"精神的目标实现以前，凡说"超越"的都无非是蒙汗药。

抗战前后的所谓新启蒙，照它的原意就是对旧启蒙的超越，实际上则是对五四的"民主"与"科学"启蒙精神的偏离。起初也许只是差以毫厘，逐渐就谬以千里了。我们这一代人就是被这个新启蒙引导着走了大半辈子所谓"超越五四"的道路，实际上则是偏离五四的道路，早已走到南墙，碰得头破血流了。我们有义务告诉后人：停步，退回去，回到五四，重新起步。

3.7 鲁迅的悲剧

鲁迅的悲剧，其实也就是超越五四的悲剧。被他认为"人生得一知己足矣"的瞿秋白在一九三二年写道："在共产主义革命以后，已经没有什么'五四未竟之业'了。"又说："我们即将迈出的一步与五四无关"。这难道还不能理解为"超越五四"吗？

二十世纪下半期，鲁迅和胡适在中国大陆的命运，真是一在天之上，一在地之下。胡适在一九五四年就成为全国全民大批判的对象，可以说成了毛主席所说的"不齿于人类的狗屎堆"。而鲁迅则不但被封为圣人，而且到文化大革命中成了唯一能与马恩列斯毛并列而绝对碰不得的人物。

这种命运当然不能由他们自己负责，但是也不能说与本人一点关系都没有。胡适一贯主张自由主义，反对共产主义，当然不能见容于新中国。鲁迅则不但从未公开以"理论的形式"提出其个人主义的主张，而且越到晚年越倾向于伊里奇和约瑟夫，相信苏联甚至出面驳斥那里发生了大饥荒的报道。他在和从郭沫若、周扬到杨邨人这样一些人战斗的时候，他自认为是同导师们的思想是一致的，就同胡风自认为同毛泽东思想一致一样。

3.8 鲁迅的最大幸运是只活了五十六岁

鲁迅的被利用是对他的极大侮辱。现在有研究者说："可以证实的是鲁迅后来似乎接受了组织的领导"。既然说"似乎"，我看就还不能"证实"。不过我确实怀疑他受到了冯雪峰和瞿秋白的"误导"。说误导，是因为鲁迅晚年的思想倾向，分析到最后，同他的基本品格，即张扬个人的品格，不可能是一致的，而他的基本品格又是不可能根本改变的。不过，六十年后回头看，又不能不说确实也受过鲁迅的某些误导。

鲁迅的最大幸运是只活了五十六岁，如果他能活到我们这个年纪，他的遭遇会怎么样，他的表现又会怎么样？这是每一个知道，尤其是敬爱鲁迅的人无不关心的问题。乔冠华在一九六二年，胡乔木在一九八二年都曾对我说过"鲁迅若在，难免不当右派"的话。然而鲁迅不是一般人，而是特大的人物，他的命运，既要看权力者的政策和策略，也要看他自己的选择。我只能说，他在中国的威望比高尔基更大，性格也比高尔基更刚烈，下场恐怕只会比高尔基更惨。有意思的是，胡适在海外看到大陆"清算胡风"的时候，评论说"鲁迅若不死，也会砍头的"。胡适毕竟是了解鲁迅的，他们俩后来虽然倾向有所不同，但是，分析到最后，本质上都是中国最最珍爱自由的人。

在中国，对鲁迅的研究，六十年来一直是显学，然而他被别人涂的油彩太多了。他自己晚年的政治倾向也增加了几分暧昧。到现在除了可以肯定他"任个人而排众数"，"尊个性而张精神"这一点外，作为一个文学家的无与伦比的感染力，其美学价值还很少被真正发掘出来。胡适是一个启蒙思想家，他虽然写过半部中国哲学史，却并不很高明，实际上只是开了一代风气，或者用他自己的话说，"是一个开山的人"。他的真正价值还是在他毕生挂怀，一贯坚持的中国的民主、法治、宪政上。他独特的贡献是中国文化传统中很少的宽容精神。他一再强调"宽容"为民主的第一要义。他的名言："做学问要于不疑处有疑，做人要于有疑处不疑"，确实可以师表人伦。与之相反，鲁迅则从认为"费厄泼赖应当缓行"，到主张"打落水狗"，到临终遗言："一个都不宽恕"。不管他说这些话的时候有多么充分的理由，然而以立言大体而言，我们只能说一句"不免为先生盛德之累"。史沫特莱曾称鲁迅是"中国的伏尔泰"。伏尔泰的名言"我完全反对你说的一切，但是我坚决保卫你发言的权利"，已成为现代民主的原理，全球伦理的准则，而这在号称博大精深的中国传统文化以及鲁迅的著述中却是找不到的。

3.9 胡适关心的面要比鲁迅为宽

一九三七年，胡适在给翁文灏的信中说"兴学五十年，至今无一个权威政治学者，无一个大法官，无一个法理学家，无一个思想家，岂不可焦虑？……"其实以后二十年，中国在这些方面还略有进步，又以后的三十年才是一片狼藉。这二十年似乎渐渐有一点"江南草长"的模样了，然而还没有"杂花生树"的景观。近年留学生出国的虽然不少，却很少有朝这方面努力的。这种情况，离胡适的要求，也是中国现代化的要求还远。近几年来，我才觉悟到公民教育对中国的重要性，然而对政治学家、法学家被消灭净尽这么多年之后，到哪里去找能给中学生写教科书的人呢？百年回首，走胡适代表的方向，道路不可能不是迂远的，然而也只有耐着性子走下去，毕竟这是全人类迟早都要走的必由之路。

应该说：胡适关心的面要比鲁迅为宽。四十年代末，当他出任北大校长时，曾向当局提出把一批研究原子物理的年青科学家，如钱三强、吴健雄、张文裕等罗致到北大来，集中研究原子科学。当时他提出的九个人"皆极全国之选"。如果他的计划得以实施，则中国在这方面的发展，或者不致落在苏联之后，而且还可以避免像苏联的尖端科学研究集中在军事方面那样偏枯畸形的弊病。胡适不但在人文学者中，而且在自然科学家中都是深得学生爱戴的大宗师。

3.10 回归五四

[应当]落实"回归五四"，因为只有"回归五四"才是中国真正走上现代化之路的起点。以中国传统包袱如此之大、之重，要确立民主的制度，民主的精神，民主的习惯，是要不断地学，不断地习，不断地"学而时习之"的。比五四先贤还早的又一位伟大的启蒙者孙中山，为了教中国人学习民主，特意在一九一七年写的《建国方略》中辟有专章，讲述议事规则，想以此教会中国人懂得如何开会，名之为《民权初步》。孙中山还在其序言中特别申明："此书譬之兵家之操典，化学之公式，非浏览诵读之书，乃习练演试之书也。"其精神至可感佩。六十多年前我们上小学的时候，还是认真"学而时习之"的。近五十年来，因为整个社会的忽视，已经被大家忘怀了。到现在，严格地说，中国人还是连会都不会开。

民主启蒙的任务的艰巨不但可以从启蒙八十年以来，中国民主仍未有成就这一点上看出来，而且可以从五四的导师陈独秀、胡适、鲁迅等人，都曾走过弯路这一点上看出来。其实，"金无足赤，人无完人。"西方的启蒙先贤、理论大师们，照中国人的观点来看，往往有不少失德败行的地方。但是他们一是不怕揭露或被揭露，二是他们的有价值的思想总是能得到承认而汇合进入新新不已的传统中去，终于成为今天全人类的共同财富。这才是人类在民主中不断进步的真正体现。

4. 新启蒙

4.1 新启蒙的定义

据[左玉河主编的]《中国近代社会思潮》的说法，"新启蒙思想的倡导者是时任中共北方局宣传部长的陈伯达"。他首先在一九三六年九月的《读书生活》第四卷第九期上发表了《哲学的国防动员》，副题为《新哲学者的自我批判和关于新启蒙运动的建议》，开了头一炮。接着起来响应的是《读书生活》杂志的主编艾思奇，自称受了陈伯达的启发而在十月份的《生活》周刊上发表《中国目前的文化运动》一文，认为"五四"的新文化运动没有完成它自己的任务，因此在"九一八"以后民族敌人的政治、军事、文化的猛烈进攻下，必须开展"以爱国主义为直接的主要内容"的文化运动，"这个运动完全是民主主义的性质"。

进入一九三七年，在五四运动十八周年之际，北平一些文化团体和救亡团体提出了一个鲜明的口号："纪念五四，要展开新启蒙运动。"五月十九日，张友渔（共产党员）、张申府（其时已脱离共产党）与吴承仕（其时尚未加入共产党）等九名教授在北平正式发起成立了"启蒙学会"，发表了《启蒙学会宣言》，引起了文化界、思想界的热烈响应（其中也包括当时在上海的艾思奇、何干之等人）。

为什么这次的启蒙运动要冠以一个"新"字？陈伯达说自己是"新哲学者"，意思就是辩证唯物主义者，就是马克思列宁主义者，在当时的中国学术界，这还应该算是一种新的思潮。艾思奇明确指出"五四"的新文化运动没有完成任务，实际上是说"五四"的所谓启蒙是以资产阶级民主思想"启"中国传统的专制主义所加于人民之"蒙"，而新启蒙则是以无产阶级的新哲学、新思想不但"启"传统文化之"蒙"而且"启"五四时代资产阶级旧民主思想所加于人民之"蒙"。这个定义愈后而愈显。

4.2 新启蒙的背景

新启蒙是由九一八事变日军侵占东北以后国难深重的局面所刺激出来的。用陈伯达的话说，"这是目前救亡运动的一部分"；用张申府的话说，"这种新启蒙运动，对于五四的启蒙运动，应该不仅仅是一种继承，更应该是一种扬弃"。所有新启蒙运动的发起者都强调新启蒙是爱国主义的运动，是民主主义的运动，是理性的运动，是建立现代新文化的运动。而陈伯达则明确指出："新哲学者（按：即马列主义思想家）乃是目前新启蒙运动的主力"。

一九八六年，李泽厚同志发表《启蒙与救亡的双重变奏》，提出了"救亡压倒启蒙"的著名论点。这话好像也颇能耸动一世之听闻。但是，仔细推敲起来，也许还不够确切。且不提汉代的太学生运动与明代的东林、复社等运动，近代的启蒙运动从戊戌算起就无不都是民族危机刺激起来的。李泽厚的文章一上来就说，世人往往笼统地看待而不区分"内除国贼，外抗强权"的"五四"学生爱国运动与新文化运动。其实，两者本来就难分难解，可以说是火借风力，风助火势，才能形成一场规模宏大，影响深远的运动。新启蒙运动照其发起人的说法，早在三十年代初就有人提起了，但是如果不是一九三一年九月十八日日军侵占东北，也许发展不了这么快，这么大，最后甚至极其有力地推动了中国共产党在全国的胜利。因此，比较准确的说法毋宁是：

不是救亡推动启蒙
只是启蒙本身转向

为什么说转向？因为七八十年前的中国学术界和今天的中国学术界总是把启蒙认为是与西方的启蒙大同小异的提倡人权、自由、平等、法治、理性的启蒙运动，而新启蒙运动都偏偏以马列主义作为真理来宣传，这就是新启蒙之"新"，而且决定了中国今后几十年的命运。它与一八四〇年以来中国实际上的民族要求不一样，而且也与二十一世纪中华民族要求的重新启蒙不一样。学者在中国的政治大环境中稍有疏忽，就很容易看不到概念的不同。事实上，今天要求的启蒙是直接上承"五四"的旧启蒙，而与新启蒙没有多少共同之处的。

4.3 我是新启蒙的受众之一

我自以为是新启蒙典型的受众之一。"九一八"的时候，我叫名九岁（虚岁），正在上小学三年级。老师在课堂上谴责日本侵略者的时候都是捶胸顿足，义愤填膺。还有一名老师居然留书告别学校，投笔从戎去了，第二天大家奔走相告，这对我们幼小的心灵的震撼是很强烈的。我家的报纸订得比较多，不但看无锡本地的两张大报，还有上海的"老申报",我虽然还不大看得懂,但是从"九一八"以后就每天都要仔细阅读。因此"九一八"可以说是第一次唤醒了我的政治意识。不料不过几个月,一九三二年的一月二十八日,日军又进攻上海,十九路军奋起抗战,我们小学生也都上街游行示威,宣传抗日,抵制并查抄日货。十九路军的宣传队还沿京沪线西上,而且就住在我们学校里;市民拥护抗战,奋起慰劳,十分热烈,有些场景到今日还记忆犹新。这样,我们的心田已准备好迎接新启蒙的种子了。

到初中一年级的时候,做我们的级任老师并且教我们国文的是一个地下共产党员陈迅易先生（原名陈凤威,是无锡有名的烈士）,我大概是他看得上的一个学生。那年暑假开始,本来已经准备要离校回家了。他忽然把我叫到他的屋里,从抽屉里拿出两本书来,还有点神秘地把其中一本的封面撕掉了,又仔细地包好,叮嘱我暑假里好好读。又在我们那个时候流行的赠言纪念簿上写下了一页:"没有革命的理论就没有革命的行动,这是伟大的导师列宁昭示我们的。"我回家一看,原来一本是艾思奇的《哲学讲话》（几年后改名《大众哲学》）,另外被撕掉封面的一本是萧军的《八月的乡村》。我没有花多长的时间就看完了,虽然也不能说看懂了多少,但是至少打破了我对哲学的神秘感,也启发了我对哲学的好奇心,随即把我父亲藏书中的胡适的《中国哲学史大纲·上册》看了一遍,虽然也是似懂非懂,但是倒也兼收并蓄,奠定了我以后对"理论"的兴趣。至于《八月的乡村》则打开了我生活中从来没有过的眼界,知道在沦陷的东北还有一支游击队在对日本鬼子进行着殊死的斗争,大大激发了我对革命的向往。大概这段历史就可以算是我接受"新启蒙"的开始了。

从此以后,我多年没有碰到过真正的共产党员,但是我始终在心里怀着结交有"正义感"的"进步青年"的愿望。如果说实现这个愿望比较困难,读"进步书刊"就容易得多了。三十年代的书店里的左派书籍越来越多。我记得给我特别深刻印象的是一个叫佐野袈裟美的日本人写的一本书,叫做《中国历史教程》,虽然也只是薄薄一本不到二十万字的小册子,但是题目就教人觉着新鲜,内容更使我惊讶。我本来以为自己上到中学,多少读过一些古文,对中国历史的知识也大概有一些了,不料这本书一上来根本不谈三皇五帝,就讨论中国原始公社是什么时候转变到奴隶社会的，又讨论中国的青铜器是什么时候被铁器取代的……这些问题都是我见所未见，闻所未闻，甚至想象所不能到的。书中还常引用一些《诗经》《尚书》《左传》里的文字，如"雨我公田，乃及我私"，说明当时的中国实行的是井田制，是奴隶制等等。这些话，我原来也读过或者见过，却从来没有料到背后还有这么大的学问，觉得马列主义真的是"人类智慧的最高结晶"。总而言之，从那时起，也不知道读了多少进步小册子。钱亦石、潘梓年、沈志远、邓初民、李平心、华岗、曹伯韩、张仲实……都是我心目中崇拜的青年导师，名字少说也有好几十个。

附带还可以说一句，当时上海福州路上书店林立，但是也许除商务、中华、世界，这几家大书店外，都大量出版"进步书籍"，现在组成三联书店的生活书店，读书生活出版社和新知书店就是其中的最著名者。还有如南强书局、神州国光社等，都出版这类书。甚至如水沫书店、辛垦书店，我们后来才知道是共产党的叛徒叶青办的，也因为它们出的书总是谈卡尔和伊里奇，辩证唯物论和历史唯物论，也被我们这些无知的进步青年认为是左翼的。连属于基督教会的广学会也出版了许多宣扬苏联社会主义的书。

随着读的书越来越多，马列主义在我思想里的地位也越来越崇高。例如有的书一上来就宣布"哲学是有党性的，新哲学耻于隐瞒自己的观点，我们的哲学就是与剥削阶级的哲学对立的"，这种直率的气魄一下就把我镇住了。再读下去，我知道了人类的历史决定于生产力的发展而生产力又决定生产关系。自从脱离原始共产主义以来，人类的历史就是阶级斗争的历史，人类社会发展要经过五个阶段，而我们今天斗争的目的就是要消灭剥削阶级，建立没有战争、没有压迫、没有剥削的共产主义社会。我们的斗争一定会胜利，因为这是规律，是科学，是对任何社会都适用的，是必然的，是不可抗拒的，这是最后的斗争。至于说"无产者在这场斗争中失去的只是锁链，而获得的将是整个世界"，更是使我热血沸腾。

4.4 新启蒙的中坚力量

新启蒙的中坚力量当然是理论家，但是就我所知，当时的"进步青年"大抵都在二十岁前后做过一段"文学青年"的梦，像我这样没有多少才情的人也做了有两三年这样的梦，因此文学界也是新启蒙的一大力量。其无与伦比的大宗师当然是鲁迅，而鲁迅则刚好在二十年代末迁居上海以后，政治思想急剧向左转，成为在近代中国文学史上名震一时的"左联"的旗手。他所器重的萧军、胡风，我们当时不但不知道他们并不是共产党员，而且以为他们特别左，这当然是我们的幼稚与误解，但是我可以说它确实是存在于一般进步青年心目中的"事实"。

除开以上两界，新闻界也对新启蒙起了推波助澜的作用。其中最著名的当然是一九三八年出版的斯诺的《西行漫记》（原名《中国上空的红星》），虽然斯诺在几十年后还被毛泽东定性为资产阶级，但是他的书的影响力对于推动中国人民对中国共产党"四海归心"的作用，可能超过许许多多的理论著作。另外，上海租界上英文的《密勒氏评论报》，中文的《大美晚报》都起了不小的为共产党宣传的作用。一直到抗战时期中外记者团访问延安，美国记者如福尔曼，中国记者如赵超构都对延安备致赞美，也都是我们这样的左派学生向其他同学进行启蒙的材料。

4.5 新启蒙运动于1949年结束

照《中国近代社会思潮》的说法，新启蒙运动到抗日战争开始就结束了。而且，"由于新启蒙思潮存在的时间短暂，影响的社会层面也极为有限，所以在中国新文化史上的地位根本无法与五四时期的启蒙思潮相比"。不，不是这样的。我可以以过来人的身份证明，事实恰恰相反：在抗战开始以后，新启蒙运动是大大扩大了而且加深了。由于言论自由空间的扩展，无数共产党员和左翼文化人参加到启蒙的行列中来，千千万万青年知识分子（照当时延安的标准，从正式的大学毕业生到好歹念过几年书的小青年统统叫做"小资产阶级知识分子"）都自愿地接受这样的新启蒙，跨度大到现在七十岁以上到九十岁以下长达二十岁的这个年龄段。其中许多人最后参加了中国共产党，大大壮大了中国共产党，在抗日战争后期和解放战争时期，新启蒙的成就表现为风起云涌的学生运动，以至被毛主席称为是"第二条战线"。

我自己虽然自以为启蒙较早，但是在抗战开始以后还是更加积极地接受启蒙，纵然许多问题始终弄不清楚（比如说形式逻辑是低级的、甚至反动的，辩证逻辑才是高级的、革命的。在中国，民主革命就是农民革命……等等），还是本着"己欲立而立人，己欲达而达人"的精神，先后也启蒙了几十个年龄小于我的有"正义感"的青年。这段时期，"新启蒙"这个概念是一直存在的，不过一般只说"启蒙"而已。两个进步青年熟识了以后，很可能会相互问起"你是什么时候启蒙的？"

今年八月九日的《光明日报》上就刊载有当代中国著名的马列学者、中国人民大学教授高放的文章《启蒙助我成为学者》，他就是抗战开始以后启蒙的，还以抗战胜利以后抵制过反苏大游行而自豪。他的启蒙当然是完全不同于旧启蒙的新启蒙，他自己说读的也都是左翼作家和苏联人的著作。

所以说新启蒙结束于一九四九年中国人民解放战争胜利，是因为在那以后，马列主义成了官学，政治学习成为政府要求。愿意学得学，不愿意学也得学，形势从根本上改变了。新启蒙运动的最后完成应当是中国共产党领导的革命在一九四九年的胜利，在那以后，新启蒙终于彻底否定了"五四"的"旧启蒙"。

4.6 新启蒙与毛泽东

应该说，毛泽东也是新启蒙运动的受益者。在一九三六年以前，他戎马倥偬，难得有静下心来好好读马列的机会，据他同斯诺讲，他建立对马克思主义的信仰主要是读了马恩的《共产党宣言》，考茨基的《阶级斗争》和柯卡普的《社会主义史》三本书（见斯诺：《西行漫记》）。红军到了延安，建立了陕甘宁边区以后，他可以有时间认真学习，清理一下自己的思想了。根据现在出版的《毛泽东书信选集》，他不但读陈伯达、艾思奇、何干之这些新启蒙运动的发起人的书，还常写信向他们"请教"，当然，毛泽东是聪明绝顶的人，常常能从对方的论点中发现问题，然后别立新义，毛泽东之所以为毛泽东真是良有以也。

一九四〇年一月毛泽东写成并出版《新民主主义论》，这应该被认为是新启蒙运动的高潮。作为中国革命的领袖的毛泽东已经完成了马列主义的中国化，不但在以农民为主力军，依托农村包围城市逐步取得胜利的军事战略上，而且在建国后的政治、经济、文化建设上都有了（在我们看来是）完整的、成熟的一整套主义与方略。从此以后，新启蒙就有了标准的、权威的教科书。不但是见识幼稚而感情易于冲动的青年学生愈来愈大规模地左倾，而且连许多过去一贯反对共产主义的国家主义者、自由主义者的知识分子也由于日寇侵略的深入，对蒋介石政权腐败与无能的失望与反感，自身生活的贫困化与对下层人民生活的苦难的认识加深，越来越感到是毛泽东给他们指出了一条解放的道路而越来越"进步"起来。共产党的统一战线不但扩大到了闻一多、马寅初……这样的知识分子身上，而且扩大到了黄炎培、张澜……这样的资产阶级和地主阶级代表人物身上，甚至扩大到龙云、刘文辉这样的地方实力派军阀身上。

在因毛泽东逝世而结束了"文化大革命"以来的四分之一世纪里，经常可以听到一种议论，就是有不少的老同志慨叹："毛主席要是在革命胜利以后认真地实行新民主主义就好了。"但是我们如果打开这篇文章再看，不用细读就可以发现毛主席的理论正是在说明，在苏联革命胜利以后，中国的资产阶级民主革命就不再属于资产阶级革命范畴而是世界无产阶级革命的一部分了。新民主主义的政治就是由中国无产阶级领导的中国各个革命阶级的联合专政。新民主主义的政治、经济、文化都是由无产阶级领导、亦即共产党领导的……。毛主席在中华人民共和国成立后所做的就是他在那以前所说的，并无二致。

4.7 新启蒙的意义

把"救亡与启蒙"的命题扩大来看，也可以说是外敌（日本帝国主义）的侵略刺激了中国的（社会主义）革命化，这是二十世纪世界史上的一件大事。作简单的回答是不可能的，用新启蒙提供的理论尤其无法解释。它牵涉到中国两千多年"百代皆行秦政制"的大传统，也牵涉到时伏时起的农民造反的小传统，它还牵涉到整个世界形势的发展。在"五四"以前以及改革开放以后的中国人看来，好像自由主义、民主主义几百年来都是世界的主流思潮。其实在我们青年时期看，马列主义大概确实是当时最强劲的单个世界性大思潮，尤其在二三十年代之交美国发生经济危机而苏联的五年计划又提前完成以后，好像实践已经检验证明了马列主义的真理性。中国要实现民族独立和民族解放，非要依靠它指明的社会主义和共产主义的道路不可。虽然全球化是二十世纪末叶才出现的概念，实际上国际间相互影响早就开始了。新启蒙不但不能忘记而且不能低估，因为它不但是中国历史上重要的一章，也是二十世纪一段重要的历史在中国的反映。对比起"五四"的启蒙来，新启蒙可以说是胜利了，因为他不但依靠了强大的世界性思潮，而且植根于中国自己的传统中。它的胜利是各种合力的结果。而五四运动的反传统的启蒙虽然现在看确实应该进行到底。但是当时实际上只是触及了传统的一层表皮。中国要赶上和融入世界发展的主流，任务还是同五四时期一样的艰巨。

4.8 新启蒙偏离了启蒙

所谓新启蒙，照它的原意就是对旧启蒙的超越，实际上则是对五四的"民主"与"科学"启蒙精神的偏离。起初也许只是差以毫厘，逐渐就谬以千里了。我们这一代人就是被这个新启蒙引导着走了大半辈子所谓"超越五四"的道路，实际上则是偏离五四的道路，早已走到南墙，碰得头破血流了。我们有义务告诉后人：停步，退回去，回到五四，重新起步。

5. 回归五四 重新启蒙

5.1 "五四"未能完成启蒙

关于"五四"启蒙运动之所以未能起到应有的作用而归于夭折的历史，前几年有所谓救亡压倒启蒙之说。但是，中国历史上最大的启蒙运动——五四运动恰好发生在袁世凯接受"二十一"条卖国条约以后，主权不保，国将不国之际，五四运动不但抵制了这一类卖国行为，而且使民气高扬，思想学术界与整个国家的面貌为之一新，这又该如何解释呢？中国古训"殷忧启圣"，"多难兴邦"，外国也不乏国家振兴于危亡之际的例子，这又该如何解释呢？平心而论，如果抗战军兴，主持全国政权的国民党政府能够实行共产党提出的"三七五减租"和各界开明人士所提出的各项民主改革政策，抗日战争时期的整个局面也许就会有很大不同。又如果，在抗战胜利以后，国民党政府能接受共产党和各民主党派提出的各项政策，也包括民主启蒙的政策，中国政局的发展也许又会有很大的不同。当然，这只是我这样出生在"五四"以后的老人根据亲身经历提出的一些猜想。"谋事在人，成事在天"，历史不能假设，追悔是没有用的。更何况，在共产党取得胜利，掌握全国政权以后，它又把自己曾经建议过的各项政策，连同"仁政"一起一概斥之为过时的、甚至反动的政策，径自进入社会主义。启蒙也就成为既陈之刍狗了。

如果我们不能继承"五四"先贤的志业，进行持久的、全面的、认真的启蒙，历史不但已经重复了，而且还不是没有可能再重复，至少至今还没有能看到足以防止的保证。

5.2 需要重新启蒙

长长的八十年过去了，中国人民付出了血、泪、汗的代价以后，终于取得了民族独立，在物质文明方面也总算取得了可观的进步。所谓"救亡压倒启蒙"的问题，即使过去有过，现在也不应当再存在了。进入二十一世纪，我们应当可以顺顺当当地完成启蒙的任务了。固然"三纲六纪"、"纲常名教、君道臣节"这样支配了中国人两千年的话，早已不入于当代青年之耳，但是文化大革命刚过去不久，它的阴影还压在中国人的心头。不妨提一个不客气的问题："文化大革命中，几个人敢说自己不是奴隶，不是奴才？"就这方面说，不能否认中国传统文化中的专制主义与蒙昧主义的遗毒仍然根深蒂固，由此而来的极端主义的心理状态，深深埋在中国人民的心底，随时可以复兴而反扑过来。一个世纪以来反复有所表现，除世纪中期的"文革"而外，一八九九年的义和团和一九九九年的法轮功就在世纪的两头遥相呼应。真是所谓"心中贼难除"。

然而，全球化的浪潮汹涌拍岸，中国的大门既已打开，也就决不能长期自处于其影响之外。中国有文化大革命这样近乎独一无二的反面教员，我们对之进行细致的解剖，深刻的反省，由此得出鲁迅所谓"立人"的正道的日子不会太远了。"五四"先贤的遗征绝响必然会重新振作，他们的嘉言懿行必然会重新点燃启蒙的火炬。他们的信念——只有"人"本身才是目的，必然会成为全中国人民的信念。九曲黄河归大海，万流虽细必朝宗。到那个时候，中国将成为世界上极文明的国家，中国人民人人都能得到极好的公民教育，尊严地以自由、自律、自强、自胜的姿态参加全球价值的建设工作。当务之急就是要把启蒙的火炬重新点燃起来！

5.3 重新启蒙需要回归五四

"回归五四"是指重新进行"民主启蒙"的意思，应当本着五四的精神，按照陈独秀晚年的觉悟，把在世界上已有共识的，已经制度化的"民主"的观念来在中国进行启蒙。其实即使在八十年前，这套观念在世界上已经不能算新的了。照陈独秀的说法，它已经是"几千万民众流血斗争了五六百年才实现了的"。

说了这么多话，其实只是为了一个目的：落实"回归五四"，因为只有"回归五四"才是中国真正走上现代化之路的起点。以中国传统包袱如此之大、之重，要确立民主的制度，民主的精神，民主的习惯，是要不断地学，不断地习，不断地"学而时习之"的。比五四先贤还早的又一位伟大的启蒙者孙中山，为了教中国人学习民主，特意在一九一七年写的《建国方略》中辟有专章，讲述议事规则，想以此教会中国人懂得如何开会，名之为《民权初步》。孙中山还在其序言中特别申明："此书譬之兵家之操典，化学之公式，非浏览诵读之书，乃习练演试之书也。"其精神至可感佩。六十多年前我们上小学的时候，还是认真"学而时习之"的。近五十年来，因为整个社会的忽视，已经被大家忘怀了。到现在，严格地说，中国人还是连会都不会开。前几年，在一个规格极高的会议上，有一位地位显要的老知识分子突然悄悄地问我："这么重要的提案，连附议都没有，怎么就能付诸表决了呢？"传统还是压杀了启蒙。

今天在中国，凡是希望加速中国的现代化、加速中国的改革开放、加速中国的民主化的人，不论宗奉什么学派，都要全力以赴地开展启蒙工作。

6. 自由是最有价值的一种价值

6.自由的价值

自由主义者认为：人人都有追求自己的快乐和幸福的自由，都有发展自己的创造性的自由，只要不损害他人的自由。事实证明，只有自由的人才最能创造物质的和精神的财富。

世界经过工业化以来两三百年的比较和选择，中国尤其经过了一百多年来的人类史上规模最大的社会试验，已经有足够的理由证明，自由和自由主义是最好的、最具普遍性的价值。

马克思和恩格斯在一八四八年的《共产党宣言》里宣告，他们的理想社会是："这样一个联合体，在那里，每个人的自由发展是一切人的自由发展的条件。"这是对个人的自由和全社会的自由的一种贴切的表述。

6.2 自由主义的精髓

自由主义者最懂得一个人必须自尊、自强、自律、自胜，最懂得对他人要尊重、要宽容。自由主义者不但乐于听取各种各样的反对意见，而且保护反对意见。他的信条是："我虽然反对你的意见，但是坚决认为你有发表你的意见的权利。"他只是决不宽容扼杀别人的自由的专制者和独裁者。

自由主义可以是一种政治学说，可以是一种经济思想，也可以是一种社会哲学。它可以是一种社会政治制度，更是一种生活态度。只有全社会多数人基本上都具备了这样的生活态度，也就是正确的公民意识，这个社会才可以算是一个现代化的社会，这个国家才可以成为一个法治国家。

6.3 自由主义是"舶来品"

自由主义并不是中国几千年文化中固有的传统。它传入中国不过一百来年。然而正如佛教一样，既然传入中国就必然会生根发芽，与中国传统相融合，其意义与作用则远非佛教可比，自由主义使中国由此而开始走向世界，走向现代化，走向全球化。

6.4 自由主义和北京大学

第一个把"自由"的概念引入中国的就是曾任北大校长的严复。他翻译了穆勒的《论自由》，但是因为"中文自由常含放诞、恣睢、无忌惮诸劣义"，怕中国人不能理解自由的真谛而误解为可以"为放肆、为淫佚、为不法、为无礼"，特地费尽心思译作《群己权界论》，给中国带来了自由的经典定义：人生而自由，他可以做任何他愿意做的事情，但是必须以不妨碍他人的自由为界限。

一八九五年，面对甲午战败后岌岌可危的中国，总结鸦片战争以降的历史经验，严复发表《论世变之亟》，明确提出：西方富强而中国贫弱的关键就在"自由不自由异耳"。

蔡元培在一九一七年出任北大校长，提出"囊括大典，网罗众家，思想自由，兼容并包"的方针，把北大改造成为一所名副其实的现代大学，使北大正式成为在中国引进和发扬自由主义的基地。正是在这个方针的指导下，北大出现了中国学术史上自稷下学宫以后从来没有过的百家争鸣的局面，而且超越这个传统，使学术得以脱离政治权力而具有完全独立的品格。以后，在一九一九年形成了震动全国的五四运动。

继蔡元培自一九二三年起任北大校长十五年的蒋梦麟也把"大度包容"作为办校的方针，继续为北大、也为中国培养自由主义的元气。蒋梦麟宣告"我们当继续不断的向'容'字一方面努力。'宰相肚里好撑船'，本校'肚里'要驶飞艇才好。"

北大可以永远自豪的是，它是自由主义在中国的播种者和启蒙者。

6.5 自由主义在中国至今未能扎根

中国毕竟是几千年皇权专制的传统极深极厚的社会，经过几十年学人和思想家的努力，自由主义在有几亿人口的中国社会，也只是浸润到了薄薄的一层。它的根扎得太浅，它的嫩苗十分脆弱，在历史的狂风暴雨中，它曾濒临灭绝的境地。

虽然，风雨如晦，鸡鸣不已。曾经担任北京大学客座教授的陈寅恪一生尽瘁学术，谨守"独立之精神，自由之思想"。他的后半生经历了极其险恶的政治压力，然而他到死也没有向政治权力低头，实践了他早年说过的话："不自由，毋宁死耳！"

一九五七年以后，大批判在全国已成不可抗拒之势，当自由主义在中国眼看就要灭绝的时候，写了《新人口论》的北大校长马寅初在猛烈的围攻下，仍然在一九五九年十一月发出《重申我的请求》说："我虽年近八十，明知寡不敌众，自当单枪匹马出来应战，直到战死为止，决不向以力压服不以理说服的那种批判者投降。"他还说："我对我的理论相当有把握，不能不坚持。学术的尊严不能不维护，只得拒绝检讨。"

正是这样尊严、坚强的个人使北大播下的自由主义精神得以维系于不堕。今后，随着中国的文明进步，这种精神一定会发扬光大，使中国再也不再遭受那样黑暗悲惨的日子。这是因为自由的要求最终来自每一个人的内心。自由是每一个人天赋的权利。

6.6 自由主义与"加强领导"

几十年来有一句话流行极广，最初出自最高领导人之口，后来也常常挂在许多人的嘴边，叫做"加强领导"。肯用脑筋的人只要细细想一想，就会发现中国近几十年来的许多问题，正是因为"加强领导"而产生的。对"加强领导"的反思自会导向自由主义。

6.7 自由主义在中国的复活

要说一句可能有的学者会感到不易接受的话，我觉得改革开放以来，中国自由主义复活的第一个源头就是一九七八年安徽凤阳县小岗村十八个农民按血手印分田地搞单干这件事。他们是在极端困难的条件下这样做的。上不告父母，下不告妻子，为的就是要挣脱束缚，自谋生路。这是典型的自由主义的经济行为。

第二个源头可能是一九八〇年十月八日《人民日报》上登的赵丹的遗言："管得太具体，文艺就没有希望"。反过来说不就是要"少管"，甚至"不管"吗？

还有一个源头，就是七八十年代之交流行的一句话，叫做"松绑"。我曾亲自听到一些领导同志讲"经济少管就活了"。这不就是 laissez faire 吗？

自由主义在中国复活，正如在西方诞生一样，是有社会的、历史的原因的，只是中国人历来不善于总结，或者说不善于理论思维，因此，到现在还不见有什么独创的理论而已。不过，天下事也不是什么都非要独创不可。向人家学习，把人家行之有效、已有几百年的东西"拿来"，总不至于有什么特别困难的吧！

6.8 自由主义与新左派

就我所知，自由主义的最高诉求是自由，而新左派的最高诉求是平等。这两者都来自人性的本然要求，比较理想的社会都应当能求其调和折中，达到最佳的平衡。不过这种平衡是动态的，是时时会被打破而应当时时调整的。近年来资本主义让"自由"放纵到几乎没有约束的程度，出现了所谓"过度的个人主义"（over individualism），在当今的世界上颇受诟病。平等，在历史上发挥到极致大概就是斯大林、毛泽东式的社会主义，结果证明它不靠极权专制就不能维持，而这样的维持也不可能太久，不改革，就会瓦解，或者成为无政府主义。

6.9 自由主义和社会主义

老人只有对年轻时学到的知识，印象比较深刻，比较清晰。晚年看到的一些后现代的，或者新左派的书籍、文章，当时即不甚了了，事后更是模糊。我只能说，它当然是和改革开放的新时期以来的贫富差距拉大，特别是以不正当手段获取财富（主要是贪污腐化）的事例越来越多有联系的，也是同古今中外的社会主义思潮有联系的。在西方，社会主义本来是与自由主义对称并举的。在中国的传统中，从三代的井田制到孔子说的"不患寡而患不均"以至历代农民革命的口号，还有最近五十年的社会实践，社会主义的资源要比自由主义的资源远为丰富。我以为在越来越全球化、甚至实现了全球化的世界上，可能自由主义与社会主义仍然是人类最大的两种价值取向，只能希望两者的共同点更多一点。这样的共同点本来就是有的，比如说人权。另外，相对于专制主义而言，自由总是第一义的。没有自由，什么都说不上，平等也包括在内。

6.10 自由主义与共产主义

这倒是一个很有意思的问题。如果倒退到六十年前。那时的我只知道共产主义是最自由的，自由主义不过是比较低级的阶段而已。因此，根本不认为两者有什么矛盾。如果倒退到四十年前，那时我已经知道了实践中的马克思主义，亦即苏联、中国式的共产主义是与自由主义完全对立的，自由主义完全是资产阶级的意识形态。但是当时的我虽然知道了这一点，心里却是怀疑的，只是不像顾准那样能对自己的弟弟写出来而已。如果退到二十年以前，那时极左思潮已开始失势，改革开放已经开始。我就又觉得共产主义与自由主义没有太大的矛盾了。尤其是"初级阶段"的理论确立以后，心里更加明确，不论共产主义何时实现，人民目前首先要争取自由，这点是没有疑问的。

6.11 自由主义在中国的前途

中国要达到[自由主义]这个目标，还有漫长而曲折的路要走。但是我们一定要走向这个目标。

我们可以抱有信心：

第一，我们已经有了一百年的传统。中国的更古老的传统虽然有许多是阻碍自由主义的，但是在像儒家和道家这样的主流文化中也可以找到与自由主义相容，以至相互促成的资源。太史公蔡鹤卿先生就是一个极好的榜样。

第二，我们正在转向市场经济。市场经济必须发展经济的自由主义，而经济的自由主义正是其他各种自由主义的基础。历史证明，凡是经济最自由的国家，其绩效总是最好的。

第三，我们现在正处在全球化的时代。经济市场化已成为全球性的潮流，自由和自由主义也越来越成为一种全球性的价值。孙中山说过："世界潮流，浩浩荡荡，顺之者昌，逆之者亡。"一百几十年的历史已经证明了这点。这个大潮流对中国的影响是无可估量的。

6.12 我不是中国自由主义者的领袖

[外面说我是中国自由主义者的领袖]是大大的误解。我个人跟自由主义结缘，可能是两件事。第一件事是去年（一九九八年）五月北大百年校庆。有一个年轻朋友编了一本书，叫做《北大传统与近代中国》，副题是《自由主义的先声》，要我写一篇序。我以为他的立意与选材都是正确的，当时社会上一般认为北大的精神是爱国主义，我则以为爱国主义太空泛，可以适用于任何大学，北大对中国学术思想界的贡献最突出的就是自由主义，所以我那篇序的题目就叫做《弘扬北大的自由主义精神》，顶多不过两千字吧！如果说光凭这两千字的文章就当上了"中国自由主义的领袖"，那可真是捡了一个大便宜。其实我对自由主义并无多少研究，恐怕天下没有那样的便宜事。事实上，中国现在有许多年轻的学者，他们对自由主义知道的比我多得多，研究的也比我深得多。我很为此高兴，他们是明天中国的希望。

我与自由主义的另一个关涉是在前年（一九九七年）夏天，那时我正因为中风而住在医院里，《顾准日记》的编者要我给那本书写篇序。《顾准文集》我是看过，而且写文章介绍过的。我常常捉摸他说自己是"从理想主义到现实主义"，这个现实主义到底是什么意思。当时就悟到它原来就是曾在中国兴盛过一段时间的自由主义。于是就把这句话写进了序言。我当时真是战战兢兢，踌躇再三。因为"自由主义"在中国是已经批倒批臭了的"腐朽、庸俗的作风"。毛主席早在一九三七年就著文批判过，只要是解放后上过中学的人，就没有人没读过毛主席写的《反对自由主义》的文章，自己多年来在各种学习会议上也经常为这点或者那点的"小小不然"而自我批判为"自由主义"，或者以此批判过别人。现在要提出在世界上流行了几百年的另一种理解来，实在难免不发生误解。但是，想来想去，liberalism决没有别的译法，而对于中国人民来说又决不应该不知道这一个极其重要的概念，因此，还是硬着头皮写了这句话。我见闻不广，当时以为就是我挑了这个头，心里还着实嘀咕了一阵。但是后来看到有些批判自由主义的文章，好像自由主义的旗帜不但久已存在，而且几十年一直在中国飘扬着。这倒是我过去所从来不知道的，而且现在也不知到底指的是什么人、什么文章。

第二十三章 辛亥革命、政治改革和现代化目标

1. 辛亥革命[1]

1.1 孙中山和辛亥革命

辛亥革命是值得中国人永远纪念的,因为一九一一年十月十日武昌城头一声炮响,推翻了中国延续了两千年的帝制,催生了中华民国,它不但是中国的第一个民国,也是亚洲的第一个民国。

武昌起义的时候,它的精神领袖孙中山还在海外,但在此以前,他已在国内发动了十次起义。虽然都归于失败,然而革命思想已深入人心,震撼了满清的统治,因此他是辛亥革命事实上的领袖与发动者。

九十年来,民国已经在亚洲国家中占绝大多数。亚洲国家追欧赶美也有了不小的成绩,推源其始,都导源于辛亥革命,导源于辛亥革命的策划人孙中山及其思想。就凭这一点,孙中山就是中国的,甚至是亚洲的民主化与现代化的不祧之祖。

1.2 孙中山的三民主义

孙中山是一个勤勤恳恳、孜孜兀兀、百折不挠、探究救国救民的道理的人。他的思想经过几十年的锤炼,已经系统地表述在他在逝世前一年发表的三民主义一系列讲话中。尽管孙中山或者思虑未精,或者知行违忤,中国要完成现代化与民主化,还是超不出孙中山所概括的三民主义,亦即民族主义、民生主义、民权主义的范围以外。

---

[1] 本节内容选自《和平奋斗兴中国—辛亥革命九十周年祭》(2001年)。

1.3 盘点三民主义：民族主义基本实现

孙中山的民族主义，原来的范围是十分狭窄的，只是要"驱逐鞑虏，光复中华"，这一点是经过辛亥革命就达到了。而且还应当说，作为中国主体民族的汉族在这方面的表现可称"优异"。虽然胜利以前言辞激烈，对满洲人大有食其肉而寝其皮之慨；胜利以后倒是宽宏大量，平等相待，并没有出现世界上常见的多数民族歧视少数民族的情况。这是中华民族值得自豪的一项成就。

但是在推翻满清统治后，中国的民族主义还有推翻帝国主义的压迫、欺侮与侵略这个任务。因此孙中山逝世时的遗嘱，开头第一句话就是"余致力于国民革命凡四十年，其目的在求得中国之自由平等。"以后，战场上的浴血抗争，外交上的折冲樽俎，都是为了这个目的。应该说，由于中国军民的英勇抗战，也由于中国外交政策的选择正确，这个目的在一九四五年中国抗日战争胜利的时候已经达到了。敌人已经赶出中国国土，租界已经收回，不平等条约已经废除，领事裁判权已经撤销。不但如此，中国还成为联合国的发起国，而且成为手中握有否决权的安全理事会五个常任理事国之一。中国到此，已可说是不但国耻尽雪，而且扬眉吐气，中国百年来的民族大愿已经实现了。

不料，到二十世纪下半期，中国的民族主义却有了一个新的转向，由四征不庭、万国来朝的天朝上国情结发展出一个"世界革命的情结"，具体地也可以说是"第三世界情结"。举世周知，发动中国文化大革命的动因是"反修防修"，而所以要反修防修则是因为"苏联反帝不力，只顾自己而忘了天下的穷哥儿们"。而我们中国则是永远恪守马克思主义"解放全人类"的承诺，相信"只有人类解放，我才能解放"的。

由民族主义（nationalism）到国际主义（internationalism）不论在逻辑上还是人情上，都是顺理成章，势所必至，理有固然的。不见当今西方的大国不也是把保障别国人民的人权，当作自己的神圣义务，因而成为新干涉主义的口实的么？何况中国还有一个"天下主义"的传统，"己欲立，而立人；己欲达，而达人"，也是中国圣人的古训。

但是，在这样做以前一定要问一问：自己是不是确实已经立了，已经达了？如果答案是肯定的。那也得再问一下自己的力量够不够像四十年前中华人民共和国主席刘少奇宣布的那样："中国不惜承担民族牺牲来实行自己的国际义务。"如果不量力而行就要包打天下，则不但自误，而且误人。国门打开已经二十多年。中国与外界的交流已大大扩大了。中国人对自己、对外界都应该有进一步的了解与认识了。

不过，中国历史上是东亚的大帝国，就人口论，则几千年来一直是世界第一大国。这一点不知怎么就形成了中国人一有点条件就不甘屈居人下的心理，我称之为一种虚骄之气。由于这个原因，中国往往叫人害怕，不但在统一鼎盛的时期是如此，在分裂战乱的时候也是如此。最近几十年来，随着交通的发达，世界人口移动迁徙的能力大大增强以后更是如此。邓小平一九八九年对斯考克罗夫特说的话——不要希望中国乱，中国乱了，对世界没有好处——是知己知彼而十分深刻的。

孙中山还继承了清末人的思想，对中国人有可能"亡国灭种"怀有深刻的恐惧。他还引用美国公使乐克里耳的话，说中国在乾隆时有四亿人，到清末就只有三亿人了，他相信发达国家的人口都随着工业化而迅速增长，而落后国家的人口则将如美洲印第安人那样趋于消失。事实上，中国人口到上世纪末已超过十二亿人，始终是人口第一大国，今天看来，孙中山的担心实在是过虑了。

总而言之，原来意义上的民族主义，在中国已经实现了。中国切忌让失去理智的虚骄之气把自己引向民族灾难。邓小平的遗训——"韬光养晦，决不当头"，还有"不要想扛人旗，要扛你也扛不动"，值得中国至少记取一百年。

在今天的世界上，一个民族最大的光荣就是在随着全球化的进程不断加速而正在形成的全球价值中增加自己的贡献，扩大自己的份额，而这只有中国在解决尚未解决的民生主义和民权主义两方面有优异的表现才能做到。

1.4 盘点三民主义：民生主义已步入正轨

孙中山曾把"民生主义"解释为就是马克思说的社会主义和共产主义，但是他又一再表示对苏联的实际不甚了解，经过百年沧桑，我们不妨把它理解为发展经济，改善民生。这不但无背于孙中山当初的设想，也符合世界各族人民同有的要求。

余生也晚，清末民初中国人穷困流离、辗转沟壑的惨象我没有能赶得上"亲眼见"。但是到了抗战时期，我已经懂事了，也走了大半个中国，"支离东北风尘际，漂泊西南天地间"的体会是不少的。中国人真是穷，真是苦！解决民生问题实在有十分迫切的需要。解放以后，原以为中国从此就走上安定团结、繁荣富强的道路了，但是由大跃进与一大二公的人民公社带来的饿殍遍野的景况是亲自经历了的。文化大革命中，帽子横飞，生趣索然的生活更是眼见身受。日日盼，夜夜盼，好容易盼到了近二十年改革开放的好时光，从此才算懂得了发展经济必由其"道"，也就是必须按照经济规律办事，不由其"道"，光凭意志，蛮干苦干，只能南其辕而北其辙。在这方面，要特别感谢安徽凤阳县小岗村十八户农民，从求生的愿望出发，冒着"犯罪"的危险，按血手印，立保证书，分田单干的壮举。是他们的勇敢行动向中国人证明了经济学上一条古老的原理："自由创造是人的本质，也是一切财富的来源。"也多亏邓小平以其政治家的魄力，在一九九二年推翻了一条束缚了十亿人口求发展的本能的教条，明确宣布："资本主义可以搞市场经济，社会主义也可以搞市场经济。"从根本上解放了中国人民的生产力。

关于民生主义，孙中山只是提出了一个正确的命题，其实他对经济学是并不太内行的，说来说去只有"平均地权，节制资本"八个字，再就是要筑铁路二十万里这样的大话空话。中国近代以来实行的本来是十分原始的市场经济，清末实行对外开放以后才算有初步的发展。孙中山不是大力提倡在解决农村土地问题的基础上，顺势追赶世界经济发展的主流，反而受世界非主流思潮的误导，横生枝节。不过，对一个政治家来说，本来没有必要深通经济学。孙中山在辛亥革命胜利以后就说什么"民族，民权两主义俱已达到，唯有民生主义尚未着手"，一心一意研究起筑多少里铁路、公路这样的问题来。所幸他毕竟不懂经济学，又始终未能取得全国性政权，至少对中国经济的发展还没有造成多少阻碍与破坏。而留下了民生主义这个至少可以照耀中国前进的道路二百年（一百年后世界各国发展经济的目的与方向，暂时不敢妄论）的响当当、光闪闪的口号。

上面说过，中国自从清末打开国门以后即由自然经济转向市场经济，但是受到专制官僚主义的束缚和限制，始终不能顺畅发展，一直到中华人民共和国成立，工商业的规模还十分狭小，民生仍然十分困苦。解放以后，实行计划经济，在初期确实表现出强制工业化的威力，人民生计也有相当的改善，但是后来就显示出计划经济的限制，又加上政治始终压住经济，越来越显得艰难竭蹶。一直到改革开放以后，尤其是一九九二年邓小平南巡讲话以后，才算走上了市场经济的大路。近二十来年，国民经济一直以百分之十左右的速率高速发展，在国际上已创下令人艳羡的记录。虽然中国走市场经济解决民生问题的道路在二十世纪有过极不顺畅甚至十分痛苦的经验，现在应该不会再走回头路了。至少可以借用列宁的话说："坚冰已经打破，航道已经开通"了。

尽管如此，跟世界上的发达国家比，中国现在的市场经济是极不健全、极不规范的。仅以目前而论：贪污成风，贿赂公行，贫富差距日益扩大，据说基尼系数已经超过发达国家。环境问题日趋严重，黑社会潜滋暗长，社会风气之败坏，屡创历史新高。各种问题千奇百怪，要解决就必须立规矩，要立规矩就必须要建立法治社会，要建立法治社会，就必须实行民主，也就是孙中山倡导的民权主义。

1.5 盘点三民主义：民权主义令人失望

然而在辛亥革命九十周年之际盘点中国的成就或者进步，最最令人失望的，正是民权主义。

上面说过，孙中山在中华民国成立以后就说："民族、民权两主义俱已达到。"这是老先生十分糊涂的地方，他大概认为"五族共和，满汉平等"就算中国已经实现了民权主义了。当时，他也许还没有深入钻研当时世界上的民主政治。以后他倒是下了不少功夫学习研究，而且还有不少心得发明，比如把政权称之为"权"，治权称之为"能"，把世界通行的行政、立法、司法三权分立加上被他认为是中国特色的监察权与考试权从行政权中分立出来成为五权，由此定下了"五权宪法"的原则。他还认为瑞士实行直接民权，是世界上民权最发达的国家，但是人民只有选举权，他认为还不够，又发明了"罢免"、"创制"、"复决"三种民权，认为人民有了这四权，民权才算完全。九权"彼此保持平衡，民权问题才算是真解决，政治才算是有轨道"。

经过这番研究与发明，孙中山在一九二四年作《三民主义》的演讲时，才承认："中国自有历史以来没有实行过民权，就是（民国建立）十三年来，也没有实行过民权。"

在民族主义第二讲中，孙中山明确说：所谓"德谟克拉西"就是民权。但是孙中山对民权主义下的工夫虽然不小，知识也远超过今天一般的中国人，其实认识并不深刻，概念更不准确，与今天世界上通行的以自由、平等、人权、法治为核心的宪政民主思想相比，可称体系粗疏，漏洞不少。"春秋责备贤者"，对于以"革命导师"自命，后来又有"国父"之称的孙中山，是可以提出更高的要求的。

就民权或民主的角度而言，孙中山对中国历史的认识可称是深刻的。例如，他说：

> 秦始皇专制，人民都反对他，后来陈涉、吴广起义，各省（地）都响应，那本是民权的风潮。……到刘邦、项羽出来……他们就是争皇帝。

> 外国曾有为宗教而战，（为）自由而战的，但中国几千年以来所战的都是为皇帝一个问题。

> 当我提倡革命之初，来赞成革命的人，十人之中，差不多有六七人有一种帝王思想的

> 欢迎保皇党的人，多是海外华侨。后来看到革命思想过于盛行，那些华侨才渐渐变更宗旨来赞成革命。

> 现在虽然是推翻专制，成立共和政体，表面上固然是解放，但是人民的心目中，还有专制的观念。

他又说:"中国人不知自由、只知发财",也许正好从历史背景和文化传统上说中了中国人在经济建设上易于上路,而在民主建设上十分艰难的原因。

尽管如此,孙中山也是在中国传统文化中熏陶培育出来的人,专制主义思想在他身上也一样根深柢固。首先,孙中山以先知先觉自况,以天生的革命家自居,摆脱不了古来圣王明君的格局。一九一四年国民党改组为中华革命党之际,就规定了"誓言"。党员必须发誓:"愿牺牲一己之生命自由权利。服从孙先生……如有二心,甘受极刑。"一九一四年孙中山就任国民党总理以后,党章公然规定"总理对于中央执行委员会之决议有最后决定之权"。这些都给中国以后的独裁不绝、民主难成,留下了极其恶劣的榜样。

同时,孙中山革命依靠的力量基本上是游民组成的会党,辛亥以前的十次革命,实际上不过是少数敢死队攻打官衙的"举事",大似今天所谓恐怖主义行动。事实上,一九〇四年一月孙中山自己在檀香山加入洪门致公党时,就在五祖像前发三十六誓。这就决定了他在以后领导革命的时候不能不把这种会党习气带到革命内部。

所以研究孙中山在辛亥以后的历次重大行动,便可以发现他很少是从原则出发,而往往是从夺权出发,好像只要他胜利了就是革命胜利了。然而即使他胜利了也并不一定是原则的胜利,更说不上使民主与法治的原则确立成为民国不可更易的规范。他还相信只要目的正确,就可以不择手段,甚至不惜使用收卖、暗杀等等阴谋权术,从而使政治上的正气始终无由建立,使中国离民主与法治越来越远。

自从清末以来,中国的民族要求就是要赶上(或者用孙中山的话来说,要"迎头赶上")世界的主流思潮,也就是"先进文化"。不幸的是,大概因为中国专制主义的思潮实在是源远流长,根深柢固的缘故,不但老是赶不上,反而老是受反主流思潮的误导。最明显的就是相信布尔什维克党的先进性而确立国民党的一党专政。事实上,孙中山生前,国民党还没有夺得全国政权。国民党的一党专政是他死后他的学生蒋介石北伐成功以后才实现的,但是其思想则确实是导源于孙中山,导源于孙中山的军政—训政—宪政三阶段论。而到他的学生蒋介石统一中国以后,训政就至少训了二十来年,国民党只讲党权,蔑视人权，决不考虑如何培养人民的民主精神和法治习惯，而只是在"一个主义，一个政党，一个领袖"的口号下独霸政权，直到失尽民心，自己被逐出大陆，为中国政治开了极坏的恶例。

对于这位首倡革命，建立民国，而且又手定三民主义指明了中国发展道路的历史人物，在提高中国的民权方面实在是乏善可陈，中华人民共和国成立的时候继承的就是从秦始皇到孙中山蒋介石这样一份专制主义的遗产，因此它在建立民主政治方面的艰难竭蹶，也就可以想见了。

在当今世界各国争相实现现代化的过程中，其实第一个最重要的指标就是政治民主化。近几百年的历史证明，最先进的国家都是政治上实现了民主化之后经济才得到稳定可靠的发展，不论生产方式和生产关系有什么变动，它都能适应。后进国家则往往要先发展经济以后再推动政治现代化，但是如果民主建设过于滞后，就往往有发生严重危机的危险。在十九世纪，人们看到的局面是一顶顶王冠落地；而在二十世纪，一个长期把持政权的所谓新型政党（实际上都是专政政党），从布尔什维克党到中国国民党到世纪末的墨西哥革命制度党，在独霸政权几十年以后都被剥夺政权，恰恰是世界民主潮流发展的证明。

给中国指出了现代化的方向的孙中山到晚年的时候，心里有一点还是比别人清楚：他的目标始终没有达到，所以向后人发出了"革命尚未成功，同志仍须努力"的告诫。我们这一代人就一辈子都是在革命与战争中过来的。但是到现在这个新世纪开始的年头，抚今追昔，觉得在付出了这么多血与火的代价以后，社会还是应该算是有些进步的。最简单地说就是，如果说在我们青年时期似乎只有用"革命"才能推动中国前进的话，现在也许改良的效果会更好更大些，更切合实际一些。七十六年以前，这位中国近代革命的第一位领袖，在北平逝世前的最后一句话是"和平奋斗救中国"。现在"救"的任务应该已同"亡国灭种"的危险一样过去了。把这句话改一个字，改为"和平奋斗兴中国"，也许可以更贴切地反映今日中国人民的任务和目标。

403

2. 政治改革的必要性[1]

2.1 政治改革滞后

在我们国家，政治改革与经济改革是同时开始的。如果说将近二十年来的经济改革已经取得了举世瞩目的成就的话，政治改革却仍然是踌躇不前。现在既然十五大决议已经提出要"继续推进政治改革"，我们在这方面也一定要加快步伐。

有一种看法认为经济不断发展，民主自然就会到来。但是这种看法并没有得到世界历史的支持。首先，经济并不总是能自然而然地不断发展。同时，真正的民主制度的出现总是要有正确而强大的舆论以为先导，以唤醒国民。因为民主是全体人民的事业，实行什么样的制度，必须有尽可能广泛的人对原则有尽可能深刻的认识。

2.2 "法制"和"法治"

"十五大"提出政治体制改革的目标是要"进一步扩大社会主义民主，健全社会主义法治，依法治国，建设社会主义法治国家"。这里，"法治国家"是一个全新的提法。我们过去常见的是"法制"，而不是"法治"。这是两个大不相同的概念。虽然在中国的普通话里，两者发音全同，但在英文里，法制是rule by law，法治是rule of law。一个by，一个of，判然有别，不能含混的。在我们中国号称五千年的文明史中，法制并不希罕，早二十年还被大吹大捧的秦始皇就是法制的老祖宗。"秦时任商鞅，法令如牛毛"。秦法严，执法也严，以致为秦始皇立法、执法的商鞅最后自己也被五马分尸，作为"作法自毙"的典型，为儒家所讪笑。在"法制"的传统中，至少有一个人，也就是国家权力中心的帝王，附带的还有一小撮儿人，是不归法律管的，他超乎法律之上，以法律宰制天下，这就是"法制"的实质意义。这样的法制，我们中国人民太熟悉，太习惯了，熟悉、习惯到至今不能正确理解"法治"。其实法治与法制只有一点之差，然而却是原则的差别，那就是法治国家不允许有任何一个人处于法律之上或者处于法律之外。现在世界上有帝王的国家不多了，只是在欧洲的有些民主国家中还有

---

[1] 本节内容选自《也要推动政治改革》（1998年）。

一些保留君主的，但是他们的权利和权力（这又是两个发音全同而意义大不相同的词儿）完全来自法律，不能违反。这种情况是中国人就全体而言，迄今还不熟悉、不理解的。

2.3 政治改革难于经济改革

中国的政治改革比经济改革要困难不知多少倍。中国经济改革的目标是实行市场经济。中国现代的市场经济虽然不发达，但是"日中为市，交易而退"的原始市场经济，是几千年前就有的，不比世界上任何其他民族为晚。中国人还特别擅于经商，因此而有"东方的犹太人"的名声。陈寅恪先生甚至在八十年前就逆料"中国人当可为世界之富商"。但是说到政治上，中国自古以来只熟悉、只习惯于专制主义的"法制"，要改革出一条"法治"的新路来，实在不是一件容易事。然而这正是我们改革的目的，虽然难也不能不努力去争取实现的。我们总不能在我们的目的面前望而却步。

实现"法治"难就难在"中国文化传统的最大缺陷是没有人权"。这句话不是我发明的，而是茅于轼同志说的。我完全赞成并且以此作为我自己的思想。我认为他真是说得"一针见血"，同"五四"先贤发现中国传统文化缺乏民主与科学的意思一样，然而更集中、更深刻。中国现在虽然还有六千万贫困人口，但是毕竟有百分之九十五的人口已经解决了温饱问题。在全球化的大趋势中，我们似乎已没有必要与许多国家去较劲，固守自己独有的"人权首先是生存权"的观念，而应该赶快采取世界共同的观念："人权即公民权利"。

由于政治方面的因素，也就是由于"法治"的缺乏，经济改革已碰到越来越大的阻碍。因此，政治改革实行得怎么样，实际上可以决定经济改革最后的成败。另外，在今天全球化的大趋势中，中国作为世界人口最多的国家，如果不进行政治改革，势必要引起世界其余部分的恐惧与厌恶。我们只有认真推进政治改革，才能避免这种情况，博得其他国家的尊敬与爱戴。

2.4 政治改革的动力

政治改革的动力从哪里来？这样的动力只有来自对历史的反

405

思。反思的范围越大，改革的动力越大。唐虞周秦、希腊罗马的上古史且不去讲它，西方近代史起源于文艺复兴与宗教改革对中世纪黑暗的反思和批判。我们现在的改革来源于对文化大革命的反思和批判。为什么邓小平的改革开放理论得到了可以说几乎是全民的拥护？原因就在于二十年前绝大多数的老干部、共产党员和老百姓都深受文化大革命之苦而希望摆脱它的迫害。但是应该承认我们反思的范围还很不足，尤其是理性反思的广度、深度与力度还很不够。改革已经二十年了，我们今天还在纪念"实践是检验真理的唯一标准"，而理论思维则并没有比当时有多大的进步。因此，应该坦率地承认，经过二十年的改革，我们改革的动力已到了一个限度，要继续改革，就必须首先向历史的广度与深度开掘。

2.5 建立法治国家需要公民教育

要建立法治国家，一个必要的前提是人民要有充分的人权意识亦即公民意识。半个多世纪以前，我从大学毕业后，曾在一个中学教过半年书。不知校长出于什么考虑，让我包教全校高中三个年级的六个班的全部公民课，我就利用这个机会大肆宣传共产主义，居然大受学生欢迎，有人因此感激我把他引上了革命的道路。但是我现在回想起来，却惭愧自己并没有做好本职工作，为中国革命胜利后的民主建设多培养一些元气。中国现在自己也承认在许多方面同先进国家有差距。在我看来，千差距，万差距，最大的差距就是人民的公民意识方面的差距。近年来我常常想，如果一个人真的还能有下一辈子，那么我下一辈子最想做的工作就是再当一辈子中学公民课教员。对我来说，这将是我报效祖国以至服务人类最理想的途径。

3. 中国现代化的目标是民主[1]

3.1 中国今天仍处于专制时代

中国文明发展的过程经过 ①巫术文明 ②礼乐文明（对应封建制

---

[1]本节内容选自李慎之2003年2月为参加一次研讨会而准备的讲话提纲，是李慎之逝世前完成的最后一篇文稿。据李慎之家人叙述，李慎之写文章首先是写出手稿，待打印后再修改，且经常要修改数次才能定稿；本提纲手稿在李慎之逝世后才打印出来，故未经其审阅修改。

度）和③专制主义三个阶段。

第三阶段从秦始皇开始到今两千两百年，到鸦片战争（1840）开始，迄未结束。其间经过辛亥革命推翻了帝制引起了无数人的幻想，其实并未推翻专制主义，反而经过革命与西化，经过一段混乱和自由之后，借尸还魂，变本加厉，近五十年的极权主义，至今虽然已腐烂为晚期极权主义，但并未脱出极权主义时代。

近二十年好像宽松了一些，其实虽然背后有口皆批，公开地仍然是"天皇圣明"，"听毛主席话，跟共产党走"，"唱支山歌给党听，我把党来比母亲"，"感谢党和政府的好政策"。鲁迅的话："中国人只有做稳了奴隶与欲为奴隶而不得的两种心态"。

3.2 中国人因开放觉悟到专制

中国人因为完全生活在专制主义下，因此对皇上的专制与自身的奴隶或奴才状态是毫无觉悟的。开始觉悟是1840年洋人的大炮轰开了我天朝上国的大门以后，于是渐渐有了"万事不如人"的心态，有了"维新变法"的要求。所谓"维新"就是要赶上先进的西方国家，就是要现代化；所谓"变法"，就是要变专制为民主，第一次公开提出这个要求的是1898年的戊戌变法。可以说中国从1840年以来的历史要求就是中国要现代化、要民主的要求。可惜多少仁人志士抛头颅、洒热血，为达到这个目的而不惜牺牲，而迄今未能成功，不但如此，千千万万人（包括我自己在内）不是跟错了一个在十九到二十世纪在世界上号称最最革命的非主流思潮，使中国陷入了五十多年的最反动、最黑暗的政治制度之中吗？

3.3 中国实现民主需要二百年

据近代历史学家（如我的朋友张光直）的研究，专制主义原是人类历史发展的常规，是大多数民族都经历过的。而民主政治反而是特例，如古代的希腊和近代的英美，其民主政治都是偶然出现的。出现以后，在全世界产生了示范作用，因此而蔚然成风，才似乎成为规律，成为必然。

我友唐德刚先生研究中国历史，深知中国实现现代化、实现民主之艰难，提出中国之转型从1840年算起，要二百年才能完成，因此提出的日期为2040年，离现在还有三十七年，这个时间不算短，经过我们大家的努力应该是可以实现的。

3.4 社会主义不能成为国家制度

社会主义（在19世纪曾被称为科学的社会主义，在20世纪后半期被称为现实的社会主义）即用马克思—列宁主义为指导思想，以计划经济为经济制度，以无产阶级专政为国体，以民主集中制为政体（按毛泽东的说法），由共产党实行无孔不入的领导的国家制度。在1917年诞生于俄国，在二十世纪造就了世界上的一个地域最大的国家（苏联），为两大超级大国之一，并且在二十世纪下半期实行于占人类三分之一的国土上。有几十年的时间曾被认为可以代替"资产阶级民主国家"而成为另一种现代化国家，而且被世界上一部分最富于理想主义和牺牲精神的人们认为最后会成为全人类现代化的最后目标的社会主义——共产主义制度。经过整个二十世纪历史的比较和考验，已经彻底失败。它已失去作为一种经济——政治制度，社会——国家制度的资格，因而已为许多实行过这种制度的国家所唾弃。世界上只有极少数国家（中、朝、越、古）的官方理论，还以之作为前进的目标，其中尤以中国改动的幅度为最大。其实这种目标完全是错误的，是虚伪的。只是因为已经由空幻的理想主义集团的共产党退化为权力集团和利益集团，不肯放弃绝对专制的权力和利益，还要凭借这种空幻理论来把持政权而已。

社会主义作为一种社会制度，虽然已经历史证明为失败，但是社会主义作为一个民主国家的政府，或者一个执政党的执政纲领，却仍然是有效的，而且可能长期有效，这就是现代西方的左翼政党实行的社会民主主义。

什么是社会民主主义，最简单的说法，就是在民主制度之上政府有意实行的通过二次分配和三次分配向弱势群体（underprivileged）的利益倾斜的政策。现在中国有一种颇为流行的说法，不知来自官方还是民间，说共产党可以变为社会民主党，这里，决定性的条件是共产党决不能垄断政权，它只能经由选民的同意上台执政，如果选民不拥护就必须下台，等待时机再来，也就是必须与"无产阶级专政"的概念决裂。如果中国实行民主，我个人也可能投票赞成社会民主党。我不能保证，但也不排除这种可能。

3.5 什么是民主

我曾经根据常识说过："现代民主起源于1225年英国的大宪章而完成于1788年生效的美国宪法"。二百多年来，民主简直成为无人敢反对、敢诽谤的一块金字招牌，也正因为如此，一切假冒伪劣的"民主"也在世界上广为流行，可谓泛滥成灾。举一个例子说，当今世界上专制独裁，可以列名第一，而且领袖世袭的国家，居然把自己的国号称做"民主主义人民共和国"。因此必须给民主下个严格的定义，确立一套严格的标准，不容鱼目混珠。在这方面我不是宪法学、政治学的专家，但是条件又不容我再去从事专门研究，只能勉为其难地定出以下几条，随时准备接受批评、补充和删削，也随时准备改正。

民主的原则：主权在民

主权在民只是原则，必须有一套经过试验的、行之有效的原则。

（一）在现代，主权的价值就在于保障公民的个人权利，亦即人权。包括联合国人权公约所列的各项权利，主要是言论自由和出版自由（不要提"双百方针"），结社自由（包括组织政党、工会、农会、以及各利益集团、公共团体的自由），宗教信仰的自由，通信秘密的自由，迁徙居住的自由，和平游行请愿表达自己的意志的自由。

（二）实行多数决定的原则（不是少数服从多数），由自愿结成的政党组织政党竞选，依照选民的意愿得到多数赞成的政党组织政府，进行统治，少数派反对党一方面必须执行政府的决定，一方面仍然有保留自己意见的权利，而且这种权利受到宪法的保护。

（三）民主政府必然是法治的政府，一个国家——人民的命运共同体，只有宪法是至高无上的。即使这个国家仍然保留君主享有某种特权，其特权仍然要由法律规定，而不得越出规定的范围之下。军队效忠于宪法，听当政的政府的命令而不得受一个政党的领导，为一个个人或集团所私有。文官政务系统的（这只是极少数人）得推行本党的政策，常务系统的（这是极大多数人）则保守中立。

（四）历史上有过直接民主，曾被认为是最民主的制度，其实这只有在小国寡民的情况下才行得通，现在只能实行间接民主即代议制。权力必须以权力来制衡（check & balance）因此必须实行三权分立。行政权归政府，立法权归议会，司法权归法院。就是陈独秀说的"除法院外无捕人权"。司法必须独立，法官按法律与良知办事，不听命于任何政策或政党。孙中山有五权宪法，可能是为了顾及中国的政治文化传统而设立的监察权与考试权，其实要照这样下去可能还有很多权能分出去，结果有成为蛇足之嫌。只有行政、立法、司法三权非分立不可，也有把新闻自由称为政府的第四部门，或第四权的。中国有人鉴于新闻出版事业几十年来一直是党控制人民的工具，主张制定新闻法，我看如果宪法有充分效力的话，有言论自由一条就够了。

3.6 民主和中国的传统文化

民主与中国文化传统决然是矛盾的，因为中国文化传统的核心就是专制主义与奴隶主义。在民主的制度下，决不可能出现"天王圣明，臣罪当诛"，或者"唱支山歌给党听，我把党来比母亲"这样的心理状态。

不过，民主与大部分的中国传统文化却并不是矛盾的，抽去了专制主义的核心，无论是儒家的"仁者爱人"，墨家的"兼爱"，孔子的"三军可夺帅也，匹夫不可夺志也"，孟子的"威武不能屈，贫贱不能移，富贵不能淫，是之谓大丈夫也"的精神，应该更容易得到发扬。

近两年来，在中国形成了一个潮流，提倡和合哲学，宣扬孔子所说的"和而不同"的学说（张立文、程思远），看来有官方背景。但是，通人类历史以观，一个国家内部能够做到和而不同的只有民主国家。专制独裁的国家只能做到一道同风，从来不能做到和而不同的。我不知道孔子时代的中国能否做到和而不同，好像在一定范围内可以，但是秦始皇以后的中国就从来没有做到过。

3.7 中国领导人只在国际上讲民主

现在的中国有一件十分有趣的事,有一位现在国外的中国学者寄给我一篇文章,其中引用中国领导人在国际上的言论说:

> 世界是丰富多彩的,如宇宙间不能只有一种色彩一样,世界上也不能只有一种文明、一种社会制度、一种发展模式、一种价值观念……应当充分尊重不同民族、不同宗教和不同文明的多样性,世界发展的活力恰恰在于这种多样性的共存。

这样的话,我相信在座的人,只要常常看报看电视的,真可谓耳熟能详了。奇妙的是,这本是一切民主主义者共同的意见,但是这样的话,中国的国家领导人可以在国际讲,却就是不让中国的老百姓在国内讲,更不用说照这样的主张行动了。这是一个极其荒谬的矛盾,消除这样的矛盾就是中国民主化和全球化的目标。"和而不同"——在国际和国内必须是同一个原则,否则就是不通,国际上也没有人会相信的。

3.8 民主与儒家哲学

民主与法家思想是很难相容的,法家说的"法治"(rule by law),也决不是现代民主制度所理解的"法治"(rule of law)。

但是民主与儒家思想大体上可以相容的,尤其是儒家所说的"亲亲而仁民,仁民而爱物","民为贵,社稷次之,君为轻"……等等。

不过儒家学说的主体其实历来有两大体系,一个是以仁为核心价值,一个是以诚为核心价值。不过这种两分法,其实只能算是我说的,中国的哲学家历来之论都是模糊暧昧的。我们以四书为例,只能说孔子讲仁多一点,孟子讲诚多一点("诚者天之道也;诚之者,人之道也"。)儒家历来以"仁"为全德,真正大大提倡"诚"的哲学,以为"圣,诚已矣"。"诚五常之本,百行之源也"的,是宋朝的周敦颐。以后历代不绝,一直到这两年,从官方到民间,又特别提出"诚信"二字。中国哲学家则早几年就有人提出要特别提倡"诚"的哲学。

我要表明我自己的态度，我十分赞成中国的传统哲学家，中国的新儒家，从"诚"字，从"诚信"出发去开发中国传统哲学的资源。我历来认为中国学术从孔子的时代起是求"善"的学术，而西方学术从希腊时代起就是求"真"的学术，两者的差别是很大的。

大家可能知道清朝廖开的话"五经无真字"，我请人在电脑上查了一下，果然如此。求"真"是不难找到客观标准的，求"善"则往往可以"公说公有理，婆说婆有理"，含糊暧昧，莫衷一是。近代以求真去伪引入学术作为标准的王国维是第一人，这是因为受了西方学术的影响，他也是中国学术现代化的第一人。

就建设一个民主的政治制度而言，其目的就是要营造一个人人能够说真话的环境，不怕因说真话而受迫害而失去安全，在今天的中国，假冒伪劣实在太多了。

3.9 中国民主的前途

中国要实行民主，这个口号已经叫了一百多年了，但是民主仍未实现，不少仁人志士，为此抛头颅洒热血；六十年前，我们那一代人就曾为此奋斗过，而且有一度似乎马上就要实现，甚至已经实现，结果却是一场空，甚至，由我们自己的努力迎来了中国历史上，以至人类历史上最黑暗、最残暴的文化大革命十年浩劫。

一百多年来，与对民主的要求并存，始终有一种理论，认为中国传统文化中没有民主的因素。中国"民智未开"，用现在的话叫做"人民的素质太低"，不可能实现民主，实现民主必定要搞到天下大乱，对人民反而不利，因此民主的实现必定要推到无限期的将来。

海外华人历史学家唐德刚的看法是，从1840年起，中国进入从传统中国到现代中国，也就是专制中国到民主中国的转型期，这个转型期有二百年，也就是1840年到2040年，从现在算起还有37年。

我是倾向于他的观点的，他对转型期的估计一上来就是两百年，对困难估计不可谓不足，对时间估计也不可谓不长了。说中国落后，"民智未开"，当初比日本如何，比韩国如何，比土耳其如何，为什么它们能够而中国不能呢？

一个落后的国家要实现现代化，中国的孙中山早就指出了三个条件：一、民族主义，二、民生主义，三、民权主义，这三个条件到1945年对日抗战胜利时，第一个条件已经实现了。第二个条件，经过二十世纪上半期艰难的准备，二十世纪下半期严重的弯路与教训（教训也是一种极大的资产和利益，现在中国终于走上了市场经济和民营化的正确道路了），现在已经提出"向小康社会迈进"了。只剩下一个民权主义，也就是民主主义。毫不客气地讲，从上到下，在十三亿人口中还没有多少人知道民权或民主为何物，但是据说有人在中央党校统计，要求政治体制改革的人达到百分之八十，在全国至少也成为第一要求。只要宪政民主的框架一旦建立，人民很快就会懂得民主，实行民主的，因为自由是每一个人本性内在的要求，而自由正是民主的基础。

3.10 中国的民主要分两步走

我当然也不是盲目的乐观，以十几亿人的国家，专制主义与奴隶主义已经深入骨髓的民族，要希望一步登天，当然是不大可能的。

我的设想是2040年前后，随着中国市民社会的发育壮大，随着全球化的形势迫人，中国很可能在2040年前重新制定宪法，重开议会，实现各项人权，实现法律至上的"法治"……但是我认为，即使实现了，也只是初步的民主，原因已经说过，在一个基因中没有民主、人权的大民族内，要一步登天是不可能的，与当局现在宣传的相反，我尤其不相信在基层在农村中能够实现民主，因为中国的民主是外铄内生的，民主只有在风气开通的通都大邑的上层先实行，然后逐渐影响下层。但是，这个框架一旦形成，一旦起步，至少言必称马列，"唱支山歌给党听""听毛主席话，跟共产党走"，"接受党的绝对领导"，农民看到李昌平这样的乡官就下跪，这样的风气可以大变了。

但是这只是第一步，像五四的三大思想家胡适、陈独秀、鲁迅的要求，如胡适所说的"要救国家先要救出你自己"的健全的个人主义，鲁迅所要求的"改造国民性"，陈独秀所要求的"伦理的觉悟，为吾人最后觉悟之最后觉悟"都只能出现在少数人身上。虽然如此，要改造国民性的伟业，只有在初步建立民主框架之后才有可能，在今天的条件下，根本不能开始，即使有极少数人能做到也决成不了气候。

我刚才提到日本、土耳其、韩国，这都要算后进的原来是东方专制主义的国家改造成为民主国家较好的例子。还有许多更不如的国家，我希望中国能在第二步的民主建设中避免他们的命运。

与中国最有可比性的，在世界上只有两个地区，一个当然是台湾，就传统文化与文化传统言几乎完全是一样的。一个是从前的苏联，即现在的俄国，至少有五十年以上的意识形态是相同的，文化传统也多有相似之处。这两个地区现在都摆脱了传统，实现了我所谓的第一步的民主。应该相信他们都在向第二步的，即充分的、完美的民主前进。我想到的主要办法就是全面深入的推行公民教育。我以为以韩国的例子为榜样，他们应该在二十一世纪未来的九十七年中可以达到目标。中国则在第一步民主达到以后，再有六十年的时间应该也有可能达到目标，即全面的充分的民主。

二十世纪刚刚过去，现在人们在总结二十世纪的时候，往往（也许是因为我见闻太窄的缘故）把二十世纪看作是极端的时代，是杀人如麻罪恶滔天的时代，其实，更全面地看，二十世纪是整个人类取得最伟大的进步的时代，世纪初的哈布斯堡帝国、德意志帝国、奥托曼帝国、西班牙帝国、俄罗斯帝国都已经转变成为民主的国家，虽然民主化的程度不同，但是到世纪末的时候，1998年获得诺贝尔经济学奖的阿玛蒂亚·森已经可以公开宣布"民主已经成为放之四海而皆准的全球价值"。随民主而来的各项人文价值，从数量到质量都取得了可观的成就，简直不胜枚举。

世界上人数最多，历史最长的中华帝国，虽然在十九世纪末已经酝酿变法维新，但是除了二十世纪初推翻了帝制，建立了亚洲第一个民国而外，简直无所成就，当然经济上、科学上社会上的进步是有的，但是在现代化最根本的标志上简直乏善可陈。虽然如此，我认为，我们付出的惨重代价不会白花，我们离我们必须达到的目标是越来越近了。虽然我这个八十老人已不可能看到，但是我相信在座的的极大多数是一定会看到的。

实行民主、发展民主也就是使中国溶入全球的主体价值体系。

中国今天由于自己选错了一条别具一格的道路。在外交上，在国家统一问题上，都处在相当困难、相当尴尬的境地。可以设想，只要中国在政治上溶入全球化的主流，这些问题就可以比较容易地解决。在我的青年时期欧洲是世界上麻烦最多的地方，但是今天欧洲已经成为世界上和睦团结的样板。欧洲所以能做到这一点，就是因为，在你死我活的战争或者斗争以后，一批一批的国家实现了民主化。亚洲因为比欧洲大得太多，我还不敢抱太大的乐观，但是中国与欧洲大小相仿，历史文化还要单纯些，中国在二十一世纪实现民主、统一、和睦地溶入国际大家庭，我以为不是盲目乐观。

最后说一句话就是，三化合一：全球化、现代化、民主化，这就是中国的出路，中国的前进！

4. 修改宪法与公民教育[1]

4.1 修改宪法

自从中华人民共和国在五十年前成立，在一九五四年制定第一部宪法以来，已经先后制定了四部宪法。国体未变，法统未变，而宪法改订如此频繁，可以说是世界史上罕见的，这反映了中国政局的动荡。中国的第二、第三部宪法是在一九七五年和一九七八年制定的，那正是在文化大革命的大动荡及其余波未绝的时期。一九八二年制定现行宪法以来，也已经过两次修改，马上要进行的修改是第三次修改。中国人的民族愿望就是希望能够早早修订出一部能管一百年、二百年而无须作重大修正的宪法来，这也正是中国人民的利益所在。当然，以中国目前的实际而论，谁都知道这不是一蹴可就的，我们只有"慢慢地着急"（to make haste slowly）。

4.2 中国人缺乏公民意识

自从美国制定了世界上第一部成文宪法的二百多年以来，可以总结出一条经验，就是任何国家要有一部可以保证国家长治久安的宪法，先决条件是其国民（至少是其代表）必须有健全的公民意识。当

---

[1] 本节内容选自《修改宪法与公民教育》（1999年）。

然，也可以反过来说，即使有了一部好宪法，如果人民没有健全的公民意识，那么有了好宪法也是枉然。应该说这一点正是中国在世界上落后最甚的地方。因此一九九七年十一月二日我在《改革》杂志的座谈会上说过："千差距、万差距，缺乏公民意识，是中国与先进国家最大的差距。"

为什么中国人缺乏公民意识？原因就在于自从秦始皇以来的二千二百年间，中国实行的政治制度和意识形态一直是专制主义。统治者执行的是"民可使由之，不可使知之"的愚民政策，老百姓遵守的是"非礼勿视、非礼勿听、非礼勿言，非礼勿动"的奴隶主义。只是在农民革命引起的激烈社会变动中，它才受到"造反有理"的短暂破坏。然而农民革命胜利以后，马上又照原样建立起专制主义的统治。到了二十世纪，这一套才受到某些质疑而有所松动，但是由于它的根子太深而没有什么根本上的改变。所以中国的"国民性"始终没有能摆脱鲁迅所抨击的阿Q相。中国现在要赶上先进国家，要实行现代化，最重要的就是要解放被专制主义所扭曲了的人性，发扬每一个人的本真人性。换言之，也就是要培养人的公民意识，使在中国大地上因循守旧生活了几千年的中国人成为有现代意识的公民，有人的觉悟的公民，成为一个一个独立的，自由的，能主动追求自己的幸福，创造物质财富与精神文明的公民。

"公民"和"宪法"，都不是中国传统的概念，但是引进到中国也有一百年的历史了。就我的记忆所及，三十年代我还在读初中的时候，整整三年都学过一门公民课，用的是民营的商务印书馆编的课本。虽然分量不大，但是相当扼要而明确地教给了我们什么是国家（或政府）的权力与责任，什么是个人的权利与义务。什么叫公民，他与中国人历来说的老百姓有什么区别。我们当年的教师又是一个口才极好，极善于启发学生对公民权利的觉悟的人，使我印象深刻，至今难忘。说来惭愧，十年前，我曾在人大常委会法律委员会当过五年委员，也算是参加国家立法工作了，可是我所依凭的法律知识居然不过是六十年前从初中学到的那一点儿东西。

我推想与我同时学过公民课的应当有几百万人，最少也应当有几十万人，但是近几十年来到处向与我年龄相仿，教育程度差不多的人打听他受过的公民教育，回答我的却大多是一脸茫然，偶尔也还有记得的，但是对所教的内容也已大抵不复能回忆，这使我极其惊讶。大概是因为抗战开始以后，在沦陷区的学校，因为日本人实行奴化教育，已不能开公民课；在国统区的学校，因为国民党实行党化教育，公民课也多数改为党义课，教材是官定的，学生没有兴趣，因此对于公民课的印象只能更加淡薄，近于没有了。

在一九五七年的"鸣放"期间，只有个别人提出过要在学校设立公民课，也有人提出学苏联的榜样设立宪法课的，但是不但响应者寥寥，而且这些人很快就被打成右派分子，从那以后再也听不到这样的提议，更谈不上这样的实践了。

4.3 怎样提高中国人的素质

然而现在有一句话，好像已成了社会的共识："中国人的素质太低！"那么，到底要怎样才能提高中国人的素质呢？办法当然有千条万条，然而从初中一年级起就实行公民教育应当是最重要的第一条。大家又都说"教育首先要教学生做人"。但是到底要做什么样的人呢？毫无疑问，应该是学做现代化国家的"公民"。从不随地吐痰，不乱抛果皮纸屑到坐公交车要礼让老弱妇孺，都是公民课最起码的内容，一直到懂得什么是政党制度、文官制度，懂得什么是对权力的制约平衡，什么是司法独立，懂得什么是市场经济、法治国家、宪政国家……懂得以法律保护自己的权力和利益。

江主席最近说，违反宪法是最大的犯罪。这话当然是天经地义，然而一般的中国人很少能懂得其深意。原因就在于他们大多不懂得什么是宪法，宪法是干什么的。还记得在五十年代中华人民共和国通过第一部宪法以后，在学生青年中流行一句话，叫做"打人违反宪法"。其实普通的打架，就是造成伤害，也只是触犯了刑法，与宪法何涉？然而这就是中国普通老百姓对宪法的认识水平。很少人知道，宪法是管政府的。

在中国违反宪法的事情是大量存在的，从五十年代到七十年代的历史，说白了就是国家最高领导带头破坏宪法的历史，这就是公然宣告的"无法无天"。为什么中国人几乎没有人觉察到这一点，更没有人起来保卫宪法？个别的人到自己受到毁灭性伤害的时候也有觉悟到这一点的，但是在此以前却茫然不以为意，甚至视为当然，也一样任意地破坏宪法，伤害别人。本来中国人在世纪初似乎已经确立了一个认识：宪法是规定和限制政府权力的，是保护全体人民的，是保证国家长治久安的。但是在实践中却忘得一干二净。这正好说明了这种认识事实上完全没有进入群众的记忆中，根本没有成为全民的行为准则。

自从人大制定行政诉讼法以来，中国老百姓已经开始懂得不但官可以究民，民也可以告官了。这是中国几千年历史上从来没有的观念革新，其影响是十分深远的。但是很少公民意识到他们还有根据宪法向宪法法院控告国家的权利，虽然这在先进国家是常事，是现代公民不能没有的常识。

4.4 中国必须要有够格的现代化公民

为什么中国的现代化一百年来成就不大，以至被称为"九死一生的中国现代化"？第一个原因就在于中国始终没有能培养出够格的现代化的公民；没有能培养出不但能自尊而且能自律，不但能自强而且能自胜的独立、自由的个人；没有能培养出既能伸张自己的权利，也能担当自己的责任的独立、自由的个人。

公民教育所要传播的首先是宪法的知识。每一个公民第一要懂得自己在宪法中的地位，政府在宪法中的地位，自己与政府的关系。其次是法学的基本知识，其次应该传播经济学、社会学、政治学、伦理学的基本知识，还有像环境保护这样的基本知识。正因为是基本的，它必须是最精要的，因此可以说它不但是中国文化的，而且是全人类文化的结晶。

4.5 我下辈子要当中学公民教员

我在一九九七年《改革》杂志的座谈会上曾经说过，如果一个人真的还有下一辈子的话，那么，我的最大志愿就是能在下一辈子当一辈子的中学公民教员。近年以来，随着改革的发展，我又萌生了一个愿望，很想编一套十二册（备六年十二个学期用）的中学公民课本。它应该分两个层次，头六册是供初中用的，也就是每个上九年义务教育的人的必读课本；后六册是供高中用的，也就是有条件上高中的人的必读课本。因此它应该有循环加深的特点。我虽然有此志愿，只是学无根底而年已老迈，自知心有余而力不足了。但是，倘若有有志于此的年富力强的学者愿意担当起这个神圣的任务，我还愿意以衰朽残病之躯追随左右，协助做一点添砖运瓦的工作，与有荣焉。这实在是我可以设想的二十一世纪对祖国、对人民的最好的礼物！

第二十四章 亚洲价值、亚太世纪和全球化、全球价值

1. 亚洲价值[1]

1.1 亚洲价值的定义

就我现在所知,对亚洲价值阐述得最清楚的可能是新加坡提出的五大原则:一、社会、国家比个人更重要。二、国之本在家。三、国和社会要尊重个人。四、和谐比冲突更能维持社会秩序。五、宗教与宗教之间不仅应和平共处,而且应互补。用新加坡的国父李光耀的最概括的话来说,就是"社会第一,个人第二"。

这样的原则不能不是笼统的,然而也已经不难看出,它与西方当代的社会思潮是相当对立的。西方社会经过文艺复兴、宗教改革、工业革命、启蒙运动、法国革命……以来,一直强调人的解放与人的自由。如帕森斯所说,西方现代化的三个要素之一就是"个人主义"(另外两个要素是市场经济与民主法治)。但是这种"个人主义"到二十世纪下半期已经发展为"极端个人主义"(over individualism)。人们越来越藐视权威、中心、主流、秩序、规范、和谐……越来越放弃家庭、责任、义务、道德……对待传统价值标准的态度是彻底的虚无主义,绝对的相对主义,极端的怀疑主义。只有"我"对我自己才有价值。事实上,"个人第一,社会第二"成了主导的价值观。

由"亚洲价值"这个词而推想其涵义是说:一、我们亚洲人有自己的价值观或价值标准。二、亚洲人的价值标准要比近几百年来主导世

---

[1] 本节内容选自《亚洲价值与全球价值》(1995年)。

界，也主导了亚洲的西方价值标准为优越。三、今后人类的价值观应当以亚洲人的标准为标准。

这种想法听起来倒也并不陌生。一百几十年前西方帝国主义以其炮舰和洋货、鸦片与宗教打开我中华天朝上国的大门的时候，就有过"先王之大经大法如何如何"的言论，以后又有"中学为体、西学为用"的论调，实际上也都是一种"亚洲价值"论。不过那是亚洲积贫积弱、面对西方帝国主义的进攻而无力招架时的心态，而现在则是亚洲经济大有发展，而且其速度连年超出西方国家而居世界前列，因此提出"亚洲价值"来，已有了底气，有了可以争胜的力量了。马来西亚总理马哈蒂尔与日本国会议员石原慎太郎合著了一本畅销书，在去年年底出版，名曰《亚洲能够说"不"》。"亚洲价值"之说甚嚣尘上，盖源于此。

1.2 李光耀与亚洲价值

一九九四年三至四月号的美国《外交》季刊刊登了公认为是"亚洲价值最雄辩的发言人"，甚至被西方人称为"新儒家之父"的李光耀与该刊编辑扎卡里亚的长篇谈话记录《文化是决定命运的》。李光耀同中国的有些学者不同，他不认为有包括全亚洲以至整个东方的单一模式，他严守东亚，即汉字文化区的概念，这个东亚甚至不包括东南亚在内，因为"东南亚文化已混杂了印度文化"。

李光耀"坦率地说，如果我们不曾以西方的优点作为自己的指导，我们就不可能摆脱落后，我们的经济和其他各方面迄今仍会处于落后状态，但是我们不想要西方的一切。"第二次世界大战后的自由主义传统已经发展到认为只要让人自由发展就能达到完善。他说"这种看法并不符合实际，我就怀疑这一点。人性的某些基本方面是不会改变的，人性中有恶的东西，你必须防止它。西方人相信只要有一个好的政府制度，一切问题都可以解决，东方人是不相信的。东方人相信个人离不开家庭，家庭属于家族，家族又延伸到朋友与社会。政府并不想给一个人以家庭所能给他的东西。在西方，特别是在二次大战后，政府被认为可以对个人完成过去由家庭完成的义务。这种情况鼓励了单亲家庭的出现，因为政府被认为可以代替父亲，这是我这个东亚人所厌恶的。家庭是久经考验的规范，是建成社会的砖瓦。""中国的传统观念是修身齐家治国平天下，修身齐家是基础，我们全民都对此深信不疑。"他还说："我儿子给我孙女起的名字就叫修齐"。

李光耀提出救治美国的弊病的目标"首先是要重建秩序，要把威胁社会秩序的枪支、毒品、暴力统统取缔。教育要严格，以此训练出整整一代聪明能干的人，首先要从最基本的价值标准开始。""我们感到幸运的是，我们有这样一个文化背景：人民相信做人要节俭、勤劳、孝敬父母、忠于家族，尤其是要尊重学问。"

"西方经济学家认为全世界的人都是一样的，其实不然，不同的人群，在分离几千年以后发展出了不同的民族性。因此北美印第安人虽然与东亚人出于同种，但是他们的文化价值观已经不同了。美国人不承认这一点，搞了许多社会政策，结果收效甚微，就是因为不肯正视现实，不过那样我在政治上就不正确了。"

1.3 金大中与亚洲价值

与标榜"亚洲价值"如新加坡那样的国家相映成趣的是，像韩国这样的亚洲国家却鼓吹改进西方价值，发展"全球价值"。

美国《外交》季刊在一九九四年初发表了李光耀的宏论后，又在年末的一期上发表了韩国著名政治家、在野党领袖金大中的文章《文化是决定命运的吗？》。题目就与李光耀针锋相对。他明确批评李光耀认为西方式的民主政治不适用于东亚的见解。他指斥怀疑西方民主的都是主张威权主义的亚洲领导人，而以李光耀尤为直言无隐。金大中认为东西文化虽有差异，但是光凭文化并不能决定一个社会的命运，而文化也不是一成不变的。事实上，自从开始工业化以来，以家庭为本位的亚洲社会已经大大地转向了以个人为中心的社会。他说，李的思想不但在亚洲人当中，而且在西方人当中也有相当大的影响，这是因为西方社会道德崩溃的缘故。而道德崩溃不是由于西方文化固有的弱点，而是工业化的结果，这种现象在亚洲的新兴工业国中也正在出现。新加坡取得的政绩是由于政府对人民管教极严，正好与李光耀所说的政府越是少管家庭事务国家就治理得越好的说法相反。但是，救治工业化社会的积弊的办法，不是靠警察国家的严刑峻法，而要靠加强道德教育，高扬精神价值。

金大中在表示怀疑新加坡是否存在民主以后，明确认定亚洲文化中本来就有趋向民主的传统，亚洲在民主化方面已取得很大的进步，而且已具备发展民主并且使之超过西方水平的条件。孟子所说的"民为贵，社稷次之，君为轻"，中国哲学所说的"天视自我民视，天听自我民听"，就是"民本政治"，亚洲的民主哲学思想并不亚于西方。就政治制度而言，当西方还由封建诸侯统治的时候，中国和韩国已经实行郡县制了。中国和韩国用科举制度取士任官，因而保证了机会均等与社会流动性，比当时欧洲的采邑制度不知要高明多少。……总而言之，实行民主所必需的观念在欧洲和亚洲同样存在，只是欧洲实行选举制度更早而已。选举制度是欧洲的伟大发明，但并不意味着它不适用于亚洲。而西方的市场经济的发展迟早会把民主引入其他国家，信息的交流将加速这一进程。

金大中主张，随着亚洲人越来越接受民主的观念，他们有责任向老资格的民主国家学习，学习民主是怎样由少数人而扩及到多数人的，他嘲讽李光耀不相信一人一票的选举制度是违背了"民主的根本"。他说，"今天我们必须重新振兴民主，使之能在各国内部而且在各国，包括欠发达国家之间，促进自由、繁荣和公正：促进全球性的民主。"

金大中认为，与其把西方文化作为经济剧变所引起的道德失范的替罪羊，不如从亚洲的传统中寻找可以使民主发展得更好的力量。在亚洲，尊重传统文化可以鼓励人民更加自立。"全球民主"必须承认人与人之间的关系和人与自然的关系，现在和将来的关系。"所以说我们的民主是全球性的，是因为要以仁爱遍施于天地万物。

有意思的是，金大中和他的论敌李光耀一样提到儒家的"修身齐家治国平天下"的哲学，而且一样地强调要达到"平天下"的终极目标，国家和社会的领导人必须首先提高自己的道德水平——修身齐家。金大中说，"在过去几百年中，全世界为希腊与犹太—基督教观念与传统所支配，现在已经是世界转向中国、印度和亚洲其他地方寻求智慧以进行另一场思想革命的时候了。"

这里，金大中似乎也可以说是一个"亚洲价值"的鼓吹者，联系到一九九三年底他在韩国《中央月刊》写的《亚太时代即将到来》的文章所说的话："社会的人性化将成为最大的课题。保守的道德规范将有可能重新恢复其地位，大众文化将向高级文化过渡，宗教的影响将扩大……"金大中在文化与价值观的层次上与李光耀的见解、距离也许远不如两人在政治制度上的分歧大。金大中在他的文章的结尾就是这样说的："文化并不必然就决定我们的命运。我们命定要得到的是民主。"

1.4 金泳三与亚洲价值

把全球价值的概念发展到几乎无所不包的程度的是韩国当今总统金泳三。一九九四年十一月，他趁访问澳大利亚的机会发表了后来称为《悉尼宣言》的《全球化的设想》的宏伟计划。

金泳三明确地说全球化不同于他原先倡导的国际化，后者是十九世纪、二十世纪的概念，前者是二十一世纪的概念。为迎接二十一世纪，他要把全球化推广到"政治、经济、外交、社会、教育、文化、体育与一切其他领域"。为此他特地成立了一个全球化政策委员会来推进这一宏大的工程。金泳三今年（一九九五年）一月二十五日在这个委员会上讲话，给他心目中的全球化工程规定了六大方面（政治、经济等）、五大目标。金泳三并没有用"全球价值"这个词，但是他的五大目标的第一条就说："全球化就是要在一切方面（包括思维与行为方式）都达到全球都接受的最高水准"，"要造就二十一世纪的全球性公民"，其中无疑体现了"全球价值"的概念（其他的四大目标是合理化、国家统一化、文化民族化、促进全人类的团结）。金泳三没有对"西方价值"提出什么批评，也没有对"韩国价值"作任何鼓吹。他只是说他的全球化设想正是为救治"韩国病"而提出的。他的全球化与民族性相关的地方在于"全球化必须以韩国为基点。对全球化的正确理解就是我们应当以我们独特的文化与传统的价值走向世界"。他的全球化政策的目的正是要"建立一个统一的国家而在未来的世界事务中起关键的作用"。

1.5 亚洲价值和全球价值

亚洲价值，还是西方价值，还是全球价值？这样的争论或者讨论对人类前途蕴含着非常重大的意义。

不是没有人从消极的方面看待这个问题。比如说，有人就认为这种价值观的争论实际上代表着力量的较量，其后果可能导致亨廷顿教授两年前所做的阴暗的预言"文明的冲突"成为事实。

但是我们宁可从积极的方面看待这种讨论，它代表着全世界的现代化已经走到了一个阶段性的转折，需要清除几百年来以西方价值观（或者说个人主义的价值观）为主导的工业文明的积弊，开创出一个新局面，使人类能过上比较合理、和谐、安全、健康的生活。

实际上，没有一个民族、一种文化的价值观是可以一成不变的。它在现实生活中比在圣贤的书上变得要快得多，而在经济高度发达的今天又比经济相对停滞的过去变得要快得多。

首先以西方文化而论，把人从封建社会解放出来的个人主义发展到今天的极端个人主义就是一个历史过程。西方经济学的鼻祖亚当·斯密曾经说过："保证我们的营养的不是面包师的仁爱，而是他个人对利润的追求。"在很长一段时间里，经济学家们都认为，在正常运转的市场经济下，集体利益同个人利益是不相矛盾的。但是现在，用理查德·埃里克斯的话说，"我们已经进入一个病态的、只注重自己的时代……西方现代文化正在危害我们的精神健康，这使我们有充分的理由来建立一整套新的价值观和信仰体系。"

就亚洲来说，近几十年来在经济发展、社会安定、个人的纪律性和责任心等方面的记录都高居榜首的是新加坡也以之为楷模的日本。但是日本人的价值观也在变化，他们开始不那么勤劳、节约、团结了，因此出现了所谓"日本病"，其中同样包括了道德下降、家庭萎缩……这些被认为是西方的疾患。日本《中央公论》今年二月号发表的若宫启文的文章说：虽然日本近来萌发了"亚洲意识"，但是"在许多价值标准都已欧美化的情况下，日本是不是真正的亚洲的一员，对此未必达成了共识"。

1.6 其他挑战和价值标准的趋同

在实质上是标榜东亚文化的亚洲价值以外，伊斯兰原教旨主义无疑是对现代西方价值最大的挑战。但是不但在原教旨主义在七十年代兴起以前伊斯兰已经有过几次"世俗化"的运动，就是在原教旨主义鼎盛的今天，也已发生了要求把伊斯兰教义中最原始的原则同在世界上已有普遍性的民主、科学与人文主义相结合而革新伊斯兰教的主张。虽然这样的声音还十分微弱，却是重要的苗头。

在俄罗斯，奉行了七十年的一套价值体系随着苏联的瓦解而崩溃了，因而又恢复了斯拉夫本位文化派与西化派的争论。当然内容已不可能与上个世纪完全一样。

总而言之，世界的绝大部分都在追求原来由西欧北美带头的现代化，而在现代化实现以后或者近于实现之际，却发现了现代化的社会并不那么可爱，人们对现代化产生了疑问，甚至对"进步"的概念本身也产生了疑问：难道仅仅是物质生活的提高，就是进步的标志吗？人的精神的堕落难道不是已经妨碍了物质生活的继续提高而且已经窒息了人的生活空间吗？

一七七〇年，英国工业革命初起时，奥立佛·戈尔斯密斯就说过"财富积累了，人却堕落了"。现在的事实不过是应验了他的预见，也不过是应了中国的一句老话"忧患可以兴邦，逸豫可以亡身"而已。

因此，不论是亚洲价值也好，全球价值也好，在二十世纪末提出来，似乎都是反映了人类一方面还要向前走下去，一方面又要求纠正（有的是要防止）已经暴露得如此明显的现代化的弊害。

正因为如此，不但在亚洲出现了亚洲价值与全球价值的争论，而且在西方文明内部，也出现了反省的思潮。前面已经提到美国前总统布什主张要向亚洲学习的话，而在学术界，美国学者大卫·希区柯克也发表了要向亚洲学习的议论。最引人注目的是五年前以写《历史的终结》而名噪一时的美国人福山。他当时由于苏联东欧的转轨而预言西方民主将一统天下而万世常新。现在却又在今年一月号的《民主》季刊上发表文章，主张学习儒家文化以救西方文化之弊。英国首相梅杰去年九月呼吁司法部门严厉打击犯罪行为，以摧毁英国的"痼子文化"。作为反对党的工党新领袖布莱尔把集体观念置于新党纲的重要地位。他把工党的"新社会主义"明确称作"道德社会主义"。在法国，议会的多数派提出了一个又一个保护婚姻、家庭和传统的法案。在美国，《新闻周刊》认为"进行一场道德上的十字军东征早就成为美国无法摆脱的一种想法"。非常有趣的是，新加坡去年因为一个美国小痞子在路边的汽车上乱涂乱画依法处以笞刑，当时引起美国国内一片抗议声，认为这是不合人权原则的刑罚，克林顿也不惜利用其美国总统的身份出来说情。而最近，美国密西西比州议会却通过法律恢复了这种古老的被当代人认为"不人道的"笞刑。

所以，我们今天在看到价值观上的争论的时候，更要看到这实际上是一种互动——各民族在走向继续现代化的过程中，价值标准愈来愈要求趋同的互动。

全球化把人的限界扩大了，使他超出了自己的国家和自己的邻国，但是全球化也使人的眼光达到了一个边界。如果说早在哥伦布时代人们已经看清了地球的四至的话，那么在我们的时代就看到了人类的一切活动——社会、文化的发展是有边界的，在可以想象的将来，我们越不出这个小小的地球去。人类的命运是休戚相关、苦乐与共的。

1.7 走向全球普世伦理

令人欣慰的是已经有人在着手研究，企图制定一个《走向全球普世伦理宣言》了。还不能过高估计它的近期价值。这个工程太伟大、太复杂、也太繁难了。

人类在几百万年的进化过程中，像李光耀所指出的，分化已经十分深刻，要找到大家都能接受的共同点真是谈何容易。上面说的那个宣言现在所找到的共同点还只有各个宗教都有表述的所谓"黄金律令"，最著名的表述就是孔子所说的"己所不欲，勿施于人"和耶稣所说的"你们愿意别人怎样待你们，你们也要怎样待他们"。这自然是有普遍与永恒意义的价值标准，但是对于如此复杂的现代社会生活来说，没有进一步的解释与规定，确实是大大不够的，而繁琐的演绎又可以造成分歧甚至冲突。可以设想，未来的全球价值标准，既不能没有宗教教义与法律条文的刚性，又不能没有很大的弹性，它的普遍性应当能包容各个民族与个人的多元性。这里又不能不想起咱们中国人古老的价值标准，就是周易所说的"大德敦化，小德川流。道并行而不悖，万物并育而不相害"和孔子所说的"和而不同"。

1.8 李光耀新观点

二〇〇一年一月在瑞士达沃斯举行的世界经济论坛上，新加坡的开国元勋、近十几年一直以积极鼓吹所谓"亚洲价值"而闻名于世的李光耀在谈到全球化对亚洲的影响时指出："某些儒家价值已经差不多过时，遵循儒家传统的社会要紧随全球化的步伐前进。这种价值必须予以改进。任人唯亲的裙带关系就是必须放弃的内容之一。"在谈到亚洲金融危机时，李光耀甚至说，新加坡在应付这场危机时表现出色，并不是因为亚洲价值，而是因为"英国殖民地价值，特别是经济透明和法制严明"。"我们主动走出去满足全球化的标准"。

李光耀本人以一个受过英国高等教育而并不怎么懂得孔孟程朱之学的侨生华人，用一双带着天鹅绒手套的铁腕，使新加坡在不过三十年的时间内（新加坡一九六五年建国）由一个极其落后而在世界上不足挂齿的小岛变成一个世界上最为整洁，最有纪律，秩序最好，效率最高因而赫赫有名的国家，确实有不可磨灭的贡献和功劳。这为他赢得了国际上的声望，他的讲话在世界上也总是有人听。因此，李光耀这次突然转变态度是有重大的象征意义的。它表明了亚洲价值对西方价值的挑战已经结束。他承认"英国殖民地的价值"（其实世界上很多人早已看出了这一点），并且声明"主动走出去满足全球化的标准"，实际上就是承认以西方价值为主体的全球价值。

李光耀的觉悟是一件值得欢迎的事。我希望它有某种普遍意义，因为他过去的错误代表了当今世界上不知有多少人犯的错误——把物质文明的发展，把GDP的增长率当成了现代化的全部内容（应该说持有同样错误观点的人在中国人中间占了绝大多数）。不知道只有人的越来越自由，越来越平等才是现代化的目标，而这只有通过民主才能达到。民主才是全人类的共同归趋与共同要求。

2. 二十一世纪是亚太世纪吗？[1]

2.1 来源

自从"二十一世纪是亚太世纪"的说法流行以来，东方文化将在二十一世纪居于主宰或领导地位的言论也开始流行起来了。它可能起源于日本。[1987年]我曾应邀赴东京主持过一次"东亚知识人会议"，就听到过彼邦名流的这种说法。近年来，它似乎也已引起中国人的共鸣。对我们亚洲人来说，听到这类的话，是都会感到心头发热，脸上有光的。但是作为一个研究中国哲学的学生，却又不能不对此作一番考察。

2.2 何谓东方文化

首先是，所谓东方与西方文化究竟何所指，就很难弄清楚。西方文化比较好说，大概指的是希腊罗马的传统加上后来整合进去的基督教传统，又经过文艺复兴、宗教改革与启蒙运动而在近几百年来大盛于西欧北美的文化系统。现在的西方国家学校中，大抵有"西方文化要义"这么一门功课，大体上就算可以概括了。

至于东方文化是什么却似乎不大好说。如果以亚洲为东方，欧洲为西方，则基督教即起源于亚洲，可是它却盛于欧洲。也有人以阿拉伯文化、印度文化、中国文化合在一起都算作东方文化的，这三者差别悬殊，除了以西欧人自以为居于天下之中的地理观念来划分外，实在无法归为一类。

2.3 所谓东方文化实质上指中国文化

分析我所听说的东西文化盛衰论的主张，可以比较有把握地猜测：所谓东方文化主要是，或者实质上指中国文化。中国人口占世界五分之一，地域占东亚大陆的主要部分，其文化一向以统一性与连续性为世人所艳称，而且几千年来一直向周边地区辐射，迄今有汉字文化区（或筷子文化区）之称。研究中国文化与西方文化之异同，往长

---
[1] 本节内容选自《辨同异 合东西》（1993年）。

里说，有四百多年的历史；往短里说，也有一百多年的历史。它确实是汉字文化区各国人民共同关心的课题。因此，把东西文化盛衰论缩小为中西文化隆替说来研究，虽然不能包举全球，也已有足够的普遍意义与现实意义了。

2.4 东西文化的内涵

除了东西文化的范围而外，还有一个内涵问题。日本学者的说法是：西方文化的特征是"要素还原论"和"分析相加论"，这种认知的方法已经走到了尽头，今后应该走全体主义的道路，而这正是东方文化的优越之处。在中国学者方面，我见到的说法是：西方的学问是分析得来的，东方的学问是综合得来的。现在分析之技已穷，综合之道应盛，因此得出结论："苍天已死，黄天当立"——东方文化将代西方文化而兴。

再推敲一下，不论是分析还是综合，也不论是深察细部还是通观全局，都是人类认识世界和认识自己必用的方法。在这方面，东方人与西方人没有、也不可能有什么原则区别。一般来说，综合与分析既不能分割，也不能对立。至于仔细研究综合与分析的差别，似乎还只有西方人下过那么大的功夫，例如康德就是一个，而且恰恰就是这个西方人特别强调"综合比分析更为重要，更为根本"。再说，正是希腊的亚里士多德早在二千三百年前就道出了"全体大于部分的总合"这种听起来简直是充满了"东方式智慧"的话。

2.5 天人合一是东方文化的源头

因为看不到比较系统、精确的论述，我只好以自己的意思来推测这东西异同兴衰的论据。看来还是以"天人合一"看做东方文化的源头，以"天人相分"看做西方文化的源头比较合乎成说。当然，这里的所谓"东方"指的仅仅是中国。

从"天人合一"入手理解中国文化并不缺乏根据。中国人历来相信"天地与我同根，万物与我一体"，"干称天，坤称母……民吾胞也，物吾与也"。哲学上是如此，直到典章文物，艺事美术也都体现这一精神。至于西方人，很难说热心探索宇宙奥秘的古希腊哲人就一点没有"天人合一"、"神我同源"，的思想，但是自从罗马人皈依了基督教以后，就确实在神与人、人和自然之间划了一个界限，而使人的精力更多地表现在向外探索上。因此，当欧洲人航海东来与亚洲人相遇的时候，随身带来的自然科学就与中国人的性理之学形成了鲜明的对比。

2.6 中国文化与西方文化相遇的历史

中国文化与西方文化相遇的历史是一部复杂曲折的历史。开头两百年的情况大体上是，中国自命为天朝上国而视西洋为蛮夷之邦，并不把它放在眼里。虽然西洋人一来就积极传教，而且也很吸引了一些信徒，但大多在社会下层，并没有在根本上影响到中国的政教（用现代话也可以叫"意识形态"）。在中国的朝廷看来，西洋人不过会测天文，算历法，做自鸣钟和"西洋水法"，有些奇技淫巧可资利用而已。倒是西洋的传教士把中国的哲学文化看得相当高，认真地介绍了一些经典到欧洲去。在那里又引起了当地的一帮革新派出于"东为西用"、"托华改制"的目的而大加渲染，还引起了一阵未必也不必名实相副的"轰动效应"。可是以后两百年的情况就不同了。特别是一八四〇年的鸦片战争，欧洲人以火轮快艇、洋枪洋炮打开了中国的大门以后，中国人在赔款割地、丧权辱国之余对自己的传统文化产生了自卑心理，崇洋媚外之风弥漫上下，百年不已，成了一段不堪回首的伤心史。转机发生在半个世纪以前。当时中国人打败了西洋和东方的帝国主义，重新直起了腰来。但是极其奇怪的是，中国文化却并没有因此而扬眉吐气。中国重振雄风靠的不是更新再生的中国文化而是靠的来自西方的一种哲学，一种意识形态。而在这种意识形态的主导下，中国传统文化连同西洋传统文化一起，不分青红皂白，统统被称为"四旧"而成为革命的对象，被认为是若不予以彻底破除中国就无法前进的障碍。为了要与"传统的所有制关系"与"传统的观念"实现"两个彻底决裂"，它受到了人类历史上最为猖狂的攻击，但是，文化大革命结束不过十来年，中国已经有人在呼唤东方文化将代西方文化而兴，这不能不说是文化大革命的发动者始料所不及的。

2.7 中国文艺复兴之梦

我是一个一直做着"中国文艺复兴之梦"的人。我希望而且相信，中国文化首先是中国哲学会在下一个世纪有一个大的发展。不过我认为要做到这一点，中国文化自己必须要下一番去腐生新、推陈出新的功夫，要能吸收其他文化的长处，首先是要能包容、消化、以至超越与自己对立了这么些年的西方文化。

所谓民族文化，无非是一个民族在其存在过程中发展出来的一种认知世界与改造世界的方式与成果。因此，各个民族由于其起源的不同与环境的不同而各有各的文化是自然的事情；也因此，各种文化各有其存在的价值。事实上，不但是广义的文化，连任何一种语言也都是人的一种认知和沟通的特殊手段。世界上当初每增加一种语言，现在每消失一种语言，也就是人类增加或者消失了一种认知和沟通的手段。

不过，虽然各种文化各有自己的价值，却并不是不可比较、无分优劣的。比如西方人就自己说，如果他们墨守拉丁人的记数方法而不接受阿拉伯人的数字符号的话，也许他们的数学就不可能发展到今天这样的程度。不过，人类的各种文化系统，有的长于此而短于彼，有的短于此而长于彼，很难说哪一种就绝对地、全面地优于或劣于其他文化系统。事实上，即使是被我们断然认为低于人类的动物甚至植物也各有其感知世界、交通宇宙的独特的方式，其中有一些是我们确知为人类所万万不能及的。人类之所以可以认为自己比它们高明，主要是因为我们有一个其官在思的"心"，有进行理性思维的能力。人类利用这种思维能力可以制造各种工具，以至建立所谓"仿生学"，以间接取得其他生物所有而我们没有的能力。既然如此，被分隔于各种社会的、民族的、文化的、地理的疆界之内的人类也就更有必要彼此交流学习，以期有所进步，有所提高了。

作为中国文化之本的中国哲学从"天人合一"出发，把整个宇宙看成一个有机体，使人在大化流行、生生不已的生命之流中安身立命。这是一种完全摆脱了神话与迷信的哲学，一种完全与当代的广义进化论相契合的哲学。正是这种哲学引起西方科学家的惊叹，被认为是神奇的"东方神秘主义"。但是，我们的先人是通过冥想、参悟、求证而达到这样"极高明"的境界的，中间并没有经过足够细密的验证与推理的过程。

2.8 早熟的哲学

所以梁漱溟先生在本世纪初就判定中国哲学是"早熟的哲学"，这实在是了不起的真知灼见。既然是"早熟的哲学"，就正如"早熟的人"一样，缺少了一个充分发育的阶段，理性并没有完全展开就达到了悟性。正因为如此，中国哲学也就没有能为科学的发展开辟道路。虽然聪明的中国古人曾经有过许多可贵的发明创造，中国的技术曾经在世界上长期处于领先地位，却并没有开创出体大思精的科学理论体系来。陈寅恪先生以为中国人"偏重实用而不究虚理"，可谓是一针见血之谈。

正如早熟的人可以通过后天的营养与锻炼补足先天的欠缺一样，早熟的哲学和文化也可以通过"拿来主义"与自我努力而补足自己的欠缺。有几千年文明史的中国在不足百年的时间内已经学会了从制造火车轮船到核弹导弹的技艺，我们引为同道的东邻日本则经过百多年的努力已经在科学技术的许多方面骎骎然欲驾西方而上之。这都是可以使我们感到扬眉吐气的事。但是，也要看到"重实用"本来是我们的传统，"究虚理"却是我们的弱点。制"器"易而学"道"难，我们要掌握人家整套的科学思维方式，还得继续不断地努力。现在可以预言的是：大不了再花上一个世纪，这是一定可以做到的。因为，中国哲学的核心在"仁"与"诚"，本来讲的就是"穷理尽性"，"尽心知天"。不过，过去一直只把功夫用在砥砺道德上，现在把功夫也用到穷究自然上来，是没有多大障碍，也没有多大困难的。过去一百年向西方学习的经验已经完全证明了这一点。

2.9 中国人聪明吗？

中国人常常说，别人也常常说"中国人聪明"，这很可能是事实。但是，中国人到底是怎么个聪明法？为什么会这样聪明？我们是怎样应用这种聪明的？又怎么能把这种聪明与别人分享？在我们能把这些

433

问题以世界上任何民族都能接受、理解的语言、符号、逻辑系统表达清楚以前，这种"聪明"是很难成为对世界文化的贡献的。不论当代西方的科学家如何因为发现了最新的宇宙发生论与生命起源论而倾倒于老子所说的"有生于无"；也不论他们如何从湿婆神永恒的舞蹈中悟到存在着"振动宇宙"的可能；也不论他们在探索到"至大无外"与"至小无内"的时候，因为感到古典物理学的概念与定义归于失效而惊叹"东方神秘主义"的玄妙；他们要把自己的研究工作继续下去，还得靠他们自己的那套科学方法。事实上，就科学而言，当代的系统论、混沌论……已远超出所谓"东方神秘主义"之上。而且，说到底，神秘主义之所以为神秘主义正是因为理性思维的光芒还没有照彻。

2.10 立诚推仁及和而不争

中国哲学的悟性是极其可贵的。它教导人们立诚推仁，"一点真疑不间断，打破砂锅纹（问）到底"，以"明心见性"达到"上下与天地同流"的境界，也确实是"极高明"的。但是，中国哲学还要求人能"赞天地之化育"，而其前提是"尽人之性"与"尽物之性"，这可是一个远远要繁难得多，复杂得多的任务。"善未易察，理未易明"，要察要明，就非得努力研究西方人叫做"自然科学"与"社会科学"的学问不可。光讲"第一义不可说"或者"悟后六经无一字"，虽然可以启发少数利根上智，却无法使多数人明白人在宇宙中的位置与作用，只有通过由自然科学发展出来的广义进化论才能做到这一点。就社会科学而言，仅仅把社会看成是"天之生民久矣，一治一乱"，或者"君臣、父子、兄弟、夫妇，始则终，终则始，与天地同理，与万世同久"，也是不够的。中国人历来讲"通经致用"，但是今天的经已决不可能，也不应该是"尧典禹谟""仪礼周官"、"公羊谷梁"……了，而是非得穷研现代的经济学、政治学、社会学……不可了。拿眼前的例子来说，为什么搞人民公社就会搞到饿饭、死人，而搞市场经济却很快就能由温饱而奔小康，这中间的道理，都不是不学经济学就能明白的。因此无论哪一门学问，中国人都还大有向别人学习的余地。可以相信，在学到学透以后，中国人应当能够发挥自己的聪明才智对世界做出自己更大的贡献。

从又一个方面说，中国哲学的精神是"和"而不是"争"。虽然实际上大化流行的过程中不可能没有竞争以至厮杀，但是中国人从来追求的是"和"，而且总是从"争"中看到"和"。因此，就是到了中国文化确实足以领袖群伦的那一天，它也只能是促进世界上各个民族、各种文化互相包容，互相吸收，互相学习，以求得共同超越，而不会是因为受了一百年"西风压到东风"的气非要再来个"东风压到西风"不可。只有"世界大同"、"天下为公"才是中国文化的真精神。

不要仅仅看到今天的世界上还充满了对抗与争夺、征战与杀戮，事实上，人类已经到了全球化的时代，各种文化的融合已经在开始了。根据现在已有的各种知识推断，人这个物种应该是起于同一个源头的，但是在以后若干万年的过程中却由于求生存而散布到地球上各个角落，一群一群地在相互隔离的情况下发展自己的文化。这种情况大概就是《庄子·天下篇》所说的，"道术已为天下裂"了。但是它却并不就是"往而不返，必不合矣"。随着交通能力的进步和生存条件的改善，分散的人群又慢慢地会合起来了。到距今整整五百年以前哥伦布发现新大陆的时候，各地的人类总算又互相知道了彼此的存在，但是交往的程度仍然只能是慢慢地增加。一直到五百年以后的今天，我们才可以认真地说，全球化的时代开始了。人员、物资、能量、信息现在是在全球范围内交流，规模越来越大，速度越来越快，这样的交流必然要带来各个民族与各种文化之间的冲突与融合。所以，裂了的道术还是要合的。钱钟书先生说"东海西海，心理攸同；南学北学，道术未裂"。这才是通人之言，见道之论。

如果我们相信当代自然科学已达到的宇宙发生论与生命起源论，相信这个宇宙已经有一百五十亿年的历史，再如果我们把这一百五十亿年浓缩为相当于地球上一年的三百六十五天，那么我们就可以看到，人类的出现是在十二月三十一日的下午十点三十分，文化的出现是在此后最后十秒钟之内的事情，人类的重新会合，并且作为一个整体而创造自己的历史不但刚刚开始，而且以宇宙尺度而言还不足一秒钟。中国哲学的最高信念是"人者天地之心也"，也就是说，人是秉承着神圣的使命而出现在宇宙中的，蜗牛角上的蛮触之争不过是过眼烟云，创造今后万代继起之生命才是"大事因缘"。从上个世纪起，"中学为体，西学为用"还是"西学为体，中学为用"的问题，在中国争得个不亦乐乎。其实从中国哲学来看，只有全人类的共性、全人类的发展才是真正的"体"。把这样的观点贡献给未来的世界，才是中国传统文化所可能做的最大的贡献。

从长远看，文化的特殊性（民族性、地区性）终究要融合到文化的普遍性（人类性、全球性）中，这就是所谓"现代化"。但是就当前来说，中国文化还有一项专属于它的特殊任务，那就是在中国文化长期凋弊之后重建中国人的价值系统。这一百年来中国社会变动规模之巨大与程度之激烈可以说是人类史上空前的。人与人之间的许多关系今天处于失序状态。旧的价值标准已经破坏而新的价值标准又还未建立。如何摆脱目前这种"上无道揆，下无法守"的状态，是中国走向未来、走向世界的首要问题。尽管人类的价值标准本来应当有极大的共性，但是那是相当遥远的将来的事情。任何民族的社会道德都要受到历史背景和民族感情的制约，对于每一个个人来说，就是自己从小到大"社会化"的过程不能不受到邻里乡党的良风美俗，往圣前贤的嘉言懿行的濡染熏陶。因此数典忘祖、求礼于野是不行的。十多亿人民，如果自己不能立，又谁能立之？这是非得继承中国传统文化中最本源、最精华的东西不能为功的。中国人历来还认为知识的东西必须以道德为根基。所以孔子说"知及之，仁不能守之，虽得之，必失之。"这也是中国文化的一点真精神。我们如果能依靠中国传统，结合当代学术，求得一点真知，使中国十多亿人民人人能在道德上卓然自立，那就可以说已经给东方文化争了气了，也就可以说给目前这个道德普遍低落的世界做了很大的贡献，而给东西文化的融合共进打下了一个结实的基础了。

3. 全球化[1]

3.1 全球化的开端

我不是历史学家，记得的年代很少，但是一四九二年却是一个

---

[1] 本节和第4节内容选自李慎之1992年9月在一次纪念哥伦布远航美洲五百周年纪念会上的讲话（题为《迎接全球化时代》）和《全球化和全球价值》（2001年）。

怎么也忘不了的年代。理由非常简单。距今六十年前，江浙一带的中学里，初中二年级的英文课本，上学期大都用《泰西五十轶事》，下学期大都用《泰西三十轶事》。《泰西三十轶事》的第一课就是《哥伦布竖鸡蛋》，而课文的第一句话就是："克里斯托弗·哥伦布在一四九二年发现了美洲"。

哥伦布发现了新大陆，也可以说是印第安人发现了旧大陆，差别只在于一个是主动的，一个是被动的。但是这个差别实在是非常之大，对原来住在美洲的印第安人来说，这意味着大祸临头，不但财富被掠夺，文化被摧残，人身被奴役，而且到了种族被灭绝的程度。而对于旧大陆的人来说，则市场得到扩大，经济得到发展，最后摧毁了原来的封建主义，进入了资本主义，使世界历史发生了根本性的变化。这是开天辟地以来头一等的大事。其意义决不下于哥白尼发现原来是地球绕着太阳转，牛顿发现万物之间存在着无所不在的引力。

在五百年后回顾起来，哥伦布时代的世界市场还只是初露头角。整整五百年来的历史都可以说是世界市场在广度和深度上不断开拓的历史。如果说哥伦布时代的世界市场只有农矿产品，首先是黄金、白银、玉米、棉花的交易的话，现在的世界市场已拓展到货物、劳务、资金、技术，甚至生产各个方面了。由此而引起的人员与信息的流通，达到了几乎地球上每一个居民都不能脱离其影响的程度。在今天的世界上，可以说没有一家大企业不是面对世界市场而生产的，就是近十年来刚在中国兴起的乡镇企业，也已在愈来愈大的程度上向世界市场进军了。这在十年前还是我们做梦都想不到的，然而今天却已成为事实。今天世界上的许多商品，其生产过程遍及世界各地，甚至到了难以确定它到底是哪个国家的产品的程度，这也达到了前人看来是匪夷所思的地步。

3.2 争取自由的力量不可抗拒

我生七十九年，虽然阅历不广、学问不深，但是也总算亲眼看到了第二次世界大战与冷战的起讫，多少也能看出一些世界历史的轨迹来了。回想第二次世界大战，号称是民主国家同盟对法西斯阵营的战争与胜利，然而那个时候的世界上到底有几个民主国家呢！实打实地算下来，只有英国和美国两国再加上英国统治下的自治领土如加拿大、澳大利亚和新西兰这几个。其他如德国、日本与意大利已成为法西斯国家，弗朗哥的西班牙和萨拉扎的葡萄牙情况也一样。所谓老牌的民主国家法国则已被德国征服而处于其傀儡贝当的统治下。当时在我们这些左派青年的心目中，苏联是全世界第一个民主自由的国家，就像我们那时候爱唱的《祖国进行曲》里所说的那样，"我们从来没有见过别的国家可以这样自由呼吸"。但是不过十五年，斯大林的罪行披露，苏联原来是专制残暴绝不亚于希特勒德国，而远过于我们心目中专横独裁的蒋介石中国的国家。

　　半个世纪以来的世界变化真的是太大了。所谓世界头等强国的德日意都经过盟军的占领而成为世界民主力量的中坚，还带起了一批在当今国际上堪称模范国家的芬、丹、挪、瑞、冰、西、葡也已转变成为民主国家。二十世纪末年苏联东欧集团的自我爆炸不但扩大了民主国家的阵营，尤其证明了人类争自由的力量是不可抗拒的。

　　推原起始，也不必远溯古老的历史，我亲身经历的一九四一年八月罗斯福、丘吉尔发表的《大西洋宪章》，正是由英国和美国两个近代宪政思想发源国家的政府首脑所宣扬的四大自由——出版自由，信仰自由，免于恐惧的自由，免于匮乏的自由——的宣言就是这一大转变的发端。它不但高高举起了一面旗帜，而且指出了一个方向，一个甲子以后的现实，便是其一次又一次的收获。

　　二〇〇〇年六月二十七日，一百零七个国家的代表在波兰集会并且发表《华沙宣言》，表示"承认被普遍接受的民主价值"。这在我们年青的时候是不可想象的，只是其中十分触目地没有中国、朝鲜、越南、古巴这几个国家的名字。

　　不必怀疑，这里面有些国家的"民主"是残缺不全的，未必就能符合世界公认的民主准则，但是它们至少表示了走向民主社会的意图。

3.3 全球化与中国加入WTO

　　二十一世纪开局以来，对中国来说，意义最重大的事件就是在十二月十一日的多哈会议上被接纳加入世界贸易组织——World

438

Trade Organization。半年以来，WTO三个英文字母在中国简直成了最热门的语言，到处都可以看得见，听得到。

这是可以理解的，争取到这一步是经过十五年艰苦谈判的结果。据最后一位中国的谈判代表，对外贸易部副部长龙永图的说法，十五年其实只是谈了八个字，就是"市场经济"和"开放市场"。这两者本来是一切国家脱贫致富的必由之路，然而中国的经济制度太落后，十五年前还以自己实行的是计划经济而自鸣得意，不敢也不屑向外国开放本国市场，就是国内市场也由于各种各样的保护主义，税费壁垒，还加上到处都是"过手三分肥"的贪官污吏而不可能是统一的，也不可能是自由化的，因此谈判成了一场长达十五年的拉锯战。

参加WTO，中国从此就在经济上正式参加了全球化的经济秩序。中国的领导人和各级外贸外交官员信誓旦旦地保证中国要充分实现对WTO的一切承诺，也就是说从今以后，中国的一切对外经济行为必须按WTO规定的一切规章制度办事。

中国现在的经济到底处于什么样的一种状况？有人说，虽然邓小平在十年前就指出了市场经济的方向，但是支配中国的仍然是计划经济，赔累严重的国有企业仍然是中国经济的命脉；有人说中国已经资本主义化了，不过不是正规的资本主义，而是十分腐败、乱肆掠夺的权贵资本主义或者裙带资本主义；也有人说这是社会主义和资本主义杂交生下的怪胎。我对此不敢下结论，只有改革远不彻底是我能肯定的。不过，由于中国的加入WTO，至少引起了一些好心人的希望，希望借助全球化的力量来规范中国十分无序的市场经济，再由经济的规范化导致政治的规范化。我也是抱有这种希望的一人。

以上所说的固然不是十分有把握的理想，但是也并非毫无根据的幻想。毕竟经济要求有透明度；也就连带要求政治的透明度；经济要求严格的立法与执法，也很难不要求政治减少黑箱操作。当然改还是不改的权力还是在统治者手里。

3.4 全球化与反全球化

照现在中国报刊媒体上的说法，全球化是自然形成的，不可抗拒的进程，但是，任何不可抗拒的进程也还是总有人抗拒，历来如此，全球化也不例外。自从一九九九年底世界贸易组织在美国西雅图开会，遭到世界各地来的各派组织的强烈抗议几乎开不成会以来，世界贸易组织或世界经济八强的几乎每一次会议都会碰上对全球化表示抗议的示威游行。

分属于各个民族的各个群体的利益毕竟是不同的。这恰恰是民主制度所以要存在的理由，正是要依靠民主制度来调和、调整各种不同的利益。最后的希望当然是消解、调和各种不同的利益，这是可以做到的，但是紧跟着协调的完成，新的差异、新的矛盾又会产生，大概永远不会有结束的一天。

跟我年轻时相信"全世界工人阶级利益完全一致"的理想相反，抗拒全球化的人群当中竟然有一些是发达国家的工人阶级，他们反对全球化的理由是：货物的自由流通使他们生产出来的商品受到了穷国商品的排挤，因为穷国工人的工资低，因此成品便宜，也因此挤掉了他们生产的商品，也就挤掉了他们的工作，他们当然要反对，要抗议。当然，穷国的人民也另有理由反对全球化。生活确实要比理论丰富得多，人类的认识过程因此也永远没有终结的时候。

纯粹出于全球利益而反对全球化的例子是各国的绿党和环境保护主义者，他们反对全球化是因为全球化加速了资源的消耗（其中也包括水和空气），破坏了人类赖以生存的环境。环保本身已经成为最重要的全球价值之一，人类如果要避免毁灭，就一定要解决这个问题。

就人文价值而言，全球化首先遭到的抵抗是民族主义与专制主义。

人类最古老的分歧，应该是人类在进化过程中在几十万年以前就开始形成的体质差异，这就是种族主义的根源，起源于庄子所说"物莫不自贵而相贱"的天性。解决种族主义可能是最后、最艰巨的任务。我认识一些年轻的经济学家，十年前就说中国不能参加WTO，因为WTO的竞技规则（rule of games，现在通用的是"游戏规则"，不过我还是赞成老的译法）都是由西方国家制定的，我们进去，就要服从他们的规则，就要受他们的操纵、欺负和剥削。我们要参加，除非规则由我们来定。这确实是可敬的民族主义，或曰爱国主义，可惜就是办不到，除非我们下定决心不要发展经济，不参加全球化的竞争。

应该明确，全球化确实是有强制力的，就像五百年前在哥伦布发现新大陆以后出现了帝国主义与殖民主义一样。许多落后国家（包括中国在内），首先就要受先进的西方国家的侵略和统治，同时又必须向后者学习。现在侵略和殖民的过程已经基本结束了，但是学习的过程还远没有完，只有把充分的民主政治学到手，各国之间才能有完全平等的交流。

虽然上面提到，还没有什么严格的论证可以证明经济发展必然出现民主政治（美国制定宪法的时候还是一个仅有三百万人口的农业国，而且半数人口是黑人奴隶，妇女也同样还没有参政议政之权），但是民主政治最有利于发展经济却是当代世界的共识。最新的例证是美俄两国总统二〇〇一年十一月十三日在华盛顿会谈后发表的联合声明中的话："市场经济和开放的民主社会是保障公民丰衣足食的最有效的工具"。无需说明，所有发达国家的经验都证明了这个论断。

3.5 全球化依赖于全球价值

现在中国人嘴上和笔下的全球化却大抵只是谈的经济的全球化，不少人还夸张地谈到全球经济一体化，虽然现在除了欧洲已经跨进一体化的门槛而外，全球经济一体化的实现起码是要到二十一世纪中期才可见端倪的事情。我认为只有经济的全球化而没有人类基本价值的全球化，这个全球化就是残缺不全的，甚至没有资格称为全球化的，真正的全球化有赖于全球价值的确立。

4. 民主应是全球价值[1]

4.1 经济与民主

二十世纪下半期以来，世界上流行一种理论，说是只要经济发达到一定程度，社会上形成了中产阶级，就会出现民主。这是一种十分模糊笼统的说法，既没有精确的量化的概念，也缺乏严密的逻辑论

---

[1] 本节内容选自《全球化与全球价值》（2002年）。

证，不过经验的事实倒似乎还有些根据，韩国与新加坡就是例证。

在我看来，近代民主的出现与经济的发达并无必然的联系。对全人类而言，其最初的萌芽毋宁是偶然的，可能与不同民族传统中的文化因素有关。而民主一旦确立以后就发生了伟大的示范作用，从而也就有了所谓规律性。大家都知道，近代民主发端于一二一五年的英国大宪章，而基本完成于一七七六年当时几乎完全由英国移民组成的独立的美国在一七八三年制定颁行的宪法。一直到今天为止，英国仍然被认为是世界宪法之祖，虽然它并没有一部成文宪法（因此被称为"柔性宪法"）；美国宪法仍然被认为世界第一部成文宪法（也称为"刚性宪法"），虽然它二百多年来也增添了若干修正案，但是可以说基本不变，而只是增加了进一步保护和扩大人权与改进政府运行机制的内容。

英国与美国这两个盎格鲁撒克逊国家在世界上的示范作用是十分明显的。看看近代史，至迟从美国独立的一七七六年算起，世界上哪个国家不是内忧外患，战乱不已，唯有英美两个国家一直保持了安定，偶尔发生的几起比较严重的内部问题，也都能依靠自己的民主机制而得到解决。就国力的伸张而论，英国曾建立了世界上疆域最大的殖民帝国，在十八十九世纪几乎成为世界的主宰者。现在许多"明察秋毫之末而不见舆薪"的新派人物侈谈各式各样的新思想而忘了恰好是英国把现代化的思想和文化传播到世界最广大的地区，当然也伴随着血腥的帝国主义和殖民主义，历史总是在痛苦中前进的嘛。二次大战以后，英国按照《大西洋宪章》走上了收缩的道路，殖民地从印度到加拿大一一独立，然而丝毫也没有影响到它国内的安定，到现在，它仍然是欧洲各发达国家中经济发展得最好的国家。继英国而起的美国，现在是世界上唯一的超级大国，它对全球化和现代化所起的作用和意义是人人都看得到的，不用我再加申说了。

4.2 启蒙思想家

对世界民主化起过启蒙作用与主导作用的个人（思想家和政治家）是很多的，但是最主要的还要推两个英国人，就是约翰·洛克（1632-1704）和亚当·斯密（1723—1790）。后者开启了近三百年的市场经济，世界文明至今受其赐，因为马克思都推他为古典经济学的鼻祖，在中国已经没有什么异议了。前者则因为"资产阶级民主"的恶谥至今仍然存在，在中国长期无人问闻，最近才有人加以研究。中国人只懂得赞扬被马克思和列宁赞扬过的法国大革命（1789—1979）。其实被推为思想上的启蒙者，引发了法国大革命的法国思想家如孟德斯鸠（1689—1755）、伏尔泰（1694—1778）都认为自己的学说传承自洛克。由此还可上溯到十六世纪的英国人培根（1561—1628），以一身而开民主与科学两大价值系统，更是近代启蒙运动的不桃之祖。德国主张自由社会的大思想家康德（1724—1804）也同样承认是受洛克的影响。法国大革命除了推广自由民主的影响而外，还由于卢梭（1712—1778）的思想而发生过灾难性的雅各宾暴政，一直影响到二十世纪的十月革命与中国革命以及当今世界上某些极左思潮的潜流，后世还有严重的荡涤批判的任务。

大家都知道，中国人之引进民主，是由于一九一九年五四时期陈独秀把德先生（民主）和赛先生（科学）请进中国来，这也证明了盎格鲁撒克逊智慧的示范作用，因为在此以前，真正把西学真谛介绍到中国来的正是严复认真译介的亚当·斯密的《国民财富的性质和原因的研究》（严译《原富》）和约翰·穆勒的《论自由》（严译《群已权界论》）……但是，我们年轻的时候，虽然也唱过民主的高调，而且参加政治运动为民主而斗争，实际上并没有把民主作为一种最高价值。我们这些青年左派，青年共产党人，因为受十月革命和马列主义的影响，相信在民主的价值之上还有社会主义、共产主义的价值，那才是我们值得为之斗争为之献身的全球价值。这种思潮在整个二十世纪都影响广大，一度发展到三分天下有其一。

民主之逐步成为全球价值应该追溯到上面所说的罗斯福和邱吉尔联名发表的《大西洋宪章》，它由阐明两个盎格鲁撒克逊国家的作战宗旨而发展成为战争胜利以后成立的联合国组织及其宪章与以后一系列的文件，给全世界确立了民主的全球价值。尤其不能忘却的是纽伦堡和东京的战犯审判，这是人类历史上开天辟地的第一次，表明了人权高于主权。

4.3 鉴别真假民主

对世界上的落后国家来说，在二十一世纪要实行民主比起二十世纪来要容易得太多了。第一是因为全球化的形势，可以说是"万方民主逼人来"。坚持专制难免被鄙视，被孤立。第二是因为已经有百十来个先进国家树立了民主的范例，要学习并不困难，第三，也是最重要的是，有关实行民主的概念和实践，已经有丰富的积累而十分明确了。

民主起源于人对自己天赋权利的要求，世界各国历史上大概都有很长时期的由自称权力来自于天或上帝的专制君主或者少数有特权贵族统治人民的时期。所谓启蒙，就是普通人对自己的权利的觉醒，所谓民主就是人民自己管理自己而排除专制者或者特权者的统治。从一七七六年美国《独立宣言》以来，一七八九年的美国《人权法案》和同年法国的《人权与公民权宣言》就都确认：人生而自由，在法律面前人人平等，每一个公民都享有言论、写作和出版自由，财产权神圣不可侵犯。公民有迁徙权、居住权、隐私权，结社权、有和平集会和向政府请愿申诉的权利，以及以后不断增补扩大的各项权利，写入宪法，成为治理迄今为止最大的人类群体——民族国家绝对不容侵犯的原则。

联合国成立以来已经制定了《联合国宪章》、《世界人权宣言》、《公民权利和政治权利国际公约》、《经济、社会和文化权利国际公约》以及其他的许多宣言和文件，对保障人权都有明确的规定，凡是联合国会员国都有义务遵守。

民主起于人权，人权起于人要求自由的本性，是民主还是专制，是真民主还是假民主，只要以人民是否享有上面所说的权利一对照，就一目了然了。

至于组织民主政府的原则，则从选举制度、代议制度、司法独立、三权分立，出版自由、舆论监督作为第四权……直到警察制度、监狱制度，世界上几十个国家已有成熟的经验，可以为后进国家参考、学习、验证。

充分的民主必须实行充分的法治。如果说民主是人民自己制定宪法来管理自己的话，法律必须是至高无上的，没有任何个人和组织可以处于宪法之外，更没有任何个人或组织可以居于宪法之上，所谓法治国就是康德所谓"一群人生活在法律规范下的命运共同体"。中国古代的法家也是主张"以法治国"的，不过那是为拥有绝对权威的帝王服务的，与民主的法治国毫无共同之处。决不容许以专制君王治人的法制（rule by law）与人民自己实行的法治（rule of law）鱼目混珠。

历史上还有所谓直接民主和间接民主。古代如希腊那样人口不过几十万的城邦实行的就是直接民主。一切大事由全体公民投票，按少数服从多数的原则决定。这种民主很容易给人以"最民主"的印象，其实并非如此。不但因为后世的国家发展得越来越大，直接的辩论和投票在技术上变得不可行，而且因为少数服从多数，多数可以不尊重少数，更不懂得保护少数人不可剥夺的权利的必要而破坏了民主。另外，一个国家有许多利益各各不同的集团，而确定符合大多数人利益的方针政策往往要多方面研究考量，而不是一次辩论，一次投票就能作出正确决定的。因此现代的民主国家全部都是实行代议制的间接民主的国家，人民由于利害的不同还要组成不同的政党，反复辩论，各自争取群众拥护，形成多数才能最后作出符合大多数人利益的决定。

二十世纪以来民主还有程序民主与实质民主之分。实质民主也是一个十分蛊惑人心的名词。把"民主"这个概念引进中国的陈独秀，就因为受实质民主的蛊惑，直到在实际政治生活中间折腾了二十年之后才觉悟到民主与否不能由一个政党自定的真理来判断，终于认识到自称能给劳苦大众谋利益的"实质民主"其实"一文不值"。

我在青年时候就是沉浸在宣传之中而迷恋于"实质性民主"的。我觉悟所花的时间比陈独秀还长，一直到老年才得出这样的一个结论："没有资产阶级民主，也没有无产阶级民主；没有旧民主，也没有新民主，民主就是民主"。

民主必须严格按照宪法规定的程序与原则，不得以任何理由违背。我青年时期信仰的民主集中制，只是一种新式独裁即极权主义的别名，根本不是什么民主。倒是康生讲的是老实话：民主集中制要点在集中，民主无非是一个形容词而已。

民主的精义在确保个人的自由。因此，从人文价值讲，在民主成为全球价值的时代，个人立身处世的标准应该是全球主义与个人主义的互动（或者用中国人爱说的话来说，是辩证的结合），这涉及到更深层次的研究，这里就先不说了。

另外，这里所讲的全球价值都是指的各个民族国家内部的民主价值。再进一步，还有全世界范围的民主价值，这才是最后的民主价值。马克思所说的"因特纳雄奈尔"虽然大概不能实现，康德所说的"世界政府"则大有实现的可能。不过这起码是一二百年以后的事，现在可以先不谈。

最后，在谈论民主的时候，千万不要忘了两句名言，一句是邱吉尔说的：

> 在这个罪恶与灾祸的世界上，各色各样的政府形式都试过了，而且还要再试下去。没有人以为民主是完美无疵的。说实在的，倒是有人说民主是最坏的政府形式，只不过要除掉不断试验过的所有其他一切的政府形式。（一九四七年十一月十一日在下议院讲话）

邱吉尔说的实际上就是"民主是最不坏的政府形式"，这也是在世界上广泛流行的版本。另外一句是当代美国思想家尼布尔（Reinhold Nibur）说的：

> 人行正义的潜能使得民主成为可能；人行不义的倾向使得民主成为必要。（《现代西方神学辞典》R N:bur条）

人的本性可善可恶，自私与利他，贪婪与慷慨兼有，使人类对社会制度永远只能在两利相权取其大，两害相权取其轻之间作选择。虽然现在已经进入二十一世纪，但是我在二十世纪生活了七十七年，只能算是一个二十世纪的人。尽管历史上历来善行与恶行连绵不已，但是我所见到二十世纪是历史上集大恶与大善之大成的世纪。一方面是德意日、苏中柬所发生的极权专制空前规模地残害人类的罪行，一方面是正义得到伸张，人权得到提高，民主得到推广，同样规模空前的世纪。人类毕竟在进步，我愿以民主价值确立为全球价值来祝福二十一世纪。

第二十五章 再论全球化

1. 二十一世纪的大趋势[1]

1.1 全球化的起点是一四九二年

"迎接全球化时代"是一九九二年我在北京纪念哥伦布发现美洲五百周年国际学术研讨会上发言的题目。严格地说，全球化的开始应该上溯到一四九二年。在那一年，哥伦布远航美洲，使东半球和西半球的居民知道了彼此的存在，使人类知道了自己确实是同住在一个不可分割的圆球上。这当然是全球化进程的起点。从此以后，全人类各部分的交往越来越频繁，越来越密切（当然少不了激烈的冲突和战争）。但是，无论怎样说，这种交往大体上是以国家和民族为主体进行的。全球化的端倪不时隐隐出现，比如科学和技术的传播，宗教和文化的交流，尤其是世界市场的逐步形成，等等。不过总的来说，这种交往还不能越出马克思和恩格斯一八四八年在《共产党宣言》中所说的"各民族的各方面的相互作用和相互依赖"，因而我们只能把这五百年的历史称作"国际化"的时代。只是到了五百年之后的一九九二年，人们才感到出现了一种全球性的力量在裹胁各个国家、各个地区、各个民族、各个集团，以至无数个人进入一个汹涌澎湃的大潮流。用一句术语说，就是"世界系统已达到全球维度"。这种情况使我们在世界范围内感到了两千年前亚里士多德说的"全体大于部分的总和"这句话的力量，使我们不能不用"全球化"这个词儿来形容世界正在进入的一个新时代。

---

[1] 本节内容选自《全球化：二十一世纪的大趋势》（1993年）。

1.2 促进全球化的反面力量

促进全球化的还有一种反面的力量，那就是科学技术和经济的发展对地球生态（人类生存环境）的破坏。资源趋于枯竭，甚至从来没有人以为会发生问题的土地、水和空气也已被污染而不适于人的生存了。人类现在是生存在危险的边缘上。如果这种趋势不被制止，那么人类的末日可以说是指日可待的。因此，自从六十年代以来，先进的人们就发出了"救救地球"的呼号，这是人类出现在地球上几百万年以来从来没有过的事情。要解决这个问题，非有各个国家、各个民族协调一致的努力不可，也就是非有全球化的努力不可。

除此而外，科学技术与经济的进步也造成了严重的社会问题。人类最早认识到自己有可能被毁灭的危险是在四十年代原子弹制造出来以后，虽然大家在核恐怖平衡下提心吊胆地享受了五十年的世界性和平，但是现在世界上积存的核武器仍然足够多次消灭人类而有余。而且核技术与核武器正在迅速扩散，不用很久，就会有许多中小国家甚至私人工厂制造出核弹来。除了核危险以外，科学技术——经济进步提高了人的生活水平，却促成了人的放纵，而并没有教会人如何正确地生活。当前这个时代的另一面是人欲横流，道德败坏。饥饿与瘟疫、奢侈与浪费并存；艾滋病与海洛因、犯罪与恐怖，现在是在世界范围内流行。人类要制止自己的恶行，维护自己的幸福，也非得通过全球性协调一致的努力不可。

还有一个较少为人们注意的全球化的力量。就是所谓第四次产业革命，即开发天疆的事业。照这种看法，新技术革命已经把人类的活动推进到宇宙空间，人类将向外星进军。这不但是出于人类的进取心，也可能会是出于逃脱地球上未来灾难的必要。这种话听起来近于幻想，然而却也不能绝然地否定，如果人类真有这样的一天，人类作为整体，当然会像历史上一个一个的民族那样紧密地团结起来，从而大大加速全球化的进程。

1.3 全方位的全球化

当前世界上灼然可见的大趋势是市场经济将席卷全球。确定市场经济"竞技规则"的关贸总协定将把其影响伸展到地球的每一个角落。中国如果能在今年入"关",将是对全球化的一个重大推进。经济集团化(如所谓美、欧、日三大集团)也是当前世界上明显而突出的现象。有一种看法认为它是全球化的障碍,这不是没有道理的,但是更应该看到它只是全球化的一个阶段。

与经济力量平行发展的是观念的力量。现在已经有同志说到科学的世界化,这是不争之论。(当然即使是自然科学这种最为中性、最富共性的东西,要完全彻底地全球化也还得经历一段时期。)同样重要的是某些价值观念的全球化。就维持当前世界的和平与社会的安定来说,这并不完全是好事,它在各个社会内部引起的冲决藩篱的作用恰好就是目前各种混乱与苦难的原因,然而这毕竟是一个不可抗拒的过程,是旧秩序破坏以后重建新秩序的一个必然阶段。近几年来世界上最强大而迅速发展的意识形态是以原教旨主义为中心的泛伊斯兰主义。但是,就在原教旨主义中心的国家,现在也为通过各种媒体(如广播、电视、电影、出版物、录像带等)而涌进去的外来信息所苦恼,因为它对既存秩序具有侵蚀性、破坏性。就是在一向自以为领导世界新潮流,一向向全世界各国推销其价值观念的美国,现在也一样进入了人口—社会—文化结构大变动、价值观念大混乱的时代。

尽管我们无法预言全球化的政治与经济后果,但是可以肯定国际关系中的行为主体与行为准则都要大异于今日,而决不会像过去的变动那样仅仅是在现有的民族和国家之间实行一下权力和利益的再分配。国家、主权、国界的概念都会有变化,而非国家的主体,如国际组织和跨国企业的影响则将大大上升。另外,各个国家的内部因素,包括个人的选择、个人的价值观也将在国际关系中起越来越大的作用。用旧时的尺度来看,简直可以称为狂潮一样的移民趋势,只是这种变化的一个迹象而已。

1.4 必须首先对付由于旧秩序的崩溃所造成的分裂和混乱

有历史意识的人,尤其是相信唯物史观的人,当然欢迎全球化的大趋势,认为它是人类社会的进步,而且是人类的必然归宿。从长期来看,这是没有问题的。但是从短期来看,却可能是世界上相当多的人会感到难以接受的。对目前的形势可以打一个简单的比方，许多本来是被堤坝隔开的水域，现在由于堤坝的溃决而形成一片汪洋。一时只见水深浪阔，波涛汹涌，还看不出风向和潜流的归趋。事实上，在一九八九年以后，这个世界上最突出的新现象是民族主义、教族主义、种族主义、部族主义，以至地方主义的爆发，因此而使人感到我们已迎来了一个新的战国时代。现在我们可以肯定地说全球化的力量与全球化的需要都比五十年前要强很多，但是在世界进一步整合以前，还先得对付由于旧秩序的崩溃而释放出来的各种力量争衡所造成的分裂和混乱。

对这种混乱，可以有三种态度。一种是乐在其中，感到解放的愉快，做一个中国古来赋予贬义而在今天却以褒义流行的"弄潮儿"。这种人在客观上可能是历史潮流的推进者，也可能是历史潮流的破坏者；在主观上可以感到畅意，也可能招致失意。一种是抱住原有的利益与观念，顽固地反对一切新生事物，他们很难说有多大的进步作用。还有一种是努力弄清全球化时代社会发展的机制，努力引导社会向合理的、有序的方向发展，具体地说就是要为急剧变动的社会制定法律的和道德的规范。前两种态度及其行为方式多少是自发自流的，后面的一种就要求极大地发扬主观能动性。虽然从历史发展的总体来看，做这种事情的人永远只是少数。所谓"乾坤几个有心人？"我们却不能不希望这样的仁人志士在中国能越来越多，使全球化的进程和中国参与全球化进程的进程能够较为顺畅而较少痛苦。

2. 开展全球化研究[1]

2.1 全球化不同于国际化

本世纪发生了人类历史上空前未有的大事变：第一次和第二次目的都在于争夺全球霸权、而影响也及于全球的世界大战。到本世纪即将结束的时候，也就是哥伦布发现美洲五百周年的时候，柏林墙倒坍了；一个声威赫赫的大国——苏联——自行解体了。没有发生战

---

[1] 本节内容选自《开展全球化研究》（1994年）。

争，然而其影响却更甚于战争。这是人类历史上空前戏剧性的变化。对这些事件要作全面、系统、精确的分析还需要时间，然而有两点是肯定的：一、市场经济的力量冲垮了一个僵化的体制。二、信息的传播打破了一个封闭的系统。这标志着市场经济全球化时代的到来，标志着全球化的力量在起作用。

全球化不同于国际化：国际化重在以民族国家为主体的国际交往上，全球化则表现为跨国界、跨地区的力量，它更强调国际主体的行为和国际规范的作用。它遵循的原理是亚里斯多德说的"全体大于部分的总和"和毛泽东说的"小道理服从大道理"。全球化是已经开始了的过程，是已经出现的大趋势，任何看不到这个大趋势的研究都是盲目的；任何违反这个大趋势的决策都是错误的。

2.2 "问题的全球化"

全球化很容易引起的联想是一体化，是世界秩序以至世界政府。从以世纪计的长期来看，这大概是正确的联想。但是就目前来说，却不但应该看到如生产全球化、贸易全球化所带来的无可怀疑的物质利益，还应该看到与此同时而来的"问题的全球化"。

由于科学、技术、生产、生活的发展所造成的环境污染与生态破坏是第一个大问题。留给人类解决这个问题以延续自己的生存的时间已经不多了，但是还看不出我们采取了什么有力的措施，甚至还没有找到有效的救治办法。正因为如此，一九九二年才有世界上一百几十个国家的首脑在里约热内卢集会讨论"环境和发展"，把它列入"二十一世纪的议事日程"。

除了这个在物质层次上灼然可见的问题而外，还有精神方面的问题。全球化使得各地区、各民族的利害关系愈来愈紧密，结果当然地加深了彼此间的利害冲突。我们固然看到有一些民族、一些地区学会了互相适应而走上了团结合作的道路，但是也看到有更多的地区，更多的民族，还不知彼此如何共处，冲突频频，愈演愈烈，以致于有人在全球化的大潮面前认为人类正面临着"新的战国时代"。解决的办法应当是有的，但是还得着力研究、甚至还得容忍一个解决问题的

"自然过程"。

更为宽广的问题是：全球化实际上是裹挟着人类进入一种经济、政治、社会、文化各方面都大异于过去的新生活，因而使人类进入了一个全球性的价值标准大失落、大混乱时代。堕落与罪恶、暴力与迷信、毒品与恶性传染病到处蔓延……这是一个空前阴暗的"世纪末"。这类所谓的"社会问题"随时可以转化为经济问题与政治问题，而且还在酝酿着新的"国际问题"。

事情是复杂的，随便举一个例子：正如经济发展这样一件大好事带来了生态破坏这样一件大坏事一样，自由与平等、自决与独立这样可贵的理想在全世界传播的结果，促进了世界各民族的觉醒，于是在本世纪内引发了三次民族自决的大潮（第一次、第二次世界大战以后和柏林墙崩塌以后）。谁能说这不是好事？然而联合国秘书长加利担心，今天世界上有大约三千个民族，如果全都要独立建国，会形成什么样的一种局面？我们能不能找出一种不流血、少冲突的解决办法呢？这是大家的愿望，然而没有人敢说这是容易的事情。

不能排除全球化的进程会通过断裂、波折的方式实现其自身的可能。许多问题只有靠全球各国协调一致的努力才能解决，而这首先就得有全球性的了解。

3. 全球化与中国文化[1]

3.1 世界已经进入全球化时代

自从一四九二年哥伦布远航美洲使东西两半球会合之时起，全球化过程已经开始了，为什么现在才说世界进入全球化时代呢？这是因为在过去五百年中，我们看到的还主要是国家力量的伸张，民族利益的碰撞，宗教的传播，文化的渗透……总之，还只是局部力量的会合而引起的冲突和融合。而现在，我们已经可以清楚地看到超国家的、超国界的、全球性的力量在行动，全球性的问题在蔓延。

---

[1] 本节内容选自《全球化与中国文化》（1994年）。

经济也许应该算作物质层次的现象，而在思想的领域，就在这几年，信息的传播已经可以以无间隔的速度到达地球上任何一个角，几乎可以不留下任何死角。一九八九年到一九九一年所发生的事情，事实上可以解释为信息的力量冲破了封闭的壁垒。而现在，世界上许多国家又提出了要在下世纪初建成信息高速公路的计划，到那时，世界上千千万万的普通人几乎都可以随时取得他们所需要知道的任何信息。叫了二三十年的从工业化时代向信息化时代的转变，看来就要在公元二三千年之交（？）实现了。

市场经济的全球化和信息传播的全球化应该说是全球化时代最重要的标志，还有许多其他的标志：环境污染的全球化，人口爆炸以及由之而来的移民问题的全球化，核武器以及其他大规模毁灭武器扩散所造成的对全人类的威胁，恶性传染病、毒品买卖与犯罪活动的全球化……甚至垃圾处理都成了全球性的问题。正因为如此，联合国秘书长加利在一九九二年联合国日致辞时说："第一个真正的全球性的时代已经到来了。"时间正好离一四九二年五百年。

3.2 全球化还会带来许多的烦恼痛苦

从进化论（不但是生物进化论而且是宇宙进化论）的立场来看，全球化是值得欢迎的，而且毋宁应该说，不论你欢迎不欢迎，它都是必然要到来的，既无可反对，也无法回避。然而，只有未来的（比如说，二百年后）人类才能简单地作这样"价值中立"的判断，对于我们这些活在今天的世界上而且被"裹胁"进入"加速全球化"（以区别于过去五百年间慢吞吞地全球化）时代的人来说，全球化过程带来的决不仅仅是愉快欢迎，而是还要带来许多的烦恼痛苦，因为它不但会带来融合与和谐，还会带来摩擦与冲突，在许多情况下，甚至是血与火的斗争，是生与死的抉择，虽然世界大战的惨祸也许可以避免。

"话说天下大势合久必分，分久必合。"这是《三国演义》开宗明义的话，也是中国多数人信奉的历史哲学。用这话来观察全人类的历史，同观察中国历史一样贴切。自从几百万年以前地球上出现了人类以来，总的说来是分的趋势。出于求生的需要，人们越走越开，越走越远。然而地球是圆的，到了距今五百年前，这种趋势倒转过来了，人类又走到一起来了。不过正如从汉的"分"到晋的"合"一样，中间还不知经历了多少残酷的场景：殖民主义与帝国主义，第一次世界大战与第二次世界大战，只是其中最突出的几场而已。因此全球化过程决不会是太太平平，这是我们必须看到的第一点。

我们必须看到的第二点是，加速全球化的最大推动力从来就是市场经济。就其本质来说，市场的力量是决不承认任何界限的。只要有利可图，它就会像水银泻地那样无孔不入。它在过去已经冲破了许多部落的、民族的藩篱，今后它还要冲破更多国家的、地区的、种族的、宗教的、文化的界限。对于那些比较适应了市场经济的国家，困难当然可能小一些；而对于那些新近才引入市场经济的国家来说，痛苦就会很多，抵制也不难想见。

还要看到第三点。市场经济就其积极面讲，它的伟大的作用就是解放了个人的主动性与创造性，因而大大促进了财富的增殖；而就其消极面讲，它利用的正是人的原始利己心，是人对物质享受似乎永远不会满足的贪欲。正因为如此，它提高了人们的生活水平，增加了个人可能得到的自由度；它也把牛仔裤和可口可乐、迪斯科和摇滚乐……同海洛因和艾滋病一起传播到世界。它打破了自古以来多数人已经习惯而且视为当然的生活方式，却还来不及给他们带来应有的新秩序。

3.3 今天的世界陷入了价值观念空前的大失落和大混乱之中

就这样，随着全球化进程的加速，今天的世界陷入了价值观念空前的大失落和大混乱之中。

在所谓的西方（也就是发达国家）新思潮层出不穷。现代主义没有热闹够，就出现了后现代主义。曾几何时，后现代主义又像已不时兴，恨不得再玩玩后后现代主义了。思想的模糊和语言的贫乏使人们能诉之于后X、后Y、后Z，可是这既解救不了世界，也解救不了自己。

这个世界上一方面固然并不缺少各色各样的后X、Y、Z，一方面却又出现了原教旨主义的勃兴，不但有广为人知的伊斯兰教原教旨主义，也有印度教的原教旨主义，以至东正教的、天主教的、耶稣教的、儒教的原教旨主义……虽然人们大多只注意到这种现象存在于发展中国家，但事实上它也以各种极端主义的形式、还有亚宗教的形式在发达国家中蔓延。

这就是人们现在都已看到而且感到的全球文化大危机。这个危机之所以是大危机，是因为它不仅表现在诸如教育事业的衰败、出版行业的不景气、文学水平的低落、画家画不出好画、音乐家作不出好曲子、科学碰到了逻辑的和实验的限制等等，而且表现为所谓"文化"的核心之核心——道德水准的持续下降上。传统的价值失落了，能够维系人心、安定社会的新的价值标准还不知在哪里。

3.4 中国的转型

历来重视自己的文化的中国人，从上个世纪起就深刻地意识到自己国家的文化危机了。这是因为大体上从一八四〇年的鸦片战争以来，中国碰到了李鸿章所说的"三千年未有之变局"，指的是传承了三千多年的中国文化——包括经济、政治与生活习惯在内的广义的文化——要向一种全新的文化转变，本来只要向工业化时代的文化转变，现在还要加上向信息时代的文化转变。中国人都知道这是一个多么激烈而痛苦的过程，真的是交织着光明与黑暗，前进与后退，成功与失败……

可以使我们欣慰的是，我们现在可以有把握地预言，中国的转型期将在鸦片战争大约二百周年的时候底于完成。因为中国已经义无反顾地走上了市场经济的道路，而且已经取得了举世公认的成就。

回过头去看，许多先行者提出的方案，不论是维新还是救亡，不论是三民主义还是社会主义，也不论是搞世界革命还是与国际接轨，统统为的是走上全人类都要走的必由之路——全球化之路。

我们相信中国由传统社会走向现代社会的转型期即将完成，只是好比说，我们在打通一座大山的时候，知道我们离出口已经不远了。但是隧道尽头的光明不但不能使我们歇脚停手，更不能使我们忘记前面还有塌方的危险，流沙的危险，洪水的危险……"行百里者半九十"是中国先哲有益的告诫。事实上现代化仅仅靠市场经济是远远不够的，还必须建立现代化的道德秩序，而现在我们看到的却是一种礼崩乐坏，上无道揆，下无法守的情况。人们可以把这认为是转型期的自然现象，但是如果不加救治，后果只能是"不堪设想"。

3.5 中国人必须建立上承旧统而下启新运的道德秩序

人类的价值观念历来是有变化的，但是最核心最基本的要素总是普遍而永恒的。中国人历来追求的郅治都要求"淳风俗，正人心"，可是现在的普遍心理是"向钱看"，为了钱什么都可以不顾，什么都可以不管。中国古人历来鄙视为机会主义者的"弄潮儿"，现在居然成了时代英雄。所谓痞子文学，其精义无非是鼓吹"何不游戏人间"，"何不潇洒走一回？""什么价值标准，什么仁义礼智信，什么艰苦朴素，统统见鬼去吧"！"什么立诚推仁，什么居敬主静，什么希圣希贤，你算老几？"然而难道中国人在失去了所有这些传统的价值观念之后，真的就能实现现代化的目标么？难道十二亿中国人能就这样稀里哗啦地走向全球化的世界么？

"不能"，答案只能是否定的。如果中国人不能继往开来，建立上承旧统而下启新运的道德秩序，我们就将既不能实现现代化，也没有资格在全球化的未来世界上占有一个尊严的位置。

尤其值得我们警惕的是：在中国即将完成自己的转型期的时候，世界也正进入一个更大的转型期——由工业化时代转入信息化时代的转型期。换言之也就是中国的价值观念大混乱的时期刚好与世界的价值观念大混乱的时期重合。有道是："过了一关又一关，山外还有山连山！"

3.6 坏事变成好事

幸乎不幸乎？我们以两点论来看问题：它既是坏事，也是好事。可是我们致力的方向只有一个：尽力尽快把坏事变成好事。

全球价值观念大失落、大混乱的原因，从最根本处说，其实是跟中国价值观念的大失落、大混乱的原因一样的，它同样出现在历史大转弯的关头。远的不说，即将过去的二十世纪虽然给人类带来了两场惨痛酷烈的世界大战，它毕竟把全球工业化的时代推向最后阶段，把市场经济普及到了全球，把科学技术推广到全球，把人类财富的总积累提高到只要使用得当就可以迅速改变一个或者几个国家面貌的程度，把生产力发展到确有可能满足全人类基本需要的程度，把个人的自由提高到空前未有的程度。但是它也给世界留下了文化堕落，道德败坏，贫富差距扩大，霸权主义与民族利己主义同时存在，种族主义以及文化摩擦在世界范围内和各个国家内部同时凸现，人口膨胀与环境破坏的矛盾看来竟像是一个打不开的死结……面对这种新的局面，人类感到茫然不知所措。他们既不知如何解决现实中的问题，也不知道如何正确地利用新开辟的可能性。

最近去世的美国前总统尼克松在他身后发表的文章中说："今天美国是世界上唯一的超级大国，也是最强大和富裕的国家。……然而，虽然我们在物质上是富有的，但是我们在精神上是贫穷的。"

发达的国家是如此，不发达的国家呢？在最贫穷的非洲大陆，一位当地的学者哈桑·巴认为，当前非洲战乱不止的一个原因是："这些社会已经在殖民化和现代化期间丧失了他们原有的传统价值标准，它们已经不再拥有本国本土能调节各种冲突的机制，已不再有精英人物来考虑教化对立的各方。……人们忘记了人文的准则首先是由一个社会在其历史过程中的民族价值观念的形成的浓缩物。"

3.7 中国既可得到全球大趋势的助力，也可为世界重建道德秩序作出贡献

危机是全球性的，这种认识使我们感到沉重，因为在八面来风的情况下，要解决中国自己的文化危机会更加困难。但是也可以给我们以希望，因为在着手解决我们自己问题的时候，我们可以得到全球大趋势的助力。

把现在的西方社会称作"病态社会"的美国《未来学家》杂志说："西方现代文化正在危害我们的精神健康。这使我们有足够的理由建立一整套新的价值标准和信仰体系。西方现代文化与西方社会所

面临的其他严重问题之间的关系，使得这件事情显得更加迫切。"

我们中国人应当欢迎，应当支持这种努力，但是，我们不应当等待或者单纯依赖他人而不首先自己从事这种努力。中国人不能做"待文王后兴"的人。

在这方面，我们中国人是有优越的条件的。

孔孟之道历来被认为是一种政治—伦理哲学，它可以成为我们重建道德秩序的精神支柱（俄国人就羡慕地说"要是俄罗斯也有自己的孔夫子就好了"）。中国的多数哲学流派——不论是儒家、道家、佛家都强调人与自然的和谐，人与人的和谐，都要求个人把社会责任置于一己的私利之上。它们都可以帮助我们从今天的各种各样的矛盾与混乱中自拔自立。

康德这样的思想家认为自己毕生的奋斗目标就在于提高人的地位，然而正是中国的先哲把人的地位看得最高。《孝经》上说："天地之性人为贵"；《礼记》上说："人者天地之心也"。这就是说，人是宇宙的自我认识、自我觉悟、自我发展。人的尊严、人的价值来自于天地，来自于宇宙；人当然有能力拯救自己。

去年夏天，我在美国看到一本专门从事中国研究的杂志，上面有一篇文章说："在中国面临的各种危机中，核心的危机（the core crisis）是自性危机（identity crisis）"，"中国人正在失去中国之所以为中国的中国性（Chineseness）"我为这种观察的深刻与批评的尖锐所折服。然而我相信，"我们中国不会永远这样下去的"。我们一定会找回我们迷失的"自性"的。

不可否认，这是一个极其伟大的也极其艰巨的工程，我们甚至不敢说是不是已经有人在着手了。外国人看到了我们的问题，然而在我们自己的土地上呢？四顾茫茫，旷野里偶然传来几声微弱的呼喊，却听不到多少回声。"物极必反"是古训，是天道，难道事物还没有到"极"，因此也不会"反"么？

奇怪的是，虽然重建中国文化的事业还说不上什么成就，我们的社会风气和道德水准还在继续滑坡，但是随着中国经济的振兴，虽然还只有少数几个人手里有几个钱，一种虚骄之气就已经在冒头了:"中国《易经》天下第一","中国气功举世无双","二十一世纪是中国的世纪","三十年河东,三十年河西,以后是咱们的天下。"

这是极其粗鄙的民族主义,是完全违反全球化的趋势与精神的,也是违反中国的传统的。孔子说:"己所不欲,勿施于人。"又说"己欲立而立人,己欲达而达人。"这才是咱们中国的精神!

3.8 中国文化应该回复到文化主义与天下主义

中国传统的理想是"天下主义"而不是"民族主义"。所以孔子说:"大道之行也,天下为公";子夏说:"四海之内皆兄弟也"。后人如顾炎武、王夫之特别区分"国"与"天下"的差别,置天下于国之上,以为国不过是指政权,而天下是指文化。所以美国汉学家列文森认为中国人的"天下主义"就是文化主义,因为中国人古来并不重视异民族的肤色容貌,而只重视它的政教礼乐,所谓"进于夷狄则夷狄之,进于中国则中国之"。中国的"民族主义"是到十九世纪末在列强环伺欺压下才产生的。因此,它只能是民族解放主义,而不能是民族扩张主义。在这个加速全球化的时代,在中国复兴而取得与世界列国平等的地位以后,中国的文化应该还是回复到文化主义与天下主义——在今天来说也就是全球主义。

当然,在今天这个世界上,虽然科学、技术、经济以至某些生活习惯、行为方式的全球化已经灼然可见,但是文化是仅次于体质形貌而区分人类各个族群的最后标志。哪怕世界上已经有许多先识之士相信物质生活的全球化必然要导致精神生活的全球化,例如一九八三年在蒙特利尔召开的第十七届世界哲学大会就十分强调"人类统一和世界文化统一的最高价值"。如果我们不以虚幻的愿望来代替切实的行动,那么当务之急就是要振兴各民族的民族文化,并且从中发掘其最本质的,也必然是与其他各民族文化共同的价值观念,并且加速和加深使民族文化与其他民族的文化的交流融合,从而促使各民族文化的特殊性逐步融入全人类文化的普遍性之中。

中华民族是世界上最大的民族,中国文化是世界绵延最久而又辐射甚广的文化。如果中华民族不能促进全球由混乱走向有序这个伟大的历史过程，它就必然要延迟甚至促退这个过程。是非利害，洞若观火。中国经济和文化的振兴，如果走的是沙文主义道路，那就一定是中国之祸；如果走的是全球主义的道路，那就一定是中国之福。还可以再加上一句："中国之祸肯定是世界之祸；中国之福肯定是世界之福。"

3.9 体与用之辩

在历史上，在亚洲的范围内，中国文化对比起周边国家来曾是一种强势文化，因而曾长时期博得它们"向风慕化"。但是，不容讳言，从近代以来，中国文化对比起西方文化来，变成了一种弱势文化，因而中国人曾有过一百几十年向西方人（包括俄国人）学习的经历。这期间曾由于胡适说过一句"全盘西化"的话引起一场轩然大波，即所谓"全盘西化"与"中国本位文化"之论战，后来，胡适承认"全盘西化"一词有语病："全盘西化"是不可能的，应当改为"充分世界化"，这场论战才告停息。在六十年以后的我们看来，"充分世界化"应当进一步发展为"全球化"。这不是一个咬文嚼字的问题，而是因为在提充分世界化的时候，人们心目中的世界实际上仍然是西方的强势文化统治的世界，所谓"彻底世界化"还是逃不了向所谓"先进的西方"学习的实质。而今天则不但世界的"力量平衡"已经发生了变化，而且事实上出现了超国家、超国界的全球性力量和全球性的问题，人们已经可以看到超乎东方、西方、南方、北方的全球性的要求。根据这种新的共同的要求，提出新的解决办法，这不是哪一个国家的任务，而这样的一种形势与要求实际上是所有国家的任务，也就是要由全球性文化来解决的任务。

中国文化的现代化必须以传统为基础、以全球化为目的。不以传统为基础，十二亿中国人将失其统绪而又成为一盘散沙，那样也就无法参加已经开始的加速全球化的进程；不以全球化为目标，那么中国文化的建设又会走到我们刚刚在十多年来批判过的"闭关自守，夜郎自大"的老路上去。

这样一来，讨论了一百多年的"体""用"之争也可以解决了：以全球化的普遍规律为"体"，以中国特色为"用"。中国能够根据自己的经验自己的长处，参加为全球化的过程明道立法，制礼作乐，也就是确立规范的大业，也应当可以算是明体达用了。

3.10 中国文化应当对全球化做出更大的贡献

中国在这方面有比较好的条件。一部上下五千年的中国文化史事实上也就是以中原文化为核心与中国大地上各种各样文化通过各种各样的矛盾冲突达到协调融合，终于形成今天的中华民族的历史。

中国文化由于特别丰富的经验而应当对全球化做出更大的贡献，这是我们应尽的责任。不过我们也要明白，我们的经验主要属于近代以前，也就是工业化以前的时代。对近代的国际社会我们还是一个后者。因此为了积极参与全球化的进程，我们一方面要努力总结继承自己的文化传统中的精华；一方面还要加倍学习外域文化传统中的精华，也就是两者之中有利于建立全球秩序的成分。

所谓文化，固然可以作广义的理解，把人所创造的一切，从饮食服饰到音乐图画统统包括进来，但是必须明确，其核心还在于规范人与自然的关系和人与人的关系的最基本的准则，而要处理好人与自然的关系，其前提又是必须处理好人与人的关系。因此文化的核心之核心就是要确立人类社会的道德规范。就这方面而论，中国文化是有其优长之处的。因为中国文化历来以"天人合一"为最高境界，中国文化追求人与自然的和谐以至冥合这样的最高境界（即所谓"同天境界"）来实现生活中人与人之间的和谐。这正是同当前的全球化的大趋势完全一致的。

作为一个中国人，我原则上相信作为中国文化的核心的中国哲学能够给当今中国的文化危机和全球的文化危机开出一条最好的解救的道路来。但是回到现实生活中，我们又不能不看到我们自己还正在危机中挣扎，我们还远远不能说已经看到了通向彼岸的桥梁，我们甚至不能说我们已经找到了迷失的"自性"，我们又何能在全人类面前夸口呢？是好样的，只有自己做了榜样来。

面对堆积如山的问题，我们有时候真会感到不知从何着手，如果还是拿山来作比方，那就是要开凿打通大山的隧道，还不知从哪里下第一铲（这里是指建立全球道德秩序而不是上面所说的与全球经济秩序接轨了）。然而中国哲学教导我们，只有从自己本身先下手。《大学》说："物有本末，事有终始。知所先后，则近道。古之欲明明德于天下者，先治其国；欲治其国者，先齐其家；欲齐其家者，先修其身；欲修其身者，先正其心；欲正其心者，先诚其意；欲诚其意者，先致其知。致知在格物。物格而后知至；知至而后意诚；意诚而后心正；心正而后身修；身修而后家齐；家齐而后国治；国治而后天下平"，所谓"天下平"就是指的全球化的经济、政治、法律、道德秩序的确立。

要达到这个目的，除了人人都来树立自己的道德人格外，别的捷径是没有的。

在我们要重新建立道德秩序的时候，中国不会是孤独的，因为这正是全世界又要重新估定一切价值的时候。我们只希望中国自己的道德秩序能够建立得比较早一点，能够对人类史上第一次建立的全人类的秩序——全球秩序做出比较大的贡献。

不管任务多么困难，我有三点信心：一、我相信：天地生人，或者说宇宙用几百亿年的时间进化出人类来，不是为了要毁灭他。二、我相信：既然连最低级的细胞都有自组织的能力，人类社会也一定有自组织的能力。孟子说："天之生民久矣，一治一乱。"顾炎武总结了中国历史上风俗由敝坏而转为淳厚的经验，得出结论："则知天下无不可变之风俗也。"实际上历史已经多次证明这一点了。三、虽然追根究底起来，人类发展出的科学与技术是产生今天的文化危机的重要原因，但是我相信：科学技术还会继续发展，最后能给人以力量来解决它自己造成的问题。

因此，还是一句老话，道路是曲折的，前途是光明的。地球只有一个，人类本是一家。"一致而百虑，殊途而同归"的日子总是要到来的。

4. 海阔天空扯乱谈[1]

4.1 爱伦堡的预言

还记得整整五十年以前，一九五〇年的元旦，苏联《真理报》发表了一篇伊里亚·爱伦堡写的回顾二十世纪开头和瞻望二十世纪末叶的文章。爱伦堡在整个社会主义阵营都被认为是最有世界眼光的记者和作家，文章也确实写得有魄力，有气势，不但使我们这些二十多岁的年轻人为之倾倒，也使许多老革命家赞叹不已。在爱伦堡眼里，在二十世纪剩下的一半岁月里基本上就是无产阶级（或者扩大一点是说劳动人民的）的政权从胜利走向胜利，从一国走向世界的历史，形势一清二楚，真可以说是"无待蓍龟矣！"

爱伦堡是一个世界级的大名士，连鲁迅都称引过他的话"一方面是庄严的工作；一方面是荒淫与无耻"。其见识与交游之广，在中国是没有人可以比得上的；文章也真是文情并茂，旁征博引，挥洒自如。我们这些自以为研究国际问题的青年人根本不敢说向他学习的话，只有在心底暗想"什么时候才能写得出像这样的文章来呢！"二十世纪终于结束了。爱伦堡的预言竟然没有应验，世界是又发生了很大的变化，几乎谁都没有料到苏联会在存在了七十四年而且取得了许多伟大的胜利与成就之后一朝瓦解。

这个事实，还有不少其他的事实，教会了我们：历史是无法预言的。

4.2 预测二十一世纪：全球化

对二十一世纪，可以肯定无疑地预测的，只有一句话，就是全球化的进程必然会继续下去。如果一定还要多说一点什么，那么也只能再加一句：在世界范围内，工业社会将完成向信息社会的转变。

全球化也许可以说来自于人类的天性，或者出于人类的宿命。现在有人说，自从人类在地球上出现以来，全球化的进程就开始了。

---

[1]本节内容选自《海阔天空扯乱谈——世纪之交的瞻前顾后》（2000年12月至2001年1月）。

理由是：本来是同源共祖的人类，其活动能量必然是越来越大，它为寻求适于生存的土地而向各地分散之后，又必然会随着活动能量的增大而相互交通，而重新汇合。这些话当然是不错的，但是我还是要把全球化的起点定在一四九二年哥伦布之发现美洲。在那以后的五百年中，人类虽然处于全球化的过程中，却还没有意识到这一点，因此而是未被意识到的全球化时代。马克思虽然看到了一些苗头，但是也还没有想到"全球化"这个词儿。只有到二十世纪九十年代，全球化这个词儿才开始流行，其标志就是罗马俱乐部在一九九二年发表的报告：《第一次全球革命》，说人类正处于全球化的初级阶段，上距哥伦布发现美洲正好五百年。

4.3 全球化的问题

全球化同时也是公害的全球化。自从工业革命以来，人的存活率有了极大的提高，这当然是好事，在二十世纪的一百年中，世界人口从十五亿增加到六十亿，其增量超过地球上自有人类几百万年所积存的总量几近三倍，然而地球并没有扩大，人类生活所需的资源并没有增加，反而由于人类开发利用这些资源的能力越来越高强而处于濒于枯竭或者严重污染的状态。二十世纪一个世纪破坏人类生存的环境与消耗的资源就抵得上过去的百千万年。时至今日，连人们生活不可或缺的空气与水都成了大问题。二十世纪六七十年代，以罗马俱乐部为代表的先觉之士，提出了"增长的极限"的警告，要人们记住"我们只有一个地球"。从那时以来，只有少数先进的国家在保护环境、维护生态方面取得了一些进步，如日本的水俣病由发生到克服，英国的泰晤士河由污浊到返清，也许提供了一个好的榜样，但是对整个世界的大局来说，情况仍然在加速恶化。而大气和水的污染，森林的砍伐，气候的变暖，臭氧层的破坏，受害者是不分国界的。可以预言的是：在二十一世纪，可能由于各项国际条约的签订，由于人们环境意识的提高，由于各种环保技术的发明与推广与环保政策的制定与实行，生态问题的全面解决也许会透露某种端倪，然而二十一世纪决不会是环境问题全面改善的一个世纪，情况还将继续恶化，只不过可以希望为二十二世纪的全面改善提供各种条件，打下一个基础而已。

中国的环保问题是十分严重的，就以我这个在二十世纪生活了四分之三的人来说，已经看到了许许多多青山绿水变为穷山恶水的事例。近年来，淮河与太湖的污染，黄河断流和长江的黄河化更是触目惊心。应该说中国人自古以来的环保意识就是不强的，这几年，很有一些"大师"们想举出一些圣经贤传，证明中国人历来就有人与自然和谐共处的思想，可以为全人类特别是工业化了的西方人所师法，可惜他们搜索枯肠能拿得出来的证据，简直不值一提。我的希望是，中国人今后少念一些"天人合一"的咒语，认真学习先进的环保技术和环保政策，也许有可能保住祖宗传下来的这份基业，不致被我们这些不肖子孙"坐吃山空"。

4.4 全球价值

全球化最后应当能发展出一个"全球价值"来，这也是自古以来贤哲的理想。不过这大概也不是下个世纪可以实现的，二十一世纪顶多也只能搞出一个轮廓来罢了。保护环境，无疑会成为无可争议的全球价值，问题只在于制度化的程度，深入人心的程度，切实有效的程度。另外，全球价值实际上早已经存在了，不说人类早已"人同此心，心同此理"的"自由、平等、博爱"这类比较抽象的概念，也不说当今世界上不少宗教家、哲学家正在努力建立的"全球伦理"，近几个世纪各个国际组织所制定的各种公约或者"游戏规则"，实际上已在规范着越来越多的人的行为。我们要的全球价值本来就是可以操作的，能为全体人类共同遵守的规范，希望能够据以在世界范围内实行民主与法治，由此可以消除一切大规模的冲突，维护世界的与地区的和平，改进人类的生存环境，促进人类的进步。

我们现在已经可以看到全球意识的萌芽，不仅在少数智者的预言中，而是在各国人民的现实生活中。不过，萌芽离成熟还十分遥远。看来全球主义的实现只有全球意识与个人人权观念的普遍结合以后才有可能。

4.5 全球化的示范效应

全球化的又一个特点就是示范效应越来越强。世界各地各族人民某一项成就的出现本来有很大的偶然性，但是它一旦为人所羡慕，所模仿，成为一种时髦，一种流行，一种趋势，就带有必然性了。全球化大大促进了这种必然性的规模与意义。比如二十世纪初的中国人要"走俄国人的路"，二十世纪末的各国则大多想学"知识经济"，都是这种示范效应的表现。在二十一世纪，大概全世界各国都会加速现代化，经济加速市场化，政治加速民主化，这些都可以推测是必然的。但是学习的大方向虽然一致，各国的实际情况却是千差万别，各国内部都有强大的抵制的力量，至于歪嘴和尚念歪了经更是屡见不鲜的事，所以历史还是无法预测。

二十世纪的世界比过去到底有了哪些进步，《印度时报》在世纪末发表了三个人的见解。一个是美国的经济史学家布拉德福德·德朗。他认为，由于科学和技术的进步，二十世纪使人民群众的生活有了史无前例的提高。第二个是一九九八年得到诺贝尔经济学奖的阿马蒂亚·森。他认为二十世纪最伟大的事件是民主政体取得胜利而成为最受欢迎的政治模式。第三个是社会学者彼得·伯杰。他把越来越多的人接受个人的自我实现更重于忠诚于任何团体的观念，看做是二十世纪最大的成就。

从自古到今的历史发展看，这些观点都是言之成理，持之有故的，而且从理论上说也是互相支持的。可以合理地希望这种进步的趋势会继续下去。

4.6 如何避免悲剧

二十世纪下半叶自然科学的一个特大进步是：从遗传学发展到分子生物学，从发现遗传基因到发明基因技术。二〇〇〇年六月五日，美国总统克林顿宣布，美英法日中等国科学家已宣布绘制出人类基因组草图，被认为是一个划时代的事件。迄今为止，科学的发现与技术的发明都还只是方便人们的生活，延长人的双手的劳动能力和大脑的思维能力而已。而从二十世纪末叶开始，科学的发现已探测到人体本身，技术的发明已能改造人体本身，其意义真是无法估量，其后果真是无法预测。

早十年，已经有人担心一旦基因破译以后，人类的自然进化可能中断，迄今为止规范着人类的伦理道德标准可能崩溃，甚至人本身的定义都有可能失效的危险。现在，关于"生物炸弹"、"人种炸弹"、"基因战争"的谈论已经越来越多了。在一个因为人口越来越多而不胜负担的地球上，有什么能保证不再出现希特勒式的狂人以争取"生存空间"和淘汰"劣等民族"为理由而发动一场大规模的种族灭绝的战争呢？

据现在研究基因的专家宣布，世界上任何两个人基因的差别都不会超过百分之零点一。为什么这不到千分之一的差别能生发出人类如此深刻的对立与仇恨呢？

当代最著名的未来学家托夫勒，把人类文明史的发展分成农业文明、工业文明、信息文明三个时代，在今天的世界上同时生活着分属于三种文明的国家或民族。这话听起来不无道理。但是他又不加论证地发出一句光秃秃的预言：这三种文明之间也许会发生一场流血的战争。这个前景是可以使人惊怖的。但是我们又有什么办法能保证不让这样的悲剧或惨剧发生呢？

另外，也不能忘记，至少到二十世纪为止，几乎一切决定国际形势走向的大变动都是由残酷的战争决定的。甚至人类总体上的进步也大多与战争有关。二次大战后德意日法西斯国家的民主化就是因为战败而被改造的结果。

人类积存的问题实在太多了。除了人口问题、环境问题、价值问题、基因问题而外，还有非法移民问题、恐怖主义问题、国际犯罪问题、毒品问题、恶性传染病问题、人口老龄化问题、主权与人权孰大的问题……还有随时会出现的许许多多问题都可能由星星之火燃成燎原之势。这些问题别说解决，即使要议论一遍也不是一篇文章所能做到的。

先师陈寅恪有言："年内自审所知，实限于禹域以内，故谨守老氏损之又损之义，捐弃故技。凡塞表殊俗之史事，不敢复上下议论于其间。"整个二十世纪的中国人中，谈得上博通古今中外的，陈先生实为第一人。他都如此说话，我的横加议论，实属僭妄已极。所以写下这一点文字，只是因为机缘难得，在这世纪之交也许可以为百年后的孙辈留下一个佐证，让他们知道百年前中国还有人这样来回顾和预测世界历史而已，至于招来的是伤感还是讪笑，就管不得那么多了。

5. 一体化与多元化[1]

5.1 目前应当慎谈一体化

我是九十年代初在中国第一个提出全球化的人，当时响应者寥寥。不过九年，现在已是人人都谈全球化了。不但谈全球化，而且谈一体化，至少是经济一体化。然而我还始终不敢用一体化这个词。我认为这是许多人不自觉地把欧洲的情况套到全世界的结果。当然，仅凭全球化的这个"化"字，自然就含有"一体化"的意思，但是，就全世界而论，那是非常遥远的事情，是以百年计的事情，现在过早的提出来，不但不切实际，而且很可能无益有害，有害于全球经济一体化的进程。至于像阿德里昂逊先生那样用统一unification，而不是用一体化integration来描述全球化，在中国，我还没有看到有人用这个词。我以为它有相当的危险性。它会刺激在今天世界上大量存在的民族主义者起来反对全球化。第三世界本来已经有学者指责全球化就是美帝国主义的全球殖民化了。这种思想即使在中国市场也是不小的。

当然，如果直线推论下去，全球大一统也不是不可以想象，毕竟各民族的圣贤哲人都曾有过世界大同的憧憬。就近代而论，康德有"世界政府"，马克思有"英特纳雄奈尔一定要实现"的理想。但是他们的眼界实在比较狭窄，所见到的世界，人种，文化基本相似，经济发展水平也远较今天低，因此与我们现在所说的全球大一统不可同日而语。

5.2 欧洲与中国的一体化

穆勒教授说：欧洲的一体化并不决定于欧元和经济的统一，而是取决于其文化的一体性。这点我很难同意。当然欧洲有文化的共祖，即希腊罗马，还有来自犹太的基督教，再上还可以远溯到埃及人

---

[1] 本节内容选自《一体化与多元化》（1999年）。

和苏美尔人。但是几千年间欧洲战争不断，尤其是发生了两次空前惨烈的世界大战。在那种情况下讲欧洲的一体化似乎没有多大意思。欧洲现在出现了和平与统一的前景，恰恰是因为经济发展水平已达到了在全球化的背景下必须以欧洲一个洲为单位来运作的缘故。这一点不能含糊，否则就没有共同的语言，没有讨论的基础。

可以与欧洲相比的是中国。中国的面积略大于欧洲，人口比欧洲的一倍还多。自古以来，中国的文化大体上是统一的，统一在汉族文化的基础上，但是，中国历史上也充满残酷的战争杀伐。现在已分不清楚，中国文化大体上的统一，有多少是由于少数民族自愿的向风慕化，多少是由于武力征服。非常特别的是，还有许多以铁与火征服了中国的外来蛮族，不但自己接受了汉人的文化，而且也强迫原来在中国境内的少数民族同化于汉人的文化。这就出现了今天世界上最大的人口最多的文明（Civilization）——中国文明。它虽然不能说是完全均质的（homogeneous），但大体上是统一的（united）。我不知道这会不会成为明天的全球文明，既有一体化，又有多元化的样板。不过在我看来，似乎也并不太理想，主要是体现共性太多而体现个性不足，虽然，细细研究起来中国各民族的文化不同之处还是很多的。

5.3 多元化与主流文化

在讨论多元化的同时，还有个主流文化的问题。可以说中华民族的统一性就是靠汉文化作为主流文化维持的。现在世界的基本秩序是靠五百年来的西方中心主义维持的，而西方中心主义现在受到很大的反对，包括西方人自己，特别是后现代主义者的反对。当前很有名气的美国教授亨廷顿也说西方是独一无二的，现代化不一定非采取西方模式。他的著名的文明冲突论代表了一种对西方不能控制世界秩序的恐惧。这种恐惧实际上来自于他对美国非欧裔少数民族人口增加迅速的恐惧。到二〇五〇年，欧裔白人在全美国人口中的分量将降到百分之五十以下。美国二三百年来由WASP（白种盎格鲁撒克逊人新教徒）主导全国的局面面临解体的前景。亨廷顿对此极端恐惧。这是一种真实的恐惧。我认识的美国人中，不但有白人对此感到恐惧，就是有色人种对此也有感到恐惧的。但是更多的人则感到这是白人文化霸权衰落的标志，是值得欢迎的。事情的发展到底如何，我们只能观察。美国国徽上的"国训"是E PLURIBUS UNUM（One out of many）即"一出于多"，或"合众为一"。迄今为止美国是做到了这一点的，可能是移入美国的移民以前都是欧裔的缘故，但是事情倒过来以后，大局会不会发生变化？如果发生变化，是好还是坏？对美国国内各族人民与国外各国人民意味着什么？我们都不知道。

在逐步实现全球化以后，人类需要不需要一个主导的价值体系呢？如果没有，全球化如何进行呢？如果有，它又怎么能避免文化霸权的指责呢？我心目中的全球化是从一四九二年哥伦布远航美洲，东西两半球因而汇合而开始的。从那以后，一方面是西方主导了世界的发展，出现了地理大发现、商业革命、工业革命、资本主义、殖民主义；一方面发生了人类历史上空前的经济的、科学的、技术的和文化的进步，同时也发生了人类史上空前残酷的战争、杀戮与奴役，其中包括第一次和第二次世界大战。后面这一部分历史恐怕没有人会认为是好的，但是它确实也是全球化的一部分，而且是不可分割的一部分。不过在九十年代以前，还没有人这样认识。因此我称之为"没有被认识到的全球化"。九十年代开始，也就是哥伦布发现美洲五百年以后，全球化已成为人们的共识，因此我称之为"被认识到的全球化"。

应该看到文化多元化还有一个层次问题。文化这个辞，在中国和世界都一样，因为普遍地被滥用，概念变得十分宽泛。最宽的把人类创造的一切——从物质到精神——都包括进来，连经济也包括在内，因此搞清楚一下定义与范围十分必要。我想文化多元化所要达到的结果，决不能包括无条件的意识形态的多元化。如果设想在一个全球化的世界，希特勒主义、斯大林主义、种族主义与原教旨主义……都应该共存共荣，这是十分荒谬的，也是决不可能的，结果非得是打一场战争，拼个你死我活不可。所以文化多元化必然不能包括敌对的意识形态的多元化。在全球化已经初步达到，而且已经稳定的时代，各民族的意识形态已基本相似，民主已绝对占上风。今天的世界还没有达到这一点，我们大家还都要努力争取这一天早点儿到来。另外，我所知道的德文"文化"Kultur这个字最窄的意思是指各种各样的艺术。如果全球化以后出现的只是艺术的多元化，我想我们只有欢迎，即使自己个人不喜欢，也应采取容忍的态度，而不该排斥，而且我相信随着各民族的交流日益扩大，各种艺术的式样肯定会越来越多，不用我们担心。

5.4 从长期看，我对全球化是乐观的

全球化将是一个没有终结的过程，而且我们有理由乐观地期望全球化最终会给全人类带来永久的和平与无穷的福利。不过，这还是比较长远的后果。目前的全球化靠的还是经济的力量。贸易的发展、资金的流通，说到底是资本的全球化，而不是人类理想价值的全球化。根据过去五百年的经验有没有理由排除发生世界性战争的可能性呢？没有。亨廷顿没有，托夫勒没有，布热津斯基没有，我也没有。

从长期看，我对全球化是乐观的，但是近一二百年我还不敢无条件地乐观。

第二十六章 中华人民共和国外交[1]

1. 一切从头来

一般来说，一个国家即使政权更迭，外交政策还多以连续性为主。但是中华人民共和国开国的时候，其外交政策主要表现为断裂性。作为中华人民共和国前身的中华民国，有过不少失地退让、丧权辱国的记录，但是到一九四五年，随着抗日战争胜利，外交上也可以说大获全胜。不但日本无条件投降，而且过去一百多年中列强所强加于中国的不平等条约也已基本废除，租界已经收回，领事裁判权已经取消，中国甚至成为手中握有否决权的联合国安全理事会的常任理事国，亦即世界五大强国之一，与国遍于世界，真可谓国耻尽雪、风光一时。

到一九四九年中华人民共和国成立前夕，毛泽东主席就确定外交方面的三条方针：（一）另起炉灶；（二）把房子打扫干净以后再请客；（三）向苏联"一边倒"。这就是说，在外交上一切从头来过，对国民党的遗产，甚至连联合国内的重要地位都几乎不屑一顾。

2. 马列主义的影响

中华人民共和国是中国共产党建立的国家，中国共产党是根据马克思列宁主义建立的实行无产阶级专政的专政党。马克思列宁主义认为，人类的全部文明史就是阶级斗争的历史，而近代以来，阶级斗争已经发展到以全世界为范围。在这场世界性的阶级斗争中，站在正确的、进步的方面，而最后必然胜利的是无产阶级；而站在错误的、

---

[1] 本章内容选自《谈谈中华人民共和国的外交》（2002年）。

反动的方面而最后必定没落的是资产阶级。自从1917年俄国十月革命胜利以来，尤其是在苏联主导下成立第三国际以来，世界无产阶级已经有了一个头，世界上已经没有任何国家可以置身于世界规模的阶级斗争以外，各个国家间的外交斗争不过是这场总斗争的一个组成部分、一种特殊形式而已。所以在观察中华人民共和国的外交的时候，至少在其初期，决不能忽视马克思列宁主义，否则就无法理解。

3. 中共建政前的外交

中国共产党在建立中华人民共和国以前对自己的外交政策就已成竹在胸：就是对帝国主义国家坚决斗争；对社会主义国家和被压迫民族则实行国际主义，后者源于马列主义所谓工人无祖国，各国无产阶级利益完全一致而没有利害冲突的理论。因此中华人民共和国建国以后立即把自己归属于同样信奉马列主义的、世界上第一个由无产阶级建立的苏联领导的社会主义国家阵营是天经地义的事。

中国共产党成立时的党章第一条就是"中国共产党是共产国际在中国的支部"，中国共产党同共产国际有隶属关系。中国共产党一九二一年在上海成立的时候就有共产国际的代表马林出席；中共的全国代表大会和中央全会有的竟是在莫斯科召开的；中国共产党在中国境内建立的第一个革命政权名字就叫做"中华苏维埃共和国"；在二万五千里长征的时候，红军的最高指挥权并不在中国人手里，而在代表共产国际的德国人李德手里。共产党是有铁的纪律的党，党员不但要遵守中共的纪律，也必须遵守共产国际的纪律。许多老辈共产党人（当然包括毛泽东、周恩来等人在内）对国际的指示是严格遵行，不敢有违的。"九一八"以后，中国的东北已经沦陷了，而上海的中共党员，还在举行飞行集会，散发"武装保卫苏联"，"坚决保卫马德里"的传单，就是执行的共产国际的指示。中国共产党在夺取全国政权胜利前的这种惯性，一直保留到一九四九年以后是十分自然的。

共产国际在一九四三年已经解散，从组织上说，再没有人可以对中共发号施令了，中共在那以后已经可以自作主张了。但是就在一九四七年，苏共又发起组织了九国共产党情报局，把世界上已经夺得政权的共产党都包括在内。对各国共产党（不论其夺得政权与否）有不合乎马列主义的行为与理论的，也就是不合乎斯大林的旨意的，都进行了批评以至处分。我记得至少对当时的日共和印尼共就批评得十分严厉（共产国际则甚至解散过波兰共和朝鲜共）。而到次年（一九四八年），也就是中华人民共和国成立前一年，共产党情报局更开除了"南斯拉夫叛徒集团"，罪名就是它奉行"民族主义"。中共中央通过当时党的副主席、理论权威刘少奇发表了《国际主义与民族主义》的文章，论证民族主义是反动的，是违反马列主义的，只有国际主义才是正确的。根据马列主义，民族利益（亦称国家利益）是由阶级利益决定的，因此实际上是统治国家的资产阶级的意识形态。而一九四八年发表的《国际主义与民族主义》以及一九四九年建国前夕毛泽东的《论人民民主专政》，则充分阐明了民族利益由意识形态所决定这一点。在后一篇文章里，针对当时有些民主人士提出的中国应当走第三条道路，做美苏之间的桥梁的言论，毛泽东说，你们说我们"一边倒"，我们就是要"一边倒"，我们不能做美苏的桥梁，只能坚定不移地站在苏联一边，站在世界无产阶级一边。这就确定了联苏反美的外交政策，一直到二十多年后美国总统尼克松访华才有转变。

4. 毛泽东时代

4.1 三个决定因素

毛泽东时代的外交政策是由三个因素决定的，（一）意识形态。（二）民族利益。（三）毛泽东个人的伟大抱负。这三个因素是递进起作用的，又是交互起作用的，因此很难严格划分清楚。总的说来是早期意识形态的因素较强，晚期个人因素较强。民族利益的因素应该是贯彻始终的，但是终毛泽东之世却又一直是隐而不显。那个时候在共产党统治的国家里讲民族利益是非法的，因为它是反马列主义的。这个词组直到毛逝世以后十年，亦即八十年代中期，才出现在中国人的嘴上和笔下。三个因素混杂不清的情况是很容易解释的：一个人无论如何想方设法为民族谋利益，为个人建勋业，树声名，他都不能离开自己一生信奉的主义，即世界观，亦即意识形态。毛泽东追求的一切都只能在马列主义的框框里寻求解释，来证明其合理性，或曰正当性。

4.2 中苏友好条约

新中国的第一个重大的外交行动是一九四九年十二月毛泽东访苏与斯大林会晤，结果就是次年二月由中国外长周恩来与苏联外长维辛斯基签订的中苏友好合作互助同盟条约，内容包括中长铁路中苏共管，苏军到一九五二年撤出旅顺以后中国还要偿付苏联的军港建设费，中苏合营的新疆石油公司苏联也是大股东等。现在，谁都能看得很清楚，这是一个不平等条约，但是当时不是看不出来，就是不敢说，毛泽东当然心里还是明白，这就种下了后来中苏关系破裂的因子。

4.3 朝鲜战争

[一九五零年]六月，北朝鲜在苏联支持下出兵攻打南朝鲜，南方猝不及防，北方势如破竹。当时南方还有美国军事顾问，杜鲁门总统下令出兵相助，不但很快把北军打退，而且攻下北方的首都平壤，前锋直逼鸭绿江。谁来救援北朝鲜呢？据说苏联从世界和平的大局出发，认为自己应当力避与美国直接发生军事对抗，于是这个任务就落到了中国的头上。应该说，作出让志愿军"雄赳赳气昂昂跨过鸭绿江"的决定，并不是容易的。因为在朝鲜战争爆发前美国已打算放弃蒋介石，准备撤出台湾了。解放军前一年攻打金门虽然失利，但是正准备再次进攻，胜算不小，而现在却由于北朝鲜南侵而导致美国第七舰队进驻台湾海峡而对解放军构成了一道不可跨越的障碍，把中国的统一大业一直推迟到五十年后的今天也没有完成。毛泽东作出抗美援朝的决定，实在是"不惜承担最大的民族牺牲"的一个英雄式的决定。朝鲜战争打了三年，一直到一九五三年三月斯大林去世以后才在七月份在板门店签订停战协议，我也可以算是现场见证人之一。南北朝鲜谁也没有能吃掉谁，迄今仍然在三八线两边对峙。

抗美援朝，对中国到底是得还是失？有人说中国"兴灭国，继绝世"，与从来没有打过败仗的美国打了一个平手，声名远震，端的是大智大勇，在全世界打出了威风。有人说，中国救活了北朝鲜，自己却赔上了一个台湾，代价太大，有失无得。有人琢磨斯大林要中国为他火中取栗，苏联实在太精，中国实在太傻……这些问题自从事实逐渐暴露，言论逐渐解禁以来迄今一直议论纷纷，也许再讨论几十年也不会平息。我在这里提起这件事只是为了说明意识形态因素在中国的国家行为中曾经起到过多大的作用。可以说这样的事例在国际关系史上，也是十分罕见的。

4.4 与苏联交恶

一九五三年斯大林去世。一九五六年赫鲁晓夫在苏共二十大发表揭发斯大林罪行的秘密报告，斯大林的威信一落千丈。这对中国伸张民族利益来说当然是一件大好事。毛泽东也是私心窃喜，但是他又不能不担心，由此引起的对马列主义的信仰危机，有可能引发共产党在中国的统治危机，而且还可能影响到他在国际共产主义运动中正在上升的地位，影响到他在今后领导世界革命的思想资源。因此他真可说是殚思竭虑，两面作战。一方面需要顺势批评一下斯大林的严重错误；一方面又必须挽救斯大林的威信，把后者定为"功大于过""七分成绩三分错误"（"三七开"）。这表现在按他的意志起草的两篇《论无产阶级专政的历史经验》的煌煌大文上（前一篇发表于一九五六年四月五日，后一篇发表于十二月二十九日），并且以此为标准逐步展开批判各种国内外被他认为偏离马列主义的修正主义。

中苏交恶始于一九五九年中国十周年国庆时，赫鲁晓夫访华与毛泽东发生龃龉，以后逐步发展到六十年代震动世界的所谓《九评》。在中国方面看来，从一九六三年九月六日中国方面发表《苏共领导和我们分歧的由来和发展》（是为第一评）到一九六四年七月十四日发表《关于赫鲁晓夫的假共产主义及其在世界历史上的教训》（是为第九评），都是为了答复一九六三年三月三十日《苏共中央给中共中央的信》。原来苏共的信是为它自己提出的社会主义与帝国主义的战争可以避免，双方可以和平共处，社会主义可以不经过暴力革命而实现……等等一系列观点辩护，结果却激起毛泽东的勃然大怒，专门选定康生组织班子，在钓鱼台认真地写文章一一反驳，首先在一九六三年六月十四日发表了一篇《关于国际共产主义运动总路线的建议》，向全世界提出了中共集一百多年马列主义关于无产阶级革命和无产阶级专政的理论之大成的文章作为总纲，然后就发表一篇一篇文章逐个驳斥苏共的反动论点。毛泽东说本来准备要写一百篇的，后来因为赫鲁晓夫下台而只好就此打住。

上世纪八十年代初，已经从外交部长位上解职五年的乔冠华曾向我慨叹"现在国际上几乎没有什么人记得《九评》了"。其实，事过境迁，当时岂但国际上，就是中国国内也已经没有多少人关心《九评》了。我相信如果现在去看那些文章，大概一是不好理解，二是不感兴趣。但是在当时，这些文章中所体现的思想不仅决定着中国的外交，而且决定着中国的内政，文化大革命的发动就是以之为铺垫的。所以，如果要研究中华人民共和国的政治和外交，这些文章是必须仔细研读的，不论如何乏味。

举一个例子说，自从一九五四年中印、中缅总理发表联合声明以后就为中国人艳称的和平共处五项原则，本来已被人们说成是国际关系中的天经地义，但是在《六评》中，中方却明确引用列宁的话，说明"被压迫阶级和压迫阶级，被压迫民族和压迫民族是不能和平共处的"，比一九六〇年在莫斯科各国共产党和工人党代表会议上，由于中共代表团的斗争，苏共不得不接受的提法"不同社会制度国家的共处是社会主义和资本主义之间的阶级斗争的一种形式"还要干脆。

4.5 毛泽东想当斯大林式的世界人民领袖

毛主席在国内连续发动反右派运动，反右倾运动，一直到发动无产阶级文化大革命，高高举起马列主义的旗帜，同时把中国树立为世界革命的中心，把自己树立为世界革命的领袖。虽然屡遭挫折，代价极大，然而在他主观思想上却都认为这些是一往无前地有利于世界无产阶级革命事业，有利于抬高中国的国际地位，有利于他个人成为世界革命的领袖而流芳百世的事业。

毛泽东最大的愿望就是成为斯大林那样的人物。这是给他当了二十年政治秘书的胡乔木在《回忆毛泽东》里讲的。斯大林最高的头衔是"进步人类的伟大领袖"，看来这正是毛泽东追求的目标。六十年代，中国大批苏联修正主义，企图代之而成为世界上与美国对立的一个"极"，甚至想要"踢开联合国闹革命"，要以新兴力量运动会取代奥林匹克运动会……毛泽东在文化大革命中公开以"解放全人类"号召。在他眼里，让中国搞点"富强"实在算不得什么，不过是庸俗的资产阶级的鼠目寸光而已。事实上，中国的红卫兵们也把"人类解放我解放"的口号喊得震天价响，真可谓豪情万丈。当时毛泽东的革命口号从西欧北美的富国到亚非拉的穷国都赢得了相当数量的人的响应，世界上出现了许多在名字后面标出"（马列毛）"，甚至还有加上"（林）"的共产党，东方的波尔布特，西方的切·格瓦拉都受其沾溉，至今流风余韵，不绝如缕。这对毛泽东个人是很大的光荣和安慰。

意识形态、民族利益、个人抱负三者高度一体化的政策也贯彻在他的国内政策中，两者实际上构成了毛泽东后半生的全部事业。不过这样的外交政策到底是否符合毛泽东的个人利益，也并非无可怀疑，因为像斯大林一样，他的种种作为，虽然显赫于生前，身后的声名却并不太好。一共干了二十七年，结果至少二十年是遭到自己的党正式批评为犯了严重的极左错误，也许他本人在临终前也有过怀疑，但是几十年形成的潮流，改已不能改，罢也不能罢了。

4.6 联美反苏

赫鲁晓夫揭露斯大林以后，中国首先就指桑骂槐，借批判国际共产主义运动中的头面人物陶里亚蒂（意共领袖）和铁托（南共领袖）不能坚持原则（首先是批判他们不尊重苏共领导），到直接批判苏共修正主义。苏联的第一个罪状就是反对美帝不力甚至美化美帝而援助穷国反对美帝不够，然后逐步加温，从称苏联为大国沙文主义到社会帝国主义，从批苏共为老子党到称接赫鲁晓夫班的勃列日涅夫为新沙皇，慢慢地苏联竟从同美国一样坏而成为比美国还要坏的世界人民第一号敌人。中苏敌意日益升高，竟至在一九六九年在中苏边境的珍宝岛真刀真枪地打了一仗。这个时候，毛泽东不能不考虑万一两国大打起来怎么办了。由于苏联的军事实力高出中国太多，毛泽东自然会想到合纵连横，远交近攻的古老战略。中国的这种心思居然被太平洋彼岸的美国看出来了。当时的美国总统尼克松就通过一系列的试探拉拢，先是派总统安全事务助理基辛格来华探路，最后终于亲自在一九七二年飞到北京来会见毛泽东，发表了旋干转坤的上海公报，中国外交政策就此走上了联美反苏的道路，而毛泽东时代的中国外交政策也以扭转一百八十度而告结束。

在中美两国关系改善的形势下，中国同追随美国行事的前敌国日本和德国建立了外交关系，也恢复了在联合国的席位，驱逐了国民党的代表而取得了安全理事会常任理事国的地位。值得一提的是，在尼克松到中国以前，党中央还发了一个宣传提纲，说经过文化大革命，中国现在是已经把房子打扫干净了才请客的，帝国主义已经很难危害我们了；而在尼克松到中国的那一天，《参考消息》头版右上角通常登毛主席语录的地方登了一条列宁语录说"同强盗握手正是为了最后消灭强盗"云云。

5. 邓小平时代

5.1 继续联美反苏

邓小平学习毛泽东对斯大林的办法，一方面肯定毛功绩是主要的，错误是次要的，给予"三七开"的评价；一方面又在实际上全面改变他的几乎所有的政策，从而开始了所谓"改革开放"的新时代。不过在毛晚年的各种作为中，邓可以毫无困难地作为遗产接受的，实际上只有一条，就是他的联美反苏的外交政策。如果不是毛生前为此开辟了道路，邓要做到这一点，不知要困难多少倍。

5.2 "三个世界"理论

邓小平决定还要继续批判苏联修正主义。他命令胡乔木组织一个班子，写了一篇大文章，题目叫做《毛泽东同志关于三个世界划分的理论是对马克思列宁主义的伟大贡献》，以"人民日报编辑部文章"的名义发表在一九七八年十一月一日的全国报刊上。

"三个世界"的说法本来是西方新闻界在五十年代中期叫开来的，

他们认为以美国为首的资本主义阵营是第一世界，以苏联为首的社会主义阵营是第二世界，其他不属于这两大阵营的就归入第三世界。照这样的分类法，中国本来是第二世界的老二。不料一九七四年二月二十二日，毛主席在会见赞比亚总统卡翁达的时候，忽然灵机一动提出了新的划分三个世界的观念。毛泽东说："我看美国、苏联是第一世界。中间派，欧洲、日本、澳大利亚、加拿大，原子弹没有那么多，也没有那么富。但是比第三世界要富。""第三世界人口很多。亚洲除了日本，都是第三世界。整个非洲都是第三世界，拉丁美洲是第三世界。"这番新见解连追随毛泽东三十多年、有世界大外交家之称的周恩来都从来没有听说过，弄得一头雾水，下来以后，连夜苦苦思索编出一套似通非通的"理论"来再向卡翁达解释。这个新理论马上成为中国外交政策的指导思想，在毛生前死后也管用了几年之久。

邓小平一九七四年四月奉毛泽东之命出席联合国第六届特别会议时，又把这番意思尽量整理发挥一番写成发言稿经毛泽东审批"赞同"，拿到会上去讲。不过这个理论从来没有完全清楚地表达过。毛过世后，邓为了要把他联美反苏的路线贯彻到底，因此一定要做好这篇文章，一来是继续批苏修，二来是引申毛泽东时代的所谓"以苏划线"，即亲苏的就是我们的敌人，反苏的就是我们的朋友，以此结好美国。我自己并没有参加这篇文章的写作，不过参加的人大多是我的老朋友。我后来当面问过胡乔木："你们真了不起，居然把苏联国营工业的剥削率都算出来了！"不料胡居然对我说"不要相信那个，全是胡说八道"。我大为惊愕，立刻告诉了参与此文（还有后面要提到的那本书）写作的宦乡、李汇川和谭文瑞、何方等人。宦、李已经过世，何、谭则至今还记忆犹新。

这篇文章发表以后，邓小平意犹未尽，又命令胡乔木在原来的基础上再扩招人员，重组一个班子，进驻钓鱼台十一号楼，写一本书，题目叫做《社会帝国主义论》，要求是批判叛徒赫鲁晓夫和勃列日涅夫怎样使列宁和斯大林创建的好端端的苏联堕落成为社会帝国主义国家的。从当年十一月一日起开始工作，其中也有当时右派问题尚未解决的我。我们也就一本正经地召集各路专家，进行各项专题讨论，准备写作这样一本有关国策的书来了。但是奇怪的是，领头的胡乔木除小组成立时来过一次外，就再也不过问此事。甚至一九七九年，他因为家里修房子，搬进钓鱼台十号楼住了半年，与十一号楼紧邻，我们早上散步的时候经常可以碰到，他也从不来十一号楼过问一下。我们开头也有些纳闷儿，后来就看透了，原来，当时的中国已经开始平反冤假错案，给农民分了自留地（官方名称叫"家庭联产承包责任制"），允许小商小贩自己生产经营……按照毛泽东时代的标准，"修"的程度已经超过苏联了，这书如何还写得下去？

提这两件几乎没有多少人知道的事，只是为了说明意识形态的因素在中国的政治生活中有多么浓重，多么强烈。中国外交政策的邓小平时代可以说是国家利益显现而意识形态淡化的时代。不过即使如此，他也还不得不受意识形态的严重束缚，而且终身不能摆脱。

5.3 这辈子就只要去美国

联美反苏是邓小平在一九七九年元旦中美正式建交以后才完成的，他在二月份访美时，公开说中美应当联合起来，"共同对付那个北极熊"。当时邓小平已经是七十好几的老人了，但是他仍然说，访问美国他一定要自己去，去了美国这辈子就哪儿都不去了（这是我的同学，当年给邓小平访美打前站的外交部礼宾司司长卫永清告诉我的）。邓小平如此重视美国是因为他认为，要推行改革开放的政策首先就要对美国开放，不对美国开放，对任何其他国家开放都没有用（这是当时负责访美代表团组团工作的外交部主管美洲事务的副部长章文晋告诉我的）。应该说在这方面邓小平不但眼光很准，魄力也很大。邓小平回国以后不久就发动了为时两个星期的惩罚越南对中国忘恩负义的自卫反击战。这也是以打击苏联的盟国来表示同美国利益一致的一个重要步骤。

5.4 全方位外交

在邓小平心目中，完成联美反苏只是利用毛泽东的遗产，打开外交上孤立局面的一个决定性步骤。他进一步的目标还是要中国的外交全方位化。为实现这一点又等了十年，到一九八九年五月苏联总统戈尔巴乔夫访华才完成。他说："一定要由我来见戈尔巴乔夫。我俩举行了会谈，中苏关系也就正常化了。"据说邓小平同戈尔巴乔夫说，我们现在也并不认为那时（指六七十年代中苏大论战）所说的话都是对的。这才算给中苏长期的争论与对抗画上了句号。

5.5 和平与发展的两大主题

毛泽东虽然在从联苏反美到联美反苏的政策转变上给后人打开了道路，但是他还有一项意识形态的遗产可是至死没有改变，这就是他根据列宁的"帝国主义就是战争"的理论发展出来的"战争不可避免论"。毛到最后几年更是极力鼓吹"不是革命制止战争，就是战争引起革命"，甚至把明朝朱升劝朱元璋的话"深挖洞、广积粮"作为动员全民备战的口号。在二十世纪七十年代生活过的中国城里人大概很少没有挖过防空洞的，许多城市的地下都被挖得千疮百孔，为的是要准备实现毛的方针"立足于打，迟打不如早打，小打不如大打"。

这种思想实在不利于邓推行他的务实的改革开放政策。为了改变这一理论，他实行的也是渐进方针，开头说"一时看来还打不起来"，继而说"战争不是不可避免"，最后才发表"和平与发展是当代世界的两大主题"的言论。这样才算给他的"发展是硬道理"，"让一部分人先富起来"，"建设几十个香港"……等等一系列政策提供了根据。近年来出现了一些极端民族主义分子，认为美国在这个世界上太神气，对中国咄咄逼人太不客气，可见其帝国主义本性未变，堂堂中国不能受这样的气，他们捡起列宁、毛泽东关于帝国主义存在就有战争的理论，主张对美国说"不"，质疑邓小平的"和平与发展"两大主题说，并且批评中国政府的外交政策太软弱。这是一个值得注意的动向。尤其因为中国是一个天然大国，面积还略大于美国，人口世界第一，历史世界最长，五十多年来宣传起来的民族自大心理又深入人心，改革开放后经济有了好转，因此又出现了一股盲目狂妄的虚骄之气。这种极端民族主义的立场在中国，尤其在不明事理的青年学生中，似乎很有市场。如果任其发展，可能危及民族前途，要请大家注意。

5.6 三个世界理论自行淡化

至于三个世界的理论，在毛泽东提出的时候就与当时的国际形势的实际相去甚远,后来也就任其自行淡化,现在已不起什么作用了。不过中国因为反苏而脱出两个世界,自居为"第三世界"中最大的发展中国家的概念则沿袭了下来,中国因此也在第三世界结交了一些朋友,在外交上可以引为与国,至于毛泽东时代为了帮助第三世界国家革命反帝而慷慨解囊、鼎力相助的气派则久已成历史的陈迹了。

有意思的是:一九七〇年十一月十三日毛泽东接见巴基斯坦总统叶海亚·汗的时候,为了表示中国对第三世界穷哥儿们的真心实意的援助,当着陪见的总理周恩来、副总理李先念的面,对叶海亚·汗说的"中国人是小气鬼",一下就把两亿美元的贷款加到五亿,把原来负责谈判的周恩来和李先念搞得大为狼狈。以后,他老人家又曾对来访的外宾说,这笔贷款应该加一个零,也就是把数目扩大十倍,真是大手笔。不过到了八十年代初,已经当了国家主席的李先念出访非洲的时候,对于一应请求,却只好连连说"我们是心有余而力不足"了。

6. 江泽民时代

6.1 萧规曹随

江泽民上台主政已经十四年,邓小平逝世也已五年,但中国的外交政策基本上还是萧规曹随,是邓小平时代的线性延长。

别的不说,只说江泽民主政之初就碰上了一九八九年的所谓"苏东波",也就是柏林墙倒塌和继之发生的一连串事件,尤其是罗马尼亚发生革命,前独裁者、中国的老朋友齐奥塞斯库被枪毙一事,真是变起非常,弄得我们目瞪口呆,惊慌失措。当时曾有人建议,宣布罗马尼亚发生的事情是反革命政变,幸亏邓小平提出所谓"十六字方针":"冷静观察,稳住阵脚,沉着应付,韬光养晦",后来又补了"决不当头"和"有所作为"两句话,又重新申说"不要想扛旗,要扛你也扛不动",又补了一句"夹起尾巴做人"。这才使中国平静地应付而且度过了这场突如其来的冲击。又过了两年(一九九一年八月)苏联发生以副总统亚纳耶夫为首的一伙人发动软禁总统戈尔巴乔夫的政变,又使中国有一些人心猿意马,希望有所响应,几乎乱了阵脚,最后总算依赖邓小平的精神,没有轻举妄动,又平静地度过了一关,也度过了随之而来的同年十二月苏联解体改制这一关。

应该补充说几句的是：苏联在毛泽东时代已经被批得比美国还要坏了，它的卫星国如东德和罗马尼亚也都被认为很"修"了，为什么中国还会有上面所说的反应呢？原来，中国批苏联，都是批它不革命，是假共产主义……但是苏联毕竟是十月革命的故乡，是社会主义的柱石，"苏联的今天就是中国的明天"的口号在中国喊了多少年，可谓已深入人心。尤其是经过十几年的"拨乱反正"，中国人心里已经渐渐明白苏联其实是同我们一样的由共产党领导的实行无产阶级专政的社会主义国家。因此中苏两国不能无同气连枝之感；他们的社会主义制度垮了，也不能没有物伤其类之情。由此可见意识形态的因素在中国的外交政策中占多大的分量。这个因素虽然还在慢慢消解，但是在与朝鲜、越南、古巴三个外国的关系上还是顽强地体现出来。而且意识形态的影响是全面的，它在国家制度方面更是岿然不动。

6.2 全方位外交和全球化

江泽民时代的外交是进一步走向全方位外交的时代，当然，也办了几件大事，比如一九九二年同中国的"兄弟国家"朝鲜敌对的韩国建交而且关系明显地要比朝鲜亲密。又比如参加了亚太经济合作组织首脑非正式会议，同俄国以及中亚哈、塔、吉三国建立了上海五国（现在又加上乌兹别克斯坦成了六国）合作组织，加强了同东盟十国的关系，与东北亚的日韩两国一起成为10＋3的一员，最近又提出建立中国与东盟的自由贸易区，成为10＋1的一员等等。当然更不可忘了在上世纪末按照邓小平的"一国两制"的方针收回香港和澳门这样的大事。但是最重要而影响深远的应当是经过十五年艰苦的谈判而终于在二〇〇一年底被接纳参加世界贸易组织这件事。

如果说毛泽东时代不准说，而邓小平时代大为流行的关于国际关系的描述是"相互依存"和"与国际接轨"的话，江泽民时代关于国际关系最流行的术语就是"全球化"。参加世界贸易组织正是中国进入经济全球化最重要的一步。

就中国作为一个国家而言，未来的外交政策必然还要变，而且恐怕不止变一变，不过是否有一个有别于邓小平时代的江泽民时代，现在还不好说，还要观察。

6.3 必须进一步清除意识形态影响

在国际外交史上，由于有强烈的意识形态因素与强烈的个人因素起作用，中华人民共和国的外交是一种十分特殊的现象，今后要全面正常化，首先要清除意识形态对民族利益的干扰。目前，意识形态的因素只是比毛泽东时代大有削弱，从根本上说则不但继续存在，而且又转化为某种非理性的民族主义，对中国的正当的民族利益形成扭曲。同时，要让民族利益成为决定外交政策的唯一因素，只有国家充分民主化才有可能。这是一个严重而巨大的任务，即使以邓小平的魄力，也由于历史的局限而没有完成。这个任务如果能在江泽民主政之时完成，我们就可以说中华人民共和国的外交已经进入第三个时代——江泽民时代了。

第二十七章 中美关系与台湾问题；今后十年的台湾[1]

1. 中美关系与台湾问题

1.1 台湾问题的严重性

中华人民共和国于一九四九年建国以后，到一九七九年方与美国建立外交关系。以太平洋相联系之两大国，彼此隔绝、对立、以至敌视者垂三十年之久，实为近代国际关系史上所仅见。关于两国何以交恶、又何以和解，世上著述甚多。厥为通中美关系三十五年之演变以观，真正的症结只有一个，即台湾问题。此一问题不仅在过去为造成中美三十年未能建交之原因，而且今日仍存在于发展中之中美关系的深层，成为前途之隐患。此一问题如处理得当，将为中美关系之福；如处理不善，则中美关系仍有倒退之可能，关系于世界局势之稳定与和平者，至深且巨。

1.2 对抗之由来

中美关系之所以成为战后世界一严重问题，推原其始，实由于二次大战之后，中国发生内战，而美国未能采取中立态度，反而违背中国历史发展之潮流，用金钱、武器、军事顾问等支持因丧失人民之信任而归于失败之国民党一方，从而与取得胜利之共产党一方处于对抗状态。

一九四九年十月一日，中华人民共和国正式成立。当此时机，美国本可改弦更张，乃仍迟迟未有反应，直至三个月以后，迫于中国

---

[1]本章内容选自《中美关系与台湾问题》（1984年）和《今后十年的台湾》（1985年；与资中筠合著）。

人民解放军已廓清大陆即将直薄台湾之势，美国总统杜鲁门始于一九五〇年一月五日发表声明，再次确认《开罗宣言》、《波茨坦公告》关于台湾归还中国之条约。一九五〇年六月朝鲜战争爆发后，原已宣布无意卷入中国内争之杜鲁门总统乃正式命令第七舰队开进台湾海峡，并派兵进驻台湾，实行事实上之占领，由是，美国对中国内政之干涉乃升级为直接以武力割裂中国领土，并阻挠中国中央政府统一全国之努力，从而开始了中美两国严重对抗之时代。

1.3 关系之转折

中美关系终于发生转折。其事非他，即美国总统尼克松于一九七二年二月二十一日访问中国是。此项转折之要点实为美国政府第一次接受中国所倡议之和平共处五项原则。周恩来—尼克松会谈之结果，为著名之《上海公报》。在此项公报中，双方各自申述本方立场，而最重要者厥为"双方同意，各国不论社会制度如何，都应根据尊重各国主权和领土完整、不侵犯别国、不干涉别国内政、平等互利、和平共处的原则来处理国与国之间的关系。"

在上海公报发表之后又近七年，美国方面始于一九七九年一月一日，接受中国之立场，同台湾当局断绝外交关系，废除一九五四年签订之美台"共同防御条约"，从台湾撤退全部美军，而同中华人民共和国建立外交关系。中美两国关系中垂三十年之不正常状态方予以结束。

1.4 前途之展望

中美关系发展之前途究将如何？此在今日仍为一难于答复之问题。就中国方面而言，可以确定者有两点：一、中国甚望发展与美国之友好关系，其利甚溥，其意甚真。二、在台湾问题上，中国为维护国家主权，实现国土统一，伸张民族尊严，绝不容许美国制造"两个中国"或"一中一台"。就美国方面言，亦可得出两点结论：一、美国之历史记录欠佳，但由于国际形势之需要，美国出于自身利益之考虑，亦有与中国结好之愿望。二、由于《与台湾关系法》之存在，美国与台湾之间的官方关系仍未彻底割断，而美国有势力的集团仍在不断作出继续干涉中国内政之行动。

1.5 中国之统一

中美关系之真正症结端在台湾问题；反之，台湾问题之解决自亦可促进中美关系。近年以来，邓小平提出"一个国家、两种制度"的构想，保证在统一以后，大陆搞大陆的社会主义，台湾搞台湾的资本主义，为和平统一中国绘出一清晰之蓝图，最近中英关于香港问题之协议表明此种构想已在付诸实施之中。邓小平十月三日在接见"港澳同胞国庆观礼团"时曾谈到"一九九七年以后，台湾在香港的机构仍然可以存在。他们可以宣传三民主义，也可以骂共产党。"此项表示可为热心于探讨台湾与大陆统一之具体方案者提供丰富之启示。中国自古不乏才智之士，如何在既坚持原则，又尊重历史、照顾现实之条件下，求得一妥善之解决办法，虽然尚须假以时日，当非难事。

2. 今后十年的台湾

2.1 中国政府现行对台政策

概括起来，中国政府现行对台政策的实质内容可归结为两点：

（1）台湾必须与大陆统一；（2）力争用和平方式统一。

和平解决显然最符合中华人民共和国的切身利益，因为：

（1）"中国人不打中国人"是中国人极其强烈的全民感情。如果大陆与台湾之间兵戎相见，不论方式如何都要死人，都要死中国人。在一九四六年至一九四九年的内战以后，中国人民实在不愿再同室操戈，同族相残。

（2）全力为"四个现代化"而奋斗，已成为中国政府和全体人民从现在起到本世纪末，乃至下一个世纪的压倒一切的任务。为此，特别需要一个和平的环境。大规模军事行动必然要转移建设所急需的人力和物力。

（3）开放政策使中华人民共和国的经济对国际变化的反应日益敏感。因此，全世界特别是东亚的和平稳定对中国极为重要，任何紧张局势将对中国的经济产生不利的影响，更不用说军事冲突了。

（4）中国希望从美、日、西欧等发达国家得到先进技术，同这些国家进行对双方都有利的科技文化交流。对台湾用武首先要影响中美关系，也可能影响到中国同其他国家的关系——即便是暂时的。

（5）由于历史的原因，有些东南亚国家对中国曾经产生某种误解和疑虑，近年来双方增加了相互谅解和信任，但是关系还有待于改善。中国希望进一步与这些国家发展睦邻友好关系，不会愿意使它们因台湾海峡的风云突变而重新增加疑虑。

（6）从心理上讲，通过和平手段远比武力能消除敌意。和平地与大陆统一的台湾要远比通过武力手段与大陆统一的台湾更易于同大陆和睦相处。

（7）武力解决的结果，可能使台湾的建设遭到破坏，可以想象，在统一以后，中国政府还要花很大的力气去恢复，从而增加额外的负担。

2.2 一国两制

为达到和平统一的目地，中国政府提出了"一国两制"的方案。也就是说，统一之后，大陆继续实行社会主义，台湾保留其现行的资本主义制度和生活方式。这一方案并非专为解决台湾问题而提出，已经首先应用于香港。它是以台湾与香港的历史和现实为依据而提出的。就台湾而言，主要是基于以下两个方面的实际：

第一，绝大多数在台湾的居民都确认自己是中国人，与全体中国人民有着共同的，根深蒂固的民族意识。第二，目前多数台湾居民对与大陆统一还有种种疑虑。这是由于台湾不同于中国其他省份的特殊情况所造成的——台湾同大陆隔绝了将近九十年，其间只有第二次世界大战后的四年与大陆自由交往；国民党当局接收台湾后的统治又不令人满意，加剧了所谓当地人与大陆去的人（确切地说，主要是先前从大陆去的人与后来去的人）之间的矛盾；台湾人民长期生活在与大陆不同的社会制度之下，几十年来国民党当局举行反共宣传，把大陆的情况描写成一幅阴森可怕的图景，加上中国共产党过去某些政策过"左"，还发生了"文化大革命"的动乱；凡此种种使台湾人民对中国共产党缺乏信任。

以上第一点是"一国"的依据,第二点是"两制"的依据。"一国两制"决不是一时的权宜之计,更不是诱饵,这是中国领导人根据现实情况和中国本身的利益做出的决策。中国共产党还认为这是自己在政治理论上的创新,是对马克思主义的发展。看不出中国政府有任何理由改变这一立场。

2.3 台湾当局谋求事实上的"两个中国"

长期以来,台湾的国民党当局一直坚持"一个中国"立场,并自称代表全中国,对来自各方,包括美国,旨在使台湾永久脱离大陆的主张有所抵制。但是最近以来,台湾当局的立场发生了隐蔽的变化。这个变化就是在坚持"一个中国"的名义下,追求实质上的"两个中国"。

2.4 美国:脚踏两只船

自一九七二年中美关系有所突破以来,美国一直在中华人民共和国和台湾之间奉行美国人所谓的"双轨政策",用中国俗语更确切地形容,就是"脚踏两只船"。一方面,美国政府承认中华人民共和国是唯一合法的中国政府,承认中国的立场——只有一个中国,台湾是中国的一部分。另一方面,美国政府不断表示以台湾的"安全"为己任,坚持售台武器,把台湾视作独立的政治实体,与台湾保持近似半官方关系。这一立场集中体现在中美建交后立即通过的《与台湾关系法》中,以及《八·一七公报》发表后,里根总统向台湾口头传达,并于里根访华前夕又对台湾提出的"六项保证"中。

2.5 继续维持现状——不大可能

台湾的现状已经维持了三十几年。从六十年代末以来,台湾经济取得了可观的发展。但是造成这一局面的一些主要因素已经在起变化,今后还将更迅速地起变化。

(1) 台湾是在中华人民共和国在国际上受到孤立的环境中,在美国大力扶植下发展起来的。

(2) 台湾发展较快的时期，差不多刚好是中国大陆发生"文革"动乱的时期。"文革"使大陆在各方面蒙受极大的损失，根本谈不到发展国际经济与文化关系。

(3) 随着大陆的经济迅速发展，如台湾当局继续拒绝"三通"，必然面临强大的竞争，这是过去所没有的情况。

(4) 台湾整个局面赖以维持的是相对繁荣的经济。但台湾经济对国际投资和贸易依赖极深，"信心"问题至关重要。国际上以及内部的任何风吹草动都可能触发一系列的连锁反应。

(5) 以上只是在常规情况下可能发生的渐变。研究台湾问题的人还不能不注意到发生突变的可能。例如接班危机就是现实存在的，而且日益临近。在领导更替时发生危机是独裁政权下常见的现象，何况台湾各种矛盾如此错综复杂。

2.6 非和平解决

中国不能容忍自己的国家永远分裂下去，如果一旦出现外国扶植的"台独"势力上台，或者台湾发生内乱外国势力乘虚而入，或者外国玩弄"两个中国"达到不可容忍的地步，威胁海峡稳定和中国安全时，中国政府没有其他选择，只能采取断然措施予以解决。

2.7 台湾的出路何在？

台湾可能继续拒绝和谈，这是台湾当局迄今为止一直这样做的。因为它认为和谈对它不利，会失去"法统"，又怕只要一开始有所松动，就会动摇其反共的政治基础。台湾维持目前的状况全赖美国支持，用某些台湾报刊文章的话来说，美国的"善意"和继续售武器对台湾是"生死存亡"问题。

台湾国民党如果深察利害，应该不难发现，通过和平解决，它失去的只是事实上早已不存在的"法统"，而换来的却是保住现在已有的一切，外加经济上与大陆互相补充所得到的好处，并且使多数有民族自尊心的国民党内外的中国人摆脱了仰人鼻息，把自己的安危系于外国人的意愿的难堪境地。

从时间来看，中国领导人可以耐心等待，因为时间对他们有利。但是台湾形势的发展却很可能使台湾当局渐渐明白他们等不起。

2.8 美国的作用、利益与选择

作为舞台上的主角之一，今后美国面临以下几种抉择：（1）继续目前"脚踏两只船"的政策，能拖多久就拖多久；（2）逐步脱身，真正让中国人自己解决问题；（3）更加积极地利用自己的影响促进和平解决；（4）听任危机发生，自己再次卷入中国内争。

1、继续目前"脚踏两只船"的政策：看来迄今为止是美国政策的主要趋势。美国对中华人民共和国的态度比之于五十、六十年代确实发生了很大变化，但对台湾基本上还是认为保持台湾大陆分离状态对美国有利，理由是：美国可以保持对台湾的独家影响，在西太平洋有一个可靠的据点。中华人民共和国奉行独立自主的政策，不是美国囊中物，不受美国摆布。美国还认为台湾的稳定繁荣和信心要靠美国的武器来维持。此外，意识形态的因素仍然在起作用，因为在美国看来，中华人民共和国毕竟在共产党领导下，美国本能地愿意尽量抵制任何共产党影响。

2、采取促进和平解决的态度：或者逐步完全脱身，保持真正的中立，真正做到中国人的事让中国人自己解决。或者以某种方式鼓励台湾当局采取更为灵活和和解的态度，直至达成和谈。

3、另外剩下的一种可能是，美国继续使自己越陷越深。到发生无法控制的危机时，如果想脱身就将付出更高的代价；如果重新卷入中国内战，后果将不堪设想。还没有任何迹象表明美国人民会同意为台湾而流血。美国想重复四十年前出枪出钱，让中国人打中国人的做法，也不可能行得通。因为中国的国际地位、内部的力量对比与那时已不可同日而语。而且这样一来，美国自尼克松以来在外交上的成就将前功尽弃，整个世界战略格局发生根本变化。任何美国决策者无法承受这样高的代价。

第二十八章 书评

1. 《哈维尔文集》序[1]

1.1 后极权主义

什么是后极权主义？后极权主义就是极权主义的原始动力已经衰竭的时期。用二十多年前因车祸去世的苏联作家阿尔马里克的话来说，就是革命的"总发条已经松了"的时期。权力者已经失去了他们的前辈所拥有的原创力与严酷性，但是制度还是大体上照原样运转，靠惯性或曰惰性运转。权力者不能不比过去多讲一点法制（注意：绝不是法治），消费主义日趋盛行，腐败也愈益严重。不过社会仍然是同过去一样的冷漠，一样的非人性，"权力中心仍然是真理的中心"。

这个社会的最高原则是"稳定"。而为了维持稳定，它赖以运转的基本条件仍然是：恐惧和谎言。弥漫的，无所不在的恐惧造成了弥漫的，无所不在的谎言。

1.2 后极权社会的恐惧

[哈维尔认为，在后极权社会中]，每个人都有东西可以失去，因此每个人都有理由恐惧：

> 中学老师讲授他自己并不相信的东西，因为恐惧自己的前途不稳；学生跟在老师后面重复他的话，因为恐惧自己不被允许继续自己的学业；青年人加入共青团参加不论是否必要的活动。在这种畸形的制度下，因为恐惧自己的儿子或女儿是否取得必要的入学总分，使得父亲采用所有责任和"自愿"的方式

---

[1] 本节内容节选自李慎之为崔卫平译《哈维尔文集》中文版写的序文。

去做每一件被要求的事。

1.3 用真实战胜恐惧

怎样才能打破这种出于恐惧而凭借谎言生活的现实？哈维尔的答案十分简单："在真实中生活"，或曰"在真理中生活"，西方文字是 LIVING IN TRUTH！

这话看起来太理想，太虚无飘渺，但是我倒也不想建议译者改变译文，因为如果用大白话来说，无非就是"过说真话的日子"或者是"生活在真话中"，"做一个说真话的人"而已。

在哈维尔看来，"假如社会的支柱是在谎言中生活，那么在真话中生活必然是对它最根本的威胁。正因为如此，这种罪行受到的惩罚比任何其他罪行更严厉。"

说真话，按照人的本性或良心说话行事，这对极权主义是极其可怕的事。"真理的细胞逐渐浸透到充斥着谎言的生活的躯体之中，最终导致其土崩瓦解。"说真话的威力被哈维尔比喻做安徒生的童话《国王的新衣》里那个首先冲着国王叫"他光着身子呢"的小孩子一样，能得到所有人道义上的支持，因此是威力无比的。

正因为如此，哈维尔说："时机一旦成熟，一个赤手空拳的平民百姓就能解除一个整师的武装。这股力量并不直接参与权力斗争，而是对人的存在这个难于揣测的领域发生影响（难以预料的是在何时、何地、何种情况下，和多大程度上这种影响得以产生）。一场突然爆发的社会动乱，表面上铁板一块的政权内部的剧烈冲突或者社会和文化界气候发生无法压制的转变。因为所有的问题的关键被谎言厚厚的外壳掩盖着。我们无法弄清楚什么时间那最后一刻会来，那最后的打击会来。"

1.4 无权者的权力——说真话

哈维尔的主张实际上是"人人说真话，人人做实事"。除此之外，他还加上了第一次大战后捷克斯洛伐克第一任总统马萨里克的号召:"从小处着手!"这是人人可以做到的,或者可以争取做到的。这就是哈维尔所说的"无权者的权力"。

哈维尔主张就是人人凭自己的良心说真话,做实事,不过他始终强调要"干"。他说:每件事情坚持或失败就在于"干"……事情在"干",原则上总比"不干"要强。他在给妻子的一封信里说:"我可以以我认为合适的方式行动。我深信每个人都应该这样,即担负起自己的责任。有人会反对说这没有用处。我的回答十分简单:有用。"

这段话也许是哈维尔对现在在中国红极一时的捷克流亡作家米兰·昆德拉的又一次答复。昆德拉曾经认为哈维尔他们所干的不仅徒劳无益,而且只是为了表现自己,也就是出风头。但是历史在仅仅几年之后证实了哈维尔的行动的价值:"有用"。

1.5 良心:反政治的政治

人们说真话,动因是什么?哈维尔回答说:"良心"。"我们必须相信我们良心的声音,甚于所有抽象推论的声音,不去捏造任何企图超越于良心的呼声上的责任"。

在这里,哈维尔有两层意思:一层是针对后极权社会的。因为那是一个荒诞的道德沦丧的社会,要摆脱那样一个社会,"必须回到政治的原点——有个性的个人,必须唤醒个人的良知"。另外一层是针对历史翻转以后的社会的。他的观点是:"最好的法律和所能想象的最好的民主机构,如果不是由人性的和社会的价值所支持,也将不能在自身之内保证其合法性。""没有共同拥有的和普遍树立起来的道德价值和责任,也就没有法律和民主政治,甚至市场经济也不能恰当地运转。"

自从马基雅维利以来,西方政治学一直把政治定义为权力的游戏,而哈维尔却提出要以道德,以良心作为政治的出发点和归宿点。正因为如此,他把这样的政治叫做"反政治的政治"。哈维尔就是凭借无权者的权力取得了行使反政治的政治的权力。

哈维尔在存在与人的关系中看到了良心(即良知)这是我们中国人不难理解的。"天地良心","人心通于天心","良心即天理"这样的话现在还存在于人们的口上笔下，可悲的只是，这样说、这样想的人越来越少了。哈维尔的特异之处是他从人的同一性（identity，我译"自性"）中看到了人的责任，每一个人对万事万物的责任。良心和责任构成了他的哲学的核心。他自己也知道他的话"非常笼统、模糊和不现实"，但是他保证"所有这些看上去朴素的字句来源于非常具体的对世界的经验"。

比良心和责任更具体一些的是，哈维尔特别强调公民和公民意识，这未免使我感到一丝悲哀。我在二十多岁时曾当过一阵公民教员。在去年有次讨论政治改革的会议上，我说，如果一个人还能有下一辈子，那么我的最高愿望是当一辈子公民教员。因为我知道在我们这个国家，要养成十来亿人民的公民意识，即使现在马上着手，也至少得要五十年到一百年才能赶上先进国家。

1.6 后极权主义的荒诞

哈维尔最初以荒诞剧作家成名。在哈维尔看来，他所处的后极权主义的世界是一个荒诞的世界。它是无姓名的，无面目的，没有个性化的人，没有"我"的。"人民"代表了一切，顶多再加上"祖国"、"阶级"这么几个词儿。因此，哈维尔直探本源，追求存在的意义。他说："只有我们从存在中分化出来，进入异化的世界，我们才能认识到存在的根源"。从存在分离出来的"我"，"只能通过他自己在这个现实世界的存在，接近他所追求的那种存在（即存在的完整性）"。这些话也许有些拗口，但是其实同中国古代哲学所说的"天地之大德曰生"，"生生不已"即是"分分不已"的命题相去并不很远。世界各种哲学的初始命题和终极命题，大致都应该是差不多的。

1.7 哈维尔的道德力量

读[哈维尔]的著作不能不感到一种震撼人心的道德力量。就在他出任总统时的就职演说——《人民，你们的政府还给你们了》——中，他在历数国家面临的问题之后说：

当前最大的问题是，我们生活在道德沦丧的环境中，我们

496

都是道德上的病人。口不应心对我们来说已习以为常。我们已学会不相信任何东西，不再关心别人而只顾自己……（我这样说时）我针对的是我们所有的人，因为我们全都已经习惯了，适应了这个极权制度，接受了这个制度是不可改变的事实，从而成全了它的运行。换言之，我们大家都多多少少对这部极权机器之得以运行负有责任。我们当中没有一个人仅仅是这部机器的受害者。要知道它之所以能运行，我们每个人都曾出了一份力。

2.《奇妙的新世界》中文版序[1]

2.1 二十世纪最优秀的英文小说之一

一九九八年七月，美国现代文库选出了本世纪一百本最优秀的英文小说，其中名列前茅的有阿尔都斯·赫胥黎在一九三二年出版的《奇妙的新世界》。

这个新世界的国训是三个词："公共性、同一性、稳定性"。若要再浓缩到一个词，就是稳定——它是奇妙的新世界要不惜一切加以维护、加以保卫的最高价值。在"奇妙的新世界"里，没有文学、艺术、宗教和科学，因为它们都会破坏稳定。

奇妙的新世界是绝对地大公无私的，它的一条格言就是："每一个人都属于别的每一个人"（Everyone Belongs to Everyone Else）。

照"奇妙的新世界"的主控员的说法："人们是幸福的。凡是他们想要的，他们都能得到；凡是他们得不到的，他们决不会想要。他们生活舒适；他们安全；他们决不会生病；他们不害怕死亡，他们逍遥自在，因为他们不知道激情和衰老为何物；他们没有父亲和母亲的累赘，也没有妻子儿女或者情人来勾动七情六欲；给定他们的条件使他们实际上不能不按照他们应该做的那样去做。"

---

[1]《奇妙的新世界》（也有版本译成《美丽新世界》）中文版由外文局1970年代末内部出版，1999年拟出新版，李慎之写出序言。本节内容选自该序言。

2.2 小说变成了现实

赫胥黎的预见就在它的小说出版以后，还是在很大的规模上实现了。二十世纪最可纪念、最可反思的历史事实是什么？最简单地说，就是左的和右的乌托邦在很大程度上出现了，结果带来的却是人类空前未有的浩劫。经过二十世纪，人类作为全体，才进一步觉悟到人类最可宝贵的价值正是个人的自由。由此发展出一套可操作的价值标准。这就是滥觞于二百年前的美国和法国而到二十世纪中叶才形成为联合国文件的《世界人权宣言》。不过虽然在法律上说，它已成为全球性的价值标准，事实上各国的争论不断，真正要普遍地付诸实行，还不知要等到何年何月。

上面说的右的和左的乌托邦，恐怕谁都知道是希特勒的亚利安民族统治世界的理想和斯大林的无产阶级专政理想。人们也许会说，不管怎么样，这样的噩梦已经过去了。但是，既然它们能在人类的历史上出现，除非发生这种现象的根源也已经全部消失，就决不能掉以轻心。

2.3 《奇妙的新世界》与《1984》有所不同

和另外一本著名的反乌托邦小说《1984》不一样，《奇妙的新世界》并不是针对某一个国家，某一种主义，而是针对全人类的。它只是把威胁着人类的问题集中，再以幻想的方式突显其危害性。这一点，从小说里的人名就可以看出来。作者为什么把基督教的造物主My Lord改称为My Ford，就是因为他正是从近代工业大批量生产的创始人福特身上看到过度组织化对人性的摧残。他总是把大的国家（Big State）和大的企业（Big Business）并称，认为它们都可以起到统制人的作用。他把小说的场景主要安置在伦敦，大概也是因为他担心在他所最宝爱的，远从一二一五年的大宪章起就重视保护人身自由的祖国内，很可能会失去这样的自由。

赫胥黎在科学方面有广泛的知识。他熟知巴甫洛夫的条件反射学说和弗洛伊德的心理分析理论，他也知道已经有人应用这种理论来控制人的思想和行为。他生怕未来的世界控制者会把这种方法推广到控制全体人类。他是一九六三年死的，可是他已经看到了世纪末克隆哺乳动物所带来的克隆人的可能性。奇妙的新世界里的人，不管是阿尔法还是埃普赛隆，其实都是通过无性生殖产生的，也就是克隆出来的。这是他特别忧虑的一点。

虽然乌托邦这个名词是托马斯·摩尔在十六世纪初出版的书中创造出来的，但是乌托邦的思想却也许和文明一样古老。中国人艳称的孔子和大同世界，其实就是一种乌托邦。当这种乌托邦还只是一种理想而存在于纸面上的时候，往往不但是无可厚非而且是大可羡慕的，然而，历史的经验证明，当它们真正付诸实施的时候，就成为一场灾难。赫胥黎认为，其原因就在于人本来就有一种"求秩序的意志"（will to order），而人的多样性又是人的本性，这就形成了一对根本的矛盾。他以他的生物学知识指出，物种在进化之树上越是发展，其变异性或多样性就越是突出。一道同风是违反人的本性的，他反对把人的社会性比作蜂和蚁，而指出人的原始群居状态更近似于象和狼，各自觅食而又相互合作。这些都是极有价值的见解。也许这就是邱吉尔所说的"民主不是一种好的制度，不过比起别的制度来，还是一种不那么坏的制度"这句话被推为名言的原因。

2.4 "奇妙的新世界"或许要到来

四十年前，我初读奥威尔的《1984》的时候，一方面以切身的经历感到心惊胆战，彻骨生寒；一方面也自问：一个英国的左派从来没有经历过极权主义的统治，为什么早在一九四八年就能够把极权主义下人的生活，他们希望和恐惧，他们的追求和软弱，体会得如此真切入微，远远超过我们自己？在读了《奇妙的新世界》以后，这个问题更强烈地出现在我的心里。

本世纪末，在科学方面最大的新闻，是一九九七年英国罗林斯研究所的维尔穆特博士用乳腺细胞克隆出一只叫做多莉的绵羊。人类于是欢呼克隆一切生物一直到人的时代已经到来了。赫胥黎写过："只有生命的科学才能刺激并且改变生命本身"。如果他写这话的时候还不过是预言的话，现在是出现可怖的"奇妙的新世界"的前景已经很迫近了。西方是已经有人在发出这样的疑问：心脏已经可以置换，如果脑袋也可以置换的话，人的本质，人的本体是什么，这样自古以来的哲学命题是不是要发生根本的变化了呢？到底什么是人（man）？什么是我？生性贪欲的人类谁不想自己更健康、更美丽、更聪明？谁不想自己长生不老，万寿无疆？如果这些都可以靠基因技术获得的话，享有特权的强者又会发动怎么样的战争来保证取得健康和美丽、聪明和长寿呢？人类自古以来争论不休的伦理原则岂不是连立足点都被彻底抽掉了呢？如果赫胥黎还活着，他又会产生什么样的忧虑呢？

赫胥黎的形形色色的忧虑，集中到一点，就是个人的自由无论如何不能丧失。在他的心目中，这是迄今为止人类文明最可宝贵的价值，它是人类文明最美丽的花朵。为了它，一切的艰难困苦、病痛祸殃，都值得忍受。

2.5 我与《奇妙的新世界》的关系

我是一九六〇年从右派劳改场所调回北京，在机关办的一个外文训练班当教员。有一天，偶然在图书馆发现了一本《1984》，于是以一种抉心自食的心情偷偷儿读了，同时又推荐给与我同命运的董乐山读。正在彼此会心不远的时候，被隔壁办公室的一位荷兰籍专家Selma看到了。她建议说，这书固然不错，但是还不如Aldous Huxeley的《Brave New World》，它反映的问题更全面、更深刻。然而，在六十年代初那样的环境下，到哪里去找这本书呢？奇巧的是，当时康生正在领导《九评》的写作，奉毛主席的旨意要翻译一批灰皮书和黄皮书，为"内部参考"，充当反修斗争的"反面教材"。我的老学长、老领导陈翰伯，当时正任出版总局局长，不知怎么想到了我，亲自到我家来布置翻译任务（在我被划为右派以后的二十多年内，他是唯一光临寒舍的高干，这是我没齿不能忘却的）。他同时兼任商务印书馆的总编辑，因此给了我可以以稿费买商务出的这些灰皮书、黄皮书的特权，又叮嘱商务的图书馆向我开放，借什么书都可以，而我又恰好在那里发现了一本出版不久的《Brave New World Revisited》。拿回来一看，总因为未看前一本书而看不大懂。更巧的是，我的老领导，后来又与我一样沦为右派分子的陈适五，居然在一九六三年逛东安市场的时候在一家旧书店里发现了《Brave New World》一九三二年的老版本。这样我们几个人才算看到了这两本书的全貌。

陈翰伯、陈适五、董乐山都已先我而逝。这本书到一九七九年的时候，我已经请卢佩文同志译出，登在作为当时全国最开放的刊物，外文出版局的《编译参考》增刊的《国外作品选译》上。《1984》我也请董乐山同志译出，发表在同一刊物上。陈适五因为右派的案子已经改正，当时正任外文出版局的副局长，因此对这两本书的出版他也是出了力的。

至于Selma，她本来是中国科学院心理研究所所长曹日昌的夫人。建国后随夫来华工作，不料在文化大革命中竟因为被诬为国际间谍，沉冤莫白而割腕自杀。但愿她脉管里流出来的鲜血能激励我们对自由的渴求，能提高一点我们对人权的觉悟。

2.6 《奇妙的新世界》的意义

七十年来，《奇妙的新世界》已成为一部现代经典。它被称为寓言小说、科学小说、讽刺小说……但是我宁愿称之为一部哲理小说、警世小说。它所预言的许多现象已经在二十世纪一再出现。虽然我们祷祝它的预言因为已成为事实而应该过时，但是实际上，不但阴云远未散尽，而且到本世纪末，随着科学的进步，特别是从试管婴儿到克隆技术的成就，再加上人口与环境的矛盾日益严重……人类进入"奇妙的新世界"的可能似乎还在增大。赫胥黎以其天才的洞察而产生的忧虑仍然有效。人类一刻也不能放弃其最可贵的价值——个性与自由！

3. 数量优势下的恐惧[1]

3.1 文明的分类

按照美国著名政治学者塞缪尔·亨廷顿的分类，现在世界上还有七八种文明，即：（一）西方即基督教文明；（二）儒教主要是中

---

[1] 美国学者塞缪尔·亨廷顿（Samuel Huntington）1993-1996年发表了三篇关于世界文明的文章：《文明的冲突？》《如果不是文明，那又是什么？》和《西方文明只此一家，并非普遍适用》，本节内容选自李慎之对这些文章的评论，题为《数量优势下的恐惧》（1996年）。

501

国文明；（三）日本文明；（四）伊斯兰文明；（五）印度教文明；（六）斯拉夫即东正教文明；（七）拉丁美洲文明；加上可能还有的（八）非洲文明。亨廷顿还强调他本人所属的西方文明要受到所有其他文明的挑战，他特别担心的是儒教文明（实际上是指中国）与伊斯兰文明（主要指阿拉伯人和波斯人）可能联合起来对西方文明构成最严重的挑战。亨廷顿把"文明"定义为"文化的实体"，在行文中常把文明与文化混用。

3.2 西方文明没有普世性

[亨廷顿一篇]文章的题目，明言西方文明并无普世性。而且全文反复申明的主旨就是：现代化并不等于西化。

细读全文，他除了在解释何为西方文化时不免有点自我表扬而外，对其他文明、宗教、种族……并无恶毒攻击或贬低之词。相反，他还看到了西方"四分五裂，将成为非西方国家利用其内部分歧的尝试的牺牲品"的可能。他还认为西方已经在衰落。"要延缓西方的衰落""保持西方的团结"，其方案就是守住北大西洋公约，以之为"西方文明的保障机构"，而且要明确"它的主要目的就是保卫和维护这个文明"，完全是一副退守和无可奈何的姿态。

3.3 亨廷顿的"难言之隐"

从亨廷顿的三篇文章仔细寻绎，可以发现他并不是没有"难言之隐"，不过是在三年过程中通过三篇文章慢慢地，点点滴滴地透露出来的，而且最后也并没有明白说透。这些没有明白说透的话，简单说起来，其实就是，西方把现代化教给了世界，然而其人数却在世界总人口中的比例越来越萎缩，不但已远远被非西方的人口所超过，而且除非发生常情无法预料的激变，还有最后被淹没的危险。这样的一个前景不能不使西方文明最敏感的卫士，如亨廷顿这样的人从内心深处感到忧虑甚至恐惧。

三年半以前亨廷顿的第一篇文章刚发表的时候，我正在华盛顿，我的第一个感觉就是他的文明冲突论的起源还不在于他对国际问题的观察而在于他对国内问题的感受，正如世界上一切大理论都起源于其创立者实际生活中的某一点深切感受一样。正在那个时候，美国《时代》周刊发表了《美国还是一个熔炉吗？》的"封面特写"，列举事实说明，由WASP主宰美国的时代正在过去，相反，不但它在美国已经成为少数，而且以它为中心的全体欧裔移民，也就是接受美国价值的全体白人也即将成为少数。而几百年来一向受压迫、受歧视的黑人则已成为越来越活跃的少数民族，而且在一些最激进的左派自由主义白人所制造的理论支持下提出非洲中心论，认为人类文明，包括欧洲文明都源出于非洲黑人，古埃及人、古希腊人都是黑人。他们反对美国以WASP的价值标准同化外来移民的原则，主张大学不再开设单一的教授西方文明精义的课程而要平等对待一切少数民族的母文化。这在某些名牌大学，已经实际施行。

3.4 西方文明的悖论

可以猜想，在迄今为止还是白人占多数的美国，这是一种有相当广泛的群众基础的感情或者思想，但是外人却几乎看不出多少表露。其原因就在于亨廷顿所谓的"西方文明的悖论"，美国的自由主义已经发展到不容许人们有任何种族歧视、宗教歧视、语言歧视、性别歧视的公开表现，如果你是一个处于社会下层的"粗人"，你可以参加臭名昭著的"三K党"或者近年才出现的白人"民兵"，但是如果你是一个道貌岸然的西方价值与美国理想的卫士——一个有身份的自由主义者，你就只能把这种思想和感情压在心底。因为在几百年特别近几十年的自由主义与民权运动的传统下，美国已经出现了一个概念，名曰PC（political correctness），直译就是政治正确性。在美国要做一个政治上正确的人必须不能表露出任何歧视性的情绪。约定俗成，越来越严。

3.5 美国的种族问题

亨廷顿以文明为"范式"立说，而在诸文明因素中又特别强调宗教，实际上他是以文明-宗教-种族三位一体的。明眼人一望而知，他最深刻、最核心的范式恰恰是他不愿意多谈的种族界限，原因就在于，在美国当前的政治-文化气氛下，这是一个最危险的题目。但是

503

这又是他实在躲不过的话题，事实上在各方批评的压力下也不得不挤出一点儿来，比如直到他被迫答辩的第二篇文章中才透露出他真正的恐惧来。他说："文明的范式也许也能适用于美国……美国已经变成了一个肤色意识强烈的社会……美国正在变成族群和种族（ethnically and racially）问题上越来越殊异的社会。据国情调查局估计，到二〇五〇年，美国人口中将有百分之二十三是拉美裔人，百分之十六是黑人和百分之十是亚裔人。"换言之，二〇五〇年是欧裔白人从多数变为少数的临界点。亨廷顿担心"如果新移民不能融入迄今为止支配美国的欧裔文化……那么美国人口的非西方化是否会意味着它的非美国化。"如果那样，"我们所知道的美国就将不再存在，而将随历史上其他思想体系不同的大国被扔进历史的垃圾堆了"。

中国的老话说"非我族类，其心必异"。亨廷顿不会不知道人类几百万年进化造成的血缘、形体、肤色等等的种族差异远比几千年造成的文明差异更难弥平。他只是不敢冒被视为"种族主义者"的大不韪而公开说出来罢了。

不要以为只有亨廷顿一个人有这样的危机感，在美国，这是一批越来越多的被称为"新悲观主义者"的共识，在文明冲突论发表的前一年，也许可称为当代美国最著名的史学权威小阿瑟·施莱辛格就出版了《美利坚的非合众化》（the Disuniting of America），表示了与亨廷顿同样的忧心。与亨廷顿几乎同时，前总统安全顾问布热津斯基也出版《失控》一书，一再强调美国社会有"解体的危险"，其最主要的论据就是到二〇五〇年美国人口中的种族构成将发生根本性的逆转。

3.6 亨廷顿把美国的问题投射到全世界

正因为如此，一九九二年六月我在华盛顿刚看到《文明的冲突？》的第一个印象是：亨廷顿把对美国前途的忧虑投射到全世界去了。

首先，按照亨廷顿的标准，作为西方文化载体的欧洲北美人口历来不足世界五分之一，何况近几十年来一方面它本身的生育率下降，而另一方面其他地区的人口生育率却不断上升，比例的反差越来越大。对亨廷顿来说也许更加重要的是：基督徒的人数日益减少，他认定十年之后，穆斯林的人数将超过基督徒。其次，西欧北美的非白人移民近年急剧上升，许多国家因此而出现了与美国相同的内部问题。亨廷顿指出欧洲国家已在收紧移民政策，并且建议美国也要这样做，但是能否收效尚未可知。亨廷顿在最近这篇文章中说："西方已经没有经济的或者人口的活力足以把自己的意志强加于人了。""人口的活力"这几个字泄露了亨廷顿的真意。

另外，亨廷顿对国际形势提出的若干自己的观察，确实可以说是深刻的，而且已被事实所证实。例如：他认为现代化与经济发展既无必要也不可能造成文化的西化，而只会导致本土文化的复兴。他看到虽然美国的大众文化（包括电影、电视、流行歌曲……）看来似乎是以不可阻挡之势席卷世界，但都受到精英分子越来越强的抵抗。他看到第二代第三代受西方教育的非西方知识分子与第一代不同，后者更强调本土文化与本土价值。由于他所谓"西方价值的悖论"，正是全球化带来了民族主义，也正是现代化带来了各种宗教（或者更笼统地说各种本土文化）的"原教旨主义"的复兴。

绝不能随随便便把亨廷顿叫做种族主义者，在他的文章中并不能容易地嗅出这种味道来。他无疑是西方中心主义的遗老，但是他已不敢公然嗟叹盛世难再，而只敢承认西方已经衰落。他说"西方价值之所以可贵正在于它的独特性，而不在于他的普遍性"。不难推断，从西方中心时代的巅峰跌落下来，他心里是不会好过的。他为西方设计的战略只是严守北大西洋公约以自保，但是在铺天盖地而来的"黄祸、绿祸与黑祸"面前，他并没有表现出强烈的信心。（这是一位亚洲朋友的话，绿祸指伊斯兰、黑祸指黑非洲。）

3.7 亨廷顿理论内在的悖论

亨廷顿的理论内在的悖论是十分明显的，人类自古以来的各大宗教，各大思想体系，都不但把自己的价值观看成是普世性的，而且都预设人性有统一的价值标准，近代的启蒙思想家和革命思想家（如马克思主义）也并不例外。亨廷顿鼓吹的"西方文明"比之于历史上的英国文明、德国文明、法国文明、西班牙文明……各种各样的特殊文明来已经可以说是一种范围相当广大的"普遍文明"了，如果对照他自己说的"第一、第二次世界大战不过是西方的内战"的话，矛盾尤其明显。为什么五十年前还在打得你死我活的国家今天就已经可以统一在"西方文明"的旗帜下了呢？但是亨廷顿所说的"在可见的将来，不会有普世的文明"这话应当是可信的。人类的历史已经有几百万年，而文明的历史从苏美尔人算起还不过七千多年，即使是一个理想主义者，在经历了这么多的挫折以后也不敢相信再有几十年的时间就能实现世界大同。因此亨廷顿的下一句话，也就是第一篇《文明的冲突？》的结语——"有的只是一个包含不同文明的世界，而其中每一种文明都得学习与其他文明共处"。听起来有一点儿伪善的味道。

亨廷顿的观点值得重视，因为它们代表着一种深刻的恐惧。这种恐惧决不仅仅代表他一个人，而是代表着一大批人。恐惧会产生仇恨，而仇恨又能孕育战争，而亨廷顿所设计的自保方案竟还是已有半个世纪历史的人类史上最大的战争机器——拥有核弹的北大西洋公约组织。这不能不引起我们的警惕。虽然亨廷顿声称冲突并不等于战争，然而他也不排除冲突可以是战争。"文明的冲突"是一种说着说着就会自动实现的带恶兆的语言（self-fulfiling expectation）。人类的生存空间几乎已经塞满了，甚至已经是过度拥挤了。布热津斯基曾经说二十世纪是人类历史上最丑恶的"大死亡的世纪"，同时他也不能排除二十一世纪不爆发同样的惨祸。我相信我自己是一个理想主义者，我相信普世文明终会出现，但是几十年、一二百年对人类的文明史只不过是一瞬间。人类是否还要流血流泪再走过一段满布荆棘的道路才能通到开满玫瑰花的芳草地呢？

4. 评龙应台的一篇文章[1]

4.1 台湾是大陆最富有借鉴价值的"参考系"

台湾人和中国大陆的人都是中国人。这不是一句爱国主义的空话，而是不折不扣的事实。台湾人与大陆人，同源共祖同文共俗。我们的文化基因同血缘基因是完全一样的。龙应台曾经为结束台湾的独裁统治而奋斗过，而到独裁统治结束以后，她发现她所面对的个人"才

---

[1] 本节内容选自李慎之对龙应台所著《八十年代这样走过》一文的评论（1999年）。

是真正黑暗的来源",她才发现文化比之于政治"更是深层的问题"。

这对中国大陆绝对是最富有借鉴价值的"参考系"。只是中国大陆的人数是台湾的六十倍，文化的惰性也因此而大得多。以中国之大，今天甚至还没有能产生许历农、李焕、宋楚瑜这样的人物。

因此对于中国的自由主义者的第一个教训就是，不但要提倡自由主义，而且要提倡作为自由主义的核心价值的个人主义。要提倡不但有自尊而且有自律，不但能自强而且能自胜的个人主义，能伸张自己的权利，也能担当自己的责任的个人主义。

4.2 改造国民性是更艰难的任务

中国当前的第一任务仍然是"争民主"。只有有了言论、出版自由，有了结社自由，中国人才有可能着手更艰难的任务——改造国民性，其实是解放被几千年的专制所扭曲了的人性，发扬每一个人的本真人性。

龙应台引用穆勒的话：

> 当集平庸之大成而形成的民意越来越是社会主流的时候，制衡这个趋势就得让更多的思想顶尖的个人出头……一个社会中特立独行的人越多，天分、才气、道德勇气也就越多。

这话是穆勒在一八五九年说的，中国人现在还不知能不能说有这个觉悟，在现代化的过程中，人的解放和改造是最难的。

几千年来，特别是最近的五十年来，中国人一面是奴性十足的顺民，转过身来又是恣睢暴戾的霸王，也就是十足的阿Q。这一点，龙应台亲身经验到了，大陆人不久也会亲身经验到的。

4.3 打老虎比打苍蝇更重要

但是，龙应台的比喻，说"苍蝇责任重大，比老虎还大"是有偏颇的。不打掉老虎，就没有解决苍蝇问题的前提，哪怕解决苍蝇问题的任务比打老虎还要艰难百倍。

她说:"我承认,政治不是所有问题的根源。只不过在八十年代的极权体制里,政治霸占了一切生活领域,因此也遮盖了某些更深层的问题,比如文化。"在起码有过十年"政治挂帅"历史的中国大陆,不解决政治问题,哪里说得上解决文化问题。

同理,《广州文化时报》编辑部评论《多说"小话"》也是有偏颇的。在现在的中国,大话、小话都要讲,但是,要使"小话"能起作用,也只有在"大话"所针对的问题解决了以后。

4.4 后现代的问题与我们并不相干

龙应台问:"难道说,解放竟是一个永无休止的过程?"答案是肯定的,人类的历史就是一个永无休止的过程,除非最后归于寂灭。

中国人最优越的历史条件,就是我们经历了人类历史上最高、大、全的乌托邦的破灭,按理说,今后对其他的乌托邦应该可以有免疫力了,不过,"应该"不等于"必然"。

可以看得清楚的是,比起先进民族来,中国确是落后,亦步亦趋地跟一百年,时间不算长。(也许印度、拉美甚至日本的经验都可以做我们的参考系。)今天,我们还只能借鉴他们解决问题的办法解决问题,首先是现代化的问题。所谓后现代的问题,与我们并不相干,不可因此迷乱了我们的视线。

5. 从旋乾转坤到拨乱反正[1]

5.1 中国外交政策的目标长期不是维护国家利益

今天的中国青年大概已同世界上其他各国人民一样,理所当然地认为中国外交政策的目标是维护中国的国家利益。他们很难想象,在中国,这样的观念大概到十年前才有人左顾右盼地、战战兢兢地提出来。而在二十年前,光是这样的提法就是反动的,不知会有什么样的厄运降到敢于公然提出这种反动观点的人身上。

从一九四九年起,中国的外交政策的目标和它整个的国家目标

---

[1]《基辛格秘档——中美苏战略角逐高层揭秘》拟于1999年出版,李慎之作序,题为《从旋干转坤到拨乱反正》(1999年)。本节内容选自该序言。

就是"世界革命"。苏联革命胜利了，中国革命也胜利了，但是世界上还有三分之二的人民在一小撮儿资本家、帝国主义者的压迫与榨取下受苦受难，中国人民能因为自己解放了就忘了自己的穷哥们儿吗？中国必须与苏联老大哥一起"解放全人类"，不达目的决不罢休。

不论现在的以及后世的细心的历史学家都会发现中国建国以后受到苏联什么不公正、不平等的待遇，或是有什么利害冲突，但是从一九五九年起逐渐公开出来的中苏争论，至少表面上（或公开宣传上）是绝不涉及这方面的问题的。中国先是批评，后是谴责，最后是痛斥"苏联社会帝国主义"、"俄国新沙皇"理由仅仅因为是苏联"变修"了。而"苏联变修的第一条罪状，也决不是因为它有什么地方对不起中国，而是因为它居然同美帝国主义讲和平共处，这是对美帝的妥协，后来又逐步上纲到是对美帝的投降，是对列宁、斯大林的背叛，是对世界革命人民的背叛，苏联居然完全忘了它本来要领导世界革命的义务与责任。这样的口诛笔伐在整个六十年代逐步升级，终于到一九六九年底爆发了中苏边境上珍宝岛真枪实弹的血与火的战争。

5.2 基辛格嗅到了中苏有着不可调和的矛盾

正是这个时候，美国总统尼克松和他的国家安全事务助理基辛格，嗅到了中苏论战并不是（如当时不少西方政论家所以为的那样）在"唱双簧"，而是因为两国有着不可调和的矛盾。他们当机立断，通过各种渠道向中国表示美国愿意同中国搞好关系的意图。而且表示不惜降尊纡贵，愿意亲自到与之敌对了二十多年的中国来见毛泽东。通过各种暗示和明示，毛泽东（他是中国的灵魂）终于也觉察到了，于是马上表示愿意接待。非常有意思的是，中国猛烈抨击苏联"反美不力"的结果，倒是自己首先与美国改善了关系。其中各种因素的变化（或不变）值得后来者深思。

尼克松、基辛格访华的时间正处在"美苏并反"与"苏美并反"之间。不要看这里只是苏美两个字的次序颠倒了一下，它们是有原则区别的。在"美苏并反"时期，美国是中国的，也是世界人民的头号敌人，而苏联的作用则从"反美不力"发展到"为虎作伥"；在"苏美并反"期间，情况变成了苏修成为世界人民的、也是中国的最危险的敌人，而美国反倒成了世界革命人民的"间接同盟军"。这是当代世界外交史上一个极大的转变。

5.3 尼克松访华促成了中国逐步转向"国家利益"

虽然尼克松自己吹嘘过他的访华之行是"改变世界的一周",但是我还是怀疑他当时是否已经认识到这对中国今后的道路真正是旋干转坤的一周。它促成了中国的国家目标由"世界革命"逐步转向"国家利益"(或曰"民族利益")的改变。

历来都说外交是内政的延长,但是在六七十年代的中国,这话居然可以倒过来。史无前例的文化大革命,其思想发动与理论准备确是为了"反修防修",是直接与苏联变修相联系的。不能阻止今后的历史学家要按照常规来寻觅中美苏关系这样大逆转的内在的、潜藏的、物质的原因,但是他们千万不要忘了这一切都是在"打倒一切帝修反"的震天价响的战斗口号声中进行的,他们也无论如何不应该低估毛泽东对世界革命所抱的热诚与他对中国和他本人在其中可能起的作用与可能占的地位的自信。这是历史上以狂热的意识形态来指导外交政策的一个重要的特例。它的历史教训是多方面、多层次的。千万不要以为"这样的事情再也不会发生了"而予轻视。

据说尼克松同毛泽东首次见面的时候,就表示美国与中国的世界观是大不相同的。但是,美国的实际利益驱使他到中国来。据说毛泽东对尼克松这样的坦率极为赞赏。虽然毛泽东在外交上完成了这样一个大举动,可终其一生也没有降低他在意识形态上的调门。只有最细心的观察家才能发觉,从"美苏并反"到"苏美并反"的微妙变化。

5.4 毛泽东解冻中美关系给邓小平推行改革开放开了方便之门

毛泽东亲自打开了冻结二十多年的中美关系,却给邓小平在一九七八年的三中全会后推行改革开放的政策大开了方便之门。在一九八一年六月十一届六中全会通过的《关于建国以来党的若干历史问题的决议》中,对于毛泽东时代的外交政策没有一个字的批评。原因就在于毛泽东晚年做出了改善中美关系的决策。实际上,全党可以没有遗憾地接受的毛泽东的遗产也仅仅是这一点,虽然是极其重要的一点。

邓小平永远要感激毛泽东的是，后者毕竟亲自为他做了打破坚冰的工作。如果不是如此，要在七十年代后期改善同美国的关系，几乎是不可想象的。在四人帮已经揪出的一九七七年，邓小平还要胡乔木组织一批秀才，苦干了三个月的时间，写了一篇长达两万字的"人民日报编辑部文章"：《毛主席关于三个世界划分的理论是对马克思列宁主义的重大贡献》，完全沿着毛泽东思想继续批苏批修。世人不知道的是，甚至在那以后，从一九七八年十一月起，邓小平还要胡乔木组织了一个"中央写作小组"在钓鱼台十一号楼住了一年多，要求写出一本《苏联是怎样变修的？》的书来。只是因为中国自己的拨乱反正已经发展到农村开始包产到户，全国也允许一部分人先富起来，还要反对红眼病……已经完全不可能继续批修了，这本书才实在写不出来。然而这件事却正是"联美反苏"的外交政策的一部分，甚至还是改革开放的总路线的一部分。这个小组最后一直到一九八二年中共十二大确立独立自主的和平外交政策才彻底解散。

6. 百家争鸣探源的力作[1]

6.1 稷下学

稷下学宫是战国时代百家争鸣的场所。历史不是没有记述，但是材料大部已经散失；后人不是没有研究，但是大多失之粗疏。白奚先生经过十年的发掘、排比、对勘和探索，其结果就是这本《稷下学研究》。陈鼓应先生称此书"是国内第一部深入研究稷下学的学术专著"，"填补了这一重要研究领域的空白"，并非过誉。

我很惊讶于在经过文化大革命的今天，中国学术饱受摧残几乎断绝之后的今天，以白奚先生的年龄还能有如此深厚的功底，看他以铢积寸累的工夫搜罗材料，以抽丝剥茧的方法分析问题，逐步重建（Reconstruct）已经被历史的风沙侵蚀得模模糊糊的稷下学宫以及在其中活跃的各个学派，使之面目毕现，真是不能不惊叹。对于前辈的老师宿儒，白奚决不盲从，无论是郭沫若，还是侯外庐，还是钱穆，都是是则是之，非则非之。

---
[1] 本节内容选自李慎之为白奚所著《稷下学研究》写的序文（北京，三联书店，1998年）。

白奚先生的文字也清通简练，明白晓畅，完全不是时下一些人佶屈聱牙，环回往复使读者如堕五里雾中的文字可比。

近年来，中国号称出现了一股"国学热"，但是事实上，老成凋谢，后继无人；后生新进多习为浮薄，捕风捉影，大言自熹。因此，我一直有一种忧虑，怕中国传统学术的传承有中绝的危险，现在看了白奚的著作，感到很大的宽慰，套一句孔子的话："后生可畏，焉知后来者之不如今乎！"

6.2 稷下学宫是齐国三百年养士的结果

白奚先生对稷下学宫的研究得出一条重要的结论：

> 思想理论的多元、自由和平等是学术繁荣和发展的前提和重要条件。只有一家之言和一花独放就谈不上繁荣，政治高压下的学术是不自由的，缺乏独立性的，其结果只能是使学术成为政治的附庸或扼杀学术的发展。没有学术平等也不会有真正的繁荣和发展，稷下学宫之所以获得极大的成功，稷下学术之所以有如此的辉煌，首先就在于思想理论的多元化，就在于高度的学术自由和平等。

这一点，作为历史的教训，是无论怎么估计都不会过高的。

白奚先生经过研究告诉我们：稷下学宫是齐国三百年养士的结果。齐君设大夫之号，招纳四方包括异国的贤士，让他们在稷下学宫内"不治而议论"，"所谓议论，主要是"非议"，即不负治国的责任而专门批评政事的缺失。稷下先生学士最多时达到千人，他们既享有很高的政治地位与荣誉，又有优裕的生活条件，还有行动上和身份上的充分自由。这样就使许多人得以专心致志著书立说，聚徒授学，形成对后世产生深远影响的各派思想。

6.3 对比稷下学宫和柏拉图的学园

我非常希望能有深通西学的学者把西方古代希腊柏拉图的学园（ACADEMECA）同中国古代齐国的稷下学宫作一对比，使我们能对中西学术在所谓"发轫时代"的同异，也就是中西文化"基因"的同异有一个了解，对改造和创建中国学术的新传统可以有所裨益。

就已知的情况言，稷下学宫是由（田）齐桓公创办的，其目的是为了"招贤纳士"，寻求"强国安邦"的政策或道术；而学园则是柏拉图个人创办的，其目的是"探求真理"。在学术自由这一点上，两者似乎是一样的。但是因为稷下学宫始终没有能割断与权力相联系的脐带，在那里著书立说，讲学授徒的诸子百家也无例外地与政治结下了不解之缘，所谓"百家殊业，皆务于治"，因此也就没有能形成完全独立的学术传统，没有能开出纯粹"为求知而求知"的科学精神。这个目标一直到两千年以后在西方学术的刺激下才提出来，还有待于我们这一代，甚至后几代人去实现。

柏拉图的学园，照中国人看来，师弟相承，应当是严守家法的，然而大概是因为柏拉图始终反对讲学授徒的方法，而实践与弟子相互诘难的方法的缘故，它有一个反教条主义的传统，开出了一个"吾爱吾师，吾更爱真理"（这是柏拉图在学园的弟子亚里士多德的话）的传统。就学科的内容讲，稷下学宫是很丰富的，探讨的范围远大于汉武帝独尊儒术以后的局面，然而它在穷极究竟这一方面也还不如希腊的学园。学园里探讨的许多问题在稷下学宫是没有的，而且抽象得多，像数学、辩证法、逻辑学、天文学，形而上学……中国人大抵知道亚里士多德是柏拉图的弟子，可能很少人知道写下了作为理性思维的不朽著作的《几何原本》的作者欧几里德是柏拉图的再传弟子。

另外，稷下学宫存在了一百五十年，到秦始皇灭齐而结束（从公元前374年到公元前221年）从此以后直到清末，中国就再也没有出现过像稷下学宫全盛时期那样百家争鸣的局面。柏拉图的学园则存在了九百年（公元前387年到公元529年），直到罗马皇帝查斯丁尼安因为它不奉正教，鼓吹邪说，予以封门为止。又历千年到文艺复兴，欧洲人重又追尊希腊的时候，学园的传统为他们准备了一份可以继承的遗产。

现在是全球化的时代，在全球化的过程中，各个国家或者民族所要竞争的不应该是武功多么显赫，而只应该是争取在现在已经出现并且正在发展的全球文化中扩大自己所占的份额。一个民族最可贵的东西就是那些具有最普遍的意义而能上升为全球价值的价值。稷下学宫的百家争鸣的精神是我们可以依恃的一份遗产，当然也是需要发扬光大而予以提升的一份遗产。

7. 发现另一个中国[1]

7.1 被文人学士忽视的游民社会

研究中国文化、中国思想的学者认为中国大体上是孔孟教化下的"以仁为体，以礼为用"的礼仪之邦，是"亚洲价值"的摇篮与基地。……这些当然都是不错的，但是如果看了王学泰先生的这本书，可能会有一番新的思考。原来中国还有一个历来被文人学士忽视的游民社会，他们的意识形态不但与官方的、正统的意识形态对立，而且还支配着半个中国，半部历史，还时时冒出头来一统天下。

学泰把这样的中国社会称作隐性社会，以与大家熟悉的显性社会相区别。我以为能把这样一个隐性社会发掘出来，使之暴露在光天化日之下，引起人们的注意和研究，努力在使它在现代化的过程中消解，是有重大意义的事情，而且也是我们无可回避的责任。这项工作无异乎"发现另一个中国"。

7.2 游民文化蕴藏着中国两三千年历史所谓一治一乱的谜底

由于游民的性质，它所传世的文献，与历朝的官书不一样，是极其稀少的，所以研究的困难也是极大的。正如学泰所考证的那样，虽然游民的历史很悠久，活动很广泛，但是主要只有《三国》《水浒》《说唐》这几部书才能成为箭垛子式的作品，各朝各代进行各种活动的游民都把自己的经历、志趣、情怀往这几部书上堆。其他如关于瓦岗寨、薛仁贵、刘知远、赵匡胤……等的著作虽然也属于类似的套路，价值却低得多。游民是没有、也不可能有二十四史，也不可能有通典通志的，要了解、要研究他们，就非得像考古学家、人类学家那样一砖一石、一点一滴去搜罗，去组织材料不可。这是一项艰难的工

---

[1]本节内容选自李慎之为王学泰所著《游民文化与中国社会》写的序文（北京，学苑出版社，1999年）。

作，然而是大有意义的工作，因为它蕴藏着中国两三千年历史所谓一治一乱的谜底，而且我生怕它可能还指向中国未来历史走向的谜底。

近几十年来，随着建设规模的扩大，出土文物之多超过了历史上任何时代，与游民问题有关的，如一九七三年居然在南通的一个墓穴中发现了一部明朝成化年间刊印的《花关索出身传四种》的唱本。其在文化上的价值（正统的文史学家或许会称之为"负面价值"）实在并不亚于长沙马王堆出土的帛书。《花关索出身传》讲的是，汉末刘关张聚义之初，关羽、张飞各自到对方家里杀光了全家老小几十口人，以杜绝自己的"回心"，只是张飞还是手软放走了关羽的已经怀孕的妻子胡金定，后来生下了小英雄关索。关索长大后到荆州找到关羽要认父归宗，但是关羽不认，关索大怒便翻了脸威胁父亲，如果不依他，他就要投奔曹操，起刀兵来捉拿关羽等五虎上将。这个故事大概很刺激了学泰，因为这是完全违背中国人古往今来一体凛遵的"孝"的道德观念的。过去历来认为孝道是上下各色人等一无例外都不敢公开声言违背的，而游民意识之强烈竟能达到与正统意识完全对立的地步，也使我大吃一惊。但是后来与一些老同志说到此事才知道，就在刚刚过去的我们这场革命举事之初，也曾有过许多完全可以与之相比的"大义灭亲"的事例，目的也就是为的"绝了回心"。近读《血泊罗霄》，才知道秋收起义之后，工农红军在湘南也有过"烧，烧，烧！烧尽一切土豪劣绅的屋；杀，杀，杀！杀尽一切土豪劣绅的人"的政策。"目的就是要让小资产者变成无产者，然后强迫他们革命。"

7.3 游民文化形成的时间

学泰把中国游民文化形成的上限定在宋代，因为他认为只有到了宋代，游民才大量产生。他当然要根据材料说话（即胡适所谓有几分证据说几分话），而且他对唐文化与宋文化的差异，也有自己独到的见解，认为唐文化是贵族文化，而宋文化是平民文化。但是我总觉得，既然《礼记》首着"游民"之称，《管子》又有"游食"之说，商鞅都慨叹"其民农者寡而游食者众"，中国游民的出现，其来源是否还能追溯得更远一些？陈胜吴广、黄巾赤眉到底只是纯粹的农民起义，还是也夹杂得有广泛的游民成分？即以宋代以前的五代十国而论，其开

515

国之君几乎都是游民（简直不妨称之为流氓或痞子）的渠魁，他们造就了一个被欧阳修称之为"天地闭，贤人隐"的时代。再往前一点的黄巢，杀人如麻，也是一个游民之雄。虽然这些人就个人而论，都是"其兴也暴，其亡也忽"，然而他们的社会基础与心理背景依我猜想，都应该是"其来有自"。也许通过持续的研究，我们竟能开发出一部源远流长的中国游民谱系来，那对认识和理解中国社会、中国文化、中国历史的意义就更大了。

7.4 我为什么对游民问题这么感兴趣？

大约十年以前，五四运动七十周年的时候，有一股海外来的思潮，说以史无前例的文化大革命为代表的激进主义（我们称作"极左思潮"）即导源于一九一九年"打倒孔家店"的五四运动。但是我总觉得不会是如此。中国的老话是"秀才造反，三年不成。"几个主流社会出身的知识分子能出头造反，领导革命已经很不容易了，难道还有能量把这种激进主义思潮推进到远远佚出一般社会常态之外，推进到三十年、六十年之后吗？中国革命的主体本来是农民战争，但是中国历史上的农民战争最后成功都要靠一批游民勇敢分子和游民知识分子为其领袖。辛亥革命在很大程度上依靠了"会党"的力量，这是人所共知的，而会党不过是有组织的游民而已。当代的中国农民革命在其长达半个多世纪的斗争过程中，是不是也受到了根深柢固的游民意识的侵蚀与影响呢？

尤其刺激我的是：一九七一年林彪在温都尔罕坠机殒命以后，毛主席亲自出来批判。毛主席过去一再讲自己超过秦始皇百倍，这已经是尽人皆知的了。这一次他老人家却讲到："林彪说像我这样的人，世界几百年才出一个，中国几千年才出一个。怎么能这样说呢？不是有陈胜、吴广吗？不是有洪秀全、杨秀清吗？……"毛主席在中国历史上，只肯定陈、吴、洪、杨，许为同志，给我的印象极深，而且因此认为极左思潮的来源只能到中国社会的深处去找根子，单把眼光盯住几个知识分子，或者法国革命、俄国革命的思想影响上都是远远不够的。

中国搞现代化已有一百多年了，但是至少与同在亚洲的日本比，成就是不能算大的，而且屡遭挫折，屡走弯路，其间中国社会的顽固守旧是一大原因，而游民意识作为意识形态的一个重要组成部分，也起了极大的破坏作用。

7.5 中国历史上开国皇帝多为游民

就实际历史说，秦始皇与作为其对立面的陈胜、吴广以及两者的结合正是"中国激进主义，或曰极左路线"的活水源头，这种思潮以劫富济贫，分田废债的平均主义为一端，以"普天之下……莫非王臣"的专制主义为另一端，在中国几千年一直没有断绝过，文化大革命不过是其结穴的杰作而已。

当然，秦始皇是真正的贵族出身，但是在他以后的许多开国之君，却有不少是真正的游民出身。在中国两千多年的历史上，除了以异族入主中原者外，游民出身的开国皇帝竟占绝大多数。不过他们成为"太祖高皇帝"以后，都要自命为"奉天承运""继天立极"，而且总是要掩盖自己"少无赖"的历史罢了。

在这方面，被赵翼称为"圣贤、豪杰、盗贼之性兼而有之"的明太祖朱元璋应该是一个最典型的例子。这个皇觉寺的游方和尚，从小就在"江湖上"混、深知游民的破坏力，当他一当上皇帝，就立刻把镇压游民作为第一要务，下命令说："若有不务耕种，专务末作者，是为游民，则逮捕之"。他还整理天下田契图籍，"把农民钉死在土地上"，对于知识分子更是大加镇压。他亲自制定的《大诰》可以说是集中国帝王严刑峻法、残酷暴虐之大成。这个痞子皇帝对中国社会，中国思想的影响，可谓源远流长，大有深入研究之必要。

7.6 农民、流民与游民的区别

学泰辨明农民、流民与游民的区别。然而因为游民实际上来自农民，而农民历来在中国要占到人口的百分之八九十，他就不能不接触到在完成现代化以前中国社会变化一个不能逃避的问题，即人口增加与耕地不足的矛盾。这是中国历史所以脱不了二三百年一治一乱的大循环的根本原因。虽然学泰力图分清游民不是作为人口的主体的农

517

民，而是完全被社会抛弃的"脱序"农民，然而游民在中国历史上的作用也许竟不在圣人贤人以下，因为按照近五十年来流行的"农民战争是中国历史发展的动力"的观点看，作为农民运动的先锋与渠帅的恰恰正好是游民中的勇敢分子与领导人。他们当上了太祖高皇帝以后不是也一样要上"圣文神武"的尊号吗？

学泰在本书中做了许多极有意思，也极有趣味的研究。游民是在主流社会失去容身之地的人，他们所托命的空间称作江湖。不过这个"江湖"与文人学士"处江湖则忧其君"的"江湖"是完全不同的，那里风波险恶，一饱难求。他们朝不保夕，因此轻生忘死，所追求的只是"大秤分金银，大碗吃酒肉"，有朝一日能"发迹变泰"。"若要官，杀人放火受招安"是他们的美好愿望；"皇帝轮流做，明年到我家"是他们的最高理想。他们没有原则，"有奶便是娘"就是原则。他们与法制完全是对立的，更不用说法治了。他们一方面显得很英雄豪迈；一方面也鱼肉良善，全不觉得有何矛盾而于心有愧。他们醉心的是无法无天的自由，是"哥不大，弟不小"的平等，然而一旦组织起来，忠义堂上交椅却不容有丝毫差池。其纪律不但严格而且残酷，所谓"欺师灭祖，三刀六洞"。入盟都要发重誓："五雷轰顶"，"万刀砍杀"。他们的最高规则，也是最高的道德标准是"义气"，有时也叫"忠义"或"仁义"。既然是"在家靠父母，出外靠朋友"，那么朋友靠得住靠不住，全要看够不够义气了。代表义气的尊神就是"义气千秋"的关羽。这个本是游民出身的普通武将因为被历代游民知识分子把自己的理想不断往他身上堆而地位越来越高，虽然也曾遭同是游民出身的赵匡胤与朱元璋两度贬黜，还是最后在顺治九年被皇上封为"忠义神武大帝"，以后历代加封，名号越来越显赫，简直可以凌驾大成至圣先师孔夫子而上之。这在正统士大夫看来完全是荒唐无稽而不可理解的事情，学泰都一一令人信服地予以分析论证。

7.7 中国文化的大传统和小传统

十来年前，我初闻大传统与小传统之说于台湾李亦园院士。我同他说，中国大传统的代表是孔夫子，小传统的代表是关王爷，他也很赞同。但是读了学泰的书，我自己却有些疑惑了。我们这个大传统到底有多大，小传统又到底有多小呢？中国人今天得闻孔孟之教的真是凤毛麟角，但是崇拜关公的却不知凡几。倘到海外看，只要有华人处就不能没有关公。我到过澳大利亚的悉尼。华工开采过的金矿早已废弃无人了，唯一的中国文化遗迹只有一座关帝庙。开放改革二十年来，中国人移民海外的越来越多，他们带向世界的，我怀疑也是关公多于孔子。研究中国，了解中国人的社会与思想，如果不理睬游民文化这个还活着的传统，能了解真正的中国吗？

学泰分析《三国志演义》和《水浒传》，认为这两部书是游民的经典，从社会理想、人际关系、组织形式，以及一部分礼俗而言。两者都是他们模仿的对象。鲁迅曾经说过"中国也还流行着《三国志演义》和《水浒传》，但是这是因为社会还有三国气、水浒气的缘故。"六十多年过去了，我们这个社会的三国气和水浒气是多了呢，还是少了呢？

7.9 "封建主义"提法不妥

学泰这本书里，有一个名词（或者概念）的用法是我所不能同意的，那就是"封建主义"。我认为封土建国，史有明文。中国在秦始皇废封建立郡县以前，照中国人自己的说法，一直是封建制度，其意识形态大略亦与西洋中世纪、日本明治维新以前的相当。把中国自秦始皇起的社会制度称为封建主义实在是近几十年才大行其道。（在此以前的名家，如陈寅恪、冯友兰都是压根儿不用这个名词的，西方研究中国历史的学者也不用这个词儿。）然而究其实际，则与中国原来所说的封建与日本、西洋的封建（feudalism）大不相同，当然也与马克思所说的封建不同（他心目中封建主义本来就是西方通用的封建主义概念），因此，名实不副，只能乱人视听。其实这两千多年来，中国的社会制度的基础是皇帝专制下的官僚制度。中国很早就以选举考试取士任官，被有些人认为在历史上是一种先进的制度。然而这与中国上古、西洋中古的封建制度实在不是一码事。因为概念与名辞的错乱，文化大革命中还发生过毛主席要大家读柳宗元的《封建论》，而姚文元居然把它改为《分封论》的笑话。但是这个名词已沿用了几十年，尤其是当它指的是那两千年间人们共同的意识形态、心理习惯或思维定势的时候，确实也很难拿另一个词来替代它。我虽然也曾几次写过短文，力言其非，但是远不足以改变人们的观念。十多年前我曾与一个美国研究中国历史的学者谈起这个问题，他倒很同意我的看法，但是又感到没有一个可替代的词。后来，我忽然说，就以最突出的标志命名，叫皇权主义如何，英文就叫emperorism，以与世界上现在已经用熟了的帝国主义imperialism相区别。他倒觉得这个词儿可以考虑。事隔多年，今日重提。质之高明，以为如何？

8.《现代政治学丛书》中文版序[1]

8.1 丛书的意义

感谢猪口孝先生和其他的日本政治学者编写了这么一套出色的《现代政治学丛书》，也感谢傅禄永同志和其他的中国同志们不辞辛苦把它翻译成中文，使它能在中国出版。这样一部二十卷的大书，无论对于中国政治学界还是中国的一般读者来说都是一份珍贵的礼物。

猪口孝先生一定要我给这部书做一篇序言。其实我是没有这个资格的，因为我不但不通日文，迄今并未看过原书，而且目前也并没有在从事政治学的研究。但是，我一向怀有认为中国迫切需要政治学的强烈感情，正是这种感情使我不能拂逆猪口孝先生的好意。

8.2 中日的比较

中华民族属于世界上最早组织了国家的民族之列，而且组成了世界上历史最悠久、规模最宏大、制度最完备的中央集权的大帝国。自古以来，无论对安邦治国，还是柔远攘外，我们的先民都有丰富的著述，至今为世界各国的政治学家所称道。因此中国历史被认为是一个有着深厚的政治学传统的国家，可惜的是，在如何建立一个现代意义上的民主的国家，并且使之高效能地运转这个问题上，我们的先民却并没有给我们准备下答案。这样，当西方帝国主义以其枪炮船舰，也以其政教学术来打开中国大门的时候，中国发现在自己古老的政治

---

[1]本节内容选自李慎之为猪口孝所编《现代政治学丛书》中文版写的序文（北京，经济日报出版社，1989年）。

学传统中，并没有现代的所谓政治学。正因为如此，当时的有识之士作出了"今日之政非西洋莫与师"的论断。

这种情况，在中国和在日本本来是相似的。猪口孝先生在他写的序言中说："日本政治学产生于明治维新以后"。在中国，最早也只能说："政治学产生于戊戌变法以后"。但是，不同的是，明治维新成功了，而戊戌变法失败了。因此，如果说在日本"以推进国家政策为目的"，兴起了也可以称为国家学的政治学的话，在中国仅仅表现为民众（实际上只是极少数先生的知识分子）对民主政体的憧憬与追求，从而介绍了一些西方的（实际上只是极少数先进的知识分子）对民主政体的憧憬与追求，从而介绍了一些西方的（也包括日本的）有关学说与著作。像"五大臣出洋考察宪政"之类不过是一个笑柄，完全说不上像日本那样有目的、有系统地、持续不懈地对政治学进行研究。

8.3 中国需要建立自己的政治学

"五四"以后争民主的运动遍及于中国，但是对于"民主"的研究，换言之，也就是对政治学的研究，在中国却没有兴盛起来。对比起科学的发展、文学的发展和艺术的发展来，实在是相形见绌。其结果是，"五四"七十年之后，如果说我们在文学、艺术、科学方面还能举出若干成绩的话，在政治学方面却几乎拿不出多少像样的东西来。

整整七十年中，有几乎一半的时间，政治学为一种理论——阶级斗争的理论所压倒。似乎只要革命的阶级能在斗争中取得胜利而掌握政权，就会自然而然地实现民主，而且是新型的、高出于历史上存在过的任何政体的更高级的民主。在这样的背景下，政治学被作为伪科学而废除，直到十年之前才重又得到承认。

猪口孝先生在自己的序言中讲到了日本政治学发展的历史——它是如何从为国家服务而发展成为纯学术的，也就是如何从"国家学"发展成为"市民学"的；它又是如何从介绍西方的典章制度而发展到确立自己的哲学基础的，也就是如何以引进借鉴为主发展到要建立自己的独立的学术体系的。看来中国政治学的发展也得经历相似的过程。《诗》云"他山之石，可以为错"，又云"伐柯伐柯，其则不远"。如果中国的

521

政治学能够从日本政治学的发展中得到启发，能够顺利地完成由引进到独立，由实际应用到自立理论的过程，那就不但是中国政治学的幸事，也是中国人民的幸事了。

9. 为探索中国现代化之路而奋斗[1]

9.1 振兴传统文化和现代化

朱高正先生是我去年在美国偶然结识的朋友。但是他的大名则确实久已"如雷贯耳"，因为他是台湾著名的政治活动家。相识一年多以来，我才知道他还是一个深造自得的学者，对于中国的易学与德国的康德都有深入的研究，而且目标极其明确——为探索中国现代化之路而奋斗。长期担任台湾中央研究院院长、九十高龄的吴大猷先生为其著作做序，认为"关心国家前途的人，非看他的书不可"，而且说"以朱先生治学之勤勉，问政之纯真"，使他深信朱先生的"思想一定会对二十一世纪的中国产生极大的影响"。

我佩服朱先生，因为他把振兴中国传统文化，重建文化主体意识作为中国走向现代化的关键。近年以来，中国二十世纪的智者陈寅恪先生的名言：中国人"真能于思想史上自成系统，有所创获者，必须一方面吸收输入外来之学说，一方面不忘本来民族之地位"，已成为学术界的共识。对如何以传统与现代化接轨，也已有许多探索。但是视野之开阔，思虑之精纯，用力之扎实，如朱先生者实不多见。朱先生以号称"群经之首"的《周易》为中国传统文化之"大根大本"，以易经解释以至解决中国现代化的诸问题。为此，他不惜下极大的功夫，于从政之余着成《周易六十四卦通解》与《易经白话例解》，为"再造传统"与建设"新社会"而努力（《再造传统》与《新社会》也是朱先生的著作，我还没有见过，仅能从其题目窥见其本意），为营造其思想体系而努力，这是极其可钦佩的。

9.2 国家的基本秩序

他以为国家的基本秩序有三种：一是涉及权力分配的政治秩

---

[1]本节内容选自李慎之为朱高正所著《纳约自牖》写的序文（北京，九州出版社，1998年）。

序，二是涉及社会经济利益分配的社经秩序，三是涉及价值创造的文化秩序。而现代化国家的目标，就是要在政治秩序方面建立"法治国"，在社经方面建立"社会国"，在文化秩序方面建立"文化国"。他选择康德 "奠基在人格的自由、自律与自主之上"的"社会自由主义"为中国现代化模式。他以"康德为融合代议民主政治与社会主义理论的关键人物"，以康德所高扬的"人的尊严、人的主体性、人的能动性"为中国现代化的目标，立论正大。在大陆的学者中还没有人提出如此关怀广大而体系严整的思想。

9.3 台湾著名的政治活动家

朱先生不但在学术上有如此的造诣，而且他自德国学成回台以后，十二年来一直致力于实际政治活动。大陆学术界因为过去几十年政治运动不断，因此有一种"政治危险论"。开放改革以来又有一种"学者应不问政治"的偏见。其实除以老庄为代表的道家确实想超然于政治之外而外，孔孟墨法一直以世用自任。这是中国知识界的一个优良的传统。事实上，在实现现代化以前，学者单纯以学术为社会服务的空间是极小的。因此，学者即使厌恶政治，至少要能在政治上明辨大是大非。今天大家特别尊崇陈寅恪先生。陈先生是著名的史学大师，而他之所以能被尊为大师，正是因为他对历史上的现实政治的探索与分析鞭辟入里的缘故。同样，他对自己所处时代的现实政治也有十分正确的理解，因此他一生所完成的悲剧是高风亮节的壮美的悲剧，而其他成百上千学者的悲剧却是卑躬屈节自辱人格的悲剧。这个教训是值得中国所有的知识分子永远记取的。

9.4 朱先生过于强调"打倒孔家店"的反传统后果

朱先生与林毓生先生、余英时先生虽然意见大有不同，但在有一点上却完全一致，即都认为一九一九年的五四运动是中国传统断灭的关键，认五四运动为万恶的"激进主义"之源。余先生和林先生都是我大约十年前就认识的，他们批评"五四"的观点也早已知道（比如"激进主义"就是余先生的用语，大陆与之相当的用语是"极左思潮"或"极左路线"）。朱先生在他的书中虽然肯定启蒙的意义，但过于强调

"打倒孔家店"的反传统后果，而且要它对中国现代化之所以屡入歧途负责。我认为这是诸位台湾学者对中国历史的极大误解。

因为中国的极左路线，正是其代表人物从根本上背叛五四精神的结果。二十年前"文革"刚刚结束时，中国还有一批亲身参加过五四运动的老先生，他们在这点上的认识是一致的，可惜现在已凋零殆尽了。事实上，二十世纪下半期中国历次"极左"的政治运动，都一定要以批判"五四"的"个性解放"与"人道主义"开路（更不用说被视为"万恶之源"的"个人主义"了）。我是"五四"以后出生的人，但是并没有感到"五四"完全破坏了中国传统文化，恰恰相反，竭力继承中国传统文化而力求推陈出新的一大批代表人物如梁漱溟、熊十力、马一浮、冯友兰、金岳霖以至钱穆、贺麟……都是在"五四"以后开展其学术活动的。五四运动的时候虽然有人提出过"打倒孔家店"的口号，但是也有人提出"救出孔夫子"的口号。朱先生提出中国要来一个变被动为主动的、求新求变的"再启蒙运动"，这是完全正确的。事实上，"文革"结束后就马上有人提出过这个思想，也有人提出要"回到五四"，但是不久就没有人敢再提了。

中国的激进主义的根源，可以套用朱先生批评许靖华先生的话"自有潜藏于内的历史因素以及当代外在国际背景，将之归罪于五四运动（按原文为"达尔文主义"），未免过分膨胀了五四运动（按原文为"达尔文"）对现代中国的影响"。而且如果中国传统文化如此不堪一击，一触即溃，其生命力与价值也大可怀疑了。再举一个例子，朱先生颇为推崇的日本的福泽谕吉，曾竭力反对儒学，而且积极主张日本"脱亚入欧"，其反传统不可谓不"激进"，可是日本并没有出现极左路线。（附带说一句：德国虽有康德，仍不免于后来的希特勒主义；日本虽有福泽谕吉，仍不免于后来的军国主义，为祸人类，至深且烈。这些都值得深思。）

为朱先生、余先生、林先生和我们所一致深恶痛绝的"极左思潮（或曰激进主义）"是有历史渊源的，就思想传统说，《周易》的太极思维所谓一阴一阳之谓道，就包含正反两方面，有善必有恶，一切旨在解释宇宙大全的哲学当然要说明"恶"的起源。就实际历史说，则秦始皇与作为其对立面的陈胜、吴广以及两者的结合正是中国"激进主义（或曰极左路线）的活水源头。这种思潮以劫富济贫，分田废债的平均主义为一端，以"普天之下……莫非王臣"的专制主义为另一端，在中国几千年历史中一直没有断绝过，文化大革命不过是其结穴的杰作而已。而且，由于其社会基础与思想传统迄今仍然存在，我们现在还不能放松警惕。

9.5 台湾与大陆的学者对中国近代史会的相反见解

为什么台湾与大陆的学者对中国近代史会有如此截然相反的见解，我想来想去，唯一的解释是一九二七年以后，国共两党结下了深仇大恨。共产党以"十月革命一声炮响，给我们送来了马克思列宁主义"为由推尊"五四"，定"五四"为"青年节"；国民党则当然要追尊辛亥，而定黄花岗七十二烈士起义的三月二十九日为"青年节"，而且渐渐贬低"五四"而视之为现代激进主义之滥觞。国民党以及在台湾的学者所不知道的是："五四"在大陆被从另外一个方面越批越臭，所保持不变者仅是其虚名而已。至于今日，五四精神在大陆与在台湾同样晦暗无光，有待后人振其余绪，发扬前进。

9.6 朱先生对中学经来华传教士影响西方的评价过当

我学力不足，不敢持异议而仍有所保留的另外一点，是朱先生对中学经由来华传教的耶稣会会士而给予西方的影响评价过当，见诸于朱先生一再强调伏尔泰、莱布尼兹、吴尔夫、康德、魁奈对中国的孔子与理学的推重。以我之陋，欧洲的启蒙运动"自有其潜藏于内的历史因素"，所谓"中国影响"，无非是"中为洋用"或"托华改制"而已。我所担心的是：中国的极左路线，其最高目标，同时也是其思想动力就是"搞世界革命"，"解放全人类"，这是中国人民"即使没有裤子穿"，也一定要"进行到底"的。就是这股"虚骄之气"几乎致中国于死地。二十年过去，中国人口袋里的钱稍稍比过去多了一点，但这股虚骄之气又在爱国主义的名义下，本着国家主义的形式开始冒起来，这是朱先生在评《中国可以说不》的文章中所看到的，只是其根子可能比朱先生所看到的要深得多，现在已经有人提出"要以中国文化拯救全人类了"。我要请朱先生注意的是，不要再以他对中国传统文化的自豪感来助长这

525

股虚骄之气。中国在下一个世纪还是要照邓小平的话"韬光养晦",才是中国之福。

现在中国的极左路线已为务实路线所代替,但是二十年来,为祸全民的极左路线并没有受到全民的深刻反省(因为文化大革命的教训,我已不敢说"彻底批判"了,照德国人的成语是"两极相通",而照中国人的成语是"物极必反",彻底就容易走向反面,这是中国文化几千年没有摆脱的怪圈)。去年是文化大革命开始的三十周年,今年是反右派斗争四十周年,按邓小平的定义,这是极左思潮成为全国性的灾难的二十年的起迄点,但是迄今未见到有一篇像样的反省文章。中国人似乎已经把刚刚过去的教训忘怀了。诚如朱先生所说"没有对'过去'的反省,又焉能主导'现在'和'未来'"。二十年的极左路线是中国真正的国耻,要是真的忘了,那可真是中国的隐忧。

深刻反省极左思潮,恢复人的尊严,继续并且发掘中国的文化的优秀传统,包括五四精神,来一个再启蒙运动,这是中国现代化在思想上的必要前提。我是一个年逾七十,气血已衰,身患废疾,而且已被二十年极左路线吓破了胆的人。如此宏伟的事业,我已使不上劲了,只有寄希望于有大志大才而且年富力强如"永远的改革者"朱高正先生和他那一代以及要由他那一代带起的以后几代人了。这是一个在少年时也曾心存报国,然而屡遭打击,暮齿无成的老朽衷心的祝祷。

10. 朱高正《狱中自白》序[1]

10.1 站稳两个立场

《狱中自白》是对促进两岸关系,解决中国统一问题,推动中国走上现代化的民主宪政道路的设计书和建议书,其意义是十分重大的。

朱先生曾对我讲,要讨论和解决中国的问题,第一个先决条件是必须站稳爱国主义(也就是孙中山所倡导的民族主义)的立场;又一个必要条件是必须站稳民主主义(也就是孙中山所倡导的民权主义)的立场。只有站稳了这两个立场,中国人才有解决任何中国问题

---

[1]本节内容选自李慎之为朱高正所著《狱中自白》写的序文(台北,学思出版社,2000年)。

的可能。五年以来，我对朱先生的了解逐步深入，认为朱先生是能够实践自己的信念的。

10.2 两岸谈判可以在一九四六年中断的地方重新开始

这部书重点是本书的第三章《从维持现状走向延续"重庆会谈"的两岸谈判》，其中明确提出海峡两岸可以在一九四六年国共谈判中断的地方重新开始谈判。国民党和共产党在中国近代史上是实力最强、影响最广的两大对立的政治力量，能把中国近代各派政治力量、利益集团与学理思潮都吸附在自己的周围。因此抗战胜利后根据两党领袖蒋中正与毛泽东亲自缔结的协议，在重庆—南京举行的国共谈判，不但有当时国内的各党各派与无党派人士（当时叫社会贤达）参加，而且目标也是完全一致的，就是在抗战救亡的目标达成以后，实现中国人民的百年大愿——实行民主宪政。因此这次谈判实际上是中国历史上代表性最广泛、最民主的全民大讨论。虽然由于种种原因而谈判最后归于破裂，但是已达成的协议，仍然具有无可置疑的道义权威。

10.3 现代化需要建立文化主体意识

朱先生的爱国主义立场表现在他一贯主张"惟有建立文化主体意识才能培养出有自信，有自尊的现代化国民，惟有现代化的国民才能建立现代化的国家"。他认为号称"群经之首"的《周易》是中国传统文化的"大本大根"，自中学时代起就以"振兴易学，再造中华"为己任。因此在本书末章即专论"重建中国文化主体意识对建设有中国特色的社会主义的现实意义"。对于关心中国现代化的过去与未来的人，十分值得一读。

我问朱先生："狱中一个月，你最得益于《易经》的是那一卦？"他回答说是第十五卦谦卦。照他自己在《周易六十四卦通解》中的解释："谦为有德不居，有功不伐之意。……尊贵者能谦，则其德愈为光明；卑贱者能谦，则其行必不逾礼"。朱先生的气度与学力于此可见。

11.《犹太百科全书》序[1]

11.1 中华和犹太两个民族都能保持文化上的同一性

中国文明和犹太文明同其悠久，而且都对世界产生了重大的影响。很难想象，如果没有中国人和犹太人，这个世界会是什么样子。世界上其他的古文明都已衰败零落或者中断了，只有中国与犹太文明历史千祀而犹新。这就是所谓连续性（continuity）。犹太人因亡国而散居世界各地；中国固然始终是一个大国，但是华人的踪迹也遍布世界；虽然如此，两个民族却都能保持文化上的同一性，人与人之间有强固的凝聚力，这就是所谓普遍性（universality）。这两个共同性历来是引起世人瞩目的焦点。

11.2 中国文化与犹太文化有不少共同点

第一，中国人和犹太人一样都是极其勤劳的民族。

第二，中国人和犹太人一样都是极其节俭的民族。

第三，中国人和犹太人一样都是善于经商的民族。

第四，中国人和犹太人一样都极其重视家庭。因此在世界各民族中，中国人和犹太人的社会稳定性和亲和力是最高的。

第五，中国人和犹太人一样都有好学的传统。其结果是，在国际学术界，有许多惊天动地的人物是犹太人，马克思、爱因斯坦和弗洛伊德就是中国人最熟悉的例子。中国有自己独特的文化系统，古代的圣贤不说了，中国学者在近百年来进入国际学术界以后也已经表现出了强劲的竞争力。在欧美的大学中，犹太学生与中国学生被公认为最优秀的学生。

11.3 中国与犹太人也有明显的差异

犹太文化的特点在于其宗教性。世界三大宗教中，基督教源出于犹太教，伊斯兰教又是犹太教与基督教所衍生的，这是尽人皆知的

---

[1] 本节内容选自李慎之为《犹太百科全书》写的序文（（上海，上海人民出版社，1993年）。

事实。而中国人则好像从上古起就有一种非宗教化的倾向，中国人并不承认有一个无所不知、无所不能、无所不在、无所不主的大神，而是对之采取一种"祭神如神在"的态度。为什么在灵界如此殊异的两个民族，在俗界又如此相似呢？这是发人深思的问题。

我想可能的解释也许是：从终极的意议上说，中国人和犹太人的价值观是相似的。犹太人认为自己是"上帝的选民"，而中国人则认为人是与天地并列的"三才"之一，认为"人者天地之心也"，作为人就应当"为天地立心"。两个民族对这个世界都有一种强烈的使命感。勤俭好学，敬老爱幼，尊师重道，在犹太人认为是上帝的诫命的，在中国人也认为是"参天地、赞化育"所应当做的。在一味追求物质享受而失去了精神归属的当代世界上，中国人和犹太人所共有的价值观应当能对拯救人的灵魂，对创造一个更加平安和谐的世界起到极其重要而且是无可替代的作用。

12. 通才博识 铁骨冰心[1]

12.1 小百科全书

近年来，每去拜访钱钟书先生夫妇时，闲谈中老有一个话题，就是捉摸无锡话。我们用家乡话交谈，谈着谈着就发现无锡话里有一些特有的词和音，文字写不出来，发音也不知是怎么转出来的。这时候，钱先生就常说，"她老娘沽（无锡话'老人家'的音转，即'父亲'）都有考证，你将来看他的书就明白了。"因此在我的印象里，补塘先生是一位语言学家。

出乎我意料的是，《老圃遗文辑》并不是什么语言学，而是七十多年前逐日在上海老《申报》上发表的评论，当时叫《常评》、《时评》、《常说》或者《社语》。篇幅都很短，大多是四五百字一篇，最长不过千把字，甚至有短到二三百字的，因此全书少说也有六七百篇文章，所涉及的范围也不仅是文字训诂，而主要是评论时事政治，由此而旁及法律、历史、经济、社会、文化以至古代地理、民族源

---

[1]本节内容选自李慎之对杨荫杭（杨绛女士父亲）遗著《老圃遗文辑》的评论，题为《通才博识 铁骨冰心》（武汉，长江文艺出版社，1993年）。

流……几乎无所不包。总而言之，是一部不折不扣的"小百科全书"。

12.2 书被嚼烂了吃到肚里

读古人的书，我历来容易产生一种"登高自卑"的感觉，老觉得如果不能说中国人的遗传基因出了问题，至少也是文化基因出了问题，不然为什么我们这一代人的读书能力会退化到这种程度呢？读《老圃遗文辑》，这种感觉分外强烈。补塘先生之博学多闻，往往使我挢舌不能下。无论什么材料，都是信手拈来皆成妙谛。尤其难得的是，它们并不是专门著作，而是排日作文，触事生感，随写随刊的东西，然而文章诗词，中外故实都准确得就像从电脑信息库中调出来的一样，无怪乎杨绛先生要对我说："我爷读的书都是嚼烂了吃到肚皮里的。"博雅如钱钟书先生也深信凡老丈人之所引举"决不会记错"。

12.3 补塘先生不是一个说空话的人

补塘先生是上海律师公会的创始人，属于中国最早的法学家之列，因此，他以西方的法理来批评当时中国的政治与经济行为尤其是司法行为的文章是很多的。他的分析常常有我这个比他晚了四十五年的人所不知道甚至不懂的东西。不过我却注意到他十分重视道德与法治的关系，比如在《共和国以道德为立国之本》这篇评论中说："孟德斯鸠谓专制之国以威权为立国之本；君主之国以荣誉为立国之本；共和国以道德为立国之本。又尝推希腊、罗马之盛衰，凡古代共和国之盛时，其国民道德皆极高尚，其后道德堕落，国亦与之俱亡，此历史上之成例也。"又如他在《共和自修身齐家始》中说："孟德斯鸠有言，共和政治之元气在道德，此《万法精理》中之警句也。世界不论何事固皆赖道德以维持，而共和政治则专赖道德以维持，此共和之所以可危也……"

补塘先生不是一个说空话的人，一辈子都是一个敢做敢为的硬骨头。他从小就是我们江苏最早从事反清革命的人。到了民国初年出任浙江省高等审判厅长的时候，依法判决了一个有省长、督军为后台的恶霸死刑，结果弄到省长告状告到袁世凯面前，说他"顽固不灵，难与共事"。袁世凯只好把他调任京师高等审判厅长。两年以后，他又在京师高等检察厅长任上以受贿罪传讯扣押了当时炙手可热的交通总长许世英。结果弄到国务会议出来为许世英开脱，反而追究起检察厅长的责任来。这种"直头硬"（苏州方言，犹言"实在硬"）的行为，使他那翻译《堂·吉诃德》的女儿把他说成是一个自以为在"卫护民主法治的疯骑士"。

12.4 民国初年的"老新党"

鲁迅曾经赞美过光绪末年的所谓"新党"，亦即民国初年的"老新党"：三四十岁的人了，为了维新，为了排满，为了革命，还要学外文，学西学。这种人我小时候也依稀在父辈中见到过，心里有一种说不明白的崇敬。而且我一向猜测鲁迅自己就是一个"老新党"，因为他正是那个年龄段的人，现在我觉得补塘先生更加典型些，他比鲁迅长三岁，光绪朝终于一九○八年，他刚好三十岁。

12.5 耐得住寂寞，受得了清贫

补塘先生谈政治，谈道德，还一再提到节俭。他说："昔孟德斯鸠论共和国民之道德，三致意于俭，非故作老生常谈也，诚以共和国之精神在平等，有不可以示奢者。奢则力求超越于众，乃君主政体、贵族政体之精神，非共和之精神也。"他两次作《生活程度说》，主张"欲求生活程度之增高，当先求人格之增高。与其生活程度高而人格卑，不如生活程度卑而人格高"。又说："中华人与西方人接触以来，凡西方人坚苦忍耐之美德，皆熟视而无睹。独羡其生活程度之高，不恤沐猴而冠以效之。"据杨绛先生在忆父文中说，"生活程度不能高"是老先生常挂在口头的话，他对鼎鼎大名的章宗祥就是这样评论的。

补塘先生说过："只有咱们中国的文明，才有'清贫'之称。外国人不懂什么叫'清贫'，穷人就是下等人……"我的知识不足以进行比较文化的研究，虽然我知道，贫贱自甘而志向高远的人，外国也是有的，如斯宾诺莎就是一个。但是我相信补塘先生的话，中国文化是有"忧道不忧贫"的传统的。孔子称赞颜回："一箪食，一瓢饮，在陋巷，人不堪其忧，回也不改其乐。贤哉，回也！"给中国人立下了一个永恒的价值标准，一个人要在道德上始终站得直，就必须能耐得住寂寞，受得了清贫。

中国现在开放了。近年来，外国人来中国的，中国人去外国的，比过去不知多了多少倍。青年学子到外国留学，拿了博士头衔回来的，也不知有多少。但是不知为什么，我总觉得现在的中国知识分子对外国的了解似乎比不上五六十年前。尽管牛仔裤与汉堡包遍于中国，中国人所得自于西方的科学精神与人文精神却似乎还不如戊戌与"五四"前后的年代。我总以为这是近几十年来中国文化传统、或曰中国文化自性（cultural identity）失落的结果。一个对本民族文化的精髓缺乏了解的人是很难了解外族文化的精髓的。现在，在物质的层次上说，中西交融似乎已快成为事实了，但是在精神的层次上，情况却似乎相反。我不知道这种反差会导致什么后果。我怀疑，我忧虑，但愿我的观察错了。

12.6 狗与华人不许入内

上海公园到底有没有过"狗与华人不许入内"的告示，近年来居然发生了一场争论。经过大量的考证，现在大概可以算有了结论了吧！这是一个根本不应该发生的问题，只要看看补塘先生一九二〇年六月十八日在《申报》上主张华人自建公园"为华人吐气"的文章，这个问题就迎刃而解了。老先生立论高明之处在于他不但对此表示愤慨，而且主张中国人首先要自己争气。他说："但华人自设公园须竟胜于外国公园，至少亦当与外国最优美之公园相等。若咳唾生风，溲溺交作，则不如不设之为愈也。又若饭馆林立，妓女云集，亦不如不设之为愈也。外人榜其公园曰'华人不许入，狗不许入'，愿我华人一雪此耻也。"不论哪个国家，爱国总是从抵御外侮开始的，但是却不能到此止步。真正的目标应当是自胜自强，不但能跻身于文明国家之林，而且应力争能成为他国的表率，这才是真正的爱国。

12.7 大一统主义

近几年来，由于加速全球化的趋势日益明显，我也常常考虑，未来的世界文化如何发展，世界各民族如何相处，这是一个无法索解的难题，然而补塘先生居然也涉及到了这个问题。他在一九二〇年的

《乡曲主义与大一统主义》中说：

乡岂不当爱？然当推其爱乡之心以爱国。乡人岂不当爱？然当推其爱乡人之心以爱国人，并当推其爱国人之心以爱异族。所谓大国民之气魄固当如是也。有大国民之气魄而后能建设强有力之大国，为世所尊重；并能统一异风教之人民而不至于分裂；且能容纳异种族之人类而不至于冲突。若是者谓之大一统主义。"

"大一统"三个字为中国所习用，是对军阀割据与乡曲主义而发。我以为除了这三个字不宜施之于未来全球化的世界而外，其精神实足以救当今中国民族心理在自卑与自大之间左右摇摆之弊。中国人如能有这样的气魄，应当是不难在全球化的过程中找到自己恰当的位置的。

13. 守死善道 强哉矫[1]

13.1 两位恩师

实在想不到，这么一本薄薄的小册子能够给人以这么多的教益，这么多的启发，尤其是它实际上不过是吴宓先生的日记中关于他同陈寅恪先生的交往的零星记述。从一九一九年到一九六九年，两位先生生死不渝的友谊，坚守中国传统价值标准的精神，一步一步地感染着读者，使读者从一点一滴的事实中看到，就在我们这个时代，还有如此智慧的头脑，如此坚贞的灵魂。

陈先生与吴先生都是我的老师。那是在一九四三年底，陈先生从桂林广西大学到成都燕京大学历史系任教，到了一九四四年九月，吴先生出于一贯"追陪承教"的愿望，利用在西南联大轮到"休假进修"的机会，也到成都燕大来讲学，而我当时正好是燕大经济系的学生。虽然我对两位先生的了解很少，但是他们的大名还是知道的。尤其是陈先生，更是久仰他是"全中国学问最大的人"，本来对我这样一个二十来岁的青年人来说，这正是一个执书问字的好机会，但是，一来是因为当时成都的学生运动风起云涌，我已全心全意地"投入"到"革命工作"中去了；二来是因为我当时已上毕业班，一心想凑满学分，写出论文，

[1]本节内容选自李慎之对吴学昭著《吴宓与陈寅恪》的书评，题为《守死善道 强哉矫》（1992年）。

及时拿到文凭，因此竟没有能好好利用这样一个难得的机会，只是在学分与课时上精打细算，选了陈先生的一门《元白诗》。事实上陈先生一学期一共只讲了元微之的一首《连昌宫词》，而我则到第二学期就没有能坚持下去了。

我没有听过吴先生的课，但是生活上却要更接近一些，因为吴先生到成都后就同学生一起住在何公巷文庙的宿舍中。我总觉得自己不是外文系的学生，对于我没有受业称弟子的老师只能敬而远之。所以虽然与吴先生在同一个院子里住了将近一年，却并无交往。回想起来，这真是莫大的损失，然而我当时还因为他是所谓"学衡派"而对他怀有"激进青年"共有的偏见。

无论是陈先生还是吴先生，给我的"第一印象"都是全然不像什么"名教授"。拿陈先生来说罢，当时不过五十出头，但已显苍老，穿着一件旧大褂，书和讲义都用一块旧布包成包袱夹在腋下，走起路来低着头、弯着腰，颇像我们家乡的裁缝师父，怎么样也看不出是一个王谢门庭的乌衣子弟，更看不出是留学东西洋长达十八年，哪家的学位都不要，而各国学府又争相延聘的超级洋博士。吴先生也是一袭布袍，一双布鞋，一副厚重方正的样子，看不出什么一往情深于"柏拉图式恋爱"的浪漫情调，样子与其说是西洋文学的教授，还不如说是一个教私塾的老夫子。这些印象当时很使我惊奇，只是过了许多年以后，读的书多了一些，见的人也多了一些，我才懂得，真通西学者无不通国学。不通国学而通西学的人，在中国是没有的，也是不可能有的。

13.2 生死全交

吴先生对陈先生的倾慕也许只有博斯威尔对约翰逊博士可比。但是这一点我在成都的时候是不知道的，直到读了这本书以后，才了解到这种在中国历史上可以追踪左伯桃与羊角哀、钟子期与俞伯牙的友情。

吴先生的日记里说，他在哈佛大学留学时，一九一九年初一见从欧洲到美国的陈先生"即惊其博学，服其卓识"，"虽系吾友而实为吾师"。一九二一年回国后，还一直与陈先生通信不辍。一九二五年，在中国学术史上放过异彩的清华国学研究院筹建，吴先生受命出任主任，立即推荐当时还在德国的陈先生为教授。从一九二六年到一九三七年，两人一直在清华大学为同事。在陈先生授课时，吴先生总是挤出时间去听那"字字精金美玉"的讲演。抗战开始以后，两人一起随校南迁，共事于西南联大。后来，陈先生除曾一度赴香港、桂林任教外，又于一九四三年底到成都燕京大学。半年以后，吴先生也转到成都。但是没有多久，右眼早已失明的陈先生左眼又患视网膜剥离，于是入存仁医院动手术，而吴先生则天天去看望。我当时并不了解这些情况，但是回想起来，吴先生面有重忧，踽踽独行于陕西街（医院）与何公巷（宿舍）之间的形象还依稀在目。不久，抗战胜利，陈先生出国治病，而吴先生则还"在夜深人静时，为老友治好眼疾，恢复视力而默默祈祷"。

　　两人从此一别十六年。一直到一九六一年夏天，在重庆西南师范大学任职的吴先生，在历经反右派、大跃进、反右倾，困难时期种种重大变故以后，无论如何放心不下老友，利用暑假，间关千里到广州去看在中山大学执教的陈先生。相聚不过五天，结果则正如陈先生赠吴先生的诗中所说"暮年一晤非容易，应作生离死别看"，成了两位老友最后之一面。五年以后，文化大革命爆发，两先生异地同难。一九六九年，陈先生为预挽陈师母而写下了凄绝千古的对联"涕泣对牛衣，卅载都成断肠史；废残难豹隐，九泉稍待眼枯人"，以后于十月七日病逝，一个半月以后，陈师母继之去世。而千里之外备受摧残的吴先生却还在不断打听陈先生的消息。在一切都无结果之后，竟以"牛鬼蛇神"之身，不惜冒挨斗挨批的风险于一九七一年九月八日写信给中山大学革命委员会，询问"在国内及国际久负盛名之学者陈寅恪教授"的下落。答复当然是不会有的，吴先生自己也终于在"批林批孔"中以拒绝批孔被打成"现行反革命"而死。而在一九七三年六月三日，也就是陈先生死后将近三年，他还写下了这样一段日记："夜一时，醒一次，还睡。4:00又醒，适梦寅恪兄诵其新诗句'隆春乍见三枝雁'，莫解其意。"看到这里，我真愿意相信彼岸世界是有的，好让这两位老朋友能在天上，哪怕在地下重聚。

　　"朋友，以义合者也"。两位先生之所以生死全交正是因为他们都是"以义命自持"的人。早在一九一九年，吴先生在哈佛大学初见

535

陈先生时就记下了他的言论："天理人事之学，精深博奥者，亘万古、横九垓而不变，凡时凡地均可用之，而救国经世，尤必以精神之学问（谓形而上学）为根基。"这番话正是使吴先生视陈先生为同道而服膺终身的原因。一九二七年王国维自沉昆明湖[1]以后，陈先生作有《王观堂先生挽词》，其序中说："吾中国文化之定义，具于白虎通三纲六纪之说，其意义为抽象理想最高之境，犹希腊柏拉图所谓idea者。"吴先生不但极赞其"陈义甚精"，而且在六月三日的日记中写道："宓之身世境遇不同。然宓固愿以维持中国文化道德礼教之精神为己任者。今敢誓于王先生之灵，他年苟不能实行所志而腆忍以没，或为中国文化道德礼教之敌所逼迫、义无苟全者，则必当效王先生之行事，从容就死。惟王先生实冥鉴之。"果然，他后来宁愿挨打致残至死也不愿随声附和批孔。陈先生则曾在晚年自白"默念平生固食自矜，曲学阿世"。中国人虽然多，在那个时候而能说这样的话的人却真是很少很少。他们是实践了自己的原则的，真正实践了自己的原则的！

13.3 东西文化

世人都知道陈先生是伟大的史学家，也都知道陈先生是海通百年以来中国唯一遍读中国、印度、西洋三大文化系统的大经大典而能博通综理的人，因此总希望能知道他在东西文化上一些更宏观的见解。但是陈先生谨守西方学术界的戒律，在著作中绝口不谈不是他本行的话。幸运的是，我们现在居然可以从吴先生的日记里看到他的一些微言大义了。

---

[1]编者注：《人民日报》海外版1988年3月曾刊登一篇关于王国维的文章，认为其自沉昆明湖的原因是"无法解开之谜团"。李慎之不以为然，认为此事已有定论，于是写信给《人民日报》，称"陈寅恪先生《王观堂先生挽词序》云'……盖今日之赤县神州值数千年未有之巨劫奇变，劫尽变穷，则此文化精神所凝聚之人安得不与之共命而同尽，此观堂先生所以不得不死，遂为天下后世所极哀而深惜者也'。寅恪先生于王静安先生纪念碑文中云'王静安以一死见其独立自由之意志，非所论于一人之恩怨，一姓之兴亡'。梁启超先生于挽王氏之联中亦云：'一死明行己有耻之义，莫将凡情恩怨猜鹓雏'。一代贤哲，盖棺定论，史家于此，应无间言。"李慎之在信中继续写道，"呜呼！'贪夫殉财，烈士殉名'。古今中外，殉国殉家殉情殉利者亦已伙矣，独以身殉文化如静安先生者则实所罕见。此固我中华文化之一悲剧，抑亦我中华文化之一异彩也。吾人之所以纪念先生者岂徒敬仰其学问之博大精深，实更应师法其品格之精纯高洁，以期能立顽廉懦，重振我中华之国魂"。

因为陈先生自己说过自己"思想囿于咸丰同治之世，议论近于湘乡南皮之间"，世人往往视之为守旧派。然而，现在我们知道他其实也是对中国传统文化的深刻的批评者。就在发生五四运动的那一年，他就在美国对吴先生说："中国之哲学美术远不如希腊，不特科学为逊泰西也。但中国古人，素擅长政治及实践伦理学，与罗马人最相似。其言道德惟重实用，不究虚理。其长处短处均在此。长处即修齐治平之旨；短处即于实事之利害得失，观察过明，而乏精深远大之思。"陈先生还认为"佛教于性理之学出METAPHYSICS独有深造，足以救中国之缺失"。佛教之盛于中古而道学之兴于赵宋原因即在于此。而程朱之徒之所以援佛入儒，就是为了"避其名而居其实，取其珠而还其椟"。据吴先生说，他们那个时候就已深深意识到，中国学术"必将受西方沾溉，非蜕故变新不足以应无穷之世变。"可惜，这种思想之深刻直到六十年后才渐渐为世人认识。

再譬如，仅仅由于马克斯·韦伯关于儒学阻碍了中国人的商业意识的一番议论，几十年来也不知道引发了多少中西学者的笔墨唇舌。然而陈先生早就指出，中国人有"经营商业之长技……当可为世界之富商"。以近十多年的事实看，那么多的笔墨唇舌真是只能令人哑然失笑。虽然如此，陈先生也看到了，只要中国人"偏重实用之积习不改，所谓最实用者乃造成为最不实用"。"今人误谓中国过重虚理，（因此）专谋以功利机械之事输入，而不图精神之救药，势必人欲横流，道义沦丧，即求其输诚爱国，且不可得。"在这里，陈先生难道不正是对七十年以后的我们痛下针砭吗？

吴先生还记下了陈先生这样的一段话："孔子尝为委吏乘田，而其事均治。抱关击柝者流，孟子亦盛称之。又如顾亭林生平极善经商以致富。凡此皆谋生之正道。我侪虽事学问而决不可倚学问，以谋生，道德尤不济饥寒。要当于学问道德之外，另求谋生之地。经商最妙。Honest means of living."这正是一番千载之下永远可以使顽廉懦立的议论。在两先生看来，做学问就永远只能求真理、说真话，而不能杂有丝毫谋利之心；要谋利，就老老实实做生意去。我有点怀疑以两先生这样"正其谊不谋其利，明其道不计其功"的态度去做生意是不是一定能达到谋生的目的，但是既做学问就决不"随人敷衍……误己误人"，却是两先生完全做到了的。

陈先生最为轶群绝伦的地方还在于：他的大多数同时代人只是致力于辨明中西文化之异，企图通过"用夷变夏"来弃旧图新，而他却致力于探求中西文化之同。虽然早在一九三二年，陈先生在对冯友兰著《中国哲学史》的《审查报告》中就已提出，中国的新文化"必须一方面吸收输入外来之传统，一方面不忘本来民族之地位"，求得"相反而适相成"，因而使世人知道了他力求汇通中西的愿望，但是直到现在我们才从吴先生的日记中知道他立论的根据。原来陈先生在本世纪初就已看到了近世盛极一时的西方文化实在是希腊-罗马文化和基督教文化两种异质文化撞击融合，相反相成的结果。回头看起来，当中西两大文化最初遭遇的时候，世人眩目惊心，立异大概是不可避免的阶段。然而立异以后还是要求同，这才是历史性的眼光，世界性的襟怀！

13.4 先觉有常刑

说实在的，即使以史学家而论，也只有陈先生是真正继承了司马迁所谓"究天人之际，通古今之变"的传统的人。然而这样的人已经不仅是史学家而同时是思想家了。可是陈先生却始终谨守家法，从不为逾限越界之论，只是在与知交的言谈之中才表露其真知灼见。在现代化必须与本民族的传统相接合已成为世人的共识的今天，我们已经能懂得，陈先生的悲剧并不在他的守旧而正在于他的超前，这就是所谓"先觉有常刑"！看吴先生的记述到这种地方，真是不能不兴"痛为神州失斯人"之感而每欲掩卷一恸。伤哉！

吴先生的日记虽然简略，对陈先生抄给他的诗却一定录存。因此在这本书里可以看到不少《寒柳堂集》失收的佚诗，嘉惠后学，实匪浅鲜。可能是为其尊人散原老人的人名所掩，寅恪先生从不以诗名，可是我却和吴先生有同好，以为陈先生的诗至少是同光以后第一人。于哀感顽艳之中还有一种如王国维所说像释迦耶稣那样担负人间苦难的气概，间作豪语，如"此生遗恨塞乾坤"、"四海无人对夕阳"之句，犹不过其较为表露者而已。更加难得的是，陈先生以史学家的洞察力常常能敏感到历史未来的发展。他不惜犯诗家之忌，于丙子、戊寅两度复用一联："读史早知今日事，看花犹是去年人"，实在是因为他真的是看出了一个文化系统崩溃以后必然出现的社会失序现象。吴先生说"寅恪可谓先识之士矣",这话是一点不错的。陈先生有言:"所南心史,固非吴井之藏;孙盛阳秋,同是辽东之本。"后有来者,探微索隐,应当可以看到陈先生诗中的深心密意。此则又如龚定庵所谓"他年金匮如搜采,淡墨堆中有废兴"者。

吴先生的日记还记了一些当时看似寻常,而现在看来已成隔世的事情。譬如,他作为清华国学研究院的主任于一九二五年二月十三日"持清华曹云祥校长聘书恭谒王国维先生,在厅堂向上行三鞠躬礼",使我们知道了咱们中国还有过这么尊师重道的时代。再譬如,吴先生在一九二一年六月在哈佛大学研究院毕业,本可继续深造,但决定提前回国,只因为"宓每念国家危亡荼苦情形,神魂俱碎"。原来那时的留学生并不是都像今天人们以为的那样要为"毅然放弃优裕的生活"而作一番思想斗争的……

13.5 人格力量

不论怎么说,《吴宓与陈寅恪》最感人的地方还在于两先生的人格力量。一九六一年八月,吴先生在日记中记述与陈先生重聚时的印象,虽然一如旧例,着墨无多,还是谈到了"寅恪兄壁立千仞之态度"。称道其"思想及主张毫未改变"。"在我辈个人如寅恪者则仍信中国孔子儒道之正大……我辈本此信仰,故虽危言殆,但屹立不动,决不从时俗为转移。"两先生的志节是始终一贯的。早在一九二九年的《王观堂先生纪念碑铭》中,陈先生已提出知识分子永恒的价值标准是要坚持"与天壤而同久,共三光而永光"的"独立之精神,自由之思想。"在这一点上,两位先生是绝对不肯做出任何让步与妥协的,哪怕"平生所学供埋骨,晚岁为诗欠砍头"也罢!而正是在这一点上,两位先生不仅以其学术,而且以其生命发扬了中国文化传统中最优秀的传统,继承了中国人做人原则中最根本的原则。令人惊叹的是,两位先生在早年就看到了自己一生必然要陷入的悲剧而做出了毫不含糊的选择。吴先生在一九二七年六月十四日的日记里记下了他与陈先生的一段谈话:"宓设二马之喻。言处今之时世,不从理想,但计功利,入世积极活动以图事功,此一道也。又或怀抱理想,则目睹事势之艰难，恬然退隐，但顾一身，寄情于文章艺术，以自娱悦，……此又一道也。而宓不幸则欲二者兼之。""此二者常互背驰而相冲突，强欲以己之力量兼顾之，则譬如二马并驰，宓以左右二足分踏马背而絷之，又以二手紧握二马之缰于一处，强二马比肩同进。然使吾力不继，握缰不紧，二马分道而奔，则宓将受车裂之刑矣。此宓生之悲剧也……寅恪谓凡一国文化衰亡之时，高明之士，自视为此文化之寄托者辄痛苦非常……而宓则谓寅恪与宓皆不能逃此范围，惟有大小轻重之别耳。"

半个世纪以来，我们看惯了那种陈先生所谓"插标卖首"的人，那种俯仰随人，阿谀取容，乃至自诬卖友，叛师辱亲的人，真是"滔滔者天下皆是也"。然而，今天我们却看到了两个老头儿以"虽千万人吾往矣"的姿态，在周围无边无际的冷漠，鄙视，讥诮，打骂声中头也不回地迳直走向自己生命的终点。不论我们自己曾经多么迷惘，多么软弱，我们现在应该懂得如何珍重自己的人格、自己的信念了。自古"经师易得，人师难求"，只要有两先生这样的典型在，人们就有所师法，中华民族的文化传统就不会断灭，中国的现代化就不会失去根。关于这一点，陈先生自己也知道他和吴先生这样的人不会永远是孤独寂寞的，他不是说过吗："今生积恨应销骨，后世相知傥破颜。"

赞曰：卓哉先生，邦国之宝，瞻焉在前，仰之弥高。仲尼曰："笃志好学，守死善道。"又曰："国无道，至死不变（其操），强哉矫！"

14. 智慧与良心的实录[1]

14.1 一个受难的灵魂的实录

这不是一本"好看"的书，因为它本来不是让别人看的。在当时的条件下，如果真的被人看到，那对作者来说，只能是"罪上加罪"。但是，它却是一个时代的实录，一个受难的灵魂的实录。

在那高唱"六亿神州尽舜尧"的日子里，决不会只有一个顾准，然而却只有他留下了这样一份断断续续的日记，而且正如有人所

---

[1]本节内容选自李慎之为《顾准日记》写的序文，题为《智慧与良心的实录》（北京，经济日报出版社，1997年）。

说:"只因为他的思想变成了铅字",他给整个一代中国的知识分子挽回了荣誉。

14.2 首先要填饱肚子

本来没有什么人的日记能有什么主题,但是时代却逼迫顾准的日记有十分突出的主题。首先是要解决填饱肚子的问题。请看:

> 刨红薯。民工过路,羡慕不已,都到地头捡残屑,挥之不去。
>
> (1959年11月13日)

> 为食物的欲念所苦。想如何找杨陆何三人中的好对象得以早上喝一次菜汤,想如何"搞"一点红薯与胡萝卜吃。
>
> (1959年12月15日)

> 劳动队的肿病病员,一下子在一个月中,从四十四人增加到七十多人。
>
> (1959年12月17日)

> (蔡璋)说,南山粮多,现在农村流窜犯比城市流窜犯多。人们都往南山跑。青年妇女,分不清是姑娘还是媳妇,只要有吃的,自愿留在那里给人当媳妇。

> 饥饿是可怕的!饥饿推动人们做出看来做不到的事情来。
>
> (1960年1月15日)

> 附近路倒尸二起。……黄渤家中……十五人中死了五人。
>
> (1959年12月17日)

> 商城发生人相食事件二起:……一是丈夫杀妻子,一是姑母吃侄女。
>
> (1959年12月22日)

够了。"饥饿——浮肿——死亡",这是一条规律,今天五十岁上下的人应该都还能记得的。

14.3 改造思想

日记的又一个主题是改造。本来右派分子下放到农村，惟一的目标就是"改造资产阶级反动思想"，这是天经地义的事情。

改造右派的方法是全国统一的，就是"右派斗右派"，正式的名词是"自我改造"，或曰"自我教育"。让你抛妻别子，到农村中白天劳动，晚上学习，根据毛主席著作，"狠斗私字一闪念"（不错，这话是十年以后才由林彪提出来的，然而实际上他不过是把早在劳改队实行的那一套推而广之而已）。

不要怕斗不起来：在每一个人面前都虚悬着一个"摘帽子"、"回到人民内部"的目标；对本来是党员的人来说，还有一个"早日回到党的怀抱"的目标。因此改造不愁没有积极分子，正如毛主席早就指出的，只要有人群的地方，就一定有左、中、右三种人。在人斗人的过程中，谁斗人最狠，上纲最高，谁就是改造得最好，可以被评为"一类"。当然，你也可以埋头干活，缄口不言，然而那样问题更大，叫做"抗拒改造"，得到的反应首先就是"打态度"。总之，非要你开口不可，不开口是办不到的，而只要一开口，那一定又有岔子可抓。这样连续不已的斗争就叫做思想改造。

从改造本身的逻辑讲，可以说是没有改好的一天的。但是毕竟又每过两年总有一部分人"摘帽子"，"回到人民内部"，虽然还是脱不了"摘帽右派"这个帽子。其秘密就在管理右派改造的当地领导的心意。在顾准所在那地方的术语，这就叫做"接上头"，从日记中，可以看出顾准是很下了一点功夫研究如何能"接上头"的，请看一九五九年十二月八日的日记：

> 沈（场长）说我"接上头"了。这其实是笑魇迎人政策的结果。我近来每见到沈必招呼，他不睬不睬我也招呼，这就合乎他的心意了。

但是顾准也未免天真了些。他不但是"北京来的知识分子"，还是一个曾经当过"首长"的人，要想真的同农村管改造的基层干部"接上头"，谈何容易！只靠笑魇迎人地打招呼顶多只能使改造者一时心理满足一下而已。当然，顾准后来也明白了：摘帽子只是一场"政治勒索"。

14.4 心头绞痛

顾准给自己留给别人批判的另一个"话把儿"是"人道主义"。从日记中看不出顾准是怎么检讨自己的人道主义的，然而不难想象，无非说自己心肠软，斗人不够狠，站不稳无产阶级立场而已。比如说，明明饿死不少人了，但是还是要肯定"粮食问题是思想问题不是实际问题"（一九五九年一月十四日日记）。

这样的改造给予顾准的是时时袭来的"心头一阵阵绞痛"。请看：

> 我基本上学会了唾面自干、笑魇迎人的一套。
>
> （1959年11月10日）
>
> 精神折磨现象现在开始了。下午栽菜上粪时，思及生活像泥污，而精神上今天这个人，明天那个人来训一通，卑躬屈节，笑魇迎人已达极度，困苦嫌恶之感，痛烈之至！
>
> （1959年11月23日）
>
> 在这种情况下，道德败坏，不能不成为普遍现象。
>
> 水库六个月，赵（淑仁）学好了还是学坏了？学坏了啊！她现在感激劳动队为她脱帽，但是从脱帽得到了什么经验教训？钻空子，拍马屁，说谎话。
>
> 真是心头一阵阵的绞痛。
>
> 若说这是历史的必然，付出的代价也够重大的。后一个历史时期，为了消除这些恶毒的影响，不知要付出多少精神和物质的补偿！
>
> （1960年1月15日）

千千万万的中国人有过与顾准相似的经历。然而，许多人甚至不敢如实地感受，更少有人敢于秉笔直书，给历史留下一点记录。这是中国的耻辱，更是中国知识分子的耻辱。然而我们还是有了现在的《顾准文集》，它使人们在人家问起二十世纪下半期中国有没有独立的、批判的、创造性的思想家的时候，我们可以没有愧色地回答："我们有顾准。"

14.5 孤独的顾准

顾准是孤独的，因为改造右派分子的政策就是要"孤立"他。即使到临死，他想与同在北京城里相距咫尺的九十老母见一面而不可能。

中国的知识分子是最讲究气节的。然而近半个世纪以来，真能坚持气节的又有几人呢？我希望中国的智慧与良心不仅表现在顾准一个人身上，我更希望什么时候中国能甩掉"时穷节乃见"这个被视为可贵可敬，其实却是可怕可怜的民族传统，让人人都能自由自在表达自己的真实思想的时代早早到来。

15. 只有一个顾准[1]

15.1 沙叶新的推测

去年年底看到《文汇报》上沙叶新同志的文章《泪眼读顾准》，说顾准日记中有一部分也许是"伪日记"。最近看到二月六日《南方周末》上林贤治同志的文章《两个顾准》。在《顾准日记》中确实存在着表面完全相反的"两个顾准"，但是，我判断，事实上不可能存在"两个顾准"。

我完全同意沙叶新同志的第一个推测：

> 一是顾准担心"文革"中的日记被抄，从而写成不但不"反动"而且还很"革命"的日记。也就是说这是一本伪日记，只有在他记述他对自杀的妻子的深深怀念时，才使人感觉是真情，其

---

[1] 本节内容选自李慎之对《顾准日记序》的补充，题为《只有一个顾准》（1998年）。

他全是伪饰。

以顾准的学历、经历,如果说他在一九五二年被打为"恶劣分子"之后还没有彻底觉悟的话,那么他在一九五七年、一九六五年两次被打成右派分子之后,已经不可能不彻底觉悟了。当然所谓"彻底"总是相对的,但是,那时的他已经足以看穿一场又一场人为的阶级斗争而绰绰有余了。而且,一个十几岁就主动追求马克思主义,不到二十岁就参加了共产党,刚过二十岁又当上大学教授,在二十多年的时间里几经沉浮可还是不断担任过地下、地上党的领导工作的人,一旦觉悟,说这种觉悟是"彻底"的,也并不为过。他的著作完全足以证明他是"一点真疑不间断","打破砂锅纹(问)到底"的人。

那么,已经是右派分子,是专政对象了,为什么在商城还敢写真话,在息县却只敢写假话了?这里就牵涉到一个文化大革命所以被称为"史无前例"的问题。

原来,"反右斗争"虽然照邓小平同志的说法是二十年极左路线的开始,虽然它的逻辑与恐怖与文化大革命并无不同,但是还算是"有领导地"进行的,还没有发展到文化大革命一上来就可以随意抄家,随意打砸抢的地步,多少还有一些保留个人的私隐(privacy我历来主张译为私隐,一来更近于原意,二来也避免与中文固有的"阴私"二字相混淆)的余地。右派分子根据言论定罪,一般还不要求你交出日记、笔记、原稿……之类的东西。背后发些牢骚,或者写下一点像张中晓那样的东西还是可能的。但是"以排山倒海之势,挟雷霆万钧之力"以俱来的文化大革命,一上来就是红卫兵外加社会上不知什么来头的革命派完全任意的抄家与打砸抢。这是中国人几辈子没有经历过的经验,其结果便是"人人自危"。如果被抄出了按当时标准认为是有违碍的什么东西,例如一件古董,一封怕别人看见的私信,一张印有青天白日满地红旧国旗的照片,甚至一张旧法币、几张旧邮票……就可以招致飞来横祸。因此,一九六六年的夏天,北京(全国各地其实也一样)可以说几乎家家都有人在销毁各种"罪证"。这正是漫天盖地的恐怖。这样的教训只能进一步激发顾准的觉悟,然而他的日记却不能不完全改变面貌。

拿我自己为例，我和顾准一样是右派分子。我虽然划右派以后并没有记日记，但是几年中也积攒了满满一抽屉的卡片和读书笔记。我自己很知道这些是极"反动"的材料，然而却并不害怕，因为这只是我个人心底的秘密，不会有别人知道。"文革"一开始，我就立刻意识到，这都是"剧毒"，甚至是"变天账"，心里紧张得不得了。所幸我当时已是"死老虎"，住在我上下左右的人已有不少被抄家挨打挨斗的了，革命群众居然还没有顾上我，使我能够"强作镇静"地每天早晨上班前先把这些卡片撕作碎片，放在大脸盆里泡上，放在床底下，然后到半夜两三点钟起床把它揉成纸浆，倒在马桶里冲掉。我不敢用烧的办法，一来是怕忙乱中容易出危险；二来是怕火光或者烟气会泄露秘密，大院里已经有人因此挨批挨斗了；三来是甚至不敢让老婆孩子知道，那个年代多一个人知道就多一份危险，至少是增加他们的心理负担。但是有几次厕所下水道还是堵了，拼命用搋子搋，不料越急越不灵，最后总算通了，但是已经吓得我出了好几身冷汗。我是幸运的，因为我这样连干了十几天，自己觉得"罪证"已完全销毁以后，才轮到第一次抄家。

顾准的经验与我完全一样，可是他的运气没有我好。据他的弟弟陈敏之说，他也是用水泡法来销毁"罪证"的，不过因为纸太多来不及沤烂，以致把抽水马桶都堵塞了，结果是"人赃并获"，和妻子汪璧都没有能逃脱"私毁罪证"的罪名。

15.2 思想改造的目的就是要改造到人人都能自觉地说假话

《顾准日记》里的商城日记与息县日记时间相隔十年。历史背景的差别就在于：十年以前顾准还能自己对自己写真话，十年以后就连这点儿余地也没有了。其业绩就是一百二十五页的息县日记，他名之曰《新生日记》——"新生"这是国家要求犯罪分子改恶从善的话，表明他从此要"革面洗心，脱胎换骨"做一个"新人"了。

细读《顾准日记》，还可以发现一个奇特的现象，就是实际上有两套息县日记。一套是从一九六九年十月三十一日至一九七一年九月十一日，几乎没有一天间断，但是，每天只有一、两句话，印出来基本上不超过一行，是简到不能再简的流水账。一套是从一九六九年十一月十二日到一九七一年九月二日,时间完全包括在简本日记之内,倒是不乏千言以上的长篇,也就是现在引起人们探讨"顾准之谜"的所在,我把两者仔细对照了一下,发现所谓《新生日记》几乎完全是在休息日(或公休,或雨休,或病休)期间写的。有的则在这一本或那一本日记上写明是"写检查报告","写思想汇报","写批判稿","写学习心得汇报"。我因此怀疑这本《新生日记》实际上是顾准的"检查报告"或"学习心得"的底稿。

在那个时代受过整的人都知道,除对自己的"错误"做检查而外,案情告一段落之后还要定时做"思想汇报"或"报告学习心得"。那真是一种折磨人灵魂的酷刑。两次戴上右派帽子的顾准当然也不能逃脱这个命运。"汇报"的要求是苛刻的,当然主要要讲正面话,也就是所谓的"与人民日报社论一致"。另外还必须"暴露真实思想",也就是交代一些尚未改造好的错误思想,或者"反动本性的流露",否则就是"伪装革命",是"不肯对党交心"是"不肯缴械投降"。但是又不能简单直白地暴露,那样又成了"恶毒攻击"了,而是必须有所批判。我自己的经验,写思想汇报是很艰难的事,真可谓绞尽脑汁,想来顾准也不会两样。所以我敢于认定所谓《新生日记》就是他的"思想汇报"或"改造收获"的底本。利用记日记,先趁有空思考的时候写下一个草稿,再润色一下,抄一遍,就可以上交了。

毫无疑问,《新生日记》中有些部分可称浮夸,甚至荒唐。但是当时的改造的要求是"像",就是你交代的思想必须与你平素的性格和思维特点相一致,"像"你这个人的真实思想。我想这就是顾准在日记中大谈国际形势,妄作分析与预测的原因,这样好使革命群众觉得这与他好想大问题的习惯与身份相一致。至于顾准自己,我敢断定他是不会相信这些话的。

如果把一个人思想汇报里的思想当作他的真实思想,那么在文化大革命中,可以说几乎每一个人都可以看成是两个人。这使我想起叶浅予的一句名言,他在回忆录中说:思想改造的目的就是要改造到人人都能自觉地说假话。许许多多人(包括我自己)都是靠说假话活过来的。

15.3 假话大国

一九八六年在美国，余英时先生送我一本《陈寅恪晚年诗文释证》，看完之后，我在扉页上写下了下面一段话：

> 呜呼，当红羊换劫之际；"所南心史，固非吴井之藏；孙盛阳秋，同是辽东之本"岂特先生一人之隐情哉！唯他人大抵无先生之博学，可以藏密码于七言；更无先生之高名，可以待发覆于千载耳。

陈先生当然是高风亮节可以师表百代，但是他不属于顾准这一代人。他是我们的老师一代，少年高名，而且就因为自己的高名而奇迹般地在某种程度上保护了自己。然而到文化大革命中还是免不了一再交代。在那个"横扫一切牛鬼蛇神"的时代，像他那样的人要不被扫到实在是不可能的。不过陈先生大概可以做到不做假检讨、假批判。如果如此，那在当时也是极其稀有的例外了。

我在《新生日记》中看到一些与顾准一起下放在息县的人的名字，其中不乏我熟识的人，如吴敬琏、赵人伟、张曙光同志，我向他们一一打听了顾准在息县的表现同以前或以后相比有无异常。他们的答复是一样的，顾准就是顾准，没有什么异常。赵人伟同志还告诉我，就在息县，顾准还根据边际效用的原理向他解释当时十分响亮的口号——"颗粒还家"之错误。顾准就是这样一个执着探索不停的人。其实他们当时都是听过顾准"沉痛的"认罪服罪的检查，听过他"热情地"颂扬毛主席革命路线的赞歌的。这些肯定要比《新生日记》里写的强烈。但是他们谁都没有把那当作一回事，甚至没有留下印象。谁又能记得那些假检讨呢？所谓无产阶级文化大革命的"伟大"，并不在于它真能改造好人们（不仅顾准）的思想，而在于它居然能把八亿人口的大国改造成一个普遍说假话的大国。

所以我认为，历来的所谓"国耻"其实不过是各国历史上屡见不鲜的"国难"，文化大革命才是真正的"国耻"。

16. 革命压倒民主[1]

16.1 如同做梦

看完这本书，就像做了一场大梦一样。说它是梦，是因为梦到了过去。但是它又不太像梦，虽然长长的五六十年的时间给它蒙上了一层惝恍迷离的薄雾轻纱，然而它毕竟太真实。收在这里面的上百篇文章，还有几十幅图片，几乎都是我自己一字一句看过、读过、学习过，并且宣传过的。这些文章讲话与文件都发表在一九四一年到一九四六年，正好是我上大学到参加工作的时代。我曾经据以领导过当时的抗日民主学生运动，这些文章就是我们当时的口号和纲领。抗战胜利后我到了新华日报。虽然我是新手，轮不上我写这书里面收的文章，我现在也没有能力辨认这里的哪篇文章是谁写的，但是我还分明能记忆起这些文章的作者们的音容笑貌来，他们大多已经过世了：范剑涯、钟颖、陈驰、邹适今……且不说名气要大得多的领导人潘梓年、章汉夫、张友渔、夏衍……当然还有至今还活在中国人民记忆中的毛泽东和周恩来。

我自己就是当时的一个左派青年，而且是其中的积极分子，是学生运动活跃的组织者。我完全信奉毛泽东、共产党提出的一切口号、一切理论，虽然我在国民党统治下并没有经历过什么大的危险，然而主观上确也是舍生忘死地愿意为其实现而奋斗的。现在重读这本书的时候，简直不知道心头是什么滋味。

16.2 谁是骗子？

是我骗了人吗？从这本书上所写的一切和我当时的言行来看，对比后来的历史事实，我无法逃避骗人的责任。但是谁又骗了我呢？

16.3 不是抗战压倒启蒙

八十年代，有人提出一个著名的论点：抗战压倒启蒙。这是得到许多人赞同的，我也曾经以为此说近乎情理。战争总是要限制一

---

[1] 本节内容选自李慎之为笑蜀编《历史的先声》写的序文，题为《革命压倒民主》（2001年）。

点人民的自由的。民主如英美，凡事关军事机密的新闻，也要送审，何况民主意识十分薄弱，自由权利十分脆弱，而专制主义又根深柢固的中国。但是读完这本书，却发现事情未必如此简单。收在本书中的文章从毛泽东的正式讲话起，几乎都强调："只有民主，抗战才能有力量"；"中国缺乏民主，只有加上民主，中国才能前进一步"；"没有民主，抗日就抗不下去，有了民主，则抗他十年八年，我们也一定会胜利。"类似的言论充塞在这本书中。毛泽东在一九三七年五月中国共产党全国代表会议上指出，为了建立抗日统一战线，没有国内民主不行："所以争取民主，是目前发展阶段中革命任务的中心的一环。看不清民主任务的重要性，降低对于争取民主的努力，我们将不能达到真正的坚实的抗日民族统一战线的建立。"他又说："抗日民主互为条件……民主是抗日的保证，抗日能给予民主运动发展以有利的条件。"

凭这些，怎么能得出结论说，抗战和民主是不相容的呢？

当然，这是共产党方面的要求，如果执掌着全国政权的国民党相应不理，也还是没有办法。但是，国民党好歹接受了共产党方面的意见而决定对日抗战了。抗战开始前夕，以武装对抗国民党十年而且自立"中华苏维埃共和国"的共产党就已经取得了合法地位，从"匪党"变成"友党"了。八年抗战，使中国历史上第一次出现了约略类似于两党并立的局面，人民言论自由的空间有了相当的扩大（主要是在国民党统治区）。到一九四六年，举行了中国历史上代表性最广泛也最民主的政治协商会议，讨论如何实现中国人民的百年大愿——民主宪政时，连《和平建国纲领》都协议通过了，但是就是因为国共双方在军队国家化和各自实际控制区的划分上相持不下，使会议的结果归于流产。会议在庆祝成功半年之后终归破裂。双方都是相信"枪杆子里面出政权"的，中国的命运还是要靠武力来决定。

16.4 中国二十世纪启蒙运动

整个二十世纪，中国曾有过六次民主启蒙运动，第一次是十九世纪末的戊戌（一八九八年）维新。第二次是辛亥（一九一一年）革命，推翻了清朝，使传承了两千多年的皇帝从此退出中国的历史舞台，但是却并不能阻止更精密严酷的专制主义卷土重来，而且变本加厉。第三次是一九一九年的五四新文化运动。这是最大，也是最重要的一次，树起了"民主"和"科学"两面大旗，给中国的现代化指明了方向。第四次是一九二七年的国民革命军北伐成功，打倒了军阀，重新统一了中国，把五四精神最粗浅的观念推广到了全国各地。第五次是一九三七年的抗战开始以后，后来因为军事上失利，抗战越来越艰难，国民党与共产党的矛盾也越来越大而使民主运动趋于消沉。直到一九四四年末日本失败的征象已露的时候，才又出现了第六次民主运动的高潮。抗战胜利以后，人们认为一八四〇年以来中国最大的民族愿望——实行宪政民主已经伸手可及了，因而热烈参与讨论起"民主建国纲领"来。

人们完全没有料到，这次抗日战争胜利带来的民主启蒙运动的结束也是十九世纪末以来中国民主启蒙运动的最后结束。十一年以后，还有一次为响应伟大领袖毛泽东的号召而进行的一个多月的"大鸣大放"，然而那不过是以前历次民主启蒙运动哀痛而凄厉的回声而已，凡是鸣放了一声两声的右派分子的悲惨下场已经是尽人皆知的了。

16.5 中国人不懂民主

整个二十世纪一百多年中国民主运动几起几落而迄无成就，不但说明了这个有两千多年专制主义传统的东方大国民主力量之微弱，而且说明树起了民主与科学两面大旗的五四运动实际上并没有使二者在中国扎下根来。中国人从根本上说并不懂得什么叫民主，特别是作为制度的民主。谁都说不明白民主的前提是什么？必要条件是什么？所有上面所说的历次民主运动过后，就根本没有人进行认真的启蒙教育。八十多年来民主之说盈中国，实际上不过是一句时髦的邀买人心的口号而已。

五四运动的总司令，第一个把"德先生"与"赛先生"也就是把"民主"与"科学"请进中国来的陈独秀就根本没有搞懂什么是民主。虽然他先驱之功永不可没，但是在五四运动的第二年，就在《新青年》上发表文章《民主党与共产党》，反对起资产阶级民主而鼓吹起无产阶级民主来了。他说：

551

民主主义是什么？乃是资本家阶级在从前拿他来打倒封建制度底武器，在现在拿他来欺骗世人把持政权的诡计。在从前政治革命时代，他打倒封建主义底功劳，我们自然不能否认，在封建主义未倒底国里，就是现在我们也不绝对的反对他。但若是妄想民主政治才合乎全民意，才真是平等自由，那便大错而特错。资本和劳动阶级未消灭以前，他两阶级底感情、利害全然不同，从那里去找全民意？除非把全国民都化为资本家或都化为劳动者才真有全民意这件东西存在，不然，无论在任何国家里，都只有阶级意、党派意，绝对没有全民意。民主主义只能够代表资产阶级意，一方面不能代表封建党底意，一方面更不能代表劳动阶级底意，他们往往拿全民意来反对社会主义，说社会主义是非民主的，所以不行，这都是欺骗世人把持政权的诡计。

陈独秀是中国左派的开山祖师，从此以后中国所有左派的民主观都受他的影响，一直到二十一世纪初的今天。

16.6 苏式民主

看一看[本书]就可以发现，许多模模糊糊鼓吹民主的文章中还经常提到苏联的民主，把它看成是更新式的、更理想的民主。典型的是何思敬的文章《出版法应是民间出版事业的自由保障书》。其中说"苏联——真正人民的国家——尤其是人民出版自由的最高典型……"最严密的意识形态的控制与封锁竟使这位可敬的长者根本看不见苏联已经从肉体上消灭了一切被认为是不顺从的人，除党的报刊而外根本没有任何独立的出版物的事实，反而主动地为它作义务宣传。

尤其突出的是，当时被认为进步的立法院院长孙科一九四四年五月十四日在军政座谈会上说，一个民主国家要有三种自由：民族自由、政治自由、经济自由。德日法西斯国家只讲民族自由，英美加了一个政治自由，只有苏联还有经济自由。这话在今天看来真是浅薄之至，但是我们当时却把它奉为至理名言，把报上登的他这篇发言，抄成大字报，广为宣传。《新华日报》也把他写进自己的社论。

总之，中国的左派其实并不真懂民主，连民主的常识都没有。看看当时名望很高的张申府写的《民主原则》，就可以发现，这位中国共产党最早的党员、清华大学的哲学教授、罗素的朋友、著名的民主人士对于民主原则的解释实在是混乱一团，与前面所引陈独秀言论的干脆明了不可同日而语。可笑的是，当时作为左派学生的我们，水平可能更低，信心反而更足。

苏联的无产阶级民主由革命初期规定的，工人阶级五万人选一名苏维埃代表，非无产阶级二十五万人选一名代表开始，此时已发展出一套称为民主集中制的制度。我虽然年纪还小，倒也似乎曾经研究、学习过一番，很觉得它法理严密，秩序井然。"集中指导下的民主，民主基础上的集中"，多么辩证！好像比资产阶级的三权分立更加"合理"，也比孙中山主张的"人民有权"，"政府有能"，更加"简洁"。可怜从来没有过民主经验的中国人，只要在文字上掉一个花枪，就连专制与民主都分不出来了。只有后来尝够了几十年无产阶级专政的滋味才悟到它实际上根本谈不上有什么民主可言，才认识到康生所说的"民主集中制，集中是主要的，民主不过是一个形容词而已"，乃是大实话。

当然也不能说二十世纪中国一个懂得民主的人都没有。"五四"以前，至少严复是懂得的。"五四"以后，胡适和由他带出来的一批留洋学生，如萧公权、钱端升、张奚若、罗隆基、储安平……应该是懂得的。但是，首先从数量上说，在当时号称四万万五千万的人口中就不过是零头的零头，不但不足万分之一，也许不足百万分之一。这批人在一个基本上实现了民主的国家里也许都足以有为，但是在一个专制主义已成国民思维定势的国家里，实在是一点施展的余地都没有。严复晚年归于保守，拥戴袁皇帝，也许也是认为中国只有实行君主立宪制才有出路。至于胡适等人一辈子只能痴心于改良而又始终等不到改良的机会。国共谈判的时候，胡适曾致电毛泽东，建议中共转变为一个不凭借武力的议会政党，成为中国的第二大党，然而这话也不过是痴人说梦而已。

16.7 "民主"的滥用

还有一点可以证明中国人不懂民主的，就是民主这个词儿在中国用得泛化已极。就我个人经验所及，没有哪一个国家如此滥用这个词儿的。"某某人很民主，某某人不民主。这种做法不民主，那种做法真民主……"这样的话几乎随时随处都可以听到，也不知该怎么翻译才能使外国人听懂。中国古来没有的"科学"这个词儿也用得一样泛滥。引用一句毛泽东爱讲的辩证法："什么都是它，就什么都不是它了。""民主"和"科学"在中国真的是够得上这个格儿了。另外，也许还可以加上一个中国传统文化中本来没有的"真理"这个词儿，在"五四"以后也流行得离谱，我们都是随时准备为"真理"而牺牲的。

最近，我曾问一个我同时代的同学和战友"什么是民主？"他的回答是"民主就是反独裁"。这也许可以代表我们当时大部分人的认识。甚至我们的师长一辈、学识大大超过我们的民主人士，如马寅初、闻一多等人，很可能也是根据这样的认识而被卷入毛泽东所说的"抗日民主统一战线"的。抗战开始以后，国民党屡遭败北，却又不思改进，贪腐日甚，导致群情愤慨。然而蒋介石仍然坚持"一个主义，一个政党，一个领袖"的希特勒式的主张，独裁与腐败的程度有增无已，这恐怕是促使大批知识分子要求民主，甚至走向革命的主要原因。在抗战开始以后的整个四十年代，蒋介石、国民党这个"反面教员"却实实在在地帮了[毛泽东]的大忙。无数的知识分子甚至民族资产阶级都因为反蒋反国民党而被吸引到了共产党这边来。由于中国人对民主完全没有经验，民主的政治觉悟极低，他们反独裁的时候根本没有考虑到老的独裁者打倒了以后极可能会有新的独裁者取而代之，正如中国传统的王朝轮回一样。像英国人那样在对德战争刚取得胜利而对日战争尚未结束的时候，就把自己的战时领袖、民族英雄丘吉尔选下台去，以防他集中大权而成为独裁者这样的政治智慧，是中国人根本不可能有的。

16.8 比民主更高的价值

民主在中国人只能留在口头上的又一个原因，是因为在中国的左派知识分子的心目中还有一个比抗日、比民主更高的价值，那就是革命，就是社会主义和共产主义。

我可以不嫌狂妄地说，我的思想历程大体上代表了与我同时代的左派青年"进步"的历程。我今年年近八十，还敢不嫌狂妄地说，由此上推十年，下延十年，亦即今年七十岁到九十岁这个年龄段的知识分子（当时都叫小资产阶级知识分子）共产党员大体上都经历过相似的历程，而这一批人实际上是中国共产党最主要的骨干。中国共产党所以能打败国民党，建立新中国，赢得相当的民心，取得若干的成就，这一个年龄段的人的功劳是主要的。

稍后于鲁迅带领我们进入马列主义理论之门的是艾思奇的《哲学讲话》（后来改名为《大众哲学》，成为畅销书了）。再深一点，就是米丁的《新哲学大纲》，比起《大众哲学》来，可以称得上是权威的巨著。除此而外，还有可以包括社会科学几乎全部领域的三本书。李达的《社会学大纲》、邓初民的《新政治学大纲》、沈志远的《新经济学大纲》，分量都差不多。奇怪的是，内容也差不多，讲的都是辩证唯物主义和历史唯物主义，简单一点说，就是社会发展史。这些书，我大体上都读过，我的印象是，对我们那一代或者几代的知识分子来说，大概都是这样由启蒙而起信而走上革命道路的。另外，我在上海的旧书摊上买到过一本河上肇著、陈豹隐译的《经济学入门》，我曾把它从上海带到北平燕京大学，还没有来得及看，就因为太平洋战争爆发，日本人占领学校，我因为怕出校门时被搜出来而没有带走。这是一九三八年王亚南、郭大力的《资本论》全译本出版以前，中国关于马克思主义最高深的著作，大概是比我大十岁以至二十岁一代人的启蒙读物甚或是高级读物了。当然其他各色各样的启蒙读物还有很多很多，但是以上所举已足以代表。至于奉斯大林的旨意编写，被毛泽东称为"共产主义的百科全书"的《联共党史》，当时国内极难见到（我倒在成都地摊上买到过一本莫斯科中文版）。它的普遍流传成为"行动中的马克思主义的圣经"，是更后的事情了。

此外，无论如何不能忘掉的还有斯诺的《西行漫记》。此书于一九三八年出版以后，立刻风行全国。一个美国人以客观的立场赞扬共产党，使我们那一代的青年无不为之倾倒。我曾把此书介绍给一位比我大四十岁而对共产党素无认识的老先生看过，他的评语是："照这书里写的看，共产党人不但个个是天兵天将，而且个个是大圣大贤。"这本书的作用，抵得过许多本一般性的启蒙读物与理论著作。

16.9 两重价值

对当时的左派来说实际上有两重价值。第一重价值当然是民族主义,要打倒日本帝国主义,实现民族独立。第二重也是更高的价值就是经由社会主义革命而达到共产主义。照我们相信的毛泽东的理论,这两者不但毫无矛盾,而且是完全一致的。有没有民主这个价值?当然有。但是它已经完全包括在社会主义、共产主义的价值里了,可以说实际上,并无独立的民主这个价值。我们叫抗日叫得这么起劲,叫民主叫得这么起劲,实际上不仅为着抗日,也为着革命。

有人发现《先声》九十多篇文章中绝大部分是在重庆发表的,在延安发表的不过十来篇。在当时看这是不足怪的,在毛主席、共产党领导下的延安,实行的已经是新民主主义了。它已经是要把民主推向全中国的"抗日民主根据地"了。还有什么理由要求民主呢?民主的要求主要是对尚未解放的中国其他地方的,也就是蒋管区和日占区的。

现在是人们渐渐了解一九四二年在延安开始的整风运动怎么样发展到荒谬绝伦的,完全罔顾人权、违反民主的审干与抢救运动,制造出成千上万的"特务"的惨剧的事实了。老实说,我当时在成都也看到过一些透露真相的材料,但是我一概不信,认为这是国民党特务的造谣。后来到了延安,知道这是真的了,但是向我讲自己被迫承认是特务的故事的老同志,也只是发发牢骚,当笑话讲讲而已。最严重的评语不过是"延安也有很黑暗的一面",绝对没有一个人把这种做法提到违反民主、人权的原则上来的。

这正好证明了中国左派对现代民主毫无认识,也正好证明了他们除了抗日之外还有一个更高的价值——革命的价值。毛主席说,为了革命必须把屁股转过来,也就是转变立场,他们跟着做了,直到承认自己是国民党派遣的特务。毛主席说,把他们打成特务是搞错了。他们又跟着改口,也并不觉得有什么可耻。"识大体、顾大局"是中国传统中极高的道德标准,用现在还流行的话说,是"被爹娘打了一顿,你还能怎么样?"为了革命的利益,个人受一点委屈又算得了什么?

16.10 比抗战更高的价值

正是因为有着比抗战的价值更高的价值,下面的事情才能理解，才能解释。

　　一九四一年四月，中国的抗日战争正处于艰苦时期，"中国人民的伟大朋友"苏联居然与日本签订了一个《苏日中立条约》，里面竟然有这样的内容："苏联誓当尊重满洲国之领土完整与神圣不可侵犯性，日本誓当尊重蒙古人民共和国之领土完整与神圣不可侵犯性"。它对中国的伤害，正如同一九三九年八月苏联同纳粹德国签订的互不侵犯条约对波兰和整个欧洲造成的伤害一样，它理所当然要激起中国政府和中国人民的抗议。连共产党的老朋友，沈钧儒、黄炎培、王造时……这样的人也都向苏联发出了抗议。但是奇怪的是，这样一件大事在重庆不过是"风乍起，吹皱一池春水"，水面泛起几个涟漪而已，并没有引起什么轰动。我不知道当时的《解放日报》和《新华日报》是怎么反应的，只知道在重庆是由周恩来出面找那些有意见的民主人士谈了谈，大概总是说苏联在帝国主义包围下要保护自己这个社会主义祖国，决不会损害中国的利益，而且最后是有利于中国的长远利益的，不要"在狭隘民族主义情绪之下一时冲动"。为什么这样一件大事，轻易地就能"大事化小，小事化了"呢？原因就在于中国共产党已经用自己的意识形态掌握住了中国的知识分子，尤其是"进步学生"。

　　现在可以看到一九四一年四月十六日《中国共产党对苏日中立条约发表意见》了，其中说："苏日条约使苏联的国际地位极大地提高了。""苏日声明互不侵犯满洲和外蒙也是题中应有之义。……外蒙是与苏联订了互助条约的。现在苏日声明却保证了外蒙不受侵犯，这不但对外蒙有利，即对于全中国争取解放也是有利的。说到东四省的收复，原是我们自己的事，绝不能像有些投机家，总是希望苏联同日本打起来，以便坐收渔人之利，及见苏联声明不打满洲，他就认为苏联不对，这种人至少也是毫无志气的家伙。我们必须收复全国一切失地，必须打到鸭绿江边，驱逐日本帝国主义出中国，这是中国全民族的神圣事业，社会主义的苏联也必是赞助我们这种事业的。"

　　对比尤其明显的是，一九四六年年初，由于苏军在东北拆迁机器，并且杀害中国工程师张莘夫，国民党在全国范围内发动学生进行抗议游行。说实在的，其规模之"大"可能在中国是空前的。我当时正由成都到重庆，一路上看到乡下的田间小道上都有中小学生排着队，摇着旗子喊口号。一到重庆，就读到了《新华日报》的社论：《爱国不等于排外》。当时苏军在东北抢掠奸淫的恶行，虽然我们这些左派不相信，但是中国人知道的是很多的，仅仅因为大学生在左派的掌握下按兵不动，也就并没有引起多大的风波。相对比之下，与仅仅一个月前昆明的"一二·一"和一年以后北平、天津、上海、南京等地五十多万学生抗议美军强暴中国女学生而举行的示威游行，其势头之猛烈简直不能相提并论。

16.11 革命压倒民主

革命的价值压倒了民族主义的价值，当然也就压倒了民主的价值。这两重价值说并非我的一己之私见。我们的领袖毛泽东在一九四〇年在《新民主义义论》里就公开声明：

> 谁人不知，关于社会制度的主张，共产党是有现在的纲领和将来的纲领，或最低纲领和最高纲领两部分的。在现在，新民主主义，在将来，社会主义，这是有机构成的两部分，而为整个共产主义思想体系所指导的。

我们这些"进步青年"其实也分不清什么最高最低，反正最高的就是最好的。所以党在政治协商会议上为争取实现民主宪政，组织联合政府而努力时，我们拥护。当谈判破裂，政协失败，中央一再传达下来说"国民党不肯跟我们搞联合政府，我们就单独打天下，省得拖泥带水"，我们也拥护。经过二十多年的"新启蒙"，整个中国的左翼，已经完全宾服于"共产主义的思想体系了"。

可能是中国百年来的处境是内忧外患交相煎迫，人民处于水深火热之中的缘故，马列主义的思潮——共产主义的思潮在中国传播特别迅速，特别有效。毛泽东在《新民主主义论》里说："中国共产党人所领导的共产主义的文化思想，即共产主义的宇宙观和社会革命论……其声势之浩大，威力之猛烈，简直是所向无敌的。其动员之广大，超过中国任何历史时代。"我们当时看到这话，都认为是合乎事实的。我谈不上有多少学问，然而幼承庭训，也读过一些古书，从小学到大学受的是完整的正规教育。中学毕业以前也自己看过《资治通鉴》这样的大部头书，然而只要一接触到马列主义的通俗读物，就立刻为之吸引而折服。第一是觉得它的道理新，第二是觉得它的体系广大而完备，第三是觉得它的论证严密。真是自从盘古开天地，三皇五帝到于今，从来没有见到过这样的大学问，它把什么问题都回答了，都解释清楚了。中国的古书，还有我耳闻目睹的洋书，压根儿就没有能与之相比的。虽然现在再看这些书的时候，能看得出其中漏洞百出，但是我年轻的时候，是完全没有这个能力的，只有钦佩赞叹，以至顶礼膜拜。

我以为自己在同时代的左派学生中对"资产阶级民主"的知识和理解恐怕还可以算比较多的。我不但在大学里修过六个学分的政治学，而且还自学过王世杰、钱端升的《比较政府》，还有戴雪的《英宪精义》，都是商务印书馆出版的部头不小的"大学丛书"，还有一本被国民党秘密逮捕的费巩教授写的论英国政治的书，也看得津津有味。但是，所有这些都敌不过上面所说的《新哲学大纲》之类。为什么会这样？根本的原因就是文化太低、知识不足，不能把学得的新知识放在整个人类发展的历史背景中来认识。

16.12 何等强大的革命价值

八十年代，国门打开了，我在国外结识了几个与我同时代的左派学生，他们出国三十多年，都是学有专长，在各自的领域内颇有成就的人。他们拥护共产党领导下中国发生的一切，包括文化大革命。原因是他们自以为当时为了个人目的出国，不能与祖国人民同甘共苦，是有违良知，永远负疚的事。这从另一面说明了信仰的力量，革命的价值何等强大。

也许，这一切都可以归因于十九世纪到二十世纪的一个世界性大思潮。中国一切马克思主义、共产主义的思想都是从俄国引进的。"五四"是俄国十月革命两年之后发生的。俄国当时曾宣布废除过去与中国签订的一切不平等条约，虽然当时中国的北洋政府始终未曾收到这个声明，而且后来也不见有进一步的事实表现，但是俄国作为世界上唯一"以平等待我的民族"的形象已经牢牢植入中国爱国者的心中而不可更改。毛泽东、周恩来那一代比我大了二三十岁，我不敢说了解他们的思想发展的过程，只能从历史书的记载中猜想他们大概也是由救亡与革命双重价值的驱动而走上建立中国共产党和中华苏维埃共和国的道路的。

据说，十月革命之初，马克思主义在世界上的影响还不算太大，俄国在人们心目中一直是战乱贫弱的国家，但是到一九二九年被认为"黄金遍地"的美国发生经济大危机，危机蔓延到整个资本主义世界而长期没有起色以后，证明了马克思主义的预言果真应验如神。与之成为对比的是一九二八年开始的苏联第一个五年计划提前到四年完成。这不但使马克思主义声威远播，更大大提高了把它化为实践的列宁和斯大林的英名，使后者成为全世界左派的无可置疑的领袖。

这确实是一个世界性的大思潮，而且对信仰这个思潮的左翼来说，还是最高的价值。不但是消息不够灵通的鲁迅，会相信苏联没有大饥荒（其原因基本上同中国农民消极抵抗大跃进和人民公社，造成粮食短缺因而造成饥荒一样）的谎言，还要为之辩护。甚至亲自到苏联去过而且看到一些苏联统治集团的特权与迫害异己的暴行的罗曼·罗兰也还要为革命的利益而不愿透露真相，而要把当时的日记保密到五十年后（实际上已到苏联瓦解改制以后）才发表。除此以外，许多著名的世界级的知识分子，如科学家约里奥-居里、艺术家巴勃罗·毕加索都成了共产党员。

16.13 我们也不懂社会主义

六十年后回头看，我们这些进步青年其实什么都不懂，既不懂什么叫民主，也不懂什么叫共产主义。

大概是八十年代中期，我曾在一个场合当着中共中央总书记胡耀邦的面说："我二十岁的时候，什么叫社会主义，什么叫计划经济，不但自己心里一清二楚，而且还能说服别人，让他跟我一起干革命，现在我六十多了，才发现自己其实什么都不懂。"

16.14 革命是最高价值

最近有一位老同志问我：毛泽东在《论人民民主专政》里说过"走俄国人的路——这就是结论"，他又说"资产阶级的共和国，外国有过的，中国不能有。因为中国是受帝国主义压迫的国家。唯一的路是经过工人阶级领导的人民共和国"，毛泽东还在《新民主主义论》里说过，中国的新民主主义革命是以共产主义思想体系为指导的"，又说中国的新民主主义革命是"社会主义世界的一部分"，又说，中国要建立的新民主主义共和国"，只能是在无产阶级领导下的一切反帝反封建人们联合专政的民主共和国"。实际上这样的新民主主义革命已经在一九四九年胜利，新民主主义已经实现了，以后的任务是向社会主义、共产主义过渡了。既然如此，为什么现在还有人仍然认为应该实现新民主主义呢？新民主主义难道不是同社会主义、共产主义一样必须由无产阶级，因此必须由共产党领导的么？

这个问题提醒我，不论毛泽东如何赞扬民主、要求民主，他没有一次不是同时强调共产党的领导，强调马克思主义的核心价值——无产阶级专政的，原来中国人在过去半个世纪中的狂飙中像枯枝败叶似的翻滚飞扬，其原因也不妨以对"民主"和"革命"的价值理解不同来解释。

以民主为最高价值，当然要问为什么言论、出版、迁徙、居住、结社（包括组党）的自由……没有兑现？为什么没有代议制，没有反对党？为什么没有人身保护状，没有无罪推定论……？

以革命为最高价值，当然要发动一次又一次的运动，以求达到纯而又纯的共产主义在中国实现，不但要解放中国人民，而且要力争为天下先，做全世界各国各民族的榜样。为达到目的，当然也不妨讲究一下策略，照顾一下觉悟不高的人们，把各种自由权利当作最低纲领招徕一下。如果革命进行得顺利，胜利得快，那就应该向更高的目标前进，根本没有什么诺言兑现不兑现的问题。

Ends justify means（只要目的高尚，不论采取什么手段都是可以的）足以解释一切。

16.15 为何赞扬美国民主

后人读这本书可能觉得最费解的是，其中居然有许多赞扬美国民主的文章。尤其是毛泽东公开对谢伟思说，美国应当出面干涉。毛泽东说："假如美国坚持把那些武器给予包括共产党在内的所有抗日军队，那就不是干涉。""美国人只能在蒋介石顺从美国要求的条件下赞扬他"，"每一个在中国的美国士兵都应当成为美国的活广告"。这些，以及许多同样的话，也许人们在今天听起来会觉得不可思议。但是，其实是很好理解的，还是Ends justify means嘛！不过，我们这些"进步青年"糊涂的地方就在于居然认为美式的民主与苏式的革命是可以互相包容而并行不悖的。现在，有人提出社会主义可以与自由主义互动互补，其糊涂实在不亚于当年的我们。只有建立在民主基础上的社会主义，才能与自由主义互动互补，今天西欧北欧的社会民主主义就是这样。建立在专政基础上的社会主义亦即共产主义是没有可能与自由主义互动的。

16.16 最高价值应当是民主

我是一个自己对革命做出了承诺的人，又是对民主略知皮毛，而对某些人做出过承诺的人，因此在这翻滚飞扬之中，特别晕头转向，而且痛苦疑惑也特别强烈。现在垂垂老矣，我自以为总算找到了答案。中国还是要以民主为最高的价值。中国人民只要确实得到了民主，自会找到合意的道路。即使走错了，碰了钉子，也只有通过民主重新找该走的道路。这就是现在世界上所有先进的国家（可惜还不是大多数国家）所选择的模式。我相信这是世界各国人民迟早都要走的必由之路。

我年轻时候信仰的理论认为人类社会最活跃的因素是生产力，生产力决定生产关系，生产关系决定上层建筑，最笼统的说法就是"经济决定政治"。现在，在阅尽沧桑而后，我看到：一个真正实现了民主的社会可以适应各种不同经济形态（从农业社会到工业社会到信息社会）而仍然能稳定地进步。专制则不但可以压杀民主，不让它发展；也可以压杀生产力，不让它发展。用事实证明这一点，可能是二十世纪对人类最大的贡献，尽管付出的血和泪实在太多了。

17. 二十一世纪的忧思[1]

17.1 "第二个美国世纪"落空

一九八九年底，柏林墙被推倒，东欧一些原来由共产党领导的社会主义国家统统转向，冷战结束了，接着，由美国领导的多国部队在海湾战争中大获全胜，苏联解体，这一连串的事件在西方国家特别是在美国很是引起了一阵乐观的思潮。在民间，日裔美籍学者弗兰西斯·福山发表了轰动一时的论文《历史的终结》；在官方，当时的美国总统布什提出要建立世界新秩序，并且在一九九二年的美国大选中，向选民许诺要引导他们走向"第二个美国世纪"。

布什的豪言壮语，和福山的哲学结论不久就都成了肥皂泡。现在出现在美国上空的是一团悲观的乌云。代表美国知识界思想风向的《大西洋》月刊连续发表了罗勃特·卡普兰的《正在到来的无政府状态》，马修·康纳利和保罗·肯尼迪的《想必是所有的非西方国家一起反对西方》和约翰·米尔夏默的《为什么我们不久就会怀念起冷战来》。另一家有国际影响的《外交》季刊则发表了塞缪尔·亨廷顿的《文明的冲突？》。主旨都是在告诉人们：混乱正在迫近，暴力触处皆是。这些著作中，卡特总统的国家安全顾问布热津斯基一九九三年出版的《失去控制：二十一世纪前夕的全球性混乱》似乎更值得注意。

17.2 二十世纪是"大死亡"的世纪

布热津斯基把行将过去的二十世纪称作"大死亡"的世纪。据他的推算，由于战争和各种斗争而死亡的不少于一亿六千七百万人，很可能高达一亿七千五百万人，其规模是历史上空前未有的。在他看来，造成这种杀戮的原因是起源于十九世纪的三个相互关联的巨大力量：（一）识字的普及。（二）工业革命。（三）城市化。这些一般公认为进步的标志使民族主义、理想主义、理性主义和现世主义沆

---
[1]本节内容选自李慎之对布热津斯基所著《失去控制：二十一世纪前夕的全球性混乱》中文版（出版时改名为《大失控与大混乱》）写的书评，题为《二十一世纪的忧思》（北京，中国社会科学出版社，1995年）。

瀣一气，并经过法国革命的催化，产生了日益增强的沙文主义、帝国主义、乌托邦主义、教条主义和极权主义。而这些就是造成二十世纪的"大死亡"的动因。这些现象都是最先在十八世纪发生在欧洲，经过十九世纪的酝酿，终于使公然宣告"上帝死了"的欧洲成为二十世纪的罪恶的策源地。

布热津斯基认为，"总的说来，在大部分已知的历史中，人类一直是相对地顺从其周围的世界，承认本身也是自然界的一部分。生存的严峻要求都被认为是'自然的'而恭顺地承受下来。"而"工业革命促使人类向自然界统治生命的挑战能力有了量的飞跃。现世主义越来越把注意力集中到尘世生存的中心地位，提高人类的凡胎肉身而贬低人类的精神领域。最终甚至认为，只要忠实地遵从所揭示的新的真理，人间天堂也是可以达成的目标。"这样，"人类把历来托付给上帝的角色分配给了自己"，相信"理性"可以指导政治行为，从而"形成了一种为理想主义的目标而从事社会工程的倾向"。结果，"二十世纪成了空前地致力于建立全面的社会控制的第一个世纪"，出现了空前的大悲剧。

17.3 世界已陷入了"全面的精神危机"

现在，既然两次大战都已过去，冷战也已结束，理想主义的社会工程以失败告终，人类难道不是可以乐观地进入二十一世纪了吗？

布热津斯基的答案是否定的。因为在他看来，在严酷的人为控制消失以后，又彻底转向相对主义的一百八十度的大转弯，出现了全然失去控制的局面。他认为："几乎所有的既定价值标准，特别是在世界先进地区大规模地瓦解了"。世界因此已陷入了"全面的精神危机"。这个精神危机首先是西方，尤其是"先于世界大部分地区进入新时期的"美国，带头造成的。

美国现在是惟一的超级大国，它的权力举世无双，然而"美国的权力不等于美国的权威"。权威只能建立在共同的价值观的基础上，而美国的价值观倒是有全球性的影响力，可惜这是一种无休止地追求物欲的消费主义的价值观；美国文化的影响力也确实风靡全球，可惜只是它那"庸俗粗野的大众文化"。

17.4 世界需要美国的领导

布热津斯基认为今天的世界需要美国的领导，但是不但"美国的权力已不足以支持美国的立场"，而且"如何把它的权力转成为拥有道德合法性的领导"也已大成问题。

他开出了一个清单，列举美国面临的二十个问题：（一）债务。（二）贸易赤字。（三）低储蓄率和投资。（四）缺乏工业竞争力。（五）生产率增长速度低。（六）不合格的医疗保健制度。（七）低质量的中等教育。（八）日益恶化的基础设施和普遍的城市衰败现象。（九）贪婪的富有阶级。（十）爱打官司到了走火入魔的程度。（十一）日益加深的种族和贫困问题。（十二）广泛的犯罪和暴力行为。（十三）大规模毒品文化的流行。（十四）社会上绝望情绪的内部滋生。（十五）过度的性自由。（十六）通过视觉媒体大规模地传播道德败坏的世风。（十七）公民意识下降。（十八）潜在的制造分裂的多元文化主义抬头。（十九）政治制度已不能沟通上下。（二十）精神空虚感日益弥漫。这个清单包含着经济的、社会的和哲学上的三大类互相重合的问题，"说到底，不大可能得到决定性纠正的是第二、第三类的问题"。"美国显然需要花一段时间，在哲学上进行反省和文化上作自我批判。必须认真地认识到，以相对主义的享乐至上作为生活的基本指南是构不成任何坚实的社会支柱的；一个社会没有共同遵守的绝对确定的原则，相反却助长个人的自我满足，那么这个社会就有解体的危险。"

布热津斯基一再指出美国社会有"解体的危险"，甚至推测美国可能出现此伏彼起的"城市游击战"。这不是他一个人的恐惧，而已经是许许多多人表示的共识。除了今天世界上许多国家都面临的价值观念的混乱的问题而外，它自己还多了一个种族构成变化的问题。到二〇五〇年，美国人口中，欧洲裔的比重将从百分之六十下降到百分之四十。"这时的美国将与不久前的基本上是欧洲血统的美国迥然不同，它更可能反映出业已使世界分裂的文化的和哲学的分歧"。"因此，美国的内部社会和文化难题所构成的对美国全球地位的危险有两方面：一方面，一个基本上由缺少深刻的人的价值和追求物质享受的思想所支配的社会形象会削弱美国社会模式的全球吸引力；另一方面，这一形象会在全世界多数贫困的广大群众中引起过于夸大的物质期望，这类期望的落空就必然会加剧他们对全球不平等的愤慨之情。"

17.5 全球不平等现象势必成为二十一世纪政治中的重大问题

在分析了美国享乐主义的价值观不断削弱美国的道义权威与领导能力，而日本和欧洲又无论如何代替不了美国以后，布热津斯基明确提出"全球不平等现象势必成为二十一世纪政治中的重大问题"。

"纵观世界历史，在以往的大部分时间里，不平等现象都还能为人们容忍，因为各大陆之间远隔重洋，文化相去甚远，而今世界各地之间距离缩短，交往密切，人们在政治上普遍觉醒，不平等现象就变得难以容忍。"这种不平等不但存在于国际范围内，而且存在于各国内部。"人们强烈地抵制这种不平等现象。在未来的一段时间内，这种抵制可能仅处于开始阶段，更多地表现为愤恨而不是有组织的行动，但是几乎可以肯定，它将日益渗透到占人类绝大多数的人们的观念之中。他们了解并且嫉恨一小部分富有者的享乐和富足。"因此，布热津斯基一再强调"平等问题越来越成为人们注意的焦点"。

令人更加忧虑的是，"随着世界人口的增长，世界财富分配不平等的现象更为显著"。据大多数专家认为，到二〇〇〇年世界人口将接近七十亿，而一九〇〇年还只有十五亿。到二〇二五年将达八十五亿。更加糟糕的是，这些人口大约有三分之二集中在欠发达国家的贫民窟中，使他们极容易接受激进的政治鼓动。

与此同时，"最终将威胁到整个人类生存"的生态问题日益严重。一方面，正是发达国家对生态造成了最严重的破坏，因而对生态平衡日益关注；另一方面，穷国正在步富国的后尘，在实现工业化的过程中常常不顾一切，因为这是它们摆脱落后和贫困的唯一途径。因此"对生态的强调将成为加剧富人和穷人冲突的又一个因素"。至少，信徒已近十亿之众的伊斯兰教已明确表示要反对这种"邪恶的现代化"，因为"它的驱动力是在文化上向最基本的感官冲动投降。"

这样，布热津斯基心目中的未来世界的图景已经现出相当清晰的轮廓了：越来越多的人口挤在一个越来越小的地球上，纷争随时可以出现。唯一有资格领导世界的超级大国——美国实际上已丧失领导能力，不但因为它物质力量不足，也因为它在精神上失去了像十八世纪法国能以民族主义与民主主义对世界所起的"催化作用"。美国的消费主义享乐主义文化一方面引起其他国家的羡慕与追求，使它们腐化堕落，一方面又引起后者的嫉妒与憎恨。"对于人类来说，提高了的期望和实际能力之间的差距再没有像目前这样大"。当大多数人力求要过平等生活的愿望得不到满足时，"新的政治上的荒谬事件又可能一阵阵爆发"，可能会出现新的"准法西斯主义"。布热津斯基引用施莱辛格一九九二年的论调说："未来的世界秩序的特点将是强权政治、民族对抗和种族关系紧张"。他还补充说，"即在某个时候，在世界地缘政治的激烈动荡的漩涡中，可能会使用大规模毁灭性武器"。这是一幅阴暗的图景！

17.6 人类必须克服全球精神危机

有没有可能扭转这种局面呢？布热津斯基的答案是："如果人类要真正掌握自己的命运，就必须克服全球精神危机"，"就要掀起一次新的历史浪潮，使价值观念和行为方式根本改变，才会革除积弊。实际上它产生于一种漫长的文化自我重新审视和哲学的重新估价过程，这一过程将随着时间的推移影响着西方和非西方世界的政治观。"

《失控》全书最乐观的一段话是这样说的："虽然分歧在全球普遍存在，但是随着人们逐渐认识到自然资源的有限性和世界生态系统的脆弱性，一种共同命运感在全球萌生，并且渐渐成熟。这种认识在某种程度上抵消了全球范围内人们观点的极化倾向，至少为采取某些有限的联合行为奠定了基础，特别是在生态问题上。"

尽管二十世纪留下了"蓄意谋杀"了一亿七千万人的记录，但是它所增加的人口却比人类繁衍几百万年到十九世纪末的积存数还大两倍以上。后一个数字留下的问题比前一个数字留下的问题更难对付。地球的大小不变，而人口却越来越快地翻番。一方面是生活水平的提高，另一方面是生活空间的压缩。一方面是知识程度的提高，一方面是物质欲望的膨胀。一方面，信息高速公路的出现缩短了人与人之间的距离；一方面对贫富悬殊的认知扩大了人与人之间的对立。在同自然的斗争中，人已经把环境破坏得越来越不适于人的生存了，现在人又即将取得改变自己的能力，结果又将如何呢？……这些情况使得布热津斯基说，人类现在正"处于神秘莫测的新世纪的边缘"。他提出了这样的问题："人类的历史在哲学上的含义是什么？"最终还问："人的本质是什么？"这个问题却无论如何是人类所逃避不了的。不但美国人、欧洲人、非洲人、日本人……要回答这个问题，中国人也要回答这个问题，我们能不能在这方面做得快一点，好一点呢？

第四编

访谈与对话

第二十九章 访谈与对话

1. 与杜维明先生的对话[1]

1.1 中国人这一百年来最难改变的是政治思想

我近来越来越认为中国人这一百年来最难改变的是政治思想。新儒家的东西比较形而上学化，但我觉得这对中国人的实际生活，甚至于中国人的灵魂，几乎没有影响。对中国人实际影响大的，我觉得还应该是政治思想。佛教是印度哲学，但佛教传入中国以后，从形而上学的角度来讲，儒学化于佛学者为多，而印度本土的佛学没有受过儒家学说或者道家学说什么大不了的影响。就拿两个民族来讲，中国人受印度人的影响，至少通过佛学，好像很大，然而印度照我看是一点没受中国的影响。印度到后来不可避免地受英国人的影响。虽然中国哲学受了佛教不小的影响，但中国的政、教、礼、俗，拿现在的话来讲就是政治，政治制度与政治生活完全没有受佛教的影响。"沙门不拜王者"，后来到底怎么样？拜了。佛教不能使中国的哲学印度化，它自己倒是完全中国化了。从这个角度看，到底什么东西没变，最难变呢？就是中国人的政治思想和政治生活，这是最重要的。

1.2 任何学术必然有一个政治上的大方向

我要说一个问题——对不起，这是毛泽东思想——就是判断学术的一个重要标准确实还是政治标准。当然啰，这个标准是非常宽的。在今天中国来讲，你是赞成民主、法治（不是法制）还是专制？我认为中国的过去，也可以用一句话来概括，就是专制主义。这是根深柢固的。我写过一篇文章，透露了一个内容，就是毛主席在苏共二

---

[1] 本节内容选自李慎之与杜维明在1989年9月30日国际儒学联合会学术委员会上的对谈。

十大以后在中央政治局常委会议上说:"我们不是官僚主义,我们是专制主义。"毛主席还说:"我们执行的就是愚民政策。"从秦始皇以来的两千年,中国实行的都是专制主义,到现在也没有变。赞成还是反对专制主义,这就是一个政治上的大方向。

我认为这个标准是十分重要的。比如提中国的"现代学术",既然称"现代学术",你当然要有一个时间标准,比如戊戌以前、戊戌以后、辛亥以前、辛亥以后、"五四"以前、"五四"以后。但这只是必要条件之一,不是充分条件。第二个必要条件就是到底按照一个什么精神来划分。中国现代学术的精神,我认为就是民主与科学。我是把王国维、陈寅恪都包括在向往民主与科学这个范畴里头的。中国的维新与革命,搞了一百多年,现在的改革也改了二十年,我觉得最难改的,是政治制度与政治思想。所以说要启蒙,就是要启这个蒙,而不是去教育他们牟宗三、熊十力的那一套。

1.3 人的两大价值

我认为自由和平等是人的两大价值,应当平衡而不可偏废。但是到任何时候,自由是第一的,平等是第二的,永远不可颠倒。

[哈耶克《通往奴役之路》]这本书中国六十年代已经翻译出版,但是,那时是内部发行。另外,我倒也没有那么反对政府干预,比如西欧的社会民主主义在西方人看,是左派;可是在我们中国人看,它是右派,是资产阶级政党,它属于自由世界。照我看,它们在西方虽然强调平等,但是,它们是在民主制度下运作,仍然要选民投票同意才能执政。所以分析到最后,自由仍然是它们的第一价值。哈耶克痛斥台湾还可能因为那时台湾十分专制,人民无政治自由可言。

1.4 新派文章环回往复,佶屈聱牙

现在,西方与中国都有许多新派学者、新派文章,环回往复,佶屈聱牙。反正我是看不懂,我相信普通的读者也看不懂,我甚至怀疑他们自己相互间看不看得懂。这样,这些文章很可能成为智力的浪费。当然,简单化的问题也很大。毛泽东的最大本领,就是拿复

杂问题简单化，越到晚年越简单化。他的讲话就是要中国人民喜闻乐见，一听就能懂。应该说，在这点上他是成功者。有人说毛不是个胜利者。好家伙，毛三十年没有逢敌手，一路顺风，现在死了又已经二十多年了，到现在为止，虽然有些人可以写文章批评他，可是还是在我们的太祖高皇帝的太庙里供着。这个不叫胜利叫什么呀？他是胜利者，而且他的目的是达到了的，但他的最后目的没有达到。他的最后目的就是要使全世界都赤化。

1.5 中国人永远不要害怕没有中国特色

我的文章说过，斯大林死了以后，对毛来说，通向国际共产主义运动以至世界革命领袖的道路已经打开了。这个他办不到。这个谁也办不到。而如果（这个"如果"现在是不可能了）成功的话，那么连苏联都要中国化。中国人永远不要害怕没有中国特色。我为什么强调政治，强调自由主义？我认为这是一种全球价值，global value。全球价值实际上老早就有了，而且不断扩大。现在的全球价值也包括环保，以前就没有人认为它是。现在一出来，就是全世界都要承认这是一种价值，而且是不能没有的价值。还有人权，中国马上要签字的，也绝对是global value。那么，中国会不会实行呢？我不知道。比如法治，只要你隔三差五地看《人民日报》、《光明日报》，就会看到许多文章在混淆"法治"与"法制"。是无知也是有意在混淆。中国没有人真正懂得什么叫"法治"，因为，"法治"最大的前提就是要实行民主，开放言论自由、结社自由。看不出中国是在朝这个方向走。

1.6 鲁迅是不是自由主义者

我有一个问题没有解决，就是鲁迅是不是自由主义者。他无疑是最大的个人主义者与人道主义者。如果就他的批判精神来讲，也可以说是最深刻的自由主义者。但是鲁迅 to commit himself，他太相信瞿秋白、冯雪峰，也太相信红军和苏联（当然有些事实还没有弄清）。如果他再活二十年，看到苏共二十大，看到反胡风和反右，如果他在自由环境下，我认为他极大可能会忏悔，就像胡适一样。如果他在中国大陆上，他极大可能要自杀。他不会当右派，因为毛主席不会让他当右派。鲁迅给我的影响是很大的。可以说有自由主义的影响，但是更多的是共产主义影响。我现在甚至想：如果我重新活一遍，我是不是还会变成共产党？我今天在诸位面前讲，重新活一遍，只要客观条件不变，我百分之九十九还要当共产党。青年人的血性、理想主义在那个环境下，很难不作这样的选择。但作了以后又变成右派，而且是极右分子，而现在，又倡言自由主义，这就是中国的历史命运。

1.7 可以找到自由主义资源

我认为要寻找资源并不是那么困难。第一，我们毕竟已经有一百年的传统。现在在编"五四"以来的启蒙文章的全集。有这么多年的东西也很可以了。第二，我们已经实行了市场经济，市场经济天然是自由主义的，虽然中国的市场经济特别不像样，中国特色的。第三，就是全球化。全球化的力量是不可抗拒的，不可逆转的。陈寅恪有句话对于我是一个长期的信条，用您的话说，就是中国现代化必须要有自己的资源，他的原话是"不忘本来民族之地位"。但是，现在我认为，也不要太绝对，弄得不好会作茧自缚。我觉得世界潮流就是最大的资源。

关于国内资源，现在有国际儒联这样的组织在那儿研究儒学，又有陈独秀、胡适以来的几十年的材料，我看就可以了。中国最大的新儒家，地位最高，学问最大，当然是冯友兰，抗战前就确立了这个地位，而绝不可能是熊十力与梁漱溟这一类人。而冯友兰的思想说他很自由主义是不够的，但是他原来也属于中国自由派的知识分子。中国反自由主义的知识分子是郭沫若、陈伯达、艾思奇，还有我年轻时候大概也是属于这个范畴。至于中国古代的自由主义的资源，我认为不是那么重要。我觉得我们现在要学慧能的气魄，"明心见性，直指心源"。光凭中国最古老的传统，《礼记》所说"人者天地之心也"，《孝经》所说"天地之心人为贵"，孟子所说"良知"、"良能"皆"天之所以与我者"，到王阳明所说"致良知"这些资源，什么"人的尊严"、"人的价值"不能开出来？实在不必"抛却自家无尽藏，沿门乞食效贫儿"。

1.8 中国的民族主义

现在中国如果要煽起民族主义的话，我告诉你，不论有多少人，你要作煽情演说，一定是掌声雷动。

我最近一再讲，作为一个民族最大的光荣，就是在全球价值中间增加你的份额，不是用你的武功来取得你的地位。

1.9 印度文明也未中断

埃及、巴比伦是中断了。我最近专门请教了一下季羡林，过去都说四大文明只有中国是连续未断。但是我现在认为印度文明也并未中断，那时候说它中断可能是因为它沦为英国殖民地的关系。现在印度又独立了，回过头来再看它的文化，印度文明没有中断。他说，你这个问题我也想过，我现在也承认，是没有中断。

1.10 再谈自由主义的本土资源问题

关于自由主义的本土资源问题，我倒并不十分担心。首先，我们都承认人的本质基本上是一样的。外国的资源也都可以为我所用。你所说的印度的例子就是一个证明。英国占领印度二百年，但是英国文化，也就是西方文化，竟成为今天印度文化的一个根源性因素。你刚才的话使我大开眼界。印度在今天的世界上是所谓biggest democracy（最大的民主国家），运行得大体上还可以。除了英国的影响外，我个人实在不知道它有什么本土资源。我只知道从吠陀时代起，它的种姓制度就开始了。中国任何黑暗落后的制度，历史都没有那么长，范围也没有那么广。

第二，中国文化积累如此丰富，我可以说，无论什么现代思想都可以找到本土资源。就自由主义而论，您所说的"消极的自由主义"就至少可以在老庄以至杨朱那里找到资源。再比如现代的民主政治固然不同于中国古来的民本思想，但是只要"下一转语"，就未始不可以通到"民有、民治、民享"。以西方现代民主而论，就算它是从古代的希腊、罗马转出来的，实际上也已大异其趣，远不是原来的样子了。

第三，民族文化的价值（且先不说已在形成中的全球价值）主要不在墨守传统而贵在创新。能推陈出新固然好，无陈可推也一样好，西洋当代文化中这样的例子有的是，中国文化也是如此。我们提倡自由主义，只要它确实合乎世界发展的潮流，合乎中国人民的需要，它一定可以上接千年，下开百世。最近读到钱穆在二十年前的一段话，说："今天我们对于传统的旧中国，已可说是完全的无知了。"我和钱穆同样出生在江苏无锡这样一个小城里，虽然我比他小了二十多岁，但是我小时候看到的无锡的社会生活同《儒林外史》里写的实在也差不了多少。因此我完全同意他的话。他感到前途十分"可怕"，我也完全理解他的心情，而且我也有过他那种"可怕"的感觉。但我现在的想法是，只要中国人作为群体还存在，中国的语言文字还存在，中国文化就不会断灭。中国汉族妇女缠小脚有一千年的历史，可以称得上是悠久的传统了，然而在此以前并没有任何本土资源，后来靠洋人的力量废除了，也并没有什么本土资源。共产主义思潮流行于中国，一般人只想到《礼记·礼运》的"世界大同"是本土资源，但是毛泽东却找到了张道陵、张鲁作为本土资源，为人民公社鼓吹，结果是归于失败。所以"应乎天而顺乎人"就是最重要的本土资源。

第四，中国自由主义最大的资源，是它有"反面教员"。（对不起，又要借用毛泽东的用语了。）中国不但有两千年的专制主义，而且到了二十世纪下半期还发生了历史上空前黑暗野蛮的，以文化大革命为顶点的当代专制主义。对这种专制主义的深刻批判、深刻反思是中国自由主义的最大资源。批判与反思是比直接继承远为伟大的力量与资源，所谓"创造性转化"应该就是指这种批判与反思。用老子的话来说，就是"反者道之动"。古今中外的历史完全足以证明这一点。迄今为止，反思与批判还只是开始，中国还没有脱出这种当代专制主义的阴影，路还正长。杜先生，您几十年在不同的环境中生活，见多识广，一定要把您的学识扩大我们的参考系，加深我们的反思与批判。那将是您对中国现代化、文明化最大的贡献。

2. 新世纪 老任务[1]

2.1 瞻望二十一世纪

全人类的历史正处在一个转折点上。一是全球化从不自觉到自

---

[1] 本节内容选自《新世纪 老任务》（1999年）。

觉，二是继上万年的农业文明而主宰了世界二百年的工业文明正在向近年开始的信息文明转变。虽然谁都没法确定这个转折点的年、月、日、时，但是它大体上在二十世纪与二十一世纪之交，却是没有问题的，正如农业时代向工业时代转变大致是在十八世纪与十九世纪之交一样。我们现在虽然无法预见未来的时代是什么样子，但是可以确知这实实在在是十分重要的转变，其意义只有在以后才能明白。

我对二十世纪早有一个看法，就是它始于一九一四年的第一次世界大战，而终于一九九一年的苏联解体与冷战结束。后来才知道，世界上持同样见解的人很不少。对二十世纪写了书的人，恐怕也不少，不过我见闻有限，只知道有一本《极端的年代》，起这个名字是因为无论是右的还是左的疯狂在这个世纪都达到了极端的程度。也有人称二十世纪是"大死亡"的世纪，因为这百年之中的两次世界大战加上许多其他的战争，还有饥荒与别的灾难造成的非正常死亡都创下了历史最高记录。因此把本世纪称为"极端的世纪"，是有道理的，是合乎事实的，但是如果要从全部事实出发放在人类历史发展的总背景中来作出理论的总结，那还要看，还要不断地讨论。

2.2 中国的二十世纪

二十世纪是中国力求实现现代化的一个世纪，是在物质的现代化方面取得了相当成就，而在精神的现代化方面屡遭挫折的一个世纪。

中国是世界五大文明古国之一，论历史的古老比不上埃及与巴比伦，而与印度、希腊在伯仲之间。埃及、巴比伦与希腊的古文明均已中断，希腊是断而又续，另有传承，只有印度与中国的文明延续至今。

这一方面可以说，我们的传统文化的生命力特别强大，有人认为这就是优越性，但是我们两个国家的现代化却又都是蹭蹬不前，问题丛生，到今天还要算是"发展中国家"，说白了就是落后国家。所以出现这种局面，就是因为我们的传统文化，特别不能适应从两百年前开始的工业文明，亦即现代文明。当然，如果我们认为现代化没有什么可羡慕的，我们还是以回到从前的时代去为最好、最妥善、最安适；如果大家都那样想，那就什么问题都没有了。事实上，整个二十世纪，中国也一直有极小的一部分人抱有这样的主张，无如绝大部分中国人已经多少见识过现代化的世面，尝过现代化的滋味，他们迫切要求现代化，而且要求越快越好，问题正好就出在这里。

2.3 中国传统文化的影响

中国传统文化存在于中国十三亿人身上，包括你我这样的人身上，这个力量实在是太大了。[中国年轻人]诚然年纪不大，但是他们都生活在弥漫着传统文化的环境中。我想你可能会说是语境，我是不赞成这些新词儿的，可见我也是一个很传统的人。他们从小耳濡目染，思想是不可能不受传统的影响的，这也就是马克思所说的死人拉住活人。

不但你们这一代，就看我这个年近八十岁的老头儿，身上穿的，家里用的，除了读书写字还是方块字，吃饭还改不了吃中国饭菜的习惯外，还有哪一点儿是传统的东西？这都是一百年来逐步现代化的结果。所以传统是会变的，变了的就不是传统，而成了新统了，成了已经现代化的东西了。但是中国人变的东西虽然不少，甚至数不胜数，但是在最基本的精神上却变化微乎其微，甚至可说原封不动，它就是专制主义。这还是用一个名词说，如果一分为二地说就是专制主义和奴隶主义。中国人的深层心理，很少能逃脱这个合二而一的结构的。鲁迅之所以伟大，就是因为他刻画出了阿Q这个人物。阿Q明明是奴隶，可又一心一意想当主子，而且又确实风光过几天，于是大发其主子的威风。很少中国人没有阿Q相，我就不敢说自己没有，恐怕还很多。要脱掉阿Q相只有充分建立现代公民意识。没有现代公民意识，当然也就看不清自己和别人身上的阿Q相。但是任何人只要坚持表里如一的良知，也可以发现专制主义与奴隶主义，或者两者混合的阿Q相充塞在我们周围，也表现在我们自己身上。不过单靠自己是很难做到的。要发现自身的不足与缺点，一般还是要有外面世界的比较和刺激。直白说一句，中国为什么要现代化，就是为了中国人都能做一个独立的、自由的、自律的、现代化的人。这既是中国现代化的出发点，也是它的归宿点。我们搞现代化，大体上算搞了一个世纪吧！到现在还不能说已经成功，最大的障碍就是专制主义的传统没有根本改变，这一百年中甚至还变本加厉，比如文化大革命中的所谓"全面专政",是中国自古以来都没有达到的。改革开放以来,是有所变化,但是还不能说已有根本的改变。中国在二十一世纪的首要任务就是要彻底改变专制主义。只有清除专制主义,中国才能现代化。

2.4 中国专制主义的由来

专制主义在中国,从秦始皇在公元前二二一年统一中国自称皇帝算起,已经有两千两百年的历史了。这个历史比许多大宗教(如基督教与伊斯兰教)的历史都长,所以它对全体中国人的影响可称"浃骨沦髓",用林彪的话来说,就是"刻印在脑海里,溶化在血液中",要破旧立新,就像脱胎换骨那样不容易。

中国,大概如世人公认的那样,不是一个宗教的国家,但是确实是一个意识形态的国家,这个意识形态就是专制主义。关于这方面的讨论百年来固然不少,我却还要举陈寅恪的一段话来做最简洁的说明。他说:"吾中国文化之定义,具于白虎通三纲六纪之说,其意义为抽象理想最高之境,犹希腊柏拉图所谓idea者。若以君臣之纲言之,君为李煜,亦期之以刘秀;以朋友之纪言之,友为郦寄,亦待之以鲍叔。"对于主宰了中国人精神的三纲六纪,我还要引用中国近代第一位"儒学名臣"曾国藩在他家书里的话再作进一步的说明。他说:"罗婿性情可虑,然此亦无可如何之事。尔当谆嘱三妹,柔顺恭谨,不可有片语违忤三纲之道。君为臣纲,父为子纲,夫为妻纲,是地维之所赖以立,天柱之所赖以尊。故传曰:'君,天也;父,天也;夫,天也。'仪礼记曰:'君,至尊也;父,至尊也;夫,至尊也。君虽不仁,臣不可以不忠;父虽不慈,子不可以不孝;夫虽不贤,妻不可以不顺'……尔当谆劝诸妹以能耐劳忍气为要。吾服官多年,亦常在耐劳忍气四字上做功夫。"从这段引语,你可以看到,中国的专制主义有何等严密、何等厉害。

2.5 专制主义在中国没有成为历史

专制主义是一种意识形态,而意识形态首先是一种政治思想。所以即使在古代,三纲虽然是贯通的,却不是平等的。君为臣纲居于至高无上的地位。人在三纲六纪这张天罗地网中,他可能不属于三纲六纪（六纪指诸父、兄弟、族人、诸舅、师长、朋友）之中的任何一方，比如一个没有父母妻子的单身汉就有这样的可能，但是他无论如何离不开这个国家，不能不受政府的管。曾国藩写上面引的那封信的时候，他本人已经是一个大家长，而且功盖天下，位极人臣，在一般的人际关系里，他只能是许多别人的"天"，而没有别人可以做他的"天"了。但是他到死都是大清的纯臣，大清的皇帝、皇太后就是他的"天"。可以设想，他服官几十年，要碰到许多"无可如何之事"，然而除了"耐劳忍气"而外，还是只能"无可如何"。因此，中国的专制主义说到底是一种政治文化，是管到一切人，谁都逃不掉的一种意识形态。

千万不要把一切都以为是过去了的事。我是辛亥革命以后十几年才出生的，小时候就知道皇帝已经推翻，专制主义已成为历史了。但是到上中学大学的时候才知道，中国实行的还是法西斯独裁（有人称之为"法东斯"），生活感到憋得慌，于是参加革命，而且年纪轻轻就享受到了胜利的果实。不料，又碰上了实行"全面专政"的文化大革命。那时节，真是不敢有"片语违忤"。战战兢兢地、认认真真地编谎话，讲假话，老老实实地做一个两面派。那是一种"人"的生活吗？我们这样年纪的人，看见你们这样年纪的都感到人格有愧，抬不起头来。不过，不客气地说，你们这一代人，其实也不怎么样，与其说没有说假话，不如说是说了假话而没有自觉而已。中国的大环境没有变，中国传统文化中的奴性"基因"不可能不通过我们这一代人而传到你们这一代人的身上。

2.6 中国专制主义的形成

专制主义其实什么民族、什么国家都有过，要不然，洋文里面怎么会tyranny, authoritarianism, despotism, totalitarianism, absolutism……这么多辞儿呢！专制主义之所以产生无非是为了抬高最高统治者的权力，为了强制维持社会的秩序。中国专制主义的特点，只是它的范围特别广，权力特别大，历史特别长，根子特别深，生命力特别强而已。

我把中国的专制主义定为从秦始皇开始，因为秦始皇以前的中国是封建主义的社会，也有专制的味道，比如秦以前的周朝也有"王"

，也称"天子"，但是他只是诸侯的"共主"，用现在的话说，只是各部族联盟的头子。他对各诸侯国的控制力是有限的，因此生活要宽松得多。中国的许多学派就都是在那个时候形成的。你一定会奇怪，你们在教科书上学到的都是说中国的封建社会从秦开始的，为什么我偏偏说是秦结束了封建主义呢。其实这并不是什么奇谈怪论。五十多年前受教育的人都知道秦始皇废封建，立郡县以后就不再是封建社会了。胡适就说过"五四"不是反封建的，因为封建在两千年前就不存在了。你看鲁迅的书，你要找他"反封建"的字样，也是找不到的。这是那时全中国人的常识，现在教科书上说秦以后的中国社会是封建社会，其实不赞成的人是很多的，我也写过文章力辩其非。不过，积重难返，我辈人微言轻，胳膊拧不过大腿而已。这种一道同风的说法，正是文化专制主义的表现。今天没有时间深入讨论这个问题，只好留待以后再谈。今天能说的，只是秦始皇一统天下以后，中国实行的就是皇权专制主义，我杜撰了一个英文名词，叫做emperorism。二千年间虽有损益，但是基本上没有变化，在中国一直由皇帝统治。虽然有时有几个皇帝，如三国，如宋辽金夏；有时有十几个皇帝，如五胡十六国，如五代十国；但其基本统治方式始终不变。就是到小皇帝宣统被推翻以后，不但有复辟的图谋，而且专制主义还能借尸还魂，变本加厉，就是所谓个人迷信，或个人崇拜。其原因无非是两方面：一是社会经济政治制度的土壤未变；二是民族心理未变，或者说没有根本的变化。

2.7 专制主义是靠什么理论体系维持的呢？

无非是儒法两家。这两家的资格都比秦始皇要老。中国历来都以儒家为中国政治、学术的正宗，其实这种说法有些偏颇。因为秦始皇是第一个统一中国这个大帝国，确立中国专制皇权的人。他就是完全用法家的理论建国治国的人，继起的历朝历代，对秦的那一套，斟酌损益则有之，然而并无根本的改动。所以，李卓吾称秦始皇为"千古一帝"，谭嗣同说"两千年之政皆秦政也"，毛泽东也说 "百代皆行秦政制"。这都是完全合乎历史事实的。秦始皇从他的祖上起，即以法家思想施政。秦政苛暴，二世而亡，享国（从统一算起）才十五年。到汉文帝时，贾谊发表《过秦论》就批评秦"仁义不施"。到汉武帝时，用董仲舒的建议"罢黜百家,独尊儒术"。以后历朝历代都尊崇儒学,孔子也一直被追尊追封,直到"大成至圣先师文宣王",而法家则自秦以后即不得其传,没有一个学统,道统亦隐而不见。于是形成一种成见,认为儒学是中国学术的正统。其实,法家的思想早已融化于"百代皆行"的"秦政制"中而千古不能废了,以至北宋的苏东坡都说:"读书万卷不学律,致君泽民总无术。""儒主礼乐而法崇刑赏",儒家的作用不过是替法家不加掩饰的专制主义为之"节文",为之"缘饰",使之增加一点"仁义",罩上一层"温情脉脉的面纱"而已。所以自古到今,中国都有"儒表法里","内儒外法",或"阳儒阴法"的说法,实在是不错的。南宋的儒学领袖朱熹对这种情况很不满意。只能慨叹:"(从孔子算起)千五百年之间,正坐如此,所以只是架漏牵补过了时日。其间虽或不无小康,而尧舜三王周公孔子所传之道,未尝一日得行于天地之间也。"总之是儒法互用,构成了中国专制主义的意识形态,贯穿于中国两千多年的"政教礼俗"之中。道家、佛释对中国知识分子的思想或精神生活,对文学艺术虽然有很大的影响,但是对全社会的"政教礼俗"的影响,与儒法交融的实际主宰作用,是根本无法相比的。至于号称"中国唯一的本土宗教"的道教,则不过是中国专制主义的现实世界在宗教上的反映而已。

我还要强调一下,决定"政教礼俗"的,在西方就叫ideology,翻译过来就是意识形态。另外中间这个"教"字,比现代的所谓"教育"要广泛得多,是对全社会的"教化"。

2.8 中国的专制主义的特点

首先,中国专制主义的鼻祖秦始皇虽然笃信"仁义惠爱之不足用,而严刑重罚之可以治国"的法家学说,但是后世的专制主义却主要依靠儒家建立起一套完备的理论体系。儒家的三纲以子女对父母的亲情作为出发点,所谓"孝弟,其仁之本与软";再转到忠君上,所谓"迩之事父,远之事君","求忠臣必于孝子之门";再转到"天"的头上,所谓"王道之三纲,可求诸于天"。这样就有了神圣的、绝对的意味,只能顺从,不能违抗的了。

这个看法也不是我发明的,当代大学者陈寅恪在七十年前就指出："二千年来华夏民族所受儒家学说之影响最深最巨者，实在制度法律公私生活方面。"这方面的资料，实在太多，可惜我年老昏眊，已经没有气力来收集，来做条理化、系统化的工作了。总之这就是所谓中国的"伦理政治化"和"政治伦理化"。政治与伦理二者交相纠结不可分拆，就完全管住了中国人的精神，以至灵魂。

正因为这样，皇权是绝对的，是没有任何限制的。西洋人主张的对权力的制约平衡是中国人从来没有听说过的。中国古代当然也有个别的"有道明君"，肯听臣下的谏诤，但是那也只是他自己的事情，别人是无权强制的。近代的中国人引进了主权的概念，以为主权是绝对的，但是在皇帝的时代，按照"普天之下，莫非王土；率土之滨，莫非王臣"的定义，皇权不但可以到处伸张，而且打了败仗，放弃一块土地，臣下也无话可说，整个国家就完全等于皇帝的私产，这才真是绝对的个人专权。

我对外国的东西知道很少，但也还知道基督教世界与伊斯兰教世界都有一个上帝或安拉，它的权力才是绝对的，人世的帝王的权力至少要受到上帝或者上帝的仆人——教会的制约，所以它们都比不了中国的皇帝。

为了加强绝对皇权，中国专制主义还有一个传统是"神道设教"。当然最古老的传统是把皇帝叫做天子，并且制造各种理论说明其权力直接来自于天，董仲舒的天人感应论，可以算得是十分精微奥妙的理论。一般地说，凡是想当皇帝的都有各种"瑞应"，如陈胜吴广，篝灯狐火，是较早的；如满清肇祖布库里雍顺传说是其母吞神鸟衔来的朱果而生，可称是较近的。总之，凡是皇帝都不是凡人，而是神人。

就是皇帝这个名号，也是至高无上的，是远古未有而是秦始皇一统天下以后，令臣下议定，"以称成功"的。同时决定的还有"天子自称曰朕"，"更名民曰黔首"……以至焚书坑儒，"以吏为师"。臣下贵为丞相，向皇帝打报告，开头都要说是"昧死上言"，结尾都要说是"死罪死罪"。这些都可以看出皇帝有何等威严。一直到文化大革命中还经常有"罪该万死"这样的说法，你能不承认传统的威力吗？

中国皇权专制主义的又一个特点是"大一统"。这个辞儿来源于儒家的《春秋·公羊传》，据解释就是要"六合同风，九州共贯"。这种思想也许有助于中国成为第一大民族，第一大国，虽然历来完成中国的大一统与扩大中国疆域的往往是统一和统治中国的北方的蛮族。不过他们后来大多又变成为中国的少数民族（如蒙古、满洲），有的甚至完全融入汉人的主体（如辽、金）。但是，中国人虽然自以为"六合之内，皇帝之土。人迹所至，无不臣者"，其实眼光并不出于东亚，虽然有今人艳称的丝绸之路，其实对南亚、西亚、以至欧洲了解极少，更不用提非洲、美洲了。实际上仍然是"关起门来做皇帝"。这种无知，一直到鸦片战争才打破。于是而大惊失色。然而心理调整的过程至今还不能说已经完成了。

皇帝是"首出庶物"的人，他要统治广大的国土上众多的臣民，当然要靠一批管理人员，这批人又必须分成严格的等级，住房、服色……一切的一切都有严格的区别。最下面的老百姓，抬头向上看，只见一级一级的阶梯，到万岁爷已经在云端里了。这对确立皇帝的威势是十分重要的。前几天看见报上说，等级意识已污染到了小学生当班长、组长的心理。要知道这也是中国传统专制主义留下来的历史包袱的一部分。在封建时代，人当然也是分等级的，但是决没有专制主义分得细，分得严。

至于什伍连坐，把老百姓管得死死的，也是从秦就开始，一直到近代的保甲制度，都是源远流长。这些都是中国专制主义的特点。

2.9 中国专制主义受到民族主义的支持

还有，中国专制主义极容易受到民族主义的支持。在一八四〇年以前，本来无所谓民族主义，爱国就是忠君，忠君就是爱国，实际上只是国家主义。鸦片战争以后，中国开始有民族主义的概念了。一八九八年主张变法维新的康、梁和谭嗣同等人，既可说是民主派，也可说是有远见的爱国的民族主义者，但是两年以后高举扶清灭洋大旗的义和团就是盲目愚昧而又疯狂的民族主义者了。他们忠君，反而害了皇上；爱国，反而误了国家。这是因为中国一方面受帝国主义的欺凌，一方面又有向之学习的必要。反抗与学习的双重关系是很不容易摆平的。再近一点，抗战时期的蒋介石也是以"为国家尽大忠，为民族尽大孝"，来掩盖他的专制政策的。中国今天的国际地位，可以说已根本改观，但是过去的教训仍要牢牢记取，特别要警惕民族主义变为国家主义。在这个世纪结束之时，别忘了这个世纪在中国是以义和团和八国联军开头的。

2.10 中国改革开放以来在经济上取得了很大的进步

应该说整个二十世纪，特别是最后四分之一世纪，中国在物质方面和精神的某些方面是取得了进步，而且是不小的、实质性的进步。比如说，上个世纪中国连火柴都造不了，现在已经能造出两弹一星了。又比如说一九〇一年满清政府才降诏劝谕"女子勿再缠足"，现在已经基本上看不到小脚老太太了。但是，仅仅在三十五年以前，中国就发生了时间长达十年、祸殃及于一亿人的文化大革命，成为人类史上一大奇观，一大悲剧。而对文化大革命迄今没有全民的反思，全面的总结。这难道能说是正常的吗？把过去忘掉，埋头建设现代化，这难道是可能的吗？为什么要搞现代化，为的就是要做现代化的人——独立的、自由的、尊严的人。中国人的个性没有解放，难道能达到这个目的吗？

二十多年的改革开放，最大的成就是在客观上和主观上给社会准备了要求不断加大改革力度的条件，这在"五四"的时候是不具备的。我的观察是"五四"那点启蒙的力量实在不足以撼动中国两千多年根深柢固的专制主义传统。现在中国的社会条件已经大不一样了。除了物质上的成绩而外，这就是改革二十年来最大的成绩。

2.11 专制主义主宰了中国两千多年历史的观点不是我的独到见解

我不是一个有学问的人。我只是年纪大一点，经验多一点，感受深一点而已。今年是"五四"八十周年，我粗粗翻阅了一些"五四"的文献，才发现我上面所提出的论点，"五四"先贤都已经提出了。陈独秀、胡适、鲁迅……他们早就看出了我刚才向你谈的问题。其深广都远远超出我之上。他们可能只有一个缺点，就是看不到专制主义的厉害，以为经过自己的一番冲击，专制主义就已经打败而复活不了了。我只是以自己的经验来证明他们对敌人有点估计不足，而别人对他们摧枯拉朽之功也估计过高而已。我在这里要引用毛泽东在抗战胜利前夕在中共七大上所作的题为《论联合政府》的报告里的两段话。毛泽东说："只有经过民主主义，才能达到社会主义，这是马克思主义的天经地义。"他又说："没有几万万人民的个性的解放和个性的发展……要想在殖民地半殖民地半封建的废墟上建立起社会主义社会来，那只是完全的空想。"除了我上面已经说过的，我不能同意传统中国是封建半封建的说法外，这番话实在说得太好了。我是在抗战时期参加革命的，我以为革命的胜利一定会带来个性的完全解放和充分发展。现在已经到世纪末了，我才知道这个任务实在太艰难，干了一个世纪还没有完成，还得留到下个世纪去。作为一个中国人，我对新世纪最大的希望就是能够完成毛泽东在一九四五年提出的任务。

2.12 我对二十一世纪乐观

我觉得我有理由乐观。因为二十一世纪中国的经济社会条件已经同二十世纪大不相同了。中国人常说"船大掉头难"，中国就是一条大船，但是为了掉头也毕竟努力了一百多年，虽然我自己是肯定看不到上面毛泽东所说的那一天，但是你们是应该可以看到的。最重要的是要人们看到这个任务的重要性，更要看到这个任务的艰巨性。谭嗣同、陈独秀还有毛泽东，几代人都看到了问题所在，但是对其艰巨性估计不足，他们没有看到在这个自夸"上下五千年，纵横九万里"的世界第一大国中，专制主义真是"垂而不死，腐而不朽"，而且还能借尸还魂，变本加厉。

杜威曾经说过，"美国的民主是一种生活方式"。我是近年来才渐渐懂得这句话所包涵的内容。我现在可以说"专制在中国是一种生活方式"。要改变一种生活方式真是太难了。用现在你们这一代青年人的流行话，这就叫做"换一种活法"。要一个十几亿人口的社会整个儿"换一种活法儿"，这可确实不是一件容易事，也不是一件小事啊。这要求价值观的全面改变。

2.13 中国传统文化到底还有没有可以继承的东西？

当然是有，而且多得很。作为意识形态而论，专制主义这个辞可以概括一切，但是文化并不仅仅是意识形态。它的内容是十分复杂，十分丰富的。如文学艺术，虽然不能不受到意识形态的影响，但也决非意识形态所能包容，至于科学与技术，更是意识形态管不着的了。就以我们上面提到的儒家而言，孔子出生在封建社会，他的言论主要是为当世制定一些行为准则，并不曾想为后来的专制主义服务。他的一些话，像"三军可夺帅也，匹夫不可夺志也"简直可以说完全与现代的个人主义相通。同样孟子给"大丈夫"下的定义，"威武不能屈，贫贱不能移，富贵不能淫"，不但在历史上已为许多人所取法，在明天还可以为更多的人取法。更不用说像孔子所说的"己所不欲，勿施于人"这样的话，已经被公认为"全球伦理"的"黄金律"了。他们的"民本主义"固然不等于民主主义，但是也不难转化出民主主义来。即使是法家，其"王子犯法，与庶民同罪"的话也可以与"法律面前人人平等"相接轨。不过要注意，说"王子犯法"，而不说"皇帝犯法"，就表示最高统治者是高居于法律之上的，因此还不是现代的法治而只是法制，这点要警惕。所以只要拔掉传统政治文化中专制主义的毒根，只要严格注意与它划清界限，中国传统文化还是有很多很多的东西可以继承的。比如说，现在的新儒家，只要能做到这一点，我觉得就是可以欢迎的。甚至可以说，孔颜孟荀、程朱陆王的思想，只有在中国彻底清除专制主义之后，才能大放光彩。正像基督教只有在革掉了教会与教皇的专横腐败以后才能发扬光大一样。鲁迅不是说过吗？中国的新文明，要"外既不后于世界的思潮，内之仍弗失固有之血脉，取今复古，别立新宗，人生意义，致之深邃，则国人之自觉至，个性张，沙聚之国，由是转为人国。"

鲁迅这番话是一九〇七年写的。他提出的任务，就是"五四"前后不少人称之为"改造国民性"的任务。这个任务本来是大家希望它在二十世纪就能早早完成的，不料竟未能如愿。

2.14 我感到失望吗？

当然曾经感到过失望。但是，回过头来看看我们悠久的历史，广阔的国土，庞大的人口；再想想世界进步的步伐，我们一百多年能有今天这样的局面也不能说怎么特别使人失望了。欧洲之进入现代化，如果从一三〇〇年的文艺复兴算起，经过了十五世纪的宗教改革，到十七世纪开始的启蒙运动也经过了好几百年，而欧洲并不是一个大一统的国家，其专制主义的根子也远不如中国深。中国在二十世纪已经出现了鲁迅这样富有批判精神的文学家，陈独秀、胡适……这样伟大的启蒙思想家，甚至在被说成是"夜，黑暗的夜，最暗黑的夜，从来没有过这样暗黑的夜"的年代，中国还出现了顾准这样的思想家。他们表现出中国文化是有批判自己，超越自己的能力的，是有创新的能力的。中国传统文化，经过百年的冲击，枝枝叶叶已改造得很多了，只剩下刨老根了。这个任务在下个世纪大概总能完成了。

现在重要的不是唉声叹气，而是认真地做启蒙工作，首先是启遮蔽自己耳目之蒙，启闭塞自己心灵之蒙。只有自己觉悟了才能觉人，这话跟孔子说的"己欲立而立人，己欲达而达人"，孟子说的"先觉觉后觉"完全是一致的。

顺便说一句，传统知识分子（当时称为士大夫）和现代知识分子的社会功能也是完全不同的，甚至可以说是完全相反的。传统知识分子的任务是教化，即教忠教孝，以保持社会稳定。现代知识分子的任务是批判，即批判社会的弊病与缺点，以促进社会进步。

中国的社会经济条件大大改变了，改善了，这还只是一方面；文化大革命的"全面专政"给中国人留下了刻骨铭心的教训，这是又一个方面。根除专制主义，只看我们自己的努力如何了。全世界的人心都是差不多的，对人权的要求也是差不多的。中国文化的创新是可以指望的。

还有一个十分重要的方面就是全球化的进程汹涌澎湃，不可阻挡。中国去年签署了《世界人权宣言》，今年完成了与美国的谈判之后，明年大概可以参加世界贸易组织了。中国参与全球化的进程也愈来愈深入。这些对中国最终摆脱专制主义，肯定是很大的助力。

2.15 展望二十一世纪的国际形势

现在瞻望二十一世纪，只有一点可以肯定，就是全球化的进程必将继续，而且定然会加速。但是，到下世纪末的时候，大概也还不能达到全球一体化，达到建立康德所说的世界政府，或者马克思所说的英特纳雄奈尔的地步。请你注意，我说全球化是很少说一体化的。现在就大地区而论，只有西欧照他们自己的说法，已经迈向了一体化，签证取消了，连货币都统一了。这是因为欧洲各国都是继承的希腊罗马文化，信仰的都是基督教，最先进入工业文明，相似性比较大的缘故。其他地区各国各民族的差异与矛盾都太大，即使历史发展的速度愈来愈快，一百年的时间大概还不足以解决问题。而且，既然有人认为目前世界上农业文明、工业文明与信息文明三者同时存在，而且难保不发生一场流血冲突，我也觉得根据历史的经验，无法排除这样的可能性，只是目前还不能具体地预见而已。

另外，比较可以肯定的是：人口将越来越多，地球将不胜负担，环境将越来越恶化，虽然像中国这样的国家照"生一个好"的政策实行下去，到下世纪中叶，人口应该下降，但是实际上农村超生的太多，而那里的人口却占了大头儿。别的像印度、非洲这样的地方就更不用说了。照科学家们乐观的估计，各种治理环境污染的办法会越来越完备，然而很难认为下一个百年就能根本扭转目前的趋势。我们当然可以寄希望于科学与技术的发展，但是要在二十一世纪就解决全面恶化的问题，我总觉得还不大可能，也许到二十二世纪才可望有根本的改善。不过，像生物基因破译以后，人类掌握了控制、改造生物，包括人类自己的身体的技术以后，世界上会发生什么变化，实在是无法预测。想一想十九世纪末、二十世纪初，有谁会料到二十世纪竟会是这样一个世纪呢？我曾经是一个相信自己已经掌握了社会发展规律的人，结果竟成为一个笑柄。

话再说回来，整个人类发展的大趋势还是有的，如经济市场化，政治民主化这样的大趋势是谁都不能抗拒的。全世界各处的人权也会不断普及和提高。要知道，人权只能落实在个人身上，所谓集体人权是不存在的，言论自由，结社自由，迁徙自由，都只能是个人的。所以，人权的兴起就必然是专制主义的衰亡。

根据当代宇宙学家的说法，自从大爆炸以来，宇宙已存在一百五十亿年。如果把这么长的时间浓缩折合为三百六十五日的宇宙历，要到九月十四日才产生地球，十二月三十一日晚上十点三十分才出现人类，人类的全部文明史还不足十秒钟。因此，从宇宙的观点看，一个世纪的时间，曾不足以一瞬。即使宇宙与人类最后都要毁灭，从现在看，以后的路还长着呢。我总相信，宇宙花这么长的时间进化出人类来，总不会是为了要毁灭它。

3. 李慎之访谈录（2002年7月）[1]

3.1 邓小平是反右的最高执行人

邓小平还是反右的最高执行人。当时的反右领导小组，他是组长。而且，毛主席很厉害，让他到清华去跟学生辩论，邓小平挨了清华学生一顿围攻。邓小平是这样一个人，他的部队里，刘伯承叫"刘菩萨"，他的部下只怕邓小平，不怕刘伯承的。邓小平那时也是四十来岁，带兵一辈子，见过阵仗的，没想到几个小毛青年几乎弄得他下不了台。所以他后来打右派时特别狠。

1957年7月4号，苏联发生马卡木事件。在国内，邓小平宣布吴冷西接替邓拓当人民日报总编。邓小平说：我们还是支持赫鲁晓夫的。因为莫洛托夫不行了，思想太死了。

3.2 毛主席最大的特点就是流氓气

毛主席最大的特点就是流氓气！就是他猫追耗子玩儿！他可以对田中讲：感谢你们日本人。这是老实话，没有日本人，老实讲，共产党完了！

3.3 有人看出了毛提出双百方针的真正目的

有人看出的。举例讲，比如陈寅恪。甚至钱钟书也看出了。所以我们整个，都不能算干净的人。都跟着共产党。这两位，是中国少有的高级知识分子，干干净净。有的人如储安平，也许看出来了，但是，还是傻乎乎的，否则他怎么去讲"党天下"？

3.4 沈崇案件

沈崇号称被美军强奸。这种事情在两个盟国之间是小得不能再

---

[1] 2002年7月10日，李慎之接受友人采访，本节内容选自对该采访的文字整理。

小的事情。但是，共产党就能利用这个事件，搞起一个反美运动。苏联在东北，可以说罪行累累，但是，我当时从成都到重庆，看到新华日报社论，叫"爱国不等于排外"，就因为左派知识分子，大学生，不在国民党掌握中。国民党可以掌握大批的中学生。我告诉你，反苏游行的规模，也可能超过共产党组织的历次游行。我从成都到重庆，看见中学生在田间拿着旗，摇啊喊啊，都是有气无力的。可沈崇案件，可以激起全国这么大的反响。简直有政治影响。我是过来人，我都说不清楚。怎么那么大的本领。

3.5 不左倾的人也变左了

吴晗这些人，本来完全是胡适之徒，根本不相信共产党一套。闻一多根本就是反共的，但到了后来，因为自己受了苦了，同时看到国民党腐败（就转向了共产党）。我曾跟人讲，毛泽东善用一个词，就是"民主"。我到现在写文章里问道，什么叫"民主"？我赞成什么民主？我问来问去，就一个概念，当时可以说全国共同的，就是"反独裁"。反谁的独裁？反蒋介石的独裁。

反独裁可能比独裁还要独裁！根本做梦也想不到！中国为什么没有人看到？第一，抗战，应该是鸦片战争以来，一次一次地，这有波浪。鸦片战争并没有把全中国人民都刺激起来。再刺激的是1895年的中日战争。这是全国愤然。然后中日战争后，辛亥，然后五四——青岛问题，1919年，然后九一八，1930年，九一八马上紧跟着来个一二八，国民党抵抗，引起全国拥护。所以，一次一次的受外国侵略，激起中国人的思想越来越……从抗日而左倾，到最后一拨左倾的人，说穿了，就是闻一多朱自清这批人。这批人根本就是最不左倾的人，根本没有左倾的，到最后才左倾。而且，我给闻一多算过命了，如果49年进城他是欢欣鼓舞，但57年他绝对是右派！所以中国知识分子本来也不太左倾，越来越左倾。

像我这样的自以为左派看来，大学教授都是左派，其实不对！真正西南联大的老教授没有几个是左派。什么时候当左派？44、45年以后。然后，毛泽东到了重庆以后，这下更把这些人变成了左派。43、44、45年以后。那时你可以说，在大知识分子中间，也建立了左派的阵地。

3.6 共产党在抗战中可以说没有打什么仗

抗战，共产党可以说没有打什么仗，但共产党这一点是厉害的。他不跟国民党争地盘，他跟日本人争农村的控制权。城市、铁路线在日本人手里，底下都通的。国民党是真正抗战的，抗了一下，抗么又抗不下去，死掉上将十来个人哪！共产党死掉什么？死一个左权，那还是不小心。彭德怀打百团大战，毛主席永远记恨在心。

平型关现在我们吹得不得了。平型关跟台儿庄不好比，一共打死日本人上千。但是，我在讲国民党外交政策的时候讲过，国民党后来也不打了。靠谁打？靠美国打。所以在国际上，关于二战的军功谁最大？一般外国人是没有把中国人看得上的。中国军人呢总要争。而且最后是逐岛进攻，麦克阿瑟是成功的——逐岛进攻是一个个打过来，跃岛进攻是跳着打过来，麦克阿瑟后来是越来越成功。

3.7 原子弹

当然最后成功是两颗原子弹。两颗原子弹，又要讲到毛泽东的意识形态观念。后来我在延安时，我跟那些人都熟，延安那些知识分子（为这）高兴得不得了！毛立刻批评下来：不是原子弹！原子弹不能决定胜负！

第一颗原子弹下来以后，苏联才出兵。再三天，日本就投降了。共产党怎么说？"苏联出兵是战争（胜利）的决定因素！"简直是胡说八道。苏联人在打仗上面没有什么功劳的。苏联军队的素质都是很差的。所以奸淫掳掠，而且把中国东北的机器都搬走了。国民党这下逮着理呀，他掌握全国政权，发动游行。他们游行遭到我们这样的人的绝对抵制。那时我已经大学毕业了，坚决认为苏联是我们的盟国，不会有这样的事的。

3.8 反饥饿游行

你说共产党有多厉害！国民党有多窝囊！反饥饿游行，那时我已经在西柏坡了，反饥饿游行，我偶然看到国民党报纸，上面写：姐姐早晨吃了牛奶面包鸡蛋就去反饥饿游行了。真的！反饥饿游行的大学生，没有一个真正挨饿的，顶多是吃不好，拿现在的标准。拿困难时期的标准，那好得多了！

3.9 为什么57年之后知识分子一下子闷了？

林贤治写胡风集团，讲解放以后出现一个字，叫做"单位人"。胡风不是讲嘛，说话要小心，公家人。咱们在聊天，一个警卫员来给你沏茶，他也听不懂什么，也要给你汇报一下。胡风是大左派，他也感觉到这个威胁比国民党给他的威胁大多了。毛主席还依靠群众斗群众，毛主席两大特点，跟斯大林不同。第一，他原则上不杀人，以后间接而死的，那不算的；比如刘少奇是不是他杀的？也可以说不是，也可以说是他害的。但不是他直接杀的。第二，他不用特务。所以很多外国人看不懂，说中国极权主义是警察国家……

3.10 毛泽东不用特务

我明确告诉你，我的部下就有[特务]。我的新华社的，社科院的，有很多部下，是国家安全局的。但这一条跟苏联还不同。至少跟我要公开。因为毛啊，跟苏联，没有谁比谁好。苏联他可以一下子就把你干掉。但是毛认为还是民主集中。我们是一切集中到党，党委书记，一层一层的，少数服从多数，下级服从上级，地方服从中央。毛主席在整风以后，还有一个规定，党的主席，在一切问题上都有最后决定权。中国的一切制度的形成，源自于整风。整风以前苏联的一套是很糟糕的，毛泽东的一套乱杀人也很糟糕的，但是不完备，而且，说老实话，如果没有张学良，恐怕毛泽东老早就完了。以后，他逐步地完善。在什么意义上完善？在独裁的机制上完善。现在咱们住这个房子还好一点。在北京，你住四合院，在中国，一家住在深宅大院的几乎没有了，你同院总有别人。所以，在中国，这是非常形象的，这个小脚侦缉队是这个群众专政最典型的表现。

小脚侦缉队有特别强的社会主义积极性。什么叫社会主义积极性？我是反对这个的，实质就是封建主义积极性。忽然来了个漂亮女性，老太太就会认为你是搞不正当男女关系。她没有理由的，也没有人布置她任务。她就会用嘴唇舔破了窗户纸，窥探你的行动，然后她还会拿话来试探你，然后到居民小组去汇报你。小脚侦缉队是中国群众专政的一大特点，就是毛说的，群众中蕴藏着极大的社会主义积极性。

3.11 言论自由跟财产自由的关系

解放以后，毛泽东还是有步骤的。如果他在五零年搞这个，明确讲，共产党可能垮了。当然他还有军队。但是，会搞成大乱，因为群众还会有反抗能力啊。到了工商业改造完成以后，你注意，共产党的根本特点，就是全国只有一个老板，懂吗？现在我们又开始说老板了，但贪官污吏许多。我告诉你，贪官污吏也比清官的毛泽东大老板好，因为他有矛盾啊，有窟窿眼啊。毛是没有窟窿眼的，水银泻地，无孔不入的。这个你真得好好琢磨琢磨。

3.12 世界独裁的全能冠军是毛泽东

毛的极权主义，他搞一切都垄断。共产党是人类历史上的特殊阶段，只有在俄国、中国这样的国家才能成功。世界独裁的全能冠军是毛泽东。单项冠军是卡斯特罗。统治时间之长，他不如金日成，杀人之多，他比波尔布特少，比不了吧。但是全能冠军是他。他的世界是八亿人。八亿人，不斗行吗？这是他临死的时候说的。八亿人在他手下简直服服帖帖，没有二话。而且，最伟大的是，他能够叫八亿人造反！

文化大革命中，毛泽东的绝对权威是不能动的，文化大革命中军队也造反，百万雄师就是军队造反，周恩来去了，王力去了，就告诉那个陈再道，毛主席到这儿了。那个陈再道完全是典型的，陈再道看见毛主席马上磕头啊，我有几个脑袋啊！我不知道主席在这儿。真典型。这就是中国。秦皇汉武，就是这样。中国整个思想就是这样，专制主义。专制主义是一面，奴隶主义是另一面。两个融和在一起才能算一个体系啦。所以毛能够成功。所以蒋介石跟毛比呀，我们说他流氓，差得远啦！他要不过毛泽东。周恩来也是大人物，周恩来也要不过毛泽东。

3.13 我检讨不伤害他人

[我以前检讨时]有我的策略。我脑袋还是清楚的。我当时做一个好人呢，不是说我刚强，跟你斗到底，而是说我是王八蛋，我坏蛋，但是我不能因为我的揭发、不能有一个字带到第三者。这很困难。伤脑筋。有一句话，叫做说谎要有特别好的记忆力。我是没有冤枉一个人。比如乔冠华，他们要我揭发。我说，乔冠华跟我思想很共通的。但我记不得他说的话了。他水平太低，我只记得国际上陶里亚蒂这样的大人物。他没有什么可以引起我特别记住的话。这是我的一个手法。

这是最后的良心。如果我要出卖乔冠华的话，你不要以为共产党不会把他怎么样，有可能把他拉下来。我算倒霉了，绝对不能拉住别人。这就是还有一部分清醒。所以就用这么一种办法糊弄。

3.14 吴冷西参加政治局常委会的笔记

最近我还给党史研究室打电话，你们要把他的十年笔记扣下来，这是中国党史最宝贵的材料。他是在常委十年，没有第二人，邓小平也不能每次会都参加，林彪根本就不去，除了他以外，没有人有做笔记的义务，而他要做笔记——他的笔记历来做得最详细，传达得最清楚。毛主席说过的这些自由化的话，不知道有多少！

这些谈话没人知道，知道的只有六个人。哪六个人？毛、朱、周、刘、林、还有彭真。你看吴冷西的《回忆毛泽东》，他跟我也这么说，在书里也这么说，当时中央常委——首先不是常委，（苏共）二十大以后是书记处，八大以后就变成常委了——几乎天天开会。我这话都是有根据的，我党有史以来，没有常委天天开会的，那就是说，二十大对毛的影响太大了。

3.15 我被认为认罪态度特别好

我还有个怪事，被认为认罪态度特别好！我的检讨最近才找到，一万多字，在大礼堂做的，新华社那么多右派，我是唯一享此殊荣的，但没有一个人被我牵连。我在台上，我真的触动感情，我哗哗哭啊，底下也哭啊，一千人。最近我找到了这份检讨。我还要告诉你，我的恶劣思想，竭力做文章，把文章做得我没有一点是对的。全错了。

3.16 我瞧不起郭沫若

我非常瞧不起一个人，郭沫若。但是，我近两年又对他宽大了。郭沫若害过人，我李慎之绝对没有害过人。但我内心深处有两面。两面就是有对立面。做戏就是做两面派。内心深处做两面派。在人面前总是我错了。但是有时候就忽然想出一点：我有什么错？（我的言论是）毛主席讲过的，哦，赶快（这话）不能讲，立刻压下去。这个事情，我当时就说过这样的话，我认为我的案子是不能翻的。只有谁才能翻？只有将来真正伟大的文学家。现在，还没有这样的文学家，能够把这样复杂的心理状态描写出来。如果说有的话，有一个人，我是中国比较早看他的书的，董乐山都是我给他看的，《一九八四》。

3.17 邓小平有最不失个人尊严的检查

现在有许多人骂邓小平，因为邓小平说过一句话：永不翻案。我告诉你吧，邓小平比我强！我明确告诉你！他是最不失个人尊严的检查。就说一句"永不翻案"。其实毛主席给他判的罪他全部顶掉了。但你知道邓小平为什么这么牛气呢？他的经验是比我更多了。我后来懂了：反右，我开了两个多月的会，你不知道头在哪里。行了，你明天准备做检查了，意思你的问题完了。完了还要定你的案，极右分子啊，开除党籍啊。邓小平就不同了，叫你做检查，是汪东兴通知他的，意思就是你的问题要解决了。所以，怎么顶，毛主席都不会生气。但是，他永不翻案这句话总要有。怎么叫不翻案呢？你可以说邓小平翻了案了，也可以说他没有翻案。像邓小平这样党内斗争经验极其丰富，他才能够做到这样。

3.18 我没有害过一个人

给我平反的时候，我给党组写了一封信，因为他们说我李慎之是好人哪，心胸襟怀坦白。我说这个赞誉我不敢当，因为我承认了我没有犯过的罪。那封信我现在还保留着。但是，除此以外，在一个意义上，你可以相信我，我没有害过一个人。我没有做过有害于人的事。要害就害我自己一个人。也许有点吹的危险，如果讲做人做到底的话，可以讲，我做人已经做到当时最高标准。超过我的标准不可能的。如果觉悟再高的话，什么乔冠华，什么吴冷西，都是有问题的人物！

但是，有一个良心问题我已经犯了——就是李慎之不是右派啊！我承认了。我没有反党反社会主义，我承认了。我是新华社第一个平反（改正）的。你知道为什么？因为邓小平要我做他的顾问，跟他去美国！78年底，79年初。

3.19 希望寄托在全球化上面

我实际上是把希望寄托在全球化上面。你知道德国的思想么，日本的？德国和日本，明确地讲，美国占领才使他们改变成一个民主国家。很多历史上的大事是战争决定的，但是，二次大战以后，就发现，不战争也能决定问题。苏联自我爆炸。我们从加入WTO，慢慢的，中国现在懂事的人现在比过去多了。我是在乐观和悲观之间徘徊。

3.20 如果共产党现在开除我党籍，我无所谓

现在有人在那儿讲儒家什么的。儒家当然好的，比如威武不能屈，富贵不能淫，贫贱不能移，大丈夫。可是，共产党，毛主席，铺天盖地的，你这个都用不上！谁拿富贵来引诱你呀？威武呢？他又不是杀头，杀头也许还能出个好汉，他又不是！他跟你大辩论！我最近跟一个朋友写信，我说你当过右派你应该知道，你要是读过旧小说，你应该知道，马列主义，摆的是一字长蛇阵。什么叫一字长蛇阵呢？叫击其头，尾应；击其尾，头应；击其中，首尾皆应。马列主义，他自成一个系统，是个无所不包的意识形态。你如果这点你否认，他另外一个歪道理会出来。你是承担义务的，宣过誓才入党的，你不能说，我不同意你的观点！你是党员，你必须赞同。所以，要对待这些，现在只有提倡一个东西，一个是自由主义，个人主义，个人的生命是至高无上的。我现在已经叫出口号了，什么主权高于人权？人

权高于主权！你要一旦进入一字长蛇阵，你永远跑不出来了！大辩论的时候，有些话已经到了我的嗓子眼了，毛泽东根本就错了。这话要一出来，好，你不是说你拥护毛主席吗？刚好！说明你反党反社会主义，没错！所以，中国人不能从这里引出教训，很差劲！我是到达这个思想境界了。我知道我现在承担了义务，我是党员了么。明确告诉你，如果共产党现在开除我党籍，我无所谓。你不开除我，我就呆在里面。共产党这个党，是个五毒俱全，无恶不作的党。你不搞清这一点，你没办法。一定要搞清楚。

3.21 我赞成和平演变

我那篇文章，《中国文化传统中的专制主义》，我明年还要写再论。我自以为已经把中国的问题说到底，说透了。现在对中国问题有很多的议论，我都不以为然。中国的根本问题是专制主义。只有推翻专制主义。可是有很多好心人，说中国人要没有人管，中国就完了。这个观点我只能承认他有一定的道理。邓小平就用这个理论搞六四。这事情我也不知道最后是真的还是假的，香港报纸上说，就是92年的时候，邓小平在上海找了万里、乔石、江泽民，说：现在我对毛主席是三七开，我当时只能这样讲。十年以后，应该对毛主席重新评价。我告诉你，要垮也很容易垮。我是公开讲出一个（词），就是"和平演变"，我赞成和平演变。对中国人，最好的道路就是和平演变。和平演变对中国人来说，是第一个大罪状。反刘少奇，就说他和平演变。反赫鲁晓夫，也说他和平演变。

4. 最后一次访谈（2003年3月）[1]

4.1 三个"新中国"

现在人们称中国为"新中国"，其实"新中国"已经叫过好几次了，至少近代以来20世纪已有三次：第一次是辛亥革命后1912年建立的中华民国。第二次是1927年国民党北伐以后，我们上初中时的英文教科书叫《New China》，很多中学都把它作为教本的。现在我们说的新

---

[1] 2003年3月14日，数名研究人员对李慎之进行了访谈，本节内容选自对该访谈的文字整理。

中国则是从1949年开始的。

我曾说过一句话：新中国是以最最最革命的思想以及行动，造成的最最最反动黑暗的统治！这个统治在最后表现为中国历史上——按照毛泽东自己的说法，就是"史无前例的无产阶级文化大革命"。中国历史上没有这样的事情。我这个话有什么根据呢？毛泽东自己证明了这一点。他自己说："我是马克思加秦始皇"。

4.2 "封建论"辨析

说起秦始皇以后的社会，我有一个观点，和现在国内绝大部分的人是不一样的。我们现在有一个长期普遍流行的，其实是以讹传讹的概念，叫作"封建社会"。

稍有历史常识的人，甚至我这个年纪的人，在解放以前上小学的人，都不会用"封建"这个词。因为共产党的政治势力、政治教育的影响太大了，便这样"封建"下来了。我认为中国的传统社会只能称之为专制主义。"封建社会"是有的，日本在明治维新以前就是"封建社会"。对于封建社会，西方人是有研究的，封建主义当然是专制，但是松散得多，所以封建主义可以比较容易地自动产生出资本主义。中国的专制主义太严重了，可以说是没有可能产生出资本主义的。我认为，从中国社会的性质来看，一直到毛泽东时代，一直到今天，始终是一个前现代的中国。

4.3 毛泽东是"秦始皇加斯大林"

我年轻时认为社会主义是最革命的，而且是最民主的，共产主义社会的民主，比资本主义民主不知道要高明多少。我的思想的直接来源是中国共产党。具体说，中国共产党的第一个领袖陈独秀就是这样讲的。当然，陈独秀的这个思想是来自列宁啦。但中国1949年以后实际上实行的是"秦始皇加马克思"。可是这个"马克思"呢，我看也还不大确切，我认为不如说是"秦始皇加斯大林"。一个秦始皇再加一个斯大林就是最专制独裁了。

4.4 驯服工具论的最高来源是毛泽东

文化大革命以前开始流行的一首（雷锋的）歌唱到："唱支山歌给党听，我把党来比母亲。"刚刚开完的十六大也还提倡这个。我认为学雷锋从政治目的讲，并不是叫你学好人，而是叫你做驯服工具。而驯服工具呢，实际上从秦始皇，从法家到儒家，到共产党都是一贯的。文化大革命时为了造反，毛泽东就把提倡驯服工具论的罪名推到刘少奇头上。不对！驯服工具论的最高来源就是毛泽东。

毛的一生，最简单地讲，我觉得一句话就是：无法无天，敢死敢活，奔向"共产主义"。解放战争的进度完全出乎包括毛本人的意外，三年就打掉了蒋介石八百万大军。他大概以为建设社会主义也可以这样快，所以他就急急忙忙地，很早很早就提出那个"超英赶美"。但一赶就出错误。同时又偏偏碰上一个苏共二十大，把毛最佩服、最想做的一个人推倒了，就是斯大林。

毛的晚年呢，放出一个宣传的（话），就是说毛特别反对斯大林。不对，共产国际有铁的纪律，直到共产国际在1943年解散以前，中国共产党党章第一条，就规定中国共产党是共产国际在中国的支部。党要有铁的纪律，这是列宁讲的，共产党当然要遵守铁的纪律。严格地讲，铁的纪律跟民主是完全违背的，但是我们都愿意遵守那个纪律。中国传统的儒家、法家，都是要忠君。我们自以为是为了一个全新的革命的事业，所以中国共产党遵守这个铁的纪律，应该讲，"比古代有过之而无不及。所以我再说一句，就是在中国，实际上我们进行了一场在我们当时看，是全世界最现代化的革命，但在事后来看，是最反动的一个复辟——是通过所谓马列主义的语言来完成这个转换的。

我现在的观点很多人不赞成。他会说：邓小平改革已二十几年了呢。可是我认为，共产党的集权主义，也许可以改称为"专制主义"，基本上没改，道统没变，就是马克思列宁主义没变，只是在淡化，淡化体现在党章里。同时在实际操作上，共产党管一切。毛泽东讲了十个字："工、农、兵、学、商、东、西、南、北、中"，都要听共产党领导。现在这个一点变化没有。

4.5 "百花齐放"是专制主义的口号

我们现在根本不能谈言论自由，只可以谈"双百方针"。我是反对"双百方针"的说法的。因为这个说法跟现代政治学、跟现代法学的概念是矛盾的。言论自由就行了嘛，出版自由就行了嘛。什么叫"百花齐放、百家争鸣"？

毛泽东真是了不起，他这句话出来的时候，使所有的知识分子都拥护，我也是一样。我是共产党员，我当时还很愿意马列主义一花独放，觉得他主张"百花齐放"真是很开明。我作为一个知识分子，心里就有这个要求，也拥护了好几十年哪！

现在我认为"百花齐放"是一个专制主义的口号，其实质就是"我许你放"。胡适当时在美国就跟唐德刚讲，你没看过《镜花缘》吗？像武则天那样，就是皇上开恩，而且就其来源讲，不是开恩，是强制你放，不放不行。惟独牡丹不放，被贬到洛阳。胡适是很有学问的，我相信他的话是有来源的。毛主席也可能是为了提出"百家争鸣"，凑了个"百花齐放"。而且，"百花齐放"开在当代中国的时间早于"百家争鸣"。大概是在五一、五二年左右，毛主席给文艺界讲话，提出"百花齐放，推陈出新"。后来跟"百家争鸣"凑成"双百方针"。

为什么到现在现代化时期，人权应该充分实现的时候，还要讲"百花齐放、百家争鸣"呢？1957年反右派，就是先动员你大鸣大放，毛主席可以强迫你放，有的民主人士在家里生病，他不想参加会，硬是用小轿车——那时小汽车是很少的呀，只有大官才能坐的——到你家门口把你拉去开会，你就说了一通。其实说的内容拿现在的标准来看也没什么，过了一个月，反右来了，就说你放毒。

4.6 儒、法两家构成了中国专制主义传统

我看中国继承了两个传统，一个是从斯大林来的传统，一个是中国的专制主义传统。专制主义传统又是由两家组成的，就是法家和儒家。老子、庄子，我认为不是中国的大传统。我认为任何一个民族最重要的创造，精神上的创造，是它的政治制度。但有些国家是政教合一的，宗教好像是更重要的创造。我强调的是宗教里头的属于政治

的成分，就是这个民族的国民性养成的原因。

从人类历史发展来看，民主主义只是一个特例，是一个例外的现象。全世界任何国家都经历过专制主义阶段。民主，在古代有希腊，在现代，英国和美国都是在非常特别的情况下才产生的，非常偶然。而中国的专制是最发达的。

4.7 "百代皆行秦政治"

我在这里要把毛主席的学术地位"吹捧"一顿。他有一首诗，给郭沫若的："劝君少骂秦始皇，焚坑事业要商量"。底下一句是最关键的："百代皆行秦政治"。这句话我是完全同意的。他的旨意我当然反对，但他把中国的一切都给说明了。当然，他发动文化大革命我反对，对他这个人我也很反对。但现在看来，一想，他说的是事实呀。因此是真理，真理就是事实嘛。"百代皆行秦政治"的下一句是"十批不是好文章。"[1]

4.8 中国的两大传统：朝廷与造反

中国有两个传统。一个大传统就是朝廷，还有一个小传统就是造反。中国自古以来，王朝更替除极少数是贵族造反，大部分为农民造反。农民造反，应该说更加激烈，杀他们的所谓敌人，白骨盈野。这可以做些研究。三国时期的人口死亡率，大概可以跟欧洲黑死病时期相比。我不记得具体数字，比方说，当时有五千万人口，由桓帝、灵帝到刘备、曹操时，只剩下一千几百万，死的人真多得不得了。西晋、五胡乱华，以后到隋朝末年，瓦岗造反又死了不知多少，唐安史之乱又死了不少，到唐朝黄巢造反……杀人真狠啦。洪秀全时期，我们江苏、南方，不知死了多少人。

4.9 "关云长的大刀比原子弹厉害"

[这句话]是毛主席1955年跟尼赫鲁谈话时讲的。尼赫鲁当时非常骄傲地对毛说：我也算是个科学家，你不要看不起原子弹，原子弹下

---

[1] "十批"系指郭沫若著《十批判书》，该书由写于1943～1945年的十篇对先秦人物思想批判和自我批判文章而得名。其中，《吕不韦与秦王政的批判》一文对秦始皇的极权主义持否定态度）。

来不得了哇！毛主席跟他表示，原子弹不可怕，关云长的大刀比你长枪大炮都厉害。毛的这句话已为事实所证实。原子弹在日本杀了多少人？几十万。可日本人口并没有下降，但叫得厉害。三国的时候，一下子就减少了一千几百万，当然不光是杀掉的，还有战争之后必有的饥饿、瘟疫生病死掉的。

4.10 毛泽东杀人是暗杀

毛泽东杀人是暗杀：他有一个原则，在延安整风以后确定的一个原则，叫做"一个不杀，大部不抓"，他是这样做了。但是在这条原则背后，实际上被他逼死的不知有多少人！刘少奇算是一个，这样的人多了。但刘少奇不是他直接杀死的。

4.11 毛泽东与斯大林专制的两大特点

毛跟斯大林的专制有两大特点：一都是极端专制，二都是心理征服。王若水的[《新发现的毛泽东》]这本书最精彩的部分有二千字涉及到集权主义下心理的扭曲。我也有心理体验，我自己曾经觉得我最拥护毛主席。因为毛主席说你反党，划你为右派分子，那只能是自己的错，把自己说得一钱不值。但是我没有能像王若水那样整理出一套。这可以说是个启蒙。

4.12 "臣罪当诛兮，天王圣明"

自以为中兴儒学、传承道统的韩愈，硬是替两千多年前的周王做了一首向当时的最高统治者殷纣王认罪效忠的《羑里操》，说什么"臣罪当诛兮天王圣明"，作为忠君的最高典范、作为后人学习的榜样。这原本应该是十分可耻的一句话，倒成为一千年多年来中国人的最高道德准则。不过，据我的同学唐振常教授的考证，韩愈此话"是微词，是反语，是怒极的咒骂"。但是我本来并不知道这些，倒确实是靠了这两句话发扬自己的奴性即阿Q性，才渡过了被划为右派后思想上极其艰辛的最初两年。我确知还有不少与我抱同样心理的人。我们都可以说是以亲身的经验验证了专制主义主宰中国人灵魂的实际的。现在被中国人看作最高的政治道德标准的就是"识大体顾大局"，周恩来一辈子就是这样做的。

陈独秀在办《新青年》时，开头就非常强调这一点。真正讲鲁迅是非常强调的。我认为任何一个民族最重要的创造，不是发明火药，也不是发现牛顿定理，而是建立政治制度。在政治下面，决定人们的心理状态，社会心理，国民心理。鲁迅创作的最高标准只有一个，就是改造国民性。为了改造国民性，他拿出了一个标本来，就是"阿Q"。确实写得非常深刻。但阿Q的国民心理怎么造成的？我的答案，就是秦始皇以来的专制造成的。比方说 "唱支山歌给党听"这种歌，在日本就根本不可能唱，虽然自民党是第一大党，但还有公民党呢，你唱支山歌给哪个党听啊？！

只要中国现在能够实现民主，实现多党制，许多现在流行的东西就会没有了。现在有人跟我讲，"中国现在还有什么专制主义呀，共产党，谁在背后不骂？"江泽民没威信，确实都是实话。但这恰恰反过来证明专制主义存在：你现在只要一开人代会，只要你机关首长一做报告，谁敢出来反江泽民啊，可背后骂得简直狗屁不如！只要你在公开场合，一个个都是孙子，这个事情我相信日本就不会这样的。日本人是服从很有名的，但还不会有这样完全奴性的东西。日本人可以说有一种纪律性。中国人的这种几乎是完全的奴性。他可以在这里骂江泽民，但真有机会遇见了，态度又不一样。如我近来看见的一幕，就是前不久江泽民来社科院那一次，我下电梯，一开门，进来一个人，急匆匆："啊，江泽民哪！"何至于那个样子呢！好像到处报喜信似的。我也不知道他心里到底是否像当年佩服伟大领袖毛泽东那样佩服江泽民？我相信不至于。说谎话，两面派，或者是天王圣明啊！已经变成全民的心理。

4.13 "六经无真字"

中国人最欠缺的东西是什么？"六经无真字"。中国人现在一开口很喜欢讲"真、善、美"，毛泽东也讲过。我叫一个年轻人写一篇论文，专门考察"真、善、美"，结果他考证最早是蔡元培讲的，要求真善美，是1925年。再往前，"真、善、美"这三个概念，完全是洋人讲的。

4.14 毛著种种

毛泽东年轻时的思想跟晚年有很大差别。有时候他确实是无政府主义者，还崇拜曾国藩。

[毛的著作]有修订，没有办法。一个所谓《论十大关系》，我听到的内容，跟现在编辑出来的《毛选》第五卷里的就大不一样。但时间还对。还有一个最有名的就是《关于正确处理人民内部矛盾的问题》，原来听到的和后来看到的也不一样。还有一篇文章就是《在宣传工作会议上的讲话》，很多人都以为是讲后第二年发表的，不对，57年讲的，63年发表的。我到现在都不知道最后发表的那篇文章是谁写的，可以说跟原来发表的没有一句话是相同的。

毛有些讲话连原稿都没有，《论十大关系》就没有原稿，我曾亲自问过吴冷西。邓小平很高明的一着，就是利用毛的讲话。用我们中国术语讲，毛最右的、最开放的、最开明的是《论十大关系》。邓小平74年出来的吧，他要利用毛主席的话，一句顶一万句，但是他也不敢把毛原来的话拿出来让毛主席划圈。

4.15 启蒙就是接受西方思想

我感到现在在中国启蒙，特别困难。其实所谓启蒙很简单，就是接受西方思想。日本仿洋改制才几年大体上就全盘西化了。日本第二次开国就是1945年，最高的新权威是麦克阿瑟。

他的权威应该说比毛泽东还大。毛泽东还有好多问题要考虑怎么摆平，还有好多策略。麦克阿瑟说话就是法律，无条件执行。我认为麦克阿瑟还做了好事，使日本实际上没花很大代价，就得到了一个进步的民主。

国民性很重要。我讲的国民性就是鲁迅所批评的。还有陈独秀的一句话，就是吾人最后之觉悟，就是伦理觉悟。我认为首先要解决政治制度问题。但是还有比政治制度更深的问题，就是宣传，就是刚才说的"唱支山歌给党听"那种奴隶之歌。这话现在已经没人说了。

总而言之，现在要搞启蒙啊，比1919年困难，现在没有当时那样一个知识分子群体。而且当时的知识分子群体实际上是受孔孟之道教育，有"以天下为己任"这样一个观念，现在没有这样的群体。

4.16 反美和反苏大游行

抗战以后最大的反美游行就是沈崇案引发的，一个女的，去跳舞。跳完舞以后，两人交朋友嘛，就从北京饭店文化俱乐部走出来，走到东单，那时东单是鬼市呀，结果男的好像就要强暴。一对一的问题，算多大事情呢？但当时还有一个事情，可是混蛋至极的。就是苏联占领东北，大街上公然强奸妇女，严重得不得了。然后蒋介石政府发动反苏游行，因为是政府发动，规模很大，田间小道上都是示威的中学生、小学生在摇旗呐喊。那时我已经离开大学了，我们的徒子徒孙全都按兵不动，相反地，还反国民党。当时参加反苏大游行的，以后就成了一个政治污点。实际上，当时的苏军不仅强奸中国妇女，而且大量地拆走机器。

4.17 文风

汪晖这个人我搞不清楚。汪晖现在被推为"大师"，但他的文章我是看不懂。他两篇最重要的文章，一篇就讲中国的现代性，第二篇是全球化，去年发表的，都很长的，都两万多字，刚好和我的观点针锋相对。他的文字和我的完全不一样。

这少数，到底能不能懂，我都怀疑。这一点他们与毛泽东不同，毛泽东厉害之一，就是能用最简单的文字，而且是很有感情地来说服群众。汪晖讲"六·四"是中国人民反对全球化，这实际上是将矛头指向邓小平的，因为邓小平的亲美政策、开放政策，已经造成了中国的资本主义化，资本主义的弊病在中国已经到处都是了。理由就这么很简单。汪晖的两万字要拿几句话来说清楚我可以，但是他的两万字要我一句一句讲我不懂。

4.18. 中国近代启蒙人物点评

中国有一个梁启超，应该讲年轻时也是相信西化的。后来欧战

605

以后，到欧洲去了一趟，发现还是我们东方文明高。

梁启超是可以说是全盘西化论最早的鼓吹者。但是在1919年以后呢，硬是倒退了。在启蒙历史上，比较前后一贯的，就是胡适。最近对胡适的讨论慢慢地热闹起来。陈独秀讲的话比胡适更有力量，但是他成了共产党了。然后他也说无产阶级民主比资产阶级强。再过了二十年，老先生觉悟了，又总结出几条，都是资产阶级民主的原则，什么维护人权哪等等。我认为历史的逻辑总归跑不了。

4.19 毛泽东对马克思的解读

共产党有个习惯，就是在理论上压倒一切的气势。这个习惯现在其实已经在变了。有人自以为很有学问的样子，说毛泽东连《资本论》都没看过，他懂什么马克思呀！不对，毛泽东对马克思是一直坚信到底的，读过《共产党宣言》就够了，外加斯大林的那些东西，不用看那些那么厚的东西。如果他没有这个理论给他撑腰，他绝对不可能要搞世界革命，想当第三世界的领袖。所以我认为从主观上讲，毛是真心相信马克思的。而且毛认为马克思主义已经被斯大林及其理论家搞成世界性的理论，不论哪个国家都没例外。他要是没有这些东西顶住，他绝对不会有这么大的气候。

4.20 何谓"新自由主义"

新自由主义呀，我告诉你，这个"新"字，谁给自由主义者加上去的？新左派。他们为了打击自由主义才用这个词的。所谓自由主义，在中国已经被毛主席搞得臭到底了。九十年代末第一个重新提出自由主义的就是我，没有第二个人。

现在朱学勤还专门讲，自由主义浮出了水面，指李慎之的这个。但是[新左派]现在又说，在八十年代就有人讲了，可是他们举不出任何人来，因为这个自由主义在中国早已被搞得臭透了。

我没用过"新自由主义"这个词，现在他们提"新自由主义"，要打击的对象不是李慎之，暗指的是厉以宁他们。其实厉以宁也没讲自由主义，根本就没提这个词。

4.21 宪政民主

中国宪政的最大问题是，中国现在没有宪法学，甚至没有宪法学家。中国的宪法没有任何权威。毛泽东原来根本就不想订立宪法，你知道吗？是斯大林要我们订的。我是主张和平演变的。为什么要提这个问题呢？因为胡锦涛主持中央政治局开会要大家学习宪法，这是共产党当政五十多年来或者宪法订立四十九年以来第一次。中国应该实行"宪政民主"，现在我所认识的一些老同志，开明派，都同意这个观点。这个大概已经成为共识了。

4.22 关于党内民主

最近李锐有一封信，提倡党内民主。首先我是赞成的，但是我的思想跟他是相反的。现在很多老同志都主张实行党内民主。我告诉你，不可能有党内民主。明确地讲，如果没有一个民主的社会，没有原则上的民主，没有这个潮流，没有这个思潮，就不可能有党内民主。比如像李锐跟我的关系可以说极好，我们也互相尊重，我们可以深谈，你给我讲一讲什么叫民主，真的没有。还有于光远。他们都是年纪轻轻的就学了当时最先进的马列主义。

4.23 民主的标准就是今天英美式的民主

我倒赞成李泽厚的说法：中国人有一条，和英美人比理想主义很缺乏。中国人没有高远之思想，但中国人斤斤计较，算实际利益，只要把你这个专制主义束缚去掉之后——这个有点幻想式了——我跟你讲，中国人通过实际利益计算呢，也可能会走上一条最后跟英美民族差不多的比较正规的民主。中国民主必须要两步走：第一步是有一个民主的框架，第二步是我称之为充分而全面的民主。什么标准呢，也没有更高的标准，就是今天英美式的民主。要知道世界上的民主，真正成功的只有两个制度。一个是英国内阁制度，一个就是美国的总统制。一个法国的戴高乐和一个台湾的李登辉搞了个莫名其妙的总统直选，总统直选在在宪法学上是最糟糕的。中国现在根本没人懂宪法学。理想主义从理论上讲是非常需要的，如果没有这样东西，中国不能前进。我记得毛泽东讲：你如果落在群众后面，你是怕死鬼；你如果抢在群众前面太多了，你是冒失鬼。所以中国永远需要有站在群众前面至少一步的思想。现在的宪政民主主张及其提倡者我都认识，没新的东西。

现在江主席号召我们创新，但是我今天讲的全都是创旧。我佩服的一个人就是张东荪，他二十几岁时说中国应该学习十九世纪的西方。我认为中国应该学十八世纪的西方，比他更早。

4.24 毛泽东与中共

中国过去真正搞的框架，就是一个专制主义。毛泽东一辈子最关心的问题，现在原话都找到了，就是巩固自己的权力。从延安整风起他就做到了。然后中华人民共和国历史，中国共产党党史，几乎就是毛泽东一个人的历史。党内没有真正的民主派。

4.25 中国需要新宪法

我认为中国重要的是需要新的宪法。因为中国的宪法没有一天有过一点最小的权威，制定宪法的时候毛泽东根本就不想制定。必须留给一个余地。什么余地？就是给中国未来的民主派有一个前进的目标。所以我说中国现代化的目标就是民主，不是社会主义。因为社会主义作为一种制度在中国是有定义的：马列主义指导的，共产党领导的，计划经济，还有毛泽东的话。毛泽东的话倒很简单：国体是无产阶级专政，政体是民主集中制。这个制度已经绝对没有希望了，已经是失败了的。

4.26 我唯一的希望就是和平演变

我现在唯一的希望就是中国和平演变，没有其他希望。如果现在谁给我权力给我钱让我组织政党，我即使是二十岁的人，我也绝对不会干。比如美国给你出钱让你来组织一个政党，恐怕没有人干。因为那最后还是不行的。中国共产党是历史机会让它成功了。但成功了以后有大量的内斗。毛泽东抓权真是天才。毛泽东的天才就是表现在抓权上。从信仰马克思主义到最后对马克思主义随心所欲，他说什么就是什么。马克思主义根本就是捏在他手掌里，他爱怎么说就怎么说。毛到后来真是荒谬。中国如果再出个毛泽东，再出个共产党来推翻现政权，我告诉你，一定比现在这个共产党，至少比目前的共产党更坏。因为中国有个传统，农民造反的传统。而现在的农民也不代表先进的生产力。

毛泽东对农民简直就是耍弄。有一段时期，共产党的最高领导人只有工人阶级才可以当，那就是向中发、邓发。后来，毛泽东出来，一步步把别人搞得服服贴贴。毛泽东是枭雄，马克思主义为他所用，这个他是相当自觉的。所以，如果我们现在不搞和平演变，搞什么呢，搞武装革命？搞不起来了。搞起来了也一定不好，更糟。

4.27 后工业化与后现代化

我是非常怀疑后现代这个词。我认为这个词根本就不通。后工业化这个词倒是通的。这个后工业化谁发明的呢，丹尼尔·贝尔。我跟丹尼尔·贝尔做过一次谈话，我同意他的后工业化。后现代化，没有。

后现代化确实有反现代化的意思，就是跟现在中国需要的，或者国际上已经成为主流的现代化是反的。这个反的应该说在他看似有道理，在我们看实在没道理。

4.28 "合而不同"和忏悔

中国现在有一个可以说是官方的民族哲学，提出"和而不同"。要真正实现"和而不同"呢，只有民主才可以实现。如果独裁，绝对不可能出现"和而不同"。

我现在发现中国人和日本人可能都是东方民族的关系，特别缺乏忏悔。中国人搞文化大革命，谁忏悔了？有也很少，很浅。日本人你骂他不认罪，你中国人自己干了哪些事了，也不肯谈，政府根本就抹杀记忆。

附：本书原始材料清单

一、文章

1. 天理良心
2. "天人合一"的一些思考
3. 漫谈中国的哲学与宗教
4. 中国哲学的精神
5. 中国文化传统与现代化——兼论中国的专制主义
6. 中国传统文化中既无民主也无科学
7. 中国哲学与二十一世纪
8. 重新点燃启蒙的火炬 —— 五四运动八十年祭
9. 回归五四 学习民主
10. 不能忘记的新启蒙
11. 弘扬北大的自由主义传统：北大传统与近代中国——<自由主义的先声>序
12. 关于自由主义答客问
13. 和平奋斗兴中国—辛亥革命九十周年祭
14. 中国现代化的目标是民主
15. 修改宪法与公民教育
16. 亚洲价值与全球价值
17. 辨同异 合东西
18. 迎接全球化时代
19. 全球化和全球价值
20. 全球化：二十一世纪的大趋势
21. 开展全球化研究
22. 全球化与中国文化
23. 海阔天空扯乱谈——世纪之交的瞻前顾后
24. 一体化与多元化
25. 谈谈中华人民共和国的外交
26. 中美关系与台湾问题
27. 今后十年的台湾（与资中筠合著）
28. 《哈维尔文集》序
29. 《奇妙的新世界》序
30. 从旋干转坤到拨乱反正
31. 数量优势下的恐惧

32. 评龙应台《八十年代这样走过》

33. 《稷下学研究》序

34. 《游民文化与中国社会》序

35. 《现代政治学丛书》中文版序

36. 《纳约自牖》序

37. 《狱中自白》序

38. 《犹太百科全书》序

39. 通才博识 铁骨冰心

40. 守死善道 强哉矫

41. 智慧与良心的实录

42. 只有一个顾准

43. 革命压倒民主

44. 二十一世纪的忧思

45. 融贯中西 通释古今

46. 我们向冯友兰先生学习什么？

47. 独立之精神 自由之思想——论作为思想家的陈寅恪

48. 典型顿失 遗范长存——纪念文晋共逝世一周年

49. 做学问首先要做人——匡亚明先生印象

50. 胡乔木请钱锺书改诗种种

51. 文苑失英 明者永悼

52. 我见到周总理的两次发火

53. 千秋万岁名 寂寞身后事——送别钱锺书先生

54. 一个老派共产党员

55. 忆胡绳

56. 魂兮归来，反故居些！

57. 被革命吞吃掉的儿子——怀念李炳泉（1919-1970）

58. 毛主席是什么时候决定引蛇出洞的？

59. 关于"大民主"和"小民主"的一段公案

60. 《王国维为何自沉昆明湖》读后

61. 亲历万隆会议

62. 自传

二、书信

63. 与许良英的通信

64. 与袁伟时的通信

65. 与何家栋的通信

66. 与王若水的通信

67. 与胡乔木的通信

68. 与舒芜的通信

69. 与艾青的通信

70. 与朱光烈的通信

71. 与葛剑雄的通信

72. 与陆定一的通信

73. 与许明的通信

74. 与陈敏之的通信

75. 与李存山的通信

76. 与某同志的通信

三、口述与访谈

77. 1998年与杜维明先生的对话

78. 2001年接受《书屋》的采访

79. 2002年7月与友人的访谈

80. 2002年11月的口述

81. 2003年3月与友人的访谈

更多壹嘉好书推荐
所列图书均可在亚马逊直接搜索中文书名

《夕照漫笔》上下卷 德高望重的著名学者、原中国社科院美国研究所所长资中筠先生最新随笔集，持续热卖中，各网络书店有售，输入中文书名即可抵达。港台地区可在博客来（台湾）、田园书屋（香港）等零售店购买。定价：上卷$22.99，下卷$23.99

《李慎之与美国所》 李慎之，原中国社科院副院长、美国研究所创所所长。著名"党内自由派"，被称为"中国自由主义的旗手"。本书是李慎之去世之后，由美国所的同事自发组织撰写的纪念文集，从中可见中美关系与美国研究开创期李慎之及同僚们的筚路蓝缕。$18.99

《未来之宴》 亚马逊5分好评！始于美食，终于艺术，分子生物和法学双料博士高磐磐，带你体验世界各地的精致美食。从分子料理到味道搭建，从民族风情到东西融合……《未来之宴》一定会在令你食指大动的同时，将你对美食的认识提到一个全新的高度。亚马逊等各网络书店有售，$26.99

《与你同行》 亚马逊5分好评！这是一位妻子陪伴丈夫与癌症抗争、直到走向生命终点的记录。在失去至爱的悲痛中，曲艺禁食四十天，并在这四十天内完成本书的初稿。曲艺写下来贴近死亡之后生命感悟，她和丈夫在生死之间倔强伸展的爱情，也因之而感人至深。亚马逊等各网络书店有售，$22.99

无数水滴汇成江海 千万个体成就历史
"壹嘉个人史"系列部分书目

《逆风高飞：一位华人创业家的自述》，李锦星著，$32.99

《鸢飞戾天：一位国军少将的抗战军旅实录》$23.99

《八十年代的一束思想之光：<青年论坛>纪事》，李明华著，$36.99

《申泮文的西南联大》，申泮文著，文版平装：$29.99，图版平装：$39.99

《风吹稻花香两岸：一个外省人的台湾回忆》，黄雅纯著，$19.99

《滹沱河》，温雅娟著，$22.99

《逆流者：抗日杀奸团成员口述历史实录》，赖恩典著，$32.99

《寻找尘封的记忆：抗战时期民国空军赴美受训历史及空难探秘》，李安著，$28.99（获奖图书）

《李慎之与美国所》，资中筠、茅于轼等著，$18.99

《老卒奇谭：一位逃港者的自述》，老卒著，$22.99

《鲁冀宝藏》，高鲁冀著，$22.99

《革命时期的芭蕾》，史钟麒著，$23.99

"壹嘉个人史"系列持续出版，欢迎关注，欢迎投稿。电子邮件地址：1plus@1plusbooks.com

壹嘉出版致力优质海外中文出版，聚焦传记、历史、人文、社科。更多信息，请访问壹嘉官网https://1plusbooks.com。

扫描访问
壹嘉官网

扫描关注壹
嘉微信公号